川端 康雄
大貫 隆史
河野 真太郎
佐藤 元状
秦 邦生 編

# 愛と戦いの
# イギリス文化史
1951—2010年

慶應義塾大学出版会

Photo: Gay Pride Weekend In London / Getty Images

# はじめに

　この本は大学生を対象とした20世紀後半と21世紀初頭を扱うイギリス文化史の教科書です。2007年に刊行した『愛と戦いのイギリス文化史1900-1950年』の続編として作成しました。前作の刊行から間もなく、シリーズ化が正式に決まり、「20世紀後半篇」にむけて武藤浩史さんを中心とした研究会が再開され、新たな執筆者を加え、周到に準備を重ねて、こうして刊行の運びとなりました。
　タイトルは、検討の末、前作と同じ「愛と戦いのイギリス文化史」を使うことにしました。じつは本書を書き始める前は、タイトルを変えるつもりでした。20世紀前半であれば、2つの未曾有の世界大戦があり、その危機の時代との関連で、戦前、戦時、戦間期の「愛と戦い」のテーマを掘り下げる狙いをこのタイトルはうまく表現しえているのだけれど、20世紀後半となるとはたしてどうだろう——最初のうち、そんな疑問を持っていました。けれども2009年春に武藤さんからバトンを受け継いで編者代表としてとりまとめの作業を進めるうち、今回もやはりこれで行くしかないだろうと思いいたりました。20世紀半ばの朝鮮戦争、1982年のフォークランド戦争（紛争）、21世紀初頭のイラク戦争、また20世紀後半の8割を覆う冷戦体制の危機的状況がイギリスの社会にも大きな影を投げかけていたわけですし、また愛のかたちについても、「性の革命」という語句が端的に示すように、20世紀後半に大きな変容が生じ、それは私たちの私的・公的生活の両面での人間関係のありように深く作用してきました。かくしてこのイギリス文化史も「愛と戦い」のフレーズを冠するのが適切であると判断した次第です。
　20世紀前半篇の形式を踏襲しつつ、本書では5人の編者がそれぞれのセクションの編集を分担し、21章（および2つの序章と終章）にわたり、労働、教育、階級、身体、性、福祉、メディア、プロパガンダ、ネイション、エスニシティといった問題について、さまざまな文化的側面と絡めて複層的に論じていきます。筆者が勤務先の大学でふだん接する学生たちを見ていると、イギリス文化のなかでとりわけ強い関心を示すのが現代文化であることが確認できるのですが、それを重点的に扱った文化史教科書はそう多くなく、ましてや、翻訳書を別にすれば、日本語版での類書は管見では見当たりません。その点では（「天使が恐れて踏み込まぬ」ところに入り込んだきらいがなきにしもあらずですが）、あえて本書を編んだ意義は十分にあると自

負する次第です。

　前半篇を上梓したとき、イギリスはブレア政権の末期にありました。それから4年半がたち、その間、後任のブラウン政権の時代の2008年にイギリスも世界的な金融危機の打撃を受け、2010年には政権交代があり、キャメロン首相による保守党・自由民主党連立政権が誕生しました。日本ほどではないかもしれませんが、（代議制民主主義のレヴェルに限っても）かなりめまぐるしい変化です。「ニュー・レイバー」の時代ももう過去のものとなりましたが、イギリス国内では、イラク戦争の問題をはじめ、過去を忘却するのでなく、政策決定にあたった責任者たちの判断を再検証・追及する動きが継続的になされています（日本ではそれが欠けているように思えます）。ブレアの政治についても、当事者たちの証言や回想録が新たに出されつつあり、一定の歴史的評価が定まるのは（定まるとして）先の話になるのかもしれませんが、これもあえて踏み込んでみました。

　本書の編集のまとめの段階で2011年3月11日の東日本大震災と直後の福島第一原発の事故が起こりました。その時点ですでにほとんどの章の原稿が書き上げられていて、事故のインパクトが本の構成と内容に大きく作用したわけではありません。とはいえ、事後に原稿の一部修正がなされたほか、コラムなど、あのあとに書かれたものも少なからずあります。お読みになって、そのあたりの微妙な変化に気づかれるかもしれません。なにしろ、政治とことばについて、メディアと情報操作について、文学と科学（スノウの言う「二つの文化」）について、あるいは健康、医療、福祉、環境、芸術、コミュニティについて、人と社会の「成長」について、そして「共通文化」の問題について、根本に立ち返って考え直す、考え直さざるをえない、そういう状況に私たちは投げ込まれたわけですから。本書の「愛と戦い」の多層的なナラティヴを、みなさんの文化の現在を「クリティカル」に把握し、未来を想像・創造する道具のひとつとして役立てていただけたら、それに勝る喜びはありません。

　本書を執筆するにあたって、多くの方々の協力を得ました。慶應義塾大学出版会の奥田詠二さんには、前半篇に引き続き、準備段階の数度の研究会と編集会議にお付き合いいただきました。その後異動になった奥田さんを引き継いだ上村和馬さんと村上文さんには、編集作業でかなりの無理難題を押し付けながら、忍耐強く本作りを進めてもらいました。記してお礼を申し上げます。

2011年7月

川端　康雄

目 次

はじめに　川端　康雄　i

序章1　1951年——イギリス祭の「国民」表象……………………………川端　康雄　1
序章2　文化とは何か——20世紀後半イギリスの文化と社会…………河野　真太郎　19

## 第Ⅰ部　階級・くらし・教育

第1章　ロンドン・アイからダブル・アイへ——1950年代の若者たち、そして労働者たち
　　　　……………………………………………………………………大貫　隆史　37
第2章　文化としてのストライキ——1970年代の労働運動……………近藤　康裕　53
第3章　教育市場の「ヒストリー・ボーイズ」——メリトクラシー／ペアレントクラシー
　　　　……………………………………………………………………井上　美雪　69
第4章　芸術とコミュニティ——「創造」というマーケット…………横山　千晶　85

## 第Ⅱ部　ポピュラー・カルチャー

第5章　テレンス・コンランの食と住のデザイン——「スープ・キッチン」と「ハビタ」を
　　　　めぐって……………………………………………福西　由実子・川端　康雄　103
第6章　ビートルズ——時代と階級・言葉と身体力・セクシュアリティ………武藤　浩史　119
第7章　かくも長き異境のくらし——ジョージ・ベストとマンチェスター・ユナイテッドの日々
　　　　……………………………………………………………………川端　康雄　137
第8章　スクール・オヴ・パンク——パンク・サブカルチャー再考……板倉　厳一郎　153

## 第Ⅲ部　からだ・性・福祉

第9章　「母性愛」の精神分析──ボウルビズムのイデオロギーをめぐって
　　　　　　　　　　　　　　　　　　　　　　　　　　遠藤 不比人　171

第10章　「トップ・ガールズ」のフェミニズム──キャリル・チャーチルの仕事をめぐって
　　　　　　　　　　　　　　　　　　　　　　　　　エグリントン みか　187

第11章　「同性愛」と「寛容な社会」──解放と容認の時代？ ……… 野田 恵子　203

第12章　ブリタニア病院を立て直せるか──からだ、医療、福祉をめぐる諷刺と論争
　　　　　　　　　　　　　　　　　　　　　　　　　　　　秦 邦生　219

## 第Ⅳ部　メディア

第13章　イギリス「国民」の肖像──ドキュメンタリー運動からニュー・ウェイヴまで
　　　　　　　　　　　　　　　　　　　　　　　　　　　佐藤 元状　237

第14章　王室とメディア──国民統合の装置としての王室祭儀 ……… 泉 順子　253

第15章　ブリジット・ジョーンズの「自由」──サッチャリズムとポスト・フォーディズムの行方
　　　　　　　　　　　　　　　　　　　　　　　　　　　清水 知子　269

第16章　YBAの時代──イギリス現代美術と「センセイション」 …… 小泉 有加　285

## 第Ⅴ部　グローバル／ローカル

第17章　イギリスの対外文化政策──冷戦、脱植民地化、そしてヨーロッパ
　　　　　　　　　　　　　　　　　　　　　　　　　　　渡辺 愛子　303

第18章　ベケット、ナボコフ、そして文化冷戦──「モダニズム文学」の制度化
　　　　　　　　　　　　　　　　　　　　　　　　　　　大田 信良　319

第19章　煉瓦とコンクリート──セント・パンクラス駅再開発からグローバリゼーションへ
　　　　　　　　　　　　　　　　　　　　　　　　　　　木下 誠　335

第20章　イギリスの解体──ウェールズ、炭坑、新自由主義 ……… 河野 真太郎　351

第21章　多文化主義、（新）自由主義、テロリズム——ハニフ・クレイシと
　　　　現代英国の文化闘争……………………………………………中井　亜佐子　367

終章　2000年代へ——新ミレニアムの門口で……………………………川端　康雄　383

*Columns*

ふたりのハロルド——首相群像（1）　52／古兵、鉄の女、失業経験者——首相群像（2）
68／「クラス」か「コミュニティ」か？——ニュー・レイバーの自負と偏見　84／エシカル・コンシューマリズム　100／スカ、レゲエ——英国ポピュラー音楽の一源流　118／『グーン・ショー』——戦後お笑い文化の始まり　136／風が吹くとき、人びとが動くとき　152／サッカー場の変貌　168／道徳の政治学——「性の革命」とモラル・パニック　186／ウェルフェアからワークフェアへ　202／ミス・マープルはカレンダー・ガールになるか——新しい老いの可能性　218／英国バイオテクノロジーの転回／展開とSF的想像力　234／『カリブの声』——カリブの作家たちとメディア　268／『イーストエンダーズ』——イギリスで最も危ないソープ・オペラ　284／ポピュラー・カルチャーと政治宣伝——ザ・スミスの場合　300／植民地主義に向き合う——「マウマウ戦争」の記憶　318／『ブラック・ウォッチ』に見る「スコットランド」のアイデンティティ　334／都市は誰のもの？——ドックランズ再開発とグローバリゼーション　366／ブレア、ブラウン、キャメロン——首相群像（3）　382

参考文献　403
イギリス文化史年表　424
地図　444
図版クレジット　452
索引　453
編者・執筆者・編集協力者紹介　475

序章1

# 1951年
## ──イギリス祭の「国民」表象

## はじめに

| | |
|---|---|
| 平和と威厳に欠けてはいても | Peace and dignity we may lack |
| 振ろうよ、楽しき労組=英国旗 | But wave a jolly Trades Union Jack. |
| フレー、フレー、フェスティヴァル | Hurrah for the festival, |
| 成功祈る、フェスティヴァル | We'll pray for the festival, |
| フレー、フレー、イギリス祭 | Hurrah for the Festival of Britain! |

（振ろうよ、楽しき労組=英国旗 の上にルビ：トレイズ・ユニオン・ジャック）

　1920年代から劇作家、俳優、歌手、作詞作曲家など、多方面で活躍していた才人ノエル・カワードは、第二次世界大戦後、往年の勢いはなくなったものの健在で、1970年代初頭までキャリアを積み上げていった。上に掲げたのは、1951年にロンドン、ハマスミスのリリック座で上演されたミュージカル・レヴューでカワードが提供した2曲のうちのひとつ「祭りをばかにしちゃいけない」の一節である。中身は時事ネタで、同年の5月から9月まで5ヶ月間にわたってロンドンを中心にイギリスの各地で開催された一大イヴェントであるイギリス祭（Festival of Britain）に言及している。

　このイギリス祭とはどのようなものであったか。どのようなコンセプトで企画され、何を表そうとしたのか。また、逆に、何を表そうとしなかったのか。まずその辺りから話を始めて、20世紀半ばのイギリスの姿を理解するの

と同時に、20世紀後半のイギリス文化史を探求する上で重要と思われる問題点のいくつかを示しておきたい。

## 1.「国民の強壮剤」

　イギリス祭は1951年5月3日にセント・ポール大聖堂で国王ジョージ6世夫妻が臨席しての開会式によって幕を開いた。主会場となったのはロンドンのサウス・バンク（テムズ川南岸、ウォータールー駅近く）だった。他にロンドンではイースト・エンドのポプラー区での「建築博覧会」、サウス・ケンジントンでの「科学博覧会」などが催され、さらにマンチェスター、リーズ、バーミンガム、ノッティンガムの4都市を回る「陸路巡回展」、またサウサンプトン、ベルファスト、カーディフ、グラスゴーなど10都市を海路で回る「カンパニア号巡航展」があり、以上の6つを併せると5ヶ月間の会期に一千万人を越える入場者を集めた（このうちサウス・バンクが最大で、およそ850万人が入場）。ロンドンのバターシー公園に設営されたプレジャー・ガーデンズには800万人が来場した。他にもイギリスの津々浦々で、村のパジェントやら、絵画展、陶芸展やら、さまざまなイヴェントが組まれたのだった。

　イギリス帝国の盛期にあたる1851年の大博覧会（ジョーゼフ・パクストンの設計になる鉄とガラスの水晶宮(クリスタル・パレス)を会場にして大成功を収めたロンドン万国博覧会）の百周年を記念した博覧会の構想はすでに戦争中の1943年に提案されていた。企画が具体的に練られていくのは、労働党が政権を獲得した1945年7月以降で、計画推進は労働党の政治家ハーバート・モリソン（1945-51年に副首相、51年外相を兼任）が中心となり、1948年に、博覧会開催に賛同する論陣を張っていたリベラル左派の新聞『ニューズ・クロニクル』の編集長ジェラルド・バリーをイギリス祭総監督に任命した。フェスティヴァルの建築監督にはヒュー・カッソンを抜擢した。イギリス祭評議会はヘイスティングズ・イズメイを議長として、上記バリー、カッソンのほか、政府官僚、科学者、工業デザイナー、石炭庁の広報担当者、アーツ・カウンシルやイギリス映画協会（BFI）の代表らが加わり、美術史家のケネス・クラーク、詩人のT・S・エリオット、俳優のジョン・ギールグッドも評議員に名を連ねた。

バリーを議長とする12名からなる実行委員会は、フェスティヴァルがたんに娯楽の機会を与えるのみならず、「私たちが信じる生活様式の表現」(Frayn)ともなることを目指すと宣言した。

戦勝国となったにもかかわらず、戦費を賄うためのアメリカからの巨額の債務もあり、

図1　1951年のイギリス祭、ロンドン、サウス・バンクの展覧会場。中央は「発見のドーム」、屹立する構築物が「スカイロン」。

イギリス国民は1940年代後半を通して生活必需品の不足による配給制に耐えてきた。イギリス祭が実行された時期は、そうした戦後の「耐乏と統制」の過酷な時期を脱して、「自由と繁栄」の50年代にむかう劃期と見ることができる。そうした耐乏生活を（戦時期を入れれば）10年にわたって強いられてきた国民に対して、モリソンのいう「国民の強壮剤（a tonic for the nation）」を提供するという狙いがこの祭典の重要なものとしてあった。

さらに、1947年のインド独立（インド・パキスタンの分離独立）をはじめとして、脱植民地化（帝国の解体）の過程が徐々に進行していた。これについては、戦後の10年間に植民地省（イギリスの海外領土を統治する官庁で1854年創設）はむしろ人的・組織的規模を拡大しており、イギリス植民地の独立の動きが本格化するのは1956年のスエズ動乱以後、特に「アフリカの年」と称された1960年に始まる1960年代のことであったという事実を忘れずにおくべきであるが、労働党系の企画者たちには、帝国の黄昏の意識のなかで、1851年の大博覧会とは別種の「ナショナル・アイデンティティ」をこの機会に打ち出そうという狙いもあったのだと思われる。「ナショナル」、「ネイション」──これがまずキーワードとなる。

## 2.「一国民の自伝」としてのイギリス祭

　イギリス祭の公式ガイドブックの冒頭には、巻頭言として、カンタベリー大主教の言葉が引用されている。それによれば、このフェスティヴァルの主目的は「イギリス的な生活様式への私たちの信念と信頼を宣言すること」であったという。「それは自信満々で吹聴するとか、強引に自己宣伝をするというのでなく、良きものを固守し、悪しきものを私たちのただなかから拒絶することによって、私たちがそれ自体でまとまりを持った、世界に役立つ一国民として存続できるという、真面目で慎ましやかな確信を持つことによってなのであります」。このくだりでは「イギリス的な生活様式 (the British way of life)」という語句が要注意であるが、さらに「それ自体でまとまりを持った、世界に役立つ一国民(ネイション) (a nation at unity in itself and of service to the world)」というフレーズにも注目しなければならない。ここでの「イギリス的な生活様式」をいとなむ「私たち」=「一国民」とはいかなる実体を有するものなのだろう。もっと厳密に言えば、それはいかなる実体を有するべきものとして想像されているものなのだろうか。

　さらに公式ガイドブックをめくると、この祭典を「一国民の自伝 (the autobiography of a nation)」と名付けているくだりにぶつかる。「一国民の自伝がこのイギリス祭で最初に提示され、何百万人ものイギリス国民がその［自伝の］著者になるでしょう、人が自身の性質を表現するためのあらゆる手段を通して、いかに私たちがみずからの管理能力を称え、その才能を用いてきたかを示しながら。散らかった戦争の廃墟のなかで着想され、厳しい経済の時代に形成されたこの祭典は、現在の混迷への挑戦であり、未来に投げがけられた自信の光芒なのです」(*Official Book*)。

　ロンドンのサウス・バンクを最大の呼び物(センターピース)としつつも、企画者たちはイギリス各地、それもイングランドのみならず、ウェールズ、スコットランド、北アイルランド、すなわち「連合王国 (United Kingdom of Great Britain and Northern Ireland)」を構成する「地域」での催しを重視した。企画者たちにとって、それぞれの「地域」は多様性を持ち、それぞれにユニークな伝統を有しながらも、イギリス人 (the British) という「一国民 (a nation)」の物語を

形作るものとして想定されている（逆に言うと、複数の「ネイションズ」としては想定されていない）。これら4つの「地域」が共有する富が、戦勝国でありながら、疲弊し、多大な犠牲を払ったイギリス、往時のような覇権国家ではなくなった国が苦境を脱して向かうべき、よりよき未来への糧となるものとみなされている。

イギリス祭の文化史的意義はいかなるものか。サウス・バンク会場で異彩を放った屹立するアルミニウム製の「スカイロン」、空飛ぶ円盤が地上に降り立ったかのごとき「発見のドーム」、

図2　イギリス祭「ロンドン、サウス・バンク展覧会」の公式ガイドブック（1951年）

また「ライオンと一角獣」パヴィリオン、「テレシネマ」、そしてロイヤル・フェスティヴァル・ホールなど、抜擢された中堅建築家たちがイギリスで初めて公共の場で本格的かつ大規模に手掛けたモダニズム建築、結晶学（当時イギリスが世界の最先端だったとされる）の成果を工業デザインの新機軸に導入するなど、科学と芸術という「二つの文化」の分断を乗り越え、両者の橋渡しを試みた点、またそれらを人びとに普及しようとした教育的意図、そして確かに「国民の強壮剤」となることを図って、イギリス国民を元気づけ、明るい「モダン」なイギリスの未来像を示してみせたこと……こうした点で、イギリス祭の果たした功績は大きい。

後にインテリア家具のチェーン店ハビタで成功を収めるデザイナー、テレンス・コンランは当時19歳、建築事務所での最初の仕事がイギリス祭で、「交通」と「家庭と庭」の2つのパヴィリオンの仕事を手掛けた。「戦争で疲弊したロンドン」でかつて見たこともないような「エキサイティングなモダン建築」に出会った経験がいかに自身の後年の仕事に刺激をあたえたか、それを50数年後にロンドンの情報誌『タイム・アウト』の記者に熱い口調で語っている（2007年5月31日号。*Time Out* Editors）。そして確かにこの祭典は、

第二次世界大戦下と戦後の緊縮経済に耐えた人びとに、20世紀の折り返し地点で、輝かしい未来を国民に期待させてくれる「強壮剤(トニック)」として機能したと評価できる。そのようなものとして、イギリスのシンボルたる女人像ブリタニアをあしらった祭典のエンブレム（エイブラム・ゲイムズのデザインになる）とともに、会場に訪れた多くの人びとにとっては、このフェスティヴァルは後々まで折にふれて懐かしく想い起こされる華やかな場であったことだろう（会期中の1951年夏になされたギャロップ世論調査では、サウス・バンクの催しに好印象を受けた人は58％、逆に悪い印象を受けた人は15％であったという）。

## 3.「一国民の伝記」からこぼれおちるもの

　しかし、20世紀後半のイギリス文化史をこれから見ていこうとする私たちは、そこでイギリス祭の企画者たちが「一国民の伝記」の語りのなかに含めなかったもの、あるいは語ることを避けたと思しきものにも注目しておかなければならない。1911年にジョージ5世の即位を記念して開催された「帝国祭」や、1924年の「イギリス帝国博覧会」とは異なり、1951年のイギリス祭では、ドメスティックな「イギリス的生活様式」に焦点が絞られた一方で、帝国と植民地の問題はまったく影が薄くなっている（1924年の「イギリス帝国博覧会」については木下を参照）。「イギリス」はあっても「イギリス連邦」すなわちコモンウェルスへの言及が、皆無ではないにせよ、極力避けられているのである。帝国と（旧）植民地にほとんど触れなかったのは、いったいどうしてだったのだろうか。その理由として、当時イギリスが経済援助をあてにしたアメリカに対する配慮に帰するもの、あるいは予算の制約のためにブリテン諸島に限ったのだとする関係者の説明もあるが、帝国の縮小・解体に伴っての「イギリス国民」のアイデンティティの再定義のために、（少なくとも主催者にとっては）必要な「割愛」であったと見ることができるのではないか。

　いま「イギリス連邦」と書いたが、1951年の記述としては、これは不正確な用語（訳語）であることを断っておかなければならない。1926年の帝国会議でのバルフォア報告書の採択（イギリス本国と自治領の地位を「平等」とみ

なす）を経て、1931年のウェストミンスター憲章の布告によって正式に成立した「イギリス連邦（the British Commonwealth of Nations）」は、第二次世界大戦後、連邦でのイギリス本国の地位の低下、あるいは連邦各国の平等化の進展を反映して、1949年に British の形容辞を削り、「コモンウェルス・オヴ・ネイションズ」(the Commonwealth of Nations 字義どおりには「諸国（民）の連合体」)と改称され、今日にいたっているからである（たんに「コモンウェルス」でも通っている）。1951年のイギリス祭（フェスティヴァル・オヴ・ブリテン）では、名前の上ではもはや自国以外は「イギリスのもの」ではない「ネイションズ」を再現＝表象する必要がなくなったというべきか。フェスティヴァルの監督補佐を務めたチャールズ・プルヴィエイの50年後の回想では、そもそもコモンウェルスあるいは帝国を示すか否かを検討した記憶がないという。企画者たちは、帝国をイギリス史の不可欠の部分と見ておらず、したがって、フェスティヴァルのディスプレイにそれを表現する必要性があるとは考えなかった（Conekin, *Autobiography*）。

サウス・バンクの会場（鉄道線路をはさんで上流（西）側と下流（東）側のパヴィリオン群に大別される）の下流側の展覧コースの一番目が「イギリスの人びと（The People of Britain）」と称するパヴィリオン（H・T・キャドベリー・ブラウン設計）だった。公式ガイドブックによって、ここでの「人びと」の中身を確認しておこう。

> ここまで語った物語が示すように、成し遂げた点においてイギリス人は多くの異なる部分からなる国民です。また、外見においても、同じように混じりあったものです——確かに世界で最も混じりあった国民のひとつなのです。しかし、これらイギリスの人びととはだれなのでしょうか。どのような異なる血筋の祖先たちが、ロンドンのバスに乗れば客がかならず接する、はなはだ多種多様な顔を作りだすことに貢献したのでしょう。そのさまざまな祖先たちはどこからやって来たのでしょう。そしてどのようにしてこの国にたどり着いたのでしょう。

このように、公式ガイドブックはイギリス「国民」の特徴を歴史的に記述する際に、多様性、混淆性を特筆しているのだが、60年後の私たちがこの部

分だけを取り出して読むと、その「国民」というのがブリテン諸島に長く定住する白人のみを想定しているということを見逃してしまうだろう。実際、その展示は、先史時代の「最初の島民たち（the first islanders）」から始まり、ケルト人到来と農業の発展、ローマ帝国の属領時代、アングロ・サクソン人の到来、キリスト教伝来、そして「最後の侵略者たち（the last invaders）」としてヴァイキングの侵入とノルマン征服に言及する。つまり混淆の過程が900年前に完了しているとみなす物語なのである。「征服者として来たのであれ、平和な人間として来たのであれ、彼らはみなその途上で海の変化をこうむったのでした。すでにここに存在したくらしのなかに彼らは吸収され、彼ら自身がこの島の住民となったのです。この国土こそが、彼らみなの思考と感情と態度をかたどってひとつにまとめあげたものであり、それが私たちのイギリス的な生活様式と私たちの伝統となっているのです」とガイドブックの「イギリスの人びと」のセクションは結んでいる。

　さて、この引用文中の「海の変化をこうむった」という表現はシェイクスピアの戯曲『テンペスト』の名高い詩句に由来する（"sea change"は「大きな変化」、「著しい変貌」といったところだが、あえて逐語訳にしておく）[1]。確かに、ブリテン島がヨーロッパ大陸から分離した紀元前8-9世紀以降は、人びとは海を渡ってやって来たわけであり、渡来によってこの島に大きな変化をもたらし、また自身も変化した。だがそうした「海の変化」をとげた人びととは「白色人種」に限定されているのであり、色彩を帯びる「植民地の出会い」のモメントは語りの埒外にある。イギリス人が数世紀にわたって征服してきた土地の、肌の色が異なる人びととの出会いを想像のうちから締め出しており、そうした土地で自分を「イギリス人」であるとみなしている人びとがいるというやっかいな問題に関わることは、ほとんど無意識のうちに、避けられている。

---

1) 妖精エアリエルの歌う劇中歌より。「たっぷり五尋の海の底、おまえの父さん横たわる／骨から珊瑚がつくられて／両のまなこはいま真珠／消えゆくものなどなにもなく／海の変化をこうむって／ゆたかで不思議なものとなる」"Full fathom five thy father lies; / Of his bones are coral made; / Those are pearls that were his eyes; / Nothing of him that doth fade, / But doth suffer a sea-change / Into something rich and strange" (*Tempest* I. ii.).

## 4. コモンウェルスからの移民

　1940年代から1950年代初頭にかけて、イギリスに在住する非白人系の人口はまだ比較的少ないものだった。移民が増加して人種間の軋轢の問題が深刻化するのは50年代の後半にいたってからのことだが、20世紀後半のイギリスの「多民族社会」の展開をたどるうえでは、1948年が重要な節目となる。国民保健サーヴィス制度（NHS）が開始されたのとおなじこの年に「イギリス国籍法」が発効した。それはイギリス国王の臣民（British Subjects）はすべて市民権を有するとし、イギリスへの自由な（無条件の）移入の権利を保障した。コモンウェルスの8億人の人びとがその権利を有した。

　その後の度重なる移入制限の法的措置を考え合わせると、1948年の国籍法が与野党の反対もそれほどなく、すんなりと通過したのが不思議に感じられるが、ジャーナリストのアンドリュー・マーの説明によれば、単純な理由でそれはさしたる論争にならなかった。すなわち、「居心地が悪くてごみごみしたイギリスにわざわざやってきて住みつこうと思う者は少ないだろうし、来る手立てもないだろう」（Marr）と想定したというのである。

　だがそれは見込み違いだった。同年6月、内燃機船ウィンドラッシュ号がジャマイカからの492名の乗客を載せてテムズ川下流ティルベリに到着した。非白人系のイギリス移入がその後急増する。カリブ出身者に限るなら、10年後の1958年にはイギリス在住者は12万人を超える。その58年9月にはロンドンのノッティング・ヒルでカリブ系住民に白人暴徒が暴行を加えたのに端を発して、人種暴動が起こる（ノッティング・ヒル暴動）。1962年には「コモンウェルス移民法」が発効し、これ以後コモンウェルスの市民の移入は条件付きの（困難な）ものとなる。

　ウィンドラッシュ号の乗客のなかにはカリプソ・ミュージシャンとして50年代のイギリスで人気を博するロード・キチナーとロード・ビギナーが含まれていた。彼らを始め、カリブ系移民がこれまでイギリスの社会におよぼした影響は少なくない。政治（運動）、学術研究、また英（語）文学への貢献も特筆に値する。彼らの存在がイギリス文化の変容の重要な動因となってきたことは、1965年以来毎年夏の終わりに開かれるノッティング・ヒル・カーニ

ヴァルの盛況ぶりを見てもわかる[2]。そしてそれはカリビアンだけには留まらず、インド亜大陸の出身者を含め、イギリス祭の企画者たちの想定した「一国民」の枠から外れる、エスニック・マイノリティ全般にあてはまる。

そうした以後の流れを踏まえてサウス・バンクでの「イギリスの人びと」の説明文の「イギリス人は多くの異なる部分からなる国民です。また、外見においても、同じように混じりあったものです」という文を見返すならば、そこには企画者が意図していなかったアイロニーと、20世紀後半に多民族共存(マルティレイシャリズム)に向かうイギリス社会の変貌への予感と不安を読みとることができるのかもしれない。それもまた別種の「海の変化」——「スエズの東」やトランスアトランティックなものを含み、ノルマン征服以前と比べると空間的にははるかにスケールが大きな変化——に他ならず、それがもたらすゆたかで不思議なもの——あるいは後に「血の川」演説(1968年)を行うイーノック・パウエルのような見方に立つ人びとには、貧しく不気味と思われるもの——が、やがて目立って立ち現れてくることになるだろう。

## 5. ケンブリッジ・スパイ、寒い国へ

イギリス祭が始まったのと同じ1951年5月に、イギリスの外交官二名が忽然と姿を消した。いなくなったのはガイ・バージェスとドナルド・マクレイン。5月26日にフランスにいるのを最後に目撃されて以来、杳として姿が見えなくなった。12日後の6月7日に英国議会でこの失踪についてモリソン外相が公表し、即日ラジオ、新聞でトップニュースとして報道された。まもなくして明らかになったことだが、二人はモスクワに亡命していたのである。その正体は、イギリス国家の権力の中枢に食い込んでKGB(ソ連の国家警察)に機密情報を流し続けた、ソ連のスパイなのだった。

バージェスもマクレインも、キャリアとしては出世コースをたどっていた。

---

[2] 本書のコラム(118頁および268頁)を参照。また、浜邦彦はこう指摘している。「[カリブ]作家たちは移動し、移動の中で作家としてみずからを形成していった。1950年代の英国(ブリテン)で開花する「カリビアン・ルネサンス」の嚆矢となった2つの出世作、ジョージ・ラミングの『この膚の砦の中で』とサム・セルヴォンの『ブライター・サン』が、ともに大西洋を渡る移民船の上で書き継がれたというエピソードは象徴的である」。

ともにケンブリッジ大学の出身者であり、同大学でキム・フィルビー、アンソニー・ブラントらと知り合い、ソヴィエト共産党の支持者として、1930年代からスパイ活動に従事した。パブリック・スクールの名門イートン校からケンブリッジ大というエリートコースを通ったバージェスは、表向きは共産主義を否認して保守主義を標榜し、BBC放送勤務の後、第二次世界大戦中に外務省の報道部に転任、1945年にヘクター・マクニール外務副大臣の広報担当官、47年、外務省の情報調査部、48年、極東部をへて、50年、ワシントンの英国大使館の最初の書記官となった。

マクレインは、第一次世界大戦後に自由党の党首を務めたドナルド・マクレインの息子で、ケンブリッジ大卒業後の1934年に外務省に入省。ロンドンとパリの勤務を経て、44年から48年まで米国ワシントンのイギリス大使館に赴任、核開発合同制作委員会書記官となった。すでにロンドン勤務時からイギリスの核開発の情報をソ連に流していたが、ワシントンでの諜報活動は、スターリンには極めて有用だった。他のスパイの情報（米国の原爆開発に関わった物理学者クラウス・フックスが流した技術的なデータなど）と併せて、ソ連は原子爆弾を英米の予想より数年早く開発したのみならず、1948年のベルリン封鎖や、朝鮮戦争での北朝鮮への軍備援助といった冷戦初期の軍事作戦の計画立案と実行にこれを利用したのである。

バージェスとマクレインのモスクワ亡命は、マクレインのスパイ疑惑が高まって事情聴取を受ける直前のことであり、その危険を知らせて逃亡を促したのは、外務省の高官でMI6（海外情報局）の課長の経歴もある（そして一時はMI6局長の候補とさえ囁かれた）キム・フィルビーだった。フィルビー自身のスパイ疑惑も強まり、同年に外務省を辞職することになるが、しらを切り続けて、彼が正真正銘の「第三の男」であったことがついに判明するのは、12年後の1963年、モスクワに亡命してしまってからのことであった。

「第四の男」はアンソニー・ブラント。エリザベス女王と縁戚関係にあって王室の絵画鑑定官を務め、1956年にナイト爵を受けたブラントは、1964年に取り調べを受けて、自身のスパイ活動の真相をMI5（英国情報局保安部）当局に告白。公表しないという裏取引のもとでその告白はなされたのだが、1979年に就任間もないサッチャー首相がそれを国会で暴露してしまい、大騒

ぎになった。もう一人、数人の名前が取り沙汰されているものの、いまだに正体が確認されていない「第五の男」を併せて、「ケンブリッジ五人組(ファイヴ)」という名が冠せられたエリート・スパイたちの活動は、彼らをモデルとしたフィクション(小説、映画、演劇など)をもたらし、冷戦期に特有の(また冷戦終結後にも残存する)スパイ形象として人びとの脳裏に焼きつくこととなった(バージェスやブラントらはケンブリッジ大学では使徒会(アポストルズ)に属し、同性愛者だった。ソ連型共産主義の理想化と同性愛のエリート・サークルの親密さとの重なり合いについては、村山を参照)。

## 6.『トリフィド時代』と核戦争の恐怖

　1951年、イギリス祭の華やかさの背景に、冷戦初期における第三次世界大戦と核戦争の恐怖があった。ソ連が原子爆弾の製造に成功し、初の核実験を行ったのは、米国に遅れること4年、1949年8月のことだった。翌9月に米国のトルーマン大統領がその情報を公表したのを受けて、ソ連は正式に核保有の事実を発表。以来米ソの核軍備拡張がエスカレートしてゆく(イギリスも1952年に初の原爆実験を実施)。

　1950年6月には朝鮮戦争が勃発、ソ連が援助する朝鮮民主主義人民共和国(北朝鮮)軍が38度線を越えて南下、大韓民国(韓国)軍と武力衝突が起こり、国際紛争となった。北朝鮮軍はソ連に加えて中国人民解放軍が援助し、他方、韓国軍には米国を中心とした国連軍が介入した。そこに英軍も含まれていた。50年11月、中国の軍事介入を受けて、マッカーサー元帥は中国侵攻と原爆使用の可能性を示唆、トルーマン米大統領も「戦況に対応するために、あらゆる手段を用いる」と述べて原爆投下の可能性を認めた。その直後の12月上旬にクレメント・アトリー英首相がワシントンに飛び、朝鮮半島への原爆投下を見合わせるように説き伏せた。原爆使用が世界戦争を導き、ヨーロッパがソ連の核攻撃を受けることをアトリーは懸念したのである。

　イギリスのSF作家ジョン・ウィンダムが1951年に発表した終末論的なSF小説『トリフィド時代』は、こうした不穏な時代の気分をよく伝える。「トリフィド」というのは、この小説に出てくる架空の肉食植物で、三本の太い

根を足代わりにして移動することができ（そうなるとほとんど「動物」だが）、頭部に生えた長い猛毒の刺毛を鞭のようにふるって獲物を殺し、それを腐らせて栄養にする。その由来は明らかでないが、自然の植物ではなく、生物学者による人為的な操作を経て偶然に生まれたものだと示唆されている。有毒で危険であるにもかかわらず、良質の植物油が採れるため、鎖でつないで動けぬようにして、それを大量に栽培していた。ある夜、緑色の流星雨による稀有の「天体ショー」が見られるというので、大半の人びとが嬉々としてそのスペクタクルを見るために戸外に出るのだが、それを見た者は全員失明してしまう。さらに疫病が蔓延す

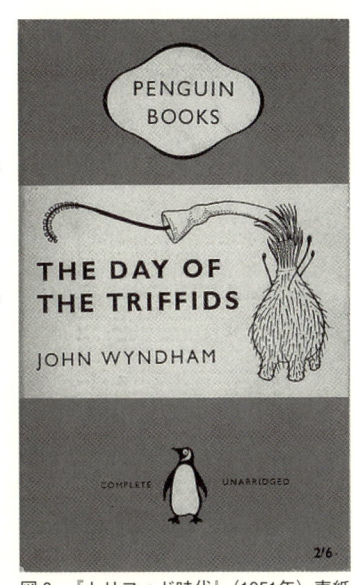

図3　『トリフィド時代』（1951年）表紙（ペンギン版、1961年）

る。その期に乗じて、大量のトリフィドが束縛を逃れて動き出し、とくに盲目になった人間に狙いをつけて、好き放題に襲って食い始める。人類破滅の危機にいたり、眼をやられずに生き残った一握りの人びとが中心となって、いくつかのコミューンを作り、派閥抗争をしながら、生きのびていこうとする。

　H・G・ウェルズの短編小説「盲人国」（1904年）では、秘境にある盲人の国を探し当てた目明きの主人公が、「盲人国では片目でも王様」という諺を真に受けて支配者として振る舞おうとするが、その国の住人はなんら生活に不自由しておらず、むしろ主人公を無能な阿呆とみなす。部分的にそれを踏まえていると思われるウィンダムの小説では、失明した人びとは「盲人国」の住人のような生きる知恵は持ち合わせておらず、跋扈するトリフィドの前になすすべもなく、文字どおり餌食となっていく。

　人類滅亡の危機をもたらしたあの流星群はいったいなんだったのか。失明の難を逃れてサバイバルの日々を送る主人公ビル・メイスンは次のように推測する。

「あの上空に無数の衛星兵器があって、地球をぐるぐる回っていた——いまも回っているのかもしれない。じつに多くの眠れる脅威が、誰かが、何かが、爆発させるのを待って、ぐるぐる回っていた。そのなかに、何が入っていたのか。きみも知らない。ぼくも知らない。極秘事項なのだ。ぼくらが聞いたのはすべて憶測なのだ——核分裂物質、放射性塵、バクテリア、ウィルス……。それで、そのひとつのタイプのものが、たまたま、とくに、われわれの目に耐え切れない放射線を発するように作られていたとしたらどうだろう——視覚神経を焼き切るとか、少なくとも、損傷を与えるような何かで……」
(井上勇訳、一部筆者改訳)

『トリフィド時代』は著者ウィンダムの出世作となった。これを原作とした朗読劇が1953年にBBCでラジオ放送され、その後映画やテレビドラマにも翻案された。もとより文学史に残る名作と評価されている作品ではないが、緑の流星雨と歩く食人植物という形象を用いて、同時代の人びとが抱いた冷戦と核戦争への不安を伝えている。核兵器が作り出されて60年以上を経て、その量は20世紀半ばの比ではないのだが、さほど気にしなくなってしまっている私たちは、ある意味では感覚を麻痺させてしまっているのかもしれない。パニックを共有する必要はないが、こうした作品をとおして、時代の気分と身体感覚をつかむ作業を行うことは無意味ではないだろう。その気分は「怒れる若者たち」と総称された1950年代後半に出てくる青年層の精神形成にどのように作用したのだろうか。また、1958年に始まる核兵器廃絶運動(CND)を担う人びとをどのように突き動かしていったのだろうか。

## 7. 雨の1951年、祭りの終わり

イギリス祭に際して、カワードはさらに歌う。

祭りをばかにしちゃいけない／フェアをばかにしちゃいけない／ひどい天気で気がふさぎ、髪もびっしょりべとつくが／われらはひとつにまとまろう／人びとよ、歌声をあげ

よう／寒くてぶるぶる震えていても[3]

　ここでは悪天候が言及されている。実際、1951年は雨の多い年で、最初の5ヶ月間は1815年以来最大の雨量であったと記録されている（Frayn）。ロンドンのバターシー公園は泥の海となり、労組のストもあって、プレジャー・ガーデンズの設営が大幅に遅れた。業を煮やした労働相のリチャード・ストークスがバターシーに赴き、建設作業員たちに説教をしたが、結局開催予定日に間に合わず、3週遅れのオープンとなった。サウス・バンクの主会場も雨と霜にたたられ、おまけに1月末からストで2週間工事が中断したが、こちらは5月3日の開会式にはなんとか間に合った。祝祭の気分をそぐように、4月末からの中国軍のソウル攻略作戦と連合軍の反撃のニュース、朝鮮半島での英国人兵士のいや増す死傷者のリストが報じられていた。まったく、比喩的な意味でも、人びとを「寒くてぶるぶる震え」させるような雨模様なのだった。のちにボブ・ディランがキューバ危機の暗い時期に切迫した調子で「激しい雨が降る」（1962年）とギター一本で歌ったように、カワードも、冗談めかした声色を用いながら、時代の気分を見事に切り取っている。

　そうした暗い背景があったにもかかわらず、最初に述べたように、イギリス祭は5ヶ月間の会期に多くの入場者を集めて、成功裏に9月30日に幕を閉じた。モリソンら企画推進者たちが設定した「国民の強壮剤」としてのイギリス祭の目標は十分に果たせたと思えたことだろう。だが、この祭りが彼らの「白鳥の歌」となるとは、当人たちには予想外のことだったのではあるまいか。閉幕から1月とたたない1951年10月25日、総選挙が行われ、労働党は、イギリスの政党として過去最高の1,400万票近くを集め、保守党の1,370万票を僅差で破ったものの、肝心の議席数のほうは保守党が321で労働党の299を上回り、保守党のほうが単独過半数を得た。これによって1945年以来6年間続いてきた労働党政権が終わった。代わって、ウィンストン・チャーチルが

---

[3] Don't make fun of the Festival, / Don't make fun of the fair, / We must pull together in spite of the weather / That dampens our spirits and straightens our hair. / Let the people sing / Even though they shiver... (Coward, *Lyrics*) このなかの「人びとよ、歌声をあげよう」のくだりは、J・B・プリーストリーの1939年の小説のタイトルを踏まえている。これについては、武藤・糸多を参照。

首相に返り咲いた。このあとイーデン（1955-57年）、マクミラン（1957-63年）、ダグラス＝ヒューム（1963-64年）と、13年間にわたる保守党政権が続く。

　この労働党政権の末期は内紛が目立った。朝鮮戦争の最中の1951年初頭に、労働党政府は今後３年間の再軍備計画を発表、蔵相ゲイツケルは、財源確保の一方策として、1948年に国民保健サーヴィス制度（NHS）が発足して以来無料だった義歯と眼鏡を有料化した。医療無償化の原則が崩されたことに抗議して、51年４月に労働福祉相アナイリン・ベヴァン（NHSの事実上の生みの親であった）が辞任、商務省政務次官ハロルド・ウィルソンらも後に続いて辞めた。

　1964年に刊行された『耐乏の時代1945-1951年』の一章にイギリス祭を振り返るエッセイを寄せた作家マイケル・フレインは、「あのフェスティヴァルは虹だった」と述べている。「嵐の後に出て、好天を約束する」すばらしい虹であり、「飢えに苦しむ1940年代の終わりと、より安楽な10年の始まりを劃するもの」だったが、「それをもたらした草食系［中流階級出身の革新派の企画者たち］の勢力の強化を標すものではなかった。……それは陽気で楽しい誕生日会に喩えられるかもしれないが、主人役が死の床で仕切っているパーティなのだった」（Frayn）。

　フレインの形容をさらに用いるなら、「草食系」が推進したイギリス祭を「肉食系」（保守党系の政治家やメディア）は毛嫌いした。その証拠に、首相の座に返り咲いたチャーチルは、施設の再利用の提案が出ていたにもかかわらず、サウス・バンクの主会場のパヴィリオンを即刻解体するように指示した。ロイヤル・フェスティヴァル・ホール、「テレシネマ」、ウォータールー橋の下のカフェといった数少ない例外を除いて、27エイカーの敷地にあった労働党政権の勝利の名残が、ほとんど根こそぎ剥ぎ取られてしまったのである。それから10数年間、跡地は殺伐たる状態で放置され、1960年代に入ってオフィスや駐車場に使われた。1977年に、エリザベス女王の即位25周年を記念して、「発見のドーム」や「スカイロン」などがあった跡地は公園（ジュビリー・ガーデンズ）として整備された。1999年にはそこに大観覧車が建設されて、ロンドンの観光名所となっていまにいたっている。「ロンドン・アイ」

がそれである。

## 結語

　1951年のイギリス祭は、ロンドンのサウス・バンクを主会場としつつ、ブリテン諸島と北アイルランドの各地域の企画も併せて、イギリスの「一国民」の「多様性」を示すことを図った。後者の代表的な出し物を列挙すると、ウェールズのスランゴスレンやスランルストなどではアイステズヴォド（eisteddfod）すなわちウェールズの伝統的な歌謡の祭典を呼び物とし、スコットランドのグラスゴーでは「産業の力——石炭と水」（Industrial Power: Coal and Water）と題する産業展覧会を開催した。また北アイルランドのベルファストでは「農場と工場」（Farm and Factory）展と題して、アルスター地方の主要製品のリネンなどをはじめ、この地域の伝統的な生産技術を中心テーマとした。各地域の行事を任された運営委員会によって、地域と中央（ロンドン）との関係について、また地域の独自性の意識について、見解の相違が見られたとはいえ、全体として見るなら、それぞれが地域の特質を生かしつつ、ブリテンというまとまり（多様性を通しての統一性）をなしている、という基本コンセプトによって企画運営されていたと言える。

　20世紀後半が進むにつれて、イギリス＝「一国民」のアイデンティティは、非白人系の移民者のみならず、連合王国内の各地域（あるいは各国）のナショナリズムの高揚によっても、揺らぎを見せることになる。イギリス・ニュー・レフトの代表的な論客で、スコットランドのナショナリズムの理論家であるトム・ネアンは、1977年に刊行した影響力の強い著作『イギリスの解体』のなかで、「おそらく古いイギリス国家（ブリティッシュ・ステイト）は崩れつつある」（Nairn）と述べた。「ほんの数年前であれば、ブリテンの解体などほとんど想像もつかぬものだった。1922年に南部カトリックのアイルランドは分離したが、北アイルランドのプロテスタントやウェールズ、スコットランドの小民族がその例にならうと信じる理由はほとんどないように思われた」。それらのナショナリズム運動がイギリスの政治経済体制を揺るがすような重要なモメントになるとネアンは読んだ。実際、「小民族」（表1を参照）のナショナル・アイデ

表1　イギリスの人口（1951年／2001年）

|  | 連合王国(UK) | イングランド | スコットランド | ウェールズ | 北アイルランド |
|---|---|---|---|---|---|
| 1951年 | 5,023万 | 4,116万 | 510万 | 260万 | 137万 |
| 2001年 | 5,979万 | 4,914万 | 506万 | 290万 | 169万 |

ンティティの意識は時とともに高揚の度を増してゆく。

　以上、1951年を基点として、その年に開催されたイギリス祭の「国民」表象を中心的に述べながら、20世紀後半と21世紀初頭のイギリス文化を見るうえで鍵となりうる問題点をいくつか出してみた。イギリス祭の企画推進者たちの拠り所は結局「一国民の物語」の同質性にあったと言えるが、本書は、むしろ異種混淆性に強調点が置かれることになるだろう。さまざまな、思いがけない異質の要素が混ざり合って、その後イギリスがどのような「著しい変貌（シー・チェインジ）」を遂げていったのか、それをこれからじっくりと見ていくことにしよう。

（川端　康雄）

## 推薦図書

Conekin. Becky E. *"The Autobiography of a Nation": The 1951 Festival of Britain*. Manchester: Manchester UP, 2003.

Hewison, Robert. *In Anger: British Culture in the Cold War 1945-1960*. Oxford: Oxford UP, 1981.

Sissons, Michael, and Philip French, eds. *Age of Austerity 1945-1951*. Harmondsworth: Penguin, 1964.

序章2

# 文化とは何か
―― 20世紀後半イギリスの文化と社会

## 1. 問題としての文化

　本書は「文化史」をタイトルに掲げている。以下の各章では、「文化」の名のもとに、さまざまな主題を扱うことになるが、それに先だって、そもそも「文化」とは何か、「文化」を学ぶことにどんな意義があるのかという問題を考えておきたい。

　私たちは何を「文化」だと思っているだろうか。イタリアのヴェローナを舞台とするシェイクスピアの悲劇『ロミオとジュリエット』を、文化と呼ぶことに反対する人はいないだろうが、空中大陸ネオ・ヴェローナを舞台とする剣と魔法の大活劇『ロミオ×ジュリエット』（追崎史敏監督のアニメ）はどうか。いや、世界に売り出されている日本アニメは、いまやまぎれもない「文化」だと認められるだろう。しかしアニメが文化の名に値するようになったのは、そんなに昔の話ではないし、大人も子供もアニメを楽しむのは、日本独特の文化だとも言える。そう、何を「文化」と呼ぶかということも、時代・地域の「文化」によって異なるわけだ。しかし、その「時代・地域」とは何か、という問題もある。私が朝6時に起きて体操をするのを習慣にしているとして、それを「文化」とは呼ばないだろうが、毎朝6時に起きて昇る太陽にむけて礼拝する人がいたとすると、その人はなんらかの「文化」でそれをやっている、と考えるかもしれない。しかし、朝6時に起きて体操す

ることが文化ではないと言い切れるだろうか。それがラジオ体操だったら？　どうやら、現在「文化」というときに、そこにはある共同体（時代・地域・性別・世代・階級・人種・宗教……）に共有された人間の行動パターンと制作物、という広い意味がありそうだ。

　ここまで使ってきた「文化」には、三つの意味があることを確認しよう。ひとつは、文学の名作を「文化」と呼ぶときの、つまり高級文化としての文化である。そして、そのような高級／低俗の区別をとりはらった、あらゆる人間的活動を指す文化。この意味では、アニメはもちろん、たとえばインターネットの掲示板なども「文化」である。そして後者と関連し、連続しているのだが、「日本文化」だとか「西洋文化」、はたまた「企業文化」などというときの、人類学・民俗学的な意味での文化がある。

　くわえて、英語の culture が日本語でどう訳されるか、考えておこう。いま述べたように、「文化」という広い訳語以外には、「教養」がある。この「教養」には、たんなる知識という以外に、「人格の陶冶」という意味あいがあるが、英語の culture にもやはり、もともとの「耕す」（cultivate）からくる、人間の人格の教育、陶冶、訓練といったニュアンスがある。また physical culture（身体鍛錬・体育）という場合のように、精神のみならず身体の訓練の意味もある。以上の多様な意味は、日本語の「文化」では覆いつくせないため、しばしば culture という言葉の意味の広がりを捉え損なう。

　これは、翻訳の問題だけではない。20世紀後半のイギリスにおいても、culture という言葉が指すものについて、さまざまな限定や分割が生じていたのだ。19世紀後半に、批評家マシュー・アーノルドは、『教養と無秩序』で文化を「これまでに考えられ、語られてきたもののうちで最上のもの」と定義することができた。約一世紀後、批評家・作家のレイモンド・ウィリアムズは、文化を「生の全体的様式（a whole way of life）」と定義した（"Culture Is Ordinary"）。それから半世紀が経ち、私たちの「文化」は様変わりしているように思えるし、じつはそう変わっていないようにも思える。本章ではそのような「文化」の問題を考えたいのだが、以上のように述べたからといって、「文化」の意味を限定・確定すべきだと言いたいわけではない。そうではなく、20世紀後半に、「文化」の意味がいかなるかたちで限定・分割されてき

たかを知り、考えることによって、私たちがこの言葉について抱いている先入観をぬぐいさり、この言葉を「再生」できないか、これが本章の趣旨である。本書をより意義深く読むための問題提起と考えてもらってもよい。

本章では1950年代から60年代に起きた、ある「文化論争」を導きの糸に以上の問題を考え、同時に20世紀後半の「文化と社会」を総覧してみたい。

## 2. C・P・スノウと「二つの文化」

1959年5月7日、ある文学者がケンブリッジ大学の評議員会館で講演をした。それは、「リード講演」と呼ばれる、16世紀以来の歴史をもつ連続講演で、その年の演題は「二つの文化」であった。講師はC・P・スノウ。スノウは1905年生まれ、ケンブリッジで物理学を修め、小説家に転向した人物である。小説家でありつつ、労働省や技術省の要職をつとめる官僚でもあった。小説作品の方は現在あまり読まれているとは言えないが、彼の名を現在まで記憶させているのが、この「二つの文化」講演なのである。

この講演の内容を要約するのは難しくない。その主題は、「二つの文化」、すなわち自然科学と人文学とのあいだに開いた溝を嘆く、というものである。スノウは、「二つの文化」のあいだの溝を、このように表現する。

> 私は幾度となく、伝統的な文化の基準にてらして高度な教養をそなえている人びとの集まりに出席しましたが、彼らは、科学者の教養の低さに対する不信を熱心に表明する人たちでした。一度か二度、私はむっとなって、その人びとに、熱力学第二法則を説明できる人はいますか、と尋ねてみたことがあります。反応は冷ややかなものであり、またそれを説明できる人はいませんでした。ですが私の質問は、文学であれば「だれかシェイクスピアを読んだことがありますか?」に相当するような質問だったのです。

スノウは、「二つの文化」が分断されていることを、公平無私に嘆いているわけではない。彼は、自然科学に比べて人文学が偏重されていたことを批判したのだ。スノウは、「科学」や「進歩」に疑いの目を向ける文学者たちを、「生まれつきのラッダイト［19世紀の機械打ち壊し運動家］」と批判する。

図1　C・P・スノウ

そして講演の結論は、自然科学教育の重要性を訴えるものになっている。

　この講演は同年に書籍として出版され、国内外で大きな反響を呼ぶ。なかでも有名なのが、F・R・リーヴィスによる反論であろう。スノウが標的としている「集まり」とはおそらく、彼が属していたケンブリッジ大学の英文学者（つまり国文学者）たちのことである。当時、ケンブリッジの英文学を代表する人物といえば、リーヴィスであった。リーヴィスは1895年生まれ、1927年からケンブリッジ大学で教鞭をとり、1930年には「ケンブリッジ英文学」（かなり保守的な英文学の流派という含意がある表現）の総本山ともいうべきケンブリッジ大学ダウニング・コレッジの英文学科の教員となる。『大衆文明と少数文化』（1930年）や雑誌『スクルーティニー』（1932-53年）の編集・執筆、『偉大な伝統』（1948年）などで知られる。『大衆文明と少数文化』という著作の題名が示すように、リーヴィスは「文化」の問題に関して、アーノルド流の文化、つまり高級文化の防衛をその使命として自任した。そして、スノウが（自分の小説がリーヴィス派には認めてもらえない恨みもあって）攻撃目標としたのが、この人文学の伝統だったのである。

　どうやらリーヴィスは、自分が標的となっていることを敏感に感じとったらしく、1962年、ダウニングでのリッチモンド講演で、「二つの文化？──C・P・スノウの重要性」という講演をし、スノウを批判する。ところがこの講演は、批判というよりは、スノウに対する口汚い非難であった。キーワードは「無知」。スノウは歴史も知らなければ文学も知らない、したがって作家としても重要な存在ではない。今回の「二つの文化」講義に意味があるとすれば、中身がからっぽのスノウが大西洋の両岸で一種のセンセーションを起こしてしまうような文化の堕落を、彼が体現していることがわかることくらいだ、などなど。スノウはこれを受けて、名誉棄損で訴えるか、それとも無視するか迷うが、結局後者を選択する。

　スノウの講演と論争を考えるとき、スノウとリーヴィスの勝敗を見極めようとすることは論外として、「自然科学対人文学」という枠組みにとらわれ

たままでは、何も見えてこない。リーヴィスが「二つの文化？」で、そしてスノウが1963年に発表した「二つの文化再訪」で、まったく逆の結論を導きだすために述べていることが重要であろう。つまり、スノウの講演は、その内容よりも、「現象」としての意味が大きかったと、両者ともに述べているのである。「スノウ現象」が起きたなら、彼の講演がインパクトを持ちうる歴史的・社会的条件がそこに用意されていたはずだ。次節では、「二つの文化」と、その後の論争が生まれた文脈を見ていこう。そこには戦後イギリスの社会と文化のさまざまな側面が浮き彫りになるはずである。

## 3.「二つの文化」と戦後イギリスの文化と社会

### 大学の「大衆化」とテクノクラシー政策

　スノウの具体的な主張はひとつ。自然科学教育の重視を訴える教育改革の主張である。スノウは、イギリスの教育が人文学重視で、自然科学教育が軽視され過ぎだと考えているのだが、この現状の判断自体に、じつは誇張がある。20世紀前半のイギリス史は高等教育（大学）拡大の歴史である。1900年から1910年に、5つの地方のいわゆる「赤煉瓦大学」が誕生する（オクスフォードやケンブリッジなどの「ブルーブリック」（＝石造り）の名門大学と対照的な、赤煉瓦造りの新設大学を指す名称である）。その間、オクスブリッジの学生数も6,000人から7,000人に増えている。大学進学率は、1910年の0.83％から1921年の1.1％に微増。戦間期には、1919年設立の新設大学奨学金委員会の活動もあり、イングランドの新設大学の大学生数は1910年の1万人から、1939年には2万2,000人に増えている。第二次世界大戦の直前には、オクスブリッジと新設大学、それにスコットランドの高等教育機関も含めると、21の大学に6万人強の学生が学んでいた（Ortolano）。

　大学の拡大は、戦間期にひとつの終着点を見出すのだが、それは階級の流動化、とくに労働者階級や下層中流階級の子弟が奨学金を得て階級上昇をはたす、というパターンを生み出す。新設大学以外でも、オクスブリッジは第一次世界大戦まではいわゆるパブリック・スクール出身の貴族・上層中流階級の場であったのが、奨学金を得た、グラマー・スクール出身の労働者階

級・下層中産階級にも門戸を開くようになる。教育＝教養の変化と階級流動化の経験を記録したものとして、トマス・ハーディの『日蔭者ジュード』（1891年）やE・M・フォースターの『ハワーズ・エンド』（1910年）、そして1920年代と50年代を舞台とするレイモンド・ウィリアムズの『辺境』（1960年）といった小説を参照してもよいだろう。いずれも、独学の人、または「奨学金少年（スカラーシップ・ボーイ）」を中心とする物語である。

　第二次世界大戦後、大学は第二次の拡大期に入る。それを象徴するのが1944年・45年の教育法による中等教育の拡大、そして大学に直接関係があるのは、1946年の「バーロウ報告」である。1945年に政府が招集した委員会によるこの報告書は、大学教育を受ける能力のある学生のうち、大学に行けているのは5人に1人であると結論づけている。そして、そのような才能に機会を与えるために、自然科学教育を拡充すべし、具体的には同年に5万5,000人いた科学者の数を、1955年までに9万人にすべし、と謳っている。

　この「バーロウ報告」を分水嶺として、その後15年間には大学のさらなる拡大が起こる。1945年から63年までで、大学生数は144％に増加、5つのコレッジがユニヴァーシティの地位に格上げされ、50年代には大学奨学金委員会がさらに7つの大学新設を計画した。しかも、同委員会の計画は、科学・技術教育を最優先とした。1938年と1963年を比べると、科学分野の学生数は331％の増加、技術分野では267％の増加を見た。

　スノウの講演は、以上のような、自然科学分野を中心とする大学の拡大を文脈としていた。いや、それどころではない。重要な事実をここで明らかにするならば、スノウ自身が、1945年の時点で労働省の要職にあり、バーロウ委員会の一員だったのだ。スノウは自分が政府の中心になってすでに進めていた政策を、追認するかたちで問題の講演をしていたのである。人文学偏重を言い立てるスノウのレトリックには、意図的な誇張があったともいえる。

　「二つの文化」の成功によって、スノウはその野望をさらに前進させる。まず、高等教育についての政府諮問委員会のロビンズ委員会への招集である。1963年に出された「ロビンズ報告」は、1960年代以降の大学と科学教育のさらなる拡充を決定づけた。さらに、1960年に大学院生受け入れを始めた、ケンブリッジ大学チャーチル・コレッジ設立時の評議員（フェロー）となる。同コレッジは、

ウィンストン・チャーチルが1955年、シチリア島で、彼の科学顧問であったチャーウェル卿を相手に酒を酌み交わしながら、それまで科学教育に力を注がなかったことを反省した言葉に端を発すると言われる。チャーチルとチャーウェルの理想はアメリカのマサチューセッツ工科大学（MIT）であった。そこでのスノウの野望は、リーヴィスの「ダウニング・イングリッシュ」（上記ダウニング・コレッジの英文学）に対抗して、「チャーチル・イングリッシュ」を立ち上げることであった。そのために、彼はアメリカの著名な英文学者を招聘しようと奔走する。何人かに断られ、スノウはついに、当時プリンストン大学にいた批評家ジョージ・スタイナーの招聘に成功する。

## 「二つの文化」と冷戦／帝国の縮小と「小英国」

　教育政策は、ある時代の国家がおかれた状況と、その国家がめざす国民像を色濃く反映している。だとすれば、戦後イギリスの高等教育拡充は、いかなる歴史を背景としていたのだろうか。あらゆる歴史がそうであるように、その要因は複合的なものだ。そのなかでも、スノウの講演との関連でまず注目されるのは、国内の科学政策と、国際的な冷戦状況との関係だろう。

　「二つの文化」講演の最終節は、「富めるものと貧しいもの」と題されている。これらが指しているのは、先進国と発展途上国、北半球と南半球（もしくは西洋と東洋）なのだが、スノウがここで問題にしているのは、発展途上国の貧困ではない。スノウの問題は、冷戦の国際秩序である。スノウは「アジアやアフリカ」が科学革命によって富んだ地域になれると信じ、ただしそれを行う力がイギリスにはない（そしてソ連にはある）ことに警鐘を鳴らす。

> 資本と同じくらい重要で必要とされるものは、人材です。つまり、外国の産業化のために自分の人生の10年間を投じるくらいに融通のきく、訓練された科学者や技術者です。この点について、アメリカ人と私たちが、分別をもって、また想像力をもって教育に力を入れない限り、ロシア人は明らかに優位に立つでしょう。

　冷戦は一面的には科学技術の開発競争、とくに宇宙開発競争というかたちを取った。スノウの講演にとっての重要な文脈は、古くはソ連の「電化」

（レーニンが重要視した、テクノクラシーとしての共産主義国家観）から、1957年の「スプートニク・ショック」、つまり世界初の人工衛星スプートニク1号の打ち上げ成功である。これによって始まった米ソ間の、政治性を帯びた宇宙開発競争は、1961年4月、つまりスノウ講演の2年後には、ユーリ・ガガーリンによる世界初の有人宇宙飛行によって、まずはソ連が一歩リードすることになる。スノウの「ロシア人」への言及はそういう訳だ。

　では、イギリスはどうであったか。戦後の労働党は、概して科学技術による「進歩」を信奉していた。象徴的な出来事は、1951年の大博覧会、イギリス祭である（序章1を参照）。この博覧会は、たとえば1851年の万国博覧会や、1924年のウェンブリーでのイギリス帝国博覧会（木下を参照）と比較したとき、「帝国」を展示することによって国威を示すのではなく、「一国民」の統合と力を示そうとすることを特徴とした。なかでも、ロンドンはイースト・エンドで行われた「建築博覧会」、サウス・ケンジントンでの「科学博覧会」では、科学技術がその「力」のひとつとして提示された。

　1964年に政権を奪回した労働党は、やはり科学政策を重視する。総理大臣となったハロルド・ウィルソンは、1963年の党大会演説で「この〔科学〕革命の白熱（white heat）のうちに鍛造されるであろうイギリス」のヴィジョンを示し、テクノクラシーによる新たなイギリスの発展をめざしていた。スノウがその労働党政権において、みずからの野望を実現させていったことはここまで述べたとおりである。講演が書籍の形で出版された際のタイトルを正確に記しておこう──『二つの文化と科学革命』である。

　では、科学革命のヴィジョンはイギリスに明るい未来をもたらすものだっただろうか。そこで、「二つの文化」のもうひとつの文脈である、「イギリス衰退」論争に目が行く。科学革命が主張されたのは、一方では冷戦体制への反応であったのだが、同時にその冷戦構造のなかでのイギリスの衰退する地位への憂慮の結果だったのである。特に60年代に入ってから、「イギリスの没落」に関する言説はさまざまな方面で氾濫する。たとえば、1963年7月の『エンカウンター』誌特別号は、「ある国民の自殺？（Suicide of a Nation?）」と題された特集を組んでいる。編集したのはアーサー・ケストラー。『真昼の暗黒』（1940年）で有名な、ハンガリー出身、ユダヤ系の亡命作家であっ

た。この特集の全体的な主張は、「二つの文化」論争にもかかわるものだ。ケストラーは、イギリスは「実力政治・支配(メリトクラシー)」であるどころか「凡人政治・支配(ミーディオクラシー)(mediocracy)」である、国の支配と管理は、アマチュアではなくエキスパートがになうべきだ、教育・産業・統治のあらゆる側面でテクノクラシー的な近代化が必要だ、と主張している（Ortolano）。そのようなテクノクラシーの理想を、スノウの議論は共有しつつ助長していたのだ。

## 4. 文化とメリトクラシー、メリトクラシーの文化

### 福祉国家とメリトクラシー、そして文化＝教育

　以上、「二つの文化」論争から見えるイギリス社会のさまざまな側面を、国内の教育政策と、国際的な秩序という、比較的大きな視点から見てきた。ここからは、その大きな視点も持ちつつ、冒頭に述べた文化の問題と、個人の生という、よりミクロな視点に迫っていきたい。

　前節で見た教育改革は、歴史的スパンを長くとれば20世紀初頭から進展し、1950年代に完成を見る福祉国家の成立と軌を一にしている。民主主義的かつ資本主義的な福祉国家は、教育機会の平等化をその重要な構成要素にしたのである。そのような体制を、ここでは広くメリトクラシーと呼ぶことにしよう[1]。メリトクラシーといえば否定的に使われることも多いが、気をつけたいのは、堅固な階級社会と比べれば、実力主義社会(メリトクラシー)は解放的なものでもありうる、ということだ。実力にみあった社会的・経済的地位を得ることは、今では当然のことと思われているので、これには気づかないかもしれない。

　さて、興味深いのは、ここまでの主な登場人物、スノウとリーヴィスの両者が、このメリトクラシーの申し子だという事実である。この二人は、先に述べた「奨学金少年」であった。スノウはイングランド中部のレスター出身で、父は製靴工場の事務員。つまり下層中流階級の出身であり、グラマー・スクールを出たあとは奨学金を頼りにケンブリッジ大学に進んでいる。対す

---

[1] メリトクラシー（meritocracy）は、イギリスの社会学者マイケル・ヤングの造語である。この言葉を定着させたのはヤングの『メリトクラシーの勃興』であり、その出版が1958年であったことを考えると、ヤングの著作自体が本章で描く「文化論争」の一部であったことがわかる。

図2　F・R・リーヴィス

るリーヴィスはケンブリッジのピアノ製造・販売店の息子であり、やはり奨学金を得てグラマー・スクールからケンブリッジ大学へという学歴をたどっている。さらに、リーヴィスが学んだ「英文学」とは、じつは比較的新しい学問分野であり、彼が通過・取得した「トライポス」という卒業試験と、博士号（PhD）という、学業を証明するための制度も、新しいものであった。リーヴィスはケンブリッジ大学で66番目のPhD取得者である（英文学の成立については河野を参照）。しかもそのPhD自体、新興の自然科学系の学問の学業証明のために新設されたという。

　この二人の活動や思想も、その表面上の対立にもかかわらず、メリトクラシーの進展という大きな条件を共有している。スノウの立場は、従来的な人文学の批判であった。だが、リーヴィスは本当にスノウが標的とする「人文学」そのものなのかと言えば、じつはそうではない。リーヴィスが確立した文学研究の方法とは、文学作品に対面した際の個人の経験から出発する、というものだ。これは現在では当たり前に聞こえるかもしれない。たとえば現在日本で行われる「国語」教育についても、まずは予備知識なしに作品を読み、その個人が感じた「感想」から出発するといったことが行われる。ところが、リーヴィスたちが「英文学」を確立するまでは、文学研究とは基本的に文献学や古典研究のことであった。一言で言えば、それは「教養」を必要としていたのであり、そしてその教養とは、階級と不可分のものだったのだ（これを「文化資本」と呼んだのはフランスの社会学者ピエール・ブルデューである）。それに対し、リーヴィスは、階級がもたらす教養を必要としない文学研究の方法を発明したのである。これはむしろ、教養というよりはリテラシーといったほうがわかりやすいかもしれない。リーヴィスの師であるI・A・リチャーズとその同僚C・K・オグデンが「ベーシック・イングリッシュ」という簡略化した英語を提唱した際にも、そこには「反教養主義」があった。ちなみに、さきほど触れた日本の国語教育にも、リチャーズ、オグデン、リーヴィスらの、「文学によるリテラシー教育」の流れが入っている。

このように、この二人は対立しながらも20世紀イギリスで進展したメリトクラシーを擁護しつつ後押しもしていた。二人はそれぞれのやり方で、culture＝文化・教養・教育の意味を、固定した階級から解放しようとしたのだと言える。では、なぜ二人は対立したのか。それを考えるためには、「文化と社会の分離」という厄介な問題を考える必要がある。

## 「教養小説」から「イニシエーション小説」へ

　「文化と社会の分離」とは何か。これを理解するためには、私たちが現在これらの言葉について持っている先入観から自由になる必要がある。文化については、冒頭で詳しく述べておいた。ではその社会からの分離とは何か。

　これを理解するために、ちょっと寄り道して、イギリス文学作品を実験的に比較してみよう。たとえば、イギリス文学の代表作のひとつとされる、シャーロット・ブロンテの『ジェイン・エア』。1847年の小説である。この作品は、女性主人公ジェイン・エアの「成長」を描く、女性版の「教養小説」とされることもある。教養小説とはドイツに発する小説の定型で、主人公の子ども時代からの成長を描く小説だとされる。『ジェイン・エア』のあらすじは以下のとおり。ジェインは、寄宿舎学校で不遇時代を過ごしたのち、貴族のロチェスター氏の家で女性家庭教師（ガヴァネス）として就職し、ロチェスター氏と身分違いの恋に落ち、結婚しようとするも、ロチェスター氏には、狂気に陥ったために屋敷の屋根裏部屋に監禁された妻バーサがいることがわかり破局を迎える。ジェインが屋敷を去っているあいだに、バーサが屋敷に火を放ち、ロチェスター氏は大けがを負う。すべてを失ったロチェスター氏のもとに戻ったジェインはロチェスター氏への愛を確認し、結婚する。ハッピーエンド。

　実は、この小説を、ジェインの内面の成長を描く小説として読むことは、現代的な先入観にもとづいている。なぜか。上記のあらすじからはある重要なくだりが欠落している。ロチェスター氏のもとから去っているあいだ、植民地で財をなしたジェインの伯父が、彼女に遺産を残したことが読者に知らされるのである。ロチェスター氏のもとに戻ったジェインは、じつは金持ちになって帰ってきている。この「隠された遺産」の物語は、19世紀小説の、さらには教養小説のひとつの定型と言ってもよい（他にはチャールズ・ディケ

ンズの一連の小説がある)。『ジェイン・エア』の物語を「解決」するのは、ジェイン個人の成長ではない。それは、お金なのである。いや、もう少し丁寧に言えば、19世紀の教養小説において、個人の成長と考えられるものと、その個人の経済的・社会的（つまり階級的）な上昇は切っても切れない関係にあるのだ（Williams, *The English Novel*）。

　それから一世紀以上が経った1950年代。50年代にもやはり、「個人の成長」を描いたと思しき小説はある。ここではそれを教養小説とは呼ばず、「イニシエーション小説」とでも呼んで区別したい。有名なところでは（アメリカ小説だが）『ライ麦畑でつかまえて』(1951年) などを考えればよい。主人公の子供時代や青年時代から、大人への通過儀礼を描く小説である。ここでは、「怒れる若者たち」の一人に数えられる、アラン・シリトーの1958年のデビュー作、『土曜の夜と日曜の朝』をとりあげてみたい。

　当時豊かになりつつあった労働者階級の主人公アーサーは、工場での肉体労働に従事しつつ、給料の出る毎週土曜の夜は酒と女に浸る生活をしている。アーサーは同僚の妻ブレンダと不倫関係にあるが、やがてブレンダの妹のウィニーとも関係を持つ。ウィニーの夫ビルは軍人で、ウィニーの不倫を知るとアーサーを襲う。けがをしたアーサーは、比較的清純な付き合いをしていた女性ドーリーンに助けられ、介抱される。アーサーはこれまでの放埒な生活に区切りをつけ、ドーリーンと結婚することを覚悟して、小説は終わる。

　少々主人公が「悪い」ものの、『土曜の夜と日曜の朝』は、現代の私たちにはなじみの深い「イニシエーション小説」であることがわかる。青年時代の逸脱から、結婚生活と、中流階級化しつつあった労働者階級としての「小市民的」生活へ。不良だった青春よさらば、というわけだ。

　『土曜の夜』は、『ジェイン・エア』のような小説とは決定的に異質である。主人公の変化は、たんなる内面的成長であって、そこに経済的・社会的発展はない。逆に言うと、小説のプロットを、経済的なものや社会的なものが解決することはない。アーサーの労働者階級としての生活は、はじめから与えられており、変化すると想像もされない。何より小説が終結を迎えるために、彼の社会的条件が変わる必要はない。家庭教師（中産階級の下の下）から貴族階級に二階級（三階級？）特進するジェインとは大違いである。

さて、この比較は、「文化と社会の分離」とどう関係があるのだろうか。ここで、「文化」を日本語の「文化」だけで考えていると何も見えてこない。最初に述べたように、culture は（それ自体多義的な）「文化」であるとともに「教養」でもあり「人格の陶冶」でもあった。つまり、極端な話、culture に「成長」の訳をつけることも可能なのだ。このような意味の広がりを頭に入れつつ、ここまでの比較を考えてみよう。ジェインの「成長」がたんなる個人の成長だけではなく、経済的・社会的でもあるというのは、culture のあらゆる意味においてジェインが「成長」することだとは言えないか。そのような成長のためには、社会的条件をひっくり返すような出来事が必要である。たとえば遺産のような。対してアーサーは、culture の限られた意味においてしか成長しない。社会とは関係ない、個人の人格の変化という意味での成長である。この対照は、50年代までにイギリスで進行していた「文化と社会の分離」の一端を示している。平たく言ってしまえば、文化はしだいに個人的なものとなり、経済体制を維持する社会（ここでは階級）は、個人の認識と力のおよばない領域になっていた、ということである（個人と社会の分離については、第1章および第10章を参照）。これは広く見れば、イギリスにおける民主主義の進展と、それにともなう個人主義の進展という、それ自体良いものでも悪いものでもありうる現象の結果でもある。

## 二つの文化、その外側へ

　さて、先の問題に帰ろう。民主主義の進展の重要な一部である、メリトクラシーを広い意味では擁護するスノウとリーヴィスは、なぜ対立したのか。両者とも、上記のような「文化と社会の分離」を、再接続しようと苦闘している。二人が袂を分かつのは、その「再接続」の仕方においてであるというのが真相であるようだ。リーヴィスは、つまるところは「偉大な文学（＝文化的制作物）」を正しく観賞することこそ、人格の陶冶に結びつくという考え方を捨てない。一方でスノウは、それまではふつう「文化」という呼び名を与えられなかった自然科学に「文化」の名前を与える（その際の文化に教育の意味もあることを、あらためて強調しておく）。二人はこのように、「文化」という言葉にそれぞれ違う意味を与えており、論争の焦点はこの「意味

の闘争」にあったのだ。しかしそれでも、ここまで述べたように、メリトクラシーの進展という観点では二人は同じ土俵を共有していた。

しかし、この二人が問題にした「文化」も「社会」も、それぞれに限定的なものでしかなく、それゆえに二人の「メリトクラシーの夢」もまた、限定的なものであったことには注意が必要だ。それを示すために、50年代のまったく異なる教育実践に目を向けてみよう。

図3　R・ウィリアムズ

そこには、ちがう教育、ちがう文化の問題が見出されるだろう。ウェールズ出身、イギリスの批評家・小説家であるレイモンド・ウィリアムズは、第二次世界大戦後から1950年代にかけて、「成人教育（Adult Education）」にたずさわっていた。成人教育を行った主な組織は大きく分けて二つで、WEA（Workers' Educational Association 労働者教育協会）と、大学の公開講座であった。とはいえ、WEAはその創設当時から、特にオクスフォードの大学拡張運動との協力のもとに活動を行った（松浦）。ウィリアムズ自身、オクスフォード大学の公開講座で教えている。WEAによる成人教育の主眼とは、労働者階級教育であった（ただし、当時その性格が薄れてきて、労働者よりも中流階級の学生が増えており、いわば今日の「カルチャーセンター」化していた）。

ウィリアムズは、兵役から復員した際に、人びとが「まったくちがう言語を話している」という感覚を覚えたという（*Keywords*）。それが特に顕著であったのは、「文化」という言葉の使われ方においてであった。彼は、成人教育の現場で、この「文化」という言葉の社会史を、学生たちとの議論によって練りあげていく。その結果出来あがったのが、アカデミックな研究書としては異例のベストセラーとなる『文化と社会──1780-1950年』（1958年）であった。ウィリアムズは、「文化」という言葉の使われ方が、言葉だけの問題ではなく、広く社会の変化を反映し、また逆に言葉の変化が社会の変化につながると考え、ロマン派以降の「文化と社会」の系譜を描いたのである。

さて、ウィリアムズにとって、成人教育とはなんであっただろうか。まず、それは「未完の福祉国家」「未完のメリトクラシー」を補完する試みであった。福祉国家が「完成」し、メリトクラシーが階級の固定性を掘り崩したと

はいえ、完全なる教育機会があらゆる人に与えられていないかぎり、その理想は完成したとはいえない。スノウやリーヴィスのメリトクラシーの理想も、前者はテクノクラシーを理想とすること、後者は文学エリートを理想とすることによって、限定・排除をともなう理想になっているのである。実際、スノウの「メリトクラシー」がその実「ペアレントクラシー」であったことは、いわゆる「イートン事件」によく表れている。1965年に総合制中等教育学校に関する国会答弁をした際、スノウは、なぜ息子をパブリック・スクールの名門イートン校にやるのかと問われて、自分の同僚たちと違ったやり方で子どもを教育するのは間違いだからだ、と教育上の階級制度を肯定する発言をし、メディア上でのバッシングを受けたのである。しかし、それだけではない。ここまで示唆してきたように、福祉国家型の民主主義は、従来的な階級とともに、さまざまな共同体を解体し、個人化を進める。それによって引き起こされる効果とは、シリトーの『土曜の夜と日曜の朝』で見たように、社会的なもの、さらには政治的なものの想像の阻害なのである。「文化」が個人化されることで、社会を知ることも、したがって自分をとりまく社会が変化しうると想像することも、不可能になる。ウィリアムズは、そのような状況のもっとも広い原因、つまり「文化と社会の分離」そのものを成人教育の授業のテーマとすることによって、つまり、分断・限定された「文化」の意味をもう一度社会へと差し戻すことによって、そのような阻害を乗り越えようとした。ウィリアムズは文化を、「生の全体的様式」と呼んだことで名高いが、このさりげないように見える「文化」の定義には、ここまで述べたような「文化」をめぐるさまざまな分断や排除の経験が込められているのだ。

## おわりに

　以上の戦後イギリスの物語は、現在から見ると奇異に映るかもしれない。文化という言葉がこれほどの論争の的になり、文化による社会変革がこれほど真剣に信じられた時代は遠い過去のように思える。しかし、だからこそ、なぜ現在そのように考えられなくなったのかを学ぶ必要がある。
　1950年代から現在までに起こった変化を指し示す言葉のひとつは、「新自

由主義」であろう。イギリスでは、80年代のサッチャリズムによって推し進められた政治・経済・社会思想と実践である。スノウやリーヴィスにとって解放作用を持っていたメリトクラシーは、自由主義的個人主義を基礎としていたのだが、新自由主義はそれを徹底し、福祉国家的なセーフティネットを取り去ったうえで、個人を競争のなかへと放り込む（サッチャー自身が、商店主の娘であり、「スカラーシップ・ガール」であったことは示唆的かつ皮肉だ）。成人教育の理想でさえも、新自由主義そしてグローバリズムは簒奪する。新自由主義下においては、個人はつねに自己を更新・管理し、「柔軟・フレキシブル」な労働力たることを求められる。そこで強調されるのが、成人教育ならぬ「生涯学習（lifelong learning）」である。私たちは、生涯、みずからを使える労働力として更新し続けなければならない。そのような状況下では、本章で述べた意味での「教養小説」は、別のかたちで復活している。つまり、個人の成長と経済的成長（成功）が、あられもないかたちで結びついた「成長」のヴィジョンである（第3章の『ヒストリーボーイズ』、第21章の『マイ・ビューティフル・ランドレット』参照）。しかしそれは決して、「個人と社会」の再統合ではなく「個人と経済」のショートカットでしかない。

　では、本章で登場した人びとの理想と苦闘は、もう失われたものなのか？　もう学ぶ意味はないのか？　いや、そうではない。新自由主義的な現在を、どこかで構成している——ウィリアムズはこれを「残滓」と呼ぶ——のは、まさにここに描かれた夢なのである。だからこそ、私たちは20世紀後半という過去を、そしてその文化を学ぶ必要があるのだ。「文化」の可能性について、もう一度生き生きとした想像力を取り戻すために。

（河野　真太郎）

## 参考文献

レイモンド・ウィリアムズ『完訳 キーワード辞典』椎名美智ほか訳、平凡社、2002年。

テリー・イーグルトン『文化とは何か』大橋洋一訳、松柏社、2006年。

トニー・ベネット、ローレンス・グロスバーグ、メギャン・モリス編『新キーワード辞典』河野真太郎ほか訳、ミネルヴァ書房、2011年。

# 第Ⅰ部

## 階級・くらし・教育

＊

　20世紀半ば以降、人びとは、どのような生活(ライフ)をおくってきたのだろうか。たとえば、この、日本と呼ばれる列島ではどうだったのだろうか。じつのところ、それを想像するのは、かなり難しい作業である。ましてや、イギリスの人びとの生活、それも、20世紀後半の生活となると、いよいよ見当がつかない、と感じる読者も多いかもしれない。

　しかし、本書を手に取るとき、そういうひとときだけは、こんな風に想像してみてほしいのだ。この60年のあいだ、人びとは、そのくらしを少しでも良いものにしようと、努力してきた。価値ある変化をもたらそうと、懸命に努力してきた。人びとは真剣だった。その真摯さにおいて、日本だろうが、イギリスだろうが、じつはなんの違いもないのだと。

　第Ⅰ部では、そうした真摯な営為を、「階級」、「くらし」、「教育」という3つのキーワードを軸にたどっていく。

　第1章は、1950年代後半に焦点を合わせる。この時期、平均賃金の大幅な上昇を背景に、人びとは豊かさを実感し始めていた。そんななか、労働者階級のくらしから逃げだそうとする若者たちが、数多く登場してくる。彼らの営みに魅惑された小説家コリン・マッキネスの作品を皮切りに、階級をめぐる、じつに複雑な感情の有り様を本章は浮き彫りにする。

　第2章は、1970年代を回顧する小説『ロッターズ・クラブ』を取り上げながら、この「危機」の時代を考察する。70年代、代議制民主主義が本格的に失調しはじめる。代表者が議会で話し合うことで、人びとのくらしにまつわる諸問題の解決を図る、という仕組みが機能不全に陥ってきたのだ。この状況のもと、ストライキという、じつは文化的な営みがもった大きな意義を本章は明らかにする。

　第3章は、受験競争をコミカルに描いた映画『ヒストリー・ボーイズ』を紹介しながら、次世代のくらしに大きな影響を及ぼす教育について考える。「資格」社会であるイギリスでは、成績や学位が就職の際に大いにものを言う。この環境のもと、戦後に拡大した中流階級(ミドル・クラス)のなかに、子どもたちの教育をめぐる不安が醸成されてくることになる。この不安を利用しつつ進展した教育改革は、いかなる価値を持っていたのだろうか。

　第4章がおもに扱うのは、新しい労働党政権(ニュー・レイバー)（1997-2010年）のもと、地方分権の流れが加速してゆく時期である。この潮流のなか、個々の「コミュニティ」の自律が重視されるようになる。それは財政的な自律をも含むものであり、種々の矛盾をはらむものだった。芸術・アートは、そうした矛盾を覆いかくしてしまうのか、それとも、その積極的な解決に寄与するものとなるのか。この疑問を軸に、芸術・アートと人びとのくらしの関係について考える。

（大貫　隆史）

第1章

# ロンドン・アイからダブル・アイへ
――1950年代の若者たち、そして労働者たち

## はじめに

　ロンドン・アイ（London Eye）という言葉を、みなさんは耳にしたことがあるだろうか。じつはこれ、序章1ですでに紹介されているのだが、ロンドンのサウス・バンクにある観覧車のことである。1951年に開かれたイギリス祭の主会場の跡地に、およそ半世紀後に作られた（1999年に完成、2000年に一般公開）。

　そもそも"eye"に「観覧車」なんて意味あった？　こんな声も聞こえてきそうだ。手元の英和辞典で、"eye"を引いてみても観覧車という語義は見つからない。実際、ロンドン・アイという名称はなかなか定着しなかったようで、公式ウェブサイトにも「2000年あたりにさかのぼってみると、ロンドン・アイは、ミレニアム・ホイールという名で知られていた」という記述があるぐらいだ（観覧車は英語で"Ferris wheel"）。

　なぜ、この観覧車をロンドン・アイと呼ぼうとしたのだろうか？　命名の由来を推測してみることにしよう。

　図1をよく見てほしい。そう言われてみると、観覧車というものは、たしかに「目」のように見えなくもない。いや、それどころか、かなり似てるんじゃないか。うんうん、「目」にそっくりだ。よしこれだ、この巨大な観覧車、それも、新しい千年紀を迎えるロンドンの象徴となる観覧車、その名前

図1　ロンドン・アイ

は「ロンドン・アイ」でいこう！　おそらくはこういった具合に命名したものと推測される。

　気の利いたネーミングである。なにしろ、この「目（アイ）」にのれば、ロンドンを、それも、テムズ側を挟んで北に南にひろがるロンドンを、一望のもとに見ることができるのだから。夜景だってすばらしい。100万ドル（いやポンドか）の夜景、いや、それ以上の価値のある眺めをご堪能ください——ロンドン・アイの冠（スポンサー）企業は、そう言いたげである。

　EDFエナジー社とロンドン・アイの提携がもたらすのは、ロンドンの絶景、さらには、新しい理想像（ヴィジョン）です。……EDFエナジー社は、その理想像（ヴィジョン）を実現すべく尽力しております。それは、よりクリーンで、より低炭素な生活を目指す都市という理想像（ヴィジョン）です。……低炭素のロンドンを、みなさんの目でお楽しみ下さい。（ロンドン・アイ公式サイトより。強調は引用者）

　ロンドン・アイ——正式名称「EDFエナジー・ロンドン・アイ」——は、イギリス最大規模の電力会社EDFエナジー[1]の喧伝塔の役割も兼ねている（いや宣伝観覧車か）。この事実を踏まえて、引用した文言を解釈すると、こんな感じになるだろう。

　ロンドン・アイから一望できる、大都市ロンドンの夜景。この見事な夜景を可能にしているのは、確かに大量の電力です。しかし、それを作り出しているのは、二酸化炭素を大量排出する発電技術ではありません。「よりクリーンで、より低炭素」な発電技術によって、環境に配慮した夜景が実現しつつあるのです。ロンドン・アイからは、その「低炭素のロンドン」を一望で

---

[1]　EDFエナジーの子会社ブリティッシュ・エナジーは国内8箇所に原子力発電所を保有している（2011年5月現在。BE社公式サイトによる）。なお、EDFエナジーは、原発保有数では世界有数のÉlectricité de France（フランス電力公社）傘下の企業。

きます。そして、それに一役も二役も買っているのが、弊社です。「よりクリーンで、より低炭素」な発電技術によって、あくなき経済成長を目指すイギリスの首都ロンドン。それが一望できる「目(アイ)」。これに乗れば、そうした「理想像(ヴィジョン)」の実現を「目指す」人びと、さらには、そうした人びとの「生活」が、一望できます、それがロンドン・アイです、ぜひご来場を……。

　この願望それ自体が、現在のイギリスで、人びとによって、どのように受けとめられつつあるのか、この点を論じる準備を本章はまだ持っていない。
　しかし、ロンドン・アイではなく、ダブル・アイを持たねばならない——こういうメッセージを発していた人びとがいたとしたら、どうだろうか？　人びとの生活をシンプルに眺める「目(アイ)」ではだめなんだ、もっと複雑な「ものの見方」を持たなきゃいけない。社会をすっきりと一望するようなロンドン・「視点(アイ)」はまずい、もっと複雑に見るための二重の視点(ダブル・アイ)を持とうとすることが大事なんだ……。
　いまから思うと、こんな感じのメッセージを発信していた人びとが、1950年代後半のイギリスに、実はいたのである。彼らがどういう人間だったのか、これについてなら、みなさんに紹介する準備が本章にはある。
　ただし、そのためには、ロンドン・アイからダブル・アイへ、すなわち、2010年代のロンドンから、1950年代後半のロンドンへと、みなさんに旅立ってもらわねばならない。1950年代後半のロンドン。電気は、ほぼどの家庭にも引かれていたが、その「配電状態はしばしば不安定で、配線にさわると危険なことさえあった」(Sandbrook, *Never Had It*)。そのありし日のロンドンへと、まずは大急ぎでタイムスリップすることにしよう。

## 1. 小説家コリン・マッキネスと1950年代のロンドン

　とはいえ、本当に半世紀も前のロンドンにタイムスリップしたとしても、ダブル・アイ、とつぶやいた人に、いったいどこに行けば会えるのだろうか？　いや、そもそもその人は、いまと比べると電灯の少ない、このロンドンにいるのだろうか？　まずは、当時のロンドン事情に詳しく、かつ、ダブル・アイの意味についてヒントをくれそうな人を探すことにしよう。

図2　コリン・マッキネス
　　　（1914-76年）

　それが、小説家コリン・マッキネスである。念のため言っておくと、彼自身は、ダブル・アイ、とつぶやいた人ではない。つぶやいたのは、（イニシャルだけこっそり教えると）彼とほぼ同年輩のR・Hさん、という人である。ただし、R・Hさんに会いに行く前に、われながら、なんとも強引な旅行ガイドぶりだが、まずはマッキネスさんに、どうしても会っていただきたいのだ。
　この小説家の伝記を書いたトニー・グールドによると、マッキネスがこの世に生を享けたのは、第一次世界大戦が勃発した1914年のことだ。そして彼の母親は、というと、作家ラドヤード・キプリングや首相スタンリー・ボールドウィンを輩出した、かなりの名門一族の出身だった。ところが、マッキネスは、そうした上層階級的な生活とは、根本的に違うものに惹かれるようになる。彼は、1950年代に登場してきた若者たちの暮らしぶりの方に、大きな興味を持つようになってゆく。
　そうした若者たちの生活を鮮やかに描くのが、彼の小説『アブソリュート・ビギナーズ』だ。1959年に発表されたこの小説は、当時のロンドンについて、私たちにいろいろと教えてくれる。
　手始めに、この作品の舞台となっている2つの場所を確認しておこう。ひとつ目は、私たちのいる場所から、つまり約半世紀後にロンドン・アイが建設されることになる場所から、北北西約1.6キロにある地区ソーホーである。2つ目が、西北西約6キロ付近にあるノッティング・ヒルだ。
　では当時のソーホーへと、マッキネスとともに、足を踏み入れてみることにしよう。1950年代中葉のソーホー。そこは、売春婦やごろつきが闊歩する「悪場所」である（Gould）。ただし、そういう地区だからこそ、商業開発の手を逃れることができていて、なんとも自由な雰囲気のある場所にも見える。
　ソーホーに出入りする若者たちの服装は、実に多様だ。『アブソリュート・ビギナーズ』には、よく知られたテディボーイももちろん登場する。しかし、40代前半のマッキネスが心惹かれるのは、トラッド風の、そしてモダ

ニスト風（のちのモッズ）のファッションである。彼らのファッションは、念入りに描かれる。それだけ衝撃的だったのだろう。トラッド風の装いを決め込んでいる「ミザリー・キッド」（むろんあだ名である）はこう描写される。

> 長くてぼさぼさの髪、固く糊付けされた襟（やや汚れている）、ストライプのシャツ、無地のネクタイ（今日は赤だが、ロイヤルブルーかネイビーブルーであってもいい）、短めだが古いジャケット（誰かが乗馬用に使ったツイード地のお古にちがいない）、太縞の入った相当きつめのスラックス、靴下は穿かず、短めのブーツ。

モダニスト風の「ディーン」の方はこういう感じだ。

> 念入りに整えられ、分け目がピッと入っている大学生風の短髪、丸襟のイタリア・シャツ、念入りに仕立てられた短めのローマン・ジャケット（短いスリットが2つ、3つボタン）、……折り返しのない細いスラックス、先のとんがった靴……。

といった具合である。果ては、傘を使うかレインコートを使うかどうかまで、彼らはこだわる（トラッドは傘で、モダニストはレインコートと別れる。なお、当時の若者たちの暮らしぶりについては、クロスが詳しい）。

2010年代のロンドンからやってきた私たちにしてみると、マッキネスが、なぜここまで興奮しているか、よくわからない部分がある。この時代に何が起きているのだろうか。手短に答えると、経済の面で、劇的な変化が生じつつある、ということになろうか。

統計的な事実を見てみよう。1931年の時点と比べて、1961年には、肉体労働者の全体に占める割合は7割から6割弱へ、数自体も70万人ほど減少したと言われる。さらに同じ時期に、肉体労働者の賃金が平均して約5倍に増えた。もちろん物価も上昇していたのだが、それは約2.7倍にとどまったので、可処分所得は実質的に相当の伸びを見

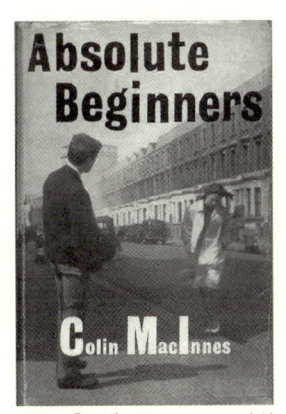

図3 『アブソリュート・ビギナーズ』初版

せたわけである（Stuart Laing）。

　大まかな記述になるが、1950年中盤の「ゆたかな時代」以前、若者たちが稼ぐお金は、家族の財布に入るものだった。ところが、先に述べた平均賃金の上昇によって、父親など稼ぎ手の収入が大幅に増加したことで、その必要性が減少したのである。これによって、多くの若者が、自分自身の財布を持つようになる（Judt）。彼らは洋服や音楽レコードを熱心に買い求める、重要な消費の担い手ともなった。「ティーンエイジャー」という言葉が流通し始めたのも、実はこの時期のことらしい（Sandbrook, *Never Had It*）。

　ちょっと意地悪な言い方をすると、消費社会の進展に伴い、服装や髪型が「個性」を表示するようになった状況を、マッキネスは巧みに描いている、と言えるのかもしれない。微細な違い（襟や靴の形など）にこだわる若者たちは、この上ない消費の担い手である。なにしろ、雨露をしのげれば傘かレインコートかはどうでもいい、ましてや色や形なんて関係ないよ、ということでは、商売あがったりなのだから。

## 2. 解放区ソーホー──若者たちの視点（アイ）

　とはいえ、マッキネスが描きだすのは、消費社会の申し子としての「ティーンエイジャー」だけではない。彼が本当に知りたいのは、どうやら若者たちの視点の方らしい。彼らが、どのようなものの見方をしているのか、齢40を超えた「おじさん」であるマッキネスは、興味津々のようだ。

　ところで、この作品の主人公は、最後まで名前を明かされることがない。彼は普通の若者で、当時の若者たちを代表する存在なので、名前を付ける必要すらない。だから主人公の視点は50年代の若者たちの典型的なものの見方だよ。マッキネスおじさんはそう言いたげである。

　それはどんな視点だったのだろうか？　たとえば、主人公はソーホーのジャズ・クラブについてこう語っている。

　　……階級がなにか、人種がなにか、収入がいくらか、少年か、少女か、おかまか、両刀使いか、そんなことは誰も気にはしない──ジャズ・クラブのドアを開けてなかに入っ

たときに、このたまり場が気に入って、ちゃんとふるまえて、これまで経験してきたクソみたいなものを、全部外に捨ててきているなら、そいつが何者かなんて、ひとりたりとも気にするやつはいない。

　階級、人種、収入、年齢、性別、セクシュアリティ……。こういうものは、「クソみたいなもの」と主人公には見える。それは垣根なのであって、さっさと取っぱらってしまえばよい、彼は、そんなものの見方をしている。
　この視点は、家族と話す（というよりは口論している）ときにも、手放されることはない。彼の父親、そして兄は、自分たちが労働者階級の一員である、ということに誇りを持っている。そんな兄から「お前は、労働者階級の裏切りものだ！」とののしられたときですら、主人公はこんなふうに応答する。

　おれは労働者階級の連中を拒否してなんかないし、上流階級の一員なんかじゃない、それがどうしてかっていえば、まったく同じ理由だ。おれは、どっちの連中にも、これっぽっちも関心がないし、これまでもいっぺんもなかったし、これからも一度たりともないだろうよ。わかんないか？　階級なんていう、あほらしいことには、まったく興味がないだけだ、おれは。階級は、お前らみたいな税金を払っている連中を釘付けにしてんじゃないか？　労働者か上流か、どっちの人生いきるにしても、階級がお前らを全部しばりつけてる。わかってんだろ？

　さらに彼は政治にも経済にも関心を持たない。自分の生き方を「しばりつける」ありとあらゆる仕組みに彼は無関心である。というよりも、そうした仕組みが、自分たちティーンエイジャーに影響をおよぼさない、というごく単純なものの見方をしているのだ。

## 3. ロンドンの「ナポリ」へ──若者たちと人種暴動

　しかし、そういうものの見方が、ぐらぐらと揺さぶられるような出来事を主人公は経験することになる。その出来事とはいったい何なのだろうか？　それを知るためには、解放区ソーホーから西北西約5キロ地点へと移動せね

ばならない（巻末のロンドン地図も参照してほしい）。

　さてここは、ノッティング・デイル地区である[2]。ただし、『アブソリュート・ビギナーズ』によると、ここは俗に、ロンドンの「ナポリ」と呼ばれているらしい。ナポリに住んでいる方々に本当に失礼な話になってしまうが、治安が悪いのでそう呼ばれている、ということのようだ。

　　おれが住んでいる地区を説明しておこう。なにしろそこはかなり珍しい場所、福祉の時代と資産家連中、その両方から置きざりにされた数少ない場所のひとつで、ありていに言うと、よどんだスラム以外のなにものでもないからだ。

　この「スラム」には、テディボーイ、放浪者、娼婦といった人びとに混じって、カリブ系を中心に数多くの移民が生活している。主人公は、移民たちを「黒人たち（スペイド）」と呼んでいる[3]。

　労働者階級の家庭から逃亡し、いまはこの「スラム」に暮らす主人公は、あるとき不吉な噂を耳にする。その噂とは、驚くべきことに、テディボーイの集団が「黒人たち（スペイド）」を襲撃する計画を立てているというものだ。この噂によって、主人公のものの見方は、激しく揺さぶられることになる（詳細は次セクションで述べる）。私たちは、この点を忘れないようにしておく必要がある。その上で、この噂の結末を、マッキネスとともに見届けることにしよう。

　この小説がその山場を迎えるのは、この「スラム」における悲劇（ノッティング・ヒル人種暴動）を描くときである。1958年の8月末、テディボーイたちは「黒人たち（スペイド）」を襲撃し始める。暴動に加わるのは、テディボーイたちだけではない。「あいつを捕まえろ」と叫んで「黒人（スペイド）」少年を追いかけるのは、「少なくとも百人近い若者」だ。しかし、その若者たちを追いかける「数百人の少女、少年、大人たち」もまた、「リンチしちまえ」と大声を上げる。

　主人公や、以前紹介したミザリー・キッド、ディーンは、移民たちへの暴

---
2）　現在のノッティング・ヒルの一部にあたる。ノッティング・デイルは当時の呼称でいまは使われていないようだ（Gould 参照）。
3）　主人公はこの呼び名に愛着を込めている。しかし、"spades" という言い方がカリブ系移民に対する蔑称であることも忘れないようにしよう。

力を阻止する側に回る。ところが、主人公がもっとも信頼を寄せる友人にして、ウィザードとあだ名される若者が、こともあろうに、移民を排斥する側に回るのだ。ここは作品中、もっとも衝撃的な場面だろう。

　……そして彼［ウィザード］は、手をまっすぐ上げ叫んだ、あたかも断末魔の叫びのように、「白人のイングランドを守れ！(Keep England white！)」と。

　このウィザードの変節は、主人公の目(アイ)に、まったく理解できないものに映る。粗野なテディボーイたちが暴動に走るのはまだ理解できる、しかし、人種という垣根を「クソみたいなもの」だと思っていたはずのウィザードが、なぜ暴動に加わるのか？　ウィザードが移民排斥を叫ぶ理由、あるいはウィザードにそう叫ばせる理由。主人公のシンプルなものの見方では、これが、どうにもこうにもわからないのである。

　おれはそこで一瞬立ち尽くしてしまい、その間、暴徒たちもわめいていた。そのあと、おれは、ウィザードの首根っこをありったけの力でつかみ、いきなりあたりを引きずりまわし、めいっぱい殴った、すると、やつはよろめいた。そしてあたりをサッと見まわし、様子を確かめ、走りだした。

　彼は反射的にウィザードを殴りつけることしかできない。そして、「ナポリ」にもロンドンにもイングランドにも愛想をつかし、飛行機にのって海外に逃げだそうとするのである（最終的には翻意して国にとどまるのだが）。

## 4. ダブル・アイへ──「ずぶの素人たち」の成長物語

　で、主人公は結局どうするの？　こういう疑問がわいてくるだろう。それは後で紹介するので、ここで、少し立ち止まらせてほしい。というのも、ダブル・アイの正体について、少しヒントを得られそうなためだ。
　『アブソリュート・ビギナーズ』は、私たちに、何を伝えたいのだろうか？　50年代ロンドンで、ある出来事（人種暴動）が起きたことだけを伝え

たいのだろうか？[4]

　確かに、この小説の主人公は、人種暴動の顛末を詳細に報告している。しかしそれだけではない。その悲劇が起こってしまったあと、自分の視点に、ある変化が生じたこと。これを主人公は、私たちに伝えたいのである。それも、たんなる変化ではなく、私たちに伝える価値のある変化が、彼のものの見方に生じた。彼はそう私たちに伝えたいのである。

　具体的にはこういうことになるだろうか。人種暴動という悲劇を経験するまで、主人公は、非常にシンプルなものの見方しか持っていなかった。人種や階級というのは垣根であって、そんなものがなくなれば、みんな自由になる。こういう、いわば単純なものの見方しかできていなかった。ところが、この悲劇を経験したことで、そして、それを書いて私たちに伝えようとすることで、彼のものの見方は、価値ある変化をとげている。

　だからこそ主人公は、みずからが経験したことのなかで、こういう会話を、わざわざ選んで私たちに伝えているのではないだろうか。

「……いいか、ここはロンドンなんだぞ、首都だ、ローマ人このかた、あらゆる人種が暮らしてきた偉い大都市なんだ！」
「ああ、そうなんだろうな」とクールは言った。
「そんなことは絶対にゆるされない！」おれは声を張り上げた。
「誰がゆるさないんだい？」
「大人たちだよ！　男たち！　女たち！　警察とか役所とか！　法と秩序ってやつがイングランドの取り柄なのに！」

　カリブ系移民の友人クールから、人種暴動の噂を聞きつけた主人公は、激しく動揺している。なぜだろうか。主人公は、階級や人種といった垣根に区切られた世界に住む大人たちを、心底軽蔑していた。ところが、そういう大人たちがいないと、あるいは、「法と秩序」という垣根がないと、ティーン

---

[4]　そう考えてしまうと、A・シンフィールドやD・サンドブルック（*Never Had It*）がほのめかすように、この作品は、50年代のガイドブックに過ぎないということになるだろう。

エイジャーたちの垣根なき楽園、解放区は維持できないかもしれない……。こんな感じに、自分のものの見方(ア)がぐらついたためである。彼はこれを、素直に私たちに伝えている。

こういう言い方もできるだろう。階級、人種、収入、年齢、性別、セクシュアリティ。こういう垣根の仕組み、社会の仕組みについて、自分は「ずぶの素人(アブソリュート・ビギナー)」だった、と主人公は気付いたのだと。

そして、それに気付いた経験は、私たちに伝える価値のあるものだ、と考えたのである。だからこそ、彼は先の会話を私たちに報告しているのだろう。自分は、そんな「素人」じゃない、そんな風に見られたくない、と思えば、先の会話は忘れたことにしてしまえばよかったのだから。ところが、主人公はそうしない。自分が、社会の仕組み、人びとの生活について「素人」だ、でも、それに気付いたことが成長の証なんだと、私たちに伝えたくてしょうがないのである。さらには、主人公だけではなく、若者たちも、同じような成長をとげている、と作者マッキネスは言いたげである。タイトルが「アブソリュート・ビギナー」ではなく『アブソリュート・ビギナーズ』であることを思いだそう。これは個人ではなく、若者集団の成長物語なのだ。

## 5. ダブル・アイとはなにか？——リチャード・ホガートと労働者たち

実は、これがダブル・アイの正体である。"A double eye" とは、2つのものを別々に見ることではない。同じものを2つに見る。いや、そう見ようとする視点(アイ)のことである。この小説でいえば、さまざまな垣根、つまり社会の仕組みを、二重(ダブル)に見ようとするものの見方のことになる。そんなものなければいい、社会の仕組みなんてなければいい、という見方（悲劇を経験する前の主人公）。そして、社会の仕組みがなければ、大変なことになるかもしれない、という見方（悲劇を経験した後の主人公）。この2つの見方を、マッキネスは同時に伝えようとする。どちらの見方が正しいという話ではない。社会の仕組みが、解放区ソーホーのような楽園の実現をはばんでいる、という見方も正しい。それと同時に、社会の仕組みがないと、そうした楽園自体維持できない、という見方も正しい。

普通に考えると同居がむずかしいような、そんな2つの見方を同時に持とうとすること、それが、ダブル・アイを持つ、ということである。

ところで、この二重(ダブル・アイ)の見方を持つと、どうなるのだろうか？『アブソリュート・ビギナーズ』の場合だと、社会の仕組みを良い方向に変えよう、という意識が生じてくるかもしれない。つまり、いまの社会では楽園は目指せない。けれど、社会がなくなってしまうと、秩序が崩壊してしまうかしれない。ならば、社会から逃亡せずに、社会をいわば成長させればよい、ということになる。主人公は、最後に、イングランドという社会から逃げだすのをやめる。その後の主人公がどうしたか、これは私たちにはわからない。しかし、主人公とともに、ものの見方を成長させたにちがいないマッキネスが、人種暴動を防ぐための社会運動を始めたことが（Gould）、この意識の証左となるかもしれない。

さて、ダブル・アイの正体は、なんとなくわかった。そこで、この言葉を1950年代後半実際につぶやいている人、イニシャルR・Hさんに、いよいよ会いに行くことにしよう。あいにくその人は、ロンドンにはいない。ここから北へ約250キロ、イングランド北東部の地方都市ハルにいる。

ハル大学のリチャード・ホガート。彼こそ、ダブル・アイが必要だ、と言っている人物である。彼は、文化研究（カルチュラル・スタディーズ）の創設者のひとりでもある。世代的には、1914年生まれのマッキネスとほぼ同世代。1950年代後半、彼も40代の「おじさん」ということになろうか。

そのホガートが、『読み書き能力の効用』という記念碑的著作を発表するのが1957年、『アブソリュート・ビギナーズ』が出た2年前のことだ。

ホガートは、故郷リーズ（ハルから西に約80キロにある）で経験した、労働者の人びとの暮らしを、まるで失われてしまったものをいつくしむかのように、丁寧に描く。ホガートが子どもの頃の話だから、だいたい1920年代から30年代の話だと考えてもらえばよい。

現金ではなく「ツケ」での買い物、ご近所同士でお金を積み立て分配する無尽講、社交場である

図4　リチャード・ホガート
　　　（1918年-）

クラブやパブ、日曜大工、家庭菜園、さらには、合唱、ハイキング、サイクリング、鳩レース……。これは、「趣味」にとどまるものではない。文化なのである。それは、ものの見方と大きく関係している。

　ホガートは、当時の労働者たちの「お金」に対する、典型的なものの見方(ア)を、こんな風に愛情込めて描き出す。

　「ほんと」のものは、人間的なもの、親しみぶかく楽しいもの、つまりそれは、家庭と家族への愛情であり、友情と「ゆっくりくつろげよ」と友だちに言えることなのだ。「金はほんとのものじゃない」、「いつでも余分な金ほしさに汗水たらしてたんじゃ、生きてる甲斐がない」と彼らは言う。

　「余分な金ほしさに」寸暇を惜しんで働くのは、「やつら」すなわちミドルクラスの考え方であって、「おれたち」労働者階級は、それよりも「愛情」と「友情」を重んじる。英語にすると "them and us" という言い方になるが、これが、実に強く作用していた、ホガートはそう回顧する。
　なぜ、このような文化を、労働者たちは紡ぎ出してきたのだろうか？　ホガートの見るところ、それは、生きるため、である。
　どういうことだろうか？　自らの労働力しか売るものを持たない人びと（労働者たち）は、18世紀後半以降、今日まで続く都市化（農村と違い都市では貨幣がないと生きるのが困難だ）の波を生き抜いてゆくために、お互いのあいだの繋がりを紡ぎ出さねばならなかった。そのために、「やつらとおれたち」というものの見方(ア)を編み出していった、とも言えるだろう。
　しかし、1957年のホガートは、こういうものの見方(ア)だけではだめなんだ、と言う。愛情と哀切を込めつつ、やはりだめなんだと言うのである。そして、こうつぶやくのである。

　誰もがダブル・アイ（a double eye）を持たねばならない……。

　「やつらとおれたち」という区分で考えてみよう。既述のごとくこれは、労働者と労働者のあいだに強い繋がりを作り出す、という意味ではよいもの

に見える。ただし同時に、階級と階級のあいだの分断をもたらす、という意味では、あまりよくないものに見える。この２つのものの見方は、普通に考えると、やはり同居させるのがむずかしい視点のように思える。

　では、なぜホガートは、こういうことを言うのだろうか？　それはおそらく、『アブソリュート・ビギナーズ』の主人公と同じようなことがホガートにも起きているためである。つまり、自分の親世代の視点を書き記す、という作業のなかで、ホガート自身の視点と意識が価値ある変化を遂げているのである。

　彼の親世代は、同じ社会にすまう人びとを、「やつらとおれたち」と切り分ける視点を持っていた。ただし、その良い面悪い面を、同時に見て（つまりダブル・アイをもって）言葉にしてゆくと、階級なんて垣根はなくしてしまえ、という乱暴な話は出てこない。そうではなく、「やつら」という敵を作って結束を強めないと生き残れないような、そんな仕組みの方を変えるべきだ、という意識が、ホガートのなかに生じてくる。

　その仕組みに、ホガートは、「デモクラシー（a democracy）」という名前を与えている。彼が不定冠詞を使っていることに注意しよう。それは、いまだ形の定まっていないデモクラシーである。この未完成のデモクラシーが成長をとげるとき、ホガートの親世代の視点は、根こそぎ否定されるものではなくなる。それどころか、成長のための資源のようなものにさえなるかもしれない。それは、同じ社会にすまう人びとを、「デモクラシーにおける市民」（Hoggart）として意識するための基礎になりうる。

　だからこそホガートは、ダブル・アイを、「私たちが現在痛切に意識している」問題だと言うのだろう。この意味で『読み書き能力の効用』は、「私たち」市民集団を成長させよう、という願いが込められた、そんな物語なのである。

## おわりに――ふたたびロンドン・アイへ

　2010年代のロンドンから、1950年代のロンドンへ。そしてハル大学へ。さらには戦前のリーズへ。私たちは、時空を超えてかなりの長旅をしてきたよ

うだ。そろそろ現代のロンドンに、そして日本に戻ることにしよう。

　この旅を終えたのち、みなさんがこれから、仮にロンドン・アイに乗ることがあるとしよう。いや、実際にロンドンまで行かなくとも、いまやインターネット上でロンドン・アイからの夜景を見ることも可能だ。そのとき、みなさんの眼下に広がっているのは、「低炭素ロンドン」、つまり、「よりクリーンで、より低炭素」な発電技術によって終わりなき経済発展を目指す「生活」だろうか？

　いや、それはちょっと単純すぎるものの見方だ、と感じるとしたら、マッキネスやホガートから、ダブル・アイの種のようなものをもらってきた証である。旅の案内人をつとめた本章の執筆者も、どうやらその種子をもらうことができたようだ。いまの私には、きっと、こう見えることだろう。

　夜のロンドンにすまう人びとは、あくなき経済成長に励む人びとである。しかし、それと同時に、そうした成長物語に疑問を持つ人びとでもある、と。つまり、いまの日本にいる私たちと同じく、経済成長の願望を捨てきれないけれど、それと同時に、社会的なものであれ、市民的なものであれ、経済成長とは別のかたちでの、集団的な成長を目指す人びとである、と。その限りにおいて、彼らの文化は「異文化」ではない。彼らは、未完の「共通の文化 (a common culture)」を、私たちとともに紡ぎ出している、大切な仲間たちなのである。

（大貫　隆史）

## 推薦図書

リチャード・ホガート『読み書き能力の効用』香内三郎訳、晶文社、1974年。

MacInnes, Colin. *Absolute Beginners*. 1959. London: Allison, 2011.

Williams, Raymond. "This Actual Growth." Dai Smith. *Raymond Williams: A Warrior's Tale*. Cardigan: Parthian, 2008. 470-474.

*Column*

ふたりのハロルド——首相群像（1）

ハロルド・マクミラン

ハロルド・ウィルソン

　1951年の総選挙でチャーチル率いる保守党が労働党から政権を奪還し、その後64年まで保守党の時代が続いた。1955年、齢80を超えたチャーチルの引退をうけて、アンソニー・イーデンが首相の座に就く。しかし、イーデンがスエズ危機で辞任に追い込まれると、その跡を襲ったのは老獪なハロルド・マクミランであった。彼は、エジプトへの軍事介入を力説していたにもかかわらず、戦争状態が始まるとポンド危機を理由に撤退を主張し、「最初に入って、最初に抜け駆け」と揶揄された。こうした変節ぶりは以前から見られた。彼は戦前、労働組合を経済政策決定の要にすえるべし、と考えるほどの急進派だったが、50年代には根回しに長けた保守政治家になっていたのである。戦前の左派的思想から温情的保守主義へ、というマクミランの変わり身を可能にした土壌と、保守と革新の合意によるコンセンサス政治が可能になった土壌には、共通するものがある。

　マクミランの後継となった世襲貴族のアレック・ダグラス＝ヒュームが率いる保守党から64年の総選挙で政権を奪ったのは、当時まだ40代だったハロルド・ウィルソンである。グラマー・スクールからオクスフォードという学歴を持つウィルソンは、能力・実力主義を重視した。「白熱の科学革命」を唱え、スプートニク号の打ち上げでその科学技術力を世界に誇示していたソ連に対抗すべく、科学技術の発展に力を入れた。彼の、ビートルズへのMBEの叙勲などのパフォーマンスは、「寛容の時代」と言われた60年代の雰囲気とも合っていた。しかし、ウィルソンによる保守党以上に市場主義的な政策や、左右両方を取り込もうとする政治的な立ち回りは、党内の分裂を招き、70年の総選挙では、直前までの予想に反して保守党に敗れてしまう。

　首相となった保守党党首のエドワード・ヒースは、大工の息子であり、奨学金を得てオクスフォードを卒業した。庶民的なイメージはウィルソンのそれと大して変わらなかったが、リーダーとしての鮮烈さを欠いていた。労働党政権以上に経済への介入の度合いを強め、頻発する労働争議と悪化するインフレに対処しようと苦戦したものの、1974年の総選挙で敗北し、ウィルソンが首相の座に返り咲く。ところがウィルソンには、かねてよりソ連のスパイではないかとの疑惑があり、また彼自身も、盗聴などの陰謀があるのではないかという疑念に取り憑かれていた。心身ともに疲弊し、かつてのエネルギーを失っていたウィルソンは、76年に首相の職責を投げ出してしまう。スエズ危機のとき、マクミランを「抜け駆け」と言って皮肉った若きハロルドも、その辞め際の無責任さと二枚舌的な立ち回りを考えれば、年配のハロルドと大して変わるところはなかったのである。（近藤　康裕）

第 2 章

# 文化としてのストライキ

## ——1970年代の労働運動

文化という考え(アイデア)を紡ぎ出すことは、ふたたびコントロールへ向けてゆっくりと進んでゆくことである[1]。

## 1. 1970年代を振り返る

　自分が生まれる前のことを想像してみたことはあるだろうか。いまこれを読んでいるあなたが20歳前後だとしたら、1970年代のことを実体験として知ることはもちろんできない。当時は現在とは「完全に違う」世界で、「携帯電話もビデオもプレイステーションも」なく、「ダイアナ妃もトニー・ブレアも」歴史の表舞台には出て来ていなかった。そんな遠く感じられる時代でも、親の世代がいまの自分と同年代だった時代だと考えれば、親たちの作った世界を生まれたときから引きうけて生きていく私たちには、そこに何かしら現在とのつながりを感じられるようになるものだ。
　ジョナサン・コウの『ロッターズ・クラブ』(2001年) は、このようにして1970年代のイギリスを振り返る小説である。2003年に、10代半ばの二人の若者 (ソフィとパトリック) が偶然に出会う。互いの親が学校のころに知り合いだったことがきっかけで、二人は夕食をともにする。その席で二人は、

---

1) "The working-out of the idea of culture is a slow reach again for control" (Raymond Williams, *Culture and Society*).

自分たちの親の話をすることによって30年前の物語を追体験していく。最初のうち彼らは、70年代を現在とは「完全に違う」世界のように感じていた。しかし、そうした見方は彼らだけのものというわけではなく、ときの首相トニー・ブレアにも共有されていた。ブレアは2005年の党大会でつぎのように語っている。

> 彼らは偉大な人たちでしたが、［1979年より前に］変化が起きつつあることを認める覚悟ができていなかったのです。……その覚悟ができていれば、どれだけ多くの命が犠牲にならずに済んだことか。私たちの社会のもっとも貧しい人たちに対してなされた容赦ない荒療治をどれだけ回避できたことか。（Andy Beckett より引用）

ここで批判されている「彼ら」とは、70年代に労働党政権や労働組合で要職に就いていたデニス・ヒーリー、トニー・ベン、マイケル・フット、ジャック・ジョーンズといった面々である。ブレアの発言からは、彼らが時代の変化に対応できなかったがために、労働党は1979年の総選挙でマーガレット・サッチャー率いる保守党に敗北し、長らく政権を取り戻すことができないまま、「英国病」の根絶を名目にしたサッチャーの「容赦ない荒療治」を看過する破目になったのだという慨悔たる思いが窺える。70年代のイギリスではストライキが頻発してさまざまな混乱が生じたが、これらに当時の労働党政権が有効な政策をもって対処できなかったことへの反省から、ブレアら若い世代の政治家たちは、労働組合と距離を置くことを労働党改革の柱にすえた。新しい労働党は労働者階級や組合のためだけの政党なのではなく、国民のための政党なのだ、新時代を担うニュー・レイバーはもはや時代の変化に対応できなかった70年代の労働党とは違うのだという矜持を、ブレアの発言からは読みとることができる。

『ロッターズ・クラブ』のソフィとパトリックにとって、1970年代は、「労働組合が強力」で、ときに人びとが停電による暗闇のなかで過ごすことを強いられた、「歴史上もっとも薄暗く引っ込んだ場所」のような時代である。だがそれは、彼らやブレアが言うほど現在とは異なった時代だったのだろうか。その時代に起きつつあった変化に対応できなかったことへの反省か

ら、時代の変容に適応した政党へと変化を遂げたニュー・レイバーは、70年代から断絶しているわけではなく、むしろその時代から現在までつながるひとつの流れにうまく掉さしたからこそ、変化に対応した政党たりえているのではないか。こうした仮説に基づき、1970年代の労働運動と文化に焦点をあてて、現在とその時代のつながりを考えてゆこう。

## 2. 分離／疎外と労働運動

　『ロッターズ・クラブ』は、ソフィとパトリックによって再構築される、彼らの親たちとその家族、友人、知人らが経験した1970年代の物語である。その時代、彼らの親たちはバーミンガムの中等学校の生徒だった。ソフィの叔父にあたるベンジャミンとその同級生ダグは、ともに、同じ自動車工場で働く父親を持っていた。しかし、この二人は、同じ職場にいながら立場がまったくちがう。彼らに向かって上司がつぎのように言う場面がある。「1970年代のイギリス。古くからある区別なんてもう何も意味しないよな。ここは、組合員と副工場長が……ともに息子たちを同じ学校にやることができて、それをだれもなんとも思わない国なんだから」。この言い方は反語的であって、同じ学校に（そこは進学校である）組合員の息子と中間管理職の息子が通うことには、いまだにある種の違和感があることを示唆している。そこには、階級という、イギリス社会に根深く残る問題がある。

　ダグの父親とベンジャミンの父親の立場の違いをわかりやすく言えば、工場の現場で労働する側とそれを管理する側の違いということになる。同じ会社で働く二人の間にこうした立場の違いが生じ、それがさらに階級などの根深い対立と結びついている。これは、資本主義がもたらす分離あるいは疎外の問題だと言える。労働者がみずからを労働力商品として売り、労働によって生産した商品を消費者として買うという近代以降の産業資本主義のもとでは、生産手段と生産者の分離や、生産物が生産者の直接的な利用にかかわらない商品として流通するという分離が生じる。管理する側（マネジメント）と一般の労働者の間に立場の違いが生じるのも、そうしたシステムが強いる分離のひとつだ。疎外という、資本主義のもとでの人間のあり方を表した言葉は、このような

文脈で考える必要がある。

　こうした分離ないし疎外は、労働者同士の関係にも大きな影響をおよぼす。20世紀になって急速に発達した工場での大量生産方式——フォーディズムと呼ばれる——では、各労働者の分業が明確化し、一人ひとりが黙々と課せられた作業をすればもっとも効率のよい生産が可能だとされる。そこでは労働者間のコミュニケーションは無用だし、仕事中にコミュニケーションを図れば（つまり、私語などすれば）生産の効率を落とすだけである。労働者は仲間から分離していることが求められるのだ。

　ベンジャミンとダグの親たちの場合のように、管理する側(マネジメント)と一般の労働者との立場の違いが顕在化するのは、たとえば会社の経営状態が悪化してリストラが必要になったときである。会社を経営・管理する側は、利益が減じたときには労働者に支払う給与を減らし、ときには彼らを解雇してでも利益を確保しようとするだろう。そうしなければ会社の存続自体が危ういとなれば、これは正しい選択であるとも言える。しかし、合理化目的の解雇を英語でredundancyとも言うように、文字どおり「余ったもの」を削るようにして労働者を削減するのはおよそ人間的であるとは言い難い。労働者は自分たちの権利と生活を守るために、強いられた分離に抗し、団結して行動する——労働運動がなされる根拠はここにある。

　労働運動の基本は経営・管理側(マネジメント)との交渉だが、そこで対立が生じ、折衝を繰り返してもなお経営・管理側が要求に応じなければ、労働者は仕事を止め、そもそも利潤の追求が不可能となる状態を作り出す。これがストライキである。1970年代には、大規模なストライキが頻発した。72年には、石炭庁の示した賃金提案と全英炭坑労働組合(ナショナル・ユニオン・オヴ・マインワーカーズ)（NUM）側の賃上げ要求がかみあわず、後者はストに突入し、発電所や製鉄所、石炭貯蔵所など、直接雇用関係にはない場所で支援ピケ（スト中に仕事に復帰する者が出るのを防ぐために、組合員が仕事場の入り口を固めて見張りをすることを「ピケ」という）を行って成功を収めた。この時代にしばしば停電が起きたのは、発電所や、その燃料を提供する石炭貯蔵庫でストライキが行われたからだ。73年の冬に紛糾した争議は年をまたぎ、74年の２月には炭坑夫たちがストに突入した。この年、保守党は、「イギリスを統治しているのは誰か」——政府か？　組合か？

第2章　文化としてのストライキ　57

——と問うて総選挙に打って出たが、組合との折り合いがつかない保守党政権は労働党に敗れた。労働党政権は、組合への締めつけをゆるめたが、収まる気配のないインフレによる物価上昇と賃上げ要求とがいたちごっこのようにくりかえされて賃上げ抑制の政策を採らざるをえなくなると、組合側の反発を招いてストが起きる、という悪循環を避けられなかった。78年から79年にかけては、公益事業の組合のストライキによって町中がゴミの山になるなど市民生活への影響が深刻になり、さらには病院で公務員組合が支援ピケを行ったことで重篤の患者すら治療を受けられないという事態が発生するにいたって、イギリスは「不満の冬」と呼ばれる大混乱に陥ったのである。

　ストライキは、いま触れた支援ピケもそうだが、労働者たちが業種を越えて団結し、ゼネスト（総同盟罷業）のかたちをとることもある。歴史上もっとも特筆すべきゼネストのひとつは1926年のストライキで、レイモンド・ウィリアムズは小説『辺境』において、このゼネストを作中もっとも鍵となる場面にすえて父子の経験の継続を描いた（これについては茂市・川端を参照）。鉄道の信号手である主人公の父親は、炭坑労働者のストを援助するため罷業に入る。このゼネストは組合側の敗北に終わるが、ここで経験された労働者間の連帯意識（ソリダリティ）は、ウィリアムズが労働者階級の文化について考えるときの核となった。

　同様の場面が『ロッターズ・クラブ』にも出てくる。70年代に頻発したストライキのなかでも、さまざまな点で重要なグランウィック写真現像工場でのストに、自動車工場のショップ・ステュワード（職場代表）であるダグの父親が、自分の職場の組合員とともに参加するのだ。この写真現像会社は、近隣に住むアジア系移民を多く雇っていたが、経営側が労働者の組合結成を認めなかったため、賃金や時間外労働をめぐって労働者たちの不満が高まり、1976年に始まった争議は2年にもわたって続いた。重要なことは、このストライキが当初から、業種を越えた労働者間の協力に支えられていたということである。郵便局員の組合は工場にかかわる郵便の配達を拒否して、現像された写真の発送を不可能にしたし、NUMの指導者アーサー・スカーギルもヨークシャーから同志を引き連れて支援に駆けつけた。

## 3. ストライキ——文化と連帯

　ストライキは労働者が団結して行う行動であるから、みだりに起こしうるものではない。組合内での民主的な手続きにのっとり、罷業の合意に達してはじめて合法的になされる。労働組合活動の根柢には、労働者同士の連帯とコミュニケーションに基づき、民主的な決定の原則にのっとって経営に参画しようという労働者自主管理（ワーカーズ・コントロール）の理念があり、労働との関連で「コントロール」とは、一義的にはこのことを意味している。こうした実践は、分離の状況に直面した労働者がそれを超克しようとする試みである。本章冒頭の題辞に引いたウィリアムズの一文は、このような「コントロール」へ向かう実践が文化である、と述べたものだ。文化とは「生の営みの全容（a whole way of life）」であるという定式がウィリアムズの文化論の土台にあることはよく知られている。資本主義の強いる分離や疎外は「生の営み」そのものに影響をおよぼさずにはいないから、労働者みずから分離や疎外の状況を把握し、そうした状況を生み出す場における自分たちの行動を「コントロール」することは、「生の営みの全容」である「文化」を知り、それに働きかけ、同時にそれを作り出していくということになる。

　ウィリアムズは、「文化という考え方（アイデア）は、私たちに共通する生活の状態が全体的に大きく変化することへの、全体的な反応（リアクション）である」と『文化と社会』で述べている。ここで重要なことは、生活が個人のではなく「私たちに共通する生活」と書かれている点だ。ウィリアムズはさらに、「文化とは……労働組合であれ、協同組合の運動であれ、あるいは政党というかたちであれ、集団的で民主主義的な制度のことである」と書く。資本主義がもたらす状況の変化に対する反応（リアクション）としての集団的な行動（アクション）こそが文化である——そう考えると、英語でストライキを industrial action とも表現することは意味深長だ。産業資本主義は労働者たちのつながりを分断しようとする。そのとき生じる分離や疎外の感覚は、しかし、「個人主義」が称揚されると鈍麻されて、労働者間の関係に対する無関心を生むことになる。個人のこうした無関心に抗して労働者たちが取る「集団的で民主主義的」なアクションが、「文化」としてのストライキなのである。

19世紀以来、自由放任主義(レッセ・フェール)の経済に対する批判として、集団的な行動に基づいた社会主義を目指す動きがあり、労働党の誕生も、労働組合の活動も、そして戦後の福祉国家体制の構築も、その流れのなかに位置づけられる。ただし、戦後のイギリスでは、集団的な連帯とは相容れない能力・実力主義(メリトクラシー)が帝国の残照のなかで力を保ち続け、福祉国家体制がそれをさらに後押しした。戦後の福祉国家体制とメリトクラシーの結びつきは、そのもっとも典型的なかたちを教育の現場に見ることができる（第3章参照）。この点で、労働運動と教育をパラレルに描く『ロッターズ・クラブ』は重要なのである。ダグのようなブルーカラーの子弟が、ベンジャミンのようにマネジメント側の親を持つ子どもの多い進学校に行けるのは、メリトクラシーが階級の流動化を進めたからであり、能力のたえざる向上と競争を求めるシステムは、福祉国家政策によって張られたセイフティネットで下支えされていた。

　メリトクラシーと教育をめぐってさらに重要なのは、『文化と社会』でウィリアムズが論じる、奉仕(サーヴィス)と連帯(ソリダリティ)の違いだ。学校教育——とりわけオクスブリッジ進学を前提としたようなパブリック・スクールなどでの教育——は、国家を支え、その発展に貢献できる人材を育てることに眼目があり、この点では『ロッターズ・クラブ』に描かれる進学校も目指すところはおなじである。こうした学校では、生徒たちが競争原理に基づき勉学やスポーツに取り組むことをつうじて、ヒエラルキーの上に立ち下の者たちを支配しつつ国の発展のために奉仕できる能力を養う。帝国の終焉を経た1970年代には、この目標は、市場経済の国際競争のなかでイギリスの国力の維持あるいは再生に「奉仕」できる人材を育成するということに変化していた。しかし、ウィリアムズは、こうした「奉仕」は「連帯」とは相容れないと述べる。既存の体制のなかで競争に勝ち抜き、その体制の維持、強化に与することは、現状の肯定に他ならず、その現状というのが、階級差はむろんのこと、男女間や人種間の格差、そして南北問題等に典型的な経済力の格差に依拠することで拡大を続ける資本主義のありようそのものだからである。

　『ロッターズ・クラブ』のベンジャミンは、「奉仕」とヒエラルキーの考えを体現したような監督生(プリーフェクト)に選出される。その祝賀の席で、労働党支持を自認する校長から消防士のストライキについてどう思うか訊かれ、火事になった

とき消す人がいないと困ります、と答えると、「なるほど。しかし、現行の政治体制では、労働をしないということによってしか自分たちの声を聞きとってもらえない人びとも存在する、ということを憶えておかなければいかん」と諭される。しかしその校長は続けてこのように言う。

> この国には、弱い者のために立ち上がるという伝統があり、私の意見では、労働党がこの伝統をもっともよく体現している。われわれ、キング・ウィリアム校で教え、学ぶ者たちは、特権的な少数者なのだよ。われわれは、これほど運に恵まれていない人たちのために立ち上がり、自分たちの本分を果たさなければならん。

ここには典型的なエリート主義と「奉仕」型の思考——弱者や恵まれない人たちのために「立ち上がる」とは言っても、それによって「現行の政治体制」を変革しようというわけではない——を読み取ることができる。

では、どのようにすれば、メリトクラシーを土台にした「奉仕」ではなく、「連帯」の行動(アクション)を取れるようになるのだろうか。ここでの根本的な問題は、労働者を代表するはずの労働党がメリトクラシーとエリート主義にどっぷりと浸かってしまっていることにある。それはベンジャミンの学校の校長のような人物が公然と労働党支持を表明することによく表れている。戦後に福祉国家の土台を築き上げた労働党は、代議制の民主主義のもとで名目上は労働者のために（の代わりに）立ち上がる＝労働者を「代表」する（stand for）ということになってはいたが、実際はこの代表制が機能不全であるがゆえに、労働者たちはみずから立ち上がり、行動しなければならなかった。1970年代に労働運動が大きな力を持ち、ストライキが多発したのは、戦後の福祉国家体制が抱え込んできた問題と代表制の機能不全への不満がストのかたちを取って噴出したからだと考えられる。そもそも、「奉仕」を美徳とするエリート主義は、構成員の平等が大前提である民主主義とは矛盾する。真の民主主義の実現には「連帯」による本当の意味での平等の実現が不可欠である。

このような真の「連帯」のあり方は、業種を越えたストライキの支援に見出すことができる。1926年のゼネストで立ち上がった『辺境』に出てくる鉄道員たちは、自分たちの特定の利益に「奉仕」したわけではなかったし、グ

ランウィックでの争議の際に郵便局員が配達を拒否したのも自分たちの利益のためではない。労働者としての連帯意識に基づき、集団的な行動（アクション）としてのストライキに力を貸したのである。アンディ・ベケットは、『光りが消えたとき――1970年代のイギリス』のなかで、グランウィックのストに参加したNUMに所属する炭坑夫の、つぎのような印象的な言葉を引いている。

図1 グランウィックのストライキでのジェイアビン・デサイ（前列右、1977年）

そこには学生や大声で叫んでいる女性のデモ参加者がいました。［……］解雇された労働者たちとひとつになってそこに立っていました。それまであんな人たちは見たことがありません。とてもいい雰囲気でした。人種、年齢、肌の色に関係なく労働者階級の人びとが集っていたのです……。(Andy Beckett)

『ロッターズ・クラブ』では、このストライキに参加したダグの父親が、争議の中心的存在であったジェイアビン・デサイを見て深い感動を覚える。インドからの移民女性であるデサイがストライキの先頭に立ち「驚くべきカリスマ」性を発揮したのは、「何ヶ月にもおよぶ争議が彼女の身にまとわせた威光」のためであり、また何よりも、労働者たちを分断してきた「人種、年齢、肌の色」そして性別を超える「連帯」があったからである。真の平等はこうした連帯なくしてはありえない。ストライキ支援のためグランウィックに駆けつけた炭坑夫もダグの父親も、このような平等と真の「連帯」の可能性を、そこに一瞬ではあれ見出すことができたにちがいない。

## 4.「社会」はない？――福祉国家の限界

サッチャーは1987年に雑誌のインタヴューで、「社会などというものはありません。個人としての男と女、そして家族があるだけです」と述べた

(Keay; 272頁も参照)。「社会」がない、とはどういうことなのか。サッチャーはなぜこのような断定的な言い方で「社会」を否定したのか。ここで私たちは「社会」という語の意味を、福祉国家体制が抱えた問題と関連づけて考える必要がある。

　前述のように、メリトクラシーを下支えする福祉国家体制は、階級の垣根を越えた進学や就職を可能にし、戦後のイギリスが無階級社会となったかのような錯覚を人びとに抱かせた。立身出世を果たして階級の階梯を上がった人たちは、階級のしがらみから解放された個人として繁栄を享受しているかに思われた。また、多くの人びとが消費をつうじて一定のゆたかさを手にできるようになり、経済的な困難をしのぐために近所や同じ階級同士で扶けあってきた人びとのつながりが希薄になっていく。成功は個人の努力の賜物とされ、資本主義経済のもとで不可避的に生じる分離は不可視になって、人びとの団結する必要性が薄れていったのである。社会とは何よりも人びとのつながりを意味する言葉であるから、「社会」がないと言ったサッチャーは、彼女自身がメスを入れようとしていた福祉国家のもたらした事態を、あやまたず言い当てていたとも言える。同時に、福祉国家体制の病根を自由市場経済の原理で根絶しようとしていたサッチャーの発言は、「社会」をなきものにすることで、市場経済をイデオロギー的に支える「個人主義」にとっては邪魔になる「連帯」の活動としての労働運動と労働組合を解体してしまいたい、というみずからの願望を述べたものであるとも解釈できる。

　ここでさらに注意すべき問題は、戦後の福祉国家体制が労働を福祉の前提としてきたという点である。そこに見え隠れする本音とは、働かない者にはセイフティネットは与えない、競争の現場でしのぎを削る個人とその労働力を再生産する場である家族しか福祉の対象にはならない、というものだ。福祉国家が前提とした労働のあり方それ自体が、「社会」のない、個人としての男女と家族だけしかない状態を促進したのではないか——このように考えてみると、労働をしないというアクションであるストライキは、福祉国家体制の抱えた問題を根柢から問い直す力を持っていると言うことができる。『文化と社会』でウィリアムズが「文化」を定義づけて述べた「集団的で民主主義的な制度」と属性を同じくするストライキは、人びとから「社会」を

見えなくさせた福祉国家体制の限界を明るみに出し、「社会」を回復させ変容させるアクションなのであり、それゆえにこそ「文化」であると言えるのだ。

『ロッターズ・クラブ』には、長じたダグが1999年に、76年に行われた補欠選挙について語る場面がある。「大幅に票を伸ばして保守党が勝ちました。戦後最大の躍進だと言われていました。……彼らの物言いはおぞましいものでした。反福祉、反コミュニティ、反コンセンサス」。さらにダグは、ベンジャミンの弟が「社会主義の夢は死んだ」と言ったことを思い出し、1976年に発せられた社会主義への死の宣告が当たっていたことがいまになってわかるのだ、と語る。注目すべきはこれが、イギリスが「英国病」から脱却し、「クール・ブリタニア」として自信を取り戻しつつあったブレア政権時代になされた回顧だということである。政権の奪還によって労働者を代表する党としての労働党が甦ったのかと言えば、答えは否、労働党は実質上、労働者の党としての過去を葬り去って新しい労働党へと変貌を遂げたのであり、ダグが回想するごとく、むしろ「社会主義の夢は死んだ」ことをあらためて認識させることになった。ブレアの労働党と保守党の政策の間にもはや決定的な違いは見られず、自由市場経済における企業の活動が重視され、労働組合への規制は緩和されないまま、70年代末にピークに達した組合員数は、21世紀になると組合の組織率が30パーセントを切るほどにまで減少して、労働運動の持っていた力の衰微がますます明らかになってきた。

リチャード・ヘファーナンによれば、20世紀のイギリス政治は、左と右という対立軸の間で、ある時期には左寄りの中道、またあるときは右寄りの中道へと収斂することを繰り返してきた。コンセンサス政治が成り立つのも、まさにこうした中道の可能な政治状況があるからだ。戦後は、まず政権を取った労働党が左寄りの中道へと収斂する政策の方向づけを行い、そのあとの保守党と労働党の政権交代は、多少の差異を伴いながらも、福祉国家を標榜するコンセンサスの中道へと収斂し、この体制が70年代まで続いた。だがこうした中道は、保守党、労働党のそれぞれが代表しているはずのものを曖昧にし、不満や反動を生む。70年代のストライキの頻発は、このような曖昧さと代表制の機能不全に対する、人びとの不満の噴出でもあった。この事態に

対する反動として誕生したサッチャー政権は、左に寄っていた中道の軸を右へと押し戻し、約20年後のニュー・レイバーによる政権も、それまでの保守党政権が体現してきた右寄りの中道路線を引き継いだ。70年代までの左寄りの中道を福祉国家の路線とみなすなら、現在にいたるこの右寄りの路線は、新自由主義(ネオリベラリズム)の中道路線と呼ぶことができる。

　市場における企業の自由な競争を原理とする新自由主義の経済は、労働者の集団的なアクション、すなわち労働運動を支える連帯とコミュニケーションに基づいた集団性をも包摂してゆく。このことは、ニュー・レイバーがコミュニティの重要性を強調し、労働政策においては集団主義に基づいた協調的な労使関係を重視したことからも明らかであるが、「集団的傾向を……新たな資本主義の発展のサイクルのために奉仕させてしまった」とパオロ・ヴィルノが述べる事態は、まさにこうしたことを指している（Virno）。CNDから68年の学生運動、そして70年代のストライキにいたる集団的で革命的な運動に対しての資本の対抗革命(カウンターレヴォリューション)とも言えるこのような集団性の包摂は、80年代に入って急速に進行していった。

　労働者の連帯と集団性をも包摂する新自由主義的な生産様式——ポスト・フォーディズムと呼ばれる——のもとでは、フォーディズムがもたらした労働者間の分離とは一見様相を異にして、労働者は相互のコミュニケーションを求められ、雇用形態がフレキシブルになると同時に労働組合の力が大きく殺がれつつある状況下で、労働者一人ひとりが資本主義の求める変化に対応できるようみずからを管理していかなければならなくなった。それまでの管理形態は、労働者を管理する側と一般の労働者との間で分離していたわけだが、ポスト・フォーディズムの時代になると、労働者個人がマネジメントを内面化しなければならなくなったのである。

　この意味で、70年代から80年代にかけて起きつつあった時代の変化に適応するとは、労働市場での競争を自己管理(セルフ・マネジメント)によって生き残ることができる人間になるということである。本章の冒頭でみたブレアの発言からは、ニュー・レイバーが時代の変化に対応した政策を採ってきたという自負を読み取ることができた。これは、ブレア政権が、自己管理を内面化した労働というポスト・フォーディズムの要請に応じるような方向で労働政策を進めてきたとい

うことを意味する。自己管理の内面化でかえって強化されることになる「個人主義」と、それに依拠したポスト・フォーディズムが強いる新たな形態の管理＝マネジメントに抵抗する必要性が高まりつつある現在、連帯に基づく管理＝コントロールを理念として持っている労働運動とストライキについて考えることの意義はきわめて大きい。

## 5. "Labour Isn't Working"?——コントロールという「長い革命」

　サッチャー政権によって厳しい圧力をかけられた労働者たちは、しかし、「新たな資本主義の発展のサイクル」、すなわち新自由主義あるいはポスト・フォーディズムに「奉仕」するばかりだったわけではない。1984年、不採算炭坑の閉鎖をめぐって労働者たちは、NUMのアーサー・スカーギルを先頭に、無期限ストを決行した。体制側と組合側の1年に及ぶ激しい衝突のすえ、最終的には組合側の敗北に終わったものの、80年の雇用法で違法とされた支援ピケを行う者や、長期化するストライキを物資の供給や炊き出しなどによって援助する後方支援グループも多くあり、労働者同士のつながりを包摂しようとする新自由主義／ポスト・フォーディズムに対して、労働者たちは真の「連帯」の力で闘った。

　「楽しき労組＝英国旗を振ろうじゃないか」（序章1参照）という掛け声に示されるような、戦後に労働党政権の作り上げた福祉国家体制それ自体が、中道に収斂していく、それゆえ労働党の代表機能を不全にしていくことになる芽をすでに胚胎していたことは先に指摘したとおりだが、そこにはしかし、1926年のゼネストが体現していたような連帯意識もまた確実に残っていた。ウィリアムズは『文化と社会』でこう述べている。

　　私たちの時代において共通の文化とは、昔の夢を単純にまるごとかたちにした社会のことではないだろう。……しかし、連帯という感情はそれが生まれてくるとき、たえず再定義を重ねられなければならないし、部分的に現れ出てくる萌芽的な利益をのばしてゆけるように、昔からの感情を取り込もうという試みが多くなされることだろう。

図2　1979年の保守党の総選挙ポスター

「昔の夢」——ベンジャミンの弟が死を宣告したような「社会主義の夢」——を「まるごとかたちにした社会」が希求されるべき文化を体現しているわけではないだろうが、『辺境』に描かれた1926年のゼネストにおける連帯意識のような「昔からの感情」が、84年のストライキの根柢には流れていた。ポスト・フォーディズムの要請する管理＝マネジメントに対峙していかなければならない21世紀を生きる若者たちが、彼らの親たちの物語をとおして1970年代の労働運動をめぐるさまざまな感情を追体験しながら、労働者の自主管理＝コントロールを目指した闘いと文化を学ぶ——私たちが読んできた『ロッターズ・クラブ』は、3世代にわたる「昔からの感情」の学びと継続とを描いた物語なのである。

　ここであらためて、ストライキが持つ意味を問いたい。福祉国家の失敗の要因として非労働の軽視があったのだとすれば、ストライキとはまさしく、非労働というアクションである。頻発したストライキは福祉国家がその外部へ追いやって来たもののいわば爆発（イクスプロージョン）であり、福祉国家＝コンセンサス体制の内破（インプロージョン）である。こうした戦後体制を「社会などというものはありません」と言って一掃しようとしたサッチャーが79年の総選挙で掲げた文句は、"Labour Isn't Working" だった（図2）。文字どおりには、ストライキの頻発を抑えられず、「不満の冬」で頂点に達した国民生活の混乱をどうすることもできない労働党の不能を揶揄しているわけだが、ここまで議論してきた私たちは、この選挙用のキャッチコピーを他の意味においても読み取ることができるはずだ。

　「労働とは働くことではない」（レイバー・イズント・ワーキング）——裏を返せば、ストライキとは労働の放棄を意味するのではなく、仕事をしないことによって、「労働」＝「働くこと」というこれまでの見方をくつがえし、福祉国家が前提としてきた労働あっての福祉という考え方を根本から問い直すアクションであるということだ。また、従来の生産／再生産の図式では、働きに行くことが生産であり、食事の準備などは労働（者）に奉仕する再生産の営みであるという、労働自体の

ヒエラルキー化が避けがたくあったのだが、炊き出しのようなストライキ支援を考えればわかるように、食事を作るといった労働力の再生産の営みがストライキにおいては働かない人びとを支えることになるのだから、そこでは生産と再生産の区別が無効となる。家事労働をめぐる問題は、労働運動自体がきわめて男性中心的だったなかで長く光をあてられてこなかった。しかし、グランウィックの争議のように女性労働者が活動の中心を担うようになった時代に、ストライキは、従来「働くこと」に従属していた家事労働などが潜在的に有する意味をも前景化させ、必ずしも「労働」が旧来の意味での「働くこと」だけを指し示しているのではないことを明るみに出した。さらにストライキは、資本主義が集団性を包摂してしまう状況下では、そうした状況に加担する労働はしない、という意思表示にもなる。

あるエッセイでウィリアムズは、1984年のストライキのさなかにウェールズの谷あいの炭坑の地で人びとがもっとも多く口にしていた3つの言葉は、「文化」「コミュニティ」「仕事(ジョブズ)」であったという、歴史家ダイ・スミスのリポートを引用している ("Community")。ポスト・フォーディズムと新自由主義が労働者に要請する新たな形態のマネジメントに対抗するために、「コントロールへ向けてゆっくりと進んでゆくこと」としての文化がある。ストライキが、分離／疎外の問題や対立を一気に解決する暴力的な革命であってはならない。そうした革命は対抗革命に包摂されてしまう。本章でみてきた文化としての労働運動は、人びとの連帯に基づいた「コントロールへ向けてゆっくりと進んでゆく」革命──「長い革命」──なのである。

(近藤 康裕)

## 推薦図書

浜林正夫『イギリス労働運動史』学習の友社、2009年。

アドリアーノ・ティルゲル『ホモ・ファーベル──西欧文明における労働観の歴史』小原耕一・村上桂子訳、社会評論社、2009年。

レイモンド・ウィリアムズ『文化と社会』若松繁信・長谷川光昭訳、ミネルヴァ書房、1968年。

*Column*
古兵(ふるつわもの)、鉄の女、失業経験者——首相群像 (2)

　1976年にウィルソンが辞任すると、主要な大臣職を歴任してきた労働党の古兵(ふるつわもの)ジェイムズ・キャラハンがその跡を継いだ。彼の穏健で現実的な立場と、経験に裏打ちされた政権運営は一定の信頼を得ていた。キャラハンは、しかし、その歴史的とも言える舌禍事件によって、人びとに記憶される首相となる。イギリス国内が「不満の冬」(1978-79年) の混乱で揺れているさなかにカリブで開かれたサミットに出席したキャラハンは、海水浴と日光浴を楽しんで帰国した際、「混乱が大きくなりつつあるなどという見方が、世界の他の人たちに共有されるとは思わない」と発言し、大衆紙に「危機? それって何の危機?」と皮肉られた。この舌禍事件は、マーガレット・サッチャーによる政権奪取をお膳立てし、戦後のコンセンサス体制にとって批判的＝危機的(クリティカル)な政権交代の舞台を演出することになる。
　若い頃に経済学者ハイエクの『隷従への道』を読んで感銘を受けたサッチャーは、国による計画経済と福祉国家体制が独裁政治への道であるという考えを持っていた。食料雑貨店を営む家に生まれ、グラマー・スクールからオクスフォードへ進んで化学を学び、石油産業で成功した実業家と結婚してサッチャーの姓となった。保守党ではまさに叩き上げで党首となり、首相となったサッチャーは、「鉄の女」と呼ばれもする。事実、彼女には胆力があった。抵抗勢力を「優柔不断(ウェット)」と呼んで批判しながらも巧みに操ったこと、84年の党大会でIRAの爆破テロに遭ってもなお大会を続行したことなどは、その証左かもしれない。そのサッチャーも、人頭税導入と欧州為替相場機構 (ERM) への加入問題で主要閣僚の離反を招き、蔵相ジョン・メイジャーに首相の座を泣く泣く明け渡すこととなった。
　1990年に首相となったメイジャーは、保守党の党首というイメージからは想像がつきにくい生まれ育ちの政治家である。長くミュージックホールの芸人をしていた父親が60歳を過ぎてから生まれた子であった。メイジャーという姓は、その父親の芸名を拝借したものだ。中等学校卒業後16歳で社会に出て、さまざまな職種を遍歴し、失業も経験している。1979年に国会議員となり、地味だが堅実なサッチャー派として首相の地位にまで上りつめた。人頭税の撤廃など、サッチャーとは相容れない政策も淡々と実行し、92年の総選挙では勝利を収める。父親の本来の姓を名乗れば、14世紀の人頭税に対する農民叛乱を指導した司祭ジョン・ボールと同じ名前になるメイジャーであるが (そして北アイルランド和平に実質的な道筋を付けた功績は特筆すべきものだが)、彼はこの先人ほど英雄的なリーダーにはなれなかった。トニー・ブレアによる97年の政権交代も含め、戦後の宰相の交代劇は前後の対照が印象的であるものの、政策の実質的な違いは、見かけ上のコントラストほどに大きくはなかったのである。(近藤 康裕)

マーガレット・サッチャー

ジョン・メイジャー

第3章

## 教育市場の「ヒストリー・ボーイズ」
——メリトクラシー／ペアレントクラシー

## はじめに

　1980年代のこと、英国北東部の地方都市シェフィールドにあるグラマー・スクール（公立中等教育学校）の校長は、全国一斉学力テストの「リーグ表〔テーブル〕」（公開ランキング）で何とか順位を上げたいと知恵を絞っていた。ありふれた手だが、彼が思いついたのは名門大学合格者を多く出して知名度を上げるという作戦で、歴史学科志願の優秀な生徒8名をオクスブリッジ受験の選抜クラスに集めて特別授業を行うことにした——劇作家のアラン・ベネットは『ヒストリー・ボーイズ』（舞台版2004年初演、2006年映画化）をこんな出だしで始め、結局は全員が合格を果たすという快進撃を描いた。
　この作品の時代設定について、作者ベネットは興味深い言葉を残している（以下ベネットの言葉はすべて戯曲の序文から引用する）。執筆中の彼は、時代設定を重視せず、現在にしようかとまで迷った挙げ句、脱稿後になって「教育制度が変わったと多くの人が感じた」1980年代を舞台に選んだのだという。1980年代でも21世紀初頭でも変わりないと思えたのは、基本的に21世紀初頭のイギリスの学校教育が1980年代のサッチャー政権下に導入された制度やカリキュラムに基づいて運営されているからで、当時導入された市場原理が21世紀に入っても教育現場に強く働いているからだ。
　本章では、『ヒストリー・ボーイズ』の映画版を主要なテクストとして、

戯曲版も随時参照しつつ、1980年代に市場主義がイギリスの教育現場に本格的に導入された経緯を述べ、その改革が人びと（特にミドル・クラス層）にいかなる影響を及ぼしたかを論じてみたい。

## 1. 1988年以降の教育改革

　『ヒストリー・ボーイズ』の力点のひとつは、市場主義が教育現場に与えた影響を批判的に描くことに置かれている。これを理解するために、まずは教育の市場化が進んだ1988年以降の改革を見ておこう。サッチャー政権下で成立した教育の諸改革の目的は、新自由主義の立場から市場原理を教育にも導入した「教育市場」を出現させることであった。ハーヴェイが指摘するように、新自由主義とは、個人の私的所有権や行動・選択の自由が尊重された自由市場での競争だけが、個人の能力を最大化し、ひいては人類の富と福利を最も増大させると主張する立場である。従来は、教育、水、土地、医療、社会保障等の領域に私有や競争の観点を持ち込むのは不適当だとされていた。だが、新自由主義者はこれらの領域に自由市場の原理を持ち込んだため、イギリスでは諸分野で民営化が行われて新たな市場が生まれた。こうして、学校という場に競争と選択の自由を導入し、学校を「教育市場」へと変貌させる試みが始まった。

　1988年以降、教育に関する権限の多くが地方教育当局から中央政府に移管され、さまざまな教育政策が施行された。その際の目玉のひとつが「ナショナル・カリキュラム」という全国一斉の教育内容と到達目標の設定である（それまで国の統一カリキュラムはなかった）。この政策は、全国どの学校でも均一のカリキュラム、均一レヴェルの授業を行うことを目指すものであった。同時にその到達度を測るためのナショナル・テストが導入され、学校ごとのテスト結果であるリーグ表が公表され

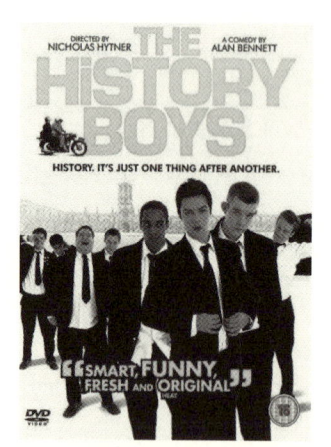

図1　映画『ヒストリー・ボーイズ』
　　　（2006年）イギリス版DVD

た。学校選びはそれまでの学区制から選択制へと変わり、これにより学校教育というサーヴィスを消費する側に立つようになった親は、あたかもレストランでメニューを見て注文する品を選ぶように、リーグ表や公開授業等を参考にしてわが子に行かせたい学校を選べるようになった。

その一方で、学校は、営業マンが出来高でボーナスを得るように、入学者数に応じて予算を配分されたため、生徒獲得競争が激化していった。リーグ表の下位に名前が出れば失敗校とみなされて評判を落とすだけでなく、最悪の場合は閉鎖に追い込まれることもありえた。教員たちは、会社員が上司から人事考課を受けるように、政府の査察官から授業や生徒の様子、あるいは学校運営について厳格な査察を受けた。教員はさらに学校理事会や保護者からも監視や評価を受け、生徒に関する説明責任を厳しく要求されるようになった。このように、限られた財源を効果的に用いて最大の成果を上げるべく、競争原理に基づいて学校が運営され、「教育市場」が出現したのである（大田直子はこうした教育政策を進めるイギリスを「品質保証国家」と命名した）。『ヒストリー・ボーイズ』の校長が「リーグ表や選択制や査察官への報告」を気にするのはそのような事情によるのである。

## テスト・テクニックの「必要性」

上記のような教育改革の結果、読み書き能力は向上したとされる。ただしその一方で、テスト結果が重視されすぎるという状況が出現した（阿部）。

『ヒストリー・ボーイズ』は、受験指導のために新たに雇い入れられた25歳の男性教員アーウィンが、テスト・テクニックを伝授する様子を描くことによって、教育はテスト対策を行って個人の有利なキャリアを切り開くためにあるのか、それとも人格の陶冶のためにあるのか、という問いを私たちに突きつける。イギリスでは記述式の問題や小論文（口頭試問含む）が重視されているのだが、これについて、アーウィンはうがった見方を披露する。試験官は「70枚も同じことを述べている解答用紙を読み続けて眠たくなって」しまうことがある。だから、彼らを惹きつけるためには退屈でない新たな視点を入れた答案を書くべきだと生徒に説き、議論の役に立つ「グッド・ポイント」をつねに考えるようにと指導する。

実はアーウィンの受験指導法は作者自身が用いた方法でもあった。ベネットは、ケンブリッジ大学とオクスフォード大学の両方に合格し、後者に進学している。卒業後は、オクスフォード大学に教員として残り、口頭試問の試験官を務めた経歴まで持つ。彼は大学受験と卒業試験に際しては「間に合わせでもいいから役に立つように、知識をすべて一口分になるまで切り刻んで」勉強し、解答に役立ちそうな「少し変わった人目をひく引用を40-50枚のカードに書き出し」て暗記したらしい。試験では「手短に概要を論じつつ事実と引用で解答に風味付けをして試験官の興味を引き、自分が本当は無知であることを隠した」。このテスト対策は「ペテン」にすぎず、「自分は学徒（スカラー）というよりはたんに模倣者だっただけだ」とベネットは懺悔している。

　アーウィンの指導はかなりあざとく描かれており、すべてを議論に役立つ「グッド・ポイント」かどうかで判断し続けるあまり、ついには生徒から「グッド・ポイントと言うのはやめてくれませんか、先生にかかればホロコーストでさえ試験に出るかもしれないただのトピックになってしまうんだから」と言われる姿は、上手に観客の反感を誘うように肉付けされている。彼を見ていると、こうした受験テクニックは、「正しい教育ではなく、たんに試験をうまくこなす過程」だと述べるベネットに賛成したくなってくる。

## 2.「資格」をめぐる競争

　だがそうした疑問は、イギリスでは就職で「クレデンシャル」が重視されるという厳しい現実を突きつけられると、とたんにナイーブなものに見えてくる。クレデンシャルとは義務教育修了時以降に試験を受けて取得する各種の資格や大学の学位を指す言葉である。たとえば、中等教育学校卒業時であれば、自分が専攻した科目、卒業後の進路、そして自分の能力を勘案して、GCSE、GNVQ、NVQ、Diploma、OCR、BTECなど多岐にわたる資格のなかから選択して受験し、晴れて合格するとその資格を得られるシステムとなっている（Vincent）。このため、どのレヴェルの資格をいくつ取得するかは各人で異なる。しかも履歴書には取得時の成績の記載が求められ、たとえば「ビシャム総合制中等教育学校（コンプリヘンシヴ・スクール）1992-1997 GCSE試験（1997）英語B、地理C、

歴史 D、仏語 D、数学 D、生物 E」というように書かなくてはいけない（Outhart et al. に記載されている一例）。どのレヴェルの試験に何科目挑戦してどの成績だったかが一目瞭然でわかってしまうのである。またクレデンシャルを形成する際に、到達目標を高めていくことは努力次第で可能である。逆に言えば、難易度の高い資格試験に優秀な成績で何科目も合格するという優良なクレデンシャルを作り上げなければ将来の道が開けないという厳しい現実が待っている（Tomlinson; Power et al.; Brown）。

　クレデンシャルについては、雇用主の15％が、政府奨励の到達水準である5教科以上で（A*からGまでの8段階中）C以上の成績がないと履歴書の段階で落とすと述べた調査結果もある（Vincent; Power et al.）。このため受験生は必死である。事実、合格の際の成績は年々上がり続け、2009年には全試験結果の20％以上が A* または A であった（Vincent）。

　ではここで、なぜよりよい「クレデンシャル作り」に励まなくてはいけないのか、その理由を考えてみよう。それには少し視点を広げて、ミドル・クラスがさらされるようになった激しい競争を歴史的に見ていく必要がある。

　ミドル・クラスと言っても一様ではなく、実際にその内部を見ると、アッパー・ミドルと言われる専門職（医師や弁護士など）や上級行政職や大組織の管理職、ミドル・ミドルと言われる下級専門職や中小組織の管理職や技術職、ロウワー・ミドルといわれるルーティンワークをこなす事務職や自営業まで、さまざまなミドルの職種がある。さらに、雇用条件、安定性、将来性、職場での裁量権の有無、給料、資産などのさまざまな信望・評価の組み合わせにより細分化され、the middle classes と複数形で表現されることも多い。

　1980年代以降の新自由主義経済のもとではミドル・クラスの地位は非常に不安定なものとなった。雇用調整が生じ管理職ポストが削減され、短期雇用や能力給の導入によって連続的なキャリア形成が半ば夢物語と化したのである。さらに、ミドル・クラスが伝統的に従事していた企業の支店でのサーヴィス業務がコールセンターやネット上に委譲されていった。こうした変化により、たとえ現在は職に就いていたとしても、被雇用者には「自身の『雇用可能性』が維持できるのかという問題」が生じることとなった（Brown）。

　ミドル・クラスの不安定さには、第二次世界大戦後のフォーディズム（第

2章参照）の進展と高等教育の拡大によるミドル・クラス層の拡大も関係している。労働者階級のなかでも、国際フォーディズムの進展（第18章参照）に伴う賃金上昇によって経済的基盤が安定してきた層は、「中等教育を終えるまで子どもたちを支える余裕があったし、できるだけ早い年齢で働かせる必要」もなく、「中等・高等教育への要求が高まった」（Byrne）。また、大学増設により高等教育を受ける労働者階級出身の子どもが激増したことも見逃せない。その結果、専門職や管理職などの従来のアッパー・ミドル・クラス的なキャリアに連なる教育コースを修了する人が増え、たとえば1975年時点での高等教育の学位取得者は全人口中7％であったのに対して、2001年には34％へと上昇している。椅子の数は減ったのにゲームの参加者が増え、受けた教育から見合うだけの生活機会（ライフチャンス）が得られなくなったのだ。

　こうした厳しい現実を考慮すると、子どもに有利な未来を切り開いてほしいと考える親が望むことは、当然ながら試験に好成績で合格することである。子ども自身にしても、アーウィンのような点稼ぎは小賢しいだけで真に考える力を育てる教育ではないから真似をしない、と断言できる人はどれだけいるのだろうか。テスト対策とは、たとえ違和感を抱いたとしても取り組まなければならない「必要悪」だと感じる人は多いだろう。

## 3.「ペアレントクラシー」

　アーウィンがもうひとつ投げかける教育問題がある。親の財力によって教育コースが決定されてしまうという親の影響力である。イギリスが学力重視の資格（クレデンシャル）社会であるということは、メリトクラシー（能力主義・実力主義）が徹底して行き渡っており、個人の努力と能力が公平に評価される良い社会ではないかと思う向きもあるかもしれない。仮に資格（クレデンシャル）取得に失敗しても取り直せばよいのだから、再チャレンジが許される公平な社会ではないかと。

　だが実際には、親の財力と教育熱心な態度が、子どもの成功の鍵となる場合が多い。教育上の有利不利は親次第というこの現象を、社会学者のフィリップ・ブラウンは「ペアレントクラシー」と呼んだ（Brown）。親の財力と子どもの社会的地位にどれだけ相関関係があるのか、「英国コホート調査」

(1970年出生集団〔コホート〕の追跡調査）のブランデンによる分析結果をトインビーとウォーカーが簡潔にまとめているので参照してみよう。1970年生まれの人は、10代で家庭が貧困状態にあると、30歳時にその人が貧困状態にある確率は他の階層出身者より4倍近く高くなる。また、トインビーとウォーカーによれば、「GCSEで大学進学の最低条件を満たすだけの認定を受けるのは、中流家庭の子供では77％に上るが、労働者階級ではわずか32％である」し、両親の所得合計が3万ポンドを超える生徒は11-13歳時での勉強を順調にこなすのに対し、「所得2万ポンドを下回る家庭の子どもはその段階で困難を抱える」。そして「Aレヴェル取得者に占める低所得家庭の生徒はわずか19％、裕福な家庭の生徒は43％」である。

　このような事態が生じるのは、教育の市場化で導入された選択が、実際には「親による選択」を指すためである。この選択には購買力＝消費者としての資格が必要とされる。質の良い教育環境や優秀な教員を備えて毎年有名大学に卒業生を大量に送り込んでいる私立学校を子どものために選択できるのは、一握りの親に限られる。学費の安い公立に通うにしても、遠方の学校を選択できるのは、教育に熱心で通学費用をまかなえる親の子どもでしかない。

　アーウィンは初回の授業でこうした現実を労働者階級出身者の生徒たちに突きつける。「このなかにローマかベネツィアに行ったことがある者は誰もいないのか？　いいか、諸君は行ったことがある他の受験生と競争しなくてはいけないんだぞ」。裕福な親を持つ私立学校のライヴァルたちは、たとえば、「宗教改革前夜のキリスト教会」がテーマの小論文が出た場合、教科書や参考書には載っていないエピソードを現地で仕入れて試験官が退屈しない小論文を書き上げることができる、こうアーウィンは断言する。彼は、教育上の、そしておそらくはそれに続くキャリア形成上の有利不利が生まれおちた家庭の状況によって規定されてしまうことを、生徒たちに自覚させるのだ。

　2002年の時点で私立中等教育学校（以下「私立校」と表記）進学者は全体の約10％だった。私立校の授業料は、両親と子ども一人という世帯であれば、その平均可処分所得の20％を超え、普通のミドル・クラス家庭にとって私立は選択肢とならない（Byrne）。だが、オクスブリッジでは私立校出身者が学生の過半数を占めていることを考えると、経済的余裕があるならば私立校を

選ぶ方が進学には有利になる。私立校の生徒が映画に実際に登場することはないが、彼らは「ヒストリー・ボーイズ」にこの競争の現実を突きつける存在なのだ。ペアレントクラシーを表現するのによく用いられるサッカーの喩えを使ってみよう。どちらもボールをゴール（オクスブリッジ合格）に入れようと頑張っている。けれど、裕福な親にはゴールを子どもの足下まで移動するというルール変更が許されているのだ。「ヒストリー・ボーイズ」は、「やつら」より遠くに置かれたゴールまでボールを運び、親の助けなしに自力でシュートを決めねばならない。

　そう考えると、アーウィンの授業は、スタートラインの時点での立ち後れという市場主義に内在する不公平を是正する機能を担っていると言えよう。1970年代までの学歴には階級上昇の機能が備わっていたが、教育だけが唯一無二の手段というわけではなく、職場での職業訓練などを通じて職位の上昇を果たすことは難しくなかった。だが、80年代にいたると、クレデンシャルは階級維持に必須のもので、しかも親の金で購入可能な商品となる。こうした現実を考えると、アーウィンはテスト対策に価値があることを強烈に意識させる役割を担っていると言える。

## メリトクラシーの勝利？

　だが実際に教育市場（ひいては市場社会）で成功するには、テスト・テクニックだけでは足りないことも『ヒストリー・ボーイズ』は示唆している。映画は、アーウィンにたきつけられて以降、深夜の自室や図書館で少年たちが寸暇を惜しんで受験勉強に打ち込む様子をくり返し描いている。アーウィンのあざといテスト・テクニック伝授に目がいきがちだが、この映画が謳いあげているのは実は努力礼賛ではないだろうか。このように彼らが努力する資質を得たことを成長の証として描いている点で、『ヒストリー・ボーイズ』は教養小説の系譜に連なっている。あるいは19世紀以来のミドル・クラス的伝統である「セルフ・ヘルプ」的価値観を彼らが身につけたことを示してもいる。出身階級に関係なくセルフ・ヘルプを体現したものが成功するという昔ながらの言説がなぞられているのだ（「メリトクラシー」という言葉こそマイケル・ヤングによる1958年の造語だが、その「才能＋努力＝メリット」という

方程式は実に19世紀半ばからミドル・クラスに支持され続けてきた)。

　ここでもう一度、学校は教育市場と化していること、そして描かれているのは市場主義全盛の時代であることを思い出そう。すると必死に受験勉強する彼らの姿に、将来の有能なビジネスマンの姿が透けて見えてくる。彼らが睡眠を削って勉強する姿はまるで深夜の残業を思わせるし、恋人をベッドで待たせたままその横で勉強する姿は妻子を顧みずに働き続ける夫や父親を連想させる。自分の持つ資源（リソース）の有効利用を優先し、睡眠や性欲というリスク要因をしっかりと管理するようになった彼らは、新自由主義が支配する社会を泳いでいくのに重要な価値観を身につけたと言える。そんな彼らには、「セルフ・ヘルプ（自助）」という時代がかった物言いよりも、今風の「セルフ・マネジメント（自己管理）」という言い方が似合うかもしれない。この言葉には成功の原因をすべて個人に還元する響きがある。個人が「何とか物事をやり遂げる（マネジメントにはこの意味もある）」ことの重要性を賞賛している点で、「セルフ・マネジメント」は「メリトクラシー」を裏から支えている。

　『ヒストリー・ボーイズ』が多くの観客に受け入れられた要因のひとつは、ペアレントクラシーに挑戦してメリトクラシーが勝利するという「勧善懲悪」劇を描いているからである。ただし、ここでの「メリトクラシーの勝利」は、一流大学への合格だけを意味するものではない。ミドル・クラス的価値観の最たる「努力する資質」を得て真のミドル・クラス入りを果たしたという、階級移動を讃えたものでもあるのだ。

　だがここで留意すべきは、ミドル・クラス職の不安定さが際立つ現在では、実際に教育のエリートコースを歩んだからといって将来の成功やミドル・クラス職につながる「確かな保証があるわけでも、そこまでの滑らかな障害のない道のりが確実にあるわけではない」(Ball, *Education Policy*) ことである。『ヒストリー・ボーイズ』はこうした現実の厳しさを無視し、合格を勝ち取った少年たちが全員成功して、治安判事、会社経営者、税理士、高級紙の記者、校長、教員などになったという設定にしている。この点で本作品は、現実社会の不確実さやそれゆえ人びとが抱く切実な不安感を描き出していない。教育のエリートコースの途上でも、運よく就職した後でも、さらなる選別が待ち受けているという側面が浮き彫りにされないのだ。

この将来の不確定性に対する不安感こそが、教育熱心なミドル・クラスを生み出している原因であることに注意しよう。すると、成功した「ヒストリー・ボーイズ」が知恵を絞り大金をかけて子どもを教育するであろう、作品には描かれていない未来の結末を想像できるかもしれない。メリトクラシーの（かりそめの）勝利の先には次の世代のペアレントクラシー（＝メリトクラシーの忌避）が待ちかまえている。ということは、私たちが認識すべきは、むしろペアレントクラシーのしぶとさの方なのかもしれない。

## ミドル・クラスの不安とたくらみ

ペアレントクラシーは、本章がこれまで対象としてきた1988年以降の学校現場で突然出現した現象ではない。およそ教育機関と名が付く制度が定められて以降、学校はつねに、国の方針のみならず、親の財力と意向を反映する場だった。20世紀後半に三分岐制から総合制中等教育学校（以下「総合制」と表記）への移行が促進されたのは、ウィルソン労働党政権下の1965年、A・クロスランド教育相の主導で、「機会の平等」、「真の選別」、「能力の開発」を図って総合制を増設せよ、という通達が出されて以降のことだ。ただし、実際に総合制の設立（グラマー・スクールやセカンダリー・モダン・スクールの総合制への改組）が相次いだのは、総合制に反対の立場をとるエドワード・ヒース保守党政権下（1970-74年）のことだった。当時の教育相サッチャーは、エリート教育の必要性を訴え、特にグラマー・スクールから総合制へ、という改組の流れを止めようした。だが、そんな彼女でも、ひとたび弾みのついたこの流れを変えられなかったのである。

ここで少し時代をさかのぼって、与党政府が反対していた1970年代前半に総合制がなぜ激増したのかを、教育学者のサリー・パワーらによる研究を参照しながら、考えていこう。この現象の鍵となるのが、ミドル・クラスの親たち、なかでも、子どもを私立校に送るほどの経済力がない親たちである。1944年に、それまで有償であったグラマー・スクールが、教育の機会均等の徹底を目指した労働党政権により無料化された。これ以降、労働者階級およびロウワー・ミドル・クラス出身の成績優秀者たちが、より「上」のミドル・クラス出身者のなかに（後者から見れば）次第に「割り込んで」グラマ

ー・スクールに入学するようになる。専門職・管理職の父を持つ子どもを例にとろう。1930年代後半生まれだと、そうした階層の出身者がグラマー・スクールやパブリック・スクールに進学する率は62％だったが、1957-60年生まれになると47％まで落ち込んだ。こうなると、比較的余裕のあるミドル・クラスの（つまりロウワー・ミドルより「上」の）親たちは、わが子が不合格となり社会的に下降することを極度に恐れるようになった。

このためミドル・クラスの富裕層は子どもを私立初等・中等教育学校へ素早く送り込んだが、そこまでの経済力がない層は、勝負に負ける恐れがあるくらいならいっそ勝負を避けようと、イレヴン・プラス試験およびグラマー・スクールの廃止を求め、代わりに総合制学校の設立を要求するようになった——そうパワーらは指摘する。

この現象を理解するためには、階級別の住み分けが多い、というイギリスならではの事情を知っておく必要がある。ミドル・クラス、正確には私立学校を選択できるほど裕福ではないが教育に投資を惜しむことのないミドル・クラスが大多数を占める地域で、何が起きたか考えてみよう。ここでは、彼らが地域の総合制学校をいわば「占領」して「植民地」としてしまい、「望ましい」教育環境を作り出し保持した。次に、そうした地域に住む余裕がない、あるいは遠方の評判の良い学校まで子どもを通わせる余裕はないが教育熱心な層は、自分たちが住んでいる地域の総合制学校の内部に「能力別学級編成」や「教科ごとの能力別学級編成」を設定することを要求した。彼らは、今度は学校の内部に「植民地」を作り出したのである（Tomlinson）。この現象の背景にあったのは、次のような判断である。グラマー・スクールへの選別試験を受けて不合格になるよりも、総合制学校で上級クラスに入る方が有利だ。「能力別編成をすればわが子はトップグループに入るだろう」と彼らは考えたのである（Ball, *Class Strategies*）。

上述のようなミドル・クラスの教育をめぐる不安とたくらみを、少し整理しておこう。ミドル・クラスのなかでも経済的により豊かな層は、私立学校進学を選択することで、自分たちの子女を、より「下」のミドル・クラス層の子女から切り離した。そこまでの経済力はないが教育には熱心なミドル・クラス層は、地域の総合制学校を「植民地」とし、同じくより「下」のミド

ル・クラス層や労働者階級の閉め出しを行った。経済的に、文化的に、あるいは社会的に、より優位な階層がより有利な教育環境を手に入れ、より「下」の階層をその環境から排除したとも言える（詳しくはByrne参照）。

こうした排除の連鎖を考えるとき、本章が注目すべきは、富裕層のミドル・クラスの方ではない。むしろ、総合制学校を競争的な環境へと変えてきたミドル・クラス層の方に着目すべきである。彼らが実践してきたペアレントクラシーこそが、教育の市場化の推進に深く関与していたのだ。もちろんこの結託は、意図せざるものだっただろう。彼らは、少しでも子どもに有利な教育を、と考え振る舞っていただけなのかもしれない。それでも、彼らが、結果として、教育市場の登場に手を貸してしまった可能性は否定できない。

## 4. 教育成果はすべて数値化できるか

『ヒストリー・ボーイズ』に戻ろう。前節までの議論を踏まえると、この作品の隠れた狙いはペアレントクラシーと教育市場の結託を暴くことにあったとも言えるのだが、もう一点、触れておくべきことがある。

実は『ヒストリー・ボーイズ』は、「文化」や「教養」（どちらも英語ではcultureで表せる）が教育市場でどう位置づけられるか、という問題も提起している。競争での有利不利に直接関係ないが、それでも無視できない教養や文学に関する議論を担うのは、もう一人の登場人物、一癖あるヴェテラン教師のヘクターである。彼は、教育には数値化しえない価値があることを示し、アーウィンに傾倒しそうになる観客の意識にゆさぶりをかける。ヘクターはアーウィンとは正反対の教授法を行い、生徒に詩の暗唱をさせたり劇の一部を上演させたりという1988年の教育改革以前にイギリスで盛んだったスタイルの授業を行っている。ヘクターは言う。

> 本を読んでいて最高なのは、ある考え方や感情やものの見方を知って、これは自分にとって特別なものだ、これは自分だけのために書かれたものだ、と思える瞬間があることだよ。会ったこともない人、ずっと前に亡くなった人によって書かれたもののなかから手が出てきて君の手を取ることがあるのだ。

こうした教育観を持っているヘクターは、「私は試験というものは、たとえオクスフォードやケンブリッジへの入学のためであっても、教育の敵だと思っている」と言ってはばからない。

校長は、ヘクターの教育法では生徒たちが合格できないだろうと危惧し、アーウィンを雇い入れたのだった。その際に校長がヘクターの扱いに困って言う台詞が、市場原理から見たヘクターの価値をよく表している。「彼［ヘクター］の仕事を評価するいかなる手法も私は持ち合わせていない。……どうすれば彼の授業を数値化出来ると言うんだ」（強調は引用者）。これは教育市場ではショートスパンで測定可能なものだけが評価の対象となっていることを如実に表している。この校長のつぶやきこそが、ヘクター流の自由で個性的な教育から1988年の教育改革へと国が舵を切った理由でもある。1976年に社会学者のN・ベネットは、メディアに盛んに取り上げられて影響力を持った著書『教育スタイルと生徒の学力増進』で、一斉授業、定期的なテスト、健全な競争のある学校教育（いずれも1988年以降に全国規模で採用された）を受けた子は、読み書き計算能力において、個別授業や子ども同士の共同作業など型にとらわれないスタイルの授業を受けた子より4ヶ月分進んでいることを明らかにした。一方で、後者のスタイルの授業を受けた子の達成度は計測し難いと述べた。このように、内面の成長をはかり、その成熟度や感受性や感動の度合いや色合いについて判定を下すことは難しい。1970年代になると、自由な思想を持つ教員のせいで教育が危機にさらされているという言説がくり返し新聞に登場して親の不安を煽り、これが後の教育改革へとつながる契機のひとつとなった（Ball, *The Education Debate*; Chitty; Tomlinson）。測定できない学力は「基準」とはなり得ないと断じる教育市場において、ヘクターが教壇に立つ資格はない。

だが『ヒストリー・ボーイズ』は、ヘクターがトマス・ハーディの詩の解釈をしていく場面で、「作品から読者の手をとろうと差し延べられた手」を生徒が握り返す様子を丁寧に描くことによって、そうした教育を切り捨てて大丈夫なのか、という問いを観客に突きつける。生徒の価値観も親の価値観もすべてを飲み込もうとする貪欲な市場主義を前にして、ヘクターの授業を

テスト対策に役立たないからといって投げ捨ててよいのだろうか。ヘクターが言うように「新たな価値観を身につけたり、思いがけない感情を自分の内に発見したりすること」に価値はないのだろうか。この問いから、数値でしか物事を評価しない教育市場への挑戦が展開される予感がしてくるだろう。

## 文化・教養(カルチャー)の値うち

　『ヒストリー・ボーイズ』は、点数には還元しきれない文化・教養の価値を高く評価し、人生の「解毒剤」という考え方を示している。ある生徒が「どうやって詩を理解すればいいかわかりません。詩が述べていることのほとんどは、まだぼくらに起こったことではないんですから」と訴えると、自分の授業の意義を確信するヘクターはこう答える。

> きっとわかるようになるよ。そういうときが来たときには、君たちはすでに解毒剤を備えたことになる。悲しいとき。幸せなとき。自分の死に際しても。この授業は、君たちに死の床の備えをさせるようなものなのだ。

　この台詞は、詩や小説を読むことは人生について知ることだ、物の見方や感情の幅を広げてくれることだ、という教養教育の真骨頂を表している。ヘクターの答えは、市場原理に対しての強力な抵抗の根拠となりうる。すべてを効率・競争・資本・数値に変換することはできない、人間の感情や内面の成長は私たち個人に残された聖域なのだ、と。
　だがヘクターのこの台詞を、教育市場という文脈に置いて考えるとどうなるだろうか。驚くべきことに、文化・教養という「解毒剤」は、失敗やリスクを中和するためのものへと変化してしまう。それは、新自由主義的な社会を勝ち抜くための「保険」になってしまうのだ。戯曲版では、ある同僚が、「確かにあの子たちが取り返しのつかない失敗を犯したときには、何らかの保険になるでしょうね」と述べて、この論理を裏打ちしている。
　教養や文化は、たとえば、仕事での失敗、人間関係の問題、はてはリストラにいたるまで、職場でのさまざまな危機をマネジメントするのに役立つということになるだろうか。ここでは、学ぶことのすべてが、最終的には、果

てしのない競争を生き抜くための武器を磨き上げることに還元されてしまう。

## おわりに

　ヘクター的な教養・文化は、教育市場を補完する「解毒剤」にとどまってしまうのだろうか。それとも、「薬も過ぎれば毒となる」という諺のとおり、そうした教育市場そのものを変容させる「毒」になりうるのだろうか。これが、『ヒストリー・ボーイズ』が投げかける問いであるのかもしれない。
　映画版のエンディングは、ファウンテンズ修道院(アビー)での課外授業が回想され、そこに生徒たちへのヘクターの言葉がかぶさって終わる。

> 愛を別にすれば、それ［心の痛み］こそが教育に値する唯一のものなんだ。……その荷を受け取り、肌で感じ、［次世代へ］手渡しなさい。私のためでも、自分のためでもなく、だれかのために、いつか、どこかで。手渡しなさい。それこそ諸君に学んでほしいゲームなのだ。手渡しなさい。

　教養・文化を学ぶことは「痛み」をともなう、とヘクターは言う。ということは、それはやはり「解毒剤」というよりも「毒」そのものなのだろう。教養・文化とは、他者や社会を直接「肌で感じ」ることであり、ゆえに苦痛を伴う。しかし、その「痛み」が、競争のなかで分断されてきた人びとを交わせうるものだとしたら、それこそが教育を受ける意義なのである。

（井上　美雪）

## 推薦図書

デビッド・バーン『社会的排除とは何か』深井英喜・梶村泰久訳、こぶし書房、2010年。

Ａ・Ｈ・ハルゼー、Ｈ・ローダー、Ｐ・ブラウン、Ａ・Ｓ・ウェルズ編『教育社会学——第三のソリューション』九州大学出版会、2005年。

Ward, Stephen, and Christine Eden. *Key Issues in Education Policy*. London: Sage, 2009.

*Column*
## 「クラス」か「コミュニティ」か？──ニュー・レイバーの自負と偏見

　左のポスターは2005年の総選挙で用いられたもの。ここに並んでいる顔写真は、（左から）W・ヘイグ、J・メイジャー、M・ハワード、M・サッチャー、I・ダンカン・スミス──歴代の保守党首の面々である。ということは、これは保守党の選挙ポスターなのだろうか。

2005年の総選挙ポスター

　ところが、その下には、「イギリスはうまくいっている／働いている。この国を保守党にまたぞろ破壊させるな」と大書され、右下には "Labour" と小さく書いてある。そう、じつはこれ、保守党ではなく、労働党の2005年の選挙ポスターなのである。

　詳しくは第2章（66頁）を参照してほしいのだが、これはかつての保守党の名コピーのパロディ（あるいは意趣返し）になっている。しかし、それ以上に興味深いのが、ここで、「ワーキング」という言葉を強調しているニュー・レイバーが、他方では「ワーキング・クラス（労働者階級）」という言葉を徹底的に回避してきたことである。例として、1997年のニュー・レイバーのマニフェストを見てみよう（Labour Party）。そこでは、「クラス」という語が計10回使用されている。ただし、うち6回は、教育政策を扱ったなかで「学級」を意味するクラスなのである。残りの箇所でも、「階級」対立は時代遅れといった文脈で登場するに過ぎない（唯一の例外は、「底辺層」の増加を防ぐ、という文言である）。

　ニュー・レイバーの「階級」嫌いはこれほどまでに徹底している、ということになろう。なぜ、そうまで忌避するのだろうか。おそらくブレアたちにとって、階級とは、人びとを分断してしまう言葉に過ぎなかったのだろう。ワーキング・クラスと言ったとたんに、ワーキング・クラス以外の支持を失ってしまうというわけだ。

　しかしブレアの頭のなかにある「階級」だけがその語義のすべてではない。英語の "class" には「組織体」を意味する用法もあるのだ（Raymond Williams, *Keywords*）。人びとが、自分たちの意志をもって、自分たちのことを組織し、自分たちの抱える問題に、場合によっては他の組織との対立をも辞さずに対処する。そういう組織体としての「階級」をブレアたちは捨てた。代わりに「コミュニティ」という語にそうした組織体の意味を、巧妙に担わせようとした。上記の選挙ポスターには、「階級」ではなく、「懸命に働く家族」からなる「コミュニティ」の創出に成功したというニュー・レイバーの自負が読み取れる。

　だが、そのように変えてみて、なるほどたしかに当座は聞こえも受けもよかったとはいえ、「クラス」をめぐる長い歴史的経験を捨て去ってしまって、失うものは、彼らが思う以上に大きかったのではあるまいか。

（井上　美雪・大貫　隆史）

第 4 章

芸術とコミュニティ
——「創造」というマーケット

はじめに——《ケーブル・ストリートの戦い》

　ロンドン、イースト・エンドのタワー・ハムレッツ区、シャドウェル駅を降りてケーブル・ストリートを西に少し歩いていくと、人目を引く壁画に出会う。セント・ジョージズ・タウンホールの壁面を飾る《ケーブル・ストリートの戦い》である。
　1936年10月4日。オズワルド・モーズリーによって1932年に結成された英国ファシスト連合が、1934年から反ユダヤ主義の色合いを深め、ロンドン各地で反ユダヤを謳う行進や集会を展開していたさなかに事件は起こった。ユダヤ系移民の多いイースト・エンドの只中へ行進を進めた同連合は、警官隊に先導され、ステプニーへと歩を進めた。住民たちはこの権力に守られた行進を黙認するわけにはいかなかった。やがて示威行進への抗議は、住民だけではなく、社会主義者や共産主義者たちをも巻き込んで、30万人もの大騒擾（そう じょう）へと発展する。抗議者たちはスペイン内戦で反ファシストのスローガンとなった、"¡No pasarán!"（やつらを通すな！）を口々に叫び反抗、モーズリーと英国ファシスト連合の黒シャツ隊を追い返したのである。
　タウンホールはまさにその現場に位置していた。1976年、建物の西側の壁面に注目したアーティストのデイヴ・ビニントンは、その事件を調べ始めた。残された多くの文献資料、映像資料を渉猟し、事件の当事者や目撃者にイン

図1　《ケーブル・ストリートの戦い》

タヴューを行い、ビニントンはこの歴史的事件を壁画として再構築していく。その際ビニントンが手法、および着想においてモデルとしたのは、メキシコ壁画運動とその主導者、ディエゴ・リベラやダヴィッド・アルファロ・シケイロスであったと思われる。リベラやシケイロスと同様に、町に住む人、通りを行く人が等しく共有することができ、同時に町と住民のアイデンティティを歴史の一場面のなかに捉え、伝えていく手段として、ビニントンはコミュニティ・アートとしての壁画に取り組んだのだった。

　さらにビニントンは、聞き取りを行った住民を壁画のモデルとして使うことで、地域と壁画との絆をいっそう強めようとした。タウンホールの地下で教育支援を必要とする若者たちを教えていたタワー・ハムレッツ特別学生支援部の元部長、トニー・クリスプは、オズワルド・モーズリーその人のモデルを務めた。服を剥ぎ取られ、ほうほうの体で追い返されるモーズリーを演ずるために、クリスプは建物の上から地面に敷いた空気マットめがけて何度も飛び降りなければならなかった。壁画の制作は住民参加型のアート・イヴェントだったのだ。

　しかし壁画の作成は同時にもうひとつの戦いの始まりでもあった。1982年の5月に極右集団が壁面の下部にファシストのスローガンをでかでかと書きなぐった。この破壊行為に落胆したビニントンは、壁画の完成を目指すことなく身を引く。その跡を継いだポール・バトラーは、二人の画家（デズモンド・ロックフォートとレイ・ウォーカー）の助けを借りて、自分たちの解釈に基づいて制作を進め、1983年3月、ついに壁画は完成した。

　受難はその後も続く。完成と同時に壁画は再度極右団体の攻撃の的となり、そのたびに関わったアーティストたちが修復を繰り返した。まさにいたちごっこで、壁画がもとに戻ると攻撃はさらに激化する。修復の費用もかさんだ。1993年に壁画がペンキ爆弾による被害をこうむったときの修復費用は1万9,000ポンドにのぼった。この費用は住民の寄付とタワー・ハムレッツ区議

会が負担した。壁画の保護のために特殊な塗料も塗布された。

　《ケーブル・ストリートの戦い》は、描かれている壁面が平面とは思えないほど立体感と動きと喧騒に満ちた作品である。現在この壁画は芸術作品として評価されるだけでなく、間違いなく町のひとつの顔であり、町の歴史の語り部でもある。だからこそこれを守ることは町の義務となる。2007年7月、地元住民からの壁画保全の要望を受け、審議を重ねた結果、区議会は2008年1月に「ケーブル・ストリートの壁画（パブリック・アート）の維持と保全のため、8万ポンドを計上する」ことを決定した（タワー・ハムレッツ区議会開発戦略委員会、2008年1月31日の議事録より）。

　芸術が持つ力は侮れない。個人のアトリエや美術館などの展示室から町に出たとき、多くの作品がコミュニティの共有財産となる。それは記録であり、歴史であると同時に、「ブランディング」という意味で、外に向けてのコミュニティの性格を規定し創造する。それゆえ経済を活性化する原動力となる。だからこそ政治的でもある。この影響力ゆえに芸術はアトリエを出る道をも模索し、同時に町や国はそのような芸術のあり方をさまざまな意味合いで促進し、活用する。企業も例外ではない（第16章参照）。

　そしていまや世界共通語となった「芸術（アート）」は、その営為じたいが事象の解釈や表現をまったく新しい方向と手段によって成し遂げるという意味で、政治・経済の行き詰まりを打開する突破口をも示唆してくれると期待されている。都市創造研究の第一人者であるチャールズ・ランドリーの言葉を借りれば、歌う、演ずる、書き著す、踊る、奏でる、彫る、描く、デザインする、といったさまざまな芸術行為は、「創造性、発見、革新」に関わる営為であり、コミュニティとしての町そのものを見直し、新たに育て上げるうえで重大な役割を果たす（Landry）。イギリスで小規模な演劇公演やコンサートを鑑賞した際に、必ずと言ってよいくらい地方レヴェル、国レヴェルの多くの団体がその芸術活動を支援していることを知って驚いた経験を持つのは、筆者だけではないだろう。作ること、楽しむことの双方で、イギリスという国での芸術体験は、ある意味で日本での体験とはまったく異なっている。

　国やコミュニティを創るために芸術が意味することは何か。そしてその意味を芸術家はどのように受け止め、動いているのだろうか。この課題にいち

早く取り組んだイギリスの試行錯誤を、本章では追ってみたい。

## 1. 生きることの創造性――その源流

　芸術の社会的意義は古来から認識されてきたことではある。しかし芸術が他の仕事と同じく立派な職業であり、さらに言えば「労働」であるとの意識を再構築しようとしたのは、おそらく19世紀に入ってからのことだった。その代表者がジョン・ラスキンやウィリアム・モリスである。彼らは労働を芸術的な行為と同じく創造的なものとして捉えなおし、その意識を広めようと努めた。そしてあるものを売買し、同時に消費するということは、それが作り出されるまでの人的な「労働」の質に対して金を払うということにほかならず、だからこそ消費するという行為の重要性と道徳面を強調したのだった。裏を返せば生産するという行為はそれが芸術作品であれ、食べ物であれ、日々の消耗品であれ、非常に「創造的(クリエイティヴ)」な行為なのであり、産業革命以降の現代社会ではこの創造の過程が隠される、あるいは無視されてしまうことから、消費が単に「個人的に所有し、個人的に食らい尽くす」ことに変貌してしまったと捉えられる。そして芸術行為とその成果もまた、作る者と鑑賞し育てる者によって正しく「消費する」ことが可能なはずである。

　このような考え方は上で挙げたランドリーの思想を先取りしている。確かにモリスの社会主義小説を読むと21世紀に提案される「クリエイティヴ・シティ」の雛形を見ることができる。『ユートピアだより』（1890年）で表される22世紀の社会では、ありとあらゆる仕事と日々の活動は、きわめて「創造的」である。人びとはひとつの職業に自分を押し込めることはなく、塵芥処理などのきつい肉体労働も、芸術活動（あるいは遊び）と同列に受け止めて楽しんでいる。「食べる」という基本行為ひとつとってもいくつもの創造的な側面がある。人びとは食べる前に供されるものを目で楽しみ、食を共にすることでコミュニティの絆を深めている。正しく作ることが果たされているこの「倫理的(エシカル)」な世界では、どう正しく使うのか、という段階に目標がすでにシフトしている。つまり「消費する」ことをどう創造的に捉えなおすのか、ということである。近年、「エシカル・コンシューマリズム」（倫理的な消費

活動）という名で呼ばれる思想の原点がここに示されている（100頁参照）。

　「労働」の意味が時代とともに変わっていくのだとしたら、モリスの目指した定義は、20世紀半ば以降に教育現場で強調された「労働」の意義と重なってくる。つまり労働の意義は「やりがい」であり、「楽しさ」である。経済学者ガルブレイスの言葉を借りれば、「楽しい家庭はなくても、楽しい労働条件だけは欠かせないとさえ、ある程度までは言え」てしまうのだろう。

　モリスが描いた生活の芸術化はもちろん社会主義革命が成し遂げられたユートピア社会においての話である。では現在の資本主義社会でこの「楽しさ」、「やりがい」がどこから来るのかといえば、それは賃金ではない。ガルブレイスの語る「新しい階級」、つまり知的・創造的な職業に従事する階級がその活動の根拠とするのは、仕事を通して得られる他者からの尊敬の念、自分が社会の役に立っているという満足感、つまりある意味で他者が自分に与えてくれる「自尊心（セルフ・エスティーム）」という非常に曖昧かつ主観的な動機なのである。

　そしてこの活動のなかに芸術が入ってきた。それだけではない、芸術は国の経済活動のなかで大きな位置を占めつつある。次節でその過程を見ていく。

## 2. 第二次世界大戦――ケインズの芸術擁護

　芸術の経済的な意義をいち早く説いたのはブルームズベリー・グループと親交の深かったジョン・メイナード・ケインズだった。1941年、ケインズは前年に設立された「音楽・諸芸術振興カウンシル」（CEMA）の初代委員長に就任した。「新しい階級」としての芸術家とふれあっていたからこそ、彼の中には確固とした「芸術」観があった。1945年7月、CEMAの委員長として最後のラジオ放送演説を行ったケインズは、次のように国民に呼びかける。

　［諸政党は］産業の社会化をどう見ていようとも、いずれも芸術家の活動のことを、次のように捉えているのではないでしょうか。つまり本来個性的で、自由であり、決まりにとらわれず徒党を組まず、制御不能だと。芸術家は心のおもむくままに歩き、どちらへ行けと指図されることはありません。行き先は本人にもわからないのです。しかし彼はほかの人びとをいまだ食い荒らされていない牧草地へと誘い、しばしば私たちに食わ

ず嫌いだったものを愛し楽しむことを教え、私たちの感性を押し広げ、本能をより研ぎ澄ましてしてくれるのです。国が行うべき仕事は、教え諭したり、検閲したりすることではなく、勇気と自信、そして機会を与えることです。

次いでケインズは、戦争が終わろうとしているいまこそ、ハリウッドにも勝る楽しきイングランド本来の「真摯で質の高い娯楽」を、地方で、そして世界都市としてのロンドンで提供すべきだと訴える（Keynes）。

CEMA の潮流はふたつに大別される。CEMA の設立資金を提供したピルグリム・トラストの初代幹事を務めたトマス・ジョーンズは、第二次世界大戦前の1930年代に失業中の炭坑夫たちを積極的に芸術活動に関わらせようとした経歴がある。CEMAはジョーンズの意向を受け、アマチュアと地方での芸術活動の普及に力を入れた。もう一方の潮流はケインズが作り出した。戦時中、シェルター生活を強いられた人びとへの娯楽の提供と士気の向上のために芸術の果たす役割は大きかった。そのためにも芸術家の雇用確保はCEMA 設立当初の芸術支援の核だった。

しかしケインズはこのときすでに戦後の CEMA のあり方を考えていた。あくまで赤字を出さないような援助法を取ったものの、ケインズが強調したのは芸術の量ではなく質であった。ジャンルに関しては、ケインズはそれほど狭量ではなかった。ドラマであれ、絵画であれ、オペラであれ、大衆歌謡であれ、その腕前と中味が大切だというのである。このプロフェッショナルの擁護と質の向上こそ、まずケインズが目指したものであった。

これにより、アーティストたちは大衆受けする作品にとらわれず、冒険的かつ自由な表現が可能となる。またケインズは国内の都市に「アート・センター」を形成することを目指した。施設を構えることで、芸術の質を上げていくと同時にそこに集まる観客層を構成しようというわけである。こうして、都市の経済体制のなかに芸術が根ざしていく拠点が作られていく。

芸術の質を考えるときのキーワードは、ハリウッドへの対抗意識からもわかるように「英国発の芸術」である。特にケインズが力を入れたのはオペラとバレエである。この考えのもと、英語によるオペラの確立を目指して1946年にコヴェント・ガーデンにて再開されたのがロイヤル・オペラであった。

しかしながらケインズが目指したのは政府主導のナショナリズムではない。ドイツでのナチスと芸術家の共謀関係を見たケインズは、CEMAが政府とは「腕一本分の距離」(一定の距離)を取ることを主張した。組織は議会の下に位置し、大蔵省からの補助金を財源とした。しかしケインズは政府の干渉なしにCEMAが受給資格を自由に決定できるようにすると同時に、その決定に関して政府・議会・国民に説明する義務を明確化したのである。

ケインズが芸術支援活動に関与していた期間は1941年から46年の彼の死までと非常に短期間であるものの、その影響力は、その後のイギリスの芸術支援の基部を形作ると同時に、その後、現在にいたるまでイギリスの芸術をめぐる数々の議論を生み出すことになる。つまりロンドンと地方、アマチュアとプロ、主流と非主流、コミュニティと芸術の関係、そしてそもそも「芸術」とは何を指すのか、という多岐にわたる議論である。

## 3. 1950年から80年の文化政策
　　──CEMAからアーツ・カウンシルへ

### 1950-60年代

1946年、ケインズの亡くなる直前にCEMAは「アーツ・カウンシル・オヴ・グレイト・ブリテン」という名称になる。1955年には、アーツ・カウンシルが支援する団体数は設立当初の2倍の92となった。終戦と第1回万国博覧会の百年後を記念する1951年にはイギリス祭の開催を支援している(1968年開館のヘイワード・ギャラリーはこのコレクションを基礎とする)。

1950年代、60年代はイギリスの若者たちが反抗的なエネルギーに満ちあふれていた時代でもあった(第6章参照)。芸術支援もその気運を反映していた。1964年、ウィルソン内閣の下で教育・科学省に最初の芸術担当閣外大臣の役職を設置、初代大臣にジェニー・リーが任命され、1965年以降アーツ・カウンシルの資金はこの教育・科学省から支出されることになった。リーが護ろうとしたものは、政府と芸術支援の「腕一本分の距離」である。ケインズの精神に基づきリーは「間違いをおかし、予測を裏切り、人をあっと驚かす実験的な試みが芸術には必要である」と説いた。「さもなければ新しい始まり

はないだろう」(Arts Council England)。リーのもとでアーツ・カウンシルは中央集権を避け、地方局の自治をさらに強め、ネットワークを確立することで全国に散らばる組織を支援する体制を整えていく。1967年、カウンシルは、その主な役割を変更し、各地での実技指導、鑑賞者の確保、芸術家が財政的・社会的支援を得るための窓口の役割を担うようになった。

### 1970-80年代

しかし試練は1970年代からサッチャー政権下にかけてもたらされた。この時期は不況とともにアーツ・カウンシルの抱えるさまざまな問題が表面化した時代でもある。保守党はカウンシルのエリート主義と政策を非難し、ファンドには上限が設けられた。同時に芸術活動の経済的自立が強調されたことで、支援のあり方が見直され、1980年代に入り被支援団体は半分に縮小される。国家の締め付けのもとに、カウンシルは企業支援の誘致に力を入れるようになった（詳しくは第16章参照）。

さらにロンドン対地方という問題も取りざたされるようになる。1984年に出されたカウンシルの政策報告書により、国の全人口の2割が集まっているロンドンにカウンシルの支援金の半分が流れていることが明らかになった。ロンドン対地方の格差が、ロンドン以外での芸術の普及、ならびに芸術に対する意識の変化を阻んでいたのだ。

## 4. 1990年代以降——コミュニティに根付く「アート」の登場

1990年代、「芸術」をめぐる流れに大きな変化が生じた。ひとつは政府との「距離」の変化であり、もうひとつは、芸術の新たな意義の浮上である。

まず1992年に国民文化遺産省が創られ、ついで財源確保として1993年に国営くじ（ナショナル・ロッタリー）法が成立し、くじの収益金が文化支援に充てられることになった。その使途は非常に明確で、芸術、慈善、文化遺産、「ミレニアム・プロジェクト」の4部門にそれぞれにあてがうというものである。翌年の1994年3月にアーツ・カウンシル・オヴ・グレイト・ブリテンはイングランド、ウェールズ、スコットランド、北アイルランドの4つに分

割され、それぞれのアーツ・カウンシルとなった。そしてイングランドのアーツ・カウンシルは国民文化遺産省の傘下に置かれた。

　同時に「芸術」が明確に「アート」、つまりある種の「技術」となっていったのも90年代に入ってからだと言える。ポスト・サッチャーの政府は、「アート」にケインズが見ていたもののなかにさまざまな可能性を見出していくようになる。社会学者アンソニー・ギデンズは著書『第三の道』（1998年）のなかで、国家ではなく、各地域のコミュニティこそが、福祉や安全、教育により大きな役割を担うべきだと説いた。ブレア内閣の政策の基軸となるこの考え方のなかで、最も重視されるのが、人的資源（ヒューマン・リソース）である。問題を解決すべく、当該地域の住民を資源として活用することが目論まれた。そして「アート」もこの動きに巻きこまれたのだった。

　1997年にトニー・ブレア労働党内閣が誕生すると、内閣のもとに文化・メディア・スポーツ省が設立され、政府主導で積極的かつ体系的な芸術支援が行われるようになった。アーツ・カウンシルと政府の間に一定の距離を保っていた「腕」の骨はすでに70年代から劣化していたのだが、ここである意味でぽっきりと「折れた」とも言える。「地方切り捨て」の流れが政治的に加速するなか、「アート」を使ったコミュニティ再生が地方救済と雇用拡大の手立てとして銘打たれたのである。こうして「アート」は、ブレア政権下で、強力なツールとなると同時に統制される対象となった。

　文化省大臣のクリス・スミスを中心に政府が強調したのは、芸術の持つ「経済的」かつ「教育的」な意義である。つまり、芸術が何らかのかたちで社会的な「価値」を持つという見解である。因習や固定観念に縛られがちな私たちを、芸術という「クリエイティヴ」な作業は解き放ち、新たな表現力を構築し個人を変えていく。その力を「教育」のカテゴリーに結びつけていくことで、芸術の場を社会のなかに見つけ出す視座が提示されたのだ。

　ここに「クリエイティヴ・エコノミー」の思想が展開される。芸術家向けの新たなマーケットが用意され、芸術家の意識改革が起こったのである。この思想はケインズがもともと芸術のなかに見ていた「新たな牧草地へ私たちを連れて行ってくれる」芸術の力を、現実にイギリスが対峙しているさまざまな社会問題の解決法とする意味で、戦時中、学校教育の補完物として機能

していた美術館や博物館での教育プログラムとは一線を画していた。当時交されたのは、既存の芸術をどのように教育に活用していくのか、という議論だった。しかし20世紀後半からの教育は、問題解決の糸口として新たに提示される芸術に注目する。具体的には路上生活者や犯罪履歴のある人びと、さまざまな問題を抱えた若者たちといった、さらに幅広い層に向けての特別プログラムが用意されるようになった。同時にアートはこれらの諸問題へと人びとの意識を向ける、格好の「教育」媒体となったのである。

新たな世紀末は芸術にとっては非常に重層的な社会状況を用意していた。19世紀以来世界中からロンドンや地方都市に流れ込んださまざまな人びとは、多文化共存の緊張感を生み出していく。同時に都市計画学者のピーター・ホールが『文明の都市』のなかで述べるように、異文化を抱え込んでいる都市の内部には常に問題が発生し、昔ながらの価値が大きく転倒し不安な状態を作り出す。そこは決して安全で居心地のよい場所ではない。しかしその居心地の悪さは、一方で先鋭的な芸術、アーツ・カウンシルが述べるところの「リスキーなアート」を生み出し、また他方で問題解決のために芸術を使うという新たな持ちつ持たれつの関係を築き上げていく土台となる（Peter Hall）。この土台の上で「経済」と「教育」は密接につながってくる。新たなマーケットは「芸術による教育」というかたちを取る。その教育によりもたらされるコミュニティ内の問題解決は、経済を含めたコミュニティの活性化につながるからだ。

こうしてイギリスは制御不能なアートの持つ直感と情動の力を利用することで、多文化共存のグローバル・シティや地方都市の問題を解決するひとつのモデルを提示しようとしたのである。ここから昨今、日本でも話題になる「コミュニティ・アート」や「アート・イニシアティヴ」の思想が生み出された。次節でそのような例をひとつ見ていくことにする。

## 5. 歌う路上生活者——「ストリートワイズ・オペラ」の試み

2000年に「ストリートワイズ・オペラ（Streetwise Opera）」がロンドンで設立されたきっかけは、1990年代にある議員が述べた「ホームレスとはオペ

ラ・ハウスから出てきたときに、またぎ越していく人びとである」という言葉だった。リアクションを起したのはウェストミンスター区のシェルター住まいの人びとだった。ならばオペラ・ハウスのなかに入れば、しかも観客ではなく歌手として舞台に上がれば、路上生活者に対する見方は変わるだろう、というわけだ。手を差し伸べたのは若

図2　ロンドン、ストリートワイズ・オペラのワークショップ

い芸術家たちである。2000年にロンドンの夜間シェルターで12週以上のワークショップが行われ、その成果は、子ども用の歌劇『星の王子様』としてロイヤル・オペラ・ハウスで上演された。出演者は路上生活者、地元の小学生、演劇博物館のスタッフ、そしてプロの歌手である。この成功をもとにストリートワイズ・オペラは路上生活者支援団体として広く活動を展開していくことになる。現在ロンドン以外にも数都市でワークショップを開催し、公演も行われている。

　ロンドンで行われたこのワークショップに筆者も参加してみた。途中休憩を挟んだ2時間のワークショップは、とにかく密度が濃く、息つく間もない。最初の場作り、グループ作りのゲームのあとは、想像力を使って直感的・即興的に対応することで、殻を破って自分をグループのなかで劈(ひら)いていく作業、次いでグループのなかで場を見つけていく作業が展開される。後半の歌の練習でもまったくスピード感は衰えない。何度も声に出し、リーダー（音楽家）に導かれて歌う、歌う、歌う……の繰り返しである。慣れてくると歌に合わせて体を動かし、歌詞の情景をみんなの想像力で形作っていく。正直言ってかなり高度なワークショップと言わざるをえない。しかし週に一度、とにかくその場に来ること、声を出すことで最初の戸惑いがやがて楽しみに変貌していくさまは、たった2時間のなかでもからだに染みわたるようにわかった。

　参加者のなかには大きなビニール袋をいくつも抱えて会場に来る路上生活者や低所得者も交じっている。彼ら・彼女らにとってワークショップの2時間は、そのスピードといい内容といい、日常の時の流れのなかではまったく

異質の時間である。参加者を落ちこぼれることなく引っ張っていく力量はリーダーの熱意と臨機応変の対応にかかっている。リーダーは助手とともに参加者の様子に気を配り、意見に耳を傾けながら場を創造する術を心得ている。

　お楽しみはワークショップと公演だけではない。実際に練習している歌が歌われるミュージカルを観に行くことで、ささやかでも芸術は生活の一部となる。ストリートワイズ・オペラが提供しているのは、アートを通した鑑賞と実践の、体系だった教育システムである。

　ストリートワイズ・オペラの試みは、ひとつのモデルとなり、オーストラリアやアメリカでもそのノウハウをもとにした社会支援が運営されるようになっている。日本でも2009年に設立者のマット・ピーコック氏が来日し、大阪の釜ヶ崎と横浜の寿町でワークショップを行った。芸術をツールとしたコミュニティ再生の試みは世界のさまざまな場所で行われている。そのなかでもイギリスの社会支援がモデルとなりうるわけは、アーツ・カウンシルをはじめとした資金提供組織のみならず、他の芸術組織、ホームレス支援組織や他のホームレスの芸術支援組織との幅広いネットワークを持っていること、そしてその是非は問われるものの政府主導のもとで明確な成果と評価の提示が求められていることにもよる。これはガルブレイスが1950年代に『ゆたかな社会』のなかで批判した以下の通念への対抗と挑戦であろう。

　　溶鉱炉に対する投資とちがって、人間に対する投資がもたらすものは、目にみえず、評価することもできない以上、人的投資は物的投資より劣っている。そしてここで通念は、とっておきの切り札である形容詞をもち出すのだ。こうした成果が社会的目標としてたやすく測定しえない以上、それは「曖昧」である。経済学にとって不都合なことに対しては、いつもこのような非難がなされるのであって、この言葉を投げつけられることは致命的な非難であると広く考えられている。（鈴木哲太郎訳を一部修正）

　この問題を解決しようとしているのがイギリスの芸術による社会支援でもある。ストリートワイズ・オペラの事業評価基準は、量的に数値化できる部分と「曖昧」な範疇に入る個々の参加者への質的なインパクトを関連づけて提示する。「芸術や創造活動への参加の度合いが増えた」、「他の社会活動に

も参加している」、「新しい技術を学んでいる」、「プロジェクトを楽しんでいる」、「自信がついた」、「自尊心がついた」といった質問項目が用いられ、それらの数値化されたデータが、「知らない人ともつき合える自信がついた」という各参加者固有の意識変化と結びつけられるのである。この評価では、個々人の経験、知識、（社会への）意識が、いわば「成長」を遂げているさまが明らかに見てとれる。ストリートワイズ・オペラではこの評価方法を「評価の木」と読んでいる。

　これらの評価はケース・スタディや諸分野の研究者たちのモニタリングや成果測定、参加者やスタッフへのインタヴュー、グループ・ディスカッションなどの多岐にわたる定性的な調査のうえでなされていることも特筆に値する。ストリートワイズ・オペラの強みは、一定の期間内にそれなりの成果を提示でき、成果の評価がしやすいことにもあるとも言える。ただし、アートの社会との関わり方はさまざまであり、その成果は常に一定期間中に出るものでもなければ、あらわれ方もさまざまである。一律の方法ではすべての事例を評価できるわけではないことも心に留めておくべきだろう。

## 6. "Great Art for Everyone"

　2002年から03年にかけて、アーツ・カウンシル・オヴ・イングランドは、9つの地方局を持つアーツ・カウンシル・イングランドとなった。そのモットーは「すべての人に優れた芸術を（Great Art for Everyone）」である。ただし、いままで見てきたように、この Great Art の意味とその伝え方の手法はさまざまに変化し、everyone の意味も大きく変化している。2010年に行われた調査によると、カウンシルの役割としてこれからも強化されていくべき点は、各セクターと組織の協力体制、参加組織のネットワーク作り、変革に基づいたリーダーシップの発揮と支援体制、それに並んで先鋭的かつ「リスクを伴う」芸術活動の支援だという（*Arts Council Stakeholder Focus Research*）。イギリスにおいてモダン・アートに与えられる最高峰とも言われるターナー賞の受賞資格も現在「イギリス在住のアーティスト」であるように、everyone とは階級や出身を超えた全国民である。同時に Great Art は外から

来てイギリスを活動の拠点としている数多くの外国人アーティストの先鋭な活動をも含んでいる。「反体制」やアウトサイダー的な視点をも、排除することなくクリエイティヴィティの力としてコミュニティのなかに内包していくその姿勢は、イギリスのアート・シーンのひとつの特徴でもある。

これはイギリスにおける美術館のあり方にも見られる。大英博物館の館長、ニール・マクレガーの言葉を借りれば、イギリスのミュージアムとは「『英国民である』とはどういう意味なのかを実際に戦うことなく意見を交える場」であるとする。そこは自分の文化、他者の文化と出会う以上に、多様な文化がせめぎあう都市で生きるとはどういった意味なのかについて話し合い、激しく議論し、ときに交渉する場なのだ（Wood & Landry）。

しかし一方で、支援は社会的な価値を一定期間中に明示できる芸術活動に流れている。ストリートワイズ・オペラの強みがそこにあるように。同時にこの流れのなかで芸術の意義が問われ始めている。芸術のための芸術の場所、個人の表現としての芸術の場所、つまりある種の芸術がコミュニティからの「腕一本分の距離」を確保することは、イギリスのアート・シーンにおける大きな課題である。機会の拡大は表現への足枷でもある。それはもちろん国と芸術家との問題だけではない。イギリスがこの10年、クリエイティヴ産業に力点を入れた「クリエイティヴ・エコノミー」を推奨していることや、社会貢献活動が企業イメージを大きく左右することからも、メセナに代表される企業と芸術の関係性の問題もこの課題のなかに含まれてくる（第16章参照）。

## おわりに──《北の天使》

イングランド北東部、タイン・アンド・ウィア州、ゲイツヘッドのタインサイドを見渡す丘の上に天使像が立っている。高さ20メートル、両翼部の端から端までが54メートル、重さ200トンにもおよぶこの巨大な天使像は、イギリスの彫刻家、アントニー・ゴームリーによって制作されたものである（1995年着工、1998年完成）。総工費およそ100万ポンドのほとんどは国営くじによってまかなわれた。その莫大な費用、スケール、周りの景観との不均衡などから当時は大きな議論を呼んだ、もうひとつのパブリック・アートであ

る。十字架を思わせる重圧感のある姿、赤く錆びた色合いは、一見「飛翔」のイメージからは程遠い。天使はこの場に立ち尽くすことをその役割としているかのようだ。

　いまやイングランド北東部の観光名所ともなったこの巨大な像は、都市の「ブランディング」に一役買っているのだが、注目したいのはこの錆びた天使はケーブル・ストリートの壁画同様、町の歴史の語り部の役割を担っているということだ。天使のたたずむ丘は19世紀の鉱山の跡地である。ゲイツヘッドはその石炭を燃やして造船業で栄えた町であった。200年以上にもわたってこの丘の下で人びとが町とイングランドの経済を支えてきた。そのことを伝えようと天使は巨大な船のようにその場に立ち続ける。ここ、北でも芸術は名も無き市民の声である。訪れる人びとにそのメッセージが、これから先も伝わっていくのだとすれば。

図3　アントニー・ゴームリー《北の天使》

　アートは時代が生み出すものである。その意味で変化し続ける。同時にアートは伝えるものである。その意味でそのメッセージの内容は変化してはならない。ただ、解釈は時代とともに変わり続けるだろう。このつかみようのない変化と普遍のダイナミズムこそ、コミュニティ、つまりこの場でともに生き、かつ問題を分かち合う人びとの新たなエネルギーなのだ。

（横山　千晶）

## 推薦図書

J・K・ガルブレイス『ゆたかな社会』鈴木哲太郎訳、岩波書店、2006年。
アンソニー・ギデンズ『第三の道――効率と公正の新たな同盟』佐和隆光訳、日本経済新聞社、1999年。
池上惇・山田浩之編『文化経済学を学ぶ人のために』世界思想社、1993年。

*Column*
## エシカル・コンシューマリズム

　2011年3月の東日本大震災を契機に、私たちは自分の行動が、遠くに住む人びとや生態系、あるいは来たるべき世代や生態系にどんな影響を与えることになるのかについて、臨場感を持って思いを巡らすようになった。そもそも原子力発電推進派の議論は、二酸化炭素を排出しないクリーンなエネルギーをその根拠としていた。しかし今回の震災は、その議論が未来への配慮を欠き、多様な情報が共有されていなかった事実を明るみに出した。
　「エシカル（ethical）」、つまり何が正しいのか、何が世界や社会にとって善となるのかについて、短時間で結論を出すことはむずかしい。だが個人がさまざまな価値観に基づいた情報を積極的に集め自分なりに考えて行動することや、企業がその指針として十分な情報を開示することは、「エシカルなくらし（リヴィング）」という生活様式の基盤をなす。これを積極的に推進している中心的な存在がイギリスである。その思想は次のようにまとめられる。
1）人（「ヒト」）として多文化や多生物とのよりよい共生の方法を模索する。
2）自分の行動を地球規模で考えることで他と共存する方法を模索する。
3）いまだけでなく未来への影響を考えて行動する。
この思想に基づく個人の具体的な行動については、次のように要約しうる。
1）あるべき生活習慣や消費行動を、個人が日々のくらしのなかで実行・実現すること。
2）消費や生活習慣において選択すること。必要なときは積極的にボイコットすること。
3）他者に呼びかけ、働きかけること。コミュニティを作り、運動すること。
　こうした生活様式の中心となる倫理的な消費活動（エシカル・コンシューマリズム）では、流通だけでなく生産の過程と影響にも注目する。その例がエコ商品やフェアトレード商品である。後者では、生産者への公正な対価の支払いのみならず、経済的に立場の弱い生産者の自立支援、安全で健康的な労働条件の確立や児童労働の禁止、機会均等、環境への配慮と持続可能な生産技術の開発、消費者への情報提供やフェアトレード思想の推進など、あらゆる人的・環境的側面を考慮した生産―流通―消費過程の結果が「商品」となる。フェアトレード商品の利益がこの過程に充てられるのであり、消費者はそのためにプレミアを払うことを選択するのである。
　これ以外にも、動物の権利に基づき、動物実験を行わず動物由来の材料を含まない化粧品や菜食主義者向けの食品も倫理的な消費活動の選択となる。同時に環境を無視したり、非人道的な労働環境や、倫理基準を超えた動物実験のもとで開発された商品の積極的な非買運動も倫理的消費活動の一環である。
　1860年に英国の批評家ジョン・ラスキンは、『この最後の者にも』のなかで、「経済学の究極の目的は、消費の正しい方法を見つけ出すことである」と述べた。当時激しい非難を浴びた彼の意見は、100年以上も先を見据えていたと言えよう。

フェアトレードのマーク

（横山　千晶）

# 第Ⅱ部

## ポピュラー・カルチャー

＊

　第Ⅱ部は全体のタイトルを「ポピュラー・カルチャー」とし、主に音楽、スポーツ、デザイン、ファッション、食文化といったトピックを扱う。

　文化を「生の全体的様式」（R・ウィリアムズ）として捉えるのであれば、人びと（people）のくらしのさまざまなかたちを示す語にわざわざ「ポピュラー（popular）」という形容辞を附して「ポピュラー・カルチャー」とするのは（people と popular が共通の語源を持つことを考え併せてみれば）、屋上に屋を架するようなものであるのかもしれない。

　とはいえ、序章2で見たように、20世紀後半のイギリスにおいても、文化という語にはさまざまな限定や分割がなされてきたのであり、文化の定義の試みそのものが「文化闘争」の重要な局面をなしてきた。「ポピュラー・カルチャー」にしても、それを支配層の「高級文化（ハイ・カルチャー）」を批判する自律性を有する可能態と見るポジティヴな見方もあれば、既存体制の維持装置としての「文化産業」の産物と見るネガティヴな視点もある。「人びとの文化（ポピュラー・カルチャー）」とはいったい何か——この問いを頭に置きつつ、第Ⅱ部を読んでいこう。

　第5章は、装飾デザイナーにして、レストラン事業も行う実業家、テレンス・コンランの初期（1950-60年代）の仕事、とくに1953年にロンドンに開いたカフェ・レストラン「スープ・キッチン」と1964年に開いた小売業店「ハビタ」を取り上げて、第二次世界大戦後の食文化とインテリア・デザインの展開を述べる。前者については、「イギリス料理はまずい」という紋切型の言説に囚われずに考えてみたい。

　第6章「ビートルズ」は、1960年代の「ポップ・カルチャー」を代表するリヴァプール出身の4人組を取り上げて、その音楽と言動によって彼らが人びとに与えた「自由」の感覚がいかなるものであったかを、既存の境界線を越える身体の力と、セクシュアリティという観点から考察する。本書をとおして「自由」は重要な鍵語のひとつ。この語の危うい面を意識しつつ、私たちが手放すべきでない「自由」というものをこの章で学びたい。

　第7章の主人公は、ビートルズと同時期に活躍した人気サッカー選手、マンチェスター・ユナイテッドのジョージ・ベスト。北アイルランド紛争の問題もからめて、ベルファスト出身のベストが従来の選手の類型とは異なる「根っこを奪われたスーパースター」となった次第を述べ、1960-70年代のスポーツ文化の一考察を行う。

　第8章「スクール・オヴ・パンク」は、1970年代中頃に登場したパンク・ロックを取り上げ、このサブカルチャーがイギリス文化史に果たした意義を検討する。音楽的な分析に加えて、ヴィヴィアン・ウエストウッドのパンク・ファッションにも注目し、その「否定」の身振りが何を意味していたのか、また従来軽視されがちだったパンクの「黒さ」についても考察する。

（川端　康雄）

第5章

# テレンス・コンランの食と住のデザイン
―― 「スープ・キッチン」と「ハビタ」をめぐって

## はじめに

　1964年5月11日、ロンドン、チェルシーのフラム・ロードに、家具、ファブリック、食器、調理器具を売る店「ハビタ」がオープンした。新進デザイナー、テレンス・コンラン（当時32歳）の店である。モダニズムに対する楽天的な信条と商機をつかむ鋭い才覚によって、彼は戦後イギリスの傑出したデザイナー＝企業家となった。その野心は21世紀に入っても旺盛で、インテリア・デザインのほか、ライフスタイル・ショップ「ザ・コンラン・ショップ」の経営、「モダン・ブリティッシュ」のレストランやカフェを次々に生み出すなど、幅広い事業展開を行っている。

　コンランは1931年にロンドン南西部に生まれ、ドーセット州のパブリック・スクールを経て、ロンドンのセントラル・スクール・オヴ・アーツ・アンド・クラフツでテキスタイル・デザインを学んだ。建築事務所に就職して最初に手掛けたのが1951年のイギリス祭での仕事だった。1952年に独立し、主に家具のデザインと制作に従事した。

　コンランがデザイナーとしての活動を開始したこの時期、イギリス社会は戦後の耐乏の時期をくぐり抜けつつあった。自身の回想によれば、デザイナー・企業家としての彼の基盤が作られた1950年代から60年代初めにかけてのイギリスは、「大きな対照（コントラスト）の時代に思えた」のだという。料理エッセイスト

104　第Ⅱ部　ポピュラー・カルチャー

図1　テレンス・コンラン（1956年、当時25歳）

のエリザベス・デイヴィッドが地中海料理のレシピ本を出したとき、まだ配給制度が残っていた。国家が演出したエリザベス2世戴冠式が豪華かつ厳粛に執り行われた一方で、ウェスト・エンドでは米国産の活気に富むミュージカル『ガイズ・アンド・ドールズ』が上演されていた。核兵器廃絶運動（CND）やスエズ問題で政治行動に向かう若者がいる一方で、ナイトクラブで夜な夜な放蕩の限りをつくす若者がいた。冷戦体制が深刻な状況にありながら、ジェイムズ・ボンドのスパイ物を人びとは楽しんでいた。コンラン自身も、ふだんは最新流行の服をまとい、ファッション誌のページを飾りもしたが、金策で銀行へ赴く際は地味なスーツと山高帽の出で立ちだったという（Gardiner）。

　本章では、このテレンス・コンランの活動の初期（1950-60年代）に注目する。その事業の展開を見てゆくことで、イギリスの食と住のデザインの戦後史の一端が浮かび上がってくるだろう。その際、食に関してはスープ・キッチン、デザインに関してはハビタを中心に述べていく。まずは、食の面を整理し、ついでコンランのインテリア・デザイナーとしての出発、その後の小売業への転身の過程を追っていこう。

## 1. 第二次世界大戦後の食糧事情

　まず、当時のイギリスの食の事情を整理しておく。歴史学者のアンドリュー・ローゼンによれば、戦後イギリス人の食文化が大きく変化したのには、相互に絡み合った8つの要因があるという。すなわち、(1) 配給制度の廃止、(2) 戦後の経済復興、(3) ポストゲイトやデイヴィッドらパイオニアの功績、(4) コモンウェルス諸国からの入移民の増加、(5) イギリス人の海外旅行者の増加、(6) 食品保存技術の飛躍的な発達、(7) 外で働く既婚女性の激増、

(8) 栄養学の普及——以上である。ここでは主に（1）と（3）に注目する。
　第二次世界大戦後、配給制度は廃止になるどころか、むしろ強化された。小麦粉、卵、石鹸は1953年、チーズと牛肉は54年、牛乳は56年まで解除されなかった。パンなどは、戦時中は自由に流通していたのに、戦後の1946年から48年まで配給対象となった。通常であればイギリス人の食卓に上がるはずのない馬肉までもがこの時期には売られた。こうした戦後の食糧難は、アメリカからの食糧援助が英国ではなくドイツや日本に向けられたためであった。戦勝国でありながらそのような耐乏生活を強いられた国民の不満がどれほどのものであったか、想像に難くない。
　こうした国民の不満が渦巻くなか、ようやく1956年7月に配給制度が全廃された。経済状況の好転とともに、イギリス人の食生活が改善されてきた。人びとのカロリー摂取量が十分なものとなり、食品の選択肢も増えてきた。そうすると、料理の質の改善をどうするか、という問題にようやく注意が向けられることになる。

## 二人のパイオニア

　この頃、イギリス人の食生活水準の向上を目指す二人の論客が現れた。一人はジャーナリストのレイモンド・ポストゲイトで、1951年に『優秀料理ガイド』を刊行した。きっかけは、彼が『リーダーズ・マガジン』誌に1949年に寄稿した記事において、国内のレストランで出される「我慢ならない」料理を痛罵した文章が読者の共感を呼び、賛同者を得て50年に「優秀料理クラブ」を発足したことによる。クラブ発足の宣言文でポストゲイトはこう述べた——さまざまな食材がいまでは十分にあるというのに、レストランの料理はひどく、またサーヴィスも悪い。もはやこれを食糧省の統制のせいにしておくべきではない。国内のレストランの劣悪さは18世紀半ばまでその伝統を遡ることができるが、戦争によってその水準がさらに低下してしまった。国民の不平不満が吸い上げられず、無視されているために、ひどい状態のままなのだ。私たちは現状に我慢せずどんどん苦情を言っていこうではないか——そうポストゲイトは主張し、「優秀料理クラブ」を一般の消費者からなる事実上の圧力団体とした（その発足時の会員は『リーダーズ・マガジン』の

読者だったが、その後は『ガイド』を購入すれば誰でも加入できた）。500店を超える国内の優秀なレストランやパブを紹介した『ガイド』は大いに売れ、今日まで毎年版を重ねている。

これに対してエリザベス・デイヴィッドは、ヨーロッパ各地の長い滞在経験を生かして、1950年に『地中海料理』を刊行した。地中海世界の食生活の魅力を訴えたこのレシピ本は大評判となった。その後『フランスの田舎料理』（1951年）、『イタリア料理』（1954年）を相次いで刊行し、いずれもヒットした。デイヴィッドの紹介したレシピには高級料理だけでなく、素朴な田舎料理も含まれていたが、頻繁に用いられる食材は、にんにく、オリーヴ、アンチョビ、ナス、アヴォカド、ズッキーニなどであり、当時の英国では入手困難なものだった。実際、1950年代初頭にクリーム、卵、ベーコンといった食材をふんだんに使える人はほとんどおらず、まして地中海世界ではありきたりでも英国では珍しい食材を入手できる人などもっと少なかった。デイヴィッドの著作は、当時の大多数のイギリス人にとって、文字どおりの「ガイド」というよりは、異次元の食生活への夢を見させてくれるようなものだったのだろう（Hardyment）。

しかし人びとのくらしむきがよくなると、大陸の食材にもなじみが出てくる。『地中海料理』1955年版でデイヴィッドは、「ほんの2年前と比べても、いまの食糧事情は驚くほど変わって」おり、「本書に登場する食材で珍しいものはほとんどなくなり、扱う店は限られていても国内で買えないものはまずないと言っていい」と述べている。ロンドンのソーホー地区ではにんにくとコーヒー、パルメザンチーズの香りが入り混じり、パスタ、オリーヴオイル、パルマハムなども食料品店で買えるようになった。おりしも高まっていた海外パック旅行の人気と相まって、地中海世界への憧れはますます掻き立てられ、1960年代に入ると、中流階級の主婦の多くがデイヴィッドのレシピを採り入れるようになった。こうして1950-60年代の豊かなコスモポリタニズムを体現したデイヴィッドは、「イギリスの食材と風味を革新的に変えることに貢献」（Burnet）し、その著作は、イギリスにおける「食生活革命のバイブル」（Rosen）になったとされる。

ポストゲイトとデイヴィッドの貢献度を正確に測ることは難しい。そもそ

も、それ以前のイギリスの食文化全般が「最低」だったと決めつけることはたいへん問題がある。ジョージ・オーウェルは、1945年に書いたエッセイ「イギリス料理の擁護」のなかで、「イギリス料理が世界最低」だとする俗説に異を唱え、「英語圏でなければぜったい手に入らない美味しいものはじつに多い」と断言している。キッパーズ、ヨークシャ・プディング、デヴォンシャ・クリーム、マフィン、クランピットと、彼が数え上げる伝統的な食べ物は、たしかに「独創性と材料に関するかぎり、イギリス料理を恥じるいわれはない」というオーウェルの主張を裏書きする。「イギリスはまずい」という言説をうのみにしないようにくれぐれも注意しよう（小野二郎を参照）。それでも、イギリスのレストランがまずいという点に関してはオーウェルも同意見であり、「改善の第一歩は、イギリスの民衆自身がいつまでも我慢していないことなのである」（以上、小野寺健訳）とそのエッセイを結んでいる。ポストゲイトのキャンペーンは、オーウェルのこの提言の延長上にあると見ることができる。家庭料理についていえば、窮乏の時代に栄養の摂取が最優先で質が問題とならなかったのは無理もない。それでも、国民経済の向上とともに、家庭の主婦が料理の「味」に関心を持つ余裕ができて、レストランもまたその評価を気にするようになったことは間違いなく、戦後のイギリスの食の改善に二人がある程度貢献したことは確かであろう（川北『世界の食文化』を参照）。

## 2. エスプレッソ、スープ・キッチン、オルリー

1950年代後半には、とりわけ若者層において、アメリカ文化への以前のような反感や警戒心はしだいに薄れていった。若者たちはハンバーガーなどのファーストフードを好み、アメリカ映画の豊かな世界を抵抗なく受け入れた。フランスとイタリアの現代文化も若者の憧れの的だった。中流階級の家庭がこぞって地中海料理を採り入れたのと同時期に、ソーホーにはイタリア風のエスプレッソ・コーヒー・バーが誕生し、若者の人気スポットとなった。多くの若者にとっては、コーヒー・バーはモダニズムとコスモポリタニズムの理想を表していた。「エスプレッソ」というその名称そのものが、スピード

図2　映画『ローマの休日』（1963年）のなかのヴェスパ

と洗練を暗示していた。コーヒー・バーは、大陸、特にスクーターから映画まで、あるいは衣服から食事にいたるまで、フランスとイタリアにまつわるすべての事柄への関心を反映していた。酒が高価だったこともあるが、何より大きな理由は、パブの顧客がいまだに旧世代の男たちで占められていたことだろう。女性お断りの店もあった。男女を分けぬ付き合いに慣れた若い世代にとって、コーヒー・バーは格好のたまり場となった。それはヴェスパという名のイタリア製のスクーターとならんで、ヨーロッパの洗練の象徴となったのである。

　1953年に22歳のコンランは初めてフランスとイタリアを訪れた。前述のように、英国ではいまだ物資が不足し、手ごろなレストランがほとんどなかった時代である。フランス、とくに片田舎の、新鮮な農産物を豊富に並べた市場や、カフェ、レストランにコンランは衝撃を受けた。英国と何とちがうことだろう——フランスの日常生活に見られる快適さを求める姿勢や、店先に高く積み重ねられた陶製のポット、ソースパン、鍋、タンブラー等の日用品に見られるシンプルなデザインと質の高さ、オリーヴオイルをふりかけ、レモンをきゅっと絞ったサラダ、大皿に山のように盛られたパスタ。家族がテーブルを囲んでそれを食べている。そこで受けたカルチャー・ショックはコンランに重要な一歩を踏ませる。彼はこう回想している。

　　初めてフランスを訪れたときの感動を、私は決して忘れないだろう。あふれる陽光と色彩、すばらしい食材、豊かな食生活……。それにひきかえ、英国は依然、「戦後」の陰鬱さに包まれていた。1950年代当時、ロンドンで少しでも気のきいた食事をしようと思えば、豪華なレストランで大金を費やす以外になかった。手頃な値段で美味しい料理を食べさせる店を開けば、きっと成功するだろう。そう考えた私は、友人とカフェを始めることにした。（『テレンス・コンランでディナーを』）

1953年、短期間パリのレストランで皿洗いとして働いたのち、コンランはロンドンのチャンドス・プレイスに最初のレストランを開いた。店名は「スープ・キッチン」とした。メニューは4種類のスープ、フランスパン、チェダーチーズ、アップルフラン、そして当時まだロンドンでは珍しいエスプレッソ・マシーン（イタリアのガッジャ社製で、コンランの店への導入がロンドンで2台目だった）で淹れるコーヒーであった。これが当たって支店を出し、翌54年にはキングズ・ロードにコーヒー・バー「オルリー」も開店している（オムレツを出した）。ちなみに店名に選んだ「スープ・キッチン」(soup kitchen) という名は、本来は貧窮者に無料でスープや食物を振る舞う施設を意味する。その意味での文献初出はヴィクトリア朝時代の1851年、ロンドン大博覧会があった年である。その名を聞いて、最低限の給食サーヴィスの簡易施設を連想したであろう人びとは、コンランの店に入って、名前と実質の落差に驚いたことであろう。コンラン自身が手がけたインテリアは、流行に敏感な若い客層を狙ったものだった。初のフランス・イタリア旅行の経験に触発され、また「チェルシー・セット」と呼ばれたロンドン西のチェルシー地区に集う若きデザイナーや写真家、ミュージシャン、映画監督、流行の仕掛け人たちや裕福なボヘミアンたちとまじわって、その価値観の多くを共有したコンランは、モッズ・サブカルチャーに見られるような外見への愛着（第8章参照）、フランス的、イタリア的なものへの憧れを自身の店に詰め込んだのである。

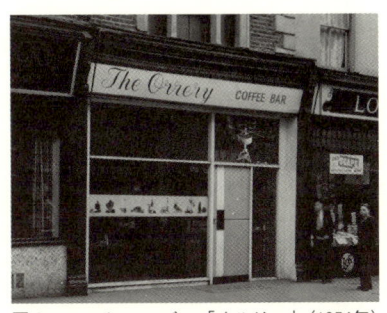

図3　コーヒー・バー「オルリー」（1954年）

## 3. 家具・テキスタイル製造から小売業ハビタへ

　次に、デザイナーとしてのコンランの事業展開を見ておこう。コンランが1950年代初頭のイギリスで働き始めた頃、デザイン業界の雰囲気は極めて保

守的に思えた。欧米の建築・デザイン誌ではチャールズ＆レイ・イームズやアルヴァ・アアルト、アルネ・ヤコブソンの作品が盛んに紹介され、コンランはイギリスも遠からずモダニズムの洗礼を受けるはずだと信じていた。だがそれは間違いで、時代の変化にもかかわらず、大半の人びとは依然としてエドワード朝時代の家庭生活の観念から抜け切れていない、そう思えた。

　彼のような新進デザイナーにとって、1951年のイギリス祭は未来への希望の光だった。サウス・バンクの展示品には、戦中戦後の窮乏生活を過去へと振り払う、モダンで明るいイギリスのイメージがあった。「スカイロンは輝く未来への道筋を照らす灯台のようだった」（Gardiner）とコンランは半世紀後に回想している。イギリス祭の成功に勇気づけられて、彼は1952年に家具製造とテキスタイル製造の工房を立ち上げた。海外のデザイン製品の輸入も行った。戦争中の1944年にカウンシル・オヴ・インダストリアル・デザイン（デザイン・カウンシルの前身）が設立されており、モダン・デザインを宣伝する機関誌も発行されていたが、その方面での改革の動きは鈍かった。コンランは当時のデザイン先進国（イタリアや北欧諸国）の製品の重要性を早くから認識し、後述のハビタのオープン以前から、すでにそうした国外の高品質の製品（フィンランドのマリメッコ社、イタリアのカッシーナ社、米国のハーマン・ミラー社など）の輸入を始めていた。1956年には、2つの工房を統合してコンラン・デザイン・グループ（CDG）を設立。それは60年代初頭までに家具、テキスタイル、グラフィック、店舗内装、展覧会のディスプレイ・デザインなど、多方面にわたる事業へと急成長していった。コンランは敬愛するウィリアム・モリスから続く職人気質（クラフツマンシップ）の伝統やイタリアの工房的な生産様式に敬意を払っていたが、価格を抑える方法としてアメリカのイームズらのような大量生産方式を導入した（Lesley Jackson）。

　このため、コンラン・ファニチャーは、ロンドンからノーフォーク州のセットフォードに工場を移し、最新の設備を用いてスマ・レンジと呼ばれる家具製造業を始めた。このコンセプトが斬新であったのは、部品をすべて平らに梱包し、家庭で組み立てるようにしたこと（「フラットパック」と呼ばれる）で、注文から配達まで客を3ヶ月も待たせるのが珍しくなかった当時の小売店にとっては別世界の考え方だった。コンラン自ら受注した商品をヴェスパ

の背にくくりつけて配送したという。顧客には願ってもない方式だったわけだが、営業成績という点では、スマ・レンジはほとんど成功しなかった。60年代前半を通して、コンランは彼が国内市場向けにデザインした家具が、既存の小売店では売れないことに気づいた。彼から見ればその原因は、ほとんどの小売業者が郊外の生活者の居間を想定した旧弊なヴィジュアル・アピールの域を脱することができず、「一般的な消費者」を惹きつける「一般的な」家具を販売しているという現実から生じていた（Harris, Hyde and Smith）。

## ハビタ開店

　こうした状況への不満から、1964年にコンランは小売業に乗り出すことになる。「ハビタを開店するかどうかは、非常に難しい選択だった」とコンランは回想する。「競争をしかけようとしていると小売業者から非難され、彼らが私の家具を買わなくなる危険があった。そうなれば命取りとなっていたかもしれない」。だが、あえてそのリスクを冒したのは、自身のマーケティングに従って自社製品を好きなように消費者に届けたいという、強い思いがあったからだという。そのためには既存の家具販売の形態に挑戦しなければならず、新たな若者市場へ打って出る必要があった。友人のマリー・クワントは、「チェルシー・セット」の一人であり、すでにキングズ・ロードで自身のブティック「バザール」を軌道に乗せていた（「バザール」のナイツブリッジ店の内装はコンランが担当した）。コンランはクワントらの若者向けファッションのデザインだけでなく、そのトレンド戦略にも感嘆していた。新市場全体の興味を引き、またそれに向けて展開する彼らの店に刺激され、これに倣うことにした。陳列する商品に関しては、コンランは戦前から続くイギリスでの北欧デザインブームを踏まえ、コペンハーゲンにあるイルムスの店舗を視察し、彼の理想とも言うべき高品質のモダンな家具やインテリア商品が手ごろな価格で売られているのを見て、それを大いに参考とした。新しい店の名を付けるにあたっては、辞典で"house"の類語を調べ、「ハビタ」（habitat＝居住地、所在地の意）に決定した。コンランは、次のように回想している。

1965年までの20年間に社会は大きく様変わりした。その変化のいくつかが直接のきっかけとなって、私はハビタを始めことにした。若者たちは結婚前に実家を離れ、収入をかつてないほど自由に使えるようになっていた。そしてイギリスをよりモダンな国にしようという社会全体の意思が感じられた。偏狭な英国の階級に縛られたスノビズムから解放されたいと多くの人が望んでいるはずだし、そうするだけの余裕があれば、新しいライフスタイルを採り入れるだろう——そう私は確信したのである。(Gardiner)

図4　ハビタ1号店にて、コンラン(後列右)とスタッフ、モデル(1964年5月)。

店のロケーションを入念に選び、最終的にチェルシーのフラム・ロードにした。住宅街だったが、コンランは小売店の成功の可能性を直感していた。この店が「スウィンギング・ロンドン」の一部で、ファッショナブルな場所であるとアピールするために、店員にはクワントがデザインした制服を揃え、髪は全員ヴィダル・サスーンで最新のボブカットにさせた。店の内装はコンランとCDGのスタッフが手がけ、床はタイル張り、壁は煉瓦に直に漆喰を塗り、パイン材の棚を備え付け、照明にはスポットライトを使った。イメージはシンプルさ、明るさ、オープンさだった(Lesley Jackson)。

## ライフスタイルを売る店——客層とディスプレイの一貫性

　コンランはある特定の層にターゲットを絞った。それは20-30代の流行に敏感な首都圏に住む中流階級のカップル(特に新婚夫婦)で、自宅を格式ばらない、うちとけた雰囲気に作り上げるためには多少の出費をいとわない人びとだった。バザールで服を買い、『サンデー・タイムズ色刷り付録』(1962年創刊)を購読する層は、服装だけでなく、家庭生活でも個性を表現したいはずだ——そうコンランは推測した。そうした人びとであれば、買った品物を持ち帰りができるのなら、簡単な工具で自分の家具を組み立てる多少の手

間をいとわないはずだ。イギリスでデザインに意識的な消費者向けの店舗を開いたのが最初というわけではなかったが（コンラン以前に、その手法はたとえば玩具製造販売のゴールト社が採り入れていた）、まだ希少であったのは確かである（Harris, Hyde and Smith）。

　こうした顧客層を念頭において、主たる商品はフラットパック家具とした。だが、通常の客は大型家具をそう頻繁に買うわけではないので、家の内部を整えるのに必要な家庭用品、特にキッチン用品や食器を中心とした品揃えをした。ここでもやはり、入手のしやすさに重点をおいた。そうして肉切り台から陶器のキャセロールまで、それこそ E・デイヴィッドのたっぷりとしたフランスの田舎料理を作るのに必要な調理器具や食器が揃えられた。

　店舗に揃えるこれらの商品は、コンラン自身とハビタの少人数のスタッフがデザインするか、他社製品であれば、コンラン自身が北欧、フランス、イタリアからの輸入品、またイギリス国内の製品をセレクトして仕入れた（ヴィーコ・マジストレッティがデザインした木製や籐製のイタリア家具や、日本の紙製のランプシェード、北欧製のパイン材の家具など）。ポスターや値札、販売する商品から、その展示方法、スタッフの訓練方法にいたるまで、統一感を配慮してデザインされた。その一貫性は店側の審美眼や趣味への自信を示すばかりでなく、顧客の品選びをサポートし方向づけるのに役立った。

　ハビタのディスプレイは、当時一般的であった「サンプル」方式ではなく、商品がすべて店の棚に積み上げられ、見やすく、また直接手に触れることができた。小ぶりの商品はまるで倉庫か市場の屋台に並べるように奥まで在庫品を陳列し、もっぱら量によるインパクトをもってシンプルな商品を変身させた。大型の品はモデルルーム風のセットで並べ（この手法自体は19世紀から見られる）、実際の使い方を提案し、イメージできるようにした。この方法であれば、商品をストックする倉庫が要らなかった。

　コンランへのフランスの影響は、調理器具の種類だけでなく、こうしたディスプレイの手法にも明らかである。かつてフランスで目にしたように、価格を適切に設定して高く積み上げた良質の商品は、「活気のある店」という雰囲気を醸し出し、リピーターを増やすのに寄与した。その結果、彼の食産業を享受した消費者をも同じく取り込むかたちで、経営的に成功を収めたの

である。1965年、トッテナム・コート・ロード（ライヴァルの老舗ヒールズの本店がある）にハビタの2号店、翌66年にはマンチェスター、ブライトン、グラスゴーに支店を開き、60年代末までには国内に9店舗を展開した。

## 4. デザイン史のなかの位置づけと評価

　ハビタ開店に先立ってコンランが北欧デザインを参考にしたことは前述した。実際、コンラン自身のデザイン作品と、イケアやイルムスなど北欧製品との類縁性は、両者を比べてみれば一目瞭然であろう。ハビタの成功により、その製品は「国内の家具、リネン、食器を商う店やデパートのほとんどによって模倣され、10年ほどのうちに、たいていどの家も、コンランおよびその模倣者たちに由来する製品を最低ひとつや2つは備えている、ということになった」と歴史家のドミニク・サンドブルックは述べているが（White Heat）、そもそもコンランのデザインそのものが北欧の模造品だという声も一方ではある。後者の批判的な見方に立てば、コンランのデザインにオリジナリティはなかった、ということになる。

　だが、オリジナリティの話を持ち出すと、北欧デザインの源流そのものが19世紀英国にある、というややこしいことになってくる。図式的にまとめるならば、19世紀英国のデザインは、ラスキン＝モリス＝アーツ・アンド・クラフツ運動の（世直し運動を含む）デザイン改革運動の路線と、ヘンリー・コールら（サウス・ケンジントンの「コール・グループ」）による官制のデザイン振興の路線とに大別される。一方は反産業＝反商業主義（手仕事の復権、反機械、反大量生産）、他方が国策としての工業デザイン奨励（機械、大量生産の肯定）というふうに特徴づけられる。英国内での両者の折り合いは悪く（コールは1851年のロンドン大博覧会の立役者だったが、ラスキンは彼のデザイン振興・教育政策を終始酷評した）、調整がつかぬまま20世紀にいたった。ドイツではムテジウスらのドイツ工作連盟（1907年結成）、グロピウスを中心とする造形学校バウハウス（1919年創設）の面々が、モリスらの理想に共鳴しつつも、機械と大量生産のタブーを破り、19世紀英国の工芸理論を工業デザイン製品に応用していった。そして北欧諸国において、上述の対立しあう潮流

が融合し（言い換えれば、モリス＝アーツ・アンド・クラフツ派のディレンマが超克され）、かくして20世紀半ばには北欧諸国は（インダストリアル）デザインの先進国としての確固たる地位を築いていた。デザイン史家のジリアン・ネイラーによれば、「装飾的で、気高い民衆芸術」というモリスの理想、アーツ・アンド・クラフツ運動の未完の計画の多くが、70年の年月を経て、北欧のデザイナーたちによって成し遂げられたのだという（Naylor）。

　冒頭で述べたように、コンランはセントラル・スクール・オヴ・アーツ・アンド・クラフツの出身であった（1948-50年に在籍）。同校はモリス没年の1896年にロンドン州議会の管轄下で発足し、モリスの弟子筋のW・R・レサビーが初代校長を務めた。以上を踏まえるなら、コンランは19世紀以来の英国のデザイン運動の対立しあう諸要素を、北欧デザインを介して20世紀後半の英国で再編成する仕事を果たしたと見ることができるだろう。モリスのクラフツマンシップの精神に敬意を表しつつ、モダニズムへの（ほとんど手放しとも見える）楽天的な信条を抱くコンランは、比類のない商才を発揮して、モリスができなかった、あるいは決してやろうとはしなかったかたちで（なにしろモリスの場合は、デザイン改革は「世直し」の運動と不可分だったのだから）、「デザインの民主化」を推し進め、「グッド・デザイン」を多くの人びとにとって身近なものとすることに貢献した——そう評価できるだろう。

## 「デザインのグル」

　その成功に関しては、後年揶揄や批判の声も聞かれるようになる。友人の美術商ジョン・カズミンは、「テレンスの問題は、万人に上等なサラダボウルを持たせたがっていることにある」と言った。コンランと協働し、1980年代にV&Aでの「ボイラーハウス・プロジェクト」のディレクターを務めたスティーヴン・ベイリーは、コンランは「彼が好む洗い晒しの麻布でなく、手入れの簡単なナイロン製のシーツを実際には選ぶ疲弊した人びとが、彼が訪れたことのないどこかにいることを決して認めない」と皮肉っている（Sandbrook, *White Heat*）。ベイリーは、別の記事でも、「コンランのデザイナーとしての業績は、中流イギリス（ミドル・ブリテン）に、家具調度に応用できるような快楽原則に触れさせたことにある」と評している（Bayley）。

ベイリーの最後の評言は、「グッド・デザイン」を消費する快楽と、それを推進する経営戦略に批判的に言及したものであるが、この「快楽」じたいは、現在、筆者のみならず、本書の読者の多くが（いわば「当たり前」のものとして）共有しているものではないだろうか。サンドブルックは逆にその点を肯定して、ハビタは「デザインと製造とマーケティングを、実に魅力的なコンビネーションで提示した、現代英国のきわめて重要な小売店であった」と高く評価している。1960年代のいかなるユートピア的な科学技術(テクノロジー)のヴィジョンにもまして、ハビタは、「経済的な豊かさ、芸術的な興奮、技術的な洗練といった理想化されたエートス」をもって、ハロルド・ウィルソンが1964年の労働党の選挙運動で打ち出した「新しいイギリス」の「よりよい明日」への道を示した——そうサンドブルックは言う（*White Heat*）。

　いずれにせよ、今日でもよく聞かれる「デザインのグル［親玉］」という呼称にこそ、批判的な意味合いも含め、デザイナー＝企業家としてのコンランの影響力の大きさが示されているといえるだろう。

## おわりに

　デザイン史家のレズリー・ジャクソンは「1960年代は起業家の時代であった」と言う。コーヒー・バーの発展には戦後まもなくイギリスに流入したイタリア系移民の起業が寄与しているし、デザインについても、スキルと商業的な直観力、意欲があれば、成功をもたらす市場が広がっていた。独立心も文化的なセンスもある若者たちはくらしぶりも豊かで、よく金を使った。この市場に狙いを定めた起業家たちこそが、新しく創案した購買環境や自身でデザインし製造した商品を提供することで最大の成功者となった。「ハビタ」という名前に強い喚起力があったのは、消費者が共感できる空間を提供していることをそれが示唆しているからなのだった。クワントのバザールのように、明るく、色鮮やかで、くつろげるその空間は、ショッピングというものが「エキサイティングで刺激的な経験」であり、「それ自体で純粋に楽しいもの」だというメッセージを打ち出したのである（Lesley Jackson）。

　最後に、1970年代以降のコンランの主要な事業展開を概観しておこう。

1973年にはロンドン、フラム・ロード（ハビタ1号店の場所）にコンラン・ショップ1号店を開店。1980年にはデザイン産業における啓蒙活動を目的としたコンラン財団を設立した。83年にデザインの仕事と社会貢献が評価されて女王より叙勲。同年にマザーケア（妊産婦・乳幼児用製品のチェーン店）を買収。86年、ハビタ゠マザーケアをブリティッシュ・ホームストア（家庭用品のチェーン店）と併せて、ストアハウス・グループに発展させた。メディア活用にも積極的で、83年にはオクトパス・ブックスと共同で出版業コンラン・オクトパスを始めた。自著を含め、建築、デザイン、ガーデニング、フラワー・アレンジメント、料理など、グラフィックな本を多く出し、モダンで美しい、かつ美味しいライフスタイルの提案を一連の書籍によって行ってきた。1990年に、経営陣の紛糾によりストアハウスから撤退したが（ハビタは92年にイケアを持つIKANOグループが買収、その後2009年にHilcoに売却）、コンラン・ショップを国内外で展開する一方で、「モダン・ブリティッシュ」の若手シェフたちと協働しつつ、本格的にホテル、レストラン業界に参入、食と住のデザインをもって、1990年代に「クール・ブリタニア」キャンペーンの推進役となった。90年代の代表的な事業としては、ロンドン東部タワー・ブリッジに隣接するシャッド・テムズの再開発がある。バトラーズ・ウォーフを含むテムズ南岸のうらぶれた界隈が、彼の手にかかって、「クール」でファッショナブルな消費空間へと変貌した。同地区には1989年にデザイン・ミュージアムが開館している。これはモダン・デザインに特化した博物館で、コンラン財団が中核となり、古い倉庫の建物が1930年代の国際様式で改装され、博物館のコンセプトに見合う外観となっている。

（福西　由実子・川端　康雄）

**推薦図書**

川北稔『世界の食文化17――イギリス』農山漁村文化協会、2006年。
テレンス・コンラン『テレンス・コンラン デザインを語る』リビング・デザインセンター、1997年。
菅靖子『イギリスの社会とデザイン――モリスとモダニズムの政治学』彩流社、2005年。

*Column*
## スカ、レゲエ──英国ポピュラー音楽の一源流

　戦後イギリスのポピュラー音楽について論じる際にカリブ諸島の影響を無視することはできない。この地域は旧スペイン領のキューバ（マンボ、ルンバなど）やドミニカ共和国（メレンゲ）、フランス領のマルティニーク（ビギン、ズーク）などもともと豊かな音楽文化で知られるが、旧イギリス領においてもヨーロッパとアフリカの文化が融合した独特の音楽が成立している。

　たとえば、20世紀初頭にトリニダード・トバゴで誕生したカリプソは1930年代にアッティラ・ザ・フンやロード・キチナーの活躍によってポピュラー音楽として定着し、1950年代にハリー・ベラフォンテの「バナナ・ボート」が大ヒットしたことで世界的に広まった（この曲は実際にはカリプソではなくジャマイカ民謡のメントである）。また、この地でドラム缶をもとに作られたスティールパンも1950年代には本国イギリスに紹介され、いまではトリニダード・トバゴを象徴する打楽器として知られている。

　旧イギリス領のカリブ諸国のなかでもとりわけ重要なのはジャマイカの音楽文化だろう。1962年に独立するまでジャマイカはイギリスの支配下にあり、さまざまな音楽が移民とともにイギリスへもたらされた。1950年代後半に誕生したスカはメントやカリプソなどカリブ海の音楽とアメリカ合衆国のジャズやR&Bをベースにすると言われるが、やがて60年代末にレゲエというジャンルに発展する。もともとルード・ボーイと呼ばれるジャマイカの不良文化と密接にかかわるスカは1970年代のウェスト・ミッドランズ州でパンクロックと融合し、ザ・スペシャルズ、ザ・ビート、ザ・セレクター、マッドネスなどの白人黒人混成の「2トーン」バンドがロンドンやマンチェスターなどのライブハウスで熱狂的に支持された。

　また、テクノロジーの側面でもジャマイカは世界のポピュラー音楽に大きな影響を及ぼしている。スカと同時期に成立した「サウンドシステム」（路上でパーティーを開くための巨大なスピーカー・セットやそれを操作するエンジニア、DJを指す）や、60年代に成立した「ダブ・ミュージック」（既存のレコーディングからヴォーカル・トラックを抜いたり、ドラムとベース音を強調したり、エコーやリヴァーブをかけて楽曲を改変する手法）はポピュラー音楽の「作家性」や楽曲の「同一性」の概念を疑う革新的な手法だが、それはパンクロックやポスト・パンク・シーンと結びついた1980年代のイギリスを通して世界中に広まった。

　こうしてスカからレゲエにいたるジャマイカの音楽は一貫して本国の音楽文化に多大な影響を及ぼしており、今後カリブ諸島を起点に戦後イギリスのポピュラー音楽史を再構築する視点が重要だと思われる。後期ビートルズの実験性とダブの手法の同時代性を問い直し、パンクロックの階級性や世代間闘争をポスト植民地主義的視点で読み替えることで従来の「ロック史」とは異なる歴史が浮上するに違いない。　　　　　　（大和田　俊之）

## 第6章

## ビートルズ

### ——時代と階級・言葉と身体力・セクシュアリティ

　ビートルズは、その音楽性と人間性で、世界中に熱狂を巻き起こした、リヴァプール生まれの20世紀最大の音楽家集団である。1960年代前半は、ワイルドさを内に秘めたお茶目なアイドルグループとして10代の女性の心をわしづかみにし、各メンバーの個性が際立つようになった60年代後半には、その実験的な音楽作りと先鋭的な生き方ゆえに60年代文化を代表する英雄となった。本章では、1950年代以降のイギリス文化史の文脈のなかで、彼らが与えた「自由」の感覚をめぐって、とりわけ身体力とセクシュアリティという点から、彼らの活動の意義を明らかにしてみたい。

## 1. ビートルズがくれた「自由」

　ポール・マッカートニーは次のように言う——「僕らはある種の自由をこの世界に与えたと思う。今でもたくさんの人から、ビートルズのおかげで解放されたって言われるよ」(『ビートルズ・アンソロジー』)。この自由の感覚は、彼らの音楽性に加えて、コミュニケーション力、言語力、運動力を合わせた総合的な身体力に起因する。戦後復興を終えた1950年代のイギリスは、世界的な好景気に支えられて、1957年には首相マクミランが「こんなによかったことはない」と宣言するほどになった。戦後の福祉政策も継続され、物質的な平等もある程度確保された。しかし、物質的な豊かさと平等の下での閉塞

感が、この頃から問題になってくる。資本主義国と共産主義国が対立する冷戦下で、核兵器開発競争は両陣営の暴力性を露わにした（序章1の『トリフィド時代』のくだりを参照）。そのため、1958年に始まった核兵器廃絶運動（CND）が国民的な広がりを見せた。加えて、1956年の三大事件——スターリン批判、ハンガリー動乱、スエズ危機——が大きな衝撃を与えた。スターリン時代のソ連警察国家化の暴露と現ソ連政権のハンガリーへの武力介入はともに、30年代経済恐慌の体験から社会主義に希望を抱くようになっていた人びとに深い失望を与え、自らの軍事力でエジプトへの内政干渉を図って国際社会から孤立したスエズ危機は、自国の暴力性と弱体化の両方を示して、伝統的な大国意識が時代遅れとなったことを見せつけた。豊かさのなかで倫理的に何を信じてよいかわからない——そんな時代がやって来た。

　この時代に「テディボーイ」に代表される労働者階級の不良青年が注目を集めるようになる。ひとつの要因は、やはり経済成長のおかげで、階級横断的に若者たちの懐が暖かくなったことである。不良であることと、ギター、オートバイ、小型ラジオなど高額の商品を持つことが繋がり、新しい豊かな時代の不良文化が可能になった。と同時に、文化の諸領域において、社会の閉塞状況への不満と不安が、不良青年的人物を通して表現された。現状への不満は、中流階級青年の場合は、政治的にはCNDに参加し、文化的にはコーヒー・バーにたむろして、実存主義やビート文学を語ったり、ジャズやフォークソングを聴いたりすることで表現された。労働者階級の場合は、テディボーイとしてロックンロールに熱中することが多かった。ただ、この2つの階級文化がミックスされて新しいものが生まれる場合もある。当時のニュー・ウェイヴ映画は、中流階級出身の監督が中流階級の観客向けに撮った、労働者階級の若者の話である。ジョン・レノンは、後に「労働者階級の英雄（ワーキングクラス・ヒーロー）」という曲を作って労働者階級を気取ったものの、自ら認めたように、実は中流階級出身で、それでもジャズやフォークソングを好む連中を毛嫌いして、テディボーイのように振る舞いロックンロールに夢中になった。労働者階級のロックンロール青年が映画館で大暴れするのが社会的現象になった1956年のヒット映画『ロック・アラウンド・ザ・クロック』を期待に胸を膨らませて観に行っている。ジョンのこの階級横断性から、ビートルズが生まれた。

## 反抗のエネルギー

　1950年代英国文化のキーワードのひとつは反抗である。この時代を代表するジョン・オズボーンの戯曲『怒りを込めて振り返れ』(1956年) も、映画化されブリティッシュ・ニュー・ウェイヴの代表作となったアラン・シリトーの代表的短篇小説「長距離走者の孤独」(1958年) の主人公も、そして、札付きの不良だった学生時代のジョン・レノンの振る舞いも、反抗の一言でまとめることができる。さまざまな領域で、飼い慣らされないワイルドな若者のエネルギーにあふれる身体の可能性が、想像され、表現され、そして、ジョン・レノンのような若者の場合は、実行に移された。そこには閉塞状況下の絶望が宿るとともに閉塞状況を打ち破る生命力が秘められていて、ジョンと、もう一人の札付き不良だったジョージ・ハリソンが、その後それぞれ平和運動と人道支援運動に積極的に関わってゆくのは、意義深い。

　閉塞感はとりわけ、1960年代初めの保守党政権時、つまり、マクミラン政権 (1957年1月-1963年10月) 末期からダグラス＝ヒューム政権 (1963年10月-1964年10月) 時に強かった。閉塞感がエリート批判に繋がったのである。これに対して、若く清新で現代的イメージで人気を博したのは、政治家で言えば、1964年に首相に就任する労働党党首のハロルド・ウィルソンである。彼は、ビートルズ同様、権力の中枢から離れた北イングランド出身で、選挙区もビートルズの出身地に近かった。そして、この時期、文化面でウィルソンに相当する新しいイギリスを代表するのは、伝統的な大英帝国冒険物語を冷戦の状況に合わせ、かつ、おしゃれでセクシーにした、『007 ドクター・ノー』(1962年) を第一作とする007シリーズの映画である。主役のジェイムズ・ボンドを演じるのはスコットランドの労働者階級出身のショーン・コネリーで、彼は「怒れる若者たち」の作品に出てくるようなワイルドな労働者の若者の香りをかすかに漂わせながら、女性の扱いも巧みな新しいタイプのおしゃれなイギリス紳士像を呈示した。もちろん、60年代にも反抗的不良青年はいたけれども、50年代の若者像と比べて、剥き出しの怒りや反抗の表現が内に秘められ、青年の生命力は楽しさと格好よさという方向で表現されることが増えた。

　そして、もうひとつの50年代文化の発展的後継者として、ビートルズが挙

図1 「モップトップ」のビートルズ

げられる。レコードデビュー前のビートルズは、乱暴者が集まり喧嘩が絶えないような悪所で演奏することが多かった。とりわけ、1960年から数度長期公演を行い滞在したハンブルクではそうだった。この時期のステージの彼らは、革のジャケットを着て、客を挑発し、物を食べ、内輪でおしゃべりをしながら、長時間ガンガン演奏した。暴力的なエネルギーを特徴として、不良だったジョンやジョージの学校の素行そのままの姿を見せていた、ということができる。ビートルズ（Beatles）というグループ名のなかにも、ロックンロールやリズム＆ブルースを意味するビートミュージック（Beat Music）のみならず、1950年代アメリカ版「怒れる若者たち」とも呼び得るビート世代（Beat Generation）の文学・文化が共鳴している。中流青年の反抗文化だった「ビート」から生まれた「ビートニク（Beatnik）」という言葉は不良青年一般の代名詞と化しており、1960年には、ビートルズの乱雑なたまり場となっていたステュアート・サトクリフのアパートでジョンが彼と一緒に撮られた写真が「ビートニクの悲惨な生活」と題され新聞記事にもされている

しかし、1961年末にマネージャーとなったブライアン・エプスタインは、彼らを広く売り出すためにイメージチェンジを図って、彼らの不良的・反抗的要素は、表面上は消し去られた。彼はビートルズに、スーツを着、時間を守り、曲の最後にはきちんとお辞儀をして、礼儀正しくすることを強制した。また、日本では「マッシュルームカット」と呼ばれる、伸ばした髪の先をきれいに丸めた「モップトップ」のヘアスタイルで、女の子っぽいほどのおしゃれな可愛さを表現した。やんちゃさを内に隠しておしゃれな可愛らしさを強調する。と同時に、時に応じて、50年代的なやんちゃな不良の力が顔をのぞかせるのがビートルズの魅力であり、それはまた、50年代文化の鬱屈した力をエネルギー源として、豊かな時代の楽しさをも積極的に取り込んだ、おしゃれでやんちゃな生命力にあふれる60年代文化の魅力である。

## 境界線を越える身体の力

　007の映画には欠けていて、ビートルズには備わっているものがあった。コミュニケーション力、言語力、運動力を合わせた総合的な身体の力である。彼らはたんに優れた音楽家であるだけでなく、人に創造性をもたらす3つの要素——感覚・言葉・身体の自由な動き——のすべてにおいて図抜けていた。そのため、公演の場以外で、スピーチをしても、インタヴューを受けても、交渉をしても、テレビに出ても、彼らは当意即妙の反応を示して、聞き手や視聴者の心を既成の枠組みから解放した。エプスタインも担当プロデューサーとなるジョージ・マーティンも、初対面の時、彼らのユーモアのセンスに強く印象づけられたと述べているが、それはたんに面白いジョークを連発する才気ということではなく、より根源的な創造性に繋がるものである。ビートルズがマーティンの下でオーディションを受けた際に、彼の厳しいコメントを聞いた後の「何か気に入らないところがあるかね」という質問に対して、ジョージ・ハリソンが「あんたのネクタイが気に入らないな」と突っ込みを入れた。ビートルズがマーティンに評価される弱い立場にあったことを考えれば、これは機転が利いたジョークである以上に大胆かつ発するのに勇気の要る言葉であることがわかる。大会社のプロデューサーとレコードデビュー以前のミュージシャンという上下関係を無効化して、ひそかに平等で自由な関係を目指す言葉である。この大胆な創造性にジョージ・マーティンはいたく感心して、彼とビートルズとの実り多い協働関係が始まった。

　国の首都や支配階級に対する不良の反抗心を抱き、全国デビューに際してもリヴァプール方言を捨てることのなかった彼らが、エプスタインの指導を受けて、いい子ぶることを覚えながらも、秀でた感知力を用いて場の気配を読み、身体の動きと言葉の動きで、ちゃかす・つっこむ・かわす・逃げる・遊ぶ・でも言うときは言う、という自在な活動を見せて、それがもたらす空前絶後の新しい楽しさで、堅苦しい秩序を作っているさまざまな境界線を脱構築（ぐにゃぐにゃ）した。先にポールが述べた「自由」の感覚とは、このことであろう。

　具体的にそれを見るには、彼らの音楽を聴くだけでなく、映像を見たり、公の席での発言の記録を調べたりするのが手っとり早い。のびのびと変幻自在に、語り、動き、コミュニケートする身体を目の当たりにできるだろう。

64年3月の芸能人団体ロイヤル・ヴァラエティ・クラブ昼食会で、労働党党首ハロルド・ウィルソンからシルヴァーハートメダルを授与された際のスピーチを見てみよう。彼らが世代や階級の境界を脱構築する様がよくわかる。その内容を抄訳する。

　まずジョージが、「4人分もくれて有難う。いつもひとつだけ貰うと4つに割るのに苦労してるんです」と可愛いジョークを言って場を和ませる。ポールが続いて「もう一人、あげたかったなあ。ぼくらの素敵なウィルソンさんにね」とお茶目なことを言って、重ねて笑いを誘う。リンゴは「僕は無口だから、とにかく、有難う」と切り上げる。するとジョンが登場し、「シルヴァーハート」をわざと間違えて「パープルハート［ドラッグの隠語］を有難う」ととぼけた。すぐに横からリンゴが突っ込んで「シルヴァーだよ、シルヴァー！」と訂正する、絶妙の「ぼけと突っ込み」が起こった。ジョンは、平然とした顔付きで、「ハロルド、ごめんよ。映画の撮影が待ってるんで、じゃまた」と返した。首相候補をファーストネームで呼ぶばかりか、権威ある場を侮辱しかねない生意気さだが、その危険さが他の3人の愛嬌のあるユーモアと混じり合うと、そこから湧きあがるのは不快感というより、政治家と芸人という身分の上下の境界線と、おじさんと若者という年代の上下の境界線がぐにゃぐにゃになって、堅苦しい既成の秩序から解放された際に感じる、際どいわくわくする楽しさ、自由の感覚である。一般的に、ポールとジョージがお茶目な役を演じ、ジョンは不良に近いやんちゃな振る舞いをし、リンゴがそのとぼけた可笑しさで独特の味を添える、ということが多かった。

　人びとに自由な感覚を与える楽しい力が身体的に表現されるのは、映画『ハード・デイズ・ナイト』である。冒頭近くで、列車の車室で一緒になるビートルズと中年紳士との対立が描かれ、階級対立と世代対立のテーマが呈示されるが、前述の「長距離走者の孤独」のような作品と異なるのは、その対立がすぐにはぐらかされて、愉快な戯れと化すことである。中年紳士との対立は、ビートルズが車室を出て、その外から車室の窓に顔を押し付けたりするような馬鹿な悪戯をやることで、紳士をからかって戯れるという愉快なモードに転換される。映画化された『長距離走者の孤独』との比較で言えば、映画『ハード・デイズ・ナイト』の見どころとして、冒頭と真ん中に、ビー

トルズが「走る」きわめて印象的なシーンが出てくる。そこでの彼らの「走る」姿は、『長距離走者の孤独』のような苦しい決意の反抗のそれではなく、生きていて身体を動かし世界のなかを動くのが楽しくて仕方ないというような、そしてどのような動きをするのかまったく予想のつかない、遊ぶ子どもに通じる姿である。その身体力を通して、戯れと即興性の楽しさに満ち満ちていることを自然に示すことで、正面衝突的な対立からは逃げながら、堅苦しい大人たちより自分たちの方が優れていることがおのずと伝達される。

図2　走るビートルズ、映画『ハード・デイズ・ナイト』（1964年）より。

　ここで、地域の力という要素を言い添えておこう。ビートルズが生まれ育ったリヴァプールは、20世紀半ば当時は凋落激しい北イングランドの地方都市だった。しかし、港町という性格上、住民と訪問者の構成は国際的であり、またビートルズのメンバーもリンゴを除く3人がそうであるように、アイルランド系が多いこともあってか、英国では例外的におしゃべりな文化、つまり、日本で言えば大阪に似て、あまり気おくれせずに、そして対立も恐れずに楽しむぐらいの気持ちで、コミュニケーションしようとする地域文化がある。中心ではなく周縁部であり、国粋的ではなく国際的であり、騒々しいぐらいにコミュニケーション力に秀でるというリヴァプールの地域性が、ビートルズ独特の自由さを生んだ一因となったことは、間違いない。

## 2. 歌とロックンロールとセクシュアリティ

　愛するという行為は男女の間に限定され、愛し合う男女は一生結婚して子どもを作るのが筋であるといった価値観に基づいた窮屈な秩序を異性愛制度と呼ぶが、ラヴソングをたくさん書いて世界中を熱狂させたビートルズは、一見この異性愛制度を守りながら、それを風通しよくすることで似て非なるものに変え、以前にはなかった自由の新しい感覚をもたらした。初期の2つ

のメガヒット曲「アイ・ウォント・トゥ・ホールド・ユア・ハンド」と「シー・ラヴズ・ユー」を見てみよう。

　レコードデビュー後のビートルズには、フランク・シナトラやエルヴィス・プレスリーのような他の大スター歌手と比べて、いわゆる性愛的要素が欠けていた。演奏時に彼らが振るのはプレスリーのように腰ではなくて頭であり、それも「シー・ラヴズ・ユー」に代表されるように、ジョンとポールとジョージが仲良く、とくにポールとジョージは同じマイクの前にくっついて並び、タイミングを合わせて「ウ〜」と叫びながら頭を振る可愛らしさである。これをやろうとしてジョンは知人から同性愛者と間違われるよと警告された。つまり、当時の文脈では、この振りは、男らしくなく見えた。また、この振りは、そのすべてが聴き手に向けられるというよりも、メンバー間の感情の共振・共鳴を示唆するものである。異性間の性愛感情に限定せず、女性に優しく頭を振り、合わせてメンバー間の男同士の友愛も表現することで、その男らしくないソフトな元気さを通して、若い女性を熱狂させた。

## 異性愛と同性愛と同性友愛と異性友愛はひとつ

　それを考えれば、ビートルズの世界制覇の糸口を作ったメガヒット曲が「アイ・ウォント・トゥ・ホールド・ユア・ハンド」であることは示唆に富む。この曲は、邦題では「抱きしめたい」とされるものの、その内容は「あなた（の体）を抱きしめたい」という性愛的なものではなく、「あなたの手を握りたい」という、むしろ激しい抱擁を否定してソフトな「触れあい」を強調したけなげな内容なのである。女の子のような髪型の青年たちが、「君に触れる時、僕の心はしあわせ〜」と、可愛く元気に歌うのである。

　「アイ・ウォント・トゥ・ホールド・ユア・ハンド」が、「アイ・ウォント・ユー」という男性歌手の基本パターンをソフトに表現することで女性化した歌とするならば、「シー・ラヴズ・ユー」は男性歌手の基本パターンから逸脱して、歌い手が、友人に、「［一時的に仲違いしているあなたの］あの娘は、本当はあなたのことが好きなんだよ」と伝えることで愛を歌う、女性的なパターンの曲である。直接「おれは君が欲しい」という積極的・男性的な

姿勢ではなく、「あの娘は今でもあなたを欲しがっているよ」というメッセージを伝えることで友人の恋の手助けをするという間接的な恋歌である。バーバラ・ブラッドビーの優れた研究によれば、これは、ビートルズが、同時代の女性グループのラヴソングを意識して、そのメッセージに応答したものである。当時の女性グループは、「私はあなたが欲しい」といった男性的な直接表現を避けて、次の２つのパターンを通して自らの欲望を間接的に表す傾向が強かった。ひとつは「あなたに愛されたい」と歌うことで、もうひとつは女性の歌い手がおそらく同性の女友達に「わたし、あの人のことが好き」と打ち明けるパターンである。女性グループの曲をカヴァーすることが多かったビートルズにとって、「シー・ラヴズ・ユー」はこの２つ目の女性的パターンへの優しい応答だったと言える。女性から共通の知り合いである男への思いを打ち明けられた「シー・ラヴズ・ユー」の歌い手の立場は、この２つ目のパターンにおける打ち明けられる女友達と同じ立場である。また、この歌い手と女友達はともに、恋の伝達役として、自分の同性の友人の恋愛対象である男に、「あの娘はあなたのことが好きなのよ」と伝えて、その恋の成就の手伝いをすることができる立場にいる、と言うこともできる。このタイプのラヴソングの設定状況において、そのように第三者を通して相手に自分の気持ちが伝わるのが恋の理想的な展開だろう。そして、そのことこそ、「シー・ラヴズ・ユー」の歌い手がやっていることである。女性グループの歌においては、女性の明示されない願望に過ぎなかった「自分の思いが第三者を介して相手に伝わる」という理想的展開が、「シー・ラヴズ・ユー」というビートルズのメガヒット曲では、実現されている。「シー・ラヴズ・ユー」のビートルズは、女性グループのラヴソングに隠された願望に応答して、優しく女性の恋の成就の手助けをしているのだ。この曲の歌詞には、「彼女にこんな風に伝えて、と言われた」という箇所があり、歌い手は「彼女」に頼まれて、恋の伝書鳩を演じていることが明らかにされている（Bradby）。

　とすれば、この歌い手の性は女性のはずだが、実際に「シー・ラヴズ・ユー」を歌っているのは、ポールとジョンという男である。女の子っぽい男の子たちが、女性グループの曲における歌い手の女友達の立場に立って、恋の成就を助けているというわけである。ビートルズが、男なのか女なのか、わ

からなくなってくる。それを性別の混乱と否定的に言うこともできるが、大切なのは、若い世代の女性たちが、おそらくは無意識的にそこに伝統的な異性愛制度の脱構築を感じて、熱狂的に反応したことであろう。

　一斉に「シー・ラヴズ・ユー、ヤー、ヤー、ヤー」と歌い、一斉に頭を振りながら気持ちよさそうに「ウ〜」と叫ぶと、観客の悲鳴が最高潮に達した。若い女性たちは自らの語られない恋の願望を満たしてくれる可愛い男の子たちの優しい心が共鳴し合っている姿を見て、彼らの男らしくなさに夢中になった。ビートルマニアは、表面的には女たちが男たちに夢中になる話なのだが、よく見ると、男の男らしさが否定されていたり、男が女の役割を演じていたりして、時代遅れの男性性が排除され、男らしさと女らしさの境界が曖昧化するような新しいセクシュアリティが示唆されている。堅苦しい異性愛制度と戯れながら、水が知らず知らずのうちに確固と見える角砂糖を溶かすように、社会秩序をふにゃふにゃにさせる可能性をビートルズは持っていたし、いまでも持っている。

## 3. 愛は異性愛制度の外側にある

　さて、今分析した「シー・ラヴズ・ユー」の内容を言い換えると、一見異性愛の歌に見えるけれども、歌詞のレベルでは、そこに異性間の愛情と友人を助けようとする同性間の愛情が混在し、舞台のレベルでは、ビートルズと女性ファンの間の異性愛と一緒に頭を振って「ウ〜」と喜びの叫びをあげるジョンとポールとジョージの間の同性友愛が混じり合っている、とまとめることも出来る。そして、ビートルズをめぐる人間関係では、舞台の外でも、男性間の愛と男女間の愛の混ざり合いがあった。小野洋子に夢中になってしまい、『ザ・ビートルズ』（通称「ホワイトアルバム」）製作時に男たちだけの神聖な録音スタジオにも洋子を連れてくるようになったジョンを評して、ポールは「ジョンは洋子に恋していて僕ら３人にはもう恋していないのだ」と言う。同じような意見を他のメンバーも発している。洋子だけがビートルズ解散の原因ではないにしても、メンバー間の関係とジョンと小野洋子の関係が同じ平面で捉えられているということは、男性間友愛と異性愛がともに、

相対立し得る強い愛情だったということだ。小野洋子自身、「好きな男と寝た翌朝に突然気づいたのは、そこに三人の男が立っていて怒りのまなざしを投げてきたことだった」とこぼしている（*Playboy Interviews*）。

そもそもビートルズは愛の産物である。ジョンは、つねに同性の親友を作ってつるむタイプで、ビートルズの前身クォリーメンを立ち上げた時も親友ピート・ショットンを誘い込み、その後途中参加のポール・マッカートニーと親しくなるとピートとは疎遠になり、アートスクール時代に親しくなったステュアート・サトクリフをビートルズに誘い込むと、ポールとステュアートの仲が悪くなった。ジョンとポールはバンド活動に加えて、ともに母親を亡くしていることを通して強い絆が出来、共同で作詞・作曲に熱中することを通して、愛の絆が深まった。

61年にビートルズの公演を見て一目惚れしたマネージャーのブライアン・エプスタインは、乱暴な若者を好むゲイの男性で、ビートルズへの強い愛情が彼らを成功に導いた。ジョージを自宅に誘ったこともあるが、とくにジョンに惚れていて、1963年春には、ブライアンはジョンを誘って、二人きりのスペイン旅行をしている。後にジョンは友人にそのことをからかわれて暴行事件を起こしているので、彼が気にしていたことは間違いない。ジョン自身は、当時の妻が妊娠中だったので同行したのであり、強い繋がりだったが肉体関係はなかったと主張しているが、真偽のほどは分からない。他にも、ゲイのマネージャーに、ロンドンの大物ラリー・パーンズや、ビートルズとも交際がありブライアンの仕事に影響を与えたリヴァプールのジョー・フラネリがいるが、マイク・ブラッケンの研究が示すのは、ゲイの男性がロックンロールに魅かれたのは、そこにいる青年たちへの欲望というだけでなく、ロックンローラーが踊るダンスに、性別や性的嗜好を超えた真に解放的な力があって、堅苦しい社会規範からの解放を体で感じられたということである。ロックンロールを踊る青年と性的マイノリティの青年が、社会規範からの解放という点において連帯した、と言い換えることもできる。つまり、ロックンロールのシーンには、同性愛と同性友愛の「常識的」な境界線をも無効化するような解放的な力があって、それをジョンとブライアンの関係にあてはめて考えると、同性愛か同性間友愛かという問題も、肉体関係の有無も関係

なく、ロックンロール体験を通して結ばれた愛情が二人の間に成立していたことこそが大事だ、と言うことになるだろう。異性愛と同性愛と同性友愛と異性友愛を区別化しようとする詰まらない通念を爆破するような可能性を、リヴァプールのロックンロール・シーンは持っていたということである。

いずれにせよ、関係者全員が声をそろえるのは、ビートルズのメンバー間の絆の強さと深さである。全国デビュー時に合流したリンゴを除けば、彼らは、10代半ばから、いつも一緒にいて、苦楽をともにしてきた。デビュー後は、リンゴも含めて、特に66年にコンサートを中止するまで、嵐のような年月を、励まし合って、一緒に頑張ってきた。彼らの楽しそうな振る舞いは、この強い連帯を土台にしている。そして、そこでは、先のポールの発言からもわかるように、同性愛と同性友愛の境界線は無効化している。表面的には同性間の友情と言うことが出来るだろうが、彼らの絆は、異性愛制度のなかには見つけられない深い愛である。

以上のようなさまざまな体験があったからこそ、ビートルズは愛をめぐる名曲（たとえば「オール・ユー・ニード・イズ・ラヴ」）や名言（「みずからのものになる愛とはみずからが作り出した愛のことである」"The love you take is equal to the love you make"）を残せたのではないだろうか。彼らは、ロックバンドの活動を通して、異性愛に限定されない広い意味でのエロティックな力（＝生きる身体力）が世界を動かしていることを体験し、人生の自由の感覚はその力との接触を通して与えられることを知っていた。そこには、「ラヴ＆ピース」という時代の流行思想の反映とともに、それ以上の何かがあった。

## 4.「ゲットバック」とセクシュアリティと時代

さて、ここまで述べたことをふまえて、後期の一作品を分析してみよう。崩壊しかかっていたビートルズが、1969年冒頭に、ライブバンドへの原点回帰を目指して練習するなかで、シンプルな力強さを特徴とする名曲「ゲットバック」（ポール・マッカートニー作）が生まれた。そこには、ばらばらになりつつあるバンドを元の姿に戻そうとするポールの思いが詰まっている。そして、解散をめぐる情報が重層的に隠されている。

「ゲットバック」は次のように始まる――「ジョージョーは、自分では独りが好きだと思っているけど、それが長続きしないことも知っている」。強がっているけれども他者との絆が必要な男ジョージョー（Jo-Jo）は、名前の響きからも、強気だが傷つきやすいその性格からも、ジョン（John）のことを指しているように思える。そうすると、その後来るリフレイン「戻れよ、戻れよ、元々いた場所に戻れよ」は、ビートルズを脱退したがっているジョンに向けてポールが送る「戻ってこいよ。また原点に戻って一緒にバンドをやろうぜ」というメッセージになる。

しかし、二番の冒頭「優しいロレッタ・マーティンは自分を女だと思っているけれど、彼女も男だ」は、文字どおりに女装趣味の男を言うのではなく、ジョンの恋人の洋子を指しているように思われる。洋子は、女のつもりでいるけれども、その振る舞いは女性的と言うには程遠く、一種の男として、ビートルズのメンバー間の男の絆に介入してきて、洋子－ジョン－その他のビートルズの間で三角関係を形作ったからだ。そうすると、後に続くリフレイン「戻れよ、戻れよ、元々いた場所に戻れよ」は、洋子に向けて発せられたと解釈することが出来る。「洋子よ、俺たちの仲の邪魔をしないで、日本に帰れ」と叫んでいると取れる。ジョン自身、「これは、ポールの洋子に対する当てつけで、彼は『戻れよ』と歌う度に、洋子の方に視線を投げた」（*Playboy Interviews*）と回想している。

## ロックと人種差別

ここに人種差別問題が絡んでくる。ポールの洋子に対するメッセージは、「白人でもなく男でもないくせに威張るな。お前は白人の国から出ていけ」と言い換えることも出来るからだ。実際、「ゲットバック」の元々の歌詞は、当時問題化していた非白人系移民の英国流入問題とそれに伴う白人系イギリス人の非白人系に対する人種差別発言を反映していた。1968年の英国は、寛容と自由に傾く60年代的な流れと根強く残る差別意識の間に揺れた年とまとめることもでき、非白人系流入問題のせいで、時の労働党政府は、62年の英連邦移民法の修正法案を3月に可決し、人種差別的な流入制限をした。パキスタン人やプエルトリコ人を挙げて「戻れよ、戻れよ、元々いた場所に

図3 アップル社屋上でのビートルズのセッション（ロンドン、1969年1月30日）

戻れよ」と叫んだり、「パキスタン人が職をみんな奪っていくのは気に入らねえ」と言ったりする元来の歌詞の一部は、英連邦の一員であるケニヤ政府のインド系住民への職業差別が原因で、1968年初めに同インド系住民の大量流入がイギリスで問題化したことと繋がっている。

一般には、非白人に「戻れよ、戻れよ、元々いた場所に戻れよ」と叫ぶ元祖「ゲットバック」の歌詞は、パウエルに代表される人種差別意識をビートルズが風刺したとされるが、洋子に対するポールの敵意を考えると、むしろ、白人に根深く残る人種に関する建前と本音の二重性を典型的に表出した作品と言うことも出来る。そもそも、不良青年と人種差別の繋がりは、戦後の人種暴動の始まりに存在した。58年ロンドンのノッティング・ヒル暴動では、白人不良青年テディボーイがアフリカ系の地域住民に襲いかかった。ロックに限らず、音楽の力がつねに人を偏見から解放するとは限らないのは、ナチスとドイツ音楽の関係を見ればわかるだろう。既成秩序の二項対立を破壊する力は、自由と解放に向かうのではなく、その秩序によって抑えられている暴力性を爆発させる可能性も孕んでいるからだ。後の、エリック・クラプトンの人種差別発言やデイヴィッド・ボウイのファシズム待望発言などは、ロックが白人男性中心のものである限り、必ず出てくる問題と言うことができる。

このように、ビートルズにしても、あるいはビートルズをその代表とするロックにしても、意地悪く見てそのネガティヴな側面を強調することは可能だし、冷静で批判的な視線を忘れてはいけない。前代未聞の自由の感覚を生んだビートルズのお茶目さは、売れるために不良青年の反抗的姿勢を放棄し可愛い子ぶった成果である、と否定的に見ることもできるし、この集団には同性と異性の区分を超えた自由な愛情が備わっていたと同時に、ジョンをリーダーとし、ポールをサブリーダーとする上下関係のある伝統的・典型的な男性集団だったと要約できる部分もある。視点を変えれば、50年代半ばに流行し60年代初頭に定着した「体制エリート」という名で呼ばれて非難された、

ビートルズとは一見対照的な英国支配層の男性中心の人間関係とも共通する。思春期のファンが彼らの表面的な魅力に騙されて熱狂していただけと片付けたければ、そうできないわけではない。そして、この古臭い男の絆は、ジョンが洋子とくっついて自立した女性との真のパートナーシップに目ざめ、その影響でフェミニズムにも目ざめると、あっさり崩壊してしまう程度のものだった、と嘲笑うこともできるだろう。

　つまり解釈は複数あって、批判的な見方も出来るということだ。しかし、ビートルズが活躍した時代のなかに、人びとがのびのびと自由に生きられる解放に向かう可能性があったことは確かで、ビートルズが人びとに感じさせた「ある種の自由」はその流れの象徴になっている。英国では、労働党政権の下で、1965年に死刑という法的な厳罰を廃止し、規範と罰則で人を縛るよりも個人の自由な生き方を積極的に認める（1950年代からその動きがあった）「寛容な社会」に向かう流れへと舵を切った。67年の性犯罪法は、キリスト教的価値観によって非合法とされていた（男性の）同性愛に関して、私的空間での同意のうえの性行為を脱犯罪化した。同年、家族計画に関する国民保健法の成立により、経口避妊薬の無料化を実現させて、妊娠の心配なく性を楽しめることを容易にし、人工中絶法改正により、中絶の法的手続きを簡素化して、母体保護とともに女性の個人的自由を促進した。そして、69年の離婚法改正で、結婚生活が破綻していることが証されれば当事者の一方の同意がなくても離婚が可能なようにし、やはり個人の人生の選択の自由を広げた。

## 5.「自由」の二面性

　最後に、本書で度々言及されるサッチャー政権の新自由主義の「自由」とビートルズの「自由」を比較し、ビートルズ研究の意義を確認しておこう。新自由主義は、前著『愛と戦いのイギリス文化史 1900-1950年』のキーワードのひとつであるレッセフェール（自由放任主義）と内容的に近く、民間人の「自由競争」を促すために、福祉をはじめとする国家の介入を嫌って、脱公有化や規制撤廃を進めることを要求する。そこで強調されるのは「競争」に向かう「自由」であって、「助け合い」に向かう「自由」や「遊び」に向

かう「自由」は二義的なものとなって、結果として、弱肉強食の格差社会を生み出してしまうことが多い。イギリスではレッセフェール的政策により貧富格差の問題が19世紀末から深刻化し1930年代に頂点に達したために、戦後の福祉社会が生まれた。イギリスの新自由主義者が何よりも嫌ったのは、この手厚い社会保障と完全雇用を重視する戦後イギリスの福祉国家制度で、彼らの目には、上述した60年代の法改正やビートルズに代表される豊かな福祉国家の下での「自由」は、人びとの甘えを生む悪しき環境や生き方としての「自由」と映った。たしかに、この時期の政策や社会の雰囲気のなかには、戦後ずっと続いてきた世界的な好景気を当たり前とする甘えがあり、それは、ビートルズに関して言えばみずから立ち上げたアップル社の放漫経営などに繋がった。

　しかし、本章の具体的分析から、ビートルズに備わる「自由」は、このような甘えとしての「自由」に限られず、旧来の境界線を脱構築して新たな世界を創造する積極的な行為としての「自由」を大いに含むことがわかる。それは、音楽活動に留まらず、いかなる時も、秩序を「楽しくずらして作り直す」日常生活の創造的行為へ向かおうとする「自由」である。たしかに、第２章で見たように、そうした「創造的な楽しさ」に向かう「自由」の要素は、人の創造性や柔軟性を恒常的に搾取し続けるポスト・フォーディズムの原動力でもあり、その意味では、人の豊かなコミュニケーション力をも貪欲に取り込む現在の経済体制の登場を手助けしたと見ることもできるのかもしれない。それでも、ビートルズの「自由」は大きな対抗的な力を発揮し得る。なにしろ彼らの「自由」とは、そうした秩序すらふにゃふにゃ(ぐにゃぐにゃ)にしてしまうものなのだから。20世紀後半のイギリス社会がこのような「自由」を可能にして世界に広めたことは評価されなければならない。

　また、第１章では、同時代の文学作品のなかで利発な若者が突然人種差別的行為に走る姿や表面的な理由なく女に怒りをぶつける男の姿などが考察され、このような不条理な暴力表象の考察から、1950年代には見えなかった社会の構造が言及される。ジョン・レノンも、そのような社会の構造が見えずに苛立つ若者の一人だったに違いない。彼は、女を殴り、身障者をはじめとする社会的弱者への差別発言を繰り返す、暴力的なリーダーシップを持つ攻

撃的な不良青年だった。しかし、ビートルズの活動を通して、そして後には小野洋子との出会いを通して、そうでなければもっと暴力的に使用されたであろう彼のエネルギーは、みずからの力と仲間の力と音楽の力と時代の力によって、「創造的な楽しさ」へ向かう「自由」へと向けられた。それゆえ、ビートルズを学ぶことは、時代と社会を学びながら、同時にその乗り越え方を学ぶことにも繋がるのではないか。ビートルズから、場に溶け込み、他者の信頼を勝ち得ながら、場の構造を読んで、そこにある堅苦しい境界線をぐにゃぐにゃにする、感覚の「自由」な動き、言葉の「自由」な動き、身体の「自由」な動きを学ぶことができる。つねに場から学ぶことで、ジョン・レノンという潜在的なファシストが愛と「自由」と寛容のメッセージを広めた。彼自身、「最も暴力的な人間こそがラヴ＆ピースを唱えるようになる」（*Playboy Interviews*）と告白して、みずからの変遷を証している。

　ビートルズには古さと新しさがミックスしているのであり、その新しさのなかにも長短が分かちがたく混じり合っていることは論を俟たず、しかし、それでも、ビートルズがもたらした新しい「自由」を、歴史のなかで冷静に位置づけたうえで、その新しさから学ぶべきものを探してゆくことが、最終的には大切である。それゆえ、本章では、ビートルズの前身が結成された1950年後半のイギリス文化から始めて、1960年代の状況にも触れながら、自由、身体力、セクシュアリティなどをキーワードとして、イギリス文化史のなかでのビートルズの魅力を語った。

（武藤　浩史）


## 推薦図書

ザ・ビートルズ『ザ・ビートルズ・アンソロジー』（書籍）、リットー・ミュージック、2000年。

マイク・エバンス編『ビートルズ世界証言集』、恩蔵茂・中山啓子訳、ポプラ社、2006年。

ハンター・デイヴィス『増補完全版ビートルズ』（上下巻）、小笠原豊樹・中田耕治訳、河出書房新社、2010年。

*Column*
『グーン・ショー』——戦後お笑い文化の始まり

ビルマ（ミャンマー）1956年3月6日
アブドゥル「だんなさまあー！　日本の将校が白旗かかげて攻撃してくるよー」……
ヤッカモト大将「われこそはヤッカモト大将、あの木の上に住んでおる大日本帝国陸軍の総司令官であるぞ。……頼みがある。思いがけず弾薬を切らしてしまった。弾を2箱ほど融通してもらえませんか。戦争が終わったら返しますから」
ブラッドノック少佐「日本人は借りてばかりじゃないか。あんたらはこの前貸した芝刈り機もまだ返してないぞ」
ヤッカモト大将「申し訳ありません。ジャングルの芝刈りがまだ終わってないんです」

　BBC放送の人気ラジオ番組『グーン・ショー』（1951-60年）からの抜粋である。何という戦争表象だろう。イギリス人にとって第二次世界大戦は、ナチス相手に皆で力を合わせた英雄的な戦いだったのに、すでに戦後10年ほどでこのような滑稽な戦争描写が人気を博していた。上記コントのみならず、ウォーの戦争小説『名誉の剣』（1952-61年）、戦争音楽劇『なんて素敵な戦争』（1963年、映画化1969年）、国防市民軍TVドラマ『ダッズ・アーミー（パパの軍隊）』（1968-77年）、ジョン・レノン出演の映画『いかに私は戦争に勝ったか』（1967年）、スパイク・ミリガンの戦争回想録など、風刺的なものが目白押しである。

　ただ、イギリス人のユーモア感覚は、現状を皮肉る風刺精神とともに、過度のバカバカしさを好むノンセンス嗜好に裏打ちされている。社会風刺の面より、あきれるほどのおバカさの方が目立つことも多い。だから、氏も育ちも違うジョン・レノンとチャールズ皇太子が同じ『グーン・ショー』を好むことも可能になる。

　50年代に種をまかれた戦後のお笑いの伝統は60年代初頭に開花した。オクスブリッジ出身者が中心となって、風刺ショー『ビヨンド・ザ・フリンジ（縁の向こう側）』、風刺クラブ『ジ・エスタブリッシュメント（当局）』、風刺雑誌『プライヴェート・アイ』、風刺TV番組『ザット・ワズ・ザ・ウィーク・ザット・ワズ（こんな一週間でした）』が連鎖反応的に生まれ、宗教、王室、マクミラン保守党政権など当時の権威が徹底的にからかわれて、国民的人気を博した。その後も、『モンティ・パイソン』、『スピティング・イメージ』、『ミスター・ビーン』、『リトル・ブリテン』、『マイティ・ブーシュ』、『ITクラウド』などのお笑い番組が続き、赫々たる伝統を築いた。イギリスは人間のバカバカしさと格好悪さをとことん追求するために最高の知性を駆使する贅沢な国となった。　　　（武藤　浩史）

『グーン・ショー』収録のスタジオにて。
左からスパイク・ミリガン、ピーター・セラーズ、ハリー・シーカム。

第7章

# かくも長き異境のくらし
――ジョージ・ベストとマンチェスター・ユナイテッドの日々

> Too long in exile
> Just like George Best, baby.
> ――Van Morrison

## はじめに――フットボーラーの殺害予告

　1971年10月23日、土曜日の午後、イングランドの名門フットボール（サッカー）クラブ、マンチェスター・ユナイテッドのジョージ・ベストは命を狙われていた――あるいは、そのように脅しを受けていた。場所は英国北東部の都市ニューカッスル・アポン・タインのセント・ジェイムズ・パークで、1971/72シーズンのイングランド・フットボール・リーグ一部（現在のプレミア・リーグに相当）公式戦第14節、ニューカッスル・ユナイテッド対マンチェスター・ユナイテッドのゲーム中でのことだった。このゲームに先立って、ジョージ・ベストを試合中に殺害する、という脅迫が警察に届いたのである。相手はアイルランド共和軍（IRA）を名乗っていた。
　即刻ベストには警察の厳重な警備が付いた。クラブ当局としては、こんな脅迫を受けたからといって、中心選手であるベストを外すわけにはいかない。シーズンのおよそ3分の1を消化したところであり、フランク・オファレル新監督のもと、ここまでリーグ戦は9勝1敗3分と好調で、ベストもチーム

最多の7得点を挙げて久々に絶好調だった。

　試合当日、スタジアムは5万2,000人を超える観客で満員となった。当時のイギリスのサッカー場は観客席とグラウンドの垣根が低く、いまは廃止された立ち見のテラス席もあり、一体感を生むのには理想的な環境だった。だがその分安全面では問題があり、テロ防止対策（やフーリガン対策）が立てにくいという難があった。観客席には警官が多数張り込んだ。ベストは、ピッチ上で狙撃を受けないように、立ち止まらず動き回るように助言された。試合はマンチェスター・ユナイテッドが1対0で辛勝した。得点は他ならぬベストだった。「ありがたいことに、その日に標的に命中した唯一の一撃(ショット)は私の決勝点だった」と彼は30年後に自伝『恵まれし者』で述べている。

　脅迫者が本当にIRAであったかどうかは不明だが、ベストが命を狙われるというのは、ありえない話ではなかった。ポップスターと化したフットボーラーといえば、おなじくマンチェスター・ユナイテッドに在籍したデイヴィッド・ベッカムを思い浮かべる人も多いだろう。だが、ベッカムに先立つことおよそ30年前に、史上初のフットボーラー＝ポップスターとなったのがこのジョージ・ベストなのだった。ベッカムと異なるのは、ベストがイングランド人ではなく、北アイルランドのベルファスト出身だったという点である。上記の騒動(トラブル)に巻き込まれた理由は、この人気と出自の両方に関わる。

　英サッカー協会（FA）が結成され、サッカーの統一ルールが定められたのが1863年のこと。ジョージ・ベストのデビューはその百周年に当たる1963年のことだった。本章では、この稀代のスーパースターの栄光と挫折の生涯をたどることによって、1960-70年代のスポーツ文化史の一考察を行いたい。キーワードは、移民、ディスロケーション、北アイルランド紛争、宗教的寛容と非寛容といったことになるだろう。


## 1. ベルファストの少年

　ジョージ・ベストは1946年にベルファストの東地区の労働者階級の家に生を享けた。父親は造船所の旋盤工であった。自伝で彼は「わが家はプロテスタントだった。厳密に言えば自由長老派教会である」と述べている。長老派

教会は16世紀の宗教改革によって生まれた、カルヴァン主義に基づくプロテスタントの一派である。『欽定英訳聖書』の使用、ローマ・カトリック教会への強硬姿勢、保守的な神学といった特徴がある。「自由」という名前は、既存の長老派教会から離れて拘束されないという意味で「自由」ということで、教義はむしろ長老派教会より厳格なものである。

　ベルファストにおける宗教上の住み分けは悪名高く、市の東部はプロテスタント系住人が8割以上を占める地区であるが、そのなかでベスト家のある通りは宗派が混在する地区で、カトリック教徒との近所づきあいがあった。1921年に「イギリス・アイルランド条約」が締結され、アルスター地方の9州のうちのプロテスタント住民の多い6州が北アイルランドとしてイギリス（連合王国）に残留することになって以来（ほかは1922年にアイルランド自由国となる）、この地においては宗教的な分断が日常生活のなかに複雑に織り込まれていて、政治問題がつねに存在してはいた。それでも、ベストの少年時代にはまだ後年のようなむき出しの暴力は前面に出てはいなかった。

　自伝でベストはこうも言っている。「私は宗教に頭を悩まされたことはないし、わが家が狂信派だなどということは決してない。とはいえ、プロテスタントであれば、オレンジ会に入るのが当然で、私も加わった。父も祖父も、地元の支部会長を務めた」。

　オレンジ会（Orange Order）とは、18世紀末にアイルランドのプロテスタントが組織した政治結社であり、当然会員は北アイルランドに集中する。名称はプロテスタントだったオレンジ公（ウィリアム3世）に由来し、オレンジ色のリボンを党員の記章としている。政治的にはユニオニスト（イギリスとアイルランドの連合王国関係の継続を主張する人びと）の右派である。オレンジ会員にとって7月12日は重要な日で、1690年に「ボイン川の戦い」でオレンジ公がジェイムズ2世軍を打ち破った戦勝記念日なのだった（北アイルランドではオレンジマンズ・デイとして祝日になっている）。北アイルランドの各地の中心部をパレードする催しで、最大のパレードがベルファストで行われた。カトリック系住民の居住地でも行進が行われることが、宗教上、政治上の軋轢を高めるという問題を生じさせていた。子ども時代のベストはこのパレードに無邪気に胸を躍らせて参加していたのだった。

## 2.「スウィンギング・シックスティーズ60年代」の「エル・ビートル」

　幼少期からベルファストでサッカーに明け暮れていたベストは、1961年（当時15歳）にマンチェスター・ユナイテッドのスカウトにその才能を見出され、単身マンチェスターに移り住んだ。順調に成長して1963年に17歳でトップチームでのデビューを果たし、1974年までの11シーズンに364試合に出場、137ゴールをあげた。

　マンチェスター・ユナイテッドの歴史は名将マット・バズビーを抜きには語れない。第二次世界大戦の終結直後に監督に就任して、クラブの強化に成功した矢先の1958年2月、遠征からの帰国途中に悪天候のミュンヘンの空港で飛行機事故のため主力選手8名とスタッフ3名が死亡、さらに多くの負傷者を出し、自身も一時は危篤状態に陥った。「ミュンヘンの悲劇」と呼ばれる、イギリス国民を悲嘆にくれさせた不幸な事故だった。バズビーは、生存者のボビー・チャールトンを中心としてチームの立て直しを図り、そこにデニス・ローが加わり、ベストが才能を開花させ、1964/65年、1966/67年の2シーズンにリーグ優勝、1968年には欧州カップ（現在のUEFAチャンピオンズ・リーグの前身）を初めて勝ち取り、ひとつの時代を築いた。

　ベストの主要なポジションは「ウィンガー」（左右どちらかのサイドに位置して、センターフォワードにセンタリングを上げるのを主な役目とするフォワード）で、稀代のドリブラーとして相手ディフェンダーを翻弄し、スピードと意外性にあふれるプレイによって観客を魅了した。欧州カップでエウセビオを擁するポルトガルのベンフィカを破って優勝した1968年にはバロンドール（欧州年間最優秀サッカー選手賞）とFWA（英国サッカー記者協会）年間最優秀選手賞をダブル受賞している。

　ベストが大ブレイクしたのは1966年3月、欧州カップ準々決勝、アウェイのベンフィカ戦で、勝利を導く2得点を挙げた試合がきっかけだった。このとき19歳。イギリス国内では一年前から名声を得ていたが、このベンフィカ戦をもって、ヨーロッパ中に名が知れわたる選手となったのである。翌朝、ポルトガルのスポーツ紙は、記事の見出しを「ベストという名前のエル・ビートル、ベンフィカを粉砕」とした。かくして、ジョージ・ベストには「エ

ル・ビートル」というニックネームが定着した（El Beatle の el はスペイン語の男性単数定冠詞。英語にするなら The Beatle となる）。ビートルズにあやかっての命名なのだが、イギリス起源のものがスペイン語から逆輸入される、という奇妙なことになった。リスボンでの衝撃がそれだけ強かったということなのである。

ベストはまさにビートルズの4人に加えて、「5人目のビートルズ〔フィフス・ビートル〕」として、サッカー界を超えて、サッカーそのものに特別関心がない少女たちにもポップスター並みにアイドル視される事態となった。いまでは珍しくないが、1960年代半ばにおいては、サッカー選手には前例のない特異な現象だったのである。

## 高収入と散財

1960年代のイギリスは「スウィングする60年代〔スウィンギング・シックスティーズ〕」と呼ばれる。この年代に、さまざまな法改正がなされ、社会的な規制が緩和された（第6章参照）。若者文化がひとつの頂点に達した時代であった。「性の解放」が典型だが、以前にくらべて社会的行動規範が緩やかになり、年長者の若者に対する態度が寛容になった、というか、寛容にならざるをえなくなった。そうした社会を表現する言葉として「寛容な社会〔パーミッシヴ・ソサエティ〕」というのがあり、「スウィングする60年代」はまさしくそうした社会の様相を帯びていた。これが「エル・ビートル」のブレイクした時代だった。

プロサッカー選手の労組であるPFAの運動によって選手の賃金の最高限度額〔マクシマム・ウェイジ〕を定める規定が廃止されたのは1961年になってのことだった。以前であれば、一流選手であっても労働者階級の平均賃金をそれほど上回らない賃金に抑えられていたのが、この撤廃によって、選手の待遇が一気に改善された（Harding）。1963年にプロ契約を結んだベストは、その恩恵に浴したほぼ最初の世代に属する。17歳でレギュラーとなったベストはその実力と人気によって程なくして高給取りとなった。加えて、当時はまだ珍しかった代理人〔エージェント〕と契約を結び、化粧品、紳士服、サッカー関連書籍、食品など、さまざまなCMに出演した。ブティックやナイトクラブの経営にも手を広げていった。

図1　全盛期のジョージ・ベスト（1946-2005年）。1966年11月5日、チェルシー対マンチェスター・ユナイテッド、ロンドン、スタンフォード・ブリッジにて。

これによって、ベストは膨大な副収入を得ることになった。しかし代理人はベストの所得の管理には関与せず、ベストは資産管理・運営のノウハウも知らず、次々と高級車を買い替えるなど、稼ぐそばから湯水のように散財していった。これも、現在の選手であれば、クラブからアドバイスを受けることであろう。引退後に金がほとんど残らず、むしろ借金がかさんで破産宣告を受けるようなこともなかっただろう。1960年代初頭に、給与体系ががらりと変わったばかりで、クラブ側もPFAも事態の急激な変化に対応できず、何も手を打つことができなかったのである。

## 3. 故郷の「ごたごた」

　ジョージ・ベストの現役時代は、北アイルランド紛争が泥沼化してゆく時期にあたった。1960年代後半に、北アイルランドでは少数派のカトリック系住民（当時は人口の約35％）による差別撤廃を目指す運動が過熱し、多数派のプロテスタント系住民との対立が深まった。その運動を支援し、南北アイルランドの統一を目標として掲げるIRAの過激分子のテロが次第に増え、それに対抗すべくプロテスタント系の準軍事組織であるアルスター防衛協会（UDA）もカトリック系住民を襲撃する。

　紛争は1968年に始まったとされる。1969年夏にデリーで起こった両派の抗争はベルファストにも広がり、北アイルランド警察（RUC）と英軍が介入。1972年1月にはデリーのボグサイド（カトリック居住区）でデモ行進中の非

武装の市民が英軍の無差別銃撃を受け、未成年者7名を含む14名が死亡、多数の負傷者が出た（「血の日曜日」）。英政府の汚点となる不祥事だった。1972年7月にはIRA暫定派（プロヴォ。統一アイルランド達成を支持するカトリック系「リパブリカン」の過激派）がベルファスト市内で連続爆破テロを引き起こし、9人が死亡、130人の負傷者を出す（「血の金曜日」）。

　この事件を契機に、英政府は2万人以上の軍隊を北アイルランドに派遣し、ストーモント（ベルファスト）の北アイルランド議会を廃止、イギリス政府による直接統治が始まった。だがイギリス政府の介入は裏目に出て、事態は悪化の一途をたどる。「ユニオニスト」（イギリスと北アイルランドの連合王国関係の継続を主張。プロテスタント系。そのうちの過激派が「ロイヤリスト」と称される）の立場から治安維持に努める英軍とRUC、UDA、またプロテスタント系の伝統的武装組織であるアルスター義勇軍（UVF）と、それに対して統一アイルランド達成を支持するカトリック系の「ナショナリスト」（またその過激派「リパブリカン」）であるIRA暫定派、アイルランド国民解放軍（INLA）といった組織が相互にテロ行為を繰り返し、それは北アイルランドに留まらず、アイルランド共和国およびブリテン島にも及び、この紛争による死者は3,000人を超えた。活動家のみならず、多くの一般市民が犠牲になった。

　1994年8月末にIRA暫定派が停戦を宣言、その後数度爆弾テロが再発したが、1996年以降和平交渉が進み、ブレア政権下の1998年4月、イギリス・アイルランド両首脳によって、北アイルランド和平の包括的な合意書が締結され（「ベルファスト合意」）、ストーモントに新議会が発足。ようやく「トラブル」は一応の終結を見た。

## 4. ベストの「ごたごた（トラブル）」

　ここで冒頭の殺害予告の件に話を戻す。ベストへの脅迫があった1971年は北アイルランド紛争が深刻化し、イギリス国内で爆破テロが頻発していた不穏な時代だった。1970年4月にベルファストで起こった暴動はプロテスタント派のオレンジ会の行進がきっかけだった。暴動は3日間続き、この際に英

軍は大量の催眠ガスをカトリック系住民に対して初めて使用している。

ベストは15歳でマンチェスターに移住したが、親族は生家でくらしていた。前述のように、ベスト家はプロテスタント系の自由長老派である。脅迫者が本当にIRAだったのか、真偽のほどは不明であるが、ベルファストでイアン・ペイズリーが党首を務めるユニオニストの民主統一党にベストが3,000ポンドの寄付をしたという噂がささやかれていた。それは事実無根であり、長じてからのベストは、この時期はもとより、終生、政治・宗教上の特定の立場への加担を表明したことはなく、中立の立場を貫いた。それでも、幼年期からオレンジ会の行進に参加していたベストがユニオニストを援助するという話を真に受ける人がいたのも無理はない。故郷の政治情勢の悪化に伴って、彼は否応なしに分断のトラブルに巻き込まれてしまったのである。

ニューカッスルの事件からまもなくして、地元新聞社に別の脅迫が来た。今度は1971年11月にベルファストで予定されていた国際試合（欧州選手権予選）の北アイルランド対スペイン戦を狙って、ベストが北アイルランド代表選手として出場したら「背中にナイフが突き刺さるだろう」という内容だった。ベストは出場を見合わせることにした。

このときベストは25歳。ふつうなら選手としてこれからピークにさしかかる年齢であるが、このときを境に調子を落とし、それが戻ることはもうなかった。結局、選手としての彼のピークは21歳、1967/68年シーズンでのマンチェスター・ユナイテッドの欧州カップ制覇のときだった。それはチームが最高潮に達した時期でもあり、ベストが下り坂になるのと軌を一にして、チームも落ち込んでいった。トミー・ドハティ監督との確執があり、1974年初頭にベストはユナイテッドのユニフォームを27歳で脱ぐ。そのシーズンにユナイテッドは22チーム中21位で、リーグ二部に降格となった。

1960年代末にベストのピッチ内外での不品行が目立ってきていた。スター選手として抜群の人気を保ち、注目されつつも（いや、それだからこそ）、ピッチ内では審判への侮辱行為やラフプレイ、ピッチ外では夜を徹しての飲酒（抑制がきかなくなったのは1969年からだったと後年回想している）、それに起因する練習の無断欠席、女性関係のスキャンダル、度々の交通違反などのスキャンダラスなニュースがタブロイド紙に書きたてられ（テレビやラジオでも

報道され)、素行の悪さが社会問題として論じられるほどだった。生活の乱脈、とりわけ飲酒癖が、彼の選手生命のみならず、命をも縮めた。

　平素のベストは、慎ましく、人当たりがよく、ファンサービスも極力果たし、記者の取材に対しても愛想よく、気の利いた返答をする（生来内気なほうだったので、そこはかなり無理をしていたと言える）。それが、酒が入ると人が変わり、攻撃的な態度になる傾向がつのってきた。

　ユナイテッド退団後、生活はさらに乱れる。米国サッカーリーグ時代（1976-81年）の1978年に結婚し、1981年には息子をもうけたが、数年で別れた（1995年に別の相手と再婚するが、2004年に別れている）。アルコール依存症に陥り、米国滞在中に入院した。しかし、禁酒を試みても長続きしなかった。それが結局彼の肝臓をむしばんでいく。2002年の肝臓移植手術もむなしく、2005年に59歳での早すぎた死を招くことになった。

## 5. マンチェスター（ユナイテッド）という異境

　1961年夏にマンチェスターで下宿ぐらしを始めたとき、ベストはまだ15歳だった。生まれて初めて親元を離れて単身海を渡りイングランドの大都市に移り住むというのは、ベルファストの少年にとって大きな試練だった（長ズボンを穿くことでさえこの旅が初めてだったのだという）。じっさい、最初のトライアウトのときには、ベルファスト訛の英語が周囲に通じないなど、カルチャー・ショックを受けて自信喪失し、一泊しただけで家に逃げ帰っている。直後にクラブ側が再テストを提示し、ベストが意を決して再挑戦をしなかったら、彼はベルファストで印刷工として生涯を送っていたはずで、ユナイテッドの栄光の歴史に彼の名が残ることはなかっただろう。いや、クラブの歴史の中身そのものが違うものになっていたはずだ。

　綿織物工業を主として、産業革命の一大中心地として19世紀にイギリス経済の発展を支えたマンチェスターは、イングランド北西部にある都市という地理的条件もあり、リヴァプールとならんで、アイルランド移民を多く抱えている。とりわけ、19世紀半ばの大飢饉（いわゆる「ジャガイモ飢饉」1845-49年）の際に、多くの移民があった。アイルランドの人びとは、祖国を後に

してさまざまな土地へと移り住む「国外離散(ディアスポラ)」を強いられたのであるが、そのなかでも、米国、カナダ、オーストラリアなど遠方の土地に向かう船賃さえも工面できない貧窮民の多くが、近場のイングランドの産業都市に流れ込んだのである。少年ベストが移住した頃のマンチェスターは人口60万人強、その一割強がアイルランド系。そしてその大半がカトリック教徒だった。

マンチェスター・ユナイテッドが1878年の創設以来、アイルランド（およびカトリック教徒）と深い縁があるのは、これと関わる。クラブの創設は1878年、鉄道労働者たちによってニュートン・ヒース・ランカシャー・アンド・ヨークシャーFCとして設立され、1902年に現在の名前になったのだが、この正式名称に決まる前に、「マンチェスター・セルティック」という名前も有力な候補となっていた。アイルランド（カトリック）系住人（大半が運河などで働く労働者）が一体感を覚えるクラブなのだった。グラスゴーのレインジャーズとセルティックの間柄のように歴然としてはいないが、マンチェスター・シティとユナイテッドの敵対意識の由来も、部分的にはこれで説明できる。ユナイテッドの本拠地のあるオールド・トラフォードという地名も、地元の有力者ド・トラフォード家というカトリック教徒の一族に由来する。

以上のような「アイルランド（カトリック）つながり」の文脈にジョージ・ベストを置くと、何が見えてくるだろう。

## サッカー選手の4つの型

チャズ・クリッチャーは、第二次世界大戦後の四半世紀にイングランドで活躍したサッカー選手を4分類している。①「伝統的な／地域に根ざした(ロケーティッド)」選手、②「過渡期の／流動的な」選手、③（支配的な文化制度に）「組み込まれ／ブルジョワ化した」選手、④「スーパースター／根っこを奪われた(ディスロケーティッド)」選手——この4つである（Critcher）。

①の「伝統的な／地域に根ざした」選手は、生まれ育った労働者階級のコミュニティに根づいて、労働者階級の伝統的な価値観に従い、かつそれを代表する、19世紀以来のサッカー選手像であり、スタンリー・マシューズやトム・フィニーらがその典型と言える。「ミュンヘンの悲劇」で21歳の若さで散ったダンカン・エドワーズなども、花形選手でありながら、自家用車など

持たず（持てず）、オールド・トラフォードへとファンと一緒に乗合バスに乗った。それがまた地元の労働者階級のファンにとっての親近感を高めた。

1961年、賃金の最高限度額の撤廃によって、プロサッカー選手の待遇が改善されたが、多くは労働者階級の文化的アイデンティティを保った。②の「過渡期の／流動的な」選手がこれにあたる。クリッチャーはこの類型の代表としてボビー・チャールトンを挙げ、彼を「労働者階級の紳士」と形容している。

③の「組み込まれ／ブルジョワ化した」選手は、1960年代後半にその存在が目立ってくる。テレビメディアの発達もあり（今日も続いているBBCテレビのサッカー番組『今日の試合(マッチ・オヴ・ザ・デイ)』は1964年に放送が始まった）、全国的に顔が知られるようになったスター選手は、自身のブルジョワ化の過程に強い自意識をもって参入してゆくことになった。アラン・ボール、ボビー・ムーア、ケヴィン・キーガン、トレヴァー・フランシスらがこの類型に入る。

④の「スーパースター／根っこを奪われた(ディスロケーテッド)」選手は、非凡な才能に恵まれながら、以上の変容から生じた「本来の持ち場の喪失(ディスロケーション)」に対処することができず、労働者階級の一員に留まる選択肢がないにもかかわらず、中流階級の生活様式に組み込まれることには抗おうとするスーパースターである。ロドニー・マーシュ、チャーリー・ジョージ、アラン・ハドソンらがこれに該当するが、他の誰よりもジョージ・ベストこそがこの類型にあてはまる。

## 根っこを奪われたスーパースター

最初のポップスター＝フットボーラーとして「スウィングする60年代」の寵児となったベストだったが、空間的にも、文化的にも、自身の本来の位置(ロケーション)から外れてしまい、その苦境と折り合いをつけることがついにできなかった。給与体系が変わって、人気選手が前例のない収入を得るようになったが、ベストは、膨大な富を扱うすべを知らなかった。彼はまた、スポーツでの成功を求めて家族や友人を故郷に残してきた、若い移民労働者の一人でもあった。さらに彼は、故郷ベルファストでの「アルスター・プロテスタント文化」からも切断されてしまった。この最後の点を重視するアラン・ベアナーは、ベスト本人が自伝などでさりげなく触れている以上に、アルスター

地方の長老派カルヴァン主義が彼の心身に沁み込んでいたと推測し、アルコール依存症による転落の要因がこれだったのではないかと示唆している。

　ベストの時代のマンチェスター・ユナイテッドは、とりわけカトリック色が濃いチームだった。チームメートの多くがそうであったばかりでなく、監督のバズビー自身が敬虔なカトリック信徒だった。スポーツの世界で「願掛け」というのはよくあり、日本のプロ野球界だと神社でお祓いをしてもらう光景がシーズン開始前の定番になっている。バズビー時代のユナイテッドの場合はカトリック教会がその役割を持った。1968年の欧州カップ決勝の前日など、合宿地にあるカトリック系の学校で特別のミサを開いて、それにチーム全員が参加している。アルスター・プロテスタントの少年にとって、この点ではよそよそしい環境であったにちがいない。

　もっとも、イングランド人の目から見るならば、ベストは、カトリック、プロテスタントという、故郷であれば決定的な相違は棚上げにされ、おなじ「アイリッシュ」の範疇にくくられた。イングランド社会のなかでのマイノリティという点では変わりがなかった。19世紀の「アイリッシュ・ディアスポラ」が受けた差別（「黒人と犬とアイリッシュはお断り」等）は20世紀後半にも残存し、ビートルズのメンバー（のうちの3人）と同様に、「5人目のビートルズ」もそれをこうむった。紛争勃発後、ベルファスト訛りがイングランド人の耳にはIRA過激派を連想させ、いっそうネガティヴな意味合いを持つようになってもいた。引退後の1984年にベストが懲役刑を受けた際のエピソードを例にとると、それは飲酒運転を摘発された事件に過ぎなかったのだが、マスコミの取材が過熱し、警官隊が出動して逮捕された際に、警官の一人に「このアイルランド野郎、おまえらはみんなクズだ」と罵られた。ベストはその警官に殴り掛かってしまった。飲酒運転に加えて、警官への暴行罪が加わって、懲役3ヶ月。服役中は当然ながら酒は飲めず、その点では体によかったが、出所後にふたたび破滅的な酒浸りとなる。

　この「根っこを奪われた」感覚をよく表現した歌曲に、ヴァン・モリソンの「かくも長き異境のくらし」（1993年）がある。モリソンは、ベストと同郷、ベルファストのアルスター・プロテスタントの家の出身で、ほぼ同年齢。1960年代から音楽活動を続けてきた。タイトルのフレーズが繰り返されるそ

の歌は、故国アイルランドを離れて「本島〈メインランド〉」に移住し、長期にわたって「エクサイル」の身になった同胞の苦境に思いを寄せ、「きみは故郷〈ふるさと〉には決してもどれない」と歌う。最後のくだりでは、「エクサイル」の孤独感（"Oh, that isolated feeling..."）に苛まれた同胞の名前が列挙される。その名前は5名——オスカー・ワイルド、ジェイムズ・ジョイス、サミュエル・ベケットという3人の文人。そして、モリソンの同世代の、アレックス・ヒギンズ（スヌーカーの元世界チャンピオン）と並んで、ベストの名前である。

　　かくも長き異境のくらし
　　ジョージ・ベストさながらに

　アイルランド島から「本島」に渡って栄光と挫折の両方を経験した「エクサイル」のヒーローに対する、同郷のミュージシャンの同情と共感の念が、この歌には込められている。

## 6. まとめあげる力

　ジョージ・ベストのサッカー選手としての原点は「ごたごた〈トラブル〉」以前の故郷でのストリート・サッカーにあった。1968年の欧州制覇をピークに、チームともども転落に向かいだした頃、故郷は様変わりしていた。ベストは1970年代初めのベルファストを、「通りがボールを蹴る子どもたちで満ちていたのは過去の話で、いまや街路は英国兵士と戦車で溢れかえっていた」と回想している。故郷の親族はこの「ごたごた」の影響を直接こうむった。すぐ下の妹（キャロル）は、敬虔なプロテスタントで聖歌隊に入っていたが、教会に行くのに催涙ガスのなかを走り抜けなければならなかった。紛争に巻き込まれて、ベストの従兄弟の一人は（おそらく英軍の）流れ弾で死んだ。もう一人の妹（バーバラ）は、「オレンジ会の畜生〈オレンジ・バスタード〉」と罵られ、空気銃で足を撃たれている。母親のアンは、おそらく心労からアルコール依存症となり、1978年秋に心不全で急逝する（Barbara Best）。その訃報をベストは米国で聞き、母親の不幸の原因を考えて、自分を責めた。その悲しみから逃れる手段が、

図2 ジョージ・ベストを描いたミュラル（壁画）、北アイルランド、ベルファスト。

酒であり、女であり、ギャンブルだった。悪循環でしかなかった。

　民族・宗派の分断が常態となっていた地で育ちながらも（いや、だからこそ）、ベストは折に触れて宗教上、思想上の非寛容に異を唱えている。自伝で彼はこう述べている。「信条と色合いが私にとって問題であったことは決してない。他人を傷つけないかぎりは、みながそれぞれに自分の信条に従えばいい。他人を傷つけるのは、どの宗教、どの教義を信じようが、まちがいなのだ」。政治的にも、北アイルランドのくらしを支配してきた分断に反対しつつも、どこかの党派に寄与することは避けてきた。IRAから殺害予告を受けるのはお門違いだったのである。

　ベアナーによれば、ベストは、ユナイテッドの選手として、また北アイルランド代表として、カトリック系住民とプロテスタント系住民の対立を止揚し、根深い確執や憎悪を超克するような、和解を促進する「エキュメニカル（ecumenical）」と形容できる重要な働きを及ぼしたのだという（Bairner）。じっさい、ベストは、サッカーの国代表に関して、北アイルランドとアイルランド共和国の合同（統一アイルランド）チーム結成をたびたび提唱している（ラグビーとちがって、サッカーでは双方に別々の協会がある）。

　たしかにベストは、（自己）破壊的な面を持ち、さまざまな問題行動を起こしたとはいえ、偏狭なセクト主義に陥らない、開かれた精神をその言動において（なによりもサッカーのパフォーマンスにおいて）体現していたと言えるだろう。いろいろあったにもかかわらず、結局ベストが多くの人びとに愛された（そしていまなお愛されている）所以はそこにあったように思われる。栄光のみならず、その挫折までもが、愛おしいものとして捉えられている。

　だからこそ、2005年12月3日、ベルファストのストーモント議事堂で執り行われた葬儀に際しては、愛すべき「身内」としてベストはカトリック系住民とプロテスタント系住民の双方から深く悼まれたのだった。それは北アイ

ルランド成立以来かつてない、国葬といって差し支えない盛大な葬儀となった。葬儀の冒頭で、式の司会を務めたエイノン・ホームズは、「政治と宗教の［分断の］問題を乗り越えることがなかなかできない国にあって、ジョージ・ベストは、私たちをひとつにまとめあげるために大いに力になってくれました。分かたれているよりも、一体になるほうが、大切なのだということを、私たちに気づかせてくれたのです」と述べて、故人を称えた。

　その葬儀の3日前、オールド・トラフォードでのマンチェスター・ユナイテッド対ウェスト・ブロミッジ・アルビオンの試合の開始前に追悼式が行われた際、観客席からはベストの応援歌が自然発生的に響いた。ビートルズの「イエロー・サブマリン」（ベストが「エル・ビートル」となった1966年の曲）の替え歌である。歌詞は単純で、「1番はジョージ・ベスト、2番はジョージ・ベスト、3番は……」と続き、サビの部分はこうなる。

　おれたちはみんな、ジョージ・ベストの世界に生きている
　We all live in a George Best world, a George Best world, a George Best world...

　1986年に監督に就任したアレックス・ファーガソンのもと、1998/99年シーズンに「トリプル」（プレミアリーグ、FAカップ、UEFAカップの三大タイトル獲得）という偉業を果たしたマンチェスター・ユナイテッドは、バズビー時代以来の新たな黄金時代を迎え、世界有数のビッグクラブとして今日に至っている。ところが、いまをときめくスター・プレイヤーたちがピッチ上にひしめいているにもかかわらず、いまでも根っからのユナイテッド・ファンは、試合中にこれを歌いだすのである。

　　　　　　　　　　　　　　　　　　　　　　　　　（川端　康雄）

## 推薦図書

川端康雄『ジョージ・ベストがいた──マンチェスター・ユナイテッドの伝説』平凡社、2010年。
佐藤亨『異邦のふるさと「アイルランド」──国境を越えて』新評論、2005年。
ダグラス・ビーティ『英国のダービー・マッチ』実川元子訳、白水社、2009年。

*Column*
## 風が吹くとき、人びとが動くとき

田舎町で、引退後の生活をおくる初老の夫婦ジェイムズとヒルダ。二人の生活は、いつも穏やかな風に包まれている。

ところがある日、核戦争が数日以内に始まるとラジオが告げる。あわてたジェイムズは、核シェルターを作り始める。そしてついに、いつもとは違う「風が吹くとき」がやってくる……。

正直なところ、『風が吹くとき』（レイモンド・ブリッグズ原作）は、見るのがかなり辛いアニメーション作品である。

アニメーション『風が吹くとき』(1986年) 日本版DVD

冒頭の約30分間が、私たちの悲しみをどうしようもないほどに膨らませる。イングランドの美しい田舎町（サセックス地方）でのいとおしい暮らしぶり。ジェイムズは、政府や州のパンフレット（1980年代に実際に公開されていた）をもとに、外したドアを使って家庭用の簡易シェルターを作ったり、核爆発に備えて窓にペンキを塗ったりする。しかしヒルダは、「ドアがないと風通しがいいわ」、「カーテンを外してから塗って」と、冗談を交えて応じるのだ。二人が作り上げてきた、平凡かもしれないがとても大切な生活が、丁寧に描かれてゆく。

これが核ミサイルによって破壊される。どこに希望があるというのだろうか。私事めくが、1987年の日本公開時、中学生だった私は、あまりに怖くて見ることすらできなかった。

しかし、当時の私には分からなかったことがある。それは、イギリスの1980年代における核・原子力をめぐる運動の「厚み」だ。1979年のアメリカ・スリーマイル島原子力発電所（ニュークリアー・パワー・プラント）事故をひとつの契機として、イギリスでは反核運動（アンタイ・ニュークリアー・ムーヴメント）が大規模なものとなり、バークシャーにあるグリーナム・コモン基地の核ミサイル配備への抗議行動が激しいものとなる（Liddington; Harford and Hopkins）。

こうした出来事と結びつけてみると、『風が吹くとき』への見方が変わることだろう。それは、たんに恐怖をあおる作品ではなくなる。核兵器による悲劇を防ぐことは可能だ。こういうメッセージを、このアニメーションは（またその原作も）携えていたのだった。

タイトルはマザー・グースの子守唄に由来するが、ジェイムズもヒルダもマザー・グースによく出てくるようなごくふつうの人物である。グリーナム・コモン基地を「人間の鎖」で包囲した数万の女性たちも、ごくふつうの人びとだったことだろう。ふつうの人びとが犠牲になる悲劇を、ふつうの人びとが防ぎうる——こうした感情が1980年代のイギリスで静かに脈打っていたことを、さらには、その意味を、私たちは『風が吹くとき』から学べるのかもしれない。

（大貫 隆史）

## 第8章

## スクール・オヴ・パンク

### ――パンク・サブカルチャー再考

## はじめに――パンクとそのイメージ

　まず、1枚の写真をご覧いただこう（図1）。おそらく多くの人が「パンク」と聞いて思いつくのはこういったイメージではないだろうか。

　これは、1977年、エリザベス2世の在位25周年記念式典（Silver Jubilee）に合わせてリリースされたセックス・ピストルズのシングル「ゴッド・セイヴ・ザ・クイーン」のジャケットである。このジャケットは、パンク美学の象徴的な作品として知られている。写真家セシル・ビートンによるエリザベス2世の公式肖像写真を下地に新聞の切り抜きを貼った、ジェイミー・リードの作品である。コラージュが断片を繋ぎ合わせて形や意味を作っていくのに対し、断片を繋ぐことで形を壊し、意味をなくしたりずらしたりする「デコラージュ」と呼ばれる現代美術の手法が使われており、20世紀初頭のダダを思わせる。Tシャツ等のデザインに使用され、少なくともある世代には馴染みが深いだろう。

　では、もう1枚の写真をご覧いただこう（図2）。

図1　セックス・ピストルズのシングル「ゴッド・セイヴ・ザ・クイーン」（1977年）のジャケット

**図2** Xレイ・スペックスのアルバム『ジャームフリー・アドレセンツ』(1978年) のジャケット

「パンク」という言葉を聞いて、すぐにこれを思い浮かべる人はイギリスでも多くない。Xレイ・スペックスという当時を代表するパンク・バンドのデビュー・アルバム『ジャームフリー・アドレセンツ』(1978年) のジャケットである。試験管のなかの女性たちは、タイトル(「無菌少年少女」) から連想されるような清楚な印象も与えなければ、セディショナリーズの頃のヴィヴィアン・ウエストウッドに代表される典型的なパンク・ファッションに身を包んでいるわけでもない。ひときわ目立つのは真ん中のアフリカ系 (正確にはソマリ系) の女性である。パンクと黒人女性はあまり結びつけられない。多くの人にとってこれがパンク・アルバムのジャケットであることすらわからないだろう。

本章では、この2つの画像を出発点にして、パンクというサブカルチャーがイギリス文化史に果たした意義を検討する。1枚目の写真は反体制的で前衛的である。このイメージに呼応する「反抗」のイヴェント化、そして前衛芸術の大衆化という2つの文脈でパンクを掘り下げてみよう。2枚目の写真はふだんパンクと結びつけられない「黒さ」がある。ここに注目することで、先程の文脈では捉えきれないイギリス文化史の側面にも焦点を当てたい。

## 1.「反抗」というイヴェント

パンクとは「反抗」を素材にした商品であり、イヴェントである。本邦の音楽誌の特集記事でも、海外で制作されたドキュメンタリーでも、パンクを生み出した背景としての「労働者階級の若者たちの閉塞する社会への反抗」はよく強調される。一方で、マルコム・マクラレン (後述) がそれを「商品化」したのもたしかだ。では、なぜ「反抗」が「商品」となり、一時的に皆がそれに熱狂したのだろう？

1970年代、労働者階級の憤懣は間違いなくあった。第二次世界大戦後、労働党政権主導で「ゆりかごから墓場まで」の社会福祉政策の充実や基幹産業の国有化が進められたが、国営企業の設備投資減に伴う資本・技術の海外流出、最大80％を超えた高率の所得税累進課税による勤労意欲の低下、1973年の第一次オイルショックによる物価上昇もあいまって国家経済は疲弊し、「英国病」と呼ばれるようになった。1976年には国際通貨基金（IMF）の援助を受けるにいたる。公営住宅の衛生環境はひどく、後にセックス・ピストルズのヴォーカル「ジョニー・ロットン」となるジョン・ライドンは、幼少期におそらくネズミ経由で髄膜炎に感染している（Lydon）。

　一方で別の理由から、階級を問わずある種の憤懣があったのも事実である。前の時代と異なり、既成の社会通念や価値観にとらわれず自己を表現したいと思う若年層の受け皿がなかった。以下、図3（次頁）を適宜参照しながら話を進めていく。ロックの主流は難解になって広い大衆の関心や趣味と乖離するようになった。かつてはヴェスパ（108頁参照）に乗ってイタリア製のスーツでめかしこんでいた「モッズ」の生き残りはスキンヘッドの暴徒と化し、一方でラスタファリ運動（後述）は黒人色が強すぎた（Hebdige）。1950年代後半から活発であった核兵器廃絶運動（CND）も1962年のキューバ危機以降求心力をなくした。イギリス国民戦線（ナショナル・フロント）など極右勢力が台頭したが、彼らも若者に打開策を提示することはなかった。

## イヴェントの仕掛け人マルコム・マクラレン

　そこへ現れたのがマルコム・マクラレンである。彼はフランスの状況主義とニューヨーク・パンクの要素をうまくイギリスになじませ、ヴィヴィアン・ウエストウッドとセックス・ピストルズという魅力的な商品を提供した。

　マクラレンの状況主義との出会いは1960年代後半である。彼はクロイドン・アートスクール（前述のジェイミー・リードも卒業生）で、多くの学生と同じようにフルクサスなど現代美術に傾倒し、状況主義インターナショナルの活動に関心を持つようになる。状況主義は芸術的・政治的前衛を目指す運動で、1968年のパリ五月革命でも中心的役割を果たした。ルーツは20世紀初頭のシュルレアリスムやダダにあり、都市生活に新たな意味を与え、本来の

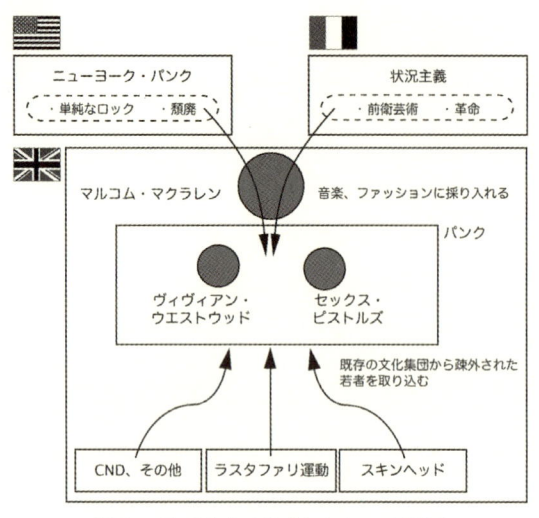

図3　パンクと他のサブカルチャー相関図

意味をずらすような「状況」を作り出すことを目的としていたが、次第に芸術表現の追求よりもマルクス主義的な政治理念の実現に力点を移していく。状況主義の団体はイギリスでも結成され、マクラレンはそのひとつキング・モブに加わったとされる（Savage; Mulvagh）。大事なのは彼が実際に関わったかどうかではなく、むしろ10年後に彼らのヴォキャブラリーをファッションやバンドのプロモーションに転用したという事実であろう。

　マクラレンはほどなくニューヨーク・パンクとも出会う。1960年代半ば、郊外の小学校教師だったヴィヴィアン・ウエストウッドは仕事を辞め、マクラレンとともに働くようになる。音楽とファッションを連動させた運動の第一歩として、彼らは1971年、ロンドンのキングズ・ロードにブティック「レット・イット・ロック」を開く。翌年、マクラレンはニューヨーク・パンクの代表的バンド、ニューヨーク・ドールズを「発見」し、その頽廃的で奇抜なファッションに魅了される。彼はイギリスの若年層の憤懣や空虚感を満たすよう、より挑発的な表現に修正しながら輸入することになる。

　ニューヨーク・パンクはマンハッタンのクラブCBGBなどで生まれたロックを指す言葉だが、大きく分けて2つの異なる方向性を持っていた。まず、パティ・スミスに代表されるアート・パンク。スミスはフランス象徴派の詩人ランボーに憧れる詩人としての顔も持つ。もうひとつが、ラモーンズに代表されるパンク・ロック。キャッチーなメロディと簡単な歌詞、3種類程度のコードをダウンストロークの8ビートのみで弾くという単純な曲構成が特徴で、DIY（Do It Yourself＝自分でやってみよう）精神を具現したとも言える。

両者の中間的存在がリチャード・ヘルである。詩人ロートレアモンにインスピレーションを受けた知的な側面を持ちつつも、短い髪を逆立て、破れた服に安全ピンというファッション、そして酔っぱらいのような独特の歌唱スタイルは、まさにごろつき(パンク)のイメージそのものであった。

　マクラレンはこのサブカルチャーを前の時代の状況主義と織り交ぜながら、1970年代のイギリスに合うよう転用する。既成の概念を覆すような新しい何かを求めていた彼らに、マクラレンはまずニューヨーク・ドールズの持つ頽廃を、ダダのような先鋭的なスタイルで提供した。1974年にブティック名を「セックス」に変え、肝心の部分に穴を開けたボンデージ衣装を普段着として販売する。「隠す」「美しく見せる」といった衣服本来の目的は完全に転倒させられる。さまざまなサブカルチャーの特徴的な記号を寄せ集めたファッションは、その新奇さと危険な雰囲気で若年層の支持を得た。

　マクラレンは、アメリカのヒッピーではなくフランスの状況主義のヴォキャブラリーを「革命」や「反抗」の記号として用いるようになる。ほどなく彼はジョン・ライドンらのバンドのマネジメントを手がけるようになり、1975年にセックス・ピストルズが活動を開始。特にリチャード・ヘルの歌唱スタイルとファッションを意識的に採り入れる。1976年にウエストウッドは、マルクスの肖像をポケットにあしらい、スペイン内戦で活躍したアナーキスト、ドゥルッティの言葉の英訳"We are not in the least afraid of ruins"（残骸など少しも恐くない）を胸元にプリントした服を売り出し、ブティックの名前を「扇動家(セディショナリーズ)」に変える（Mulvagh）。同年11月、この自作自演の「アナーキー」ブームに乗ってセックス・ピストルズは挑発的なシングル「アナーキー・イン・ザ・UK」をリリースする。77年にはイギリス国歌と同題のシングル「ゴッド・セイヴ・ザ・クイーン」が世に出る。この曲は放送禁止になると同時に全英チャートの1位となる。

## イヴェントの閉幕

　いかにも労働者階級らしい若者がちぐはぐな服を着て、真剣な政治運動のヴォキャブラリーがちりばめられた歌を不真面目に歌うことで、パンクは2つの階級に異なるアピールをした。労働者階級には声を与え、既成の価値観

にとらわれたくない中流階級の若者には新時代の象徴に見えた。パンクが異なる関心を持つ2つの階級の出会いによって生まれた「階層化されたサブカルチャー」だとされたのは、この意味で正しい（Muncie）。セックス・ピストルズのファンには、スージー・スーやアリ・アップのように中流階級出身者もいた。そもそもこの時期にパンク・ロックに携わったミュージシャンで労働者階級と言えるのは50％強に過ぎず、ロックが中流化したと批判される1960年代後半の数値と大差ない（David Laing）。中流階級の若者は、自身の政治的立場や美学を表現するのにパンクを選ぶようになったのだ。

　1978年にセックス・ピストルズが米ツアー中にメンバーの確執等で解散、シド・ヴィシャスが交際女性の刺殺容疑で逮捕されたうえ、薬物の大量摂取で死亡、流行は一気に終息に向かう。ブームを超えて生き残ったバンドは、1976-78年のパンクという枠組みには収まりきれなかった。たとえばクラッシュには音楽的な深化があっただけでなく、ヴォーカルのジョー・ストラマーの持つリベラル左派的な思想がバンドの方向性を決定づけた。労働者、弱者の味方を生涯貫いたジョー・ストラマーが外交官の息子であったのに対し、シャム69のメンバーは正真正銘の労働者階級で、サッカー応援歌（フットボール・チャント）のスタイルを導入し、「オイ」と呼ばれるサブカルチャーを形成した。芸術とは無縁の白人優位主義団体やフーリガンとの関わりを深めていく者もいた。

　セックス・ピストルズ、そしてパンクとは、マクラレンの仕掛けた「状況」であった。彼なりの「革命」が商品となり、社会現象となったのは、経済的状況から生まれた労働者階級の憤懣と、若年層にアピールする魅力的なサブカルチャーの不在という環境があったからであろう。

## 2. アートスクール・ボヘミアニズム

　パンクは、前衛芸術の大衆化をも物語っている。ここで大きな役割を果たしているのがイギリスのアートスクールである。パンクというサブカルチャーを支えた人びとの多くがアートスクール出身であり、1960年代に彼らに広まった芸術形態がパンクによってさらに大衆化されたとも言える。

　まず、イギリスにおけるアートスクールが、階級や出自の異なる若者がモ

ラトリアムを満喫する場であったことを確認しておこう。前節で触れたように、パンクの発起人マルコム・マクラレンはアートスクールの出身である。パンクはストリートではなくアートスクールで生まれた運動であり、アートスクールのボヘミアニズムの究極の形であった（Frith and Horne）。そもそもイギリスのアートスクールは、19世紀にアーツ・アンド・クラフツ運動の一環として設立された産業デザイン学校にルーツを持つ継続教育機関と、英国王立美術院のような高等教育機関の2つの顔を持つ。この職業訓練校的な側面ゆえに、多くのアートスクールでは教育内容も現代美術やデザインが中心となり、入学の敷居は低かった。1950-60年代には高等教育進学率向上を政府が推進したこともあり、成績にかかわらず進学が可能であった。1962年に始まった給与奨学制度はこの傾向に拍車をかける。地域によっては、失業手当よりも高額の奨学金が給付されたのである。労働者階級の若者が多く入学することとなり、異なる階級の若者文化がここに融合する。

　冒頭の写真（図1）に見られるようなパンクと現代美術との親和性は、そうした出自による。当時のアートスクールでは状況主義やポップアートがもてはやされていたが、これらはそもそも20世紀初頭のダダの系譜にある芸術運動である。図2のXレイ・スペックス（後述）の「私は気取り屋」（1978年）に「反芸術が始まりだった」（Anti-art was the start）という有名なフレーズがあるが、ここにはダダが標榜したスローガンの反響が見られる（Marcus）。ジェイミー・リードのジャケットやポスターで特徴的な、異なる活字体の文字を貼り合わせたコラージュは、ダダ展のポスターでよく用いられたものである。彼は1974年に状況主義者のポスターを含む状況主義の紹介本の出版に携わっており、状況主義者の多くがダダの影響を受けていたことから、ダダをイギリス的文脈に置き換える役割を果たしたと言ってもあながち間違いではない（Walker）。前衛芸術の一部、とりわけダダには、モダニズム期のエリート主義と根本的に相容れない反芸術的・反権威的側面があり、ポストモダニズムへの発展の可能性を胚胎していたと言われる（Calinescu; cf. Pogioli）。ダダは既存の事物を加工することで意味をなくしたりすり替えたりするといった手法をもたらしたため、誰もが作者になりやすくなった。ダダのようなアヴァンギャルドを大衆化させたのが、アートスクール出身者の

仕掛けたパンクだと言えよう。

## 3. 軽薄さの美学

### パンク時代のヴィヴィアン・ウエストウッド

　パンクはパロディであるため、オリジナルのアヴァンギャルドと比べると自意識的で、軽薄である。ヘブディッジはイギリスのサブカルチャーを「記号論的ゲリラ戦争」と呼んだ。この「戦争」とは、労働者階級が上層階級の価値観に異議を申し立てるというものではない。サブカルチャーは、その構成員が手に入れられるものを用いながら、彼らの目的に合致させるためその本来の意味から逸脱して使用すること（レヴィ＝ストロースの言う「ブリコラージュ」）により、その意味生成のシステムに反逆を企てる——しかもその実践者たちはそのことをふつう意識さえしていない。ところが、パンクは自分たちのパロディ行為を自覚しているという意味で、たとえばテディボーイより圧倒的に自意識的である。また、CNDのようなイデオロギーを持たないという意味でとても軽薄である。ヴィヴィアン・ウエストウッドやスージー・スーの鍵十字（スワスティカ）の使用がその好例だろう。スワスティカがナチスのシンボルであったことは知っているし、それを親ナチスでも反ナチスでもなく使用することで意味生成のシステムに反逆していることも知っている。しかし、スワスティカという記号をナチスという意味内容から解放しようなどと気色ばんでいるわけではない。単なる挑発であり、そこには組織的な抵抗もなければ、体制への怒りも社会変革の理念もない。

　アヴァンギャルドはしばしば「否定」（特に過去の否定）を標榜し、それがしばしば政治理念とも結びついているが、パンクの「否定」は表面的なものに留まっている。パンク・ファッションの代表的なアイテムに"destroy"（破壊せよ）と書かれたTシャツがあるが、この動詞に目的語はない。何か新しい秩序や価値観のための破壊を促しているわけではなく、そもそも破壊の対象さえ特定しない。破壊という否定の身振りが重要なのだ。

　一般的に「アヴァンギャルド」と呼ばれる3つのスタイルを比較してみよう（図4、図5、図6）。図4は、最近ではアレグザンダー・マックイーンが

第 8 章　スクール・オヴ・パンク　　161

図4　『アエリータ』衣装 　　図5　パンク 　　図6　ハリス・ツイード

　2008年秋のコレクションでオマージュを捧げたことでも知られるロシア・アヴァンギャルドのSF映画『アエリータ』(1924年)の女王アエリータの衣装であり、図5はヴィヴィアン・ウエストウッドのパンクの衣装である。アエリータの衣装は非装飾的な幾何学模様中心のデザインで伝統的な装飾と生物的な曲線を否定しているが、幾何学性や機能性こそ人文主義的伝統に代わるものだというイデオロギーを間接的に表現してもいる。パンク・ファッションもまた、否定に満ちている。短髪は女性性の否定である。ストレートジャケットをモデルにしたデザインは、ドレスアップの概念とストレートジャケットの機能の双方を無効にしてしまう。そこにタータンを用いることで、王室の権威を否定している。タータンはスコットランドのものであったが、ヴィクトリア女王以降、王室、貴族、軍隊の衣装に採り入れられてきたため、20世紀前半には権威の象徴となっていた（Stacy; Banks and de la Chapelle)。これらが合わさって何か政治的なメッセージを持つわけではない。むしろ、ここにあるのはさまざまな記号の意味を否定する楽しみである。マクラレンと縁を切って以降のウエストウッドと比べてもその差は歴然としている。現在彼女のトレードマークとなっている「オーブとサテライト」を初めて使用したコレクション「ハリス・ツイード」のときのデザイン（Mulvagh）を見ると、伝統的なフォルムの否定はあくまで伝統的な女性性を表現するための手段に過ぎない（図6）。ウエストウッドのファッションで「挑発的」とされる「否定」の素振りは、パンク時代においてのみ「否定のための否定」だったのであり（成実）、そこにこそパンクの本質的な軽薄さがある。

## 「さらばベルリンの陽」

　このような「否定」の身振りの寄せ集めは、パンクの楽曲にも見られる。たとえば、セックス・ピストルズの「アナーキー・イン・ザ・UK」や「ゴッド・セイヴ・ザ・クイーン」には攻撃的な言葉が並ぶが、それらが明確な政治的メッセージとして焦点を結ぶことはない。前者がアナーキズムを、後者が王政廃止を標榜していないことは明らかである。そういった政治的な姿勢を持つことすら否定している。

　より複雑な歌詞を持つ「さらばベルリンの陽」は、挑発的で擬似政治的スローガンのコラージュである（Savage）。"Holidays in the Sun"（陽の当たる休日）という原題を持つこの曲は、ジョン・ライドンが "A cheap holiday in other people's misery"（他人の不幸を尻目に安っぽい休日）とロンドンの労働者階級訛りで、しかも文末に "-a" をつける独特の発音で、やじるように叫ぶところから始まる。この言葉は五月革命時の落書きからの引用である。もともと革命の間にカリブ諸島のツアーを組んで休日を満喫する中流階級を皮肉ったもので、状況主義者のスローガンにもなった。しばらく聴いていると、どうやらこの曲の「俺」は「ベルリンの壁で待っている理由がある」らしい。お互いが壁から向こうをうかがう様子、壁の東側（あるいは西側？）にある閉所恐怖症にパラノイアといった冷戦時代を特徴づける言葉が並ぶ。そして、最後のサビを終えると、ライドンはメロディを無視して叫ぶように歌う（何通りかヴァージョンがあるが、アルバム『勝手にしやがれ』収録版を使用する）。

| | |
|---|---|
| I got to go over the wall | 俺はベルリンの壁を越えるんだ |
| I don't understand this bit at all | ここがさっぱりわかんねえ |
| This third-rate B movie show | この三流のB級映画 |
| Cheap dialogue, cheap essential scenery | チープなせりふ、チープな舞台セット |
| I got to go over the wall | 壁を越えるんだ |
| I wanna go over the Berlin Wall | ベルリンの壁を越えたい |
| Before they come over the Berlin Wall | あいつらがこっちに来る前にな |
| I don't understand this bit at all | ここがさっぱりわかんねえ（拙訳） |

1行目はこれまでのとおり「西側」の社会に対する挑発的なメッセージを込めているように見えるが、そこから後はいくつもの解釈ができるようになっている。当時のジョン・ライドンの立場を考えると、セックス・ピストルズの「成功」の茶番に気づき、逃げるようにしてベルリンに行った時期であるから、「ここがさっぱりわかんねえ」や「この三流のB級映画」はマクラレンによって仕組まれた「パンク・ロッカー」を演じる生活への恨みを歌ったものなのかもしれない。

　だが、このような伝記的解釈を避け、純粋に歌だけを聴くともっと複雑である。「ここがさっぱりわかんねえ」というコメントが自分の行動について語っているのか、それとも歌っている歌詞についてのコメントなのかも判然としない（したがって、「この三流のB級映画」がベルリンで待つ「俺」の状況のことを言っているのか、わからぬ歌を歌わされている歌手の状況なのかも判然としない）。この曲では、こういった「俺」の「コメント」のようなものが、確認できるだけで4回も挿入されている。そうすると、この曲には歌手がいま理解できない（ひょっとしたら他の誰かが書いた）歌詞とそれに対する歌手のコメントが混在していることになる。まるで誰がいつ何を貼ったのかわからないコラージュのようだ。この箇所がジョン・ライドンの恨みであったにせよ、それはポストモダン的なコラージュとして表現されてしまっている。

　パンクの美学は、アヴァンギャルドのポストモダン的なパロディである。伝統への批評、自意識的なパロディ、軽薄な身振り、作者の権威の否定などは、いかにもポストモダン的である。こういった解釈にも批判がある。パンクの「アーティスト」の射程は大衆娯楽の枠内、消費社会の制度内に留まっており、しばしば稚拙である。それを「大衆が生んだ」という理由だけで礼賛してしまうのは、リベラル左派的イデオロギーの確認に過ぎないという批判もある（cf. Garnett）。たしかに、パンクの音楽的意義やその歌詞の文学的意義はきわめて限られたものである。しかし、パンクをアートスクールで起きた文化的現象――そのなかにはアヴァンギャルドの大衆化も含む――として捉えるのは、イギリス文化史を考えるうえで意義深い。1980年代に生まれた「ポストパンク」（「ゴス」などを含む）と呼ばれるサブカルチャーは、「労働者階級の憤懣」とはほぼ無縁の「アート系」のものだった。パンクがなけ

れば1990年代のヤング・ブリティッシュ・アーティストたち（YBA）はあり得なかっただろう（Garnett）し、基本的にヨーロッパ大陸の文化であるダダや状況主義の残滓がイギリスのポップカルチャーに認められる（たとえば2000年代の「ポストパンク・リヴァイヴァル」を代表するバンド、フランツ・フェルディナンドのアルバム・ジャケット）のも、パンクのおかげなのである。

## 4. パンクの「黒さ」

　パンクについてしばしば軽視されがちなのが、その「黒さ」である。パンクの代表的バンドとして記憶されているのは白人男性が圧倒的に多く、黒人、ましてや黒人女性が挙げられることはほとんどない。この章の冒頭で見た写真（図2）を「パンク」と結びつけられないのも、そういった定式に影響されているからかもしれない。パンクについての説明が白人男性に偏りがちなので、本章ではバランスを取るためにも、パンクの「黒さ」というもうひとつの歴史を提示してみたい。
　1980年代以降のオイや白人至上主義バンドの台頭によって「白い」サブカルチャーだと思われがちなパンクであるが、もともとイギリスでサブカルチャーとして成立していたラスタファリ運動へと切り離せないものだった。
　ラスタファリ運動は、1930年代イギリス植民地ジャマイカで起こった宗教的・政治的運動。不世出のレゲエ・ミュージシャン、ボブ・マーレーが広めたことで、世界的に認知されるようになった。キリスト教をベースにし、絶対神ジャーがイエス・キリストとなって現れたといった教義を持つ。後に、エチオピア最後の皇帝ハイレ・セラシエをイエスの生まれ変わりとしてあがめ、アフリカ回帰を目指すなど政治的色合いを強くしていく。ボブ・マーレーは「ウォー」（1976年）でハイレ・セラシエの演説を歌詞に入れている。
　1970年代のイギリスにおいては、ラスタファリ運動の持つ、こういった「反抗」の側面が支持を得た。クラッシュは「白い暴動」（1977年）で、黒人たちのように白人労働者階級も立ち上がって反抗せよと煽り立てる。リチャード・ヘルのスタイルが受け入れられやすかったのも、髪を立てるヘアスタイルがイギリスの黒人サブカルチャーにあったからだし、安全ピンもウエス

第8章　スクール・オヴ・パンク　165

トウッドが「アフリカの文化」から流用したものである（Wilcox）。レゲエやスカのレコードや衣装に使われる色調が好まれ、クラッシュやスリッツといったバンドはキャッチフレーズや音楽スタイルにもレゲエを積極的に採り入れていた（Hebdige）。音楽的にパンクとレゲエは相容れない部分も多いが、クラッシュはアルバム『ロンドン・コーリング』（1978年）で見事にそれを融合させている（たとえば、「ブリクストンの銃」、「ロンドン・コーリング」のベースラインなど）。スリッツのヴォーカル、アリ・アップはジャマイカに移住したくらいである。状況主義やニューヨーク・パンクがなければマルコム・マクラレンがパンクを仕掛けることもなかっただろうが、一方でレゲエやラスタファリ運動がなければその仕掛けに応じる若者たちはいなかっただろう。パンクは見かけ以上に「黒い」サブカルチャーなのだ。

「ユニオン・ジャックに黒はない」？

　事実、黒人のパンク・ロッカーはいた。冒頭に挙げたXレイ・スペックスのポリー・スタイリーンである。食品容器の材料ポリスチレン（polystyrene）と英語で同じ発音になる芸名（Poly Styrene）をつけたこの歌手は、ソマリ系の父と白人の母親に生まれたイギリス人である。アーティストとして大きな影響を残したわけではない。しかし、「黒人」「女性」という二重に周縁化された存在であった彼女が、現在の目で見るとパンクの美学を徹底しながら同時にパンクを批判するような作品を残していたことは、注目に値する。

　ポリー・スタイリーンという存在は、パンク美学の究極であると同時に批判でもあった。彼女は消費社会にノーを突きつける。「世界がデイグロに変わった日」（1978年）や「アーティフィシャル」（1978年）など、ほとんどの曲には消費社会を批判した言葉がちりばめられている。代表曲「オー、ボンデージ！　アップ・ユアーズ」（1977年）などは、扇情的なパンクの戦略と反芸術的な美学がうまく融合している。イントロで「女の子は見られてもいいけど、聴かれるのはみっともないと思う人もいる。でも、私は思うの……」としゃべりだしたかと思うと、いきなり「縛って、括って、壁に鎖で繋いでちょうだい／私はみんなの奴隷になりたいの」と叫び出す。男性と女

性の関係をSMに見立てているのかと思えば、「チェーン・ストア、チェーン・スモーキング、みんな消費しちゃうわ」と2番が始まると一気に消費社会批判となる。これらは無責任なキャッチフレーズのコラージュかもしれないが、性差別と消費社会とSMが明確に結びつけられることで、セックス・ピストルズよりも焦点がはっきりする。女性であるポリー・スタイリーンが自ら「縛って」と歌うことで、プロテスト・ソングにはないシニカルな視点が生まれる。これが「私は気取り屋」になると、消費社会の文化であるパンクに対する自己批判とも捉えられかねない作品になる。

| | |
|---|---|
| I am a poseur and I don't care | 私は気取り屋だけど、気にしない |
| I like to make people stare... | 他人に睨まれるのが好き…… |
| Anti-art was the start | 反芸術が始まりだった |
| Establishments like a laugh | お偉方は笑うのが好き |
| Yes we're very entertaining | そうよ、私たちはおもしろいのよ |
| Overtones can be betraying | 口ぶりでわかってしまう（拙訳） |

サビの部分（この曲はサビで始まる）はまさにパンクの本質を突いている。それだけではない。3番になると、パンクの反芸術がエンターテイメントとして消費されていく様子も窺える。消費社会批判が自分にも跳ね返ってきているのだ。「アイデンティティ」(1978年)は自傷するファンの女性に捧げた歌だが、スターのイメージを嫌って自己批判し、コンサート当日に丸坊主にして出てきたポリー・スタイリーン自身が投影されているとも言えよう(Savage)。このような自己批判は、白人男性が優勢なサブカルチャーを意識的に選んだ彼女だからこそできたのかもしれない。

Xレイ・スペックスのパンク批判は音楽にも現れている。パンクはシンプルなギター・サウンド中心のロックであることが多いが、彼女たちはシンプルなロックの曲調をほとんど変えずに、それまで主にジャズ、ファンク、スカなどで用いられてきたサックスを前面に出したのである。そのうえ、ポリー・スタイリーンは、従来ソウルで用いられてきたファルセットを多用する。このように一般的なパンク・ファンやロック・ファンに違和感を生じさせて

しまうと、観客は目の前にいる彼女たちとその音楽の異質さを意識せずにいられなくなる。もはや「普通のパンク」としては聴けない。クラッシュは自ら楽曲の幅を広げていき、「ブリクストンの銃」などでレゲエとロックをうまく融合させたが、Xレイ・スペックスはパンクの美学を徹底し、異なるジャンルをコラージュさながら貼り付けたため、パンクに内在する「黒さへの憧れ」がはからずも露呈してしまっているとさえ言える。

　ラスタファリ運動へのアンビヴァレンスに始まったパンクは、ひとりの黒人アーティストを生んだものの、後続がなかった。パンクという現象自体が短命であったことに加え、「黒さへの憧れ」が別のところで満たされていったからであろう。レゲエやスカといったジャンルを採り入れていくアーティストは増え、1980年代には白人と黒人が一緒に演奏するツートーン・スカが流行し、2000年代になってもリリー・アレンのような白人女性アーティストが、スカ、レゲエ、メレンゲといったジャンルをうまく消化している。

　以上、サブカルチャーとしてのパンクをイギリス文化史のなかでどのように位置づけるか、マッピングを試みてみた。サブカルチャーを読み解くときに、ともすると私たちは既存の単線的な物語に身をゆだねてしまいがちである。パンクという現象を「階級闘争」で片付けることは易しい。しかし、このサブカルチャーの仕掛け人、できあがった作品、受け手側を調べ、その声を注意深く聴いていると、ひとつの現象にさまざまな物語、さまざまな歴史があることがわかる。このことは、パンクから派生した他のサブカルチャーについても言える。簡単に忘却され、短絡的な結論をつけられやすいサブカルチャーだからこそ、それを振り返って見る際には注意すべきだろう。

（板倉　厳一郎）

## 推薦図書

Frith, Simon, and Howard Horne. *Art into Pop*. London: Methuen, 1987.

ディック・ヘブディジ『サブカルチャー――スタイルの意味するもの』山口淑子訳、未來社、1996年。

ジョン・サヴェージ『イングランズ・ドリーミング――セックス・ピストルズとパンク・ロック』水上はるこ訳、シンコー・ミュージック、1995年。

*Column*
### サッカー場の変貌

　1960年代半ばの英国のサッカー・スタジアムは、トップリーグの試合でさえもまだのどかなもので、フィールドと観客席の垣根が低く、タイムアップの笛が鳴るのと同時にファンがピッチになだれ込み、人気選手を追ってサインをねだる光景もよく見られた。安価な立ち見のテラス席からは労働者階級を主とする地元ファンの応援歌(チャント)の根太い歌声が鳴り響いていた。だが、ファン同士の乱闘やフーリガンの暴力行為が増え、安全確保のため、70年代のうちに多くのスタジアムで客席最前列に高い金網を設置し、座席ブロックを鉄柵で分けて囲い込んだ。畜舎の囲いを意味する pen はこの「囲い」の意味でも用いられる。
　この安全対策は「ヒルズバラの悲劇」で裏目に出た。89年4月、英国中部のシェフィールド市、ヒルズバラ・スタジアムで行われた FA カップ準決勝、リヴァプール対ノッティンガム・フォレスト戦で、テラス席での混乱により死者95人、重軽傷者200人以上の犠牲者が出た。当初はリヴァプールのフーリガンの蛮行に原因があると断定された。なにしろ彼らには「前科」があった。4年前の85年5月、ブリュッセルのヘイゼル（エゼル）・スタジアムでの欧州カップ決勝、リヴァプール対ユヴェントス（イタリア）の試合開始直前にリヴァプールのファンが暴徒化してユーヴェ側に乱入、その騒ぎで39人が死亡、約600人が重軽傷を負った。犠牲者の大半がイタリア人で、リヴァプール側の責任が問われ、イングランドのクラブチームによる国際試合の無期限停止処分が下った（結局処分は5年、リヴァプールは7年で解除）。この「ヘイゼルの悲劇」は、大舞台での惨事だったがゆえに、英国フーリガンの悪名を世界中に轟かせることになった。
　それで89年のヒルズバラの事件も発生直後はリヴァプールのフーリガンの暴力行為が原因だとされたのだったが、正式な調査によって、テラス席がすし詰め状態になっているところに出口用のゲートを開放したためにさらに群衆が殺到し、皮肉にも安全対策用に張り巡らしてある鉄柵や金網で逃げ場がなく、多くが立ち状態で圧死するという、設営・警備上のミスと競技場の構造自体に問題があることがわかった。
　これを契機として、スタジアムの設置基準が改正され、伝統的なテラス席は廃止、全座席制になった。スタンド最前列の金網は撤廃、フーリガン対策で監視カメラが随所に設置された。この設備投資によって入場料の大幅値上げが生じた。これに対応できず、財政破綻して身売りするクラブも少なからずあった。1992年にはプレミア・リーグ発足。巨額のテレビ放映権、広告宣伝料、報酬を伴うビッグ・ビジネスとなって現在にいたっている。
　安価なテラス席が消えて、必然的に低所得層の観客は減少し、中流階級のチケット購買者が増加した。では贔屓の地元チームに身も心も同化して応援する昔ながらの観客は、もう消え果ててしまったのだろうか。いや、必ずしもそうではないことは、会場に足を運んでみれば実感できる。グローバル化が進むなかでも、ローカルな価値を維持しようとする力は働いている。サッカー生誕の地の、人びとの DNA であるかのように。　　（川端　康雄）

# 第Ⅲ部

## からだ・性・福祉

＊

　第Ⅲ部「からだ・性・福祉」では、誰にとっても（文字どおり）もっとも身近な「からだ」という地点から出発して、20世紀後半のイギリスにおける人びとのくらしに関わるさまざまな変容を見てゆく。

　第二次世界大戦中の1942年に発表され、イギリスの「福祉国家〔ウェルフェア・ステイト〕」の礎を築いたベヴァリッジ報告書は、戦後の社会再建の道を阻む5人の悪の巨人として、「窮乏」「疾病」「無知」「不潔」「無為」——つまり、貧困、医療、教育、衛生、失業の問題——を挙げていた。長い人生を通じて、これらのどれかひとつでも完全に免れることができたら、むしろラッキーというものだろう。いっけん縁遠く思える福祉の諸制度はまさしくこうした諸問題に立ち向かうものであり、じつはとても身近なところで私たちの「生活のありようの総体」を左右している。戦後の福祉国家は、国家、市場、家族の境界線をひきなおす多くの試みを引き起こした。「からだ」はその過程にどのように巻き込まれたのか。また、その過程のなかで人びとは、ジェンダーやセクシュアリティといった性の差異をどのように経験し、その経験にどう向き合おうとしていたのか。

　第9章は、福祉政策と家族（特に母子関係）が交差する地点にこうした問題を見出す。一般的には「科学」として客観性を持つと思われている精神分析の言説が、子育てにおける母親の役割の重要性という伝統的な思い込みを温存することで、福祉国家内に保守的なジェンダー分業観を組み込んだ経緯が示される。人びとに恩恵をもたらすはずの福祉が、時には国家による介入という裏の顔も持つことに注意しよう。

　第10章は、60-70年代以降の第二派フェミニズムの展開とからめて、劇作家キャリル・チャーチルの作品を読み込んでゆく。女性劇作家としては例外的なチャーチルの達成を「個人」の成功物語として受け取るのではなく、むしろチャーチルの諸作品に、「個人」としての女性の解放という観点では見落とされてしまう、より深い「社会的なもの」への希求を読みとれるかどうかがこの章の鍵となる。

　第11章は、歴史的に根深い偏見にさらされてきた同性愛が、1960年代の「寛容な社会〔パーミッシヴ・ソサエティ〕」を経て「市民パートナーシップ」というかたちで一定の社会的承認を受けるまでの経緯をたどる。さまざまな家族のかたちが受け入れられるようになったその裏には、「アイデンティティ」や「愛」に関する語られざる前提があるのかもしれない。

　第12章は創設期から現代までの福祉国家の紆余曲折を、国民保健サーヴィス制度（NHS）に焦点をあわせて見てゆく。高邁な理想とともに出発したNHSが、どういう経緯で困難に直面し、挫折を強いられたのか。医療現場を諷刺的に描くさまざまな映像作品を読み解くことで、「からだ」を「共通の文化」の基盤として考える視点を養いたい。

（秦　邦生）

第9章

# 「母性愛」の精神分析
—— ボウルビズムのイデオロギーをめぐって

## 1.「母親中心」のイギリスの精神分析

　第二次世界大戦後のイギリスの文化を考える際の鍵語のひとつは「福祉国家」あるいは「福祉制度」である。本書では第12章で医療の観点から福祉国家を論じるが、本章では精神分析という医学的言説に注目してみたい。イギリスの精神分析の重要な特徴は「母子関係」、特に生後間もない乳幼児と母親との関係の重視である（セイヤーズ参照）。この母親中心の精神分析は第一次世界大戦後にヨーロッパ大陸からメラニー・クラインがロンドンに移住して以来、制度化された。精神分析のオーソドックスな理論は当時ウィーン在住のジークムント・フロイトのそれであった。フロイトは乳幼児の母子関係よりも、その後3歳くらいに父親の存在感が増すことが子どもの心理に与える影響を重視し、それを「エディプス・コンプレックス」として理論化した。大陸におけるフロイト派の精神分析は父親中心、それと対照的にイギリスのクライン派の精神分析は母親中心——このような整理が一応可能だろう。
　なぜこの違いが大陸とイギリスで生じたのか。この興味深い問題についてはいくつかの議論があるものの決定的な定説というものはない。複数の要素が複雑に絡み合った結果としての歴史的な現象であることは間違いない。ここでひとつの可能性として、冒頭で触れた福祉国家という点に着目してみたい。19世紀のイギリスの貧民法に起源を持つとされるこの体制は、第二世

界大戦後の労働党政権（1945-51年）が中心となって実現が目指された。イギリスの福祉国家体制について社会史家のパット・セインが示唆に富むことを述べている。「非常に大きな程度に、イギリスの複数の福祉国家的な政策は、ほかの政策と同じく、19世紀以来ずっと女性に関連するものであり続けている」。この傾向の背後にあるとセインが指摘するのがつぎのような要素である。「ジェンダー・ロールについての、とくに労働と社会的責任の性的な分担についての規範的な思い込み、そこに付随する男性が賃金を獲得する（権）力へ女性が依存するのだという思い込み」。セインは続けて次の点を問題にする。「社会福祉の諸政策がいかなるかたちで、こういったジェンダーの役割分担を作り、強化し、永続化するのだろうか？」（Thane）。つまり、国民の福祉を考える際の大前提として、女＝妻＝母＝専業主婦、男＝夫＝父＝一家の稼ぎ手、というようなジェンダー的な役割分担が疑われることがないということである。

　言い換えれば、こういったイギリスの福祉政策が大前提とする女性観あるいはジェンダー観の代表的なものは、「母親」としての女性の役割分担にかかわるものであった。いわば女性の全存在を母親というジェンダー・ロールに還元しようとする19世紀以来の強力な政治的欲望（この点に関しては『愛と戦いのイギリス文化史 1900-1950年』第Ⅱ部「セクシュアリティ・女・男」を参照）が戦後の福祉国家体制の背後にも再強化された形で存在すると論じることができる。

　この点につき別の観点から論じるのは大田信良である。従来「国家主義対個人主義」という対立項で議論されてきたイギリス近代史を批判するために大田が導入する視点は以下のようなものである――「英国福祉国家について、その歴史的編制を慈善団体・友愛組合・労働組合・家族などの中間組織・団体に媒介された複合的な構造変化として再解釈する」こと（『帝国の文化とリベラル・イングランド』）。ここでも戦後イギリスの福祉国家体制を考察するための重要なテーマとして「家族」が挙げられているが、その家族が上で触れた保守的なジェンダー観あるいは母親観に支えられていることは疑いない。むしろその特権的な空間が家族であるだろう。

　このように考えてみると、イギリスの精神分析がクライン的な母親中心あ

るいは母子関係を中心とするものとして制度化された歴史的・文化的なコンテクストの一端が見えてこないだろうか。本章は、母親中心のクライン派の精神分析に着目しながら、第二次世界大戦後のイギリス社会を見直してみる。具体的に言えば、この時代において女性の存在意義をひたすらに母親という役割に限定しようとする保守的な風潮を、医学的・心理学的な理論が形作り、強化し、永続化していくプロセスを見てみる。この考察は、本書の第10章における、戦後イギリス演劇をジェンダーの観点から考察した議論とも結びつくことになるだろう。また同時に、私たちの考察は、医学的・心理学的な言説が一見したところ「科学」としての客観性を装いながら、じつは同時代の保守的かつ反動的なジェンダー観を形作り、強化し、永続化していくプロセスを批判的に検証することにもつながる。21世紀の日本社会において脳科学やさまざま心理学が、「恋愛」について、男と女の「本質」について饒舌に語っている今日、私たちのアプローチはイギリス文化史研究を超えたアクチュアルな意味を持つはずだ（この点については斎藤を参照）。

## 2.「純粋な」理論とは？

　こうした視点から戦後イギリスの社会を見ていくうえで、示唆に富む議論がある。それは批評家デニス・ライリーの著作『育児室の戦争——母子関係の理論について』、とくに第4章「イギリスにおける精神分析と心理学の『大衆化』について」である。このライリーの議論を要約・敷衍しながら、第二次世界大戦後のイギリスにおいて精神分析が「母」をめぐる保守的な言説と濃厚な共犯関係を持ってしまうプロセスを追ってみたい。
　ライリーは、精神分析の理論と臨床も実践するジュリエット・ミッチェルの議論を批判している。一言で言えば、ミッチェルは、メラニー・クラインの精神分析は高度に抽象的な母あるいは母子関係に関するいわば「純粋な」理論であって、同時代のジェンダーをめぐる保守的な思考とは共犯関係はない、と論じる。つまり、20年代には卓越した精神分析的理論であったクラインの言語が、その後特に第二次世界大戦後の福祉国家体制のなかで「通俗化・大衆化」されてしまったという前提からミッチェルは出発する。ライリ

ーが引用するミッチェルの表現ではこうなる。

> 50年代の終わりまでには、社会学が主要な学問的分野として成立し、家族生活や社会、家族間の相互関係のさまざまな側面についておびただしい量の社会学的な研究が生まれた。心理学の内部にあっても、母親の育児にあらゆる意味で強調点が置かれるようになり、ラジオや女性雑誌でその仕事の通俗化にいそしんだあの子どもの心理学の権威たるボウルビーから、母乳を文字どおり吸うことで人は情緒的な安定を得るのだと私たちは学ぶことになる。(Juliet Mitchell)

　ミッチェルによれば、50年代の終わりころまでには、高度な精神分析は社会学を介して通俗化されてしまい、「母による育児」の重要性が過度に強調され、「時代の政治的な要求にじつにぴったりと子どもの精神分析は貢献することになった」。さらにそこから「母の不在」が子どもの成長へ悪影響をおよぼし、その結果として「非行」の原因はことごとく最初期の母子関係の「質」に由来する——そのような社会学化した心理学が戦後のイギリス社会において普及した、という議論である。特に50年代においてイギリスの大きな社会問題となった青少年の「非行」(第1章や第6章を参照)の原因が、母による育児のパフォーマンスの質に帰せられるようになった。そして、この傾向を科学的権威をもって支えていたのがイギリスの「通俗化」した精神分析ということになる。
　ライリーがここで問題にするのは次の点——この議論が依拠する二分法、「純粋な理論」とその「通俗化・大衆化」は、理論なるものが潜在的に持つ歴史性から目をそらし、その政治的な責任を思考することを回避することになる、という点である。ある時代において理論は(それが医学的なものであれ心理学的なものであれ)歴史の制約を超えた「純粋＝客観的な」価値を持った「科学」としての権威を自称しながら、その時代の保守的なイデオロギーをそれゆえに暗黙のうちに強力に支えることになる。この歴史的な事実をここで繰り返しておきたい(たとえば「人種」なる「科学」的理論が19世紀に発明され、その最悪な結末としての20世紀のホロコーストを引き起こしたことをここで思い出してもよいだろう)。

ミッチェルの議論が暗黙のうちに準拠する図式——「純粋な理論」対その「通俗化・大衆化」——は、こうした「科学」の権威が歴史的に果たしてきた保守的、反動的な役割について批判をする足場を崩してしまう可能性をもっている。ミッチェルの図式からすれば、精神分析の本家本元としてのフロイトの著作、とくに彼の『精神分析学入門』などという書物についてどう考えればよいのか。これをフロイトの代表的な著作と考えれば純粋な理論ということになるが、この本はまさに理論の普及を目的としたテクストでもある。ことほどさように、純粋な理論とその普及・大衆化という図式は抽象的なナラティヴに過ぎず、両者の線引きはきわめて困難で不透明ではないだろうか。

## 3. D・W・ウィニコット

ライリーがこのような視点から言及するイギリスの精神分析の理論家は、D・W・ウィニコットとジョン・ボウルビーの2人である。まずはウィニコットについて見てみよう。

ウィニコットも戦後イギリスの福祉国家体制のなかで母親あるいは母子関係の重要性を、小児科医としてまた精神分析医として普及したことで知られる存在である。実際にウィニコットがその理論の普及・大衆化を開始したのは、戦時中の1944年のBBCのラジオ放送を通じてである。この番組は1945年、終戦直後に活字化されることになる。

ウィニコットはここで母親中心のイギリスの精神分析のいわば本家本元たるクラインの理論に重要な修正を加えている。前述のようにクラインは母子関係を重視し、これが母親中心のイギリスの精神分析（それは一般に「クライニアニズム」と呼ばれる）の特徴である。クラインは乳幼児の母子関係におけるさまざまな要素（たとえば母親への攻撃性）を先天的な素質あるいは遺伝的なものと見なしがちであったが、そのことをウィニコットは問題視する。つまりクラインが人間の生まれつきの心理学的傾向とみなした要素を、ウィニコットは母子関係という環境とその「質」という視点から再考した。ウィニコットは乳幼児と母親こそが人間の成長にとって最重要なユニットを形成するという点ではクラインに同意する。しかし、クラインはこの内的・先天

的要素を強調しながらも、その外的要因、つまりは環境を十分に研究しなかった——これがウィニコットによるクライン理論の批判であった。つまりは先天的な要素よりも、後天的な環境としての質、つまりは母親が子どもの誕生後にどのように（どのような質において）この環境を築くのか？　この疑問点が問題とされたと言ってもよい。

　こういったウィニコットの理論がおのずと帯びてしまう政治性・歴史性（それをイデオロギー性と言ってもよい）は明らかである。この理論によれば、最初期の母子関係の質は、ことごとく母親による育児のパフォーマンスの質によって決まる。人生の最初期の育児の質の劣化こそが、成長した後の非行の構造的（かつ母親個人が負うべき倫理的）な原因である、と示唆してしまう精神分析的な理論と、同時代のジェンダーをめぐる保守的な言説との親和性は明らかである。ウィニコットの子どもの心理学はこうした言説的な環境のなかで多大な影響を持ったのである。

　このような母親中心の理論構成のなかで父親はどのような役割を演じるのだろうか。ウィニコットは戦中の1944年のBBCのラジオ放送とそれを活字化した1945年の雑誌記事のなかで、育児に専念する（べき）母親にたいして父親はモラル・サポートと経済的な責任を持つ「影の存在」であると語っている。さらに父親とは育児室の外を代表する権威の象徴とも化す。このような議論が、19世紀以来ジェンダー・ロール（性別による役割分担）の制度化を促進した典型的な言説であるあの「公私領域の二分（separate spheres）」の延長上にあることは明白である。これは「女性＝母親」の領域である私的空間（家庭）と「男性＝父親」の領分である社会的・公的空間（たとえば職場）を区分けする、今日でさえ私たちのジェンダー観をかなりの程度拘束している、制度的な思考法である。

　このようにイギリスの精神分析の特徴を見てみると、母親に対して過大な期待と責任（と同時に必然的に過剰な精神的圧迫）をかけてしまう社会的・政治的側面が見えてくる。ここでウィニコットに公平を期せば、彼の精神分析理論をこのようなイデオロギー的な機能に還元しきることはできないばかりか、そこには豊かな思想的可能性すら読むことができる。また彼の用語として有名になった「ほどほどによい子育て（good enough mothering）」が意図

するのはむしろ、いま述べた母親に社会が課す過剰なイデオロギー的な圧迫の緩和である。しかしその一方で彼の理論が、戦後イギリスにおける母親の過剰な理想化・神話化に悪い意味で貢献したその政治的機能を全否定することはむずかしい。

## 4. ジョン・ボウルビー

　ライリーはイギリスの精神分析の重要な機関としてロンドンのタヴィストック診療所を挙げている。ここはいわばイギリスの精神分析、とりわけクライニアニズムの理論と臨床の牙城のような場所である。この診療所は1922年にロンドンで設立され、現在に至るまでイギリスにおいて精神分析医の訓練・養成を行っている教育機関でもある。その設立にはロックフェラー財団が関わっていたことから財政基盤は強く、また精神分析のみならず、多岐にわたる社会的な活動（慈善、社会福祉など）においても大きな影響力をイギリス社会におよぼしてきた。ここで育児部門の責任者を務めていたのがジョン・ボウルビーであった。戦後イギリスの母親をめぐる議論においてボウルビーが普及させた言説はボウルビズムと呼ばれるほどの広範な影響力を持った。

### ボウルビズムと疎開

　このボウルビズムの一大特徴として「母親の育児の剝奪（deprivation of maternal care）」という概念がある。つまり子どもの精神疾患あるいは非行などの原因を、特に乳幼児の時期に子どもがしかるべき母親の育児を受けることができなかった（それを奪われた）という点に求めようとする思考法をこの用語は意味している。こういった戦後のボウルビズムを準備した戦中の議論において疎開という問題があった。つまりドイツ軍の空襲を避けるべく子どもを母親と引き離して安全な地方に避難させる際の心理学的な影響が精神分析的言説を通じて社会問題化したのである。事実、ある雑誌は1940年に「疎開の情緒的諸問題」という特集を組んだ。そこでボウルビーは「幼児の問題」と題する論文で、子どもが母親と切り離される心理的なダメージを強

調しこう論じる。「子どもが養母という正式な肩書きをつねに持った女性の世話を受けるように**きわめて真剣な注意が払われるべきである**」（Riley より引用。強調は原文）。

　この疎開という問題は戦時中のイギリスの精神分析に格好の研究材料を提供した。この特集号の序文においてジョン・リックマンはこう述べている。

　　私たちがもっとも価値あるものとみなすことは私たちの家庭生活によるものであり、それらは究極的には両親による愛という私たちの幼年期の経験に由来するのであると信じるが、しかしこのことが破壊されてはじめて私たちは家庭が私たちに意味することを十分に理解することになる。（Riley より引用）

　すでに確立された保守的なイデオロギーを「科学的で中立の」立場から精査するという姿勢は、タヴィストック・グループの特質であるとライリーは言う。さらにこの意味で注目すべきは、同じく1940年に『疎開研究』という雑誌に掲載されたボウルビーの論文である。そこで彼は5歳以下の子どもの疎開におけるグループ・ケアは心理的にリスクをはらんでおり、本来は実の母親と一緒にすべきであるのだが、それがどうしても無理である場合には、安定した代理母の世話を受けるべきだと主張する。さらにこの論点は拡大されて次のような議論にもなる。「子ども時代の根深い非行の原因を研究した結果、疎開という問題が浮き彫りになった」。ここで問題となるのが、慢性的で治癒が困難な非行、思春期における盗癖と怠業である。戦後に社会問題とされた青少年の非行の原因がことごとく母子関係の質あるいは育児のパフォーマンスの質に帰せられる（つまり、心理学化される）ことになるわけだが、これを典型的なボウルビズムと呼ぶならば、それは戦前の疎開をめぐる精神分析がすでに準備していたことになる。かくして戦後のボウルビズムの基本形は、戦中の1940年に完成していた。

## 戦後のボウルビー

　こうしたボウルビーの心理学は、終戦直後の1946年に『44人の未成年窃盗犯——その人格と家庭生活』として上梓される。彼の所論を整理してみよう。

母と子の分離それ自体は、オーソドックスな精神分析理論において、不安の源泉として考えられていない。そこで彼の目的はこの分離それ自体が本質的な意味で外傷的(トラウマ)であることを臨床的に証明することであった。窃盗を犯した44人の未成年者を伝記的に記述したこの書物によれば、犯行を犯した者の多くが母親との分離を経験していたという。つまり「母の不在」という外傷(トラウマ)が少年犯罪の心理学的な原因とされるのである。

この研究成果のおかげでボウルビーは1952年、WHOに研究レポートを提出することを要請され、それは『母による育児と精神衛生』として出版されるが、これは国連によるホームレスの子どもに関する調査研究の一環であった。ここでのボウルビーの言説の特徴のひとつとして、一種の生物学的なアナロジーを指摘することができる。一例を挙げればこんな具合である。幼年期の母の不在（あるいは母親による育児の放棄）はいわば幼児期のビタミンEの欠乏に比較することができる。後者の結果はくる病という疾病として、前者の心理学的な結果は非行ないしは窃盗として現れる、というようなアナロジーがそこでは多用される。あるいは発生（胎生）学的なアナロジーとして、母親から引き離された子どもの心的組織は、風疹にさらされた胎児の組織のような傷を受けるという議論も展開される。まさに人格＝心理の胎生学化とでも言うべき議論である。

科学的な潤色をほどこされたボウルビーの言説に科学的な客観性などを見てはならない。ボウルビーの意図にもかかわらず、この科学的「理論」の歴史性あるいはイデオロギー性をここで読むべきである。明らかにここには、戦後イギリスの母あるいは母子関係をめぐる言説との多くの共通点を読むことができる。それらを列挙するのならば、家族生活という美徳の主張、女子学生や女性の教育の目標としての「育児法」の強調、「問題家庭」と青少年の非行をめぐって戦後社会が共有した不安、ということになるだろう。

ボウルビーは「母親」の存在意義を特権化したにもかかわらず、未婚の母親は子どもを養子に出すべきであるという。その理由は子どもが「ノーマルな」家庭で育つことが未婚の母による育児よりも優先されるからである。しかしその一方で、父母がそろっているノーマルな家庭であるのならば、その家庭環境がはなはだ劣悪なものであっても、養護施設よりはましであるとい

う見解が示されることにもなる。つまりネグレクトあるいは虐待に走るような(母)親であっても、いないよりはましであるという理屈になっている。

ボウルビーのWHOのレポートは、1953年にペンギン・ブックスからその簡略版が『育児と愛の成長』として出版される(ペリカン叢書の一冊)。この書物は、一世代間にわたって女性＝母親を家庭に縛り付けて、必要以上の過剰な罪悪感を強いることになったボウルビズムの縮図ともいうべきテクストである。ちなみにその後の1958年に彼が出版したパンフレットの題目は『私の赤ちゃんを放っておくことなんてできる？』である。このテクストにおいてしばしば使用される隠喩のひとつは、「労働者」としての母親(業)なのだが、逆説的なのは、この労働が無給であることが問われざる前提とされているということだろう。具体的な表現としてはこんな具合である。「母親の仕事は特に子どもが小さなうちは過酷なものにならざるをえない。それは一種の職人芸であって、この世でたぶんいちばん技量を要するものである。しかし、するに値する仕事で過酷でないものなどあるだろうか」。ボウルビーによればこの無給で過酷な母親業のただひとつの報いは「この仕事は本当に重要であって、私以外の誰もそれをしようとは思わない」という感覚である。

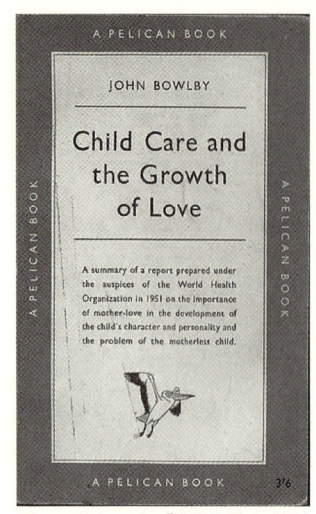

図1　ボウルビー『育児と愛の成長』(1953年)の表紙

## 5. 動物(学)化される母子関係

　第二次世界大戦後のボウルビーは、動物行動学を非常に頻繁に参照する。ボウルビーによれば、精神分析が厳密な科学になるためには、客観的な観察と実験が必要であった。特に彼は動物の「本能」という概念に執着し、コンラート・ローレンツやニコラス・ティンバーゲンらの理論をしきりに援用し

た。ボウルビーの意図としては、人間の「母子関係」を動物（学）的な「本能」と解釈することにより、そこに伴うさまざまな障害や神経症を矛盾なく理論化しようとしていた。たとえば、ボウルビーは最初期の母子関係の特権性を証明するために、かつそれを起源とする大人の神経症を解明すべく、動物行動学における「刷り込み」といった概念を熱心に援用した。簡単に言えば「本能」に支配された母子関係がその最重要な初期の段階になんらかの障害（外傷）を受けた場合、それが「刷り込み」となって後の神経症を引き起こすという学説をボウルビーは展開したわけである。当然、多くの精神分析家からはこのはなはだ粗雑で素朴なボウルビーの理論に対して手厳しい批判がなされたが、彼としては精神分析でいう「無意識」と動物行動学的な「本能」をパラレルに考えて、動じることはなかった。

　ここで私たちが注意すべきは、彼の「理論」が科学的な客観性を装いながらも、実際は近代の典型的なバイアス、すなわちイデオロギーを強化・反復しているという点である。たとえば近年のジェンダー研究あるいはフェミニズム理論が明らかにしてきたように、女という存在意義をことごとく「母親」のそれに限定し、「家庭」という私的空間に閉じ込めようとするようなジェンダー観は主に19世紀の産物である。別の言い方をすれば、「女＝母」というジェンダー意識はある時代の歴史的・文化的産物であり、それを普遍的な（いつの時代にもあてはまる）生物学的な「本能」と理解することは、その言説の歴史性・政治性・イデオロギー性を隠蔽することを意味する。実際に19世紀の医学、生物学、性科学などの「科学」はこの意味で決定的な役割を演じた（これについても『愛と戦いのイギリス文化史1900-1950年』の第Ⅱ部を参照）。

　ボウルビーの「科学」が暗黙の前提にしているジェンダー観は、徐々にでも女性の社会進出が進む戦後のイギリス社会においてすでに時代遅れになりつつあった。しかしそれゆえにこそボウルビー的な言説をひとつの「反動」として必要とした人びともいたのである。その意味で1968年の彼のBBCでの次の発言にはなかなか興味深いものがある。

　この種の研究が実際的な疑問を投げかけるのは次のような点に関してである。仕事に出

かけてしまう母親、子どもを保育園に預けるべき年齢、そのときの病気の際の育児のあり方。時の流れに従い、最良の解決法が明らかにはなるだろう。しかし当面のあいだは、慎重な態度でいることが賢明である。幼児を母親から引き離すいかなる動きにも精査が必要である。なぜなら、ここで私たちが扱っているのは、人間の先天的な性質にあってもっとも深く古い部分であるのだから。（Rileyより引用）

　ここで、ボウルビーのこの発言をもう少し大きな戦後イギリス社会という視点から眺めるとどのような見取り図が描けるだろうか。これまで述べてきたように、ボウルビーの母をめぐる言説は終戦直後の福祉国家制度の確立において大きなイデオロギー的な役割を演じてきた。それと同時に、1968年におけるこの母親（業）に関する反動的な言説は、その直後の1970年代から80年代のイギリスにおける新たな保守主義、サッチャリズムとの親和性をも示していないだろうか。ここで即座に思い出すべきは、サッチャー的な個人主義の称揚と「家庭」道徳の重視である（186頁のコラムを参照）。もしそうであるのならば、ボウルビー的な母の言説は終戦直後の福祉国家の建設に大きな貢献をしながらも、同時に福祉国家解体に向けた新保守主義のレトリックにおいても無視できぬ役割を演じたことになる。その意味で、イギリスの母親中心の精神分析は戦後イギリス文化史を考えるうえで欠くことができないテーマである。
　この章では、おもにイギリスの第二次世界大戦後の「母」あるいは「育児」をめぐる言説において大きな影響力を持ったジョン・ボウルビーの「科学＝精神分析」について批判的な考察をしてきた。しかし、ふといま私たちが生きている21世紀の日本の社会において日々流通している「母」をめぐる言語、あるいは「母性本能」などという表現が違和感なく使用されるマス・メディアのあり方、そういったことを考えてみると、真に問題とすべきは、私たち自身に（生物学的にではなくイデオロギー的に）「刷り込まれた」内なるボウルビズムではないだろうか。安易な生物学的な比喩（最近では「母のDNA」などという表現もある）が日常会話で頻繁に使用され、あるいは「男の脳と女の脳」の違いが素朴に新書版で語られ、同じくわかりやすい心理学（者）が男女の「恋愛」について饒舌に解説をするなかで、私たちは

「科学」なるもののイデオロギー性にもう少し敏感であるべきではないか。装いを新たにしたこの種の「科学」的医学はその外見にもかかわらず（あるいはそれゆえに）19世紀風のジェンダー観を一歩も出ずに、ただそれを反復し補強しているだけである。あるいは別の見方もできる。さきほど見たようにこの種の言説とサッチャリズムとの親和性が顕著であるとすれば、現代日本における保守的なジェンダー意識は、新自由主義あるいは新保守主義以後の「家族」重視の帰結であるとみなすべきなのかもしれない。いずれにしても、今日幼児虐待が多く報道されるなかで、「母性本能」というボウルビー的な神話が母親たちに課す心理的な圧迫についても、私たちは思いをいたすべきだろう。「少子化」が社会問題とされるなかで、今日の日本にも新たなボウルビーが精力的にメディアでうごめいていないだろうか。

## おわりに

　イギリスの精神分析をこのように戦後イギリスの福祉国家的な制度における保守的なジェンダー・イデオロギーとの共犯性という観点から歴史化してきたが、その解釈には収まりきれない不気味で過剰な要素もこの心理学的言説に読むことができる。本章の中盤（176頁）でウィニコットの思想的な可能性ということを口にしたが、ここでは彼の精神分析が同時代のある視覚芸術と共有するテーマについて述べる。

　さて、ウィニコットによれば、出産とは胎児にとって圧倒的な外部との遭遇、それも結末をまったく予測できない遭遇、外部による外傷的な衝撃というべき体験である（と成人した神経症患者は外傷的に再体験する）。これをウィニコットは戦中のイギリス人の戦争体験（暗い防空壕の内部で、外部からのドイツの空爆に不安のなかで慄くこと）と類比的に論じる。

　イギリスの批評家リンジー・ストーンブリッジはこういった議論を展開する戦後すぐのウィニコットの論文「出産記憶・出産外傷・不安」が、ヘンリー・ムアの戦中から戦後にかけての作品とある共通点を持っている点に注目している。ムアはイギリスを代表する画家・彫刻家であり、イギリスのモダニズム美術の世界的な位置を高めるのにもっとも貢献したとされる芸術家で

ある。

ウィニコットの精神分析理論とムアの終戦直後1946年の作品《子を抱く女へ朗読をする少女》(図2) とが共有する「不安」についてストーンブリッジはつぎのように論じる。この絵画の背景(部屋の窓の外の風景)に用いられているのは、ムアの戦中の作品《すっぽりと包んだオブジェを眺める群衆》である。窓の外の風景において、封印を解かれることがない(すっぽりと包んだ)、ということは中身の不明な未知のままの巨大な物体を不安げに見上げる女たちの姿には、上空からの空爆への不安、結末を予測できない戦時中の不安が表象されている。それは同時代のウィニコットが空爆への恐怖と関連付けた出産の不安、繰り返せば、胎児にとって圧倒的な外部との遭遇、それも結末をまったく予測できない遭遇、外部による外傷的な衝撃と言うべき不安と共通するものである(事実ムアは戦中のある作品で子宮をイメージさせる地下鉄の駅の構内で不安げに空襲から避難する人びとを描いている)。つまり空爆への不安と出産の不安は、戦中・戦後の精神分析と視覚芸術において濃密な関連を持っていた。ところが、ムアの戦後の絵画においては、戦中の作品を窓の「外」に引用しつつも、その中心=「内部」をなすのは、母子像と少女の姿である。つまり、この構図には戦後の出産奨励ともいうべき福祉国家的な言説と、出産をめぐる根源的な不安と戦争体験が交錯する終戦直後特有の外傷的風景が同時に刻印されている——それがストーンブリッジの解釈である。

最後にこのムアの絵について触れたのは、ある言説を歴史化するときにその言説がその議論から逸脱するまったく異質のイデオロギー的な要素と意外な共通性を同時に帯びていることが多々あるからである。イギリスの精神分析をただたんに戦後福祉国家体制の保守的なジェンダー規範に還元するばかりではなく、戦後に大きな関心を集めた「母」あるいは「出産」という問題系に非常に独特のかたちで(同時代のある傑出した視覚芸術とテーマを共有し

図2 ヘンリー・ムア《子を抱く女へ朗読をする少女》(1946年)

ながら）結びつく回路を読み解くことは、文化史という分野の抗いがたい知的な魅力とダイナミズムの好例である。そのような視点を獲得することによって、「母」をめぐるイギリスの戦後の言説群の重層性の一端を垣間見ることができるのではないだろうか。

(遠藤 不比人)

## 推薦図書
ジャネット・セイヤーズ『20世紀の女性精神分析家たち』大島かおり訳、晶文社、1993年。
斎藤環『心理学化する社会』河出書房新社、2009年。
ジョン・ボウルビイ『ボウルビイ母子関係入門』作田勉訳、星和書店、1981年。

*Column*

道徳の政治学——「性の革命」とモラル・パニック

もとの版の差し止めを受けてペンギンから出版された『あなたのポケット版セックス・ガイド』(1994年)

「ヴィクトリア朝の価値観はヴィクトリア朝のものではありません。私の考えでは、それは、本当は根源的な永遠の真理なのです」——これは、1985年にサッチャーがラジオ番組への電話参加の際に語ったとされる言葉である。中流階級的な男女の結婚と家庭に囲い込まれたセクシュアリティを理想化したサッチャー政権の保守的な性道徳がよく表れた言葉だろう。

イギリスの60年代はしばしばセクシュアリティの解放が進んだ「性の革命」という言葉で表現されることもあるが、これはかなり大袈裟な表現である。たしかにこの時代には避妊・中絶・離婚などの制限が緩和され、同性愛の脱犯罪化も大きな一里塚ではある。だが、たとえば中絶はまだ医師の判断次第で、当事者の女性にとってはかなり制限されたものだったし、異性愛と同性愛の許容範囲の差も大きかった。D・H・ロレンスの『チャタレー夫人の恋人』のペーパー・バック版をめぐる1960年の裁判は、「猥褻(オブセニティ)」の告発を文学的価値によって弁護した歴史的なものだった。だがこれ以後も、性表現の問題はTV・映画・雑誌におけるより視覚的な「ポルノグラフィー」へと舞台を移して争われ続けた。1964年に「TV浄化運動」を開始した元教員メアリー・ホワイトハウスが主導した全国視聴者協会は70年代に入ってから勢力を拡大し、前衛的な映画監督でゲイの活動家でもあったデレク・ジャーマンなどと角を突き合わせた。そもそも60年代のイギリスを「寛容=放縦な社会(パーミッシヴ・ソサエティ)」と呼びはじめたのは、こうした保守勢力だったのである。

保守的な性道徳が勢力を盛り返す傾向は、政治の世界では80年代のサッチャー政権で一定の頂点に達したと言えよう。1981年にはじめて発見されたAIDS(後天性免疫不全症候群)は、当初は同性愛者特有の病気だと見なされた(根拠のないまったくの誤解であったが)。学校での性教育において「意図的に同性愛を助長すること」を禁じた地方政府法第28条制定(1988年)の背景には、このAIDSパニックが強化した同性愛への偏見があったと言われている。また1994年には、健康教育局が青少年向けに企画した安全なセックスのガイド本(図版参照)が保健省の圧力で差し止めになる事件が起き、性教育の問題がマス・メディアをつうじてたびたびセンセイショナルな話題となった。

このようにたえまなく繰り返されるモラル・パニックを思えば、何が許容されるセクシュアリティなのか、何が「道徳的」なのかは、ヴィクトリア朝の昔とさほど変わらず、いまでもまったく「政治的」な問題なのである。

(秦 邦生)

第10章

# 「トップ・ガールズ」のフェミニズム
―― キャリル・チャーチルの仕事をめぐって

## はじめに――フェミニズムの歴史と演劇

　第二次世界大戦後、女性、社会そして演劇は、どのような関係を持ってきたのだろうか。この問いの答えを探るとき、現代イギリスを代表する劇作家キャリル・チャーチルの名前がまず浮かんでくる。1950年代から現在までの半世紀を超える期間、彼女は、時代状況を踏まえつつ、実験的な活動を展開してきた。チャーチルの演劇は、つねにフェミニズムの可能性と矛盾を問い、演劇界に新風を吹き込むものだった。本章では、彼女の代表作を考察しながら、戦後のイギリスにおいて、女性、社会そして演劇がどのように絡みあってきたのか、浮き彫りにしてみたい。

　まず女性運動とフェミニズムの歴史を大急ぎでまとめておく（以下、フェミニズム運動および思想全般については、Andermahr, Humm などを参照）。18世紀から20世紀前半に起こったいわゆる第一波フェミニズムの主たる目標は、参政権、財産権、就労権の獲得にあったと言われる。その一方で、1960-70年代に高揚した第二波フェミニズムは、第一波とはかなり趣の異なる要求を掲げていた。その違いを簡単に言えば、参政権などのレヴェルで「公的」な平等が達成されたのちに、なおも残る問題に取り組むものが、第二波フェミニズムということになるだろう。

　そうした問題とは具体的にはどのようなものだろうか。ここで注意すべき

ことがある。いま「公的」な平等という言い方をした。「公的」という言葉の指す範囲は、時代によって異なる。第一波フェミニズムの時代では、参政権などの問題しか「公的」ではなかった。こうした、限定された「公的」という言葉の意味を、第二波フェミニズムは変容させ拡張しようとしたのである。例を挙げれば21世紀初頭に生きる私たちは、家庭内暴力や虐待、職場や学校でのセクシュアル・ハラスメントの問題を、少なくとも、「私的」なものだとは考えていない。それはいまや、参政権の問題と同じく「公的」な問題となっているのかもしれない。ここにはおそらく第二波フェミニズムによる「公的」なものを拡張する努力が関係している。

　いま示唆したような「公的」なものの拡張は、どのように獲得されたのだろうか。第二波フェミニズムは、草の根的な運動を通じて、職場や大学、家庭における男女差別を「公」の問題としていった。つまり、「男は仕事、女は家庭」あるいは「良妻賢母」といった言葉が批判され、そうした言葉に込められた男性社会にとって都合のよい女性イメージの変容が目指された。この運動によって、女性研究所が各地の大学に数多く創設され、女性による出版物も急増し、さまざまな法改正も実施されていった。たとえば1967年には妊娠中絶法が制定されている。それまで中絶は違法であったのだが、医師の診察を受けた女性が中絶を望む場合、28週以内（1990年に24週以内に修正）であれば可能となったのである。また同年、国民保健サーヴィス（NHS）が未婚の女性にも避妊ピルを処方するようにもなった（1974年からは無料で処方されるようになった）。さらには初婚年齢や出産年齢の上昇に見られるように従来的な結婚観や家族観も変化し、同棲、離婚、婚外子、シングルマザーが容認されるようになったのもこの頃である。もちろんここには、60年代という「寛容の時代」が関わっていることも確かである。ただし、中絶という選択、結婚をしないという選択、子どもを作らないという選択が、公に認められるようになった背景に第二波フェミニズムが関与していることも、同じく確かなことなのである。

　しかし、第二波フェミニズムは1970年代後半から減速していく。なぜだろうか。いくつかの説明が可能である。たとえば、法的な平等が達成されたため、第二波フェミニズムはもはや必要のない過去のものだとする言説が流布

したこと。フェミニズム内部でのさまざまな亀裂が生じたこと。たとえば、いわゆるリベラル・フェミニズムとラディカル・フェミニズムとの分裂。前者は、徐々に進展する社会改革によって男女平等を目指した。その一方で、後者は、法的な平等が獲得されてなお残存する諸問題（たとえば、後述する家父長制度やポルノグラフィ）に対し、急進的な批判を行った。また、社会主義フェミニズムは、女性の再生産労働（第2章参照）を利用する資本主義の体制を解体するべく、女性の連帯を唱えていた。これも、1979年に女性党首サッチャー率いる保守党が政権を握ると勢力を失っていったとされる。

　このようなフェミニズムの歴史と、本章が着目するチャーチルは、どのように絡み合うのだろうか。彼女が演劇に関わり始めたのは、1950年代後半である。この時期は、上述の第二波フェミニズムの勃興期でもあった。この時期に彼女が、BBCラジオという、家庭にいる女性たちを重要なターゲットにしていたと思われるメディアで活動していたことは、どのような意味を持つのだろうか。また、70年代のチャーチルは、創作の場所を、「家」から「稽古場」へと移してゆく。この経験は、彼女の演劇にどのような変化を与えたのだろうか。70年代後半になると、後述のように、社会主義フェミニズムがその勢力を失い、マルクス主義フェミニズムが勃興する。稽古場へ飛び出したチャーチルは、この状況とどのように関係していたのだろうか。彼女が見たフェミニズムの限界と可能性はなんだったか。

　以下、これらの問いを携えながら、チャーチルの活動を年代順に見ていく。

## 1. ラジオドラマを書く女、聞く女

　チャーチルの経歴を概観しておく。彼女は、1938年に中流階級の家庭に生まれた。風刺漫画家の父、元ファッションモデルの母のあいだに生まれた一人娘であった。1949年に一家は、ロンドンからカナダのモントリオールに移り住む。同地で7年間過ごした後に、帰国してオクスフォード大学に入学、英文学を専攻している。在学中にニューレフト運動の影響を受け、資本主義の効率主義と競争原理に反感を持つようになっていった。1961年に弁護士のデイヴィッド・ハンターと結婚し、ロンドン郊外に転居。そこでラジオドラ

マの台本を書き始めた。まずこの活動を見てみよう。

　彼女のラジオドラマのデビュー作『蟻』は、離婚間際の両親を持つ少年の破壊衝動を描いている。その後、1973年までに 8 作品を発表している。この時期は、ラジオドラマが、その実験性を高めた黄金期に重なる。1963年から76年にかけて、「不条理演劇」という語を世に広めた批評家として知られるマーティン・エスリンが、BBC で年間300作ものラジオドラマ台本を監修していた。つまり、ラジオは若手作家の登竜門であると同時に、サミュエル・ベケットやトム・ストッパードなど、すでに評価を得た作家にとっての実験場ともなっていたのだった（Keyssar）。

　チャーチルがラジオドラマを選んだ背景には、こうした時代の流れも当然関わっていた。さらに、ラジオ作品には家を離れないで執筆できるという利点があった。それに比べると、舞台作品は、外に出かけていって関係者とさまざまな交渉をする必要があったのである（ただし、この交渉が、後の彼女にはむしろ重要になってくるのだが）。

　とはいえ、家での執筆は苦難を伴った。夫は家事や育児に協力的であったのだが、チャーチルはすでに 3 人の幼な子を抱えており、執筆作業は難航した。ときには、自分はベビーシッターを雇ってまで劇作に励んでいるが、そこまでして書いている作品は、本当に重要なものなのか、と思い悩むことがあったと回顧している。彼女のラジオ作品は、妊娠や出産、育児のプロセスで味わう時間的、体力的、心理的な束縛の経験から、あるいは、「家庭に入る」ことで社会から隔離される経験、希望がくじかれる経験から生み出された。それはチャーチルにとって「個人的苦痛と怒りの自己表現」（Itzin）であった（ただし、この時期のチャーチルが、「個人」という枠にまだ囚われていたことに注意しておこう）。

　とはいえ、ラジオドラマの執筆でチャーチルが得たのは、苦難の経験だけではない。この執筆経験によって、みずからの技術や技法を洗練させてもいったのである。短期間で一気に作品を仕上げる集中力。台詞と効果音だけでリスナーの想像力をかきたてる技法。複数の台詞を巧みにオーヴァーラップさせる手法。左右のスピーカーから二人の登場人物がほぼ同時に独白をする「デュアローグ」のような型破りな手法をも試みている。精神科医が心身条

件反射療法で患者の恋心を治療しようとする喜劇『恋わずらい』（1966年）。夫が家に招いた男に強姦され、妊娠中絶をした妻が夫とベッドで語り合う『中絶』（1971年）。裁判所長だった男が神経症を病み、女性化していく『シュレーバー博士の神経症』（1972年）。社会的、性的に抑圧されながらも、それに反発する人びとを、チャーチルはブラック・ユーモアをもってえぐり出してゆく。テレビドラマよりも複雑な問題提起を行うチャーチルの作品が、ラジオリスナーの大多数を占める、家事に追われながらドラマに耳を傾ける女性たちの知的好奇心をかきたてたことは、想像に難くない。

　チャーチルの「ラジオ時代」は、最初に述べたフェミニズムの歴史を背景に考えるとどう解釈できるだろうか。ラジオでは、家での個人的な執筆作業によって、「個人的苦痛と怒り」が表現できた——同じように家に閉じ込められ、一人で「個人」的にラジオを聴く女性たちに向かって。この経験は、次節で見るように、第二波フェミニズムのスローガン「個人的なものは政治的なものである」と、のちに大きく関わってゆくことになる。

　しかし同時に、この時期のチャーチルは、このスローガンが「個人」を強調してしまっていることに、ある種の引っかかりを覚えたのかもしれない。あるいは、このスローガンにみられる「個人」の強調に、ある限界を見出そうとしていたのかもしれない。

　第二波フェミニズムの諸派は、濃淡はあれ「自由な個人」をその主張の根拠とした。だが、それと「公的なもの」との関係は複雑である。たとえば、前述の妊娠中絶の問題を考えてみよう。中絶の合法化を主張する論拠のひとつは、女性の「自己決定権」である。これは、「個人」の選択の自由を「公」に認めよ、という要求である。ところが、この要求を保守派が拒絶するとしたら、その根拠もまた「公的なもの」に関わってくる。彼らは「道徳」や「胎児の人権の尊重」といった名の「公益」を掲げ、反対することだろう。そのような主張に対してフェミニズムが反論するためには、保守派の言説に対抗しうる新たな拡張した「公的なもの」を提示せねばなるまい。その意味では「ラジオ時代」の試みには、個人主義という限界がある——この点をチャーチルは自覚していたのではないか。

## 2. 演劇的共同作業――「個人」とはなにか？

　流産の苦しみに耐えながらわずか3日で書き上げた不条理劇『所有者たち』(1972年)はロンドンのロイヤル・コート劇場で上演された。チャーチルは待望の商業演劇デビューを飾るとともに、初めての海外公演をニューヨークで成功させ、同劇場で女性初の座付作家に迎えられている。この劇の主人公であるマリオンは、金銭、不動産、愛情、友人夫婦の子どもまで自分のものにしようとする、攻撃的なまでの所有欲と実行力を見せるのに対し、男たちはあくまで受動的で無力である。因習的な性役割を逆転させ、母性神話をグロテスクな笑いで吹き飛ばしたこの作品について、チャーチルはこう述べている。「長い間自分の中に蓄積してきた多くのこと、個人的であると同時に政治的な態度を、初めて劇中に書き込んだ」(Itzin)。このチャーチルの言葉は、「個人的なものは政治的なものである」というラディカル・フェミニズムのスローガンと大きく共鳴する。

　家庭や職場での個人的な経験にも、政治的なもの、何らかの権力が絡んでいるという見方に、チャーチルは深い関心を寄せていた。彼女は「女の経験」に政治性を読み取り、家庭における権力システムや資本主義の競争原理がもたらす弊害をあぶりだしてゆく。そのようなシステム全体を指す名称が、第二波フェミニズムのキーワード、「家父長制」である。大まかにいって、家父長制とは、社会的な役割や地位を性別に基づいて決めてしまうシステムのことである。たとえば、仮に、女性だから子どもを産み育てるべきだ、男性だから働いてお金をしっかりと稼ぐべきだ、という考えをあなたが持っているとしよう。そのとき、あなたは、家父長制というシステムのなかに、どっぷりと浸かっていることになる。

　その家父長制の経験のあぶり出しは、観客に解答や感動を与えるのではなく、その思考を促すやり方（ベルトルト・ブレヒトの説く「異化効果」）で行われ、この手法はチャーチル作品の特色となった。さらに興味深いのは、「個人的＝政治的」という場合の「個人」とは何なのか、とチャーチルが疑問に感じ、その概念を問い直し始めたことである。その転機となったのは、モンストラス・レジメントとジョイント・ストックという2つの劇団と行った

1976年の共同作業である。演出家や役者とともに資料を読み漁ってアイデアを出し合い、テーマを決め、ワークショップを行い、議論と稽古を重ねながら戯曲と芝居を作っていく作業は、着想から脱稿まで自力で行うそれまでの孤独な作業とはまったく異なっていた。劇作家とは、自分の思想や感情を役者に代弁させる存在ではなく、むしろ、役者のものの見方を取り込む存在だ。いや、劇作家に限らず、そもそも人間とは、他人の言葉や考えを、自分のなかに取り込む存在なのだ——この時期のチャーチルの脳裏をよぎったのは、こうした思いだったのではあるまいか。さらにこれは、舞台と観客の関係にも言えることかもしれない。上述のように、観客に思考を促すような劇作法もまた、「個人」の観念の問い直しと見ることができる（後述するように、チャーチルのこうした「個人」の問い直しは、彼女の「社会主義」と関係してくる）。

　たとえばモンストラス・レジメントを見てみよう。この演劇集団は、反体制的な劇団にさえ根強く残る男尊女卑的な体質や劇中の偏向した女性表象を不満に思うフェミニストたちが集まって、1975年に結成された。前述の「家父長制批判」という問題意識を持った劇団であるのと同時に、問題提示の手法は、家父長制内の「個人」を問い直すものになっている。

　魔女を主題にした芝居を依頼されたチャーチルは、劇団員と話し合いを重ねながら、17世紀のイギリスの寒村を舞台にした音楽劇『ヴィネガー・トム』（1976年）を書き上げた。この演劇では、独身の女、悪態をつく女、薬草医術を施す女、中絶する女、父が命じる結婚を断る女など、社会の周辺にいる女性たちが「魔女狩り」にあう。この女性たちは、周辺にいるからこそ、男性権力者たちが作った秩序をおびやかす主体性、経済力、セクシュアリティを秘めた女たちである。しかしこの女性たちは、あくまで家父長制というシステムのなかで周辺に追いやられているのであって、それをおびやかす「外部」ではない。では、どうすればよいか。

　そこで採用された方法が独特な「一人二役(ダブリング)」である。たとえば、みすぼらしい魔女として絞首刑になった女優が、次の場面ではシルクハットに燕尾服という大英帝国（イギリス帝国）華やかし頃のヴォードヴィリアンのいでたちで、女の邪悪さを説く異端審問官を演じてみせる。つまり、一人の女優が、権力に虐げられる者と権力を行使する者の二役を演じ分けたのである。

この手法は、支配者と被支配者という二項対立の見方に伴う落とし穴を意識させる仕掛けとして有効であるように思われる。一方に家父長制という大きな、顔の見えないシステムがあり、もう一方にはそのもとで苦しむ個人がいる、という見方には限界がある。これでは家父長制の根本的な批判はできない。一人の人間が、システムの側に属する可能性もあれば、それに抑圧される可能性もある。そのような視座に立ってこそ初めて、「システム」は批判できるのではないか。

## 3.『クラウド・ナイン』と家父長制の問題

　この「システム」としての家父長制批判は、1979年初演の『クラウド・ナイン』(特にその第1幕)で見事に結実し、彼女の劇作家としての名声を世界的なものとした。この作品はジョイント・ストックとの共同ワークショップの産物である。そこでのテーマは「セクシュアル・ポリティックス」だった。私たちの性的なもの(セクシュアリティ)を家父長制という「システム」が、いかにして管理し統制しているかの問題が、討議された。そのプロセスのなかで発見されたのは、家父長制が大英帝国の植民地に深く根を下ろしていたことであり、さらには、この「システム」が、現代にもヴィクトリア朝時代とさほど変わらないかたちで機能している、ということだった。

　『クラウド・ナイン』の第1幕は舞台を1879年の英領アフリカ、第2幕は1979年のロンドンに置かれる。両幕には100年の隔たりがあるのだが、登場人物は25歳しか年をとっていないという設定になっている。

　幕が開くと、ユニオン・ジャックがはためく下で、植民地行政官の家父長クライヴが家族を観客に紹介する。男性が演じる妻ベティ。白人が演じる黒人召使ジョシュア。女性が演じる長男エドワード。父権制にどっぷり浸かったベティの母モード。レズビアンの家庭教師エレン。人形で表現される娘ヴィクトリア。このように、性と人種を逆転させた配役を駆使して、クライヴの無知と矛盾を、すなわち、大英帝国の威容を体現し「原住民」支配という事実を家族愛という言葉で覆い隠す欺瞞を、コミカルに視覚化して暴いてゆく。家父長クライヴは、妻を無力な人形として扱い、召使のジョシュアの献

身ぶりを褒めたたえ懐柔する。クライヴは、黒人暴動から逃れて家にやってきたソンダース夫人との情事にふけるが、妻が冒険家のハリーに寄せる思いは認めない（つまり「二重基準(ダブル・スタンダード)」である）。さらにクライヴは、自分に言い寄ってきたハリーが、ジョシュアおよびエドワードと同

図1 『クラウド・ナイン』（2007年の再演）、アルメイダ劇場、演出：ティア・シャーロック。

性愛関係にあることも知らなければ、エレンがベティを愛していることも知ろうとせずに、ハリーとエレンを結婚させてしまう。つまり、ゲイとレズビアンの盛大にして空虚な結婚式が挙行されるわけだが、ここでスピーチをするクライヴに、ジョシュアという、両親を英兵に殺されながらも、大英帝国と家父長に忠誠を誓ってきたキャラクターが銃口を向ける場面で、抑圧と偽装にみちたドタバタ喜劇が終わる。

　配役にも注目したい。女性の役は男性によって、男性の役は女性によって、黒人の役は白人によって、という具合に、性や人種はひっくり返されて演じられる。ここには、どのような狙いがあるのだろうか。実はこれは、前節で見た「一人二役(ダブリング)」の変種、もしくは発展型なのである。たとえば、妻ベティは、家父長制という「システム」における犠牲者である。ところが、第1幕でこの役を演じるのは男性であり、かつ、演者が男性であることがはっきりとわかるように上演される。

　これが示唆しているのは、家父長制「システム」における抑圧者である男性が、その犠牲者である女性の役割(ロール)を担う＝演技(プレイ)することがありうる、ということである。人種についても同じことが言える。「個人」は、抑圧者にも犠牲者にもなりうる。その意味では、誰もが家父長制という「システム」に荷担している、あるいはさせられている。『クラウド・ナイン』第1幕は、この側面を見事に浮き彫りにしている。

　続く第2幕（1979年のロンドン）で光が当たるのは、登場人物が因習的な性意識を引きずりつつも、その桎梏からみずからを解放しようと試行錯誤する姿である。たとえば、妻ベティは、夫クライヴによる庇護のない生活に最初はとまどう。ところが、職を得ることによって、夫や母によるヴィクトリ

ア朝的な呪縛から逃れる。マスタベーションの快感を語り、性的にもいわば自立する。さらには、初めて自分から声をかけた男が息子の恋人だったことを知っても臆することもない。言い換えると、ベティは、世代、階級、性的嗜好にさほどこだわりを持たずに人間関係を結ぼうとしている。

　印象的なのは幕切れの場面である。そこでは第2幕のベティが第1幕のベティと抱き合う。男性が演じ、家父長制「システム」に対する万人の有責性を典型的に示す第1幕のベティと、家父長制「システム」の桎梏から解放された第2幕のベティ——この2人が抱擁を交わすことの意味は何だろうか。複数の解釈が可能だが、そのひとつとして、前者による「システム」批判が、後者によって結実したと読むことができよう。

　ところがこの批判は、題名が示唆するように、ひとつの限界を抱えている。「クラウド・ナイン」とは、「天にのぼる心地」という意味だが、もとは「ひとつの雲を9タイプに分類したなかで一番上の雲」を指す。『クラウド・ナイン』のベティは、家父長制の桎梏を乗りこえ、空高く雲の上にあるような一種のユートピアにたどり着いたのかもしれない。しかし、現実には雲の上の楽園に人は住めない。そこはかりそめの楽園なのだ。

　ここで本章の最初の方で述べたことを、もう一度確認しておこう。第二波フェミニズムが依拠していたのは、その程度の大小はあれ、「自由な個人」だった。会社であるか、学校であるか、あるいは家庭であるかを問わず、そこでの「個人」が享受する「自由」を「公」に認めさせることをめざした、と言ってよい。「自由な個人」とは、第二波フェミニズムが家父長制と戦う武器であった。

　その一方、チャーチルにとって、家父長制とは「システム」に他ならず、ということは、第二波的な「自由」では批判しきれないものだった。だからこそ彼女は、家父長制という「システム」のもとでは、「個人」とはことごとく「不自由」な存在に過ぎないと、徹底して暴こうとしたのである。システムの加害者になるか被害者になるかは、個人の選択とは関係がない。いや正確には、そういう「偶然」という視点が、どうしても必要だということ——これを『クラウド・ナイン』は、「一人二役（ダブリング）」の手法を発展させつつ示したのだった。

ただし、「自由な個人」の代わりに「不自由な個人」を提示するだけでは足りない。不自由な個人を強調することは、ともすればシステムへの隷属に耐えよ、というメッセージにもなりうる。それでは、第二派フェミニズムが達成した成果さえも無に帰してしまう。新自由主義が席巻する直前にチャーチルが直面した課題とは、自由な個人という観念を疑いつつ、しかしシステム（家父長制や新自由主義）のなすがままになるわけでもない、女性の生き方を問うことであった。最後に紹介する『トップ・ガールズ』はそのような課題への取り組みとして読むことができる。

## 4.『トップ・ガールズ』——フェミニズムと個人主義

そうした彼女の苦闘は、家父長制批判を展開したマルクス主義フェミニストの苦悩と似ている。家父長制「システム」の批判をどれだけ精緻に行ったとしても、そこから見えてくるのは、「個人」がどれだけ「不自由」な境遇にいるかということに過ぎず、「システム」から脱出することは、あたかも「雲上」に出るかのごとく難しい。そういう意識を持つチャーチルは、マルクス主義フェミニズムによって乗りこえられたとされる社会主義フェミニズムに強く惹かれるようになった（社会主義／マルクス主義フェミニズムのさらなる詳細についてはクーン、ダラ・コスタ、サージェント、ミッチェルなどを参照）。

彼女は1979年にアメリカに渡る。そのとき、社会主義との結びつきの強いイギリスのフェミニストに比べ、はるかに多くのアメリカ人フェミニストたちが出世競争に身を投じ、高収入を勝ち取っている現実を目の当たりにしている。言い換えると、チャーチルが驚いたのは、フェミニズムと新自由主義の結合だったということになるだろう。第二波フェミニズムが武器とした「自由な個人」が、世の中のありとあらゆる富を「個人」に帰着させようとする新自由主義（第2章および第15章を参照）と、決定的なかたちで結びついてしまったのだ。

フェミニズムと新自由主義の「不幸な結婚」に憤ったであろうチャーチルは、あるインタビューで「社会主義を含まないフェミニズムにも、フェミニ

図2 『トップ・ガールズ』(1982年)、ロイヤル・コート劇場、演出：マックス・スタフォード＝クラーク。

ズムを含まない社会主義にも興味はない」と宣言している。

では、「社会主義を含むフェミニズム」／「フェミニズムを含む社会主義」とは何であろうか。1982年初演の『トップ・ガールズ』はそれを探る試みであった。3幕5場構成の本作品は、女性たちとの議論を踏まえて執筆されたもので、女性であること、女性として生きることの困難を、容赦なくロイヤル・コート劇場の舞台にたたきつけた作品である。

第1幕は主役のマーリーンが、「トップ・ガールズ」という名の雇用斡旋会社で重役に昇進したことを祝うパーティーから始まる。そこに現れるのは、ヴィクトリア朝時代の旅行家イザベラ・バード、13世紀日本の帝の側室で、のちに尼となる二条、行列の最中に出産して石で打ち殺された9世紀イタリアの女教皇ヨハンナ（ジョーン）、ブリューゲルの地獄絵で悪魔と戦う姿を描かれた「悪女」フリート（グレ）、嫁いだ侯爵からの不条理な試練に耐えて、14世紀の文学で称賛された農夫の娘グリゼルダである。古今東西から一堂に会した、それぞれの時代の最先端(トップ・ガールズ)の女たちは、酒を酌み交わしながら、我先にと波瀾万丈の人生を語り、泥酔していく。

時空を超えた宴会に興じる彼女たちは、家父長制「システム」の犠牲者という共通点を持っている。現代社会で心身をすり減らし独り酒をあおるマーリーンも、その一人に他ならない。ただし重要なのは、彼女たちが同じく時空を超えた、「個人主義者」でもあるということだ。家父長制「システム」から、「個人」の才覚や努力によって脱出しようとする彼女たちは、第二波フェミニストと同じく「自由な個人」を武器としている。ところが『ヴィネガー・トム』で確認したように、そうした「自由な個人」には決定的な限界があり、それでは家父長制「システム」の打破は難しい。

この限界を暴露していく存在が、マーリーンの姉ジョイスということになるだろう。最終幕で繰り広げられる、マーリーンとその姉ジョイスの会話のなかで、次々と真相が観客に明かされてゆく。姉妹の父（つまり家父長）は、

飲んだくれの農夫だった。母は認知症にかかっている。妹マーリーンは、こうした生活に見切りをつけ家族を捨てたのであり、田舎の家父長制「システム」から脱出を試みた、ということになる。

その一方で、姉ジョイスは、掃除婦として家計を支えながら、父の墓参りを欠かさず、病身の母と「落ちこぼれ」の娘アンジーの面倒を見ている。それだけではない。マーリーンは、17歳で望まぬまま妊娠してしまったのだが、当時結婚3年目だったジョイスが子どもを引き取ると申し出ていたのだった。マーリーンは、都会の人材派遣会社（「トップ・ガールズ社」）を経営するまでに成功を収めており、これだけを見ると、家父長制「システム」の桎梏から逃れ、「自由」を獲得した存在のようである。しかし、その「自由」はあくまで限定されたものである。マーリーンが都会で成功するためには、娘のアンジーと一緒に生活することを断念する必要があった。その意味では、マーリーンは「不自由」な存在であり、家父長制「システム」の犠牲者である。

とはいえ、そうした「自由」の限界を暴く作業にも、同じく限界があることは、『クラウド・ナイン』の読解ですでに見た。歴史上のトップ・ガールズ（バードたち）、現代のトップ・ガール（マーリーン）が「自由」にこだわるがゆえに、「不自由」を訴えるだけでは、なんともシニカルな響きを帯びてしまう。このシニシズムから脱出する鍵は何だろうか。これまでたびたび示唆したように、それは「個人」という枠組みを疑うことである。そして、その契機は、激化する姉妹の論争にある。

ジョイスの態度がさらに硬化するきっかけになるのは、1979年の総選挙である（この選挙の歴史的文脈については第2章を参照）。マーリーンは保守党に票を投じ、初の女性党首サッチャーに未来を託す。サッチャーが標榜する新自由主義に、階級や性差ではなく「個人」の能力と努力だけを重視する考え方に、マーリーンは共感を隠さない。当然、姉ジョイスはこれに激しく反発する。妹マーリーンが華々しいキャリアを獲得した陰で、多くの犠牲が生じていることを、姉ジョイスはよく知っているからだ。ここで、マーリーンの「不自由さ」をあげつらっても、あまり意味はない。家父長制「システム」の力強さを再確認するだけのことである。

ここで発想を変えてみよう。問題は「個人」という枠組みにこそある、と

いう考え方を採用するとどうなるだろうか。ジョイスという存在が示しているのは、マーリーンの「不自由さ」よりも、そもそも「個人的」な成功などありえない、ということになる。ジョイスが家族の世話を引き受けたことでマーリーンが活躍できたように、何らかの成功や達成とは、すべて「集団的」なものなのである。競争社会を登りつめようとするマーリーンと、それを罵倒するジョイスの双方の生き方は、実子としてか、養子としてかを問わず、二人がアンジーを娘として「共有」するというプロットが示すように、繋がっている。つまり、新自由主義にどっぷり浸かったマーリーンの生き方と、それに激しく抵抗するジョイスの生き方という対立にも、「集団性」は備わっているのである。

　だがこの「集団性」をも、チャーチルは幕切れで揺るがしてみせる。ジョイスが寝室へ去り、マーリーンが独り酒をしているキッチンへ、アンジーが寝ぼけ顔で入ってくる。

アンジー：ママ？
マーリーン：いいえ、ママはもう寝たの。私はマーリーン叔母さん。
アンジー：怖い。
マーリーン：悪い夢を見たの？　どんな夢？　目が覚めちゃったのね？
アンジー：怖い。

　アンジーは「ママ」に「怖い」と繰り返すことしかできない。なにが「怖い」のだろうか。生みの母が身を投じている都会での競争が「怖い」のか。育ての母が細々と営む田舎での貧乏生活が「怖い」のか。答えはその両方なのかもしれない。だが、「怖い」のはそれだけなのだろうか。

　チャーチルはこの「怖さ」について伏線を張っている。アンジーが「怖い」と言う直前の場面を引用しよう。

ジョイス：それじゃお休み。これで充分暖かいと思うけど。
マーリーン：お休み。ねえ、ジョイス──
ジョイス：もううんざりだわ。悪いけど。

ジョイスは、妹との会話に嫌気がさし、いがみあうことにすら「うんざり」してしまう。本当に「怖い」のは、これなのではないだろうか。つまり、対立関係こそ、何らかの集団性を生み出しているもののだとしたら、そうした関係が終わってしまうことこそ本当の危機である。そうなったら、「個人」という枠組みが強化されるだけだ。

## おわりに

　フェミニズムには社会主義が、社会主義にはフェミニズムが必要だと、チャーチルが力強く宣言した理由はここにある。社会主義は、フェミニズムが「個人主義」の陥穽に陥らないための有効な手立てとなるだろう（そこでの社会主義とは、集団的なものの可能性を問う姿勢の謂いなのだから）。他方、フェミニズムは、社会主義が、家父長制であれ、新自由主義であれ、「システム」にからめとられないための批判原理となるだろう。

　男性対女性であれ、「トップ・ガールズ」対「ボトム・ガールズ」であれ、こうした対立関係こそが、不自由な「システム」を解体して豊かな集団的関係を、つまり「社会」をつくり出す源なのだ。自分の対極に立つように思える人びとこそ、私たちの成功や達成感、さらには存在そのものを内実で支えている存在なのではあるまいか。であれば私たちは、対立することに「うんざり」などしていられない。その対立が消滅してしまうときこそ、私たちの手から「社会」がこぼれおちる瞬間なのだから。

（エグリントン　みか）

### 推薦図書

池内靖子『フェミニズムと現代演劇――英米女性劇作家論』田畑書店、1994年。
竹村和子編『"ポスト"フェミニズム』作品社、2003年。
『現代演劇　特集キャリル・チャーチル』英潮社、1996年。

*Column*
## ウェルフェアからワークフェアへ

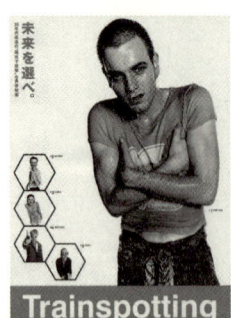

　1993年出版のアーヴィン・ウェルシュによる青春小説『トレインスポッティング』(1996年に映画化)に、主人公レントンとその友人スパッドが就職面接を受けるエピソードがある。ふつうなら職を得るため懸命に自分を売り込むはず。ところがレントンはヤク中をみずから告白、スパッドはあろうことかハイな状態で面接に臨み、結果は二人とも首尾よく（?）不採用。でも、わざと落ちるくらいならば、なぜ求職活動にいそしむのだろうか。

　その理由は1980年代後半に進んだ失業手当の給付条件の厳格化と関連している。そもそも1911年から限定的に導入が進んだ失業手当は1946年の国民保険法によって拡大され、多くの労働者たちの失業時の生活を支えるものとなった。1975年の社会保障法では、受給者の技能や経験にみあった仕事でなければ就業斡旋を拒否できる規則が明確化されていた。だが1989年の法律改正はこの規則を撤廃、どんな悪条件の仕事でも斡旋を拒否すれば失業手当の受給資格が失われることになった。さらに同法は受給者の積極的な求職活動を義務づけ、その証明を給付の条件に含めた。レントンたちがわざわざやる気のない仕事の面接を受け、わざと相手が断るように仕向けたのは、失業手当の給付を停められないようにする必要があったから、というわけなのだ。

　こうした若者たちは、政府の目には仕事嫌いの「福祉詐欺師(ワークシャイ)」に映るのだろう。80年代のサッチャー政権以降、イギリス政府は公共支出削減を目的に「福祉詐欺(ウェルフェア・フロード)」の撲滅を謳い、失業手当の給付条件をますます厳格化した。この動向を決定的にしたのは、1996年の失業給付から求職者手当への切り替えである。この結果、受給者の求職活動証明はさらに厳しく、ほとんど懲罰的なものになった。またブレア政権は1998年からニュー・ディールと呼ばれる強制的な職業訓練プログラムを導入、2002年には手当の支給窓口と職業安定所が統合され、第二次世界大戦以後にようやく確立された市民権としての「福祉(ウェルフェア)」から、労働を絶対の前提条件にした「勤労福祉(ワークフェア)」への移行を決定づけた。このような移行は、80年代の保守党政権による労働組合潰しや、折からのパートタイム職の増加による労働市場の加速的な流動化と同時に進み、人びとは、ますます条件が悪化し、不安定化する雇用の世界に、否応なく投げ返されることになったのである。

　さて、以上の経緯を踏まえてもう一度『トレインスポッティング』の若者たちに戻ってみよう。彼らは本当に、仕事嫌いの怠け者(ワークシャイ)にすぎないのだろうか。あるいは、彼らの行動には、新自由主義と歩調を合わせた新たな勤労福祉国家(ワークフェア・ステイト)の台頭に対する、ささやかな抵抗のきざしを感じ取ることはできないだろうか。

（秦　邦生）

映画『トレインスポッティング』日本公開時のチラシ(1996年)。キャッチコピーは「未来を選べ。」

第11章

# 「同性愛」と「寛容な社会」

―― 解放と容認の時代?

## はじめに ――「寛容な社会」の向こう側へ

> 市民パートナーシップへの登録は、誠実な同性間の関係の価値を認めるものである。それは安定した家族を支持し、私たちが生きている社会の多様性を尊重する。長い間、尊敬や承認、正義を否定されてきた人びとに、それらを付与するものである。
>
> 女性・平等担当副大臣の発言（2003年 "New Rights for Gay Couples"）

2004年にイギリスで、事実上の「同性婚」を合法化した市民パートナーシップ法が成立し、2005年の12月に正式に施行された。法の施行後、「市民パートナーシップ」の絆を結んだ多くのカップルのなかに、ミュージシャンのエルトン・ジョンを含む著名人がいたこともあり、この法の存在は日本においても大きく報道されて話題を呼んだ（図1）。市民パートナーシップ法に対するイギリスのメディアや世論の論調は概して好意的で、彼／彼女らの関係が社会的に承認されるものとなったことを祝福するものだった。21世紀以降のイギリスにおいて「同性愛」の絆は、「罪」や「悪徳」ではなく、多様化する家族のひとつとして広く社会的に認知されるようになったと言える。

このような現代イギリス社会における「同性愛」の容認の動向は、これまで通例、1960年代を起点とする「寛容な社会」の文脈において語られてきた。そこでは「同性愛」の「解放」は次のように語られる。すなわち、第二次世

界大戦後の伝統的な道徳観や価値観の揺らぎのなかで、キリスト教を基盤とした厳格な性道徳も崩壊し始め、それまでキリスト教の道徳の内部で「罪」や「悪徳」とされた「同性愛」も解放への道を歩みだしたのだ、と。

しかしここで注意したいのは、キリスト教に根ざす伝統的な道徳観の揺らぎという事実は、「同性愛」に対する差別の撤廃の理由としては説得力を持ちえても、「同性婚」の合法化のように「同性愛」の絆を家族として法的に位置づけるような、積極的な保護の動きを十分に説明するのは難しい、ということである。

図1　『市民パートナーシップ』政府発行のパンフレット

というのも、「同性婚」の合法化は、差別の不当性という論理を超えた、社会における結婚や家族の意味に大きく関わる事象なのだから。そのことは、たとえば日本のようなキリスト教の性道徳を持たず、「同性愛」の差別が西洋社会ほど厳しくない／なかったとされる社会において、「同性婚」の合法化の動きがまったく進展しないことからもうかがえる。おそらく「同性婚」の合法化によって「同性愛者」を社会の内部に取り込む背景には、戦後の表面的な性道徳の弛緩には還元できない、イギリス社会における「同性愛」と性や家族をめぐる規範の関係性のダイナミズムが見出せるのではないだろうか。

　本章では、おもに20世紀半ば以降のイギリス社会の「同性愛」をめぐる動向を跡づけることで、イギリス社会が「同性愛」の絆を家族の内部に取り込む社会的論理とプロセスを見ていく。そのことは翻って、日本社会における家族の意味やそこからの「同性愛」の絆の排除のあり方を、イギリス社会との異同において逆照射することにもつながるだろう。

## 1.「猥褻」か「性愛」か

(1)「社会純潔運動」と男同士の「著しい猥褻行為」という犯罪

イギリスにおける「同性愛」の容認の論理とプロセスを見ていくために、ここではまずその排除の構造を簡単に確認しておこう。西洋キリスト教圏では、近年まで「同性愛」は許されざる行為であった。しかしフランスの思想家ミシェル・フーコーが指摘したように、私たちが自明のものとする「同性愛者」という主体は、19世紀の西洋社会に誕生したものである。もちろん同性を性愛の対象とする人びとはいつの時代にもどの社会にも存在していたはずだが、彼/彼女らの存在が、社会において「同性愛者」（生得的に同性を性愛の対象とする個人）という認識において捉えられ、「同性愛者」という主体として生存する地平が成立したのは、19世紀末以降のことになる。では、それ以前のイギリスにおいて、現在では「同性愛者」とみなされる人びとは、どのような認識において理解される存在であり、彼/彼女らの関係性はどのような観点において「罪」や「犯罪」とされていたのであろうか。

古典的なキリスト教の見解では、同性間の性的行為は、性行為の自然な帰結としての生殖という目的から外れた性的行為、つまり「自然に反する悪徳」として位置づけられていた。ここでは、同性同士の性的関係のみならず、自慰行為、獣姦、男女間のソドミー行為など、生殖の観点からは無意味な、快楽を直接の目的とする行為は、誰もが陥る可能性を秘めた「悪徳」として質的に同じ行為とされていた。このようなキリスト教の性道徳はもちろん理念/理想として存在していたものだが、それを現実の社会において実現することを目指した動きが、19世紀後半のイギリスに生じることになる。「社会純潔運動」と呼ばれるこの社会改革運動こそが、現在の私たちのほとんどが自明とみなし、その実在を疑うことのない、「同性愛者」の「抑圧と解放の物語」の始点となる。

「社会純潔運動」は、19世紀後半のイギリスに起きた国家規模の社会改革運動である（19-20世紀前半の状況の詳細については、村山を参照）。運動の中心となったのは、プロテスタントの一派である福音主義的な中流階級の人びとである。彼/彼女らは、当時のイギリス社会に蔓延していた売買春行為に代表される「性的堕落」を「社会問題」とみなし、イギリス社会の「道徳改革」を試みた。その際に「イギリス国民」の規範として彼/彼女らが位置づけたのが、産業化によって膨張する中流階級の信条であり、その性

規範であった。

　当時の中流階級の人びとの性規範は、生殖の関係性のみを「自然」とするキリスト教に基礎づけられていた。彼／彼女らは、結婚は一対の男女の「愛」によって支えられる神聖な制度であり、それは男女がお互いのみを性愛の対象とする「純潔」によって形成・維持されなければならない、という強い信念を抱いていた。そこでとくに問題視されたのが、「純潔」という観念に対立する、売買春行為に代表される上層階級の快楽主義的で奔放な性のありようだった。

　このような中流階級の性規範を体現し、「社会純潔運動」の最大の成果とされているのが、1885年に成立した刑法改正法である。この法の直接的な目的は、（とくに上層階級による労働者階級の少女を対象とした）売買春行為の取り締まりを強化することにあったが、その第11条に、同性愛解放運動の始点となる、以下のような条文が存在した。

>　公的な場であろうと私的な場であろうと、他の男性と著しい猥褻行為（グロス・インディーセンシー）を行った男性、その行為に参加した男性、その行為を斡旋した男性、斡旋しようとした男性はすべて軽犯罪を犯したとして有罪である。……

　この条文の目的は、上層階級の男性の間で行われていた少年買春の取り締まりを強化することによって、大人の誘惑から少年を保護し、彼らの「堕落」を防止することであった。当時、男同士の性的行為は、「伝染病」という比喩で表現されていたように、自堕落な大人の男性から少年へ「伝染」する後天的・習慣的行為とみなされており、法による外圧的な規制が有効であると考えられていたのである。実際、当時のロンドンには、上層階級の男性が通う男娼宿が少なからず存在し、現在では「同性愛者」とみなされる男性のみならず「異性愛者」の男性たちも足繁く通っていた事実が確認されている。

　ここで重要なのは、刑法改正法第11条によって取り締まりの対象になっていたのは、現在私たちが想定する「同性愛者」ではなく、あくまで少年買春などの「猥褻」な行為の主体としての堕落した男性であったという点である。

「同性愛者」という概念が不在であった当時、現在では「同性愛者」とみなされる男性たちの性的関係も、「猥褻」という枠組みにおいて取り締まりの対象に含み込まれていたのだった。

　刑法改正法第11条は、①条文の内容の曖昧さとともに、②男同士の「著しい猥褻行為」を「軽犯罪」と規定したことで（ソドミー行為［肛門性交］は「重罪」であった）、警察による誤用・乱用を可能にした条文であると言われている。実際、この条文の法制化とともに、男同士の親密な関係を示唆するあらゆる行為が、「著しい猥褻行為」として問題化され、それまでイギリス社会で厳しく取り締まられることのなかった、ソドミー行為に至らない男同士の性的関係が国家の監視のもとに置かれることになる。その結果、現在では「同性愛者」とみなされる男性たちが恐怖のなかに生きる「受難の時代」が始まったのである。

## (2) 性科学と「同性愛者」という身体の構築

　このような状況のなか、初期の同性愛解放運動は、刑法改正法第11条の改正を要求する運動として始まる。そこで重要な役割を果たしたのが、「同／異性愛（者）」という概念の創出と普及に努めた性科学の知である。性科学とは、20世紀転換期のドイツやイギリスなどに誕生した人間の性を「医学－科学的」に探求／研究することを目的にした学問領域であり、とくに世紀転換期のイギリスでは、同性愛解放運動と深く関わっていた。というのも、「社会純潔運動」や刑法改正法が体現した、男同士の性的関係に対する認識に対抗し、「同性愛者」というアイデンティティを構築し社会に流布するための理論的根拠となったのが、性科学の言説だったからである。

　それでは、性科学は男同士の性的関係をどのように提示したのか。またその際、「同性愛」を理論化したこの新たな知の創出の目的とはいかなるものだったのか。例えば、性科学の関係者の一人であるエドワード・カーペンターは、『性愛と自由社会におけるその位置』（1894年）において、「単なる肉欲への好奇心や無節操な欲望、あるいは……普通の満足を得る機会がないために同性愛の行為を取り入れる人びと」と「同性愛者」とを明確に区別する必要性を強調している。性科学が「偏見」として否定しようとしたのは、両

者を混同する思考、より正確にいえば、前者を後者と見誤る視線である。というのも、このような認識の枠組みの内部に留まる限り、男同士の親密な関係を、道徳と刑法の呪縛から解放することは困難であったからである。

　男同士の性的関係を「堕落」や「頽廃」、「性的放埓」と同義とみなす支配的な道徳観に対して、性科学は、既存の道徳の問題の枠内では把握できない、「生得的に同性へ惹かれる」という現象を指摘し、その根拠を、医学的知識を介して個別の身体の内部に求めることによって、「同性愛者」という身体を構築した。つまり性科学が提示したのは、生得的に同性へと惹かれる、根絶不可能な「状態（state/condition）」としての「同性愛者」という身体をめぐる新たな知であった。また同性への性的感情を、過剰な情欲ではなく「愛」に起因するものと捉え直すことによって、それを異性への「愛」と同様に「自然」が産み出した一部として擁護するとともに、そのような「状態」をその人物の人格（アイデンティティ）形成の核となる要素として位置づけたのである。

　性を道徳の問題を超えた人間のひとつの「真実」として語ることを可能にした性科学の知は、20世紀半ば以降の同性愛解放運動を支える論理として、やがて広く社会的に浸透していくこととなる。

## 2.「私たちは犯罪者ではない」──「同性愛」の脱犯罪化と「寛容な社会」

### (1)「道徳的」な「同性愛者」と異性愛規範

　性科学によって提示された「同性愛者」という概念は、ひとつの新しい概念として1920年代までに一般に流通するようになった。20世紀に入り、少しずつ普及し始めた「同性愛」という概念の効果が目に見えるかたちで表れ、その後の「同性愛」に対する社会の態度の変容に影響を与えたのが、1954年に起きた「モンタギュー事件」とよばれる出来事である。これは、モンタギュー卿と彼の友人が、ボーイ・スカウトの少年に対して「著しい猥褻行為」を行ったこと、および彼の領地で開催されたパーティが乱交まがいのものであったという理由で関係者が逮捕され、裁判にかけられた事件である。この事件の裁判過程において、性科学によって創出・流布された「同性愛」とい

第11章 「同性愛」と「寛容な社会」　209

う概念やそれをめぐる問題がイギリス社会の前面に押し出されることとなり、それはメディアを介して広く世間一般に伝えられることになった。

　この裁判でもっとも人びとの関心を集めるとともに、その言動が後の「同性愛問題」の動向に強い影響力を持った人物が、被告人席に座ったジャーナリストのピーター・ワイルドブラッド（モンタギュー卿の友人）である。彼はイギリスではじめて公的な場で「同性愛者」であることを明言するとともに、裁判後に自らの「同性愛」についての告白本（『刑法に反して』［1956年］）を出版し話題を呼んだ人物でもある。「同性愛者」と呼ばれる個人の擁護を主張したワイルドブラッドの言動は、メディアを通して多大な注目を集めたことによって、従来その存在の根拠を公に問われることのなかった刑法改正法第11条や「同性愛者」という存在をめぐる議論がイギリス社会全体に巻き起こり、法改正への動きが加速していくことになった。そのことを端的に示すのが、事件終結の数日後の『タイムズ』紙に掲載され大きな話題を呼んだ、「法と偽善」というタイトルの次のような記事だった。

　　法は多くの私的な意見と歩調を合わせていないように思われる。……そのような［「同性愛」の］行為は、公然猥褻や売春、反道徳的な目的での誘惑、そしてとりわけ少年の堕落という問題から明確に区別されなければならない。現行の刑法の再検討を要求する議論は、それ［刑法の改正］が果たされなければ、人びとの意識は、法的に寛大に取り扱われるべきものと、非難され根絶されるべきものとの間に明確な区別ができないということを主張している。……同性愛は、現在ではほとんどの心理学者によって生得的のものとみなされている。……このことは、ここ数ヶ月のスキャンダル［「モンタギュー事件」］から我々が学ぶべき最も重要な教訓である。("The Law and Hypocrisy")

　ここでは「生得的な同性愛」という性科学が提示した概念を踏襲するかたちで、それを法によって犯罪化することの不当性が主張されている。そしてこのような認識は、「モンタギュー事件」によってもたらされたものであることを指摘し、新たな概念として当時流通しつつあった「同性愛」という現象と、刑法改正法がその取り締まりの対象としていた反道徳的行為とを明確に区別する必要性を訴えている。

道徳の砦であるイングランド国教会（道徳福祉協議会）もまた、「モンタギュー事件」の後に刊行された報告書において、「同性愛の状態と同性愛の行為の間の違いを心に留めておくことが必要である」こと、そしてそのことが「広く認識されれば、同性愛者に対する社会の態度が顕著に変化することは間違いないだろう」ことを指摘し、「若年層と社会の保護を目的に形成される必要のある」刑法の範疇に「状態」としての「同性愛」は入りえないと結論づけている（この報告書は、後段で確認する「ウルフェンデン委員会」に提出されている）。同様の観点からワイルドブラッドは、刑法改正法第11条の問題点を、「多くの誠実な男女によって共有されている法の観点は、同性愛は意図的に選択される恐るべき倒錯であり、そのような選択を行う男性は刑罰に値するというのである」（Wildeblood）と述べ、いまだ既存の認識に捕われているこの法の改正を訴える。こうしたワイルドブラッドの問題提起に象徴されるように、「同性愛（者）」という概念が徐々に社会的に浸透するとともに、男同士の性的な関係を従来のように道徳の問題として犯罪化する刑法の妥当性が議論の対象となっていく。
　それまで同性との性的関係は、「反道徳的」な性質の表れであると解釈されており、同性との性的関係を持つ人物はただちに個人の人格についてのネガティヴな倫理的判断を下される存在であった。これに対して、「生得的な同性愛（者）」という概念が創出されることで初めて、同性と性的関係を持つ人物が「道徳的」と形容される、つまり福音主義的・中流階級的な道徳観の内部で容認される道が拓かれたのである。こうして20世紀半ば以降、「同性愛者」という存在が広く社会的に流布されるに伴い、彼らの関係性を「猥褻」という修辞のもとに犯罪化する法の正当性に対して疑問が持たれるに至った。
　そのような状況のなかで1954年、刑法改正法の改正に関する調査委員会（「ウルフェンデン委員会」）が設置され、それまで売買春問題として同じカテゴリーのもとに置かれていた男同士の「著しい猥褻行為」と売買春問題が、ここに至って（「性犯罪」というカテゴリーは共有しつつも）異なる事項として調査されたのである。同委員会は、キリスト教・法律・医学などさまざまな領域の専門家の意見を聞くとともに、「同性愛者」へのインタヴュー調査も

実施した。インタヴューの対象者のなかには「モンタギュー事件」で有名になったワイルドブラッドも含まれていた。3年後の1957年には、その調査報告書である「ウルフェンデン報告」が公刊された。これは、個人の私的領域への公的干渉を最小限にすることを打ち出し、1960年代以降の「寛容な社会」の精神を体現する報告書として現在でもよく知られている。実際、報告書が公刊された当時も新聞などメディアで取り上げられて大きな反響を呼んだ。

だがそれにしても、「ウルフェンデン報告」は、それまで少年の「堕落」や「猥褻」な性の蔓延というかたちで公的に害悪を及ぼすとみなされていた男同士の性的関係を、どのようにして「私的な領域」へと移行させたのであろうか。

「ウルフェンデン報告」はまず、「同性愛」を次のように定義する。

「同性愛の犯罪行為」と「同性愛」とを明確に区別することは重要である。……後者については、同性愛は同性へと性的に惹かれる生まれつきの傾向であるという、辞書的な定義に留めておく。したがって同性愛は状態であり、そのようなものとして刑法の範疇には入らないし、また入りえないのである。……同性愛者は、みずからのなかに存在するそのような傾向の自覚の程度によりそれぞれ異なることは明白である。まったく自覚のない人もいるが、そのような場合は、専門的には同性愛は潜在的であると表現され、その存在は個人の明白に性的でない領域から推論される。(Committee)

この記述によれば、「同性愛」という「状態」は個人の身体の内部に存在する実体として認識されており、それが身体の外においてなんらかのかたちで可視化されなくても、その奥深くに潜んで個人を規制する力を持つとされている。そしてそのような「状態」としての「同性愛」は、「潜在的同性愛」と呼ばれるように「明らかに性的でない領域」からでも推測が可能であり、ときにはそれが本人に自覚化されないことさえあるという点を指摘する。このような「状態」としての「同性愛」は、あらゆる領域に顕在化する個人の核、つまり内なる「真実」として、身体の奥深くに帰着するものと位置づけられる。

「ウルフェンデン報告」は、以上のように、「同性愛者」と「性的放埒者」とを明確に切り離すことによって、それらを同じ次元で捉える認識を退けたのである。要するに「同性愛者」とは、同性に惹かれる生得的な傾向を内に秘め、それがその生全体を規定するような個人のことであり、同性愛行為を行うかどうかは二次的な問題でしかないというのである。いったんこのように個人の人格の核として認識されると、それまでは猥褻行為として公的性格を帯びていた男同士の性的関係は、それが二人の成人男性の間で行われているかぎり、つまり規範的な「異性愛」の構造を踏襲しているかぎり、「異性愛」と同様に私的性格のものとして再定義されることとなる。そしてそのような「同性愛」の行為は、「私的な領域」に留まるかぎり個人のプライバシーの問題となり、法の規制の対象から外れる方向へと向かっていくことになる。

(2) 愛による「解放」――「寛容な社会」における「同性愛者」

「ウルフェンデン報告」の公表以降、「同性愛」をめぐる議論は断続的に新聞紙面を飾り、「同性愛者」という存在が自明のものとして語られ始める。「ウルフェンデン報告」の公表からおよそ8ヶ月後の1958年5月、イギリス初の「同性愛」の運動団体である「同性愛法改正協会（The Homosexual Law Reform Society、以下 HLRS）」が設立され、報告書が提案した改革の実行を求めて動き出した。この団体は、「同性愛」を「マイノリティの問題」であると明言し、「同性愛者」という抑圧される存在が実体として存在するという認識を強く打ち出すことによって、その「解放」を求め議員へのロビー活動を積極的に行った。しかし「同性愛（者）」という概念が社会に広まり始めていたとはいえ、その関係性が犯罪化されていた「同性愛者」が、当事者として公の場に登場することは事実上不可能であった。そのため刑法改正法第11条の改正を求めた初期の同性愛解放運動は、公に目立った動きをすることはほとんどなかった。「同性愛者」は影で運動を支える存在に徹し、刑法の改正のために前面に立って戦ったのは、新たな知を受け入れる「異性愛者」（多くは社会的地位のある知識人や政治家）であった。

黒子の役目に徹したとはいえ、初期の同性愛解放運動において HLRS の

果たした役目は大きなものだった。HLRSが取った戦略は、「純潔」という中流階級的性規範に抵触しない「道徳的な同性愛者」という像を提示することによって、男同士の親密さに付きまとう「堕落」や「退廃」、「性的放埒」といったイメージを払拭し、既存の価値観の内部で承認を得ようというものである。このような戦略の効果もあり、一定の抵抗にあいながらも、ついに1967年、「ウルフェンデン報告」の提案どおり性犯罪法が成立し、合意のある二人の成人男性の間の私的な同性愛関係が合法化された。

　1967年の性犯罪法は一般に、「同性愛」を脱犯罪化したとして「寛容な社会」を象徴する法のように語られることが多い。だが注意を要するのは、刑法において「犯罪」とされる「公序良俗に反する行為」を規定する基準自体は、刑法改正法の成立当初から性犯罪法の成立段階に至るまで、ほとんど変わっていないという事実である。性犯罪法はある特定の「同性愛」の関係、すなわち二人の成人男性の間の「私的」な性的関係のみを合法化したのであって、男同士の性的関係を全面的に脱犯罪化したわけではない。つまり性犯罪法の成立段階では、「ソドミー法」の条文も男同士の刑法改正法第11条も基本的に存続しており、条文の取り締まりの対象から、二人の成人男性の間の私的な関係性のみが、「同性愛者」の「愛」の表出行為という解釈において合法化されたにすぎない。「同性愛」の合法化というにはあまりに厳しい制限付きではあるが、このような制限は、性科学やHLRSが提示した、規範的異性愛の構造（一対の男女による「愛」の交換に基づく性的関係）を踏襲する「道徳的な同性愛者」という概念の論理的帰結とみなすことができる。自堕落な男性による倒錯行為とは異なった、性愛の一形態としての「同性愛」という概念を適用できる最小限の範囲が、上記のような制限の範囲内における同性間の関係なのであろう。このように見たとき、20世紀後半以降のイギリス社会の「寛容」は、決して「多様な性の容認」として単純に理解できるようなものではなく、イギリス社会とキリスト教的道徳の複雑な関係性に関わっていることがわかる。

　HLRSの選択した方向性は後年、男同士の性的関係が脱犯罪化されて以後に活発化した当時者運動としての同性愛解放運動の担い手たちの一部から、異性愛社会に媚を売っていると批判されることになる。とはいえ、異性愛規

範の論理によって理解可能な存在となることでその内部に取り込まれるという以外の方法では、異性愛規範がいまだ根強いイギリス社会において、「同性愛」の脱犯罪化の第一歩を踏み出すことは不可能であっただろう。

## (3) 当事者運動としての同性愛解放運動
### ——異性愛規範とその現代的展開

> 今世紀［20世紀］のほとんどの時期、ゲイの男性は同性愛を生得的な状態であるとみなすようになった。そのような考え方は、同性愛の行動が意志に基づく、したがって治療可能な倒錯であるとする見解に対する、有益な防御となったのだ。運動の進展と自信の増大により、多くのゲイ男性が、自らの同性愛を社会的アイデンティティであるとみなすようになったのである。70年代初頭の政治の大半は、このアイデンティティを保持するためのコミュニティの形成に関するものだった。(Cant and Hemmings)

これは1970年代を生きたある男性同性愛者の言葉である。ここでは「生得的な同性愛者」という論理が、「アイデンティティ」を軸に展開する解放運動に大きな意味を持ったことが、その時代を生きた実感をもって語られている。彼の言葉が示唆するように、1967年の性犯罪法によって一応は脱犯罪化された「同性愛者」たちは、1960年代以降、同性愛解放運動の当事者として公の場に登場することが可能となった（1970年代の同性愛運動の盛り上がりは第10章が論じるキャリル・チャーチルの戯曲『クラウド・ナイン』にも反映されている）。HLRSが刑法改正法の「改正」という目的を達することで役目を終えると、1970年代に入って「同性愛解放戦線」や現在も活発に活動を続ける「ストーンウォール」など、「同性愛者」の権利獲得のための当事者団体が次々と設立された。1971年には、ロンドンではじめてのゲイ・パレードが開催され（図2）、人種やジェンダー

図2　ロンドン初のゲイ・パレード

などの可視的な標識（差異）は持たないが、同じように生まれながらの属性において差別される人びととして、イギリスの人びとに「同性愛者」というマイノリティの存在を印象づけることになった（1972年以来、毎年６月に開催されている「プライド・ロンドン」と呼ばれるゲイ・パレードは、オックスフォード・ストリートやリージェント・ストリートなど、ロンドンの目抜き通りを行進し、現在ではロンドンの夏の名物行事のひとつになっている［図３］）。また性犯罪法によって、男性同性愛者のみが背負わされていた道徳的な負の価値が取り除かれ、男性同性愛者と女性同性愛者が法的にも同じ「同性愛」というカテゴリーのもとに並立されるようになって以降、彼／彼女らは、「異性愛者」と同じ人間でありながら権利を剥奪されたマイノリティとして自らを位置づけることにより、アイデンティティ・ポリティクスの政治的主体として協働し始めることになった。もちろん「同性愛（者）」という概念は、それまでの反道徳的な人間という論理とは異質の「同性愛嫌悪（ホモフォビア）」という新たな差別を生みだしたことは事実である。「同性愛嫌悪」は、「人格」に対する差別だけに道徳的な価値判断による否定よりも、より個人にとって厳しい社会的排除のありようであるかもしれない。しかし、男同士の性的関係の歴史を考えるとき、彼らが「同性愛（者）」という概念のもと、人権の思想において擁護される存在と認識されるようになった効果は計り知れないものだろう。もし男同士の性的な関係が、従来通り堕落した行為という道徳の問題としてのみ認識されていたならば、そこへは人権という観念もリベラリズムに基づく寛容な態度も、適用は不可能であったはずだ。「同性愛者」として身体の次元で実体化されてはじめて、不当に人権を奪われた人びとの存在が見出されることとなり、主体（アイデンティティ）の政治学が可能になったのである。

　ひとたび人権の適用の対象としてみなされる存在となると、人権が絶対不可侵の権利とされるようになった20世紀末以降、家族の意味の変容ともあい

図３　「プライド」で行進する英国海軍の人びと（2009年）

まって、「同性愛」をめぐる解放も、ジェンダーや人種に基づく差別からの解放の歴史と同様に、急速な展開を見せる。2000年の性犯罪法の改正によって男同士の性行為の承諾年齢が、それまでの21歳から異性間と同じ16歳に引き下げられたことを皮切りに、2002年の「養子と子どもに関する法」の改正による養子縁組に関する「同性愛者」への差別の撤廃など、20紀後半以降の「同性愛」に対する差別的な法がひとつずつ廃止されることになった。

　最終的には、市民パートナーシップ法において、「同性愛」のカップルは「異性愛」のそれとほぼ同等の権利と義務を獲得することになった。これに先立つ2003年に、「同性婚」に関する審議会が公刊した報告書は、「同性間の関係は、多くの分野で法的には存在しないことになってしまっている」と、「同性愛」の絆を積極的に認めてこなかった従来の法の問題点を指摘し、「同性愛」の関係を社会的に承認することの必要性を説いている。刑法改正法による男同士の親密な関係の犯罪化からおよそ一世紀を経て、「同性愛」のカップルは、「愛」の絆という解釈のもと、イギリス史上はじめて法的・社会的に家族を形成しうる関係として承認されることになったのである。

　このように「同性愛」の絆を結婚制度や家族の内部へ取り込むことを可能にしたものは、「社会純潔運動」が体現した、結婚を一対の男女の「愛」の絆とし、そのような「愛」を軸に形成・持続する共同体が家族であるとみなすキリスト教を源泉とする結婚観や性規範であろう。たとえば結婚や家族が一対の男女の「愛」の絆を超えた「イエ」の問題に包摂される日本社会との対比でもわかるように、そもそも異性間の結婚や家族が一対の男女の「愛」の絆が支えるという解釈がないところでは、「愛」の絆という論理が「同性婚」を正当化する論理になりえないと思われる。そのように見たとき、イギリスにおける同性婚の合法化という出来事は、多様な性のありようを許容する「寛容」の精神とととともに、現在でもイギリス社会の結婚観や家族観の核心に存在するキリスト教的保守性を示唆するものでもあるのかもしれない。

## おわりに

　市民パートナーシップ法の成立に至るまでの差別的な法規制の撤廃により、

男同士の性的関係の犯罪化から一世紀を経て、イギリスでの「同性愛者」の権利獲得の運動は、一応の収束を迎えたかに見える。同性婚が可能になった現在の地点から振り返ると、1960年代の性犯罪法から市民パートナーシップ法にいたるまで、すべてはリベラリズムという政治理念に基づく「寛容な社会」のもとで起きるべくして起きた出来事であるかのように見えるかもしれない。たしかに20世紀後半以降のイギリス社会は性の多様性を許容するようにはなった。だが、本章で見てきたように、「寛容な社会」と「同性婚」の合法化との間には、道徳規範の緩みという観点だけでは解き明かせない、異性愛規範を軸に展開する近代（ひいては現在）の性規範のダイナミックな変容のプロセスが見出せるのはないだろうか。

現在、「同性婚」の合法化の動きは、欧州連合諸国やカナダ、米国の一部の州など各国で進んでいる。しかし「同性愛」の社会への取り込みのプロセスは一様ではない。イギリスは「同性婚」を事実上合法化する一方で（権利と義務は「結婚」とほぼ同様）、それを法的には「パートナーシップ」と定義し、「結婚」の持つ宗教的含意を温存したことから明らかにように、あくまで生殖に基づく「異性愛」の結婚制度を無効にすることなく、異性愛規範の内部に「同性愛」を取り込むことを選択した。このことが新たにどのような効果をもたらし、結婚や家族の意味にどのような変容をもたらすのか／もたらさないのかという問題は、今後のイギリス社会の動向があらためて教えてくれるであろう。

（野田　恵子）

## 推薦図書

ミシェル・フーコー『性の歴史——知への意志』渡辺守章訳、新潮社、1986年。
風間孝・河口和也『同性愛と異性愛』岩波書店、2010年。
デニス・アルトマン『ゲイ・アイデンティティ——抑圧と解放』岡島克樹・風間孝・河口和也訳、岩波書店、2010年。

Column
## ミス・マープルはカレンダー・ガールになるか──新しい老いの可能性

　英国ヨークシャーの小さな町。夫を白血病で亡くしたアニーは、病院に寄附をしようと、ご近所の親友クリスたちとともに婦人会カレンダーに自分たちのヌードをあしらい、チャリティを成功させた。実話をもとに制作された映画『カレンダー・ガールズ』（2003年）は、死を目前にしたアニーの夫がヨークシャーの女性を花にたとえて言った「人生最後の段階がもっとも美しい」という言葉をなぞるように、老年を迎えた女たちがそれぞれの問題を抱えつつも人生に向かいあうさまを描き出している。

　彼女たちは、今風のアンチ・エイジングとは無縁に老いのプロセスに逆らわない。人生最後の段階の美しさは老いを──シミが浮いてたるんだ肌、垂れ下がった乳房ともども──さらすところにある。けれどもそれゆえにこそ、その試みは地域の婦人会、あるいは教区を超えた広がりを見せ、世界じゅうからあまたの共感の手紙を呼び寄せる。

『カレンダー・ガールズ』の原作となった写真集より（1999年）

　このことの意味は、アガサ・クリスティのミス・マープルと比べるとより鮮明になる。この、ヴィクトリア朝の遺物のような老嬢のなぞ解きは、地縁社会にしっかり根付いていることに拠っている──「あの人はレディーですからね」、「使用人というものは」。彼女の洞察は、顔が見え、類型化した行動が保証されたなかで本領を発揮する。対して、カレンダーの女たちは、地縁社会がほころびた現代に生きている。よそ者が花を買いにきても、自分たちを食いものにするジャーナリストだと気づかない。けれども、そのほころびこそが、外側と繋がるとば口になる。顔も知らない他人に人生の「最後の段階」を投げ出せるのは、地縁のしばりがゆるいからでもある。そこに一瞬かもしれないが、たしかに共感のネットワークは結ばれる。むろんそれはとても脆く、簡単にハリウッドに搾取されうるものでもあるが。

　ミス・マープルが、地縁の共同体に、教区や婦人会のリスペクタブルな枠内に留まる限りは、服を脱いでカレンダーを飾ることはないだろう。だが、マープルの孫世代の女たちは、みずからの老いた身体で地縁ネットワークの向こう側との繋がりを模索する。地縁社会の喪失をたんに嘆くのではなく、むしろあったはずのもの、あってしかるべきもの、到来すべきものとしてなにがしかの繋がりを想像・創造するその営為は尊い。何度も、何度も繋がる想像力を実践すること。その繋がりを、今風に絆と呼ぶのであれ、繰り返し想像し続けること。このことはまた老いの姿を再想像・創造することにも繋がるかもしれない。マープルの孫娘たちの試みは小さな、名も無き蝶々の羽ばたきかもしれないけれど、たしかにさざ波を起こしうる実践のひとつなのだ、きっと。

（越智　博美）

第12章

# ブリタニア病院を立て直せるか
――からだ、医療、福祉をめぐる諷刺と論争

## はじめに――ブリタニア病院にて

『ER 緊急救命室』や『救命病棟24時』、コメディなら『ナースのお仕事』、古い名作では『白い巨塔』など――学校や警察とならんで、医療現場が舞台のドラマは昔から数多く、その人気も根強い。難病患者や事故犠牲者の救済に献身する医者や看護師たち、人の生死に進んで立ち向かう彼らの真摯な姿に、私たちは現代の英雄像を見ているのかもしれない。

だが、1982年の映画『ブリタニア・ホスピタル』はそんな期待を徹底的に裏切っている。まずあらすじを紹介しよう。創設500年のブリタニア病院では、日本の製薬企業の出資を受けた新しい研究棟の竣工式典に皇太后を迎える準備に余念がない。ところが、病院の外では有料ベッド入院患者たち（これについては後述）に対する抗議運動が巻き起こり、病院の調理場スタッフも同調してストライキを始める。騒動をしり目に研究棟長のミラー教授は、マッド・サイエンティストさながら、つぎはぎ死体の蘇生実験に没頭、潜入したジャーナリストを実験材料にするために殺害し、その首を切断してしまう（ついには、首なし死体が動き出す始末［図1］）。血なまぐさい実験のあいだにも強行された記念式典は、従業員ストと抗議デモが合流して発生した暴動と、警官隊との衝突で、大混乱に陥ってしまう……。

ラテン語の「ブリタニア」とはイギリスの雅称、その名を戴くこの病院は、

図1 『ブリタニア・ホスピタル』公開時のポスター

1970-80年代のイギリス社会を象徴している。つまりこのブラック・コメディはいわゆる「英国病」の時代への諷刺(サタイア)なのである。だが、そもそもどうして「病院」が社会の縮図として設定されているのか。またこの映画の医療現場はどの程度現実を反映しているのか。勤務医たちは救急患者を廊下のトロリーに平気で放置して死にいたらしめる。最先端テクノロジーを導入した入院病棟は清掃員不足でベッドもガラ空き、部屋のなかでは看護師がTVを見ながら編み物をしている。調理・技術系スタッフは私利私欲を追及する労働組合員に扇動されるがまま、他方で管理職の男は、式典開催に固執するあまりスト中の従業員をシャベルで殴り殺してしまう。諷刺特有の誇張を割り引いても、当時のイギリスの病院のモラルは、本当にこれほど低下していたのか。そうだったとすれば、その問題の根源はいったいどこにあったのだろうか。

　本章ではこれらの疑問を出発点に、映画やTVのなかの医療現場の表象と、そこに映し出された身体、健康、そして福祉をめぐる20世紀後半のイギリスの経験を追いかけてみよう。

## 1. 国民保健サーヴィス（NHS）の理想と現実

### NHSの創設と理念——普遍性、包括性、公平

　最初に次のことを確認しよう。そもそもヨーロッパには、「からだ」に備わる豊かな隠喩力を駆使して、医術表象を諷刺に用いる伝統があった。歴史家ロイ・ポーターによれば、私たちには「からだを通して世界を表現し、世界を通してからだを表現する」欲求があり、それはたとえば中世以降の「政治体(ボディ・ポリティック)」や「国体(コンスティテューション)」（体格や健康状態の意味もある）という表現に見て取れる。この比喩をもとに、医療と政治、医者と政治家の隠喩的関係も成立する（18世紀の諷刺画家トマス・ローランドソンやジェイムズ・ギルレイはそ

の豊富な実例を提供している）。

『ブリタニア・ホスピタル』もまたこの伝統に連なる諷刺だとみなせるが、ただし、この映画の時代には政治と医療のあいだには隠喩以上に密接な関係が成立していた。というのも20世紀後半のイギリスは福祉国家で

図2　ベヴァン、看護師と初期のNHS入院患者

あり、特に、国民保健サーヴィス（National Health Service＝NHS）はその屋台骨として、現在も多くの国民に「イギリスらしさ」の象徴として根強く愛されているからだ。第二次世界大戦中に「ベヴァリッジ報告書」が青写真を描いた福祉国家は、戦後の労働党政権の下、保険方式（加入者の保険料拠出を財源ならびに給付要件とする）を取る社会保障を中心に出発した。この国民保険（ナショナル・インシュランス）の所得保障を補完する重要なシステムが、税金を財源とし利用時無料で医療を提供する世界的にもユニークな制度、NHSである。昔から労働者たちにとっては、病気や怪我で仕事に支障を来したり、医者にかかって高額の出費を余儀なくされたりすることは、生計を営むうえで大きな不安のひとつだった。1948年創設当時の保健相だった労働党のアナイリン・ベヴァン（図2）は自身、政治家転身前はウェールズの炭鉱で危険な労働に従事した経験があり、この不安をよく理解していたのだろう。医療を無償化し、身近にしたこの制度が、庶民の歓呼の声に迎えられたのも当然だった。

　NHSの特徴は二段構えの医療である。体調を崩すと、通常は（救急の場合を除いて）誰もがまずプライマリ・ケア担当の一般開業医（ジェネラル・プラクティショナー）（GP）の診察を受ける。診断の結果、必要であればGPの紹介により初めてセカンダリ・ケアにアクセスし、病院専門医の診察や入院治療を受ける。国民の誰にでも無償で医療を提供する——これが、NHS創設期の理念だった普遍性の意味であり、税金を主財源とする利点でもある。医療制度にも保険方式を採用している国の場合、保険料高騰や貧困による保険料滞納などで、無保険状態に陥る可能性があるのだ（日本も医療保険制度を持つ国で、公的な国民健康保険の整備によっていわゆる国民皆保険体制が整ったのはようやく1961年のことだった）。

ほかに創設当初のNHSの理念を体現する言葉は、包括性と公平である。包括性とは、人生のあらゆる段階――まさに「ゆりかごから墓場まで」――の必要に見合う医療を提供するということだ。たとえば、日本では保険適用範囲外の妊娠・出産（平均して50万円ほどかかる）もNHSではただで、創設当初は義歯や眼鏡を作っても無料だった。また、個々のGPや病院のあいだに強固なネットワークを築くことで、NHSはさまざまな種類の医療を切れ目なく提供する体制を構築した。

さらに医療サーヴィスの公平性もNHSのもうひとつの重要な理念だった。普通、病院や診療所は豊かな地域に集中しがちなため、貧困地域や過疎地域は医者不足に悩み、上層階級と下層階級のあいだに大きな医療格差が生じてしまう。たとえば1948年の段階で、ロンドンのケンジントン地区にはイングランド北東沿岸部のサウス・シールズと比べて、人口比で実に7倍もの数のGPがおり、病院勤務の専門医数も地域によって2倍以上の差があった（Pollock）。NHSは医療費を一元管理して地域の人口と健康上の必要に応じて割り振り、個々の健康リスクを社会全体でプールすることを試みた。また病院の国有化や、地域総合病院の新規建設などを通じて、一体的な計画のもとに医療機会の公平性確保を図ったのである。

## さまざまな妥協と不満の蓄積

NHSは金銭次第のものだった医療を「脱商品化」し、健康を誰にも当然の権利とすることを目標とした。だが当然、その実現にはさまざまな困難があった。最初ベヴァンは医者の完全な公務員化を試みたが、医師会の強硬な抵抗にあい、結果的にGPは独立性を保持し、契約によってNHSの仕事を受けることになった。病院は国有化され、専門医は給料を支払われるNHSの被雇用者となったが、独自の収入源として民間セクターの有料診療を許された。NHS病院に有料の入院ベッド（いわゆるpay beds）が設けられたのはこのためである。結果としてイギリスでは、国営無料のNHSと、民間有料の医療が並存する二本立てシステムが生まれた。これはたとえば、同じ病院で同じ医者の診察を受けるとしても、NHSなら誰もが平等に順番待ちをしなければならないときに、裕福な患者は「列を飛び越す」ためにお金を払えば、

すぐに診療を受けられる、という奇妙な事態である。

　一方、NHSの包括性もごく早い時期に妥協を余儀なくされた。1950年勃発した朝鮮戦争に参加したイギリスは、軍拡予算確保のために無償医療の原則に手を付けた。51年には義歯、眼鏡の一部費用負担が導入され、52年にはその他の歯科治療と処方薬が続いた。ベヴァンはこの動きに抗議して内閣を辞任、それが51年秋の総選挙での労働党敗北につながった（序章1参照）。NHSの一部自己負担はその後も一進一退を繰り返したが、自己負担の範囲はこの後1980年代の保守党政権下でさらに拡大する。

　国家予算に直結したNHSは財政状況のダイレクトな影響を受け続ける。多くが19世紀に建造された病院は建て替えが急務であり、1962年には保守党の保健相イーノック・パウエルが地域総合病院の大規模新規建設計画を発表したが、投資不足で10年近く経っても半分も実現しなかった。医療資源の再分配を狙ったこの計画の頓挫は、医療格差の是正の困難を物語っている。予算が限られたなかである地域の医療不足解消を図るには、相対的に充実した別の地域から削り、その利益を多少とも犠牲にしなければならない。1974年にはロンドンのチャリング・クロス病院でストライキが発生し、有料入院棟を閉鎖した。このストは、遅々として進まない格差是正や無償医療の崩壊に対して募る不満を、二本立てシステムの不公平さにぶつけたものだったのだ（このストは78-79年のいわゆる「不満の冬」にも再現された）。

　74年のストを受けて、当時の労働党政権の担当大臣バーバラ・キャッスルは、有料ベッドの段階的廃止を決定し、76年には約4,500床のうち1,000床を撤廃したが、その後は病院側の強硬な反対にあい、この計画も挫折してしまった。逆に79年に成立した保守党のサッチャー内閣はこれに保護を与え、NHS専門医の民間診療に対する制約を緩和した。有料診療は、NHSに残る不公平を象徴するものではなく、むしろ病院の経営改善に資するものとして奨励されたのだ。『ブリタニア・ホスピタル』の監督リンジー・アンダーソンは、実はこうしたストに物語の着想を得ていたと言われている。皇太后を迎えたブリタニア病院の記念式典には口々に「平等を！」と叫ぶ群衆がなだれ込み、警官隊との大乱闘が展開する。彼らのこの叫び声は、80年代以降、さらに混迷を深めるNHSの進路を暗示していたのである。

## 2. サッチャー改革の顚末

### 行列のできる病院

　ヤカンに左手をつっこんで抜けなくなった男が、救急病院に駆け込んでくる。だが男が手にした番号札はなんと76番。待ちきれない男は、待合室で患者のあいだにケンカを起こしたり、他の患者と札をすり替えたり、あの手この手で自分の順番を早めようとする……。これは、イギリスのITVで1990-95年に放送され、かつて日本でも一世を風靡したコメディ『ミスター・ビーン』の第13回の一場面である。一見他愛のないドタバタ喜劇に思えるが、実はこの挿話、当時のNHSの最大の欠点——長い待ち時間——をよく表現している。1979年から97年まで続いた保守党政権下、各地の病院では行列が常態化し、一刻を争うはずの救急部門でも、担ぎ込まれてから4-5時間は廊下のトロリーに放置されることがあった。入院手術待機者も96年末には約115万人に達し、同時期の待機期間の中央値は実に13.2週にも及んだ（伊藤）。ミスター・ビーンでなくても、誰もがしびれを切らして当然だろう。

　どうしてこんなことになったのか。最大の原因は恒常的な医療費抑制である。1980年から90年にかけて、イギリスの医療費はGDP比でわずか0.1％しか増加していない。対照的に、この同時期にEU15ヶ国平均では0.5％、OECD加盟国平均では1.5％の医療費増加を記録している。この医療費抑制の結果、病院や診療所は施設の老朽化に直面し、職員の給与は低く据え置かれ、83年から87年にかけては国民一人当たりの医療資源は実質的に減少したとすら言われている（Glennerster; Pollock）。財政再建を優先する時の首相サッチャーにとって公共部門の支出増は悪の根源でしかなく、とりわけ公共支出の10％以上を占め、さらに膨張傾向にあったNHSは目の敵にされた。当時の医療現場のモラルは当然のごとくに低下し、見る影もなく荒廃した。

　追い打ちをかけたのが、ひっきりなしの組織改革だった。その手始めが、公的組織に私企業の経営手法を導入する試み、すなわち「マネジメント革命」である。当時のセインズベリー（大手スーパーマーケット・チェーン）の取締役が政府の依頼で1983年にまとめた、いわゆる「グリフィス報告書」がこの動向を代表している。それまでNHS病院は複数の上級専門医と管理職

による合議体制で運営されていたが、この報告書はそれを非効率的なものと断じ、それに代えて病院や地域保健局に私企業型のジェネラル・マネージャーを置き、出費と業績の厳密な管理による収支均衡を求めた。国営企業の民営化と並行して、政治がビジネスに範を求める動きはこれ以後ますます盛んになるが、これはその口火を切るものだった（Jones and Lowe）。

　病院は全体的予算不足のなかでさらなるコスト削減を求められ、経営上「核」となる医療に集約するため、調理・清掃・技術などの「補助」業務は人員削減され、外部委託された。1980年代を通じてNHSの非臨床型雇用は81年の約26万人から90年には約16万人まで減少、94年には約12万人まで落ち込んだ。これには、『ブリタニア・ホスピタル』が描いたような組合活動を弱体化する狙いもあった。病院の経営責任は上級医師から、民間から雇用された新たなマネージャー集団の手に移され、その人数は86年の1,000人から95年には２万6,000人へと急増し、NHSの総予算に占める事務経費も５％から12％へと一気に跳ね上がった（Pollock）。コスト削減を目標にしたこの改革は、実際には現場予算を減らす一方で事務経費を膨張させる、逆説的な結果を招いていたのだ。

## 「内部市場」の導入

　この傾向をさらに加速させたのは、サッチャー政権からメイジャー政権にかけて続いた組織改革である。それまで各地の病院は、ニーズ測定、人事、予算などを担当する地域保健局の監督下にあった。だが90年代初頭からは、病院は保健局の監督下を離れて、相対的に自律した「NHS病院トラスト」となり、独自運営を行う選択肢を与えられた。その結果97年までにイングランドだけで400程のトラストが誕生し、地域保健局は権限の多くを病院側に移譲し、合併によってその数は半減した。この改革は、表面上は病院の自律性を高め、地域密着型の運営を奨励するように見えるが、実際には、小規模な病院はしばしば経営ノウハウを持たず、外部の民間コンサルタントに依存する傾向が強まってしまった。もちろん、その出費がかさむ。

　さらに病院経営にプレッシャーを与えたのは、予算配分方法の大きな変更である。それまで保健省からの予算は、地域保健局から病院やGP、他の医

療サーヴィスに年度毎に配分されていたが、改革後、保健局は地域の健康ニーズを測定した後、NHS トラストと契約して、必要な医療を「購入」することになった。従来は患者を病院に紹介するゲイトキーパーの役のみを果たしていた GP も一定の予算を持つことになり、彼らが病院に送る患者に関して、病院から医療を購入することになった。予算保持 GP と呼ばれるこの制度は、当初は大規模な GP のみに許可されていたが、徐々に拡大し、97年までに全 GP の半数以上が予算保持 GP になった。

　これが、1990年の「NHS およびコミュニティ・ケア法」に基づいて導入された「内部市場(インターナル・マーケット)」である（これと並行する公教育における市場的競争の導入については、第3章を参照）。それまでは各 GP や病院間の強固なネットワークによる一体性と包括性を利点としていた NHS の組織が、医療提供者（NHS 病院と従来型 GP）と購買者（保健局と予算保持 GP）に決定的に分断され、患者の獲得競争が導入されたのである。保健局や GP と病院との関係性は、NHS の予算を奪い合うための交渉、契約、請求、支払などをともなう、疑似市場的なものへと劇的に変化した（ただし、これがあくまで「疑似」市場的である理由は、患者からすれば、医療は原則無料のままだったからである）。

　「内部市場」導入の背景には、私企業型経営の効率性という保守党の基本認識があったが、結果は決してかんばしくはなかった。患者獲得競争や事務費増大に追われた病院は、確かにコスト意識を高めたが、しばしば病棟閉鎖やトラストの合併にいたり、入院ベッド数を減らした。低賃金で外部委託された補助業務は、病院食の質の悪化や清潔度の低下に結びつき、栄養上の問題や院内感染の多発を招いてしまった。さらに予算保持 GP から紹介された患者が、従来型 GP の患者よりも優先的に病院での治療を受けるという事態も発生した。つまり、登録する地域の GP の種類次第で、患者が受ける医療に格差が生じ、公平原則がさらに掘り崩されるのでは、という懸念の声も聞かれるようになったのである。待機患者の増加は、このような全体的変化のもっとも見えやすい徴候でしかない。効率性ばかりを重視した改革に対する一般市民の不満がどれほどのものだったのか、行列に並ぶミスター・ビーンの苦悶の表情からもうかがい知ることができるだろう。

## 3. ニュー・レイバーのNHS改革

### アメリカとイギリス

　ここまでの説明で、やはりうまい話には裏があると思った読者は多いかもしれない。「無料なんて言ったって、イギリスの医療制度は崩壊寸前ではないか。やっぱり健康は自己責任だ。日頃から体調に気を付けて、国民健康保険などあてにせず、民間医療保険の加入も考えねば……」。

　そう考えた読者には、アメリカの医療の実態を暴いたマイケル・ムーア監督のドキュメンタリー『シッコ』（2007年）をお勧めしたい。医療費が対GDP比約16％（2007年時）に達するアメリカは間違いなく世界一医療にお金を使っている国だが、国民皆保険体制は存在しない。この映画の時点でアメリカには公的保険は、高齢者・障害者・低所得者向けしか存在せず、それ以外の人びとは民間保険に加入する必要があった。だがその保険料は概して高額で、失業した人びとが解約になったり、保険料を払うだけの余裕がなかったりで、アメリカの無保険者は2009年にはついに5,000万人を超えたと言われた（これは全人口の約15％で、カナダ一国の人口よりも多い）。映画が詳しく紹介するように、たとえ保険に加入し毎月保険料をちゃんと払っていたとしても支給審査はかなり厳しく、高額の治療費を全額自己負担するために、結局マイホームを売りに出さなければならなくなった、というようなケースはざらにある。2005年の統計によれば、その年の全破産件数208万のうち企業破産はわずか4万件余り、残り204万件は個人破産で、そのうち半数以上が非常に高額の医療費負担によるものだったという（堤）。

　「普通の人」でも医療に手が届かない国、アメリカ——これは他ならぬ医療分野で民間保険方式を取り、市場原理を導入しているために起こりうる問題だろう。それに対して、税を主な財源とするイギリスのNHSでは、貧富にかかわらず誰もが利用時無償で医療を受けられる。つまり普遍的医療ケアが一応は達成されているのだ。『シッコ』はアメリカに対してイギリスの医療をかなり好意的に紹介しているが、もし1990年代と比べて2000年代のNHSが多少なりとも改善しているとしたら、それは1997年に誕生した労働党のブレア政権、ニュー・レイバーの医療改革のお陰なのだろう。ブレアは

公的医療の堅持を公約に掲げ、2000年には包括的な改革目標を「NHSプラン」として公開し、NHSの立て直しを誓った。この改革は医療費対GDP比を、2001年から10年がかりで欧州平均並みまで引き上げることを約束し、実際2006年にはこの数字は8.4％まで上昇した。またブレア政権は待機期間の短縮を目標に掲げ、入院手術待ち患者数や待機期間は（完全には解消されていないが）以前よりも大幅な改善が見られた（伊藤）。

## 理念の堅持、あるいは市場化の進展？

　だが、ニュー・レイバーのNHS改革が本当に理想的かといえば、必ずしもそうではない。『シッコ』でのイメージと対照的なのが、2009年にBBC4で放送開始されたシチュエーション・コメディ『ゲッティング・オン』である（図3）。舞台は某地方病院の老人病棟、主人公キム・ワイルドは12年ぶりに現場復帰した看護師で、彼女の目線を通して様変わりしたNHSの現場が、ときに喜劇的に、だが全体としては陰鬱に描かれる。忙しい老人病棟なのに常勤看護師は主人公と同僚の二人だけ、人手不足なのに瑣末な書類仕事に追われて看護に集中できない。病棟の担当医ピッパ・ムーアは、治療はそっちのけで患者の排泄物を収集し31種類に分類する研究に熱中し、院内感染の危険を引き起こしても知らぬ顔。自分の研究が病院の資金獲得につながるのだと言い張るが、ロンドンへの転身と出世の野心が透けて見える。職場の人間関係は最悪だが、それでも病棟がなんとかやっているのは、キムの（ひねくれてはいるが）芯の強いユーモア・センスがあるからだ。このドラマの「キッチン・シンク」を思わせるリアリズムは、現代のNHS病院のすさんだ雰囲気を忠実に伝えるものとして、視聴者の多くから高い評価を受けた。

　アメリカからはバラ色に見えたNHSも、国内のTVドラマでは理想とはほど遠い現実が見える。だが、このイメージの齟齬は視点

図3　『ゲッティング・オン』DVDジャケット

の違いだけではなく、実はブレア改革の二面性を反映している。ニュー・レイバーのNHS改革は一方で設立理念の堅持を謳いつつも、他方ではサッチャー的な市場型改革を受け継ぎ、さらに発展させてすらいるのだ。

「内部市場」の中核として批判が集中した予算保持GPは1998年に廃止されたが、NHS内の医療提供者と購買者の分断はかたちを変えて存続し、むしろ深まっている。地域保健局は大幅に統合・再編され、2006年までにはイングランド全体で10ヶ所の戦略的保健局となった。約3万人のGPは2000年以降プライマリ・ケア・トラスト（PCT）として約150団体にまとめられた。PCTは地域住民の医療機会を確保する第一義的責任を担うものとされ、病院へのセカンダリ・ケアの委託や薬剤購入を行うため、現在はNHS予算の約80％をPCTが運営している。また、病院トラストは2003年以降、さらに自律性を高めたファウンデーション・トラスト（FT）に移行中である。経営や資金調達で大きな自由度を持つFTの創設は、実質的な病院の民営化、国営NHSの形骸化であるとの批判もある（Pollock）。こうしためまぐるしい改編は完全に政府主導で行われ、（キム・ワイルドのような）現場の人びとの意向はほとんど反映されなかった。サーヴィス改善のためには数値目標と実績払い方式が導入されたが、これによってプレッシャーを受けるばかりの現場には改革疲れが溜まっている（武内・竹之下）。

医療提供者（NHS病院）と購買者（PCT）の緊張感を高め、市場型競争を激化させているのは、政府による民間セクターの積極的活用である。従来、NHS予算による民間病院からのサーヴィス購入は緊急時のみの手段と位置づけられていたが、これは見直され、PCTは通常時でも民間病院からも医療購入が可能になった。新種のセカンダリ・ケア提供者である治療センター（白内障や関節の手術など、待機患者の多い分野で日帰りや短期入院での手術を行う施設）を、外国企業への委託によって各地に展開する計画も進んでいる。これらの政策は、NHS医療費を流用し医療企業の成長を助けるものとして強い批判を受けている（Pollock）。一層激化した患者獲得競争がNHS病院の経営破綻につながる懸念も出てきた。たとえば救急部門など、地域医療に欠かせない分野を担うNHS病院を、経営不振を理由に潰すことは可能だろうか。私たちの日常生活に欠かせない医療に、市場原理を持ち込むことが本当に妥

当なのか——近年、アメリカだけではなく、イギリスでもこれがふたたび問題化する状況に入っているのだ。

## 選択肢の多様化、あるいは自己責任？

　だが一連の改革の成否を決めるのは、結局のところ複雑を極める制度改革よりも、それが患者にとってどんな利益・不利益をもたらすか、という点だろう。ニュー・レイバーの主張は次のとおりである。旧来の画一的なNHSは現代の多様化する医療ニーズに対応できない。対照的に市場型のNHS改革は、利用者にサーヴィスの多様性と選択の機会を与えることで、医療の質を向上しているのだ、と。

　選択と多様性を重んじるこの新しい福祉政策はさまざまなかたちで表れている。たとえばブレア政権は、予約が必要なGPとは違い、軽微な怪我や症状を訴える患者が無予約で訪問し、看護師による相談や簡単な治療を受けられるウォーク・イン・センターを主に都市部に新設した。また従来GPが患者に紹介する病院は一ヶ所のみだったが、2006年からはGPが患者に複数の選択肢を提示することになり、2008年には全国の病院からの選択が可能になった。この選択の参考として、患者が各地の医療機関の詳細や評価の情報を収集できる「NHSチョイス」というウェブサイトが作られた。このサイトは、病気についての知識や健康なライフスタイルの情報提供も行っている。

　「個人の多様な健康ニーズに見合った医療サーヴィスを」ということなら、これほど聞こえのいい話も他に無いかもしれない。ただしこれは日常の健康管理にしても、発病時の判断にしても、医療機関の情報収集にしても、あらゆる点で個人の意識向上が図られ、ある意味で「自己責任」が求められているということでもある。たとえば1998年に始まり、電話やオンラインで看護師による相談を提供しているNHSダイレクトというサーヴィスは、最近では自己診断や自己治療のための情報も公開してGPの負担軽減を図っている。また政府は医療費の膨張抑制策として予防にも力を入れ始めており、2007年から始まったイングランドの公共空間での全面禁煙もその一環として理解できるだろう。選択と自己責任の共存は、ニュー・レイバー改革の新自由主義的な性格を示している。

2005年の文書で、当時の保健相ジョン・リードは次のように述べている。新しい医療制度改革は、結果の平等を求めていた従来のNHSとは異なり、選択機会の平等を目的とする。つまり、情報を持った個々の患者が多様な選択肢を比較して決定できるのであれば、結果の違いは公平性には違反しないという主張である（Reid）。健康でも不健康でも、「からだ」の問題は結局は自己責任——だが、本当にそうなのか。そこには、個人の選択以上の構造的な要因は介在していないのだろうか。

　この点で興味深いのは、社会・経済的な理由による「健康格差」もイギリスでは大いに注目されているということだろう。1980年に公表された「ブラック報告」、98年の「アチェソン報告」、2010年の「マーモット報告」など、繰り返し行われた調査の結果はいずれも、社会階層や居住地域などに応じて、平均寿命や乳児死亡率など多くの点で大きな格差を示し、社会的不平等との密接なつながりを証明した。例えば専門職労働者と非熟練労働者を比較すると、98年の調査では死亡率に約3倍の開きがあった。エスニック・マイノリティの健康格差と、社会的・経済的条件の関連性を探る研究も増えている。つまり、健康なからだの維持は、教育、仕事、家庭、居住環境など、「生活のありようの総体」（レイモンド・ウィリアムズの有名な「文化」の定義のひとつ）と密接に関わり、社会的格差に強く影響される問題なのである。このような問題に取り組むために、市場型の医療制度が本当に適切なのか、それとも、NHSの創設精神への原点回帰こそ必要なのではないか——創設60周年を過ぎて、この論争もまた激化している（Lister）。

## おわりに——「からだ」はどこにいった？

　最後にもう一度だけ『ブリタニア・ホスピタル』に戻ってみよう（この先はネタバレなので、自分で映画を観たい読者は後で読んで欲しい）。クライマックスで病院の新研究棟になだれ込んだ大乱闘を止めたのは、意外にもミラー教授だった。つぎはぎ死体の蘇生実験に挫折した彼は、群衆を講堂に招き入れ、もうひとつの研究成果を披露する。テロ、戦争、貧困……世界の惨状について熱弁を振るった彼がその最終解決として提示したのは、「純粋な知性」

――からだから取りだされ、機械に接続された剥き出しの脳だった。〈起源(ジェネシス)〉と名づけられたこの脳は、機械のスピーカーを通して人間讃美のようなメッセージを発するが、その声は壊れたレコードのように途中で止まってしまい、それが映画の最終場面となる。

このグロテスクな剥き出しの脳の発する言葉、実はウィリアム・シェイクスピアの戯曲『ハムレット』からの一節である。もとの場面ではこれは、叔父と母の再婚と、父の死の真相を知って人生に絶望した王子ハムレットの嘆きの声なのだ。映画がわざと伝えなかった台詞の続きにアンダーラインを引いて、以下に引用してみよう。

　　そしてこの人間、まさに自然の傑作、智にはすぐれ、五体、五感の働きは精妙をきわめ、つりあいの美しさ、動きの敏活、天使のごとき直感、あっぱれ神さながら、天地をひきしめる美の中心、ありとあらゆる生物の師表、人間。それがなんだというのだ。この身にはただの塵芥(ちりあくた)にすぎぬ。(福田恆存訳)

この台詞は、最後の部分で実は「ほめ殺し」であり、皮肉混じりの人間嫌悪だったことが判明する。『ブリタニア・ホスピタル』の脚本は、この最後の部分を意図的に省略＝逆説的に強調することによって、「塵芥」のような人間身体のはかなさを示している、と解釈できるだろう。だが、この場面にはもうひとつひねりがある。つまり、このような身体嫌悪を表明するのが剥き出しの頭脳である、という演出。この映画は、からだを奪われた〈起源(ジェネシス)〉の哀れさを見せつけることで、むしろ誰もが共有する人間の条件としての「からだ」の本当の重要さを、私たちに感じ取らせてはいないだろうか。

私たちは通常、からだは私的(プライヴェート)な領域だと思っているだろう。だが、どんなに個人が知性を誇って能力・実力主義(メリトクラシー)を信奉しても、身体を持たない人間はそもそも存在しない。その意味で「からだ」は私的(プライヴェート)な領域であるのとまったく同時に、究極的には誰もが共有するもの、つまり公的(パブリック)な関心事でもあるのだ。伝統的な「政治体」や「国体」という表現の真の含意もここに見出せるだろう。イギリスの映画やTVドラマが頻繁に医療の現場を舞台にして、福祉政策の現状を明示的／暗示的に諷刺の標的にする深層の理由も、実はそ

こにあるのかもしれない。

　そのイギリスでは、2010年労働党に代わり保守党・自由民主党連立のキャメロン政権が成立した。公共資出の大胆な削減による財政再建計画を掲げているため、NHSの将来像にも不透明感が拡がっている。他方、2008年に成立したアメリカのオバマ政権は、医療ケアの惨状を改善するために、2010年には医療保険改革法案（いわゆる「オバマ・ケア」）を可決させたが、多くの妥協を経たこの法案の実効性には疑問が持たれている。また、このオバマ・ケアは、2009年に開始された保守派のポピュリスト的政治運動「ティーパーティー」の主要な標的となり、執拗な批判や攻撃にさらされている。医療問題が対岸の火事かと言えば決してそうではなく、日本でも不景気のあおりを受けて、国民健康保険料の滞納問題が深刻化し、2008年の時点の調査では約33万世帯が無保険に近い状態にあると言われている（結城）。日本のいわゆる国民皆保険体制は、残念ながら決して盤石のものでも、当然のことでもないのだ。

　「共通の文化」の基盤としてのからだに、今後どう向き合っていくべきなのか。イギリスのNHSは、共同体全体での健康の普遍性、包括性、公平を実現しようとする非常に野心的な実験だった。福祉の崩壊が叫ばれ、福祉国家の解体と再編が進む今だからこそ、20世紀後半の歴史が育んだイギリス福祉国家の文化を再検討することには一定の意義があるはずだ。紆余曲折を経たその歴史的経験は、私たち自身の未来の医療と福祉を考えるためにも、多くの示唆を与えてくれることだろう。

（秦　邦生）

## 推薦図書

宇沢弘文、鴨下重彦編『社会的共通資本としての医療』東京大学出版会、2010年。
林信吾『イギリス的〈豊かさ〉の真実』講談社、2009年。
ロイ・ポーター『身体と政治――イギリスにおける病気・死・医者、1650-1900』
　　目羅公和訳、法政大学出版局、2008年。

*Column*
## 英国バイオテクノロジーの転回／展開とSF的想像力

　「1990年代にイギリスで、羊を使ってのクローン実験が成功したことが発表され、それにインスパイアされてこの作品を書いてみたいと思った」——日本生まれの英国人作家カズオ・イシグロは2010年に映画化された小説『わたしを離さないで』（2005年）の執筆動機についてこのように語っている。以前からあたためていた核兵器・原子力と接触した人間についての物語の構想の断片が「クローン羊ドリーの誕生」という歴史的事件をきっかけにして21世紀初頭の英文学を代表する物語——将来、臓器提供者となるためにこの世に生を受けたクローン人間たちの物語——として新たに生まれ変わったのだという。

　「核からクローンへ」というイシグロの物語の枠組みの転換は、冷戦期の「軍拡、核開発」の時代から冷戦後の「バイオテクノロジー」の時代へ、という20世紀末のテクノロジーをめぐるパラダイムシフト／政策転換に見事に呼応している。冷戦終結を待たずしてバイオ関連の研究開発に力を注いできた英国は、1978年の体外受精児ルイーズの誕生にはじまり、1997年のクローン羊ドリーの誕生に至るまで、この分野で常に世界をリードしてきた。そして体外受精、クローン技術、遺伝子操作、ヒトゲノム解読に代表される20世紀の英国バイオテクノロジーの転回／展開は、ヒトの誕生、生命のあり方の可能性を大きく広げると同時に、人びとのSF的想像力を喚起し、多くの作家、映画関係者にインスピレーションを与え続けた。精子・卵子バンクは現実、フィクションのいずれの世界でもドナー／親探しの物語を生んできたし、遺伝子操作技術は映画『ガタカ』（1997年）のようにデザイナーベビーが支配する遺伝子万能主義の近未来を垣間見せてくれた。また、クローン技術は『スター・ウォーズ』のクローン部隊のような大量生産される「無個性、均一なクローン」ばかりではなく、クローンとして生み出された者の人権、人間性を問う『わたしを離さないで』のような物語を生んだのである。

　そして21世紀に入り「ES細胞（胚性幹細胞）」「iPS細胞（人工多能性幹細胞）」といった「万能細胞」が米国、日本で発見されると、バイオ医療はさらに新しい段階に突入する。「生殖技術」による人体の遺伝的改善から、既にある人体の改善、治療を目指す「再生医療」へ——がんや事故で傷ついた細胞を再生し、表皮や角膜の組織、心臓や膵臓などの身体パーツを自在に造り出す可能性を秘めたバイオ医療の新たな転回は、人類の「生（bio）」のあり方を変えていくと同時に、今後ますます我々のSF的想像力を掻き立て、そこから新たな21世紀的な物語が誕生していくことであろう。

　　　　　　　　　　　　　　　　（加藤　めぐみ）

イシグロのSF的想像力を掻き立てたクローン羊ドリーの特集号（『タイム』1997年3月10日号）

# 第IV部

## メディア

＊

　第Ⅳ部は全体のタイトルを「メディア」とし、戦後のイギリス映画、王室とメディア、サッチャリズムと映画、現代美術と広告といった幅広いトピックを扱う。
　「メディア（media）」は、ラテン語の*medium*＝「中間」を語源とする「ミーディアム（medium）」の複数形であり、元々は「媒体」を意味する言葉である。「メディア」という語が、「新聞やラジオ、テレビなどのマスコミュニケーションの手段」という現代的な意味で使用されるようになるのは、むしろ比較的新しいことだ。R・ウィリアムズは、「メディア」という語が20世紀半ばに頻繁に使用されるようになった理由のひとつとして、この時期に「放送がコミュニケーションにおける重要度で新聞と肩を並べるようになった」（『キーワード辞典』）ことを挙げている。1950年代のテレビの浸透は、それまでのメディア環境を再編成するとともに、「メディア」という言葉の風景も刷新していく。
　第Ⅳ部では、このような20世紀後半のメディア環境の再編成を視野に入れつつ、新聞、雑誌、ラジオ、テレビ、映画、広告といったさまざまな「メディア」の社会的な機能について考察していく。ここでは「メディア」をいわゆる「マスメディア」に限定せず、情報の送り手と受け手の中間に位置する「媒介」という広義の意味合いで使用していきたい。
　第13章は、1950年代のイギリス映画に光を当て、「国民」表象という観点から、ドキュメンタリー運動、フリー・シネマ、ニュー・ウェイヴの連続性を明らかにする。ドキュメンタリー作家ハンフリー・ジェニングズの仕事が、リンジー・アンダーソンやカレル・ライスといったニュー・ウェイヴの映画作家に継承されていく様子を検証していく。
　第14章「王室とメディア」は、20世紀後半の重要な王室祭儀を取り上げ、王室とメディアの関係に焦点を絞りながら、立憲君主制の儀式が国民統合の装置として機能していく過程を検証する。1953年のエリザベス2世の戴冠式と1997年のダイアナ妃の葬儀をともに「パジェント」として読み解いていくスリリングな考察である。
　第15章は、『ブリジット・ジョーンズの日記』をサッチャリズムの角度から読み解いていく。ブリジットの日記の背後に「選択の自由」という新自由主義的なイデオロギーを見出し、ブリジットの「自由」がいかに政治的に限定された自由であったのかを、サッチャリズムの理論的考察を交えながら、浮き彫りにしていく。
　第16章は、イギリス現代美術を代表するヤング・ブリティッシュ・アーティスト（YBA）の仕事の意義とその時代背景との関係について検証する。YBAのイギリス美術史における位置づけとその美学的な可能性について考察するとともに、現代美術と広告ビジネスの親和性に目を向け、両者の背景となる新自由主義的な芸術政策について考察していく。

（佐藤　元状）

第13章

# イギリス「国民」の肖像
## ——ドキュメンタリー運動からニュー・ウェイヴまで

## はじめに

いまや明らかになったのは、イギリス祭が他のすべてのドキュメンタリー・プロジェクトを放棄して……このプロジェクトだけを頼りにしているということなんだ！ それは、この作品が重要なドキュメントになるだろうという私の予感を裏付けてくれる。いずれにせよ、作品は幅広く上映され、議論されることになるだろう。自分たちの主張に関して、私たちは職人芸に徹さなければならない。だからこそ、現段階では注意深く台本を書く必要がある。(Kevin Jackson)

　上記の文章は、ドキュメンタリー作家のハンフリー・ジェニングズがウェセックス映画制作会社のイアン・ダルリンプルに宛てた手紙の一部である。ジェニングズは、自身のドキュメンタリーがイギリス祭の全面的なバックアップを得た重要な作品になるだろうと、興奮気味に近況を報告している。この手紙が書かれたのは、1949年の秋ごろと推測される。ここには、1951年のイギリス祭での作品上映へ向けて、資金調達をめぐって関係者と交渉を行い、着々と作品の準備を進める、一人の若き芸術家の姿が垣間見られる。
　本章では、1950年代に光を当て、戦後のイギリス映画のリアリズムが戦前および戦中のドキュメンタリーの遺産を継承しつつ、どのように独自の流派を形成していったのかを検証していく。そのマッピングにおいて、ジェニン

グズは鍵を握る人物である。『ロンドンは持ちこたえる』(1940年)、『イギリスを聴け』(1942年)、『火災発生』(1943年)といった一連のドキュメンタリー作品のなかで、戦時下のイギリス国民の日常生活を淡々と記録し、階級、ジェンダー、地域、職種を超えた人びとの連帯を見事に描き出したジェニングズは、いわば第二次世界大戦の国民的なドキュメンタリー作家であった。イギリス祭へのジェニングズの気負いは、総力戦としての「人びとの戦争」を映像の分野で支えた一人の愛国者のそれでもあった。

新作『ファミリー・ポートレイト』(1950年)は、ジェニングズの予測通り、イギリス祭公認のドキュメンタリー作品として、幅広く上映され、議論され、好意的な評価を得ることになる。しかし、1950年9月24日、ジェニングズは、ギリシアのポロス島で、ロケーションの調査中に崖から滑落死し、『ファミリー・ポートレイト』は遺作となった。この作品の分析に取りかかる前に、その背景となるイギリス祭とイギリス映画の関係の考察から始めてみよう。

## 1. イギリス祭とイギリス映画

1951年5月3日から9月30日にかけて開催されたイギリス祭は、イギリスの芸術、科学、産業の達成を振り返り、国民にイギリスの輝かしい未来を約束する、大掛かりな国家プロジェクトであった(序章1参照)。1940年代に「黄金時代」を迎え(Drazin)、国民的なメディアとなっていたイギリス映画は、この戦後の国家プロジェクトにおいて、重要な役割を担うことになった。1948年5月、イギリス祭の立案者である副首相のハーバート・モリソンがイギリス映画協会(British Film Institute=BFI)にイギリス祭の映像部門の仕事を依頼すると、翌年には、ジャック・ラルフが代表に任命され、彼の指揮下に「BFIイギリス祭委員会」が結成される(Easen)。委員会のメンバーには、マイケル・ボールコンなどのイギリス商業映画の大物や、ジョン・グリアソンなどのドキュメンタリー映画運動の立役者が含まれていた。

イギリス祭における映画の重要性は、ロンドン会場のサウス・バンクという、出展者たちの「羨望の的となる小さな空間」(Barry)に新設された「テ

図1　テレシネマ外観　　　図2　テレシネマの館内

レシネマ」(Telecinema)（図1・2）に見て取ることができる。これは巨大スクリーンでのテレビ放映とイギリス祭公認の映画作品の上映のために作られた特設の映画館である。このモダンなデザインの映画館は、通常の映画上映やテレビ放映に加えて、最新のテクノロジーを駆使した3-D映画や立体音響にも対応しており、科学技術の進展を言祝ぐ、イギリス祭の未来志向を体現した会場でもあった。ジャック・ラルフは、テレシネマを当時としては「おそらく世界でもっとも高度な設備を備えた映画館」だと言い切っている(Ralph)。テレシネマは興行的に大成功であり、入館者は会期中に45万人を超えたという (Easen)。

　イギリス祭総監督のジェラルド・バリーは、『サイト・アンド・サウンド』のイギリス祭特別号に寄稿したエッセーのなかで、イギリス祭公認の映画作品を長編物語映画、ドキュメンタリー、実験映画の3つのジャンルに分類している。

　イギリス祭に向けて制作が間に合った唯一の長編物語映画は、ジョン・ボールティング監督の『魔法の箱』(1951年)であった。ジャック・カーディフのカメラが瑞々しい、このテクニカラー映画は、イギリス映画史を彩る名優が一堂に会する、豪華な作品に仕上がっている。ローレンス・オリヴィエを警察官の端役として登場させるほどの徹底ぶりである。この映画は、イギリス映画のパイオニア、ウィリアム・フリース゠グリーンの伝記映画である。世紀転換期のイギリス人発明家の奮闘は、イギリス祭の芸術と科学と産業というスローガンにふさわしいものであった。

　実験映画のなかで異彩を放ったのは、ノーマン・マクラレンの2本の抽象

的な 3-D 映画であった。テレシネマの 3-D 映画部門を担当したスポッティスウッドによれば、「『いまこそその時だ』における、遠方に配置されたもくもくと立ちのぼる雲と陽気な太陽と、マクラレンがフィルムに直接描き込む、それとは比較にならないほど滑らかに動く形象〔のコントラスト〕は、空間におけるアニメーションのコメディの未来について考えさせる」（Spottiswoode）という。マクラレンの近未来的な実験映画がテレシネマの呼び物となったのは、言うまでもない。

　1951年においては、ドキュメンタリーは、イギリス映画の代名詞となる国民的なジャンルであり、イギリス祭の映像部門の花形であった。ジェニングズの手紙の興奮は、彼自身の作品がドキュメンタリーの代表であるという自負にとどまらず、それが同時代の映像作品すべての代表であるという自負に根ざしていた。当初、主催者側がドキュメンタリー部門の制作に12万ポンドの予算を投入しようとしていた事実は、イギリス祭におけるこの部門の重要性を物語っている。実際はこの巨額の予算は撤回され、ドキュメンタリー作家たちは、スポンサーを求めて奔走しなければならなかったが（Easen）、合計14本の作品が完成することになった。

　注目すべき作品としては、バジル・ライトの復帰作『ウォーターズ・オヴ・タイム』（1951年）とポール・ディクソンの『デイヴィッド』（1951年）がある。前者は、テムズ川を舞台にロンドン港の活動を描き出した詩情あふれる作品であり、後者は、ドキュメンタリーにドラマの要素を採り入れながら、ウェールズの小さなコミュニティを舞台に炭坑夫上がりの学校の管理人の人生を描き出した、心温まる作品である。しかし、ジェニングズの『ファミリー・ポートレイト』は、その美学的・政治的な射程において群を抜いていた。以下でこの作品の意義について検証していこう。

## 2.『ファミリー・ポートレイト』の対位法

　この映像作品は、家族のアルバム写真のかたちを取った印象的な構成になっている。タイトルに引き続き、海辺の休日、サンタクロースと子どもたち、赤ん坊の洗礼、爆撃された家屋を背景にした家族のスナップ写真が次々とめ

くられていき、そこに親密なナレーションがかぶせられる。

> おそらく私たちイギリス人は、小さな島々に住んでいるので、自分たちを家族と考えたがるのでしょう。家族が育む、以心伝心の愛情と遠慮のない言葉で。だから、イギリス祭は家族の再会のようなものです。私たちの姿を見てみようではありませんか。若き者と年老いた者、過去と未来を巡り合わせ、議論させるために。私たちの背中をポンとたたき、私たちが依然として家族であることに感謝するために。私たちの子どもたちのために、私たちの希望と不安、私たちの信念を表明するために。

「私たち」という言葉を反復し、共同体意識を演出しながら、イギリスという国家をひとつの大きな家族のイメージに回収していく手腕は、見事である。このナレーションは、一方で、イギリス祭の開催者たちの内向的で、愛国主義的なイデオロギー——「一国民の伝記」としてのイギリス祭——を代弁しているが、他方で、戦前・戦中のグリアソンのドキュメンタリー運動が担ってきた、社会統合的なイデオロギーの機能——階級、ジェンダー、地域、職種を超えた人びとのつながりを表象することによって、国民の一体感を演出するプロパガンダの機能——を彷彿とさせるものであった。つまり、イギリス祭において、ドキュメンタリー作家ジェニングズに期待された役割は、戦時中の有機的な社会のヴィジョンを現代に再現することにあった。

このような有機的な社会のヴィジョンのもとに、イギリスの連綿たる歩みが、有史前から同時代の出来事に至る壮大なスケールで、過去の著名人たち——シェイクスピア、ミルトン、ターナーのような芸術家、ドレイクやネルソンのような軍人、クックやリヴィングストンのような探検家、スティーヴンソンやトレヴィシックのような発明家、ニュートン、ファラデイ、ダーウィンのような科学者——の仕事や、レーダーと航空エンジンに代表される、現代の科学技術の進展に光を当てながら、矢継ぎ早に展開されていく。副題の「イギリス祭（1951年）のテーマに基づく映画」が示すとおり、イギリスの芸術、科学、産業の達成を総括し、イギリスの未来の繁栄を国民に約束するイギリス祭の意図に、これほど忠実な作品は見当たらないだろう。

しかし、興味深いことに、ドキュメンタリー運動の父グリアソンは、ジェ

ニングズ追悼のために出版された小冊子のなかで、「『ファミリー・ポートレイト』は、映画というよりは、思索である」と述べている（Grierson）。なぜだろうか。その答えは、ジェニングズの作品の両義性にある。ジェニングズの作品がドキュメンタリー運動の社会統合的なイデオロギーと無縁でないことは、ナレーションからも明らかだ。しかし、細部に目を向けてみよう。「以心伝心の愛情と遠慮のない言葉」、「若き者と年老いた者」、「過去と未来」、「私たちの希望と不安」といった一連の二項対立が、上位のカテゴリーに回収されることのないまま、対位法的に用いられていることがわかるだろう。実際、ジェニングズは、映像と音を対位法的につなげていくことによって、好奇心と伝統へのこだわり、奇抜さと実用性、家庭への愛着とパジェントへの愛など、イギリス人気質の両義性を余すことなく表現している。そして、その最大のパラドックスは、「詩」と「散文」の対立、つまり、「芸術的想像力・創造性」と「科学的・産業的革新」の対立であり（Beattie）、その両者のせめぎ合いのなかに、イギリスの歩みの特徴があると、ジェニングズは力強く語っているのだ。

　このような対位法的思考は、グリアソン的な一枚岩のイデオロギーを心地よく裏切る。ジェニングズは、帝国主義の歴史に言及しながらも、その過去をノスタルジーの対象として美化して社会統合的なイデオロギーの根拠にすることはない。むしろ、冷徹な視線で、冷戦下の新しい世界秩序のなかで、ヨーロッパやアメリカとの新たな協力関係を模索する、未来の島国の姿を描き出している。イギリスの「過去と未来を巡り合わせ、議論させる」ことによって、ジェニングズの『ファミリー・ポートレイト』は、20世紀半ばのイギリスの地政学的なヴィジョンを問いかける、ダイナミックな作品となりえている。

## 3. ジェニングズからフリー・シネマへ

　ジェニングズのドキュメンタリーは、1950年代のイギリス映画にどのような影響を与えたのだろうか。ここでは、フリー・シネマという1950年代後半の「運動」に注目しつつ考察を進めていきたい。

フリー・シネマは、1956年2月から1959年3月にかけて、ロンドンのナショナル・フィルム・シアターで上映された、合計6回の短編ドキュメンタリーのプログラムを総称する言葉である。初回のプログラムは、リンジー・アンダーソンの『おお、ドリームランド』(1953年)、カレル・ライスとトニー・リチャードソンの『ママは許さない』(1956年)、ロレンツァ・マッツェッティの『二人一緒に』(1956年)の3作品だけの上映であったが、「街の噂となった3本の短編映画をこの4日間のうちに見ておこうと、映画愛好家たちがイギリス祭よりもずっと長い列をなして、霧雨のなか数時間も待つことになった」(『イヴニング・ニューズ』1956年2月9日、*Free Cinema* DVD Booklet)。無名の若手映画監督の作品が、なぜこのようなセンセイションを引き起こすことになったのだろうか。

そのひとつの理由は、フリー・シネマの企画者たちの巧みなマニフェスト戦略にある。初回のプログラムには、次のようなマニフェストが付けられていた。

> これらの映画は、一緒に作られたわけでも、一緒に上映するつもりで作られたわけでもなかった。しかし、一緒にしてみると、私たちは、それらが共通の態度を持っていることに気づいた。この態度に含まれているのは、自由への信念であり、[市井の] 人びとの大切さへの信念であり、日常の意義深さへの信念である。
> 私たちは映画監督として信じる、映画は個性的でありすぎることはない、と。
> 映像が話しかけると、音が増幅し、コメントする。大きさは重要ではないし、完成は目的ではない。
> 態度はスタイルを意味し、スタイルは態度を意味する。(*Free Cinema* DVD Booklet)

企画者たちは、このような印象的なメッセージを通じて、フリー・シネマの映画上映会を、メディアの注目を集める独立した運動へと高めていく。

このマニフェストは、フリー・シネマの担い手が自分たちのドキュメンタリー作品の映画史上の立ち位置を自己演出する、絶好の機会でもあった。ここで忘れてはならないのが、フリー・シネマの中心人物であるアンダーソンとライスが、1950年代半ばには、すでに著名な映画批評家であったというこ

とだ。二人の批評家が彼らのドキュメンタリーのモデルとして打ち出したのが、他ならぬジェニングズであった。アンダーソンの有力なジェニングズ論「ただ結びつけさえすれば」(1953年)の一節を引用しよう。

> ジェニングズをほとんどすべてのイギリスの映画制作者と隔てる美徳のなかで特に際立っているのは、個性の尊重であり、階級意識の抑制からの自由であり、映画のなかで人びとに対して庇護者ぶったり、彼らをたんに利用したりすることのできない性質である。ジェニングズの人びとはそれ自体が［彼らを描くことそのものが］目的なのだ。(Anderson, "Only Connect")

フリー・シネマの「自由への信念」と「［市井の］人びとの大切さへの信念」は、ジェニングズの「態度」に一致していることがわかるだろう。また別の箇所で、アンダーソンは、「ジェニングズの『ティモシーの日記』は、目がくらむほどの妙技で、映像と音と音楽とコメントを次々と連想によって結びつけながら、細部と細部をつなげていき、国民生活を自由に横断し、つなぎ続けていく」("Only Connect")と述べている。このようなジェニングズの「スタイル」は、フリー・シネマの「映像」と「音」の強調と一致している。つまり、フリー・シネマの「態度」と「スタイル」は、ジェニングズのそれに依拠しているのだ。

## 4. BFIの革新とフリー・シネマの誕生、あるいはイギリス祭の遺産

フリー・シネマの担い手が、イギリス映画における自己の立ち位置の演出にあたって、とりわけ「個性的な」映画監督であるジェニングズを選んだのは、彼らが作家主義を掲げる以上、必然的な選択であった。しかし、彼らがジェニングズというイギリス祭の国民的なドキュメンタリー作家に固執するのには、ある種の必然性があった。なぜならば、フリー・シネマは、BFIというイギリスの映画組織のなかで、生み出された運動だったからだ (Dupin)。

フリー・シネマの運動は、イギリス祭におけるBFIの活躍なくしては存在しえなかっただろう。イギリス祭の映像部門は数々の卓越したドキュメンタ

リーや実験映画を生み出していたし、テレシネマは国民に大人気であった。こうしたBFIの華々しい貢献の背景には、1948年の「ラドクリフ報告」に沿った、BFIの大幅な組織変更と路線変更があった。この報告は、BFIの今後の仕事の柱として、「ナショナル・フィルム・ライブラリーの管理」、「第一級の情報サーヴィスの運営」、「映画技術の理解を促進する中心組織または地方組織の発展」を挙げている（BFI）。1949年にBFI長官に就任したデニス・フォアマンは、こうした目標の実現に向けて、精力的に活動し、BFIの活性化に貢献していく。

　ナショナル・フィルム・シアター（NFT）の創設は、その一例である。テレシネマは、フォアマンの提言によって、イギリス祭の後、会員制の映画クラブとしてBFIの管轄下に入り、1952年にNFTとして再オープンする。その5年後の1957年には、BFIがウォータールー・ブリッジの下に建てた映画館が、新たなナショナル・フィルム・シアターとなり、現在に至っている。フリー・シネマのプログラムがイギリス祭と縁の深いNFTで上映されたという事実は、ジェニングズとフリー・シネマの近接性ばかりか、BFIとフリー・シネマの近接性を表している。

　フォアマンは1952年のBFI実験映画制作基金の創設にも一役買っている。この新たな助成金によって、BFIは、商業映画のオールタナティヴとなる「実験的な」作品の育成に乗り出したのである。ドキュメンタリーはこのカテゴリーに当てはまる。初回のフリー・シネマのプログラムの『二人一緒に』と『ママは許さない』が実験映画制作基金の援助を受けているという事実は、フリー・シネマとBFIの密接な結びつきを立証している。実際、フリー・シネマ全体では5つの作品が同資金の提供を受けている。

　フリー・シネマとBFIの結びつきは、人材面に明白に表れている。フォアマンは、BFIの機関誌『サイト・アンド・サウンド』の刷新のために、先鋭的な映画雑誌『シークエンス』（1947-52年）の若手批評家、ガヴィン・ランバートとペネロピ・ヒューストンを呼び寄せ、編集を任せている。同時に『シークエンス』の執筆仲間であったアンダーソンとライスも、『サイト・アンド・サウンド』に活躍の場を移していく。個性的な映画スタイルを評価する、フリー・シネマの作家主義の源流は、このように『シークエンス』にま

図3　『ママは許さない』（1956年）　　図4　『二人一緒に』（1956年）

で辿ることができ、『サイト・アンド・サウンド』は、新しい批評スタイルの定着に大いに貢献することになった。こうしてBFIの機関誌は、1950年代半ばまでにフリー・シネマのフォーラムと化していった。

　BFIとフリー・シネマの蜜月において、カレル・ライスの果たした役割はきわめて大きい。ライスは、1952年から1955年にかけて、NFTのプログラム制作を担当しており、『サイト・アンド・サウンド』の作家主義的な傾向を反映した映画上映会を実現している。ヒッチコック、デ・シーカから、チャップリン、リード、ジェニングズ、ブニュエル、キューカー、ラング、ヒューストン、フォードまで。ジェニングズはここでも重要な位置を占めている。

　ライスのNFTでの仕事は、フリー・シネマの実験映画制作基金への接近を容易にしたと想像できる。彼自身の作品も同資金の提供を受けているからだ。フリー・シネマは、このようにBFIの全面的な、批評的、経済的、制度的バックアップを受けた、いわば「公認の」運動として、1956年2月、BFIの本拠地NFTで最初の上映を迎えることになる。その成功はあらかじめ決定されていたと言っても過言ではないだろう。実際、ランバートが『サイト・アンド・サウンド』に好意的な批評を寄せており、それはフリー・シネマの制度としての側面を明らかにしている。

　フリー・シネマの担い手たちがジェニングズを賛美し続けたひとつの理由は、既存の組織への依存を余儀なくされる、ドキュメンタリー制作の困難をくぐり抜けるこつをジェニングズが誰よりも知悉していたからではないだろうか。

## 5. フリー・シネマとニュー・レフトの「人民戦線」

　これまでフリー・シネマの美学とその文化史的な背景について検証してきた。イギリス祭以降のBFIのさまざまな制度的革新を背景として成立したフリー・シネマの美学は、ジェニングズの「態度」と「スタイル」を継承した作家主義的なアプローチとして要約できるだろう。第1回のマニフェストは、こうしたフリー・シネマの美学の特徴を余すことなく表現している。それでは、フリー・シネマの政治学はいかなるものだったのだろうか。

　同時代の批評家アラン・ラヴェルは、フリー・シネマの運動を1950年代の「リベラリズムの全般的な危機」に対するアンダーソンたちのヒューマニズム的対応という角度から分析しており、そうしたリベラリズムの危機の要因のひとつとして、冷戦下の政治的な袋小路に言及している (Lovell)。実際、フリー・シネマの左傾化、つまりニュー・レフトへの接近は、1956年末から1957年初頭にかけて顕著となる。その背景には、冷戦下の政治的想像力の行き詰まりを象徴する2つの事件があった。1956年10月の英仏のスエズ運河侵攻と同年11月のソ連のハンガリー革命弾圧である。この2つの事件は、西側の帝国主義と東側の共産主義への二重の幻滅を意味していた。こうした状況のなかから、西側の帝国主義からも、東側の共産主義からも距離を置き、「第三の政治空間」の可能性を模索する、ニュー・レフトと呼ばれる知識人のプラットフォームが誕生する (S. Hall, "The 'First' New Left")。

　アンダーソンとライスは、スチュアート・ホールをはじめとするニュー・レフトの知識人との「人民戦線」を夢見て、彼らの機関誌である『ユニヴァーシティズ・アンド・レフト・レヴュー』にいくつかの重要な映画批評を寄稿している。例えば、『サイト・アンド・サウンド』の1956年秋号に掲載された、アンダーソンの伝説的なエッセー「立ち上がれ！　立ち上がれ！」は、『ユニヴァーシティズ・アンド・レフト・レヴュー』の1957年春号に「映画批評におけるコミットメント」というタイトルで収録されている。アンダーソンの映画批評における政治的責任の強調は、フリー・シネマの方針にも影を落とすことになる。

　1957年5月末に開催された第3回のフリー・シネマのプログラムは、アン

ダーソンの『ウェイクフィールド・エクスプレス』(1952年) と『クリスマス以外は毎日』(1957年) を含む 4 作品からなるが、彼のためのプログラムと言っても過言ではない。マニフェストには、「立ち上がれ！」の影響が色濃く感じられる。

> まず正直に愛情をもってイギリスを見ること。その奇抜さを楽しみ、悪習を攻撃し、その人びとを愛すること。私たちの忠誠と拒否と熱望を表現するために映画を使用すること。これこそが私たちのコミットメントだ。(*Free Cinema* DVD Booklet)

　このマニフェストで明らかにされるのは、第 1 回のマニフェストの最後の言葉──「態度はスタイルを意味し、スタイルは態度を意味する」──の真意である。「態度」とは「コミットメント」のことであり、それはイギリスの「人びとを愛すること」に他ならない。「このプログラムの詩は、私たちがその一部である国、すなわちイギリスへの私たちの感情から生み出される」(*Free Cinema* DVD Booklet) とアンダーソンが述べるとき、映画の「詩」と美学の問題は、ナショナリズムや共同性の問題を内包した、政治とイデオロギーの問題に直結する。つまり、フリー・シネマとは、1950年代の冷戦下のイギリスにおける固有の美学＝政治学の宣言なのであり、ニュー・レフトとの「人民戦線」も、偶然の産物というよりはその運動の必然的な帰結であった。ここに「態度はスタイルを意味し、スタイルは態度を意味する」という言葉の射程を思い知ることができる。

## 6.『クリスマス以外は毎日』とグリアソンの影

　『クリスマス以外は毎日』は、フリー・シネマの美学＝政治学を体現する、傑出した作品である。フォード社の広告放送担当係となったばかりのライスの仲介によって、同社のグラフィック・フィルムズの「イギリスを見よ」シリーズ──このタイトルはジェニングズの『イギリスを聴け』へのオマージュ──の最初の作品として制作されたこの作品は、上映時間が40分近くあり、フリー・シネマでもっとも野心的な作品のひとつとなった。

作品の構成は、いたってシンプルである。サセックスでマッシュルームの集荷を終えたヴァンの夜行便が、ロンドンのコヴェント・マーケットに向けて出発する。その映像にBBCのラジオから流れる、一日の終わりを告げる国歌が重ねられる。しかし、マーケットでは、仕事は始まったばかりである。イギリス全国から到着した農産物を個々の店舗へ運搬し、受け取った農産物を手際よく店に陳列する作業が、矢継ぎ早に映し出されていく。早朝の休憩の場面では、カフェでくつろいで歓談する労働者たちの姿が描かれる。客の到来に備えて労働者たちがマーケットに戻ると、午前の半ばまで販売の作業が続き、ヴァンがイギリス各地へ帰還していく場面で幕を閉じる。

この作品のメッセージは、各自の仕事を淡々とこなしていく、イギリスのふつうの人びとの尊厳や重要性を愚直なほどストレートに訴えることにある。作品の最後のナレーションは、その点を明確にしている。

　　労働は、どのようなかたちであれ、いつも私たちとともにある。私たちは、自分自身の
　　労働だけでなく、お互いの労働に支えられている。アリスやジョージやビルや、私たち
　　が生き続けるのを可能にする他のすべての人びとの労働に。

ここには、アンダーソンがジェニングズから受け継いだ「［市井の］人びとの大切さへの信念」が明快に提示されている。アンダーソンのジェニングズとの親近性は、「若き者と年老いた者、過去と未来を巡り合わせ、議論させる」対位法的な思考法にも見出すことができる。アンダーソンは、マーケットの若き男性労働者たちと、戦前から働いてきた女性の花運搬人や花売りの老婆を対位法的に配置し、伝統と革新の相克を強調することによって、イギリスのモダニティを表現することに成功している。

しかし、アンダーソンの対位法は、ジェニングズの対位法と比較すると、その二項対立の豊かさ、複雑さにおいて、見劣りがする。むしろアンダーソンは、労働の普遍性を媒介とする、人びとのつながりを強調することによって、その美学的・政治的なヴィジョンにおいて、グリアソンに回帰していると言えるだろう。1957年刊行の『宣言集』に寄稿した「飛び出して、押せ！」というエッセーのなかで、アンダーソンは以下のように規定している。

映画は産業である。これは誰も反対しないだろう。映画はまた芸術である。これもまた大半の賛成を得るだろう。しかし、また映画はそれ以外のものでもある。映画はコミュニケーションの手段であり、つながりを作る手段なのだ。(Anderson, "Get Out")

アンダーソンは、さらにコミュニケーションの問題を、「コミュニティの問題として、共通の帰属感の必要性として、共通の善のために犠牲を払う準備があるという感覚の必要性として」("Get Out") 析出している。つまり、アンダーソンは、戦前・戦中のグリアソンのドキュメンタリー運動が、社会民主主義的な「国民」表象を通じて、人びとのつながりを生み出した点を評価しつつ、そのような共同性＝コミュニティを現代のイギリスに再生する道を模索しているのだと言えるだろう。

　フリー・シネマの論客が、そのマニフェストにおいて、ジェニングズの美学＝政治学を利用した点はすでに確認したとおりである。しかし、ここで大切なのは、ジェニングズへの言及がグリアソンへの沈黙と表裏一体の関係になっているという点である。例えば、ライスは、1958年に『ユニヴァーシティズ・アンド・レフト・レヴュー』に寄稿した「ドキュメンタリーの利用法」のなかで、戦後のグリアソン一派のドキュメンタリーの現代生活からの乖離を指摘し、その「プロパガンダとしてのドキュメンタリーへの信念」を批判しているが、その対となるのは、フリー・シネマが理想とする、ジェニングズを旗印とした「芸術としてのドキュメンタリーへの信念」である(Reisz)。しかし、すでに確認したように、フリー・シネマの美学は、ナショナリズムの感情と密接な関係にある、優れて政治的なイデオロギーであった。ジェニングズの対位法的思考の背後には、つねにグリアソンの共同体への感情が隠されているのである。

　アンダーソンの『クリスマス以外は毎日』は、労働のサイクルを作品の構成原理に据え、対位法的な技法によって、人びとのつながりを描き出すことによって、ドキュメンタリー運動の原点をなすグリアソンの『流し網漁船』(1929年) へのオマージュとなっているが、それはグリアソンの美学＝政治学の射程の深さを物語っている。「現実の素材の創造的な解釈」というグリ

アソンのドキュメンタリーの方法論は、彼の「プロパガンダ的なドキュメンタリーへの信念」が、「芸術としてのドキュメンタリーへの信念」に基づいていることを表している。フリー・シネマの担い手だけでなく、ドキュメンタリー運動の父にとっても、「態度はスタイルを意味し、スタイルは態度を意味する」ものだったのだ。

## 7. フリー・シネマの終わりとニュー・ウェイヴの始まり

　最後のフリー・シネマとなる第6回のプログラムは、1959年5月に新しいNFTで上映された。そこではライスの野心的な作品『俺たちがランベス・ボーイだ』(1959年)をはじめ、4作品が最後の幕を飾ることになった。アンダーソンたちは、フリー・シネマの運動の努力と成果を回顧し、フリー・シネマの長編物語映画への影響とドキュメンタリーの活性化への貢献について言及した後、「フリー・シネマは死んだ。フリー・シネマよ、永遠なれ！」とマニフェストを締めくくっている。

　ここでは、フリー・シネマからニュー・ウェイヴへの移行について紹介し、イギリスのリアリズムの伝統におけるドキュメンタリーとフリー・シネマの位置づけについて総括していきたい。フリー・シネマからニュー・ウェイヴへの移行は、皮肉なことに、映画界の外部からもたらされることになった。トニー・リチャードソンは、フリー・シネマのメンバーでありながら、1956年5月のジョン・オズボーンの『怒りを込めて振り返れ』の初演をはじめ、演劇の分野において目覚ましい活躍をした後、オズボーンとともに映画制作会社ウッドフォールを設立し、『怒りを込めて振り返れ』(1959年)、『エンターテイナー』(1960年)、『蜜の味』(1961年)、『長距離走者の孤独』(1962年)と矢継ぎ早に長編物語映画を生み出していった。彼こそが友人のライスとアンダーソンにも映画制作の機会を提供することになる。ライスは『土曜の夜と日曜の朝』(1960年)、アンダーソンは『孤独の報酬』(1963年)によって、それぞれ長編物語作家としてデビューを果たす。これらの長編物語映画の原作を提供したのは、ジョン・オズボーンやアラン・シリトーのような、「怒れる若者たち」と呼ばれる、新しい世代の劇作家や小説家であった。

アンダーソン、ライス、リチャードソンの1960年代初頭の長編映画作家としての仕事は、今日ブリティッシュ・ニュー・ウェイヴという名称で呼ばれることが多いが、北部の労働者階級の若者を主人公にした、キッチン・シンクのリアリズムを特徴としている。ニュー・ウェイヴのリアリズムは、それまで長編物語映画では、正面から取り扱われることが少なかった、労働者階級の人びとの現実と彼らの感情生活を、目を背けたくなるほど生々しくリアルに描き出した点が新しく、1950年代のイーリング・コメディに代表される、イギリス映画の温和なリアリズムの伝統を革新する要素を秘めていた。ニュー・ウェイヴのざらざらとしたリアリズムは、ケン・ローチ、スティーヴン・フリアーズ、マイク・リー、ダニー・ボイルといった20世紀後半のイギリスの社会派リアリズムの原点となったと言っても過言ではない。

ニュー・ウェイヴのリアリズムは、感情の動員を容易にするフィクションの装置と、ドキュメンタリー運動の遺産であるリアルな人間描写と風景描写を通じて、ドキュメンタリーというジャンルでは接近が困難であった、ふつうの人びとの内面へと聴衆を導いていった。フリー・シネマがドキュメンタリー運動から相続した「［市井の］人びとの大切さへの信念」は、こうしてニュー・ウェイヴの誕生とともに新たな表象の段階を迎える。しかし、「態度はスタイルを意味し、スタイルは態度を意味する」というアンダーソンの言葉を信じるならば、ニュー・ウェイヴ以降のイギリスのリアリズム映画のなかに、共同体への愛に貫かれた独自の美学＝政治学としてのドキュメンタリーの影を見出すことになるだろう。

（佐藤　元状）

## 推薦図書

狩野良規『スクリーンの中に英国が見える』国書刊行会、2005年。

Lay, Samantha. *British Social Realism: From Documentary to Brit Grit*. London: Wallflower Press, 2002.

Street, Sarah. *British National Cinema*. 1997. Second Edition. Abingdon, Oxon.: Routledge, 2009.

## 第14章

# 王室とメディア
## ——国民統合の装置としての王室祭儀

## はじめに

王室についての2つのコメントから始めてみよう。

結婚したままの正式な別居であれば広範な理解が得られるだろう。……彼らの個人としての感情より、結婚の重要さや神聖さに配慮を示すことで、ロイヤル・カップルは国民に奉仕する姿勢をあらわし、国民の尊敬を集めることになるだろう。

音楽は荘厳で、ファンファーレの高らかな響きには感無量であった。世界を見渡してみても、このような華麗な行列・儀式・パジェントをあれほど格調高くまとめ上げられるのはイギリスだけだ。……やはりイギリス人であるというのは、なんとも胸踊るものだ。

最初のコメントは、カンタベリー大主教が1993年にチャールズ皇太子夫妻の別居について寄せたもので、もうひとつは劇作家のノエル・カワードが1960年に記した日記の一部である。

1993年12月、イギリス議会が王位継承権第一位のチャールズ皇太子とダイアナ妃の別居を伝えると、大主教は皇太子夫妻が「子どもたちとの強い絆を見せ、国民に婚姻外の恋愛をできるだけ伏せること」を希望した（Bradford, 尾島訳）。この言葉からは、次代の国王となる皇太子とその妻には理想的な

図1　エリザベス2世即位50周年切手（2003年）

家庭像を国民に示す道義的責任が託されていることがわかる。言い換えるなら、理想的な親になれなければ、王になる資格もない、ということになるだろう。

けれども、歴史を思い出してほしい。エリザベス1世は自ら「私はイギリスと結婚した」と謳い、生涯独身を貫いているし、彼女の父ヘンリー8世にいたっては6人もの女性と結婚し、そのうちの二人を処刑した。つまり君主たるもの理想的な親でなければならないという条件がいつも揃っていたとは限らないのだ。ジャーナリストのジョナサン・ディンブルビーによれば、かつて君主制の役割と王族の私生活に「厳格な区別」があったのに対して、20世紀になって、その境界線がぼやけつつあるという。つまり、王室の道徳的な役割を強調する大主教のコメントは、比較的新しい価値観を表現したものであるということだ。

カワードの日記に話を移そう。1960年5月8日の日記には、マーガレット王女（エリザベス女王の妹）の結婚式に出席したときの模様が興奮冷めやらぬ調子で綴られている。ここに王室との交流が深いカワードの格別の思いを読み取ることもできるが、同時にカワードの愛国的な感情は、神聖なる国家儀式がイギリス国民のナショナル・アイデンティティを確認する貴重な機会となり得ていることを示している。

20世紀後半における王室と国民のつながりを考えていくにあたり、引用した2つのコメントは示唆に富む。大主教が家族の大切さを説き、カワードが祭儀を通じて「イギリス人である」ことに胸を膨らませるように、国民は王室を通じて「特権や平等やナショナリティや道徳や家族」について議論することになる（Billig）。というのも王室は、道徳意識や国民意識を形象化する存在であり、とりわけエリザベス女王は、イギリスという「家族」の家長のような役割を担っているからだ。女王は国民の安定した家庭生活の規範を示しながら、イギリスという「家族」の統合を心がける立場にあるが、カワー

ドの日記が明らかにするように、王室祭儀は、ナショナル・アイデンティティの確認を行い、国民の一体感を演出する絶好の機会となっている。

本章では20世紀後半の重要な王室祭儀を取り上げ、王室とメディアの関係に光をあてながら、立憲君主制の儀式が国民統合の装置として機能していく過程を検証していくことにしたい。

## 1. エリザベス2世の戴冠式（1953年）

第二次世界大戦終結後、イギリスでは2つの王室儀式が執り行われた。1947年11月のエリザベス王女とフィリップ殿下の結婚式と、1953年6月のエリザベス女王戴冠式である。この2つの儀式は、1951年のイギリス祭をはさんで行われており、両者のコントラストは興味深い。イギリス祭が科学と芸術をつなぎ、イギリスの「いま」を示す国民的祭典であったのに対し、王家の儀式は時代を超えて継承されてきた「不変の」価値、つまり王室の聖性や神秘性を国民に伝えるものとなった。王室の祭儀は、科学技術と合理性の時代に失われつつある、聖なる世界を可視化するひとつのパフォーマンスであり、祭儀を通じて、女王は自らが道徳的観念を体現する存在であることを明らかにしたのである。

王家の儀式は、基本的に伝統に則ったものである。しかし、伝統の創造には新奇さも求められる。大戦後のイギリスで国民から新しい時代の象徴として期待されていたエリザベス女王は、新時代の君主にふさわしいある決断をする。それは、女王戴冠式が執り行われるウェストミンスター寺院にテレビカメラの潜入を許可するというものだった。戴冠式のテレビ放映が決定すると、イギリス国内の電波網は拡大し、国民は戴冠式の映像見たさにこぞってテレビ受像機を買い求めた。これを境にイギリスではテレビの普及率がラジオを上回り、視聴者100万人台の時代へと突入する（Clarke）。

ここでテレビの歴史について概観しておこう。テレビ放送は1936年に開始されていたが、国防上の理由で第二次世界大戦中は放送停止となり、戦後の1946年にBBC（イギリス放送協会）によって再開された。当時、テレビ放送はBBCの独占だったが（民放のITVが始まるのは1955年）、その普及は遅々と

して進まなかった。その理由のひとつとして、BBC内部でのテレビへの否定的で消極的な態度が挙げられる。BBCの番組製作者の多くは、ラジオという言葉に特化するメディアを高尚かつ洗練されたものとみなす一方で、テレビという映像を頼りとするメディアを無教養で大衆的なものと蔑視していた（Crisell）。

　だが、時代はまさにラジオの時代からテレビの時代へと変わりつつあった。こうした時代の変化を鋭敏に意識していたエリザベス女王が採った策のひとつが、戴冠式の放映であったと言えよう。

　戴冠式当日はまさに「コミュニオン」の一日となった。イギリス国民はこの聖なる儀式を自宅の居間や近所のパブでテレビとラジオを囲んで祝福した。この日、イギリス国内の成人人口の56％がテレビで、32％がラジオで戴冠式を視聴したと言われている（Marwick, *British Society*）。ロンドンのフェスティヴァル・ホールでは、戴冠式の模様を映し出す大型スクリーンまで設置され、3,000枚の入場券が1時間で完売するという熱狂ぶりだった（Hennessy, *Having It So Good*）。この日、エリザベス女王は法令の題目が要求するように「国民の見守るなかで」王冠を授けられた最初の英国君主となり、戴冠式は初めて文字通りの「国民が共有する」儀式となった。テレビやラジオといったメディアを通じて、戦後最大の国家行事にイギリス国民が同時に参加し、感動を共有することによって、イギリスという国家が「家族」としての大いなる一体感を味わったのである。

### パジェントとしての戴冠式

　録画されたエリザベス女王の戴冠式の模様は、戴冠式から一週間後にカラー映像のドキュメンタリーとして上映された。『女王戴冠』という名のこの作品は1953年の国内興行成績第一位となる。ノンフィクションがこれほどの人気を得たのは、異例のことだったという（Chapman）。

　この映画では、悠久不変の王家の伝統と新エリザベス朝のイギリスの繁栄を強調するために、かつてJ・B・プリーストリーが『イングランド紀行』（1934年）のなかで「旧きイングランド」と呼んだイギリスの光景——緑豊かな田園地帯、丘と湖、桜の木に囲まれた茅葺屋根の小屋、牛の群れ、のどか

な村の様子とパブ、ウィンザー城とバルモラル城——が意図的に選択されている。つまり、この映画では19世紀の「産業のイギリス」と20世紀の「現代のイギリス」の表象が排除されているのだ。こうしてエリザベス女王の戴冠式は「旧きイングランド」のシナリオに組み込まれ、その映像は時を超えた普遍的なものとなる。この作品は幅広く上映され、テレビ放映に引き続き、イギリス中の老若男女がナショナル・アイデンティティを再認識するきっかけともなった。

図2　戴冠式のエリザベス2世（1953年）

さて、テレビや映画で戴冠式の様子を視聴した人びとの目には、何が映っていたのだろう。まずは女王の衣装に注目してみよう（図2参照）。このドレスには視覚に訴えるような特別な工夫が凝らされている。女王の正式な称号——「グレイト・ブリテンおよび北アイルランド連合王国及び他の諸領土の女王、コモンウェルスの首長にして、信仰の擁護者たるエリザベス2世」——がドレスの刺繍に縫い込まれているのだ。つまり、セイロンはハスの花、オーストラリアはワットル、パキスタンは小麦とジュート、イングランドはバラ、スコットランドはアザミ、といったように、それぞれの国の象徴となる草花がドレス一面に描かれている。また、女王が頭に戴く帝国王冠には伝統の継承が込められており、エドワード黒太子のルビー、エリザベス1世のパール、チャールズ2世の「ステュアート・サファイア」などが含まれている。そして、戴冠式で用意される宝剣は王位の表象として「司法、慈悲、国家」を、鳩は「守護者、教導者」を象徴している。

次にパレードに目を向けてみよう。パレードは、寺院内で行われた戴冠式の儀礼行為を公共空間に移し、国民からの直接的な認証を求めるパフォーマンスである。だからこそ、パレードの時空間は現実的でありながら、なおかつ神秘的であることが望ましい。パレードに使用された馬車は、深紅と金の

馬具をつけた「ウィンザー葦毛(グレイ)」の 4 頭立てで、その金箔まばゆい扉の模様は、ジョヴァンニ・チプリアーニが18世紀に描いたものだ。戦後は王室の保有する馬車にも限りがあり、映画スタジオから見栄えのする馬車を 7 台も借りてきたのだった（Brown and Cunliffe）。自動車の時代だからこそ、パレードには、大時代的な馬車を利用した幻想的な演出が大切となってくる。

　こうして見てくると、象徴的な意味が込められた女王のドレスや帝国王冠に始まり、パレードを幻想的に演出する美麗な馬車にいたるまで、戴冠式のあらゆる要素が、相乗的な視覚的効果を生み出し、エリザベス女王の一日限りの戴冠式を、悠久不変の王家の伝統を体現するスペクタクルへと高めていることがわかるだろう。テレビや映画といった視覚的なメディアは、古風な表現を交えながら王家の伝統を効果的に演出するナレーションとも相まって、このようなスペクタクルの生産と流通に重要な役割を担うことになった。

　ここでカワードが王家の結婚式を「パジェント（pageant）」と表現していたことを思い出してみよう。「パジェント」という語には、大きく分けて、英文学史上の野外劇という専門的な意味と「儀式、仮装行列、盛観なショー」という通常の意味があるが、文脈から判断して、カワードが後者の意味合いでパジェントに言及しているのは明らかである。「イギリス人であるというのは、なんとも胸踊るものだ」という前述のカワードの感慨は、王室祭儀が華麗なパフォーマンスとして、つまり国民を視覚的に魅了する壮大なスペクタクルとして、国民統合的な機能を担っていることを物語っている。エリザベス女王の戴冠式は、パジェントとしての王室祭儀が、ラジオやテレビや映画といった同時代のメディアを最大限に利用しながら、王室の権威による国民統合を推進することのできた、戦後の一大イヴェントとして、イギリス国民の記憶に刻まれていくことになる。しかし、王室とメディアの関係は、1960年代以降、平坦な道を辿ることにはならなかった。

## 2. 王室とメディア

　1960年代末にはイギリスの 9 割の家庭がテレビを所有するようになるが（Clarke）、この時期にエリザベス女王は「素顔」のロイヤル・ファミリーを

テレビ放映するという新たな試みを行う。この新企画の背景には、世論の変化があった。60年代になると王室への関心が低下し、特にその傾向は若い世代に顕著だった。同時代の国内政治に目を向けると、ウェールズやスコットランドではナショナリズムが台頭していた。1969年7月にウェールズのカナヴォン城でチャールズ皇太子の叙任式を予定していた王室は、このような求心力の低下に歯止めをかけ、国民の叙任式への関心を高めるために、式の前夜にドキュメンタリー番組『ロイヤル・ファミリー』(1969年)をテレビ放映することになった。

### 「素顔」の女王一家

およそ3,700万人のイギリス国民が視聴したと言われているこの番組は、女王一家を「ふつうの人間」として描いている点で前代未聞のものであった(Rosen)。こうして国民は初めて公務を離れた女王とその家族の姿を知ることになった。フィリップ殿下がソーセージを焼き、女王が皿洗いをし、王子たちが雪合戦をしている姿を見て、国民は典型的な中流階級としての女王一家のライフスタイルに親近感を募らせる。

しかし、王室の「素顔」を晒すことは諸刃の剣であり、実際に懐疑的な意見が次々と出されることになった。『イヴニング・スタンダード』紙は、このドキュメンタリーの歴史的な価値を認めつつも、テレビを媒体として王室のイメージアップを図る方法に苦言を呈している(Bradford)。この番組が王族の公務と私生活の境界を曖昧にしたことを批判する声も少なくなかった。ディンブルビーは、君主制の「実用的」な面と「情緒的」な面が混同されていることに懸念を示し、「君主制の本来の役割が家族の価値を実践し、かつ国の象徴として行動することであるなら、模範の家族になれなかった場合、

図3 クリスマスの飾りをつける女王一家(『ロイヤル・ファミリー』より、1969年)

国の象徴が堕落したとして君主制をむしばんでいく可能性もある」と述べている（Dimbleby）。

『ロイヤル・ファミリー』の王室の姿が、入念に選ばれた理想的なシーンを編集したものであったことに留意してみれば、番組がアイロニカルな結末を生んでしまったと言えるだろう。理想的な中流階級の家族としての王室物語は、君主制に「家族の価値」を実践する多大なプレッシャーをかけることになってしまったからだ。つまり、彼らが模範的な家族になれなかった場合、国の道徳的模範と聖性の象徴が堕落したとして君主制自体が非難の対象になってしまう恐れが生まれたのである。実際、90年代にさしかかると、チャールズ皇太子夫妻の離婚を皮切りに、女王の子供たちは次々と結婚生活に破綻をきたし、イギリス国民とメディアは王室を厳しく批判するようになる。その結果、君主制支持率は下降線をたどるようになってしまう。60年代末にテレビ番組を通じて作られた王室の家庭神話は、王室の私生活に対する共感なき好奇の眼を生み、大変重いプレッシャーを女王一家にもたらすこととなった。

## タブロイド紙とテレビ

1969年の皇太子叙任式以降、王室に対する国民の視線とメディアの対応にも変化が見えてくる。王室の話題は、1970年代の国民の不満のはけ口として、あるいは国民の純粋な好奇心の対象として、メディアに恰好の話題を提供し、王室ウォッチャー集団の到来を招いた。国民は華麗な国事儀式のパフォーマンスにも飽き始め、大掛かりな実況中継や女王の誕生日を祝う軍旗敬礼分列、議会の開会宣言や壮麗な馬車のパレードだけでは、スペクタクルとして不十分だと感じつつあった。国民は新しい種類の刺激を求め、外見だけではなく、その中身も知りたいと願うようになっていた。そして、メディアは国民の好奇心を積極的に利用する一方で、国民の好奇心の在り方それ自体を変質させていった。

国民の貪欲な好奇心に応えるかのように、70年代のイギリスでは、タブロイド紙や新しいスタイルの芸能誌が登場する。タブロイド紙とは、小型版の新聞である。多くの写真と扇情的な記事を特色とする。1964年に創刊された

『サン』は、現在でもイギリスで一番販売数の多いタブロイド紙である。芸能誌の代表は、1988年に登場した『ハロー！』で、こちらはスペインで人気を博した『オラ！』の英語版として出版された。この雑誌の特徴は、艶やかな紙質、カラー写真、セレブ関連の豊富なゴシップ記事にあるが、今でも高い売り上げを誇っている。タブロイド紙や芸能誌が提供する王室関連の情報は、多くの読者によって共有され、王室についての世論に大きな影響を及ぼすようになる。イギリスではテレビやラジオに比べて、新聞や雑誌に対する規制が緩いこともあり（Christopher）、王室がゴシップ記事のネタとして誹謗中傷に晒される危険が生じることになった。

図4 『ハロー！』の表紙を飾るウィリアム王子と婚約者のケイト・ミドルトン（2010年）

　タブロイド紙や芸能誌の興隆により、王室とテレビの関係にも変化が生じてくる。王室はテレビを国民との直接的なコミュニケーションの手段として利用し始める。その皮切りとなった事件が、1995年11月放映のBBCの『パノラマ』インタヴューだ。それまでメディアでのみ報じられてきた皇太子夫妻の結婚生活の破綻を認め、ヴェールに包まれた影の生活を暴露したダイアナ妃のインタヴューは、世間を驚かせた。ダイアナ妃に応戦するかのように、チャールズ皇太子もインタヴューに応じたが、彼らがテレビというメディアを選んだのはなぜだろうか。皇太子によれば、テレビこそが「国民が最大の信頼を置いている」メディアであり、「タブロイド紙の行きすぎを是正できる真の道具」であるという（Dimbleby; Rosen）。また、皇太子夫妻がテレビでのインタヴューを通じて、自らのイメージアップや自己弁護に努めたことは言うまでもない。

　テレビを国民との直接的なコミュニケーション手段として用いたのは、エリザベス女王も同様である。ダイアナ妃の交通事故死に関して沈黙を守っていた王室に対して、国民は、王室が悲しみを共有することを望み、心からの

スピーチを求めた。エリザベス女王はそれに応答するかたちで、ダイアナ妃の葬儀前日に生放送のテレビ演説を行うこととなった。女王がテレビを通じて国民にメッセージを送るのは、毎年恒例のクリスマス・スピーチだけである。しかもそれが事前収録であることを思えば、女王の決断の歴史的意義がわかるだろう。女王はスピーチのなかで、ダイアナ妃が大切にしてきた息子たちへの愛情と他者への慈善の精神を称え、国民からの献花や哀悼の意に感謝の辞を述べ、「明日はイギリス国民（the British nation）が深い悲しみと敬愛の念でひとつになっていることを、全世界に示すまたとない機会となるのです」とスピーチを締めくくり、ダイアナ妃の葬儀を通じてイギリス国民が団結し結束することを誓った（Elizabeth Ⅱ）。テレビという国民との直接的なコミュニケーション手段を利用することによって、エリザベス女王はダイアナ妃への哀悼演説を通じて「国民の王室」を目指していくことを国民に告げ、90年代に高まりつつあった王室存続の危機を回避したのである。

## 3.「人びとのプリンセス」の国葬

およそ15年間にわたる結婚生活に終止符を打ってからわずか1年後の1997年8月末日、パリを訪問していたダイアナ妃は、交通事故で不慮の死を遂げる[1]。ダイアナ妃の死をめぐって数多くのエピソードが語られているが、そのなかで誰もが口にするのは、事故から葬儀までの「あの一週間」の類例のない体験だ。ダイアナ妃の王室やメディアとの関係を概観しながら、「あの一週間」の内実に迫っていきたい。

1981年7月に執り行われたチャールズ皇太子とダイアナ・スペンサーの結婚式は、70ヶ国でおよそ7億人がリアルタイムで視聴した「20世紀最大の式典」と称されている。このときからダイアナ妃はイギリスでもっとも魅力的な「観光名物」となり、いわゆる「ダイアナ・フィーヴァー」を巻き起こした。そこから生まれる収益を見れば、1983年から85年の2年間だけでも66億

---

1) 離婚に際し、ダイアナ妃は「妃殿下（HRH, Her Royal Highness）」の称号を失ったが、「プリンセス・オヴ・ウェールズ（Princess of Wales）」の称号を保持した。国内外では彼女は離婚後も「プリンセス・ダイアナ」という呼称で親しまれていた（石井、Fisher）。

円はくだらないと言われている（Levine）。『ピープル』誌によれば、結婚式から1年足らずの間にダイアナ妃に関する本は国内で112冊も出版され、その販売数はおよそ2,700万部を記録した（Editors of *People* Magazine）。こうしてダイアナ妃は、大量消費社会での目玉商品と化し、さらには時代の寵児からゴシップ記事のターゲットへと変化を遂げていった。たえず人びとの視線を浴び続け、死の瞬間までパパラッチに追い回されていたダイアナ妃の事故死をめぐり、彼女の弟のスペンサー伯は、マスコミが妃を死に追いつめたと激しく非難した。

　ダイアナ妃の葬儀にあたって問題となったのは、ダイアナ妃の位置付けである。離婚後間もなくして起きた不慮の事故は前代未聞の事件であり、王室側は事前の準備を何もしていなかった。当初エリザベス女王は、すでに王室から外れた女性の葬儀は彼女の実家を中心に私的に行われるべきだと考えていた。これに対し、チャールズ皇太子とトニー・ブレア首相は未来の国王の母としてのダイアナ妃の身分と国民感情を配慮して、国葬レヴェルの葬儀を提案する。映画『クイーン』（2006年）のなかで、ダイアナ妃の遺体を引き取りに行くのに王室私用のジェット機を使用するか否かで言い争う女王一家が描かれているが、もめるのも仕方ないことだった。なぜなら王室の葬儀は伝統的に3つに分類されるのだが、ダイアナ妃の葬儀はそのどれにも当てはまらなかったからだ。君主以外の人間が国葬扱いされたのは、20世紀ではウィンストン・チャーチルだけであり、イギリス史全体においても、彼を含めて3人しかいない。結果として、葬儀は「特別な人の特別な葬儀」という位置付けで行われることとなった（BBC, "Palace Announces"）。ダイアナ妃の葬儀が歴代のイギリス王の戴冠式および葬儀の場であるウェストミンスター寺院で行われたということは、王室が国民感情にかなりの配慮をはらった結果と解釈できる。

　ダイアナ妃の葬儀までの「あの一週間」を考察する際にさらに重要なのは、葬儀が行われた時期と、その立役者に着目することである。葬儀の中心的役割を果たしたのは、王室メンバーではなく、1997年5月に首相に就任したばかりのトニー・ブレアだった。ダイアナ妃の事故死は、18年間におよぶ保守党政権から労働党が巻き返しをはかり、圧倒的勝利で政権を獲得してわずか

3ヶ月後のことだった。「人びとの首相」というスローガンを掲げていたブレアは、労働党のイメージ戦略に世界的に人気の高いダイアナ妃を取り込もうと考えていた。事故の直後、ブレアは真っ先に哀悼の意を表し、ダイアナ妃が「喜びと癒し」を与えることのできる類まれな人物であったことに触れ、「世界中で、ダイアナ妃は信頼を寄せられていました。……彼女こそが『人びとのプリンセス（people's princess）』だったのです」と讃えている（BBC, "Princess Diana's Death"）。ブレアの支持率が90％にまで上昇したのは、このスピーチの効果と考えられる。

　「人びとのプリンセス」の葬儀では、王室の伝統とは異質な側面が目立っていた。通常の王室葬儀では、葬列の際に400人の軍人が棺の後ろを行進するのに対し、ダイアナ妃の葬儀では、彼女が関与した慈善団体の代表者500人が行進した。勲章や華やかな装飾もなく、国家儀式としての葬儀にしては、寂しげな印象を与えていたものの、葬儀出席者に目を向けてみれば、奇抜なファッションに身を包むゲイやハリウッド俳優が異彩を放っていた。さらにはエルトン・ジョンが「風のなかの灯火」を熱唱し、スペンサー伯は弔辞でパパラッチと王室を痛烈に批判するなど、王室儀式としては異例づくしの展開をみせた。この日ウェストミンスター寺院周辺には200万人もの一般市民が押し寄せたため、地下鉄ウェストミンスター駅は治安上の理由で封鎖されるほどであった。寺院内で行われる葬儀の模様は、寺院のすぐ外にある巨大スクリーンとスピーカーでリアルタイムに放送された。葬儀に参列した群衆は史上最大とも言われ、テレビ中継で報じられた葬儀の様子を世界中でおよそ10億人の人びとが見入っていたという。

　ダイアナ妃の葬儀でもうひとつ驚くことは、見知らぬ者同士が抱き合い、涙を流して感情を露にする光景であった。この光景について、ジャーナリストのアンドリュー・マーは「ロンドンはさながら地中海地域のようだった」と表している（Marr）。つまり、あまりに「非イギリス的」であったということだ。かつてE・M・フォースターは「イギリス人は感じないのではなく、感じることを恐れるのだ。……大きな喜びや悲しみを表現してはならない」（「イギリス国民性覚書」小野寺健訳）と述べたが、イギリス人は伝統的に「上唇を引き締めて」感情を抑えることを美徳としてきた。特にエリザベス

女王の世代ではなおさらだった。だが、ダイアナ妃の葬儀に集まる人びとは、見知らぬ者同士で抱き合い、涙を流して感情を露わにしていたのである。彼らがケンジントン宮殿に捧げた花束は130万本を超え、ダイアナ妃の死から葬儀までの「あの一週間」は「花の革命」と称されることになった。

## パジェントとしての葬儀

　ダイアナ妃が「人びとのプリンセス」と呼ばれたのは、彼女が自らの弱さをさらけ出し、人びとと痛みを分かち合えるような、親しみやすいイメージを押し出してきたからである。エリザベス女王のストイックな力強い姿勢とは対照的であった。こうした彼女のイメージを確立させたのは、ダイアナ妃自身の資質に加えて、メディアの力に負うところも大きい。生前は彼女を自己中心的で、君主制の伝統を脅かす危険な存在として激しく批判し、ゴシップ記事を書き立てていたメディアは、ダイアナ妃の死後に立場を一転し、慈悲と慈愛にあふれた妃の面影を形成していった。

　ダイアナ妃の親しみやすさは、メディアによって描かれる「ダイアナ妃物語」に見て取ることができる。たとえば、ダイアナ妃の過去には、つねに家族の機能不全というテーマがつきまとい、それが結果として数多くの女性の共感を呼んだ。親の離婚による孤独な幼少期、不倫によって夫に裏切られた結婚生活、過食症や自傷行為の繰り返しといった一人の女性の物語は、現代のイギリス社会のいたるところに見られる、ありふれた経験であり、そのような共通の感情的経験がダイアナ妃の親しみやすさに貢献した。そして葬儀当日は棺上に置かれた「ママへ」という手紙を何度もクローズアップで映し出し、メディアは、幼い二人の王子を残して逝った一人の若き母親として、ダイアナ妃を国民の記憶に焼き付けることになった。

　とはいえ、「人びとのプリンセス」は、「プリンセス」という言葉が象徴的に物語るように、王室の血統という文脈を抜きにしては語れない。ダイアナ妃のメディア神話は、その「高貴な」血筋によること、しかも彼女の血筋は、エリザベス女王のウィンザー王家にとって特別な意味を持っていることを忘れてはならない。ダイアナ妃の実家のスペンサー伯家は13世紀まで遡ることのできる名門貴族である。このことは、彼女の血統こそが、第二次世界大戦

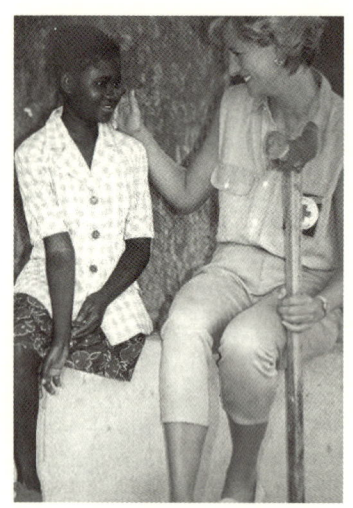

図5 地雷で片足を亡くした少女に触れるダイアナ妃（1997年）

中に「ドイツ系の外国人」というレッテルを危惧したウィンザー王家が希求した「高貴なイギリスらしさ」であったと言えるのだ。ダイアナ妃の息子であるウィリアム王子とヘンリー王子の登場は、ステュアート王家の血筋をひいたイギリス王の到来という大きな意味を持っている。

　もう一度ダイアナ妃の親しみやすさに話を戻そう。ダイアナ妃が与えた親近感は、イギリス社会の周縁に追いやられた人びとにも伝わるものであった。ダイアナ妃の訪問先の多くが旧植民地の国々であり、離婚後に彼女が交際した男性には二人のイスラム教徒が含まれている。また、残留地雷で足を失った人びとと素手で握手し、エイズ患者の子どもを抱擁するダイアナ妃の姿は、ジェイムズ１世の「ロイヤル・タッチ」とその聖なる力の再来として受け止められた。「人びとの心の女王になりたい」と常々願っていたダイアナ妃はこうした親しみやすいイメージで国民の心をつかんだ。「人びとの心の女王」の死を悼み、葬儀に集まった人びとは、おもに女性たちであり、マイノリティの人びとであり、そして彼女が関わってきた慈善事業のもとで生きる人びとであり、数多くのふつうの国民だった。

　「人びとの首相」ブレアは、ダイアナ妃の葬儀をひとつの「パジェント」に仕立て上げた。メディアによって喧伝される「人びとのプリンセス」像を最大限に活用して、ブレアはこの葬儀を、現代のイギリス社会の多様な人びとの感情をまとめあげ、イギリス国民のナショナル・アイデンティティを確認する貴重な機会として巧みに利用した。８月31日からの「あの一週間」は、国民の間で情報の共有と相互確認が必要な一週間となり、国民は自宅のテレビを日夕つけたまま、家族とともにダイアナ妃をめぐる報道に見入っていた。無数の花束、カード、ぬいぐるみで溢れるケンジントン宮殿の光景や、彼女の死を悼み涙ぐむ人びとの顔が何度も画面に映されると、まるで追体験をす

るかのように、ケンジントン宮殿に新たに足を運ぶ人びとの列が後を絶たなかった（Turnock）。ダイアナ妃の葬儀は、テレビやラジオなどのメディアを通じて、国民が見守る共通の儀式となり、イギリス国民の一体感を演出するパフォーマンスとなった。

## おわりに

　人類学者のギアーツによれば、どのような社会であっても、その政治的中心には支配統治を表現する象徴が存在するという。国の指導者がどれほど民主的な方法で選ばれようとも、指導者を正当化し、その行動を秩序立てるのを助ける「伝説化された物語、さまざまな儀式、紋章や記章、先代から引き継いだ貴金属などの付属品」が必要だという（Geertz）。つまり、国家祭儀という象徴的な儀式は、同時代の体制の理念と合致しているということだ。エリザベス女王の戴冠式は、第二次世界大戦後のイギリス社会の再建へ向けて、国民をまとめあげようとする絶好のパフォーマンスであったのに対して、ダイアナ妃の葬儀は、多民族社会へと進み、人びとの価値観が多様化しつつある現代のイギリスにおいて、喪の作業を通じて、国民を感情的にひとつにつなぎ止める重要な役割を果たした。ダイアナ妃の葬儀が明らかにしたのは、21世紀に向けて統合への道筋を新たに模索するイギリスの姿であったと思われる。1990年代には君主制を採っている国の数が28にまで減り、全世界人口の10％を占めるだけとなっている（君塚）。今後イギリスの王室儀式が、国民の感情を統合する力を有していけるのかどうか、じっくりと見つめていこう。

（泉　順子）

### 推薦図書
宮北恵子・平林美都子編『映画を通して知るイギリス王室史』彩流社、2009年。
スー・タウンゼンド『女王さまと私』橘雅子訳、第三書館、1993年。
アラン・ベネット『やんごとなき読者』市川恵理訳、白水社、2009年。

*Column*
『カリブの声』——カリブの作家たちとメディア

　1940年代、カリブ海の島々には出版社がなく、また欧米諸国での出版にこぎつけることは難しかったため、カリブの作家志望者たちにとって、詩、小説、戯曲、文芸批評といった作品を発表する機会は少なかった。この状況を打開したのが、イギリスBBC放送のラジオ番組『カリブの声』（1943-58年）だった。

　番組の生みの親はジャマイカ出身の女性詩人ウーナ・マーソン。カリブ作家の文筆活動を奨励し、その作品を広く紹介するために、1943年にこの番組を世に送り出した。はじめはリクエストされた作品を放送するだけだったが、1946年にアイルランド出身のプロデューサー、ヘンリー・スウォンジーが編集主幹に就任すると、番組は新たな局面を迎える。

　スウォンジーは、1950年代にロンドンに移住したサミュエル・セルヴォンなどの移民作家の作品を放送するにとどまらず、ジャマイカに支局を置いてカリブの島々を拠点とする文筆家たちの作品を募り、積極的にとりあげた。作品発表の場が限られていたカリブ在住作家の作品をロンドンのラジオ局でオンエアし、本国およびカリブを含む英語圏へ発信したのである。のちにノーベル文学賞を受賞する詩人デレク・ウォルコットも、この番組をカリブ海に浮かぶ故郷セント・ルシア島で毎週のように聴いていたという。1940年代末からカリブ移民が定着すると、イギリスでのリスナー層も爆発的に広がった。

ウーナ・マーソン（1905-65年）とヘンリー・スウォンジー（1915-2004年）BBC『カリブの声』の収録スタジオにて。

　この番組は、それまで無名に等しかった作家たちが、カリブ海地域のみならず、イギリスに向けて文字どおり「声」を発するための媒体だった。実際、スウォンジーの采配のもと、ウォルコット、V・S・ナイポール、ウィルソン・ハリス、ジョージ・ラミング、カマウ・ブラスウェイト、アンドルー・ソルキーといった、カリブ文学史から省くことのできない作家や詩人たちがチャンスをつかんだ。スウォンジーの後任として1954年から56年まで番組制作の主幹をつとめたV・S・ナイポールは、批評を多くとりあげる一方で、貧困と差別にあえぐ黒人系カリブ移民たちのロンドンでのくらしや心情を描いたセルヴォンの『ロンリー・ロンドナーズ』（1956年）などの文学作品を放送した。

　1958年、カリブ文学が軌道に乗り、番組の当初の目的を果たしたと判断したBBCは、放送開始から15年で番組を打ち切った。文学史において、15年という時間は決して長くはない。しかしながら『カリブの声』は、その放送期間にカリブ海地域内外で活動するカリブ作家たちに活躍の可能性および文学に関する活発な議論の場を与え続けたのである。

（松田　智穂子）

第15章

# ブリジット・ジョーンズの「自由」
―― サッチャリズムとポスト・フォーディズムの行方

## 1. ブリジット・ジョーンズとは何者か

　1995年、イギリスの新聞『インディペンデント』紙に、女性の日記という体裁を取ったロマンス・コメディが連載され、たちまち話題を呼んだ。ヘレン・フィールディング著の『ブリジット・ジョーンズの日記』（単行本初版は1996年、2001年に映画化）である。
　32歳、独身、ロンドンの出版社勤務を経て、テレビ制作会社に勤めるキャリア・ウーマン。と言うとバリバリに仕事をこなすクールな女性を思い浮かべてしまうかもしれない。けれども、ブリジットはおよそそれとはかけ離れた存在だ。ヘビースモーカーでアルコールはガブ飲み、カロリー摂取過多気味、ゲイの友だちとグチを言い合い、なんとか日々これ前向きに生きようとしている。そんな彼女の唯一の恐怖は、将来の孤独である。彼女にとって、このまましかるべき夫を見つけられず、子どもを持つこともなく、たった独りで終ってしまう人生ほど恐ろしいものはない。今年こそ、減煙、節酒、ダイエットに励み、良識ある恋人をゲットしようと、日記をつけ始める。とはいえ、禁煙は三日坊主、憧れの上司との恋愛も問題含み。仕事も日々これドジの連続。だが、そんな彼女の姿に多くの女性が共感し話題を呼んだ。
　1990年代半ば、18年に及ぶ長い保守党政権が幕を閉じようとしていたロンドンで、しばしば「ポスト・フェミニズム」の代表作として語られるこの物

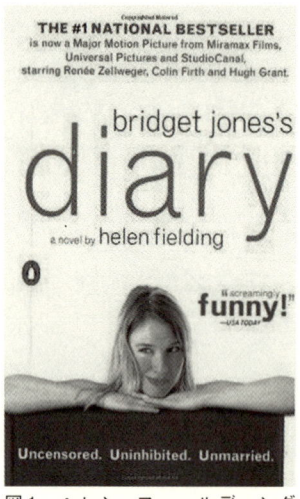

図1 ヘレン・フィールディング『ブリジット・ジョーンズの日記』（1996年）ペンギン版（2001年）表紙

語は、しかし、たんにフェミニズムのレンズを通して見えてくる風景を描いているだけではない。むしろ、ここに見て取れるのは、フェミニズムのみならず、1960年代の反乱（1968年のパリの五月革命、西ドイツの学生運動、アメリカの公民権運動など）のなかで探究された「社会的公正」を求める「政治的自由」が、ポスト・フォーディズム体制（これについては後述する）に呼応しながら市場と貿易の「自由」、個人の「選択の自由」に置き換えられていった時代に対するひとつの応答である。日々これ悩みはつきず、ドジを踏みながらもなんとか日常をやりくりするブリジットのライフスタイルは、そうした時代のなかから誕生したひとつの現代的な光景を示しているように思える。

　新自由主義（第3章参照）が深々と広がった社会で鍵を握っているのは、個人主義と「選択の自由」をめぐるいくつもの難点である。ブリジットがもっとも恐れていたことを思い出そう。「しかるべき」夫を選択すること、「しかるべき」ときに。さもなければ子どもを産むという「選択肢」がひとつ消える。日記とは、ただ単に自己を深く見つめ直すものではない。この場合、むしろそれは自分の目の前に広がる人生の選択のリスクを自分で管理するためのセルフ・モニタリング装置である。

　本章が論じたいのは、そういう「選択の自由」が、自然で当たり前のもののように感じられるようになったのはなぜか、という問題である。そのとき、ブリジット・ジョーンズのライフスタイルは、じつは重要なヒントを私たちに与えてくれる。ブリジットの世代は、生まれたときから景気が悪く、にもかかわらず、ある程度の平等が達成され、「自由」な社会で育ってきた若者たちである。そんな彼らのいわば「典型」的な感情を、ブリジットの日記はすくい取っているのかもしれない。

次節以降で詳しく述べていくが、彼女の「日記」を手がかりに同時代の文化を考察してみると、「自由な選択」は、なんでも自由に選択できるわけではない、ということがわかってくる。というのも、「選択の自由」とは、残念なことに、ある範囲における「自由」のことにすぎないからだ。そしてその範囲を決めるのは、国民ではない。国民は範囲を決定する権限を持っていないのである。当たり前のことだが、選択肢に入っていないものを「選択」する「自由」はそこにはない。

ひとつ例を挙げよう。たまたま「自由」に「選択」して就職した会社が、不幸なことに劣悪な労働条件を強制する会社だったとしよう。もちろん、辞める「自由」は多くの場合確保できるだろう。しかし、そういうひどい会社がそもそも存在しない社会を「選択」する「自由」はないのである。そういう「選択の自由」はないにもかかわらず、現在持っている「選択の自由」にまつわる責任は、すべてひとりで背負わなければならない。ブリジットたちは、こういう「自己責任」の時代に生きていて、だからこそ日々悩みはつきない、と言えるのかもしれない。

今日のイギリス社会には「企業文化（エンタープライズ・カルチャー）」と「治療文化（セラピー・カルチャー）」が蔓延している。別の言い方をすると、バリバリの起業家と鬱病のような精神的な病に沈みこむ者たちが数多く存在している。しかし、この２つの文化、あるいは２つの人間集団は、対立しているのではない。そう見えるのは見せかけにすぎない。この２つは同じコインの表と裏なのである。そして私たちは、そうした現象の始まりを、今日「サッチャリズム」の時代として知られる1980年代のイギリスに遡ることができる。

新自由主義政策については、1970年代に保守党のエドワード・ヒース政権下（1970-74年）でも、また労働党のキャラハン政権下（1976-79年）でも、活発に議論が交わされていた。しかしどちらも政策としてうまく機能しなかった。サッチャー政権はまず、この70年代の「危機の時代」への対応として誕生した。彼女の口癖はこうだった。「私たち」はいま「危機」の状態にある、個々人が責任をもって自分の人生を選び、自分のライフスタイルを確立しながら自己実現の夢を叶えるしかない。サッチャーのスローガンが「ほかに道はない（There Is No Alternative）」だったことを思い出そう。しかし、それで

は具体的にどんなふうにこの時代のイギリス社会はこの「危機」に対応していったのだろうか。この章ではその仕組みを見ていこう。

## 2. 社会のない社会？

　「サッチャリズム」という語は、おそらくサッチャーが1975年に保守党の党首となってから作られたものだが、これが広く流布するのは1979年、労働党から政権を奪取して首相に就任してからのことだった。初期の重要な使用例として、イギリスの社会学者スチュアート・ホールが1979年に『マルクシズム・トゥディ』誌に寄稿した論文がある（Hall, The Great Moving Right Show）。そこでホールが示したように、「サッチャリズム」とはたんにサッチャー政権そのものを指すわけではない。むしろサッチャー政権に関連する、より広範な文化的イデオロギーの諸力を示していると考えた方がよい。

　サッチャーというと、一般にポスト・フォーディズムに対応しながら新自由主義の政策を断行した政治家というイメージが強い。なるほど確かにサッチャー政権は、これまで国家が担ってきた公的な役割——医療、公教育、公共放送、社会福祉——を縮減し、そこに競争原理を導入した。そうすることでこれらの新たな領域に市場を生み出し、社会に市場原理を浸潤させた。けれどもより重要なのは、サッチャー自身が述べていたように、新自由主義はあくまで「手段」にすぎず、本当の目的は「国民の信条を変えること」（Thatcher, Reflections on Liberty）だったということである。

　第2章（62頁）でも触れたが、おそらく今日サッチャーを語るときにもっともよく使われるのは、1987年に彼女が3選を果たしたときに雑誌『ウーマンズ・オウン』に掲載された次の台詞だろう。「社会などというものはありません。あるのは個人としての男と女、そして家族だけです」（Keay）。

　しかし、「社会がない」とはどういうことだろうか。もちろん、社会そのものがないということではない。ここで意味しているのは、もはやかつてのように、事故や失業、病気、犯罪といったリスクから国民を社会的に保護し、一時的な脱落者を社会的適者へと鍛え直す「包摂型社会」はないということである。逆に言えば、ここに登場したのは、分離と排除を基盤とした「排除

型社会」であった（Jock Young）。

　ではもうひとつ、この台詞に出てくる「家族」のほうはどうだろうか。じつはこの「家族」も、かつてのそれとは異なるものだった。というのも、この時代において家族はもはや家父長制やロマンティック・ラヴ・イデオロギーに基づくものではなくなっていたからである。男も女も個人としてそれぞれ積極的にポスト・フォーディズム的な生産体制のなかにコミットすることが要請された。「家族」はそのための必要最小限のセイフティネットであった。ポスト・フォーディズムとは、大量生産、大量消費とそれを可能にする組織労働を前提としたフォーディズムとは異なり、グローバル化に対応し、働く場所や時間、また労働作業もより柔軟性に富んだ生産様式のことである。この柔軟性は、パートタイムや非正規雇用を増大させ、かつてのような安定した雇用や集団的な労働環境を脅かすことになった。新自由主義の下では、結婚、就職、性的指向は個人の選択の問題であり、不安定な雇用形態のなかで「家族」というセイフティネットがないからといって、それを行政に頼るのは間違いだと考えられるようになった。そのため、男と女というジェンダー化された個人から構成される家族制度の称揚が同性愛を嫌悪し、シングルマザーを、公的資金を貪り食う者として社会的に疎外することにもなったということは改めて確認しておきたい。

　こうして国家に「依存」するのではなく、国民一人ひとりが自身の責任から諸個人の意思によって労働し、金銭を使い、財産を所有する社会が打ち立てられていった。だからこそ、この時代のキーワードは「自由」と「企業文化」だったのである。政府がすべきことは、「正しいルールをつくり、それによってすべてのプレイヤーの能力を最善に活かせるゲーム——ゼロサムゲームではない——が行われること」（Thatcher, Reflections on Liberty）、自分が一貫してこだわったのはそうした「自由」であり、人びとに自由と責任に対する新たな希望を与えることだった、とサッチャーはこの時代のイギリスを回顧している。

## 「自由」の正体

　けれども、ここで注意しなくてはならないのが、冒頭でも触れたこの「自

由」の正体である。一見するともっともらしく見えるこの「自由」は、いささかトリッキーなものだった。一言で言うと、この「自由」の正体は、徹底した個人主義に基づく「選択の自由」である。冒頭にも書いたが、ブリジットたちには「社会の仕組み」を「選択」する「自由」はなかった。

　言い換えれば、「選択の自由」は自分が選択する主体であると同時に、その結果がいかなるものであろうと、すべて自分で責任を負うという巨大で恐ろしいリスクと表裏一体なのである。

　この話をわかりやすくするために、少し歴史を振り返ってみよう。

　冒頭で言及した1960年代の反乱では、反官僚制、反管理主義といった国家の過剰統治への異議申し立てがなされた。本章が問題にしている「選択の自由」は、これに対する反動なのである。つまり、官僚制や管理主義から「自由」になる、という目標は、個人の「選択の自由」という目標にすり替わった、という言い方が可能かもしれない。そして、この、じつはかなり限定された「自由」を、この国の経済と社会を再編するために、資源(リソース)として活用しようという動きがあったし、それはいまもある。

　この潮流から見えてくる社会とはどのようなものだろうか。それは、その一員になるためには、集団ではなくまず個人として選択することを強制される社会である。さらに、個人は、自らの選択が仮に間違ったものであったとしても、他の人びとや社会的な仕組みによって救済されることを期待してはならない。選んだのはあなた、ゆえに自分で責任を取りなさいというわけだ。それもみずからすすんで責任を持たねばならない。この自発性を拒否すれば社会から排除されるだけだ。社会とは煎じ詰めれば集団の仕組みのことだから（第2章参照）、これはなんとも皮肉な話である。

### 『ナビゲーター』の「不自由」

　ここでブリジットたちのもとを少しだけ離れて、ケン・ローチの映画『ナビゲーター――ある鉄道員の物語』(2001年) を見てみよう。この映画は、1993年の国鉄民営化とそこで働く鉄道員たちを中心に、熾烈な自由競争を勝ち抜くための利潤追求、劣悪化する労働環境、そしてリストラが人間をどう変えていくのかを描き出している。もともと一緒に働いていた仲間たちは、

民営化によってそれぞれ別の会社で働くことになる。鉄道労働者たちは、職場が変わっても強い同志的感情を保持し、自分の仕事に誇りを持っている。最初は現場にそぐわない机上の経営理論をふりかざす経営者たちに立ち向かっていた。しかし、容赦なきリストラと強烈な競争原理を前にしだいに身動きがとれなくなり、

図2　ケン・ローチ『ナビゲーター』（2001年）の鉄道労働者たち

息苦しい現状を訴えることもできなくなる。ある夜、仕事中に仲間が列車にはねられて死亡する。効率重視で余裕のない労働環境ゆえに、彼らは安全規定を守っていない。しかし正直に事故現場の状況を話せば、自分たちの生活はすべて失われてしまう。生活が損なわれるなか、家族が崩壊していく者たちも多い。すべてが間違っているとわかっていながら、彼らは仲間の死を自動車事故だと偽装する。自分の生活を守るにはそうするしかない。こうして鉄道員たちは、不信と不満を募らせながら、死ぬまで友人の事故死を偽装した後ろめたさを背負いながら生きていくことになる。

　この映画が雄弁に物語っていることのひとつは、集団的に物事に取り組みそして選択をする、という自由が失われていることである。たとえば、労働組合という集団的な取り組みの場所があったら、どうなっていただろうか。仲間は死なず、偽装もせずに済んだのかもしれない。しかし、その選択は、彼らからあらかじめ奪われている。

　一見すると、鉄道労働者たちとブリジットたちは、まったく異なる人びとのように見える。しかし、個々人が分断化されているという点において、二者は同じ地平の上にいるのだ。

　急いで付け加えると、もちろん違いもある。ブリジットたちは、「選択の自由」と「自己責任」に苦しんでばかりいるわけではない。この世代は、それを謳歌してもいる。つまり、60年代の反乱が標的とした官僚制や管理主義からは、相変わらず「自由」ではないかもしれない。しかし、少なくとも、伝統的な規範という、かつては力を持っていた集団的な束縛からは、「自由」

になっているように表面上は見えるのである。しかし、ここにも逆説がある。

1990年代にBBCで放映されて人気を博したホームコメディ（シットコム）『アブソリュートリー・ファビュラス』（1992年-）はそれをうまく描いている。このドラマには、「寛容」の時代と呼ばれた「スウィングする60年代」を満喫し、その後もセックス、ドラッグ、ロックンロールを生き、資本主義的欲望と快楽を飽くことなく追求する母が出てくるが、その娘は、ことのほか堅物な優等生なのである。それが示唆するのは、楽しむということが強制的になり、義務に反転したとき、もはや楽しむことはできなくなってしまうという逆説である。

一方には、かつての労働組合運動に見られたような集団的な力を失い分断される労働者たちがいる。もう一方には、伝統的な規範による縛りを逃れて個人的な快楽にふける起業家精神の担い手たちがいる。ここで重要なのは、どちらも、イギリスの社会学者ニコラス・ローズの言う「労働の統治」（Rose）のなかに放り込まれているということだ。この統治は、労働者をやる気のある「個人」として想定し（だから労働組合はいらない）、企業を熾烈な自由競争を勝ち抜こうと利潤追求に励む組織として想定し、前者と後者を繋ぐ回路を作り出す。そして、この回路からこぼれ落ちた失業者を、いわば「風景のシミ」のようなもとして扱う。国家はそうした逸脱した具体的な身体を、法による取り締まりの対象にした。そのために警察的管理が増強され、公的資金がかつてないほどこの領域に投入されたのだった。

このように、サッチャーが着手したのは、経済の立て直しを図りつつ、理想とする「国民」を取捨選択しながら再編していく作業だった。具体的には、労働組合の後ろ盾のない労働者と、集団的な拘束を嫌う起業家精神の持ち主たちを、「国民」として、それ以外の人びとを「自由」の名のもとに排除しようとしたのだった。

## 3. ポピュリズムとその逆説

それでは、なぜこのような自由のパラドクスともいえる事態が出現するようになったのだろうか。じつは、サッチャリズムを読み解くときの鍵のひと

つは、なぜそれを選ぶことでもっとも抑圧されるであろう人びとから支持を得たのか、ということである。この疑問は、たとえば労働組合のような集団的な「自由」の選択が衰退し、場合によっては個人を押しつぶしてしまうかもしれない「自由」が、なぜ選びとられたのか、と言い換えることもできる。サッチャーの時代を前にして、イギリスでは、フェミニズム、人種、ゲイ、レズビアンなど、多様なかたちで増殖したアイデンティティに基づく集団的な政治闘争や「新しい社会運動」（トゥレーヌ）が盛り上がりを見せていた。なぜ、これらの「新しい社会運動」はサッチャリズムに代わる別の「自由」を打ち出せなかったのか。そうした左派とは対照的に、いかにしてサッチャーはこの時代の人びとの政治的幻想を組織していったのだろうか。

　サッチャリズム特有のこのパラドクスを「権威主義的ポピュリズム」という観点から読み解こうとしたのが、先のスチュアート・ホールである。「権威主義的ポピュリズム」とは、1970年代のイギリスに台頭し、サッチャー政権の時代に隆盛を極める、「右翼の新たな権威主義」とその「ポピュリスト的な」指向性を指す（プロクター）。「権威主義的ポピュリズム」は、「強制」、つまり権力の行使に訴える点で、権威主義的な政治形態であるが、それは「同意による支配」を志向する点で、「人びと」の同意の獲得を前提とした民主主義的な側面を持っている。

　やっかいなのは、このとき「人びと」という集合的な主体を示唆しそれを機能させる「ポピュラー」というカテゴリーである。たとえば、サッチャーが「私たちは人びとがそう望んでいるのだから労働組合の力を制限すべきなのだ」と断言できてしまうときがそうである。このとき、何か確固とした「ポピュラー」なカテゴリーがあるわけでも、それに付随する「人びと」という集合的な主体があるわけでもない。にもかかわらず、まるでそれがあるかのように機能してしまうレトリック。それはちょうどマーケティングが「社会管理のための道具」であり、広告が人びとに呼びかけ、彼らの欲望を喚起させ、そうすることで「消費者」を生み出していく仕組みにも似ている（Williamson）。言い換えれば、「ポピュラーなもの」は最初から存在し、発見されるべきものではなく、つねに作られるものなのである。つまり、サッチャリズムの特徴は、政治を「幻想＝イメージ」によって思考させながら、

多くの人びとに呼びかけ、彼らを振り返らせること、それによって事後的に「人びと」を生産し再編していったことにある。

## 反転のメカニズム

ただし、政治的なレトリックというものは、純粋なレトリックだけでは成立不可能である。レトリックが有効になるためには、それを受け容れる感情がすでに生じていなければならない。その点、そのような感情を抱く「人びと」と政治的な「呼びかけ」との関係は、鶏と卵の関係に似ている。では、サッチャーのレトリックを受け容れる感情はどのように生み出されたのだろうか。ここには、「反転のメカニズム」と呼びうる感受性の構造がある。それは、圧倒的に多数を占める、社会的には強者に属する側が、弱者によって包囲され、攻撃されているかのような被害者意識を感じ、自分たちの暴力性や粗暴さを他者の攻撃に対する防御として捉えるメカニズムである。このレトリックは、1960年代から70年代に人種をめぐって社会的緊張が高まるなかで登場した。

戦後、復興に向けて労働力不足に悩み、またその後しばらく好景気が続いたイギリスには、旧植民地国から膨大な数の移民が流入していた。かつての帝国としての威信と、安価な労働力の必要性ゆえに、イギリスは「英連邦」からの移民をしばらく寛容に受け容れていた。

しかし1958年に起きたロンドンのノッティング・ヒルと北部の工業都市ノッティンガムの人種暴動を機に移民政策の転機が訪れる。今日では夏のカーニバルで知られるノッティング・ヒルだが、当時このあたりには多くのジャマイカ系の移民たちがくらし、人種抗争の場となっていた（第1章参照）。この暴動を機に移民排斥の機運が一気に高まり、1962年、保守党政権下で「英連邦移民法」が制定される。その後60年代を通じて移民をめぐる政策が次々に強化されていった。

こうしたなか、1968年にイーノック・パウエルによる「血の川」演説が行われる。当時、保守党右派を代表する議員だったパウエルは、このまま移民が増殖し続けると「白人イギリス人」との間にいつか「血の川」を見ることになるだろうと語った。さらにパウエルはこのとき、「白人イギリス人」を

諸々の敵にさらされ「逆差別」されている「声なき大多数(サイレント・マジョリティ)」として描き出し、多くの（白人系の）人びとを惹きつけた。この論理は1970年の選挙キャンペーン中に行われた「内なる敵」演説において最高潮を迎えることになる。

「人種」については第21章で扱うので、ここではこれ以上深入りしないが、サッチャーの「権威主義的ポピュリズム」に読みとれるのは、この「パウエリズム」と呼ばれるレトリックである。サッチャーは、「内なる敵」に脅かされる「私たち」という構図によって社会から排除すべき対象を作り出し、「人びと」の恐怖、不安、アイデンティティの喪失を、逸脱した他者に投影していった。たとえば、移民がそうだった。だがその対象は移民だけではなかった。アイルランド共和軍のテロも、炭鉱の労働組合も、同性愛者もそうだった。これらはどれも、「法と秩序」、価値と勤勉を重んじる「私たちの生活様式」を脅かす「内なる敵」として参照された。社会のなかに「外部」と「内部」があるかのように見せかけ、つねに敵対性を創出しながら「人びと」の同意を獲得していくこと。このレトリックは、単に排除すべき他者を生み出すだけでなく、法的に他者を押さえ込み、秩序を維持する合理的な存在として国家を表象することでもあった。サッチャーの支持率を一気に上げたフォークランド戦争（1982-83年）の勝利はこの最たる事例として挙げることができるだろう。すでに述べたように、サッチャーの場合、それは過去の大英帝国の記憶を呼び起こすナショナルなアイデンティティの形成と深く結びついていたのである。

こうして70年代から続く「危機」の原因と責任は、過激な組合、急進的な左派、人種的他者、そして国に依存してばかりいる「怠惰」な市民に向けられていった。彼らは、「私たちイギリ

図3 「やった！　われらの男たち、［アルゼンチンの］砲艦を沈め、巡洋艦に穴を空ける」フォークランド戦争で英軍の戦果を伝える記事。右上には「エリザベス2世号戦争に向け出帆」、下には「組合、戦争をボイコット」の見出しが見える。『サン』1982年5月4日付。

ス国民」を危機に貶める「内なる敵」として、人びとにわかりやすいかたちに翻訳、還元された。そうすることで、「危機」は、政治的に管理可能な問題として解され、そのための「法と秩序」が謳われることになった。

　ここまで述べてきたように、このような感情を抱く「人びと」とは、サッチャーのレトリックとは違って、本当の意味での「私たちみな」ではなかった。では誰だったのか。それは、先に述べたような「労働の統治」によって「内側」に入ることができた人びと、サッチャーの「階級なき社会」の実質をなす階級、つまり新たな「中流階級」である。この「中流階級」の感情のありようをもう一度考えてみよう。

## 4.「中流階級」の不安とその転移

　アメリカのコラムニスト、バーバラ・エーレンライクによれば、「中流階級」とはたんに中くらいの所得者層を指すわけではない。そうではなくて、「富と権力を持つ絶対的なエリートの下にようやく位置する」階級でしかなく、その唯一の資本は「知識」と「技術」あるいはそれが持つ「信用」であるという（Ehrenreich）。けれどもこの資本は、財産より短時間に消え去ってしまう。それゆえ、この階級を維持するには個人の努力と献身がつねに刷新されなくてはならない。そうでなければ、あっという間に人はこの階級から転がり落ちるだろう。したがって「中流階級」というのは、絶え間ない自己鍛錬と自己管理に裏打ちされた階級なのである（この不安定さについては第3章も参照）。

　じっさい「中流階級」の行方は決して明るいものではなかった。たとえばサッチャーが推進した持ち家政策の顛末はそれを端的に物語っている。知られるように、サッチャーは、労働党が推進していた公営賃貸住宅ではなく、持ち家を奨励した。白人労働者を中心に公営住宅の安価な払い下げを行い、それにより、白人労働者は中流階級の象徴である持ち家を手に入れた。この時期、持ち家比率は全住宅の70パーセントに達したほどだ。とはいえ、彼らは、先祖代々そうした階級に属し、その文化を「相続」してきたわけではない。むしろお金によって、いや莫大なローンと引き換えにワンランク上のラ

イフスタイルを「買った」のである。

　しかし、ここで彼らは重要な誤算を犯してしまった。なぜなら、莫大な借金と引きかえにそうした先を見越したライフスタイルを獲得することができるのは、あくまでフォーディズム的で終身雇用的なシステムにのっとって将来の生活設計を組み立てることが可能な時代に限られていたからだ。だから彼らは、サッチャー政権下に次々と国有企業が売却され、炭鉱が閉鎖され、労働組合が弱体化するなかで、もはやかつての労働者階級に戻ることもできず、かといって手に入れたはずの中流階級にすんなり帰属することもできなくなっていく。彼らは、その背伸び感覚ゆえに官僚エリートに対しては批判的だった。また多額の借金を背負って「自発的」に上の階級にのしあがったゆえに、自分が抜け出したはずの「下層階級」と一緒にしてほしくないという思いもあった。結局、クビを恐れてストライキもできず、借金を背負ったままどっちつかずの疎外された独特の不安定な存在様式を引き受けざるを得なくなる。職を失い、行き場を失った者たちのなかには、自己のアイデンティティを「白さ」というナショナルな文化資本に委ねる者たちもいた。

　このようにまとめてみると、前節の「内なる敵」のレトリックがどうしてあれほどの魅力を持ったのかがわかる。その「敵」は労働組合であったり、移民であったり、同性愛者であったり、さまざまな姿で現れる。しかしそこには、「下層階級」への再転落の恐怖におびえつつ、個人として孤立し、つねに自己を管理し更新しつづけなければならない、新たな「中流階級」の苦境があったのだ。

　そのようなわけで、1980年代も末を迎える頃、書店には自己啓発書やハウツー本が並び、新聞では「セルフ・ヘルプライン」という人生の悩み相談を請け負う民間の組織団体の広告が紙面を賑わしていた。「選択の自由」と「企業文化」の行方は、仕事がない、子どもが寝つかない、自分は本当に今の職業でいいのか、夫が浮気した、人見知りが激しくて生きていけないなどなど、自分が何を選択したらよいのか戸惑い、不安にさいなまれる人びとが、まるで駆け込み寺のように次から次に匿名で人生相談をもちかけるような光景を生み出していたのである。

## 5. ブリジット・ジョーンズに新たな「自由」はあるか

　ここまできて、私たちはもはやこの光景が決してイギリスに限られるものではないことに気づくだろう。サッチャリズムと呼ばれる現象は、その後、国境を越え、グローバルな次元で拡大していった新自由主義とポスト・フォーディズムのなかで、いまやさまざまな変奏を伴って現代世界そのものを特徴づけるものとなっている。では、そこに出口はないのだろうか。

　冒頭で触れた『ブリジット・ジョーンズの日記』は、私たちに何らかの解決の糸口を与えてくれるだろうか。1995年に32歳を迎えたブリジットは、おそらくここに見てきたような非常に政治的で鬱屈した80年代に少女時代を過ごしたはずである。しかしブリジットの生き方は、たとえ「きれそうな私の12ヶ月」だったとしても、けっして過度な政治主義に拘泥するものではない。ここで注目すべきは、ブリジットが、鬱屈した時代の遺産とその隘路をつねに快楽とともにくぐりぬけていこうとしていることである。

　ブリジットを演じたアメリカの女優レネー・ゼルウィガーは、この映画のために体重を増加させて取り組んだという。また彼女の英語はとてもイギリス政府ご推奨のものとはいえない悪口雑言に満ちている。そして彼女の日記は、当初の目的とは違い、つねにセルフ・モニタリングの「失敗」の記録として記されていく。「たかが日記よ。日記なんて誰のもいい加減」――こう告白することで、ブリジットは彼女の日記を見て去っていった恋人と出会い直す。言い換えれば、右か左かといった過度な政治主義からの離脱とも言える、彼女のこの緩さこそ、逆説的にこの時代と社会を生き抜く処世術になっているのである。

　このことは、ブリジットのような白人中流階級の女性に限られるわけではない。イギリスの社会学者アンジェラ・マクロビーによれば、サッチャー政権以後10年のあいだに彼女が「サブカルチュラル・アントレプレナー」と呼ぶ新しい主体が登場するようになったという。「サブカルチュラル・アントレプレナー」とは、一方でサッチャー時代に掲げられた「起業する」という支配的な言説に基づきつつも、しかし同時に人種、セクシュアリティ、家庭的な背景、あるいは労働者階級のアイデンティティといった旧来のフォーメ

ーションに深く位置づけられた若者たちを指す。彼らのほとんどは80年代半ばにアートスクールを卒業し、おもに音楽やファッションに携わっている。マクロビーによれば、彼らはこうして、マス・メディアではなく、むしろインフォーマルなナイトクラブ、レイヴ、ショップやマーケットで自分たちが作った衣服や古着を売り買いする独自の文化のエコノミーを作り出していったという（McRobbie）。

つまり、この時代の若者たちは、過酷で鬱屈した時代にありながら、あるいはむしろそれゆえに、政府や国家が何を言おうと、政党が代わろうと、信頼できる仲間と自分たちの日常を組み立て、新しい社会の仕組みを生み出したいという欲求を抱き、表現し始めていた。これは確かなことだと言えるだろう。そして興味深いことに、こうした彼らの柔軟な「処世術」は、ポスト・フォーディズム的なものと親和性が高い。それが、そのような処世術を身につけていない人たちも含め、「別の自由」を選択することにつながるかどうか——ここは未知数である。

しかし、あくまで個人的な「選択の自由」にまつわる悩みを綴ったブリジットの『日記』を閉じたのち、今日、同じような条件下に生きる私たちはどのような社会を構想することができるのだろうか。サッチャー時代のイギリス社会を見ていくことは、この問いについて考えるヒントを与えてくれるように思える。

（清水　知子）

## 推薦図書

森嶋通夫『サッチャー時代のイギリス——その政治、経済、教育』岩波書店、1988年。
ジェームス・プロクター『スチュアート・ホール』小笠原博毅訳、青土社、2006年。
Hall, Stuart. *The Hard Road to Renewal: Thatcherism and the Crisis of the Left*. London: Verso, 1988.

*Column*

『イーストエンダーズ』——イギリスで最も危ないソープ・オペラ

　20世紀後半のイギリスで一番危険な職業は何だったのか？　戦場カメラマン？　爆発物処理班？　F1ドライバー？　正解は、なんと「『イーストエンダーズ』の登場人物になること」。このことは『イギリス医学会報』にも紹介されている（1997年12月20日号）。

　NHK BSで放送された『ドクター・フー』に比べると日本での認知度は決して高くないが、イギリスで『イーストエンダーズ』（BBC、1985年開始）と言えば『コロネーション・ストリート』（ITV、1960年開始）と人気を二分する——少なくともかつては二分した——代表的ソープ・オペラである。2001年に同時間帯で放送された際には『イーストエンダーズ』が41％の視聴率を獲得し、34％の『コロネーション・ストリート』を凌いだ。

　「ソープ・オペラ」とはロマンスや家族の愛憎を主にテーマとする連続ドラマで、もともとアメリカでこの種のラジオ連続ドラマのスポンサーが石鹸製造会社だったことに由来するが、イギリスのソープ・オペラはむしろ華がなく、「社会リアリズム」の伝統を受け継いでいて「痛々しいまでにリアル（グリッティ）」である。もちろん、映画とは違う。リンジー・アンダーソンからケン・ローチに至るまで、イギリスの社会リアリズム映画は概してリベラル左派的傾向を持つ。それに比べると、ソープ・オペラの世界観はかなり保守的だ。ロンドンのイーストエンドを舞台にした『イーストエンダーズ』でさえ、リベラルな中流階級の人物が登場する程度。これに比べれば『ブラス！』や『リトル・ダンサー』でも左翼的に見えてしまうほど。

　『イーストエンダーズ』では、世相を反映してか、10代の出産からDVまでさまざまな問題が取り上げられる。もともとシリーズの中心はビール家とファウラー家だが、1990年代にはマーク・ファウラーがHIVに感染、エイズを発症して命を落とした。2000年代に入ると「グリッティ」な度合いは増す。ほぼ定期的に殺人まで起こり、犯人捜しが全国的に話題になる。2010年までの殺人発生率を調べると、『イーストエンダーズ』では約23％、現実のイギリスの700倍以上の確率で殺人事件に巻き込まれる計算になる。

　だからといって、イギリスのテレビ番組がみんな「暗い」と思ってはいけない。『イーストエンダーズ』が大嫌いという人も多い。「暗すぎる」からだ。ホテルを舞台にした有名なコメディ『フォルティー・タワーズ』には、「燻製ニシンと死体」という話がある。ここでは客の死体を他の客に隠すという、とても深刻な話が笑いに変えられる。不謹慎と思えるほどのユーモアもイギリスのテレビ番組の特徴である。

『イーストエンダーズ』2006年クリスマスの回。22年近く登場人物であったポーリン・ファウラー（ウェンディ・リチャード）が殺され、この回の視聴者は1千万人を超えた。

（板倉　厳一郎）

第16章

# YBAの時代
―― イギリス現代美術と「センセイション」

## 1. ロイヤル・アカデミーの「センセイション」展

　英国絵画を見ていて、額縁の外の画家名の横に「RA」と書かれているのに気付いたことがあるかもしれない。RAとはかつて（現役なら現在）その芸術家がロイヤル・アカデミーの会員だったことを表している。これは1768年に設立されたイギリスの権威ある王立美術家協会で、本拠はロンドンの中心地ピカデリーにある。推薦を受け総会で承認された芸術家だけが名誉ある会員になることができるのだが、現在その数は75歳以下の芸術家80名までと規定されている。ロイヤル・アカデミーは、イギリス国内のみならず世界的に知られた、伝統と権威を誇る有数の芸術組織なのだ。
　1997年の秋、ロイヤル・アカデミーの前には連日、開催中の展覧会を見ようとする人びとの長蛇の列ができていた。通常は集客率の低い現代美術の展示であったにもかかわらず、この展覧会は3ヶ月間の会期中におよそ30万人の観客を動員した。1996年から97年にかけて開かれた展覧会のなかでは最大の動員数であり、現代美術展としては記録的な数字と言っていい。
　この展覧会の作品をいくつか見てみよう。図1はデミアン・ハーストの《一千年》（1990年）である。大型のガラスケースの左側に置かれている塊は、腐敗しつつある牛の頭、その上の天井からつり下がっているのは殺虫灯、そしてケース内のあちこちに見える小さな黒い点は本物の蠅だ。つまり、美術

図1　デミアン・ハースト《一千年》(1990年)

館に置かれたガラスケースのなかで、無数の蠅が羽化し、交尾し、産卵し、殺虫灯に焼かれて死ぬというライフサイクルを繰り返しているのである。

ジェイク&ディノス・チャップマンによる《昇華されないリビドーモデルとしての接合子の増殖》(1995年) は、十数体の子どものマネキンが胴体部分で結合している作品である。その形状だけでも衝撃的だが、よく見ると何人かの子どもの鼻に男性器があしらわれ、口の部分は肛門のようなかたちに歪められている。しかも、子どもたちの頬は上気したような赤みをおびている。

この展覧会は鑑賞者の度肝を抜く作品ばかりだった。マット・コリショーの《弾痕》(1988-93年) は、縦2メートル、横3メートルほどに拡大された頭部の傷のクローズアップで、赤く鮮やかな傷穴の生々しさには思わず目をそむけたくなる。サラ・ルーカスの《目玉焼き2つとケバブ》(1992年) は、タイトルどおり目玉焼き2つとケバブを机の上に配置しただけの作品なのだが、独特の配置で女性の裸体を想像させる。典型的な絵画のモチーフである女性の裸体を、ジャンクフードで構成している。人形職人の経歴があるロン・ミュエックの《死んだお父さん》(1996-97年) は、ミュエックの父親の全裸の亡骸を体毛の一本一本にいたるまで本物そっくりに（しかし身長1メートルに縮小して）再現した人形で、その精巧さに目を奪われる。

この展覧会でもっとも注目を集めた作品は、マーカス・ハーヴェイの《マイラ》(1995年) だった。縦4メートル、横3メートルほどのキャンヴァスには女性の顔がモノクロームで描かれているが、その輪郭はぼやけていて、画像の粗い写真のように見える。この女性の正体は、1960年代に英国ヨークシャーで5人の子どもを殺害したマイラ・ヒンドリーである。ヒンドリーは子どもが死にいたるまでの拷問の様子を写真に記録しており、その残酷さは国中に衝撃を与えた。ハーヴェイは当時まだ服役中だったヒンドリーの肖像画を子どもの手形を用いて描いたのだった。犠牲者の遺族は会場の外で並ぶ

人びとに声をかけ、鑑賞をやめるよう嘆願した。公開数日後には作品に卵が投げつけられ、修復のため作品を一時撤去しなくてはならなかった。

　クリス・オフィリの《聖母マリア》（1996年）は、西洋絵画の古典的なモチーフである聖母マリアを描いた作品だ。この作品はキャンヴァスを床に直に置くようなかたちで展示してあり、床とキャンヴァスの間には台座代わりに何やら黒い塊がある。よく見ると聖母マリアの胸にも同じ黒い塊があしらわれている。この塊の正体は、オフィリがロンドン動物園からもらってきた象の糞なのだ。そして聖母マリアの周りに散りばめられた天使のような模様は、ポルノ雑誌から切り抜いた女性の胸やお尻なのだった。

図2　マーク・クイン《セルフ》（1991年）

　きわめつきはマーク・クインの《セルフ》（1991年）だ（図2）。ガラスケースに収められた作品は、ただの頭部の彫刻のように見える。特徴をあげるとすれば、その色だろうか。美術館で見かける頭像はたいてい白か黒だが、これはくすんだ変な色をしている。キャプションを見てみると、なんと素材は「血液」であり、ガラスケースは冷凍装置になっている。これはクインが自分自身の血液約4リットルを素材として作った自分の頭像なのである。

　この展覧会の名は「センセイション」だった。1990年代にイギリス国内のみならず世界中を騒がせたヤング・ブリティッシュ・アーティスト（YBA）の作品を一挙に公開した展覧会であった。ところが、記録的な入場者数を誇り、85％の入場者が展示の内容に「満足」と答えたにもかかわらず、この展覧会に対して否定的な評価も少なくなかった。ロイヤル・アカデミー内部では論争が深刻化し、「センセイション」展に立腹した4名のRA会員がアカデミーを脱退するという事態にまで発展した（Hatton and Walker）。

　本章では、「センセイション」展の人気と論争を切り口に、イギリス現代美術を代表するYBAの仕事の意義とその時代背景との関係について考察していきたい。「センセイション」という言葉には、「大騒ぎ」、「世間をあっと言わせること」という意味と、「感覚」という意味がある。まずはこの2つ

の意味を手がかりに「センセイション」展のイギリス美術史における位置づけについて検証し、その美学的な可能性の中心を探ってみたい。そして後半では、「センセイション」展開催までの経緯をたどりながら、現代美術と広告ビジネスの親和性について検証し、その両者の背景となる新自由主義的な芸術政策について考察する。

## 2.「センセイション」の意義

　「センセイション」展に批判的な意見の多くは専門家によるものであり、その理由は展覧会が文字どおり「センセイショナル」なためだった。つまり、この展覧会は衝撃的なイメージや内容で人びとを故意に扇動する浅ましいものだというのだ。こうした批判の根底にあるのは、センセイショナルなものは芸術的に好ましくないという視点だ。なぜだろうか。

　20世紀後半には、従来の新聞や雑誌に加え、テレビなどの新しいメディアが人びとの間に急速に浸透した。その結果、広告、漫画、ピンナップといったさまざまな大衆的・商業的なイメージが社会全体に大量に流通し、消費されるようになった。こうした変化のなかで、大衆文化に対する批評性が芸術の独自性を保ってきたと言えるだろう。

　1950年代前半に始まったポップアートを考えてみよう。ポップアートと言えば、アンディ・ウォーホルに代表される1960年代アメリカの動向を思い浮かべる人が多いかもしれないが、発祥の地はイギリスである。その最初期の作品とされているのが、リチャード・ハミルトンの《一体何が今日の家庭をこれほどに変え、魅力あるものにしているのか》（1956年）である（図3）。

　この作品は、雑誌や広告からのイメージをコラージュしたもので、当時人びとの生活の一部となりつつあった大量消費社会のイメージを新たな風景として描く試みだった。ポップアートは必ずしも広告的なイメージを否定しないが、作品にそうしたイメージを取り込む際には、アイロニーやパロディの手法を用いて、大衆的・商業的なイメージとは批判的距離を保つ（末永）。イギリスのポップアートは、当時イギリスに急速に浸透しつつあったアメリカの大衆文化に対する関心によってもたらされたという点にも、センセイシ

ョナルなイメージを冷静に見つめるイギリス側の態度を理解することができるだろう。ポップアートの最盛期を過ぎた1970年代以降のイギリス美術も、センセイショナルなイメージに対して、冷静な態度を取り続けていく。

「センセイション」展の作品の多くは、文字どおり世間の度肝を抜くもの(センセイショナル)であり、それまでのイギリス美術界の流儀を挑発するものだった。YBA の作品を酷評した批評家たちは、その挑発にまんまと載せられたのである。

図3 リチャード・ハミルトン《一体何が今日の家庭をこれほどに変え、魅力あるものにしているのか》(1956年)

YBA の斬新さは、センセイショナルなイメージの批判的な使用にではなく、センセイショナルなイメージそのものを「芸術」として提示した点にあった。つまり、センセイショナルな芸術というアイデア自体が、イギリスの美術界への YBA の「反抗」であり「挑発」であったのだ。

ここで、YBA の反抗があくまでイギリス美術の制度内での伝統の革新であったという点を強調しておきたい。ハーストの《一千年》が「死」（あるいは「死を忘れるな」(メメント・モリ)）を主題とし、形式のうえでも美術の制度を象徴するガラスケースを用いていることからも明らかなように、YBA の作品は、美術史の規範を踏まえたうえで、センセイショナルなイメージを打ち出したのである。その目的はイギリス美術の革新にあったと言える。

## 感覚に訴えるもの

「センセイション」展が煽情的な内容で注目を集めたことは確かである。だが「センセイション」展の魅力はそれだけなのだろうか。この語にもう少し注目してみよう。英単語としての sensation の文献初出は17世紀初頭で、中世ラテン語 sensatio に由来し、さらにこれは「感覚」を意味するラテン語 sensus を語源とする。つまり sense と同語源であり、sensation は本来的には「感覚の作用」を意味する。それは現在の「（感覚器官の刺激によって肉体的・

精神的に受ける）感じ、気持ち」（『ランダムハウス英和大辞典』）という語義で生きている。この定義を手がかりに別の角度から「センセイション」展を分析していこう。

ここで取り上げたいのが、アメリカの彫刻家、カール・アンドレの作品《等価VIII》(1969年) だ。当時ある事情で連日のようにイギリスのメディアを賑わせた、現代美術の代表的な作品である。

アンドレの作品は120個の煉瓦を2段重ねて美術館の床に並べただけの作品だ。この作品を見て、鑑賞者はどのように反応するだろうか。少なくともこれを見て感覚が揺さぶられるということはないだろう。

アンドレの作品は美術史的に重要な作品なのだが、その意義を理解するためには、内容ではなく形式が重要な鍵を握っていることを押さえておく必要がある。伝統的な彫刻作品は床に対して垂直方向に立っているのに対し、アンドレの作品は床に平らに置かれている。つまり、この作品の意義は、鑑賞者の視野を遮断しない彫刻作品によって、新たな彫刻の概念を生み出している点にある。

このように現代美術と言えば、美術史の専門的知識が必要なものであり、一般の人びとにとっては縁遠い世界のものだったと言える。実際メディアで現代美術が取り上げられる場合には、不可解な世界を嘲笑的に扱ったものが多かった。「センセイション」展の作品は、そのような現代美術の衒学的なイメージを一掃した。YBAの作品を鑑賞するにあたって美術史の専門的知識はほとんど不要だ。YBAの作品は、その鮮烈なイメージで観客の目を釘付けにし、笑いや震えといった身体的な反応を呼び起こす、まさに「センセイショナル」なものだったからだ。

## センセイション、あるいは「おぞましいもの」の回帰

「センセイション」展の作品は、観客の身体的な反応を呼び起こすという意味で、センセイショナルであった。一部の批評家が生理的な拒否反応を示したのも無理もないことである。YBAの作品がセンセイショナルなのは、暗黙の了解で隠蔽されているものをむき出しのまま提示しているからだろう。糞や死体、血液や性器といった、ふだんはヴェールに包まれた身体の一部が

目の前でむき出しにされるときのおぞましさは想像に難くない。

　フランスの思想家ジュリア・クリステヴァは、『恐怖の権力』（1980年）のなかで、身体の一部でありながらふだんは隠されているものを「アブジェクション」と名付けた。アブジェクションとは、「おぞましいもの」、つまりab（分離）＋ject（投げ出すこと）という語の成り立ちが示すように、人間が主体として成立するためには排除しなければいけない要素、言わば闇の要素である。クリステヴァは、アブジェクションの例として、血液、糞尿、経血、吐瀉物、死体の穢れをあげているが、これらは日常私たちができるだけ人目に触れないように隠しておくものだ。

　なぜ私たちはこれらのおぞましいものを忌み嫌うのだろうか。クリステヴァによれば、西洋の社会は、法、言語、秩序といった理性的なもの（＝「父的なもの」）を基盤とする父権的社会であるが、このような父権的社会で主体として生きのびるためには、汚いもの、子どもっぽいもの、理性で割り切れないもの（＝「母なるもの」）は、排除しなくてはならないからだ。

　YBAの作品はアブジェクションを喚起する装置であるが、ここではその時代背景について考察を進めよう。美術評論家の松井みどりは、YBAの「おぞましい」作品が当時のイギリス社会の状況を鋭く反映したものだと指摘する。1980年代から1990年代にかけて急速に台頭した新自由主義の社会が必要としたのは、父権的な強い主体であった。「悔しいなら頑張りなさい」（森嶋）というサッチャー政権のモットーは、万人に成功を約束するかのように響くが、実際に成功したのは、立身出世を成し遂げるだけの意志と能力を兼ね備えた強い人間だけだ。実際、富の中心地として急速な発展を遂げる当時のロンドンでは、労働者階級の居住地域の中流階級化に伴い、低所得者層は周辺部へと追いやられ、多くのホームレスが生まれた（Harvey）。

　YBAの作品は、このような父権的な強い主体が求められる社会のなかで排除されてきた「おぞましいもの」の回帰と捉えることができるだろう。「センセイション」展は、現代美術の企画展としては異例の動員数を誇ったが、その人気は新自由主義の競争社会のなかで抑圧され、排除されたものへの人びとの無意識の共感に支えられているのかもしれない。

## 3. 美術と市場——「センセイション」展の中止をめぐって

　ロイヤル・アカデミーでの会期を終えた「センセイション」展は、翌1998年秋から99年初頭までベルリン、その後ニューヨークのブルックリン美術館へ巡回した。ニューヨークでの展示は、ジュリアーニ市長がオフィリの《聖母マリア》をカトリック教会への冒瀆行為だという理由で批判し（実はオフィリ自身もカトリック信徒だったのだが）、市からの助成金を取り下げたため、開催が延期された。皮肉にもこの事件によって「センセイション」展は一層注目を集め、1999年10月から始まった3ヶ月の期間中に約18万人の観客を動員し、美術館の賛助会員は20％も増加した（Hatton and Walker）。その後「センセイション」展はオーストラリア国立美術館への巡回を予定していた。ところが、同館は「センセイション」展の中止を発表する。それは展覧会のセンセイショナルな内容の危惧とは別のところに原因があった。

　オーストラリア国立美術館が「センセイション」展を中止した理由は、展覧会の運営がきわめて商業的な性格を持っていたからであった。美術と市場の関係は、「センセイション」展だけの問題ではなく、1980年代以降の経済的・文化的状況全般とかかわる重要な問題であった。

　これまで「センセイション」展の美術史的な位置づけとその美学的な可能性について述べてきた。YBAの美術史的な意義は、扇情的なイメージの流用によるイギリス美術の伝統の革新にあり、その美学的な可能性の中心は、サッチャリズムの父権的な社会において抑圧され、排除された「おぞましいもの」の回帰、つまり新自由主義批判としてのアブジェクションにあることが明らかになった。しかし、YBAの成功は、オーストラリア国立美術館の一件が物語るように、新自由主義の美術と市場の結託と、表裏一体の関係にあった。YBAと新自由主義の関係はどのように捉えればよいか。「センセイション」展開催にいたる経緯を追いながら、次節では、YBAの成功を1980年代以降の大きな経済的・文化的変容という角度から検証していきたい。

## 4. YBAとチャールズ・サーチ
### ——現代美術と広告ビジネスの親和性

　YBAの美術界へのデビューは1988年、当時彼らのほとんどが20代前半で、まだ美術学校の学生だった。彼らがデビューからわずか9年後にロイヤル・アカデミーで「センセイション」展を行うことができたのは、一人の強力なコレクターのおかげだった。彼がYBAの作品を次々と買い上げたことで、YBAは世界中から注目され、芸術家としての地位を築くことができたのだ。そのコレクターは、「労働者／党は働いていない」（第2章参照）というキャッチコピーでサッチャーの選挙運動を援護した、広告代理店サーチ&サーチのチャールズ・サーチである。

　チャールズ・サーチとYBAの関係は、実にYBAのデビュー以前に始まっている。YBAが頭角を現す以前からサーチは美術業界では有名なコレクターであり、自らのコレクションをロンドン北部にある倉庫を改造したサーチ・ギャラリーで一般に無料で公開していた。当時のサーチ・コレクションの中心はアメリカの現代美術であり、アメリカの最新の動向をいち早くイギリスに紹介するものだった。ハーストはあるインタヴューで、サーチ・ギャラリーでジェフ・クーンズやブルース・ナウマンの作品を見たときの衝撃を語っている（伊東）。YBAの多くは、サーチ・ギャラリーで美術の最新動向にふれ、彼らの成長過程において大きな影響を受けた。

　YBAのデビューの場は、1988年の「フリーズ」展である。同展は、学生による自主企画の展覧会だったのだが、美術館顔負けに入念に組織された展覧会であるという理由で美術界の注目を集めた。会場はロンドン南東部の埠頭地区にあった空き倉庫である。当時このエリアは再開発中で空の建物が沢山あったという事情もあったのだが、倉庫を展覧会場にするという彼らの展示スタイルはサーチ・ギャラリーのそれを真似たものだった。企画者のデミアン・ハーストは、この展覧会にテイト・ギャラリーのキュレーターや有力なコレクターなど、美術界の大物たちを招待した。サーチもその一人であり、彼は展覧会を訪れた際にコリショーの《弾痕》を購入している。

　サーチは、ハーストが「モダン・メディスン」展（1989年）、「ギャンブラ

ー」展（1990年）といった大規模な展覧会を次々と実現していったことに注目し、1990年頃から資金援助を開始する。YBAのアイコンともいえるサメの作品《生者の心における死の物理的不可能性》(1991年) は、サーチが5万ポンド（当時約1,000万円）を提供したことで実現したものだった。サーチは他のYBAの作品も次々と買い上げていった。その買い方はまとめて購入する代わりに価格を値切るものだったが、失業率が記録的に高かった当時、美術業界への就職はおろか、ふつうの就職さえ望めない若手芸術家にとって、サーチの経済的な貢献はたいへん有難いものであったことだろう。

　ヤング・ブリティッシュ・アーティストという名称もサーチが深く関わっている。このネーミングによって国内外でのYBAの認知度は格段に高まったと言えるが、それはサーチが1988年から1992年のあいだに購入した作品をサーチ・ギャラリーで公開する際につけた展覧会名に由来している。さらに言えば、「センセイション」展の正式名称は「センセイション——サーチ・コレクション収蔵のヤング・ブリティッシュ・アーティスト」展である。つまり、この展覧会の作品はすべてサーチの所有物だったのだ。彼はこの展覧会の実現のために資金を提供し、展示品の配置についても細かく指示した。

　こうして全盛期にいたるYBAとサーチの関係を振り返ってみると、YBAの成功には、商業的、広告的な要素が絡んでいることに気づかされるだろう。若いという共通点があるものの実際はメディア（絵画、彫刻、写真、インスタレーション）もスタイルも異なるさまざまな作家たちにYBAという名前をつけたことは、サーチならではの見事なプロモーションだったと言える。また権威あるロイヤル・アカデミーで展示を行うということは、芸術家として認められ、作品の価値が上がることを意味する。つまり、ロイヤル・アカデミーでの展示はYBAのプロモーションであると同時に、サーチにとっては自身のコレクションのプロモーション（露骨に言えば、作品の値段を吊り上げる行為）でもあった。

　一部の批評家は、広告のプロであるサーチとYBAの作品の親和性を指摘する。サーチがYBAのセンセイショナルな作品を高く買ったのは、彼が優れた広告的感性を持っていたからだと言うのだ（Hatton and Walker）。同様に、ハーストもサーチの派手な宣伝戦略に昔からどこかで影響されていたと思う

と語っている（伊東）。1980年代以降のサーチとYBAの長い相思相愛の関係から浮かび上がるのは、確かに、現代美術と広告ビジネスの驚くべき親和性である。その親和性がどのような経済的・文化的背景のもとで成立していったのか。それを次に考えてみよう。

## YBAとサーチの起業家精神——サッチャーの申し子たち

　広告のプロであるサーチの評価によって、美術界では、YBAの商業的な価値が強調されるようになっていった。すでに確認したように、イギリス美術は、商業的・大衆的なものと批判的な距離を測ることをモットーにしていた。したがって、商業的な価値は、保守的な批評家にとって、芸術的な価値とは相容れないものだった。

　しかし、YBAの多くは商業的な成功をむしろ積極的に追い求めた。サッチャー政権下で10代を過ごした彼らは世間で言われている芸術的価値が商業的成功と無関係でないことを十分に理解していた。たとえば、ルーカスとトレイシー・エミンは「ショップ」と名付けたスペースでTシャツや灰皿などを売るプロジェクトを「アート」の名のもとに行ったし、ハーストは「サイエンス」という株式会社を設立し、コレクターの間で人気のあった絵画をアシスタントに量産させた。批評家のなかには、こうした商業的成功への積極性がYBAとサーチを「結託」させたと指摘する声もある。つまり、サーチが起業家精神に富むYBAに共感を覚えたというのだ。

　オーストラリアで「センセイション」展が中止された理由も、サーチの起業家精神と無関係ではない。国立美術館が、「センセイション」展の運営がきわめて商業的な性格を持っていると判断したのは、ニューヨークでの展覧会の運営資金に、サーチからの16万ドル、オークションハウスのクリスティーズからの5万ドル、そしてYBAの作品を扱う画廊からの1万ドルが含まれていたことが原因だった（Vogel）。民間の団体が展覧会の開催を援助するのは当然のように思えるが、これらの民間の援助は、展覧会によってもたらされる利益を計算したうえでの資金提供と見ることができる。権威ある美術館で展覧会を行うことで作品の価値は上がる。したがって、ニューヨークのブルックリン美術館で展示を行うことは、サーチにとってもYBAの他の作

品を扱っている画廊にとっても有益なことだ。また、美術作品を売買するオークションハウス、クリスティーズにとってサーチは大切な顧客である。サーチがクリスティーズを通じて作品を売却し、高額で売買されれば利ざやも大きくなる。国立美術館は、こうした「センセイション」展の資金面での運営のあり方が公の美術館に不適切だと判断し、開催を取りやめたのだった。

ロンドンでの「センセイション」展が行われたロイヤル・アカデミーは公立の機関ではないため、その事情は多少異なる。しかし、ロイヤル・アカデミーが、イギリスのアートシーンに欠かせない、公的な性格を持った機関であることを考えれば、こうした商業性の高い展覧会が行われたという事実は注目に値する。芸術と市場の結託という問題は当時のイギリスの経済的・文化的状況を如実に反映するものだったからだ。

## 5. 財政危機と煉瓦——1970年代以降のイギリスの芸術支援

国が芸術を支援することにはどのような意味が込められているだろうか。それは芸術が医療や教育と同じように国民の生活にとって重要なものであるということだ。英国の芸術・文化を支援する目的で1940年に創設された政府機関「音楽・諸芸術振興カウンシル」（CEMA）は、戦後に「英国アーツ・カウンシル」となり、これを中心に福祉国家体制のなかで芸術支援政策が進められた。1965年以降は設立当初の5倍以上もの資金を割り当てられるにいたった（第4章を参照）。

しかし、1970年代後半、イギリスの経済状況が悪化の一途をたどると（第2章を参照）、国による芸術支援が槍玉にあげられるようになる。前述のカール・アンドレの作品《等価Ⅷ》が問題になったのはちょうどこの時期、1976年のことだ。国家予算によって運営されているテイト・ギャラリー（現テイト・ブリテン）が高額を投じて「煉瓦」を購入したことは恰好のスキャンダルとなり、各紙に連日のように取り上げられた。こうした税金の使途に抗議する人が、自宅の煉瓦や掃除機などの日常品を次々と美術館に送りつけたため、テイト・ギャラリーはそれらを送り返す対応に追われたという（Mulholland）。危機的な財政に加え、労働党は選挙を間近に控えていたとい

うこともあり、国による芸術支援は大幅な見直しを迫られることとなる。

　深刻な財政悪化と芸術支援の理念とのディレンマに対する解決策として出されたのが、アメリカに倣い、芸術支援の一端を民間企業に委ねるという方法であった。当時アメリカにおける企業メセナ（芸術・文化の援護活動）の発展が国際的な反響を呼んでいたことも影響し、この方法は保守党・労働党の両陣営からの支持を得た。こうして1976年、キャラハン政権下で民間の芸術助成をつかさどる芸術支援企業協議会（ABSA）が成立する。その後サッチャー率いる保守党政権下では、国による芸術へのさまざまな援助が次々と縮小もしくは廃止されるが、その一方で企業メセナの総額は10年間で100倍に近い成長を見せた（根本）。

　国主導の支援体制から民間企業の助成への趨勢の変化には、財源の多様化がもたらす助成の安定化という利点がある。しかし、他方では、民間企業の助成は、また別の問題を引き起こすことになった。その一例が先述したブルックリン美術館での「センセイション」展の運営資金問題だ。また、民間企業による助成は、一般の人びとが好みそうな、黒字を約束する企画でないと支援が受けにくいという状況を生み出すきらいがある。民間企業による助成には、芸術が国民の嗜好を反映した民主的なものになるという利点があったものの、その後サッチャー政権が推し進めた商業ベースの民間助成は、芸術の性質を根本的に変えるものであった。

## 6.「アートはあなたのビジネス」——サッチャー政権下の芸術政策

　サッチャーが政権の座につくと、公立の美術館をはじめとする芸術諸機関は、経営を改善し商業的にも成果をあげることが要求された。しかし、サッチャーの介入は、美術館の運営方針の転換や、公的資金の削減にとどまらなかった。政府主導の芸術文化振興政策が、企業の営利事業の一手段へとシフトしたのである。

　サッチャー政権下で民間助成を奨励するために作成されたパンフレットのタイトルは、「アートはあなたのビジネス」であった。その後政府が出版した民間助成奨励要綱には、「スポンサーとなった企業には賞状を授与し、官

僚や議員との記念撮影を行います。さらにこの記念すべきイヴェントにはイギリス国内の有力なメディアを招待します」と明記してある。政府は、芸術支援が政治家とのつながりを提供し、企業の知名度をあげる機会であると強調して、企業にスポンサーとなるように呼びかける集中的なキャンペーンを展開したのだった。実際、政府によって広告が規制されているタバコ会社や、魅力的な宣伝商品を持たない道路建設会社にとって、芸術助成は、政府官僚のお墨付きと自社の宣伝を確保する絶好の機会となった（Wu）。こうして政府の働きかけは功を奏し、企業の芸術への投資が加速化していく。

　1980年半ば以降には、企業による芸術賞（Art Award）も数多く誕生した。銀行名を冠したバークレイズ若手芸術家賞や、ナットウェスト芸術賞、保険会社によるプルーデンシャル芸術賞などがその一例である。

　芸術賞の主催によって企業が得る利益は計りしれない。まずは賞の名前に注目してみよう。企業名を前面に押し出せるだけでなく、それを「芸術」という高級で「クール」なイメージと結びつけることが可能だ。また賞の運営に欠かせない審査員を、権威ある美術館の学芸員や、有名大学の教授、著名な評論家に依頼することで企業の信望をあげることが期待できる。

　賞の開設はメディアとの連携も可能にした。それ以前のイギリスのメディアは、企業の芸術助成活動を報道したがらず、開催中の展覧会を紹介する番組に協賛企業の名前やロゴが映りこまないように細心の注意を払っていた（Wu）。企業のイメージアップを無償で助けることになるという性質を見抜いていたからだ。しかし、芸術賞はコンペティションという性格上メディアにとっては恰好のネタとなるため、メディアとの連携が可能になる。こうして企業は恰好の広告宣伝の機会を得たのである。

　このように見てくると、YBAとサーチの相思相愛、つまり現代芸術と広告企業の「結託」は、1970年代半ばにキャラハン政権が着手し、1980年代にサッチャー政権が完成させた、芸術の商業化・広告化という現象の典型的な産物であることがわかるだろう。YBAとサーチの二人三脚によって可能になったセンセイショナルな芸術、つまり商業的で広告的な芸術というアイデアは、サッチャーが推進した新自由主義的な芸術政策と共犯関係にあったと言えるのである。YBAの美術史的な意義は、このような新自由主義の経済

的・文化的文脈において、再確認されなければならないだろう。

## おわりに

　イギリス国内にとどまらず、世界中に一大センセイションをもたらしたYBAの成功は、1980年代以降急速に新自由主義化したイギリス社会が生み出したものと捉えることができる。実際、美術史の領域では、YBAには「企業家精神に長けたサッチャー政権の申し子たち」という否定的なイメージが根強く、その芸術としての価値および美術史における意義を否定する論調がいまでも大勢を占めている（川出、Stallabrass）。しかし、YBAの斬新さは、センセイショナルな芸術というアイデアそれ自体にあり、「センセイション」展の画期的な成功は、その美術史的な達成を裏付けている。

　サッチャー政権の芸術政策がもたらした芸術の商業化・広告化という現象に囚われずにすむ芸術家がどれほどいるのだろうか。YBAの美術史的な価値も、その美学的な可能性の中心も、サッチャーの新自由主義との「共犯関係」によって無効にされるのではなく、むしろそれとの緊張関係のなかで考察する必要がある。「おぞましいもの」の回帰という視点は、YBAの美学的な可能性の中心に位置する重要な論点である。アブジェクションの装置としてのYBAは、サッチャリズムの「申し子」であったとしても、同時に、サッチャリズムが打ち出したのとは別次元の「自由」を垣間見させるような、美学的な射程を備えているのではないか——その可能性は、とりわけ新自由主義者にとって、たいへん「センセイショナル」なものであるにちがいない。

（小泉　有加）

## 推薦図書

ジュリア・クリステヴァ『恐怖の権力』枝川昌雄訳、法政大学出版局、1984年。
森美術館『英国美術の現在史——ターナー賞の歩み』淡交社、2008年。
Royal Academy of Arts, London. *Sensation: Young British Artists from the Saatchi Collection*. London: Thames & Hudson, 1997.

*Column*
ポピュラー・カルチャーと政治宣伝——ザ・スミスの場合

「ザ・スミス」。マンチェスター、サルフォード・ラッズ・クラブの前で（1986年）。

　政治への不満を歌詞に込めて楽曲を発表するミュージシャンと、支持層拡大を狙う政治家の攻防、そして双方の狭間でオーディエンスを煽るメディアという構図は20世紀後半の英国では珍しくなくなっていた。1964年、選挙運動中の労働党首ハロルド・ウィルソンはビートルズの授賞式に出席して一緒に写真に収まり（124頁参照）、1997年、同じく労働党首のトニー・ブレアは首相就任後間もなく、オアシスのノエル・ギャラガーらを首相官邸に招待して歓談する姿をメディアに流した（392頁参照）。政治家にとって、「ポピュリスト」と批判されない程度に、ポピュラー・カルチャーの動向を把握し政治宣伝に活用する匙加減が重要となる。しかしこの点において、2010年に再び与党に返り咲いた保守党党首のデイヴィッド・キャメロン首相はしくじったようだ。総選挙直前に、1980年代に活躍したザ・スミスの大ファンであると発言し、彼らの聖地であるマンチェスターのライブハウスを訪れた写真まで公表したのだが、その意図をめぐって窮地に陥ってしまったのである。
　1982年に結成し、インディーズ・レーベル「ラフ・トレード」からデビューしたザ・スミスは、当時のサッチャー保守党政権や王室制度の批判を公然と歌い、物議を醸した4人組のバンドである。経済的に疲弊した地方都市で日々鬱屈としていた青年モリッシーによる内面の毒を吐き出したかのような歌詞と、ジョニー・マーが奏でるメロディは、モリッシー独特のライブ・パフォーマンス（オスカー・ワイルドへのトリビュートとして大きな花束を掲げて踊るなど）との相乗効果で話題を集め若者の共感を呼び、ファーストアルバム『ザ・スミス』（1984年）はUKチャートの2位につけた。
　デレク・ジャーマン監督によるPV（プロモーション・ヴィデオ）3部作が果たした役割もバンドの成功を語るうえで無視できない。「ザ・クイーン・イズ・デッド」（1986年）ではロンドンの東西あるいはテムズ両岸の対照的な光景に、王冠、青白い顔の少女、薔薇の花弁、白く反転したエロス像、青空に放り出されるユニオン・ジャックと、象徴的なイメージが重ねられ、小刻みに震えながら旋回し消えていく。芸術性だけではなく、アンチ・サッチャリズムをも共有していたミュージシャンと映像作家が手を組み、音楽市場でPVが台頭し始めた1980年代に作品とメッセージを効果的に広めることができた好例だろう。
　もはやインディーズと呼ぶには成功しすぎたザ・スミスは1987年に解散したが、舌戦だけはいまも続いているようだ。上記のキャメロン首相による「ファン発言」に対して元メンバーが「矛盾している」と不快感を示せば、メディアも早速取り上げる。これを国会で恰好の攻撃材料にする野党に対して、ザ・スミスの曲名を答弁におりまぜて返す首相。かくして、政治家とミュージシャンの応酬は終わりを迎えそうにない。　　　　（庄子 ひとみ）

# 第V部

## グローバル／ローカル

＊

　たとえば19世紀の、「帝国の時代」ともいえるイギリスについて、その「国のかたち」を語ることは、現在とはそのかたちがあまりにも違うために、かなり大変なことである。20世紀後半についてはどうか。現代に近いのだから理解しやすいかといえば、どうやらそうでもなさそうだ。日本語で「イギリス」と呼ばれてしまう国は、実際はどのようなかたちなのか。

　この疑問に対しては、いくつかのキーワードを思いつく。帝国の縮小、脱植民地化、イギリス連邦（コモンウェルス）、地方分権／地方自治、多民族化、多文化主義、ヨーロッパ共同体、グローバリゼーション、アメリカ（化）、郊外と都市……。

　第Ⅴ部「グローバル／ローカル」では、このような、地理的なキーワードと想像を軸に、20世紀後半の「イギリス」文化の諸相にせまっていく。

　第17章は、ブリティッシュ・カウンシルの歴史を見ていくことで、イギリスが世界に対して、みずからの文化をいかに提示しようとしたのかを概観する。そこから見えてくるのは、イギリスが連邦、英語圏諸国、冷戦下における東側、そしてヨーロッパとの関係において、いかなる「立ち位置」を占めようとしたのかという文化的な努力の姿である。

　第18章は、英米関係に焦点をあてる。アメリカを中心とする国際的な生産体制が確立された戦後の状況に、文化はどのように対応したか。そこで奇妙にも浮上するのは、「現実」からは超越した「価値」をもつとされる、「文学」の発明である。ベケットやナボコフといった「純文学」が純文学として受容される背景には、冷戦初期の複雑な国際関係があった。

　第19章は視線を一気に国内に向け、都市と郊外という「国のかたち」を考察する。ロンドンのセント・パンクラス駅の再開発と、そこに安置された詩人ジョン・ベッチマンの銅像。ここからは、都市と郊外との新たな関係のみならず、近代と文化遺産という広い問題、そしてついにはグローバルな労働市場の問題が見えてくるだろう。

　第20章は、特にウェールズに注目しつつ、20世紀後半に進んだ権限委譲（地方分権）を紹介する。2度にわたる住民投票を経て半自治を勝ち取ったウェールズ。この自治に向けた潮流の底部には、石炭産業のメッカとしてイギリスの産業化の先兵となりつつも、文化的には周辺に追いやられ続けたウェールズの歴史と現状がある。

　第21章は、ハニフ・クレイシという作家の経歴を追うことで、現代英国の移民文化史を検証する。人種だけでなく、文化、リベラリズム、世代といった様々な要素が錯綜するその歴史を見ることで、「テロの暴力」に象徴される「文明の衝突」といった、単純な歴史観では見えない移民の状況が明らかになるだろう。

（河野 真太郎）

第17章

# イギリスの対外文化政策
―― 冷戦、脱植民地化、そしてヨーロッパ

　1948年10月、保守党大会でウィンストン・チャーチルは、「人類の運命が変貌を遂げてゆくなかで、わが国の将来について考えたとき、私は自由な諸民族と民主主義諸国家からなる3大勢力圏(サークル)の存在に気づく」と述べた。その3つとは、①帝国＝英連邦、②アメリカ合衆国および自治領を含む英語圏諸国、③統一ヨーロッパのことであった。彼の発言は、それぞれ性質の異なるこれら3つの同胞との協調関係を育み、国際社会においてイギリスがその「接合点(ジャンクション)」としての役割を担う重要性を説きつつ、イギリスを世界の中心に据えた国家権益重視の考え方に基づいたものであると言えるだろう。
　イギリスの国益に寄与すると考えられる外交手段は多岐にわたるが、本章で着目するのは対外文化政策である。一般に、自国の文化を諸外国に向けて投影することで対外的な好感度を上げ、相互理解を促進しようとする試みは文化外交の一部であり、国や人びととの相互理解によって紛争を回避し、円滑な国際交流によって相手国への友好的感情が生まれれば、国家間の交易活動が促進され、国内経済の活性化につながることが期待される。イギリスの文脈では、その文化外交の最たる担い手が、現在、世界最大の国際交流機関へと発展したブリティッシュ・カウンシル（The British Council）である。
　ブリティッシュ・カウンシルといえば、イギリスへの留学を目指す学生をサポートする機関として日本でもその名が知られている。世界各地にあるカウンシルの事業所（日本であれば東京）に足を運べば、イギリスの大学や語

学学校の情報がふんだんに得られ、留学一般に関するアドヴァイスなども受けることができる。さらに個々人のニーズに合った英語教育が提供され、留学のための語学試験も定期的に実施されている。

　一方、芸術文化紹介の分野においてカウンシルは、伝統文化だけでなく、斬新で多彩な現代アートを世界に広める活動を行っている。また、科学や技術分野においても国際レベルの科学研究の促進を目指して研究プロジェクトを企画したり、その認識を深める場を提供するなどしている。このように、ブリティッシュ・カウンシルは、イギリスに関心を持つ外国人にとっての有用な情報源であるが、それだけでなく、イギリスと諸外国の人びととの文化交流を推進するための橋渡しの役割も担う、きわめて多彩で能動的な機能を持った文化機関なのだ。しかし、イギリスの「文化力」を誇らしげに見せる／魅せる能力に長けたカウンシルの歴史は、決して順風満帆なものではなかった。外交的任務をも負うこの機関は、その時代時代の政治情勢に翻弄されつつ、ときには世界各地の事業所閉鎖を余儀なくされ、ときには解体の危機に直面することもあった。さらに、国際言語としての英語教育を柱に据えることで世界中にその活動網を張りめぐらせてきた発展経緯が、大英帝国の領土拡大を想起させる文化帝国主義だという批判を受けることもある。

　本章では、イギリスの対外文化政策が、20世紀後半の世界秩序の変容のなかで、国としてのアイデンティティをかたちづくるうえでどのような役割を果たしてきたのか、自国の文化表象や英語の世界的伝播という観点から、ブリティッシュ・カウンシルの活動を軸に見ていきたい。さらに近年、イギリスという国家が、国をまたがる地域共同体であるEU（欧州連合）のなかで、国同士の枠を取り払うような文化交流とどう向き合おうとしているのかについても、考えてみたい。はじめに、戦後の文化外交理念の特徴について確認したのち、上記の点を20世紀後半にイギリスが直面したいくつかの歴史的事象に照らし合わせて考察していこう。

## 1. 戦争、平和希求と文化外交

　ブリティッシュ・カウンシルは、戦間期の1934年、イギリスの対外貿易を

優位に進め、かつ教育、文化、科学技術の諸外国への伝播・提供を図ることを目的として、英外務省と民間からの資金援助を受けて設立された。これに加え、当時猛威を振るっていたファシスト政権の「文化プロパガンダ」によってイギリスの海外での影響力が損なわれることを防ぐため、「国家防衛の一機関」としての役割も担うようになってゆく。カウンシルと同様、この時期に独仏をはじめ西洋諸国で多くの国際交流機関が設立されているが、戦争の足音の忍び寄る戦間期が文化外交の創成期であったということは、戦争あるいは政治の一手段としての文化の効用を如実に示している。実際、第二次世界大戦時のブリティッシュ・カウンシルは、イギリス政府、さらに言えば戦時情報省の管轄下で、政府のプロパガンダ機関としても機能していたのである。

しかし、第二次世界大戦が終焉を迎えると、その悲劇を二度と繰り返してはならない、という平和希求の声が世界中で高まりを見せ始めた。これに乗じて各国では、文化交流の理念をもう一度問い直そうとする動きが起こり、文化交流や人びとの相互理解というものは、政治的な介入を免れた際にもっともうまく達成されるのだ、と説かれるようになる。もっとも、戦時に培われてきた他国への不信関係というものはそう簡単に消せるものではなく、平和の担い手としての文化交流活動が自然発生的に草の根レベルで育まれるなどということは、各国の政策形成者にとっても考え難かった。そこで、少なくとも最初のうちはある程度の後ろ盾、つまり政府による保護や計画が必要であろうという共通認識が生まれた。すなわち、文化外交の必要性が再認知されたのである。ブリティッシュ・カウンシルは、設立当初より、非政治的な機関であることを標榜しつつも、事あるごとに政府に利用されてきたため、今度こそはと、1940年に授与された王立憲章(ロイヤル・チャーター)をいわば盾として、政治プロパガンダ的要素を払拭し、政治的・商業的分野からは一線を画した活動をすべく、体制の立て直しを試みることになったのである。

## 2. 冷戦下の文化外交と文化表象

ところが、そうした各国の平和追求理念とは裏腹に、20世紀後半、世界は

新たな緊張関係、すなわち冷戦へと呑み込まれていく。この新世界秩序はイギリスに甚大な変化をもたらし、二度の世界大戦で疲弊しきっていたこの国は、米ソ超大国の狭間で国際舞台におけるみずからの影響力の低下を痛感することになった。そして文化交流の分野においては、皮肉にも、もはや戦争への貢献という存在理由をなくしたカウンシルは、平和構築の担い手として躍進するどころか、政府予算の大幅削減を受け、解体の危機にさらされた。この危機を直接救ったのがカウンシル存続を提言した調査委員会による「ドローイダ報告・要約版」（1954年）であったが、未刊行の「ドローイダ報告」全文中には、「共産主義の危険度」および「冷戦の影響」にかかわるカウンシルの政治的貢献への期待が示唆されている（British Foreign Office）。

冷戦はその名の示す通り、表面上は戦火を交えた戦いではなかったものの、むしろそれゆえに人間同士の猜疑心は募り、その結果、「イデオロギー・プロパガンダ」がかえって横行した時期だった。だとすれば、平和の伝道師のような文化機関は、解体どころかむしろ政策面で非常に重要な武器となりえたとは言えないだろうか。実際、東西冷戦のなか政治外交がしばしば「鉄のカーテン」によって遮断され、交流が困難であったこの時期、カウンシルはときに政治的弾圧を被りながらも、なんらかのかたちで文化使節を送り出すことに成功している。当時のイギリスは、中東だけではなく旧共産諸国を相手にイギリス文化の普及を意図的かつ積極的に目指していたが、なかでもソ連に対して行われた文化交流活動は、政治外交が国際文化交流を利用したひとつの象徴的事象として一考に値する。

1955年5月、ブリティッシュ・カウンシル内部に「英ソの緊密な関係の促進」を目的に掲げた「ソ連関係委員会（SRC）」が設立された。イギリス政府は、1953年のスターリンの死後、協調傾向にあったソ連の対外政策に便乗して、民主的な文化交流をソ連およびその衛星国でも推し進めようという強い政策信念を持っていた。それと同時に、長年イギリス国内に存在していたソ連の共産主義団体を駆逐するため、これらの団体が独自に行ってきた「文化交流」を阻止し、代わりに英政府の意向に沿った活動をSRCに行わせたいという隠れた目的も存在した。こうして、戦後その設立理念である「非政治性の標榜」を掲げて再出発するはずだったカウンシルの目論見は、ふたた

びくじかれることになったのである。委員会は英ソの文化関係を促進する唯一の公的機関として振る舞うことが許され、ほかのカウンシルの部署とはまったく独立したかたちで、とくに外務省の政策に同調した活動を始めた。SRC が主導した芸術文化交流のおもなものには、1955年11月、ソ連初のピーター・ブルック演出による『ハムレット』の上演や、ボリショイ・バレエ団のイギリス招聘があり、来英した団員たちはシェイクスピアゆかりのストラトフォード・アポン・エイヴォンで『オセロ』を観劇している（1956年10月）。このような実績について当時の「年次報告書」には、「いかにカウンシルが文化招聘に秀でているかを示すものだった」という自負が表れている。折しもスエズでは第二次中東戦争が進行中で、ハンガリーでは民衆の蜂起が沸き起こっていた時のことであった。

図1　ピーター・ブルック演出による『ハムレット』（1955年）

　SRC の内部資料をひも解くと、イギリスがソ連に対してどのような自国像を投影すべきかと模索している記述が見られ、興味深い。一般的に自国をいかに他国に表現するかはその当事国が自覚するみずからのイメージによるが、逆に、相手国が描く自国のイメージというものをあらかじめ推し量って、それに合った表象を作りだそうと画策することもある。たとえば、英ソ間の芸術の相互展示会開催に際し、カウンシルのスタッフがイギリス外務省に、「巨匠の作品群［イギリスの有名な古典作品］」よりも現代芸術を展示するほうがイギリスの現在の活力をソ連側に顕示するよい機会になると提案すると、ある外務省役人は、「現代芸術はソ連では資本主義の退廃の産物とみなされるかもしれない」という懸念をあらわにした。これに対しカウンシルは、以前ソ連側がイギリスの現代建築の写真展に難色を示した事例を振り返り、「彼らが好まないものを強制的に押しつけることはできないだろう」（British Council, "Report"）という結論に達して外務省の示唆に同意する。つまり、イギリス側は相手国の嗜好を斟酌し、現代的かつ進歩的なありのままのイギリス像を投影したいという、もともとの思惑から離れて「イギリス文化」を

規定するという重要な役割を演じている。その一方で、ソ連の文化受容の状況がどのようなものなのか、つまり、「イギリス文化」を見せられ、受け入れようとするソ連側の政治的真意はなんであるのかということをも規定しようとしている。そしてこのことは——ソ連以外の国にも言えることであるが——文化紹介を務めるブリティッシュ・カウンシルが、政治的に微妙な問題には異常な注意を払いながら、きわめて巧妙な「文化政治」の一操作者となっていることにほかならない。したがってこの点においてもカウンシルは、政治的「中立性」を維持しているとは考えがたい。イギリス外務省の方針に即して、はからずもみずからが政治的行為を実行しているのである。

　さらに言えば、カウンシルがイギリスの文化的蓄積や偉業を促進する機関として設立されたとするならば、イギリス文化の何が「よい」とか何が「表象するに足る」と規定できるのは、皮肉にも海外であるということになる。ゆえに「イギリスの生活様式」、すなわち、自国のありのままの姿を称揚しこれを伝達することについて、おそらくカウンシルは失敗している。政治的に緊迫した当時の状況のもと、カウンシルはみずから進んで「古びた仮面」を被り、その鋳型に素顔をはめ込もうとしたのである。

　SRCは、英ソのさらなる政治的駆け引きの陰でその短い活動期間を終える。その大きな理由は、半官半民というブリティッシュ・カウンシルの設立形態そのものであった。カウンシルが「完全な政府機関」でないことを理由に、ソ連が文化交渉を行うことを拒み始めたからである。イギリスは非政治的組織（カウンシル）という隠れ蓑の内部に政治的組織（SRC）を作ることで、ソ連国内で有利な文化活動を目指したのだが、それが裏目に出たかたちとなったのだ。その意味で、SRCはイギリスにおける文化プロパガンダの流通を「推進」するために貢献した一方で、一機関が自国の文化を他国において広めることは、文化活動の「滞留」をも促しうることを示しもした。

　戦時や国家の危機の時代には、文化に置かれたある種の価値が高まるように思われる。国家の非常時にとりわけ「文化」が頻繁に使われた根本的な理由は、それが国家間の相互理解に寄与するのとは正反対に、人びとの心をつかむための比喩的武器として利用されるからである。確かにブリティッシュ・カウンシルは、戦後の冷戦体制の下でイギリスのイメージ向上のため、

またスエズ危機によってわき起こったイギリスへの否定的イメージを払拭するために、かなりの額の資金を与えられたのである。

## 3. 脱植民地化と英語（文化）帝国主義論

　前節で述べたソ連に代表される東側陣営は、いわば本章の冒頭でふれたチャーチルの「３大勢力圏」が結束して対峙すべき非民主主義諸国であったが、本節では、帝国＝英連邦と英語圏という２つの勢力圏の重なりがもたらした影響関係、すなわち旧植民地への英語の普及という観点から、イギリスの対外文化政策を見ていくことにする。

　イギリスにとって、冷戦以上に大きな影響力をもたらしたとも言える20世紀の大きな出来事は、大英帝国の解体であった。二度の大戦では広大な植民地から徴兵された兵士がユニオン・ジャックのもとに戦ったが、20世紀中盤には多くの植民地がその代償として「民族自決」を掲げ、大英帝国からの独立を望んだ。そして1947年インド・パキスタンの分離独立を皮切りに、50年代から60年代にかけてアジア・アフリカの植民地が次々に独立し、かつて「日の沈まぬ国」と言われたイギリスは1997年の香港の中国への返還を最後に、地球上を覆っていた帝国のほとんどを喪失することになる。

　そのようななか、人びとの帝国意識、そして「表象としての帝国」は、衰退する帝国とともに潰えたのだろうか。ブリティッシュ・カウンシル設立時の大英帝国は（各地ではさまざまな問題を抱えつつも）事実上それまでで最大の領土を獲得しており、人びとは名実ともに帝国のもたらす利益を享受していた。帝国主義的気質の持ち主と言われた草創期の敏腕会長ロイド卿が、ファシストからの文化プロパガンダにさらされていた戦間期当時、文化や教育の重要性をもってナチ世界を教化することを目指し、カウンシルを「たえ間なく膨張していく性質」を持つ機関と捉えていたことからも当時の気運がうかがえる。そして戦後、たとえばカウンシルが刊行していた雑誌『今日のイギリス』（1953年）にも、帝国主義を正当化する傾向が見られる。

　当時のイギリスの膨張はたんに実入りのよい搾取行為への関心からだったのではありま

せん。イギリス人は、すべての入植地に本能的に法と秩序という規律を課し、労働者を人間的に扱おうと努めました。宣教師たちはやがて商人たちと同じくらい目につくほどになりました。奴隷制や暴力は制圧されました。19世紀の自由主義の原則と20世紀の福祉国家の概念が、植民地政府に対し公衆の健康、教育、農業と産業の効率性、住宅供給、社会福祉一般への注意を一層促すように求めたのです。……［アフリカという］この粗い土に、イギリスの正義、市民精神(シティズンシップ)、そして民主主義の理念の種が蒔かれてきたのです。

ここに、大英帝国時代に高らかに謳われた「白人の責務」的精神を垣間見ることは難しいことではない。そしてこのような言説は、帝国衰退の現実を受け入れまいとする（無）意識的な抵抗感からかえって強固になる傾向があるのだ。とりわけ、「英語」という帝国拡張の幻想を与えてくれる強力なよすががある場合には。英語や英文学教育は、戦前より植民地の現地エリートを育て、支配の道具として役立っていたが（詳細は河野を参照）、戦後の植民地の消失は、奇しくも英語という帝国の落とし子を通してブリティッシュ・カウンシルの活動領域をむしろ大幅に増大させることとなった。

ほんの数世紀前まではヨーロッパの辺境地域で一握りの人びとによってのみ話されていた英語は、その後隆盛した大英帝国による世界への植民地政策や諸外国との貿易において大増殖し、さらにかつての「派生国」アメリカ合衆国が20世紀の「新帝国」へと躍進したことで、文字どおり「世界語」と化した。これら「パックス・ブリタニカ」と「パックス・アメリカーナ」の遺産のひとつが1950年代から60年代にかけて急速に発達した英語教育（ELT: English Language Teaching）事業だ。英語教育は政府や財団から受けた大規模な金銭的梃入れを背景に、その後も着実に発展を遂げてゆくことになる。

ブリティッシュ・カウンシルの主要な活動領域でも、英語教育はつねに中核に据えられてきた。1940年の王立憲章には、「グレイト・ブリテンおよび北アイルランド連合王国についてのより幅広い知識と英語の海外普及に努め、英連邦［この時期は「自治領(ドミニオン)」のみをさす］に恩恵をもたらすことを目的に、連合王国と諸外国とのより緊密な文化関係を発展させること」とあるが、その精神は20世紀全体を通じて変わっておらず、ここからも国益の増進と英語教育は密接なつながりを持っていることがわかる。

英語教育の進展さなかの1961年、ブリティッシュ・カウンシル主催の「海外英語教育に関する英米会議」で基調講演を行った文芸批評家Ｉ・Ａ・リチャーズは、英語を通じて新しい「精神構造」を外国人に埋め込もうと提案している。のちに刊行された会議の報告書によると、彼の主張は、諸外国において英語は二次的な言語に甘んじることなく、ほかの言語やさまざまな世界観にとりかわって主要（第一）言語となるべきだ、というものであった。有用さにおいては母語でさえも英語にはかなわないため、英語が主要言語として機能するようになるというのである。この報告書はカウンシル内の閲覧資料であるためか、いささか大言壮語的なきらいはあるが、そこにはみずからの文化産物に対するエリート主義的な優越感がみなぎっている。
　しかし、時代がさらに下っても英語という文字表象への確固たる信頼は揺るがなかった。以下の「年次報告書」（1984/85年）は、ブリティッシュ・カウンシルが設立されて半世紀を記念して、当時の会長トラウトンが寄せたメッセージである。そこには英語が「神の言葉」として崇められている。

　独壇場というわけではないが、私たちのブランドはいまだ大きな関心を引いている。この国の運命を導く人びとが、この目には見えぬ、神によって与えられた財産に投資し、最大限に活用する必要があるという確信を私と共有しているのは喜ばしいことだ。

　ここでいう「私たちのブランド」とはイギリス英語のことであり、「独壇場ではない」というのは世界ではアメリカ英語の興隆もまた華々しかったことを意識してのことだろう。もっともELT導入当時イギリス英語への関心は依然として高く、アメリカ英語が平易でわかりやすい表現の習得を目的として、さまざまなレベルの学習者に即効的な効果を持つと考えられていたのに対し、（しばしば"Queen's English"と誤って同一視された）イギリス英語は、高等教育を目指す限定された学生が好んで習得しようとする傾向があった。こうしてイギリス英語は、まさに将来を嘱望されるエリートたちの「ブランド」とみなされたのである。
　このように、戦後になると、衰退した帝国のイメージを一掃するかのように、教化という意味での英語教育理念が、強力なイデオロギーとして台頭し

ブリティッシュ・カウンシル主催の英語教授コースの模擬授業を見学するパキスタンの英語教師たち（最後列）。ラワルピンディにて（1956年）。

た。旧植民地を含む諸外国において英語の世界的伝播を「支配」の構図として捉え、そのような過程をもたらした言語政策や英語の世界的な優位性を容認する議論を「英語帝国主義 (English linguistic imperialism)」とみなすことがある。ロバート・フィリプソンによると、英語帝国主義は「英語の支配が、英語と他言語の間の構造的、文化的不平等の確立および継続的再構成によって擁護され、維持されること」と定義される (Phillipson)。たとえば、盛んに英語教育が行われた戦後のアフリカでは、英語がアフリカ部族の諸言語の上位に居座ることで、英語を使える者と使えない者との構造的、文化的不平等が保持されることになった。ケニアの作家グギ・ワ・ジオンゴは、そうした1950年代半ばの母国の状況を振り返り、「植民地下のエリート社会にとって英語は公的な伝達手段であり、魔法の公式だった」と述べ、学校ではほかの科目で最優秀の成績を修めたにもかかわらず、英語ができなかったという理由で落第しトラック運転手の補助係となった少年のことを回想している。

　英語の習得は、アジアやアフリカにおいて成功への道すじであった。長きにわたって支配をこうむった人びとは白人の支配をいつしか自明のことのように思い始め、彼らへの従属意識を内面化する「植民地の言説」にはまり込んでいく。これはもはや、ある人間が別の人間を物理的に搾取するという意味での植民化ではない。白人支配者は、被支配者の心までも植民したのである。そしてそこでは、支配者が話す言語をも「内面化」した現地人エリートたちが、当地の大多数の人びとを支配するという新たな植民地主義のありよう、すなわち「ネオコロニアリズム」の様相を呈することになる。かつてガンディは、「英語教育はインド国民を奴隷化したが、その咎めはイギリス人だけでなく、英語を話すインド人をも受けることになる」(1909年) とみずからを戒めたが、植民地主義が実質的に終わった現在でさえも、こうしたネ

オコロニアリズムの残滓はいたるところに存在している。

　さて、ブリティッシュ・カウンシルの活動に戻ろう。1950年代におけるカウンシルの主要任務は、①英語教育と②学校制度の普及であり、そこには発展の「必要性」としての英語を推進しようとする意志が明らかである。また、1956年の教育省による「海外における英語教育報告書」によると、英語は「この10年のうちに世界語になるだろう」と予見され、イギリスは特に中東・極東地域において「英語を普及させ、最大限の教師陣と技術者を配置することで、軍事的、政治的、経済的にももっとも強大な存在理由を持っている」と記されている。ここには英語がイギリスの影響力を総体的に底上げするための必須ツールであることが示されているが、さらに英語が世界中で需要のある「商品」であるとも認識されている。つまり、必ずしもすべての政策形成者が英語の普及によってイギリス人の生活スタイルや歴史や文化を諸外国に伝えることを第一義とは考えておらず、きわめて実利的な意図から英語を利用しようとしていたことがわかる。英語の隆盛はまた、科学技術の輸出や大学教育などの拡充へと波及し、外貨獲得といった経済的利益をもたらすのだ。戦後に高まった平和希求理念の議論からは排除されるべきと考えられていた英語をめぐる商業的ニーズが、別の局面では、重要な意味を持っていたことになる。

　レイモンド・ウィリアムズによると、そもそも「帝国主義」という用語にはつねに曖昧さがともない、その言葉の重点が政治システムと経済システムの間で振幅するという（*Keywords*）。大英帝国の植民地主義政策に典型的に見られる、政治システムをもとにした帝国主義とは対照的に、経済システムを基盤とした帝国主義は、近代資本主義の発展様式を背景に、国外投資、市場への介入や規制を通して、いまなお展開し続けていると言ってよい。

　英語教育を中心的とするブリティッシュ・カウンシルの事業収益が政府補助金を上回ったのは、20世紀末であった。政治システム面での帝国主義が全盛期であった戦期に帝国主義的気運を背負って誕生したカウンシルは、戦後の資本主義体制のなかで、英語という文化帝国主義的商品を効率よく増幅させてきた。その意味では、カウンシルが経済システムにおいても支配的な文化帝国主義を推進していたと解釈されてもいたしかたないだろう。英語の

商品化が国益になるということは、イギリス文化帝国主義の「行使者」が依然として量産されていることを示している。イギリスについて見せられる／魅せられる側としての私たちが、これを「搾取」とみなすことは言いすぎかもしれない。しかし、現代の日本社会を見ていても「英語」を企業内での昇進の資格とする慣行や、(下火になっているとはいえ) 西洋的な教養を身につけることが文化資本の高い生活だとする言説が、いまだに残っているのも事実である。

## 4. 3つ目の勢力圏(サークル)のなかのイギリス

　さて、チャーチルの演説で言及された最後の勢力圏に移ろう。親米家として知られる彼がヨーロッパとのつながりをどの程度重視していたのかと、いぶかる読者もいるだろう。実際、当時の彼の見取り図では、あくまでもイギリスは3大勢力圏の「要(かなめ)」に位置するもので、ことヨーロッパについては当事者というよりも大陸ヨーロッパ諸国の統合運動の外郭支援としての役割を意識していたらしい。事実、イギリスと大陸ヨーロッパはその後も微妙な距離感を保ち続けることになる。

　第二次世界大戦という惨事の教訓から、ヨーロッパの6ヶ国（フランス、西ドイツ、ベルギー、オランダ、ルクセンブルク、イタリア）は、将来のヨーロッパ統合の第一歩として1951年にECSC（欧州石炭鉄鋼共同体）を発足させた。これに対し、時の英首相アトリーは、「我が国は、この前まで戦火を交えてきた2ヶ国と、そこから救ってやった4ヶ国で構成された共同体に参加するつもりはない」と述べ、加入への招聘を一蹴した。もちろん、参加を見送ったのはアトリーの個人的嗜好によるものだけではない。戦後のイギリスは大陸ヨーロッパに比べれば経済復興もスムーズに進み、関税面では英連邦諸国との密接な関係から、特に旧植民地であるアジアやアフリカの発展途上国に対して恩恵措置を取らねばならない立場にあった。さらには、同じアングロ・サクソン系という「血縁」がある現代の大国アメリカ合衆国には強い同胞意識を持ち、きわめて親密な関係を維持してきた。このことは、ヨーロッパとの連帯を念頭に入れるはるか以前の1949年に、イギリスがアメリカ主導

で発足した集団安全保障組織NATO（北大西洋条約機構）の原加盟国となっていることからもうかがえる。このような親米性ゆえに、当時のヨーロッパ大陸諸国の多くは心証を害した。それを物語るかのように、イギリスが1960年代に入ってからEEC（欧州経済共同体）への加入を申請した際、これを二度にもわたって阻止したのは、当時のフランスの大統領で反米主義者として知られるド・ゴールである。結局、イギリスがECSC、EECの後身であるEC（欧州共同体、1967年発足）に加盟したのは、20年以上もの歳月が経過した1973年のことであった。

　イギリスがヨーロッパ統合に懸念を示す最大の原因はなんだろうか。それは、歴史的かつ感情的に培われた大陸ヨーロッパへの不信感にある。特にEU（欧州連合）の中枢国であるフランスとドイツへの違和感は、たとえば19世紀初頭のナポレオンによるブリテン島征服計画や、第二次世界大戦時のナチスによる侵略の脅威などによって幾重にも強固なものとなった。そして大陸からの脅威という点に注目すれば、究極的に政治・経済統合を目指すEUに対して国家主権を部分的にも譲渡しなければならないという事態への、嫌悪感とも恐怖感ともいうべき感情がある。1993年に発効したマーストリヒト条約の条案中に、当初高らかに「ヨーロッパ連邦（Federal Europe）」の達成が掲げられていたにもかかわらず、イギリス政府はこの「連邦」という言葉があまりにも「超国家主義的」であるとして猛反対した。結局、「目標としての連邦制」という表現は条約から削除されたのである。ここにも、国益の解釈をめぐって大陸ヨーロッパとの温度差が露呈している。

　イギリス文化の諸外国への伝播や英語教授を主要活動に掲げるブリティッシュ・カウンシルにしても、ヨーロッパ統合のなかにみずからのアイデンティティをどう位置づけるか、内部でも認識に隔たりはあった。そもそも「多様性のなかの統一」を掲げるヨーロッパが深化すればするほど、薄まっていくのは国家権益、そして「イギリスらしさ」なのではないか。ヨーロッパは多言語が話される場所なのだから、もしヨーロッパが完全に統合されれば、カウンシルの活動など必要なくなるだろう、といった懸念は、ECへの加入以前からすでにささやかれていたことである。

　ところが、20世紀最後に刊行されたブリティッシュ・カウンシルの「年次

報告書」(1999/2000年度) を見てみると興味深いことがわかる。当時の事業目的はやはり「イギリスの世界における価値あるパートナーとしての評価を高めること」とあり、依然として国益や威信のために活動することを高らかに謳っている。しかし、海外への働きかけとして、カウンシルが挙げた6つの戦略目標には以下のことが明記されている。

1. 海外での古びたイギリス像を払拭し、イギリスの創造性・文化的多様性と近年の業績を知らしめること。
2. 海外の人びとにイギリスの教育や文化に触れる機会を与えるための主導的な役割を担うこと。
3. より広範で効果的な英語教育をめざすこと。特に海外の若者のイギリスへの見方に影響を与えること。
4. 海外における重要な改革事項に取り組み、持続可能な開発を促進するため、イギリスを有効に位置づけること。
5. ヨーロッパとの結束を強め、ヨーロッパにおける文化的・知的な交流を発展させること。
6. イギリスにおける教育や文化の質を高めるために、特に若者たちの国際的関心をかきたてること。

以上、6つの項目のうち5つがいわば「イギリス」本位であるのに対し、第5項目のみがヨーロッパとの関係構築を掲げている。もっともここでヨーロッパのみが特筆されているということ自体、英連邦諸国や合衆国とは異なり、イギリス・ヨーロッパ間の隔たりの存在を暗に示すものであるということもできるだろう。しかし、それは「3大勢力圏」に対する立ち遅れた関係修復の試みなのではなく、むしろ20世紀中葉には3つに並置されていた勢力圏の構図そのものを超えた新たな主体の認識、つまりはヨーロッパ市民としての新たなるアイデンティティの模索に踏み出そうとするひとつのマニフェストと捉えることができるのではないだろうか。

国民国家体制が現代の世界の主流であり続ける限り、あくまで国益は重要であり、国民国家に根ざした人びとのアイデンティティが消えることはない

だろう。しかし、半世紀にもわたって即かず離れずの関係にあったヨーロッパのプレゼンスが、イギリスにまた別のアイデンティティの存在を喚起し続けてきたように思われる。

　イギリスはもともと長い歴史のなかで「モザイク」のような多民族国家を形成してきたのであり、地理的にはヨーロッパという「複数の共同体」のなかの「共同体」であり続けた。そうした環境のなか、さまざまな局面に現れる「他者」の存在を意識しながら、「イギリス的なるもの」は作り替えられてきたのだ。20世紀後半、それは前述のソ連の例に見られた、現代とはかけ離れた伝統的イギリス文化という加工された表象であったり、世界語へと膨張を続ける英語のなかに、実体なき大英帝国の片鱗が美化された表象として語られたりしたその一方で、近年、ヨーロッパという枠組みのなかに提示されるイギリス文化は活力と現代性に満ちている。たとえば、21世紀に入って欧州委員会からの支援を受けて発足したユーニック（EUNIC: The European Union National Institutes for Culture）は、文化の多様性や国際的な対話の促進を目的に設立されたネットワーク組織として注目されている。ブリティッシュ・カウンシルは、このネットワークにおいて、国益最優先という本来のスタンスをひとまず脇にやり、「ヨーロッパ」という地域が歴史的に培ってきた自由主義や民主主義の理念、そして革新に対する寛容な精神を域外に伝える一翼を担っている。そこにはあたかも、多文化社会を内包する現代のイギリスが目指すべき精神が反映されているかのようだ。皮肉にも、長年敬遠してきたヨーロッパの力添えをもってして、イギリスはいままさに、実体のともなったありのままの姿を、世界に向けて発信する機会を得たのかもしれない。

（渡辺　愛子）

## 推薦図書

本名信行『世界の英語を歩く』集英社、2003年。
大石俊一『英語帝国主義論——英語支配をどうするのか』近代文芸社、1997年。
ジョン・トムリンソン『文化帝国主義』片岡信訳、青土社、1997年。

## Column
### 植民地主義に向き合う——「マウマウ戦争」の記憶

民衆からマウマウの協力者を摘発する「鉄床作戦」(1954年)

　コーヒーチェーン店に入ると、たいていカウンターのそばにコーヒー豆が売られている。ケニア産の商品を手に取ってみると、「キクユランド」と記されている。ケニアは日本に輸入されるコーヒー豆の主要な原産地のひとつである。しかし、いったんそのような表層から少し掘り下げて、イギリス帝国からの独立過程において「キクユ」という場所の持つ意義に焦点を絞ってみると、ケニアのイメージはまったく異なった相貌をみせるだろう。
　マウマウ戦争は、イギリス帝国からの独立運動のなかでも、とりわけ血なまぐさいものとして記憶されている。イギリス当局による暴力的抑圧政策とそれに抵抗する「マウマウ」による独立闘争の総称であり、ケニア独立を推進する重要な契機となった。そもそも、「マウマウ」とは、植民者の勘違いから始まり定着した仮称にすぎない。1950年、密議の容疑で39人の農場労働者が逮捕された。激しい尋問にもかかわらず、彼らは秘密を治安判事に明かさなかった。そのひとりは、「言ってはならないと命令されたあれこれの事柄を明かすことはできない」と答えた。この場に居合わせた英国人ジャーナリストは「mau mau（あれこれの事柄）」こそが、秘密組織の名称に違いないと思い込み、以来、この名が流通することとなった。
　実際のところ、闘争を担ったのは「キクユ族」（正式には「ギクユ族」）と呼ばれる人びとである。彼らは、植民者のイギリス系白人、あるいは、ボーア戦争以後南アフリカから肥沃な土地を求めて流れてきたボーア人によって土地を奪われたことに対して、20世紀初頭より武力闘争を開始した。闘争が激しくなると、誓いを交わした人びとは森へ入りゲリラ戦に参加した。英植民地当局は、残ったギクユ人のなかから義勇兵（「ホーム・ガード」）を募り、ギクユ人同士の対立をあおった。この対立は1963年の独立以後もケニア内部で禍根を残すこととなり、現在でも、マウマウの元兵士達によるイギリス政府に対する訴訟は続いている。
　独立以後もケニアは、植民地時代の搾取から自由になったわけではなかった。搾取するのが、イギリスから、国際企業と現地の特権階級に交代したとはいえ。これらの詳細については、ギクユ出身の作家グギ・ワ・ジオンゴの小説『血の花弁』(1977年)、『十字架上の悪魔』(1982年)を参照されたい。特に後者では、主人公の愛人が日本製の車を乗り回す場面が皮肉たっぷりに言及される。安値でコーヒーを輸入し、高級車を輸出する極東の国も、継続する植民地主義と無関係ではない。　　　　　　　　　　　　　　（吉田　裕）

## 第18章

# ベケット、ナボコフ、そして文化冷戦
## ——「モダニズム文学」の制度化

## はじめに

　「英国のふつうの人びとは、経済、税金、国有化、犯罪、移民、そして豊かさがもたらす諸問題のことを気にするのに忙しくて、外交政策にかかずらう暇などなかった」(Sandbrook, *Never Had It*)。英国の歴史家ドミニク・サンドブルックは、1950年代の英国社会の特徴をこのように述べ、一般にこの時代の主要な出来事とみなされる「赤狩り」や核兵器廃絶運動（CND）をあえて過小評価している。洗濯機、冷蔵庫、テレビといった家電製品が普及し、自家用車もふつうの家庭の手に届くこととなり、当時のイギリス人は、米ソのイデオロギー対立や、核戦争の恐怖といった問題よりも、「豊かな社会」における消費文化のことで頭がいっぱいだった、というわけである。
　また、1950年代のイギリス文化史といえば、ベケットらの実験演劇、ジョン・オズボーンの戯曲『怒りを込めて振り返れ』の上演、その映画版を代表とする英国「ニュー・ウェイヴ」などに力点が置かれるのが常だが、大多数の人が喜んで劇場に足を運んで観たのは、米国ブロードウェイ・ミュージカル『ウェスト・サイド・ストーリー』や『マイ・フェア・レディ』の英国公演だった、という点にもサンドブルックは注意を促す。このように、人びとが享受した文化には、直接間接にアメリカの影響が色濃く刻印されている。
　だが、本章では、そうしたヒット作品ではなく、難解さを特徴とするモダ

ニズム文学作品をあえて扱ってみたい。俎上に乗せるのは、ウラジーミル・ナボコフの『ロリータ』（1955年）とサミュエル・ベケットの『ゴドーを待ちながら』（1952年）である。モダニズム文学の輪郭を定めたのは、冷戦前期の英米関係であったという仮説に立ち、第二次世界大戦後の英国の文学と政治を、トランスアトランティックな英米関係がいかに規定したかを考えてみたい。

## 1. 冷戦の国際政治経済学

　第二次世界大戦後、冷戦——米ソという超大国間の、核抑止力によって調整され、高度に構造化され注意ぶかく抑制された「冷たい戦争（コールド・ウォー）」——が、歴史世界の舞台で上演されていた（冷戦というと、戦後から1991年までの長い期間を指すが、本章では40・50年代の冷戦体制生成期を主題とする）。この冷戦によって、それまでは反ファシズムの立場で共闘した英米とソ連との同盟が解体され、ソ連を中心とする共産主義勢力（東側陣営）と、自由と民主主義を掲げる資本主義勢力（西側陣営）とが分離した。その過程は、政治・文化を含むさまざまなイデオロギーの水準で進行する。

　そのような対立を創造する際の戦略的なポイントは、西側諸国に存在する非共産党系の各種左翼集団を、新たなリベラリズムのうちに取り込むことにあった（Scott-Smith）。リベラリズムとは、もともとは個人の自由を強調する思想であり、経済的には市場への国家の介入を排する（「レッセフェール」と称された）思想である。このような19世紀的・古典的リベラリズムと、本章で扱う新たなリベラリズムは、後者が米国主導のリベラリズムであるという点で異質のものである。その米国リベラリズムは、冷戦初期にアーサー・シュレジンジャーが影響力の強い著作で提唱したように、イデオロギー対立・抗争における「活力ある中心（ヴァイタル・センター）」となるものであった[1]。では、その新たなリベラリズムの実質はいかなるものであったのだろうか。

---

1)「封じ込め」政策で有名なジョージ・ケナンが1947年の「トルーマン・ドクトリン」からさらにアメリカの覇権の軍事化をねらった50年の国家安全保障会議第68決議に必ずしも賛成せず、むしろアメリカ文化のプロモーションや輸出という戦略を唱えていたことも興味深い（Scott-Smith）。

1947年、当時の国務長官ジョージ・マーシャルと商務長官アヴェレル・ハリマンによって策定・実施された戦後ヨーロッパ復興策は、マーシャル・プランと呼ばれる。それは、「コーポレート・リベラリズム（自由企業体制）」のラインに沿ったものだった。コーポレート・リベラリズムとは、大量生産・大量消費を旨とするフォーディズムの国際化およびそれに伴う大企業と組織労働者との協調によって、資本家・労働者の階級対立を解消しようとするものである。

　このリベラリズムは、アメリカだけに起こったものではない。戦後英国に成立した福祉国家や混合経済と、コーポレート・リベラリズムには類縁性があり、大西洋を挟んで同時に生じた経済体制を、ひとつのシステム（これを「国際的ケインズ主義」と言い換えてもよい）として考えることができる。フォーディズムの国際化は、なによりも大西洋両岸の西側諸国の経済的基礎を固めることを目指した。本来、大衆車T型フォードをベルトコンベアで製造する米国の巨大企業の生産システムであったフォーディズムが、ヨーロッパ諸国に普及したのである（コーポレート・リベラリズムを推進した英国系企業には、ユニリーヴァ、インペリアル・ケミカル・インダストリーズ、ロイズ銀行が含まれる）。ここから、冒頭で示したような消費の風景が生じる。自動車であれば、ヨーロッパの製鉄工場で規格化された部品が大量生産され、米国デトロイトで組み立てられ、完成品は、米国内だけでなく、たとえば英国の中流家庭、あるいは若者世代に大量消費される（Van der Pijl）。

　マーシャル・プランは、短期的には、アメリカからの返済義務のない補助金によってヨーロッパ資本主義諸国を復興させるものだった。しかし、長期的に見ると、商品と資本の流れを規制しない（しかしアメリカを中心とする）世界市場の再建を目指すものだった。かくしてアメリカの製造業が「世界の工場」として産業化・工業化の主たる担い手となった。その一方でブレトンウッズ体制が成立し、米ドルが英国ポンドに代わって基軸通貨となり、世界資本主義システムの再建・再編が進んだのである。とはいえ、実際に「国際的フォーディズム」や「コーポレート・リベラリズム」といった語が、このすべてを推進するために叫ばれたわけではない。むしろ、アメリカが国内外に掲げたスローガンとは、「近代化」であった。

## 2. 冷戦期リベラリズムと「モダニズム文学」の創造

　そのような国際政治学の近代化(モダナイゼーション)のイデオロギーに対して、文化はどう対応したのか。ここで注目したいのは、ヨーロッパのモダンな文学あるいは20世紀になって成立した「英文学」・「アメリカ文学」という制度である。さらには、そうした文学言説や制度がもたらす近代的主体の問題である。たとえば、「ロマン派詩人の高次の主体」は、意識と自然の対立を想像力によって解消するとされる。「教養小説（ビルドゥングスロマン）」とは、自己と社会の葛藤を内面的成長によって乗り越える紳士・芸術家の物語をリアリズムによって提示する形式だとされる。いずれも現在「文学」というときの典型的なイメージであろう。

　これらが生み出されたのは冷戦前期である。この時期に作り出された文学制度の目的は、いまから見ると、かなり明確に理解できる。それはフォーディズムによって生産過程全体から分断・断片化された現実世界の自己を回復しようとするひとつの手立てだった。産業化以前に「有機体的全体性」というある種のユートピアが存在したと想像し、それによって、フォーディズムのもとでの苦しみを解消しようとしたのである。苦しみが解消されることで、労働者はふたたび歯車のひとつとして労働現場に帰っていくことができる。同時に、「アメリカ」を象徴する「アメリカ文学」というふうに、文学はナショナル・アイデンティティを表示するものとなる。

　ここで、ハリウッドの無名の脚本作家から、冷戦初期の1950年にノーベル賞受賞作家として脚光を浴びたウィリアム・フォークナーのことを思い起こしてもよい。フォークナーが、国内外の文化空間に輝かしくデビューしたのがこの時代であったことの意味は何だろうか。フォークナーを売り出したのは、上記の冷戦期リベラリズムを代表する、文学制度を創造した批評家たち（「ニュー・クリティシズム」の批評家や「ニューヨーク知識人」たち）だった。彼らは、フォークナーを利用して、「自由の国アメリカ」のアイデンティティを作り上げようとしたと見ることができる。この「自由」が資本主義的な価値を不可分なものとして有していたことは、フォークナーと上記の批評家たちの強力な支持団体として、かのロックフェラー財団が控えていた事実を

思い合せてみればよい（Schwartz）。

　冷戦期アメリカの文化政策とは、米国リベラリズムを世界中に輸出することだった。そして、1950年代、そうした文化の輸出は、当然、冷戦下での対ソ戦略にも組み込まれていた。たとえばアメリカは、世界各地に「アメリカ情報センター」を設置した。そこには、上記のフォークナーのような「純文学」だけではなく、オールコットの『若草物語』やワイルダーの『大草原の小さな家』などの作品の各国語訳が所蔵された（越智）。こうした作品が1950年代にアメリカの民主主義を宣伝するために輸出されたのである。

　ここで注意しておくべきことがある。こうした文化政策は、たんにアメリカ産リベラリズムを「宣伝」するだけではなく、共産主義、同性愛、女性運動を「封じ込め」る目的をも兼ね備えていた。パックス・アメリカーナ（アメリカによる平和）のもとで採用された「封じ込め文化」は、共産主義のみならず同性愛者をも封じ込め、女性を家庭に回帰させた。ただし、封じ込めの形態は抑圧だけではない。民主主義と異性愛主義を称揚し、流通させて、その自然化をもくろむものでもあった（越智）。このハードとソフトの両面での封じ込めは、フォークナー等のモダニズムだけでなく、いわゆる児童文学やハリウッド映画にもあてはまる。国外向けの生産という特殊な条件によって、このようなモダニズムのハイ・カルチャーとそれ以外のポピュラー・カルチャーの混合、文学と文化の共存が可能になったのだと言えるのかもしれない。

## 3. ナボコフと「モダニズム文学」の制度化

　戦後アメリカの文化政策の支配的傾向を探り出し、そこに切り込んでいくためには、「モダニズム」というジャンルの創造のプロセスを見ていく必要がある。冷戦期米国リベラリズムは、1920年代の盛期(ハイ)モダニズムから政治的なものを抜き取ろうとした。さらに、モダニズムの諸作品をシェイクスピアと肩を並べる「文学」として制度化しようとした。制度化とはすなわち、商品化である。それは真正の「文学」（たとえばシェイクスピア）のイメージを流用して仕立て直されたミドルブラウ文学・文化となる（読みもしない文学

全集を棚に飾る、といった行為を想像してもらえばよい)。では、その商品の主要な消費者となったのは誰だろうか。それはもはや盛期モダニズムの文学者や知識人からなるエリート層でもなければ、古い意味での大衆文学に結びつけられる労働者階級の人びとでもなかった。それは戦後に登場した新興ミドルクラス (第3章参照) であり、新たな消費文化や大衆教育の時代に登場した大学の学生・教師層だった。

　重要なことは、制度化された「モダニズム文学」というものが冷戦の産物であったことだ。第二次世界大戦終結後に生産された「モダニズムのイデオロギー」は、大きな社会変革への欲望を消し去り、現存する制度の安定化をもたらすものだった。なによりもここで注目しておくべきことは、これがアメリカの発明だったということである (Jameson)。

　とはいえ、冷戦期米国のイデオロギーは、一方向に、アメリカから西側諸国にのみ作用するものでもなければ、ナショナルな「アメリカ文学」という領域でのみ機能するものでもなかった。文化冷戦のきわめて重要な要素である、制度化された「モダニズム文学」は、さらに広大な歴史的展開・空間的転回において編制されたのである。そのなかでも、英米の国民国家の境界を横断する以下のような例は、とりわけ重要である。ここで取り上げる例とは、ウラジーミル・ナボコフの『ロリータ』にほかならない。

　ナボコフが『ロリータ』で主題にするのは、12歳の一見無垢で善良にみえるが実は悪魔的な「魂の破壊者」たる少女ロリータによる、ヨーロッパの中年男ハンバート・ハンバートの誘惑である。アメリカ小説史の古典的研究によれば、『ロリータ』の大学教授ハンバートは、ヘンリー・ジェイムズの小説『黄金の杯』のアメリーゴ公爵を彷彿させる人物である。ハンバートは、エドガー・アラン・ポーの文学伝統と、ロリータという少女の身体イメージを通じて、アメリカというものを発見しようと努めている。しかしアメリーゴ公爵とは違って、ハンバートは決して救済を得られない。ただ少女に魅せられて、殺人を犯し、最後は投獄され心臓麻痺で死ぬ結末だからだ (Fiedler)。

　この倒錯した筋立てによって、ナボコフは何を描こうとしたのだろうか。ひとつには、アメリカ人男性が女性に対して抱く性的あるいは心理学的なジ

レンマを描いているとする見方がある。つまり、ロリータは、自らは堕落しながらも男を救済する無垢な妻であることを求められ、かつ、腕白な少年たちの想像上のアメリカ共和国を支えるのに不可欠な寛大なる母であることも求められる。主人公ハンバートは、これらの明らかに矛盾した要求をロリータに求め、そのため、破滅する。

図1　映画版『ロリータ』より。スタンリー・キューブリック監督、1962年、英米合作。ジェイムズ・メイスン（ハンバート教授）、スー・リオン（ロリータ）。

　しかし、こうした解釈には限界がある。そこで、これとは別の角度から解釈してみたい。少女ロリータを無垢な良妻賢母としてではなく、アメリカという国そのものの比喩的表象として捉える見方である。

　ロリータという少女像を、ヨーロッパから見たアメリカの擬人化・アレゴリーとみなしてみよう。冷戦とマーシャル・プランによって世界の中心から周縁化され、閉じられた空間で破滅を待つヨーロッパがイメージする、活力あるアメリカという像である。そこに浮かび上がってくるのは、国際政治経済におけるかつての強大な力は失っても高踏文学を擁する、老いゆくヨーロッパと、軽佻浮薄で俗悪ではあっても新たに覇権を握り、いわば人生の思春期を謳歌する、若きアメリカおよびその大衆文化という構図である。

　上記の解釈を支える有力な証拠もある。不思議なことに、『ロリータ』は、出版当時激しい非難を受けたのであったが、著者のナボコフは、不道徳だと言われるよりも、「反米的だ」という非難のほうに、はるかに動揺したのだと伝えられている。その非難に対して、ナボコフは、『ロリータ』が描いたのは「幻想的」で「個人的」な世界であって、「反米的」というものではないと弁明している。言い換えると、作者が狙ったのは、現実世界とは接点を持たない、自律的な詩的文学的言語だった、という主張である――『ロリータ』のあとがきで「私にとって虚構作品の存在意義とは、私が直截的に美的至福と呼ぶものを与えてくれるかどうか」であるとナボコフは述べている（Nabokov）。

そうすると、ナボコフの小説は、前述の米国冷戦イデオロギーそのものということになるのだろうか。つまり、政治からは独立した、「文学」のイデオロギーである。プラグマティズムに立つアメリカのリベラルな知識人リチャード・ローティは、現にそのように解釈している。そのように述べるローティの狙いは、ナボコフを「リベラル・アイロニスト」として評価し、スターリンのソヴィエト共産主義と批判的に対置することである。ロシア出身のナボコフが「非政治的」であるというのは、彼がソヴィエト共産主義者＝全体主義者ではないことにほかならない——その点でナボコフを評価できるというわけである（Rorty）。

　しかし、ナボコフを、冷戦構造のなかでそのように説明しきれるのだろうか。ローティのような解釈は、アメリカ対ソ連、われわれ対敵という二項対立的な図式のこちら側（アメリカ）にナボコフを取り込もうとする試みであった。しかし、先に示したように、ロリータをアメリカの、ハンバートをヨーロッパのアレゴリーとして読むとき、この解釈は崩れる。ここで、ナボコフがヨーロッパ対アメリカの対立を描くのに、彼にとって外国語であるアメリカ英語を使ったということを注目したい。『ロリータ』がもし旧来的な高踏文学のヨーロッパと大衆文化のアメリカの関係を描いているとすれば、それを描く言語がアメリカ英語であるという事実はどう説明できるのだろうか。

　これが可能だったのは、ナボコフという作家が置かれていた亡命（エグザイル）という歴史的状況のためであった。ナボコフは、1899年にロシアのサンクト・ペテルブルグに生まれ、ロシア革命後の1919年にイギリスに亡命、ヨーロッパで過ごしたのち、1940年にアメリカに移住している。ナボコフの場合、アメリカへのルートの途上英国のケンブリッジ大学を経由していることにまずは注目すべきである（トリニティ・コレッジに1919-20年に在籍）。この空間的・文化的移動が、母語であるロシア語以外の言語、とりわけ英語の習得を可能にした。さらには第二次世界大戦前にナボコフがヨーロッパで享受した審美主義やダンディズムの文化が、それと対照的に見える英米のリベラリズムや社会主義と連動したり交錯したりしながら、グローバルに転回する道を開いたのである（Green）。

　『ロリータ』というテクストが遂行すべき課題とは、ナボコフにとって

「ブランドとしては二流の英語」(Nabokov) という日常の支配的な言語の内部から自律的な文学芸術の言語を差異化し、練り直すことだった。つまり、冷戦状況におけるヨーロッパとの矛盾を孕んだ関係を持つ想像上の「アメリカ」を発明することであった。政治的・経済的にはアメリカの近代化を必要と認めつつも、文化・芸術での「アメリカ化」には嫌悪感を抱くしかないヨーロッパの審美主義者・知識人が、にもかかわらず、アメリカの化身としての少女を欲望せざるをえない。こうした物語に、冷戦期の英米間を重要な結節点として編制されたリベラリズムやその文化の歴史性を刻印しているのが『ロリータ』というテクストなのである。

## 4. ベケットと大英帝国（イギリス帝国）の崩壊の物語

　第二次大戦後の英国社会を扱う文献では、福祉国家と脱植民地化の二点に力点を置くことが多い。だがそこに冷戦という観点を導入するとどうなるだろうか。イギリス政治史を専門とする佐々木雄太によれば、冷戦の進行は、英米の利害を一致させ、帝国の再編をもくろむ英国政府は、対ソ戦略という「冷戦の論理」にアメリカとの共通の利益を見出そうとしたという。もっとも、1956年のスエズ危機で、アメリカはイギリスを見放したために、この英米の蜜月関係は長続きしなかった。その後イギリスは、大英帝国諸地域に対する求心力を一気に失ってゆく。

　ベケットの戯曲『ゴドーを待ちながら』は、その解釈や文学史上の位置づけが難しいテクストである。ほとんど何もない舞台の上で、二人の男が、「ゴドー」を待ち続ける。ただし、「ゴドー」とは何なのか、結局誰にもわからない。この作品は、かつては「不条理の演劇」として、一部熱狂的な支持を得た。そこでは、何かドラマティックな出来事が舞台で起きることもなければ、現実の世界へのメッセージが示されることもないパフォーマンスとされた。それより後の時代では、（ポスト）構造主義的な「テクスト性の美学」の先駆けとされることもあった（その美学では、テクストの無意味さが珍重された）。『ゴドーを待ちながら』の登場人物二人は、ゴドーという謎の存在が、いつまでたっても訪れないまま、ただ待ち続ける。この無意味なアクション

自体が、評価されたのである。

　しかし、ベケットが大英帝国の植民地だったアイルランド出身の作家であったことを思い出してみよう。彼は、故国を文化的に「亡命」し、パリの地で、フランス語で『ゴドーを待ちながら』を書いた。とすれば、このきわめて実験的かつ反演劇的な戯曲は、冷戦期大英帝国の崩壊と脱植民地化という脈絡において、改めてその歴史的解釈を試みる価値がある。

　この反演劇的テクストの主人公とおぼしき二人の初老の男たち、ヴラジーミルとエストラゴンの構造分析からまずは始めてみよう。ヴラジーミルとエストラゴンの繰り出す会話やアクションから、二人の主観や心理を読み込むのは難しい。荒涼とした舞台設定から、この作品が核戦争後の世界を表現しているとする解釈もあるが、それも想像の域を出ない。二人は、何の意味もない会話やアクションを、ひたすら繰り返しているだけなのだ。この、いわば純粋な反復は、自律的な文学・芸術作品または演劇的世界空間を構築する機能を持っているのかもしれない。ともかく、このテクストからは背景となっている歴史的文脈を読めそうにはとても思えない。

　しかしフレドリック・ジェイムスンは別の視点を提示している。『ゴドーを待ちながら』には、ヴラジーミルとエストラゴンによる会話やアクションとはまったく違った要素がある。それは、ラッキー／ポッツォの挿話である。まるで飼い犬のように紐で繋がれたラッキーと、その主人らしきポッツォは、このテクストに２回、唐突に登場する。

　注目すべきは、このラッキー／ポッツォ挿話における、ラッキーの独白の場面である。ここでのラッキーの言語は、思考の限界点を探るような実験的、モダニズム的なものである。ただし、この独白が、主人ポッ

図２　サミュエル・ベケット『ゴドーを待ちながら』初演の一場面。ロジェ・ブラン演出、パリ、テアトル・ド・バビロン、1953年1月5日。配役はピエール・ラトゥール（エストラゴン）、ロジェ・ブラン（ポッツォ）、リュシアン・ランブール（ウラジミール）、ジャン・マルタン（ラッキー）。

ツォに強制されたものであることに注意してみよう。すると、ここにアイルランドの特異なモダニズムの発展がひそかに再上演されていると解釈することができる。ベケットにとってアイルランドとは、みずからの出身地であるのと同時に、ヨーロッパへの亡命(エグザイル)によって距離を置きたいと望んだ場所でもある。この形象の独白が示すのは、英国帝国主義のアレゴリーである。つまり、大英帝国としてのポッツォと、その植民地一般、とくにアイルランドとしてのラッキーの関係が、ここに表現されている（Jameson）。

　このジェイムスンの読みが出されたのは2002年のことで、このような解釈は従来はなかった。それはなぜだろうか。そこで、ナボコフに見たような、「モダニズム文学」の制度化に続く文化冷戦の系譜を時間的にも空間的にも拡大してたどり直してみたい。ベケットの作品は、冷戦期の1950年代にアメリカで「モダニズム文学」が（再）発明された際に、同時に「発明」されたという見方ができないだろうか。そのとき、上記のようにこの作品を歴史的に読む視点が排除されたのではないか。次節でこの仮説を、1950年代末以降の英米批評理論の言説に注目して検証してみよう。

## 5. 文化冷戦のグローバルな系譜学

　英国の批評家アラン・シンフィールドによれば、戦前の英国モダニズムは、1950年代中盤の「怒れる若者たち」や「ムーヴメント」世代による批判によってしばし中断されたのち、1950年代末頃から今度はアメリカ産モダニズムの輸入・導入によって復活・再生したという（Sinfield）。英国におけるこのモダニズム文学の「再生」において黒幕的役割を果たしたのが、フランク・カーモードであった。批評家であるカーモードは、物語論の古典的著作とされる『終りの意識——虚構理論の研究』（1967年）において、「モダニズム文学」から、「反伝統主義的モダニズム」＝ポストモダニズムへの移行期に、ベケットを位置づけた（Kermode）。

　カーモードによるベケット解釈の批評的戦略は何であったか。その標的は、「カウンター・カルチャー（対抗文化）」およびポピュラー・カルチャーであった。カーモードは、それらを全体主義（ソ連型共産主義やファシズム）と結

びつけることにより、封じ込めようとしたといえる（Kermode）。

　同時に、カーモードが、（後に述べる）「特殊な集団」の反乱を、真正の文学者や知識人による言説や行動と区別するレトリックを駆使したことに注意しなければならない。ここであらかじめ排除されるのは、人種の差別撤廃を要求する、転覆的な解放の運動や衝動なのである。

　カーモードは、近現代とは、過去の蓄積あるいは伝統と密接に結びついた時空間であると考えている。ところが、その「特殊な集団」は、この本物の時間意識と無縁である。黒人や若者、マルクス主義者は、過去から切り離され未来には虚無と無意味さしかない、という「終末論（アポカリプス）」的な時間を生きている。彼らにあるのは、現在においてのみ生きているという「終りの意識」である。カーモードは、そうした意識を、「退廃の意識」や初期マルクスの「疎外の概念」と否定的に結びつける。彼がやろうとしたことは何か。カウンター・カルチャーの担い手たる若者たちは、戦後冷戦期の資本主義体制に対して激しい怒りをぶつけ、その解体を目指したのであったが、カーモードは、まさにこの若者世代の「ポストモダニズム」の無効を宣告したのである。

　カーモードの物語論やベケット解釈におけるキーワードは終末論的「終りの意識」や「疎外」であった。これらのキーワードはイギリスからアメリカへ、トランスアトランティックに移動する。それだけではない。地理的移動だけでなく、文学から社会学へと学問分野も横断する。

　たとえばアメリカの社会学者ダニエル・ベル。ベルは、論文「資本主義の文化的矛盾」において、1950年代の文化状況について次のように述べている。「外部の敵たる共産主義者」におびやかされつつも、そうかといって、共産主義とは異なる政治的な理想は見つからず、知識人は政治から逃走した。そうした「文化的知識人」が逃げ込んだのが、「絶望、アノミー、疎外」という文化的なテーマであった。そしてベルはカーモードのベケット解釈が、そうした状況を反映しているとする。さらにベルは、1950年代に発見されたこの疎外というテーマが、60年代の政治的ラディカリズムに流れ込むと見る。ただし、注意しなくてはならないことがある。それは、50年代と60年代とで、疎外という語の意味が大きく変容したことである。おおまかにいって、50年代は、人びとと社会のあいだに距離があり、お互いに縁遠くなってしまって

も、そうした疎外の状況に耐えるべきだ、と前述の知識人は考えていた。ところが、60年代の知識人（たとえばマルクーゼなど）になると、そうした距離、縁遠さ、疎外を、一挙に乗りこえようという気運が高まる。そのときのキーワードが「敵対文化（the adversary culture）」である（Bell）。

　60年代のラディカルな文化を批判する「敵対文化」という概念は、ライオネル・トリリングに由来する（Trilling）。トリリングは、ベルと同じ「ニューヨーク知識人」であり、米国の文化冷戦を代表する批評家であった。そしてこの概念は、カーモードのポストモダニズム批判でも活用されている[2]。このようにベルの分析は、英国・米国あるいは文学・社会学の境界を超えて流通する言説を共有していたのである。

　こうした冷戦下の思想的な戦いは、文化冷戦とでも呼べる現象である。この文化冷戦における対立軸は何だろうか。カウンター・カルチャー運動の担い手たちは、先に見た「疎外」を一挙に乗りこえよ、と主張した。その一方で、カーモード、トリリング、ベルたち「文化的知識人」は、そうした「疎外」にあくまで耐えよ、といわば説教を繰り広げた。疎外の完全な克服を目指す運動は、言ってみれば幼児的な振る舞いであって、疎外状況を耐え忍ぶための教科書を人びとは学ばねばならない、そう彼らは主張したわけである。そのためのいわば「教科書」として彼らが推奨したのが、本章で見た「制度化されたモダニズム」文学のテクスト群なのである。

## おわりに

　もう一度確認するが、疎外に耐えることを良しとする制度化されたモダニズムは、歴史や経済と無関係のところで生じたものではない。それは、文化

---

[2] ベルを含むニューヨーク知識人とその雑誌『パーティザン・レヴュー』が国際的反共産主義の知識人団体「文化的自由のための会議」を通じて文化冷戦を推進したこと、また、英国労働党のいわゆるゲイツケル派すなわちヒュー・ゲイツケル、アンソニー・クロスランド、デニス・ヒーリー、ロイ・ジェンキンズ、さらに労働党左派のベヴァン派だったリチャード・クロスマンまでもが、ベルの「イデオロギーの終わり」の言説がそもそも提起された「ミラノ会議」に少なからず関与したことについては、Scott-Smith を参照のこと。ちなみに、1956年に出版され本来の社会主義からの逸脱である労働党修正主義の最重要テクストとなったクロスランド『社会主義の未来』は、2006年にゴードン・ブラウン（当時ブレア労働党政権の財務大臣の任にあった）の序文付きで新版が出た。

冷戦の戦略の一部であった。つまり、「モダニズム」は「活力ある中心」としての米国リベラリズム、国際的フォーディズムと福祉国家といった歴史を背景として発明されたのである。疎外という人間同士の縁遠さを、ただ忍耐すれば良い、と言えた背景には、ある程度活力のある経済状況、ある程度充実した福祉制度があった。人びとが寄り集まって経済問題、福祉問題を解決しなくてもすむ程度に、経済が成長し、福祉国家が進展していた、ということなのである。

　それに対する、「モダニズム」によって批判された60年代の対抗文化／敵対文化／ポストモダニズムはどうだったか。「モダニズム」と対立するように見える60年代対抗文化も、冒頭で概観したように、福祉国家における経済成長を背景とするものだった。経済成長という条件が満たされるかぎりにおいて福祉国家が実現した経済的余裕、高等教育の拡大、「寛容な社会」という風潮のなかで、さほど裕福でもない若者も旧来の階級の桎梏から解放され、人生は無限の可能性と参加の場であると考えられるようになる。「伝統的な階級構造が分解するにつれて、より多くの個人が、職業という社会・経済的土台ではなく、文化的嗜好やライフスタイルによって、自らのアイデンティティを規定したいと望むようになる」(Bell)。ここに出現した「アイデンティティ」は、もはや従来的な、経済的な階級という概念では捉えることができない。

　『ゴドーを待ちながら』およびカーモードによるその解釈を出発点・結節点としてこのようなグローバルな脈絡において文化冷戦の系譜をたどってみることができる。だとするならば、イギリスとヨーロッパ・アメリカとの空間的移動や関係性において、冷戦期「モダニズム文学」制度の記号、あるいは「文学的セレブ」として機能する「ベケット」は、共産主義あるいは反全体主義左翼の政治文化からリベラル・ヒューマニズムの文学へ、そしてその後の「対抗文化」の封じ込めにいたる軌跡として再解釈することができる。

　冷戦という国際状況において、旧帝国主義のイギリスは、新たな帝国アメリカとの関係においてグローバルに再編制された。新たにアメリカの製造業やフォーディズムが主要な役割を担う国際政治学が登場するとともに、国内では、大半の人びとの関心は地球規模の核の脅威や局地的な熱い戦争・紛争

よりは、消費活動に、次々と開発される新製品の購入に向かった。

　とりわけ、英国ではアメリカとの相互交渉によって再生産され輸出・輸入された「モダニズム文学」の批評言説が、ユートピア的衝動を孕んだ盛期モダニズムやポストモダニズムの一部をなすポピュラー・カルチャー、若者の対抗文化などを取り込んだり、封じ込めたりし、20世紀末以降にはさらに文化・金融を前景化する新帝国主義とネオリベラリズムへと転回していくことになる。

　冷戦期を迎えて崩壊する大英帝国というナショナルな物語は、イギリス文化史による（再）歴史化によって、このように読み直し、書き換えることができる。別の言い方をすれば、冷戦の文化史が表象するのは、英米をトランスアトランティックに移動し、グローバルな脈絡で転回する歴史の過程である。冷戦とイギリスとの関係を、ナボコフの『ロリータ』に端的に見られる「モダニズム文学」の制度化によって、またさらに、ベケット解釈をめぐる文化冷戦の系譜学によって解釈してみること――本章はそれを試みてみた。

（大田　信良）

## 推薦図書

佐々木雄太編著『世界戦争の時代とイギリス帝国』ミネルヴァ書房、2006年。

村上東編著『冷戦期とアメリカン・カルチャー　覇権国家の文化装置』臨川書店、2011年（予定）。

Jameson, Fredric. *A Singular Modernity: Essay on the Ontology of the Present*. London: Verso, 2002.（フレドリック・ジェイムソン『近代(モダン)という不思議――現在の存在論についての試論』久我和巳・斉藤悦子・滝沢正彦訳、こぶし書房、2005年。）

Column
## 『ブラック・ウォッチ』に見る「スコットランド」のアイデンティティ

　エディンバラの夏の風物詩といえば、街中で繰り広げられる演劇祭とエディンバラ城構内でのミリタリー・タトゥー(軍隊パレード)。タータン・キルトをはためかせながら、バグパイプを奏で、ドラムを鳴らす後者の勇姿は、愛国心を鼓舞し、スコットランドの国家アイデンティティ形成にも寄与してきた。よってロンドンの国立劇場とは対照的に、特定の劇場を持たずに2006年に開設されたスコットランド国立劇場が、同年に王立スコットランド連隊へと統合されたブラック・ウォッチを題材にした芝居を企画し、エディンバラ・フェスティヴァルでの初演から大成功を得たのは、道理にも時期にもかなっている。
　濃緑色のキルトをまとった「黒い監視兵」を意味するブラック・ウォッチとは、スコットランドのステュアート王家復活を狙うジャコバイト蜂起を制圧した1739年から、イラク進駐中の2006年まで活躍した、第42ハイランド歩兵連隊の愛称である。土地の貧しいスコットランド北部の男たちは、古から自分の土地を防護する傍ら、傭兵としてヨーロッパ諸国で働いてきた。1707年にスコットランドが連合王国に編入され、ジャコバイト制圧時に見せた戦闘力がイングランド軍に高く評価されると、ハイランドの傭兵たちは、昔の敵国、いまのいわば宗主国のために闘うことになったのである。
　スコットランド出身の劇作家グレゴリー・バークが、戦争の大義と矛盾に揺れる兵士たちに取材して書いた『ブラック・ウォッチ』は、イラクでの采配を巡って衝突した英米間の交渉によって、第42連隊が統合される直前に兵士たちが戦場で体験した緊迫したときと、生還後に郷里のパブで過ごす

ミリタリー・タトゥー

弛緩したときを往還する。2つの異なる時空間の間に、ブラック・ウォッチの歴史と軍服の変遷、父から息子へと伝えられてきた独特の慣習が折り込まれる。聖アンドレア十字が電光で照らされ、ミリタリー・タトゥーが大音量で流れる劇場／軍事訓練所に足を踏み入れた観客は、血と汗を流す役者／兵士を目の前にしながら、連合王国とスコットランドの間の差異と劇団と軍隊、演劇と戦争の類似性に気づかされることになる。
　独自の教育、司法、裁判の制度を持ち、1998年のスコットランド法によって権限委譲と自らの議会を獲得した国家は、由緒ある軍隊の消滅と「壁のない劇場」の創設を重ね合わせた『ブラック・ウォッチ』の成功によって、文化力も誇示することになった。しかしながら、「おれが闘うのは、ブリテンのためでも、スコットランドのためでもない」、「おれは、連隊のために、仲間のために闘う」とハイランド訛での宣言で終わる芝居は、単に愛国心に訴えるものではない。大国イングランドを中心とした連合王国への反発と帰属意識に揺られてきたスコットランドなるものを一度括弧に入れ、その複雑なアイデンティティを問い直す衝撃作となっている。

(エグリントン　みか)

第19章

# 煉瓦とコンクリート
―― セント・パンクラス駅再開発から
　　グローバリゼーションへ

## はじめに

　2007年11月14日、多額の費用と4年の歳月をかけて改装されたロンドンのセント・パンクラス駅は、英国とヨーロッパ大陸を結ぶ高速列車ユーロスターの新たな国際ターミナルとしての営業を開始した。その2日前の11月12日、19世紀ヴィクトリア朝時代の赤煉瓦造りでネオゴシック建築の駅構内、ユーロスターのプラットフォーム脇で、詩人ジョン・ベッチマンのブロンズ像の除幕式が執り行われた。等身大より少し大きなその塑像は、左手で帽子をおさえながら、19世紀半ばと21世紀初頭の技術が融合したアーチ状の大屋根を見上げている。

　ベッチマンは1972年から84年に没するまで、英国の桂冠詩人を務めた。1958年出版の『選詩集』がベストセラーになるなど、その国民的人気は、19世紀後半の桂冠詩人テニスンの当時の人気に比肩するほどであった。同時に彼は、「徐々に発展していったヴィクトリア様式の複雑さと想像的な豊かさ」を通じて20世紀後半の急速な近代化に警鐘を鳴らす「文

図1　ジョン・ベッチマン（1906-84年）の銅像。ロンドン、セント・パンクラス駅。

化のコメンテイター」でもあった（Morse）。だが21世紀に入った現在、欧州に向けた新たな玄関口になぜベッチマン像なのか。

　本章は、ロンドンとパリおよびブリュッセルを結ぶユーロスターのセント・パンクラス駅とその周辺地域の再開発に、以下の2点から注目する。ひとつは、伝統の継承、あるいはヘリテージ（遺産）という概念の重要性である。ヴィクトリア時代の赤煉瓦建築である駅舎と1960年代のジョン・ベッチマンとの関わりから始めて、1980年代以降のいわゆる「ヘリテージ産業」へといたる道筋をたどってみる。もうひとつは、英国とヨーロッパ大陸、それも21世紀に入ってさらに拡大を続ける欧州連合（EU）との関係である。国際ターミナルとして改装中の駅周辺を舞台とした映画『サマーズ・タウン』（2008年）を取り上げて、ユーロスターでフランスあるいはベルギー方面から訪れる観光客の姿とは異なる新たな労働力の移動に注目してみる。本章は以上の2点から、欧州のなかの一国として英国が直面するグローバリゼーションを、ユーロスターが発着するセント・パンクラス駅に見ることとなる。

## 1. セント・パンクラス駅とジョン・ベッチマン

　ロンドンのリージェント・パークの南東からユーストン・ロードを1.5kmほど東へ向かう。左前方に見えてくる比較的新しい赤煉瓦の建物は、1997年に開館した大英図書館。さらにその先の尖塔がそびえる古めの赤煉瓦建築が、ウォータールー駅に代わるユーロスターの新たな発着駅、セント・パンクラス駅である。ユーストン・ロードに向いた正面、尖塔と時計塔のあるヴィクトリア朝ネオゴシック建築は、中世風ゴシック復興期の1866年にジョージ・ギルバート・スコットによって設計された。プラットフォームは北側に並び、ウィリアム・バーローが設計した全長210メートル高さ30.5メートル幅74メートルの大屋根、通称バーロー・シェッドが覆っている。1868年にロンドンとイングランド北東部を結ぶミッドランド鉄道のターミナル駅として開業。セント・パンクラス・チェインバーズと呼ばれる赤煉瓦の建物は、1935年まではミッドランド・グランド・ホテルとして、その後は1980年代半ばまで鉄道のオフィスとして使われていた（2011年マリオット・ホテルとして新装開業）。

イングランド北東部方面の国内ターミナル、セント・パンクラス駅は、開駅のほぼ100年後の1960年代半ばに、取り壊しの危機に直面した。第二次世界大戦後にガラスと鉄筋コンクリートによるモダンな建造物が次々と建てられるなかで、赤煉瓦のネオゴシック様式は、時代遅れと批判されたのである。さらに駅の機能に関しても、キングズ・クロス駅が隣接しているために余計であるとみなされた。鋳鉄製の大梁を張り巡らせたキングズ・クロス駅が「機能主義的建造物の先駆け」と評価された一方で、セント・パンクラス駅は「古典主義とゴシックの継ぎ接ぎ」と揶揄された (Samuel)。結局、1966年に英国鉄道はセント・パンクラス駅の取り壊しおよびキングズ・クロス駅への統合計画を打ち出した。

図2　セント・パンクラス駅構内。左手にユーロスターが見える。

　このネオゴシック建築取り壊しに反対の声を上げたのが、ジョン・ベッチマンと、彼が主要な創設メンバーであったヴィクトリア協会であった。ヴィクトリア協会は、大々的な解体の危機に瀕していたヴィクトリア時代の建造物を守るために1958年に設立された団体であり、現在も19世紀から20世紀初頭にかけての歴史的建物の保護を訴えて活動を続けている。ベッチマンにとって協会との関わりは、「ヴィクトリアニズムの遺産(ヘリテージ)と、その他の見過ごされてきたイングランドの過去の要素を、吸収および賞賛」し、その「影響力を増していった文化のコメンテイター」としての活動の一部であった (Morse)。ヴィクトリア協会は1960年代初頭に、ユーストン駅のドリス様式の門、ユーストン・アーチ (1837年建造) の取り壊し計画に対して反対運動を繰り広げていた。このときは失敗に終わり、1962年にユーストン駅再開発とともにアーチは撤去されてしまった。しかし今回は彼らの運動が功を奏して、1967年11月にセント・パンクラス駅とホテルの建物チェインバーズは、保護の対象となる登録建造物のグレードⅠの認定を受けることになった。翌年暮れには、取り壊し計画が正式に撤回された。

　現在、登録建造物の格付けに携わっているのは、イングリッシュ・ヘリテージと呼ばれる特殊法人である。これはイングランドの歴史的建造物および

figure 3　セント・パンクラス駅の外観

図4　「ブルー・プラーク」の一例。「サー・ジョン・ベッチマン／1906-1984年／桂冠詩人／ここに居住」ロンドンEC1、クロース・コート。

遺跡の保存を目的として、1983年のナショナル・ヘリテージ法のもとで設置された。1997年のトニー・ブレア労働党政権誕生によって発足した文化・メディア・スポーツ省（前身はナショナル・ヘリテージ省）から財政支援を受けている。イングリッシュ・ヘリテージの活動としておそらく一般的に目にするのは、著名人が住んだ家や歴史的出来事に関連した場所などに掛けられている「ブルー・プラーク」だろう。これは特定の場を明示的に過去と結びつけることによって共有の歴史的財産とし、保護の対象とする運動の一環である。文化遺産の保護制度は1882年の遺跡保護法制定後に整っていくが、建築学的に価値のある建造物の登録は、第二次世界大戦時のドイツによる空爆によって多くの建物が被害を受けたことがきっかけであった。現在の格付けのシステムは、「例外的な価値があり、国際的にも重要だと認められる建造物」のグレードⅠ（登録全体の約2.5％）からⅡ*およびⅡの3段階があり、2010年現在約37万5,000の登録を数える（English Heritage）。1967年にセント・パンクラス駅をグレードⅠにリストアップしたのは、イングリッシュ・ヘリテージの前身で1953年の「歴史的建造物・古記念物保護法」によって設置されたイングランド歴史的建造物審議会であった。ちなみに、歴史的名所や景勝地の保護で名高いナショナル・トラストは、1895年設立の民間ボランティア団体である。

　イングランド北東部への玄関口として開業したセント・パンクラス駅は、ヴィクトリア協会の働きかけから登録建造物と指定されて20世紀後半を生き延び、21世紀に入ってヨーロッパ大陸へ向けた新たな国際ターミナルとなった。ベッチマンの銅像は、駅舎保存運動への貢献に敬意を表し、「海外から

の観光客に向けたイングリッシュネスのエンブレム」(Morse) として、ユーロスターのプラットフォーム脇に据えられた。2009年のユーロスターの乗客数は、開通年1995年の3倍以上、920万人にのぼった (BBC, "Eurostar")。国内およびヨーロッパ大陸との間を往き来する人びとの流れが、そして歴史の継承と新たな産業の勃興が、「イングリッシュネスのエンブレム」であり、反近代化の「文化のコメンテイター」を演じ続けたベッチマンの足もとで交錯する。

## 2. 鉄筋コンクリートとガラスの「未来」

　赤煉瓦建築のセント・パンクラス駅が取り壊しの危機を乗り越える1968年に、「テクノロジーとエンジニアリングの新たな可能性の象徴」とされた鉄筋コンクリートの22階建ての建造物が崩れた。5月16日早朝、ロンドンはイーストエンドのニューアムにて、完成して2ヶ月と経っていない高層住宅ロナン・ポイントの18階でガス爆発が発生、四つ隅の一角が最上階から一階まで崩壊した。この事故で4人が死亡、17人が負傷。ロナン・ポイントは、200万ポンドを費やしたニューアム区のスラム街一掃計画で建てられた高層の公営住宅タワー・ブロックのひとつで、1950-60年代に新しい工法として大々的に導入された、大型コンクリートパネルを使ったプレハブ・システムで建設されていた。公営住宅の住民に約束した「快適な新しい生活」を襲った惨事は、「高層住宅のすばらしい新世界に対する人びとの信頼を根底から揺るがした」という (Sandbrook, *White Heat*)。

　「高層住宅のすばらしい新世界」の可能性を「未来へのヴィジョン」として提示していたのが、1951年開催のイギリス祭だった（序章1を参照）。第二次世界大戦後の住宅不足は深刻な問題であり、19世紀以来の劣悪な住環境を一掃し、さらに空爆によって全半壊した50万戸の住宅を再建するため、135万戸にのぼる住宅供給を可能とする積極的な政策および開発プロジェクトが必要とされていた。そのような状況のなかで、イギリス祭に携わった建築家や都市計画者たちは、この国家イヴェントを「英国でモダンな構造物をデザインし建築する初めての現実の機会」と捉えていた (Conekin)。そして実際

に主会場となったロンドンのテムズ川南岸、サウス・バンクに関して、雑誌『建築評論』は、「初めての都市造形、再建プロジェクトの最高の指針を現実化した風景としての展示会」と褒め讃えた (Matless)。人びとはコンクリートとアルミニウムと板ガラスをふんだんに使ったモダンな建物のパヴィリオンやバタシー公園のプレジャー・ガーデンズを楽しむとともに、別会場としてイーストエンドのポプラー区に設営された建築展示場を訪れた。そこは大戦で甚大な爆撃の被害を受けた大規模開発事業エリアであって、新しい住環境のコンセプトのもとに、公営住宅のランズベリー団地が建設されていた。この集合住宅区域は、学校、歩行者専用通路のあるショッピングゾーン、教会、その他のコミュニティ施設を併設していた。イギリス祭以降もこの地区の整備は進み、高層、中層、低層住宅を組み合わせた複合開発のモデル住宅地となった。

「未来へのヴィジョン」としての大戦後の住宅提供は、1946年から始まったニュータウン建設よりも、劣悪な住環境が手つかずにされていたインナーシティの再開発で現実化した。ニュータウンは大都市に集中した人口と職場を分散させることが目的であった。それは市街地の無秩序な拡大を防ぐ緑地グリーンベルトのさらにその外側に、住居と労働の場を近接させた低層低密の住宅地として建設された。そのため、「新しい町」ではあっても、「反都会主義という、英国文化の確固たる連続性」(Ford) の枠内にあった。一方、インナーシティの再開発では、ロナン・ポイントを建てたニューアム区のように、改善された住環境を効率よく多くの住民に与えるために高層住宅の建設を優先した。

歴史家のラファエル・サミュエルによれば、新たな建築資材と工法が大々的に導入された第二次世界大戦後、1950年代の機能主義的なモダニズム建築の全盛期には、煉瓦は「これ以上ないほど評判が悪かった」という。

> 多くの労働力を必要としたために、煉瓦を積み重ねるには費用がかかり、モダン建築工法やプレハブ部分と組み合わせての使用の障害となっていた。扱いにくくて重い煉瓦は、光と空間の敵であった。……煉瓦造りによる装飾は特に嫌われており、機能主義的な建築の大きな目的のひとつは、それを排除することにあった。……コンクリートとい

うこの時代の驚くべき資材はダイナミックで、どんなに薄い基壇でも途轍もない重さを支えた。ガラスは太陽への誘(いざな)いであった。それに対して煉瓦造りは息が詰まりそうで、建物をその内部に閉ざしてしまい、外を取り込むということにはならなかった。

煉瓦はその歴史の重みによって償われることはなかった。それどころか、歴史の重みが非難された。(Samuel)

「未来へのヴィジョン」としてモダンな建築を推し進める立場からすれば、煉瓦造りはその装飾性が審美的に古くさいうえに、空間の効率的利用と採光という観点からも非機能的であった。セント・パンクラス駅は、赤煉瓦のネオゴシック建築が醸し出す「歴史の重み」ゆえに、「もっとも貶められたロンドンのターミナル駅」であった。

しかし、中世風煉瓦造りの駅舎の保存が決まり、鉄筋コンクリートの高層公営住宅の一部が倒壊した1968年頃には、建造物に対する反応は「著しい変貌」の時期を迎えていた。サミュエルはそれを、コンクリートとガラスの「光と空間の美学」から煉瓦の「暖かさと軟らかさと囲い込みの美学」への移行と捉える。

> 1950年代と60年代の先導的な美学が光と空間のそれであり、その装飾モチーフがハードエッジ──「クリアカットされた」コンクリートの厚板、「飾り気のない」輪郭……幾何学模様──であったならば、1970年代と80年代は、暖かさと軟らかさと囲い込みの美学の時代であった。(Samuel)

かつて「光と空間の敵」と貶められた煉瓦が、逆に「暖かさと軟らかさと囲い込みの美学」によって新たに捉え直された。1967年末にセント・パンクラス駅が登録建造物のグレードⅠと認定され、翌年にその解体計画が撤回されたのは、人工的で無機質な資材によるモダニズム建築の進歩主義からの揺り戻し、つまりコンクリートとガラスの「未来へのヴィジョン」から煉瓦のヴィクトリア様式への回帰、という1970年前後を潮目とする「環境の政治学における著しい変貌」(Sandbrook, **White Heat**) の兆候であった。ロナン・ポイントの惨事が同じ時期に起きたことは歴史的偶然であったとしても、そ

れは結果的に、コンクリート高層建築の「魔力から人びとを解き放った」（Samuel）象徴的な出来事とみなされるようになった。

## 3. 赤煉瓦の「歴史の重み」とサッチャリズムの「ヘリテージ産業」

　サミュエルによる前述の年代論的二分法は、第二次世界大戦後の国内の進歩・発展とその頓挫というナラティヴを、建築的趣向の文化レヴェルでわかりやすく反映させているようである。大戦後の復興プロジェクトを経た「窮乏の時代」から「豊かさの時代」への50年代、その経済的繁栄が文化面に波及した「スウィングする60年代」、ウィルソン首相による有名な演説の「［科学］革命の白熱(ホワイト・ヒート)」の60年代。そして70年代に訪れる経済的停滞あるいは衰退、階級間対立・ストライキ。コンクリートとガラスのモダニズム建築がル・コルビュジエの多大な影響抜きには語れないように国際的であるのに対して、煉瓦は「紛れもなくブリティッシュ、というよりはもっと限定的に──スコットランド人は花崗岩で、ウェールズ人は石で家を建てるので──イングリッシュ」（Samuel）なのであって、「暖かさと軟らかさ」という人間的な手触りに加えて、「囲い込み」という表現から保守化した内向きの視線も読み込めるかもしれない。あるいは、1979年に誕生するマーガレット・サッチャーの保守党政権の文化的予兆を、サミュエルは「光と空間の美学」から「暖かさと軟らかさと囲い込みの美学」への転回で示唆しているのかもしれない。

　1972年に桂冠詩人に選出されるジョン・ベッチマンは、煉瓦が象徴する「暖かさと軟らかさと囲い込みの美学」の国民的詩人であり「文化のコメンテイター」であった。1960年代末には60歳を超えていた彼はおそらく詩作のピークを過ぎていたが、新聞のコラム執筆やラジオ・テレビへの出演で大衆的な人気者──「テレビスター」（Betjeman）──となっていた。彼は1950年代後半以降、ロンドンのみならず地方の村や町、古い教会や歴史的建造物を訪れるTVドキュメンタリー映像──3分間CMシリーズ「ジョン・ベッチマンと英国発見」（1955-56年）をはじめ、「私たちのナショナル・ヘリテージ」（1959年）、「ジョン・ベッチマン、列車で行く」（1962年）、「ジョン・ベッチマンの教会ABC」（1960-67年）など──に出演したり製作に関わった

りすることで、急速な近代化に警鐘を鳴らす「文化のコメンテイター」を演じ続けていた。興味深いことに、環境保全運動など60年代カウンター・カルチャーの担い手の若者たちからも一目置かれた。「奇妙な同盟が形成された。年老いた詩人ベッチマン、1950年代以来あらゆるモダンなものを忌み嫌った人物が、若者たちのヒーローとなったのである」(Burk)。

　重要なのは、反近代化の姿勢や過去への視線が、サッチャリズムの1980年代に向けて、いわゆる「ヘリテージ産業」に組み込まれていったことである。言い換えれば、煉瓦に象徴される「歴史の重み」が商品化され、国内のみならず国外向けに売り出された。1975年は「ヨーロッパ建築ヘリテージ年」であって、その目的はヨーロッパにおける歴史的建造物の保護とその管理状況を改善することにあった。英国政府も3年前から準備にあたって評議会を設置し、ジョン・ベッチマンはメンバーのひとりであった。そしてサッチャー政権誕生後の1981年12月、政府は「イングランドの遺跡および歴史的建造物の組織化」という協議文書を発表する。この文書は、その提案内容のみならず語り口において「典型的なサッチャー流」と知られることになる初期の一例であった。それは次のような指摘から始まっていた。「政府は現在、年間約3,600万ポンドをイングランドの古記念物・歴史的建造物に支出しており、27万5,000もの登録建造物と1万2,500の保存対象遺跡がある。1980年には200万人が環境省の管理する400の遺跡を訪れたにもかかわらず、入場料やお土産の売り上げなどによる収入は、たった750万ポンドにすぎない」。

　保護対象とする文化的遺産(ヘリテージ)に対しても、市場原理を導入しようとする典型的なサッチャリズムの姿勢がここに見られる。政府は「十分に活用されていない資源にはもっとビジネスライクに対応する」ことを求めており、遺跡等の一般公開に「宣伝と営利的側面」の専門的知識と技術を持った人間があたるように提案する。遺跡の宣伝に創意工夫をこらして取り組めば、かなりの収益増へとつながるであろう、という主張は、従来の保護論者たちにはなじみが薄いものだった(Delafons)。なお、政府はこの協議文書への批判に応えて1982年に作成した『前に進む道』というブックレットでは、商業的側面の色を薄め、ヘリテージの対象となった建造物や遺跡は若者の教育と歓楽に役立つという見解を加えることとなる。

このような協議文書およびブックレットの主張をもとにして、ヘリテージの文化とその産業化は1983年のナショナル・ヘリテージ法として法整備され、さらにこの法律のもとで、歴史的建造物の登録にも携わる前述の機関イングリッシュ・ヘリテージが設置された。「サッチャー政権はこういったものすべて［田園復古主義、環境保全運動、有機栽培農業の促進など］を、観光産業――「ヘリテージ産業」として知られることになるもの――を発展させる限りにおいて積極的に認めた。歴史的遺跡王立委員会は「イングリッシュ・ヘリテージ」と看板を掛けかえ、各地名所をより商業的に売り込むこととなった」(Burk)。上流階級のカントリーハウスは維持が困難になった所有者の手によって次々と解体されており、それを危機として1974年に取り上げたヴィクトリア＆アルバート博物館の展覧会「カントリーハウスの破壊」は、結果的にヘリテージ産業の勃興に寄与した(Wright)。1981年には、イーヴリン・ウォーの小説『ブライズヘッド再訪』を原作としたテレビドラマが、第二次世界大戦前のカントリーハウスやオクスフォード大学の建物などを舞台にノスタルジア溢れる映像で人気を博した。

　以上のような1960年代末以降の煉瓦の再評価から1980年代のヘリテージという「歴史の重み」の産業化に至る歴史的転回は、サッチャリズムの一見相反する二面性、つまり新保守主義と新自由主義として捉えられる。ヴィクトリア様式を強く喚起する煉瓦の「暖かさと軟らかさと囲い込みの美学」、その実践としての歴史的建造物の保存は、伝統や家族と国家、家父長主義と秩序などを重視するサッチャリズムの保守主義である。それが「新」保守主義であるのは、「社会などというものはない」(Keay)というサッチャーの有名な言葉に表された個人主義、そしてその個人のいわゆる企業家精神と国際的競争力を高める市場原理の導入という新自由主義がもたらす変化を補完するからにほかならない。修繕しながら磨き直すこと（refurbishment）が可能な煉瓦の特徴は、ラファエル・サミュエルが指摘するように、伝統の重視のみならず経済的再利用に適していた。さらにその再評価は、サッチャリズムの個人主義とも符合していた。煉瓦造りの改装は、都市部再開発においてだけでなく、持ち家を自分の手で修繕するDIYにおいても、「レトロ・シック」(Samuel)として流行したのである。

## 4. 『サマーズ・タウン』に見るグローバルな英国労働市場

　反モダニズムの趣向が赤煉瓦の「歴史の重み」の再評価を促した後、時代遅れとかつて揶揄されたネオゴシック建築のセント・パンクラス駅は、21世紀初頭には国内のみならずヨーロッパ大陸に向けた新たな鉄道の玄関口となる。この国境を越える人びとの流れの拠点に据えられた、ナショナルなヘリテージの文化を体現する「イングリッシュネスのエンブレム」としてのジョン・ベッチマン像。だがここで、国内ターミナルから国際ターミナルへとセント・パンクラス駅のグローバリゼーションを可能にした、もうひとつのグローバリゼーションに目を向けなければならない。労働市場のそれである。
　英国で2008年に公開された『サマーズ・タウン』は、新たなユーロスター発着駅として改装中のセント・パンクラス駅周辺を舞台にした映画である。サマーズ・タウンはセント・パンクラス駅の西側、大英図書館のちょうど裏手に位置する地域の名前で、公営住宅などの低層のフラットが立ち並んでいる。主人公は10代の二人の少年。一人は、2004年5月にEU加盟したポーランドからの移民で、セント・パンクラス駅再開発の工事現場で働く父親とサマーズ・タウンのフラットでくらす少年マレク。彼は友人もなく、英語での会話にも苦労し、多くの時間を独りで寂しく過ごしている。そして近くのカフェで働くウェイトレス、フランス人のマリアに淡い恋心を抱いている。もう一人は、故郷のイングランド北東部ノッティンガムを飛び出してセント・パンクラス駅に降り立ったトモ。ポーランド人移民の少年とイングランド北東部からの家出少年が駅周辺で偶然出会い、フランス人ウェイトレスと親しくなっていく。そして映画の最後、何も告げずに突然帰国したマリアに会いに、ふたりはユーロスターに乗ってパリへ向かう。この最後の部分だけそれまでの白黒からカラーに映像が変わるので、どのように考えるか解釈が分かれる。ちなみに映画の制作費を提供したのはユーロスター社で、企画を持ちかけたのは英国最大手の広告代理店マザー・エイジェンシーであった。
　監督のシェイン・メドウズは、2006年に『ディス・イズ・イングランド』という映画を発表している。この作品では、フォークランド紛争の翌年1983年のイングランド北東部を舞台にストーリーが展開する。フォークランド紛

争で父親を失った13歳の少年ショーン（『サマーズ・タウン』のトモと同じ俳優トマス・ターグースが演じる）はスキンヘッズの若者たちと親しくなるが、そこに彼らの元仲間で刑務所帰りの男が現れる。失業者が300万人以上に膨れ上がる英国社会の現状に不満を持つその男は、移民排斥を主張しながら、ナショナル・フロント（1967年結成の人種差別的な極右政党）の集会へとかつての仲間たちを勧誘していく。その過程でジャマイカ系のスキンヘッズのメンバーに向けられる人種差別と最後に噴出する暴力が、重要なテーマのひとつとなっている。

　地方を舞台にした『ディス・イズ・イングランド』がフォークランド紛争にせよジャマイカ系の人物に向けられる人種差別暴力にせよ、大英帝国の遺産あるいは「ポストインペリアル・メランコリア」（Gilroy）を取り上げていたのに対して、その続編ともみなされる『サマーズ・タウン』はロンドンのセント・パンクラス駅周辺の再開発を背景に、英国とヨーロッパ大陸との関係、より具体的には EU 拡大にともなって中欧東欧から新たにやってきた労働者たちとその家族に焦点を当てている。言い換えるならば、EU の条約に保障された加盟国域内での移動の自由がもたらす、グローバルな英国労働市場の問題である。

　　[『ディス・イズ・イングランド』が描く] 1980年代では、増え続ける失業者の数が、「本当の」英国人に、まわりの移民者たちへの疑念を抱かせた。[『サマーズ・タウン』の] 2000年代には、英国は欧州連合の加盟国であるため、民族的多様性が不可避となった。この違いは、監督メドウズが生まれ育ったイングランド北東部の地方の特殊性から、ロンドンという多民族都市の飛び地へと映画の舞台が移ったことによって際立っている。（Goldsmith）

　ここで1980年代の「移民者たち」と呼ばれているのは、西インド諸島や南アジアあるいはアフリカの旧植民地からやってきた他の「人種」のことである。それに対して2000年代の「民族」は、たとえば『サマーズ・タウン』の場合のように、EU 拡大後の中欧東欧などからの労働者とその家族を想定している。『サマーズ・タウン』の主人公の少年二人は、セント・パンクラス

駅周辺の工事現場で働く移民労働者が入居するフラットの二階バルコニーから、「多民族都市の飛び地」を象徴する風景を眺める（図5）。右手奥には赤煉瓦の駅舎と尖塔、正面奥から左手にはユーロスターのプラットフォームを覆う改装されたバーロー・シェッドとガラス張りの新駅舎、そして手前の朽ちた赤煉瓦の壁の向

図5　サマーズ・タウンから見たセント・パンクラス駅

こうには再開発を待つ雑草の生えた空き地。映画の最後では、ポーランド人の少年マレクとイングランド北東部からの家出少年トモはこの景色を前にして、マレクの父親が仕事のつてで入手してくれるかもしれないユーロスターのパリ行き切符を使って、突然姿を消したマリアに会いに行く夢を語る。『サマーズ・タウン』において唯一カラーで映し出されるパリ（と、英国とヨーロッパ大陸を結ぶユーロスター）は、トモの移動が示唆するイングランド北部／南部の経済的階級的含意とマレクの移動が示唆する西欧／中欧東欧の「民族」間のさまざまな矛盾が、白黒の現実「多民族都市の飛び地」で交錯した後に、想像的に解消される幻想の場になっているのかもしれない。

　1993年のマーストリヒト条約の発効によって発足したEUは、2010年現在、27の加盟国へと拡大している。とくに2004年5月には旧共産圏の中欧東欧の8ヶ国（Accession 8、A8と呼ばれる）を含む10ヶ国が新たに加わった。フランスなどは新規加盟国からの急速な労働力流入の影響を懸念して受け入れ数に制限を設けたが、英国は労働者登録制度を実施することで実質的には無制限に新規EU加入のA8国から労働力を受け入れた。それが2000年代後半、英国経済の好調とも重なって、中欧東欧からの移民の増加につながった。

　内務省国境庁の報告書によれば、2004年から2009年第1四半期までに労働者登録制度に申請したA8国全体からの労働者数は、99万人にのぼっている（Home Office）。年ごとの認定数は、2004年（EU加盟の5月以降）が約12万6,000人、2005年20万5,000人、2006年には22万8,000人と増加している。労働年金省の2006年の分析では、A8国からの移民増加が国内の失業者増につな

がっているわけではなく、経済全体に好影響を与えていると評価している（Department for Work and Pensions）。その後、景気後退や金融危機などの影響もあって、2007年は21万1,000人と微減し、2008年は15万8,000人まで減少している。2009年の第1四半期は2万1,000人で、これは2008年の同期間の半分以下である。

　このようなEU拡大後のA8国からの労働力流入において、ポーランド人の占める割合は最大であった。労働者登録制度に認定されたA8国からの移民95万人のうち、66％がポーランド人であって、2番目に多いスロヴァキア人の10％そして3番目のリトアニア人9％を大きく引き離している。その多くが、製造業や流通・ホテル・レストラン等のサーヴィス業、そして建設業に就業した。

　中欧東欧からの移民労働者が大幅に減少する2008年には、BBCニュースはその原因について「ポーランド人がみんな帰国してしまったらどうなる？」と題する記事で、ポーランドが2012年にウクライナと共催するサッカーの国際大会のユーロ2012（UEFA欧州選手権）に向けて国内のインフラ整備に大規模投資を始めたことと、ポンド安のためである、と指摘している。為替レートがさらに悪化すれば、70％のポーランド人――「安価」で「柔軟に対応」できる「意欲的な労働力」との評価――が帰国するだろうと予測し、もしそうなれば、たとえばユーロ2012と同年開催のロンドンオリンピック用のインフラ整備にとって痛手であると懸念している。農場においても同様だという。「収穫する移民者たちがいなければ、イチゴは畑に腐って捨ておかれるままだ」（Simon Cox）。実際にポーランド人労働力はロンドンのオリンピックスタジアム建設等に大きく関わっている。建設中のスタジアムがあるニューアム区では、2008年4月から9月にかけて新たな移民への国民保険番号の給付数が1万を超えた。その3分の1が中欧東欧からで、全体では1,800人のインド人に次いで2番に多いのが、1,510人のポーランド人であった（Bentham）。

　「安価」で「柔軟に対応」でき、国内のある種の労働者たちには欠けた「労働倫理」を持つ「意欲的な労働力」（Simon Cox）――『サマーズ・タウン』は、そのような一時的な移民労働者を重宝する英国労働市場のグローバ

リゼーションを背景としている。その状況は、1980年代にサッチャー政権が推し進めた新自由主義によって整えられたと言えるだろう。第二次世界大戦後のコンセンサス政治による社会保障・福祉のセーフティネットなしに、新自由主義の理念は市場原理の競争へと個人の労働者を押し込んでいく。『サマーズ・タウン』でマレクの父親が誇らしげに語る工事現場での力自慢は、分断化された能力至上主義の「多民族都市の飛び地」で生き残るための拠りどころである。

　英国労働市場のグローバリゼーションによる社会問題は、『サマーズ・タウン』ではマレクの疎外感やその原因ともなっている同郷の仲間たちとの父親の頻繁な外出および両親の別離として表現されてはいても、それ自体が明示的に直接映し出されはしない。もし EU 拡大後の新たな移民問題と国内の階級の再編制を取り上げるならば、ケン・ローチ監督の映画『この自由な世界で』(2007年) がある。不当な解雇を繰り返されたシングルマザーが、自立した人生を手に入れるため、ルームシェアする教養のあるアフリカ系の友人に手伝ってもらいながら、移民を対象とした職業斡旋所を始める。その移民の多くは中欧東欧からの人びと。主人公が親密な関係を結ぶ男もポーランド出身である。彼女は当初ヴィザを持つ者だけを相手にしていたが、不法移民への斡旋にも手を染め、彼らを搾取することになる。セーフティネットが機能しない新自由主義の「この自由な世界」で、搾取され続けたシングルマザーは、息子との生活を守るために、ウクライナへ向かい、さらなる犠牲者たちを英国へと送り込む。

## おわりに──バイオ医療産業の拠点へ

　ユーロスターの新たな発着駅で、赤煉瓦とベッチマン像が醸し出すノスタルジア。人びとのグローバルな移動で活気溢れる駅構内を包み込む、ナショナルなヘリテージの文化。21世紀初頭の一見心地よいその風景の向こうに探るべきは、1980年代サッチャリズム以降の新自由主義と EU 拡大による労働市場のグローバリゼーションの連携であろう。『サマーズ・タウン』は、そのような重苦しいもうひとつの白黒の現実の狭間に偶然生じた、故郷から離

れた3人の交流を垣間見せている。

　セント・パンクラス駅周辺の再開発は、現在さらに別の方向に進んでいる。図5の正面に見えている更地では、新たなバイオ医療の拠点を建設中である。ゴードン・ブラウン政権時の2007年12月に政府から5億ポンドの支援を受けて設立された「英国医療リサーチ・イノヴェイションセンター」（略称UKCMRI）が、セント・パンクラス駅の西、大英図書館の北に位置するサマーズ・タウンの敷地で2015年から稼働する予定となっている。英国はすでにサッチャー政権時に、クリントン政権下のアメリカの大転換——物理学から生命科学へ、宇宙・軍需産業からバイオ産業へ——に先駆けて、低迷する経済再生の鍵としてバイオテクノロジーに大きな予算を割り当てていた。1980年代には製薬・バイオ産業が活性化し、90年代には製薬会社の買収・合併が繰り返され、2000年代にはグラクソ・スミスクラインのように巨大企業の再編が進んだ（加藤）。研究センターUKCMRIは、英国癌研究所、医療リサーチ・カウンシル、ロンドン大学ユニヴァーシティ・コレッジ、ウェルカム・トラストと連携して、さまざま専門領域を横断する形で、バイオ医療科学のリサーチとイノヴェイションを目指す。2010年代、再開発されたセント・パンクラス駅の裏手で、ヨーロッパ最大規模で最先端のバイオ医療を担うべくUKCMRIの胎動が始まっている[1]。

（木下　誠）

## 推薦図書

鈴木博之『ロンドン——地主と都市デザイン』筑摩書房、1996年。
イアン・カフーン『イギリス集合住宅の20世紀』服部岑生・鈴木雅之訳、鹿島出版会、2000年。
大谷伴子ほか編『ポスト・ヘリテージ映画——サッチャリズムの英国と帝国アメリカ』上智大学出版、2010年。

---

1）（追記）UKCMRIは2011年にフランシス・クリック研究所と改称され、生物医学研究の拠点として活動をおこなっている。

第20章

# イギリスの解体
## ——ウェールズ、炭坑、新自由主義

## 1. 二つのウェールズ

　(1) 緑なす丘。深い森と急峻な谷。滔々(とうとう)と流れる川。そのなかでのどかに農村生活を営む小人族たち。谷や森に溶け込んで隠遁生活を送る妖精族たち。一方で森を伐採し、鉄を鍛造し、破壊のかぎりを尽くす魔王の軍団。小人族の主人公は魔王の力の源である指輪を破壊するための旅に出る……。

　(2) 鉱山町。深い谷と切り立つ山。その山の背には抗夫たちの長屋が軒をつらねている。谷底の竪抗の入り口では、少年が坑道エレベーターの操作助手として働いている。突然、天空から一人の少女が落下してくる。不思議なことに、少女はゆっくりと少年のもとへ舞い降りてくる……。

　さて、クイズ。この二つの要約文は、それぞれ何の要約で、この二つに共通することはなんだろうか？
　(1) は、イギリスの言語学者にしてファンタジー作家、J・R・R・トールキンの『指輪物語』(全3巻、1954-55年) である。『ロード・オブ・ザ・リング』として映画化されて人気を博した。(2) もポピュラーなのでご存知のはずだ。宮崎駿監督によるアニメ映画『天空の城ラピュタ』(1986年) の冒頭の場面である。

では共通点は何か。答えは、「ウェールズ」。これらの作品が、直接ウェールズを舞台としているというわけではない。この二つの作品は、ウェールズのイメージを作品の舞台に利用している点で共通しているのだ。

まず『指輪物語』であるが、この作品でトールキンは、「中つ国(ミドルアース)」と呼ばれる独特の世界を構築し、そこを舞台とする小人族(ホビット)たちの冒険を描いた。この世界を構築するうえで、言語学者でもあるトールキンは、エルフ（妖精族）の言語体系を発明している。そのうちの「シンダール語」のベースになっているのは、ウェールズ語である。また『指輪物語』の地名や人名の多くはウェールズ語の音韻体系を利用したものである。ただし彼は、たまたまウェールズ語を利用したわけではない。1955年に『指輪物語』の最終巻が出版された翌日に、トールキンは「英語とウェールズ語」という講演をしている。詳細は省くが、トールキンはこの講演で、ケルト系のウェールズ語がイギリスの土着言語であり、アングロ＝サクソン系の英語は外来のものであることを強調している。トールキンがウェールズのケルト性を理想化してこの作品を想像＝創造したのは確かである。『指輪物語』は、「無垢の田舎」対「それを破壊する産業」という、イギリスの「伝統」ともいえる感情の構造を持つ作品だが[1]、その「無垢の田舎」の創造に、ウェールズが利用されているのだ。いや、利用どころか、トールキンにとって、守られるべきイギリス性の根源はウェールズだったのである。

一方で、主人公の少年少女の、大空をかけめぐる活劇が印象的な『天空の城ラピュタ』の、冒頭の鉱山町がどこなのか、知る人は少ないだろう。そこで図1をご覧いただきたい。

映画ではデフォルメされているものの、これはまさに『天空の城ラピュタ』の風景である。これは、ウェールズ南東部の炭坑地帯、ロンザの数ある炭坑町のひとつの写真だ。実際、この写真を提示して、『ラピュタ』のロケーションを指摘したウェールズの文化研究者グウェノ・フランコンによれば「ウェールズ人なら、この映画の冒頭を見れば、南ウェールズだとすぐにわ

---

1) 河野を参照。そこに登場したイングランド田園保存運動の大物、クラフ・ウィリアムズ＝エリスは、ウェールズ北部にポートメリオンという村を建設し、みずからの田園の理想を実現しようとした。「田園的＝イングランド的なもの」の理想をウェールズに見出すという感情の構造の一例である。

かる」とのことである (Ffrancon)。この写真は一例にすぎず、南ウェールズはかねてから、良質の石炭を産する炭坑地帯で、これに類した風景が広がっていた。

この作品の風景が南ウェールズのそれに酷似しているのは偶然でもなんでもない。1985年、この作品を企画した宮崎駿は、取材のためにウェールズを訪問しているのだ。宮崎はインタヴューで、その取材旅行の際に、「急に……炭鉱夫たちに連帯感持っちゃったんです」と述べ、さらに「旅行の前の年に炭鉱夫の大ストライキがあって破れた［ママ］んですね」「労働者っていうのはまだいんるんだなぁという感じでした」と述懐している（宮崎）。また、映画の後半の舞台となる「天空の城」も、アイデアは『ガリヴァー旅行記』であるが、その風景はウェールズにある城をもとにしている。

図1　ロンザ渓谷・ファーンデール（年代不詳）

このようなわけで、『指輪物語』と『天空の城ラピュタ』は、いずれも、ウェールズの風景・イメージをもとに自由な想像力を駆使してつくられた作品なのである。それにしても、ここに表れている、相反するイメージはどう考えるべきだろうか。無垢な田園風景、緑のウェールズと、産業化された鉛色のウェールズ。結論を急ぐならば、そのような「田舎と都会」の、強力な対立的イメージが付与されるからこそ、ウェールズはイギリス近代の中心にあったといえる。トールキンはウェールズがイギリスの前近代の「本源」であって、それゆえに中心だと考えたが、そのまったく逆なのである。近代は、産業化を推し進めながらも、近代／前近代、都会／田舎、産業／自然といった対立イメージそのものを生産しつづける。ウェールズは、イギリスの産業化の最先端を担いつつ、前近代のイメージの源泉にもなってきた。

本章では、その「産業化の最先端」としてのウェールズに注目してみたい。宮崎駿は、ウェールズにとっての、そしてさらにはイギリス全体にとっての決定的な転換点の直後にウェールズを訪問している。先の引用で宮崎が触れている「大ストライキ」とは、1984年から1985年の、炭坑ストライキ（通称

グレイト・ストライキ）のことであり、ウェールズでのストライキはそのなかでももっとも激しく、粘り強いものであった。このストライキは、戦後イギリス史を考える際に、大きく分けて2つの問題に関連してくる。ひとつは権限委譲（英語でdevolutionという）、もうひとつはサッチャー以降の新自由主義である。戦後イギリス史は、脱植民地化の歴史であるとともに、さらには北アイルランド、スコットランド、ウェールズといった「地方」の半独立に向かう歴史でもあった。その「独立」は、たんに祝福すべき「支配からの解放」といったものではなく、グローバリゼーションと新自由主義という、より広い現象のもとに考えられるべきだろう。そして上記の炭坑ストライキは、それらの大きな流れの結節点にある。

## 2. バイリンガル・ウェールズ

　まずは、現在のウェールズで目にすることのできるひとつの眺めをご覧いただきたい（図2）。

　これは、著者自身がウェールズ最大の港町、カーディフの駅のプラットフォームで撮った案内板の写真である。上から「出口」、「プラットフォーム」、「チケット売り場／清算所」、「ATMコーナー」を案内している。それぞれ下の段が英語（イングランド語）であることはわかるだろう。しかし、上の段が何語なのか、にわかに分かる読者はいまい。これは、「ウェールズ語」である。ウェールズ語はケルト系の言語でいまなお使用されている数少ない言語のひとつであり、語彙と文法において英語とは似ても似つかぬ言語だが、ウェールズでは英語と並ぶ公用語である。ご覧のとおり、公共の場では英語に加えてウェールズ語が——というより、ウェールズ語に加えて英語が——表記されている。ウェールズ語委員会（1988年設立）による2004年の調査によれば、61万

図2　カーディフ駅にて（2009年）

1,000人のウェールズ語話者（英語とのバイリンガル）がおり、これは全人口の21.7%におよぶ（ウェールズ語の単一言語話者は、1930年代を最後にいなくなり、いまは存在しない）。さらに興味深いのは、国勢調査による、3-15歳の子どものウェールズ語話者の割合の変化である。1991年調査では24.3%だったのが、2001年には37.7%まで増えているのだ。ウェールズ語話者の数は、19世紀の終わりから20世紀の半ば過ぎにかけて、減少の一途にあった。なぜここにきて増加傾向を示しているのか。その答えのひとつが、「権限委譲」による半自治である。1997年、ウェールズとスコットランドでは、地方議会の設立をめぐって住民投票が行われ、いずれも可決された。それに先だって、ウェールズでは、ウェールズ語の保存のための言語政策が採られるようになっていた。上記のウェールズ語委員会もその一環であるし、小学校以上の学校でのウェールズ語教育、さらにはウェールズ語のみによる教育も行われている。書籍や新聞はもちろん、1982年に設立された、ウェールズ語によるテレビチャンネル、S4C (Sianel Pedwar Cymru = Channel Four Wales) も存在する。ウェールズ語は、保護されるべき絶滅危惧言語とは程遠く、ウェールズの人びとの生活の重要な一部なのだ。

## 3.「権限委譲」に向けて

　その状況を生み出したのが、上記の「権限委譲」の歴史である。20世紀のイギリス史は帝国の縮小、つまり植民地の独立という側面から語られることが多いが、それは「ケルト外辺」と呼ばれる、北アイルランド、スコットランド、そしてウェールズの独立や自治への動きでもあった。特に北アイルランドは血で血を洗う歴史を持つが、詳しくは第7章を参照されたい。
　アイルランドと北アイルランドの文化については、日本では「アイリッシュ・パブ」の氾濫だとか、スコットランドについてはバグパイプのような表層的な部分でなじみがあるだろう。もう少し表層的でないものとしては、スコットランドやアイルランドの映画や文学は、グローバルに受容されており、日本でも知られている。しかし本章では、あえてウェールズに注目したい。ウェールズでは1925年に「ウェールズ党」（プライド・カムリ Plaid Cymru）、

それと呼応するようにスコットランドでは1928年にスコットランド国民党という、今日まで続く有力なナショナリスト政党が結成されている。ただし、これらの政党が力を持つのは、第二次世界大戦後を待たねばならない。

戦間期ウェールズのナショナリズムは、イングランドおよびグレイト・ブリテンの政治状況と同時に考える必要がある。19世紀から20世紀初頭にかけて、ウェールズは自由党の支持基盤であった。それと、19世紀後半から続いていた、非国教徒（おもにウェールズ長老派教会）の権利運動が合流し、1914年には、非国教徒が国教会に十分の一税を支払う義務が免除される（非国教会は、ウェールズ語の保存とウェールズ性の重要な拠点である。国教会の教会はチャーチ、非国教会のそれはチャペルと呼ばれることを知っておけば、ウェールズを舞台とする文学・映画作品などを理解するのに役立つだろう）。

しかし、自由党は勢力を縮小し、1922年には労働党がウェールズにおける最大勢力となる。自由党の没落と労働党の躍進の原因には諸説あるが、ことウェールズの文脈でそれを考える際には、ウェールズの産業化と労働者階級の形成という要因が重要になるだろう。ウェールズの産業化とはすなわち、石炭および鉄鋼産業の隆盛である。ここで依拠している、ジョン・デイヴィスの『ウェールズ史』によれば、18世紀に、トマス・ニューコメン（1712年）、ジェイムズ・ワット（1765年）によって蒸気機関が発明され、いわゆる「産業革命」が起きたとき、蒸気機関をいちはやく採用したのがウェールズの鉄鋼所であったし、蒸気機関車の最初の実験が行われたのもウェールズであった（Davies）。世界にさきがけて産業革命をなしとげたイギリス、そのイギリスのなかでも産業化の最先端をになったのがウェールズだったと言っても過言ではない。その結果、ウェールズの人口は、1770年の約50万人から1850年の110万人超と、倍増することになる。1851年から1914年で、250万人超にさらに倍増している。さらには、就労人口の職種の割合の変化も重要である。1851年には男性の労働者の35％が農業、10％が炭坑業に従事していたが、1914年には逆転し、農業が10％、炭坑業が35％となっている。

この時期の「炭坑ウェールズ」の雰囲気を伝えるものとしては、ジョン・フォード監督の映画『わが谷は緑なりき』（1941年）がある。舞台は19世紀終わりのウェールズの炭坑町。炭坑労働に従事するモーガン一家の末っ子ヒ

ューが、子供時代を振り返るかたちで語られる。原作はウェールズ出身の作家リチャード・ルエリンの、1939年刊のベストセラー小説である。ただし、これがあくまで物語（しかもアメリカ映画！）であることには気をつけたい。物語は、ストライキと炭坑事故という大きな出来事を中心とするモーガン家の離散を、題名にあるとおり懐古調で語る。そこには懐古調ゆえの美化があるし、なにより、家族の絆を裂くのが労働運動であるということが問題だ。モーガン家の父はストライキに反対し、息子たちと対立するのだが、映画のニュアンスはあたかも、家族的紐帯（そこには労使関係も含まれる！）を重んじず、ストライキに出る息子たちを非難するかのようである。そもそもの、ウェールズにおける産業化のあり方は問われることはない。

　さて、ウェールズの産業化は、かならずしもウェールズ・ナショナリズムの隆盛に資するものではなかった。むしろ逆に、産業化とはイングランド化をも意味しており、言語の点だけを見ても、1850年には3人に2人いたウェールズ語話者が、1914年には5人に2人に減少している。産業化とそれにともなう近代化は、それまでに存在した文化的紐帯を解体する作用を持つのであるから、それは当然のことと言えばそうだ。だが、ことウェールズに関しては、この産業化とナショナリズムとの矛盾と相克が、非常に重要な意味を持ってくる。これはのちに検討しよう。当面は、産業化によって、労働者階級のコミュニティが形成され、ウェールズが労働党にとっての重要な政治基盤となったことだけを確認しておこう。

　プライド・カムリが政治的に大きな存在となるには、戦後を待たねばならない。1964年に政権を奪取した労働党は、公約どおりにウェールズ庁を設置、ウェールズ相を設けた。つづいて1966年の補欠選挙で、プライド・カムリが議席を獲得する。この動きに二大政党は敏感に反応する。野党であった保守党党首エドワード・ヒースは、1968年にスコットランド議会の設立を提案、それを受けてウィルソン労働党政権は「国制についての王立委員会」を組織する。委員会は73年に、ヒース保守党政権に報告書を提出する。報告書は、スコットランドとウェールズに議会を置くことを提案している。つづく1974年の総選挙では、スコットランド国民党が7議席を獲得する。このとき労働党は、保守党には勝利したものの、わずかに過半数に届かなかったため、ナ

ショナリスト政党の支持を必要とすることになる。そこで労働党政権は、『民主主義と権限委譲──スコットランドとウェールズのための提案』という白書を出し、権限委譲のヴィジョンを示した。同年10月の総選挙では、スコットランド国民党が11議席、プライド・カムリは3議席を獲得する。労働党のなかには自治に反対の議員もおり、結局は「有権者の40％以上の賛成」という条件つきで、1979年3月に住民投票が実現する。その結果、ウェールズでは賛成票が有権者の11.8％、反対票が46.5％で法案は否決される（スコットランドでは賛成32.85％と反対30.78％でやはり否決）。1978-79年の「不満の冬」で危機に陥っていた労働党政権は、この自治法案否決が決定打となり、解散総選挙を強いられる。そして、キャラハン労働党政権から政権を奪取したのが、保守党党首マーガレット・サッチャーであった。

　ウェールズ（とスコットランド）の自治が脚光を浴びるのは、1997年、ブレア率いる労働党が政権に返り咲いてからである。なぜブレア政権下か、という問題については、ウェールズがあいかわらず労働党の票田だったため、という答えもあるが、もう一方で、グローバリゼーションと新自由主義という問題が関わってくる。これについては最終節で考察しよう。ともかく、97年9月には住民投票が予定され、それに向けてウェールズでは労働党、自由民主党、プライド・カムリの超党派組織が賛成キャンペーンを行う。その結果は、投票率50％で賛成50.3％、反対49.7％と、なんとも微妙であったが、ともかくも自治法は成立したのである。ちなみにスコットランドでは、投票率60.4％で賛成74.3％であった。

　この結果、ウェールズの議会（アセンブリー）はイギリス法の細則の決定、イギリスから配分される予算の配分と執行の権限を持つことになる。自治議会が権限を持つのは、保健、教育、福祉、住宅、地方経済、農林水産業、食糧、交通、スポーツ、文化などであり、外交、軍事、出入国、通貨、法制度、警察などはイギリス政府が権限を保持した（以上、詳しくはDaviesおよび富田を参照）。

## 4.「引き裂かれた」ウェールズ？

　ここまでは議会政治を中心として、権限移譲の歴史を概観してきた。しか

し、これは物語の半分しか語っていない。すでに示唆したように、ウェールズの産業化とナショナリズムの関係を考える必要がある。

その糸口として、1997年の住民投票の「微妙な結果」をより詳しく見てみよう。97年の住民投票は、僅差での賛成多数だったものの、79年の住民投票（全投票者数を母数とすると、賛成は20.2％）と比べれば、大きな変化があったという見方もできる（富田）。しかし、スコットランドの結果との絶対的な差は、どう説明できるだろうか。そこで、地域別の投票傾向を見てみよう。

この図は反対投票の率が高いほど濃い色で染めてある。例外はあるものの、右（東）に行くほど、濃い。つまり、イングランドに近いほど反対投票率が高いという傾向があるのだ。これはたんに、イングランドが地理的に近いために、ウェールズへの帰属意識が低いということだけではない。この地図には、先に触れた問題、つまり、産業化＝近代化（＝イングランド化）と、文化ナショナリズムのあいだに引き裂かれたウェールズの姿が透けて見えるのだ。

この「引き裂かれ」を、一回目の国民投票の2年前の1977年に出版された『イギリスの解体——危機とネオ・ナショナリズム』という影響力ある本で論じたのは、スコットランド出身のナショナリズム専門家、トム・ネアンである。ネアンはいわゆるニューレフトの論客であり、ペリー・アンダーソンらとともにニューレフト第二世代を代表する人物である。

ネアンは、ウェールズのおかれた状況を次のように説明する。ウェールズは、「強制された低開発国」の特徴を持っている。それは経済的な不均等発展の犠牲になりつつ、文化的な抑圧も受けているということである。その一方で、ウェールズは「過剰開発国」の特徴も備えているとネアンは言う（Nairn）。ウェールズ

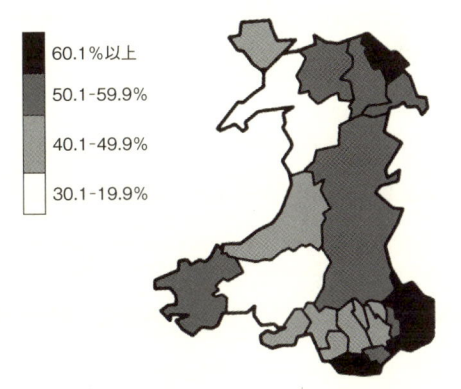

図3　1997年住民投票におけるウェールズ議会設置への反対投票率（BBC: http://www.bbc.co.uk/politics97/devolution/wales/live/ のデータより）

60.1％以上
50.1-59.9％
40.1-49.9％
30.1-19.9％

図4　ウェールズ、バンガーの学校で使用された "Welsh Not" の札

はイギリスの産業革命の最先端を担う地域であった。最先端とはいっても産業化はウェールズの人びとの主導で行われたものではない。あくまで外部（イングランド）からの押しつけというかたちであった。その結果、階級の観点では、一方に産業プロレタリアート（労働者階級）、もう一方にイギリス化されたブルジョワジー（資本家階級）が形成される。

　これが、ウェールズのナショナリズムの矛盾に満ちた特徴をある程度説明してくれるだろう。大まかにまとめてしまえば、ウェールズはイングランドへの経済的（相互）依存と、文化的抑圧と剥奪との間に引き裂かれてきたと言える。文化的抑圧については、先に述べたウェールズ語について、18、19世紀のウェールズの学校では、ウェールズ語を話すことが禁じられ、破った者には "Welsh Not" の札（図4）を下げさせたという例を考えればよい。この札の使用の歴史については、ウェールズの近代化（＝産業化）を歓迎するウェールズ人の親たちは、ウェールズ語の禁止を歓迎した、と主張する「歴史修正主義」と、ナショナリストの間で論争があった（Daniel Williams）。この札は、産業化と文化ナショナリズムに引き裂かれるウェールズの姿そのものである。1997年住民投票の微妙な結果は、このような矛盾を物語っているようだ。

　裏を返せば、ウェールズは近代の矛盾をもっとも明確な形で体現している地域だとも言える。この点については冒頭で述べたが、少し複雑な話なので繰り返しておく。つまり、近代は、近代／前近代という対立そのものを生産しつづける、もしくは近代／前近代という対立そのものが、近代を構成しているという論点だ。もう一度、トールキンの『指輪物語』を考えてみよう。『指輪物語』には、前近代的な農耕生活を田園風景のなかで送るホビットたちと、それに対して産業化・工業化され、田園を破壊する悪の軍団とが、対立的に書き込まれている。物語はその「近代化」の波に対して前近代を守る、という構図になっている。だが、このような、疎外された近代に対して本来

的な前近代を置くという感情の構造こそが、近代に独特なものだとしたらどうだろうか（じっさい、ポスト近代、もしくはポストモダンにおいては、そのような「原初の物語」が失効したとも言われる）。近代／前近代の対立は、さまざまなものに敷衍される。都会／田舎、産業／自然、社会／共同体、個人／非個人（集団）などなど……。ウェールズは、こういった対立項の両方を、想像上のものであれ、現実のものであれ、同時に備えていた。だからこそ、ウェールズは近代をもっとも色濃く体現し、またウェールズにおける経験はこれらの分断をいやおうなく意識させるものであった。ネアンの言う「死せる中心」とはそういうことである。そのような矛盾を抱えるからこそ、それを「解消」するために「緑のウェールズ」対「鉛色のウェールズ」の対立は強化されるのだ。この対立は外側から押しつけられたものだけではない。ウェールズの内部にもその亀裂は深く走っている。たとえば、プライド・カムリの創立者の一人であり、ノーベル賞候補にもなったウェールズの詩人・劇作者・批評家でもあるソーンダーズ・ルイスは、「緑のウェールズ」の理想に従ってウェールズの独自性を確立することを目指したと言えるが、それがトールキン的な対立項に回収されてしまう危険性はつねにあったのだ。

　ウェールズ出身、それも南ウェールズのイングランドに程近い村に生まれた批評家・小説家のレイモンド・ウィリアムズが、『田舎と都会』（1973年）という研究書を書いたのも、そのような経験からであった。『田舎と都会』は、パストラル詩以降のイギリス文学を現代にいたるまで総覧し、そこで「田舎と都会」という対立がいかに生産され、その対立が何を隠蔽（いんぺい）してきたかを論じている。一言で言えば、隠蔽されるのは田舎における労働である。たとえばパストラル詩の一部は、田園における労働を美しく描くことによって、逆説的に現実の労働を隠蔽する、というふうに。『わが谷は緑なりき』は、ウェールズの炭坑労働を描きつつ、まさにその描く行為によって、労働とそれにまつわる現実の闘争を隠蔽するものなのだ。同じように、ウェールズのイメージを利用する『指輪物語』のような作品が、田園と産業の対立的イメージを提示するとして、問うべきなのはそのような対立項の設定によって何が隠蔽されているか、ということだ。その答えのひとつは、産業化されたウェールズの内部での闘争である。つまり、労働運動だ。前節で概説した

権限委譲の歴史の裏側には、ウェールズにおける労働運動の歴史がある。

## 5. Striking Wales

　世界に先駆けて産業革命を経験し、労働者階級を形成したイギリスには、労働運動の盛んな（盛んだった）国、というイメージがあるだろうが、ウェールズもその例にもれない。それどころか、近代の産業主義・資本主義の矛盾をもっともよく体現する位置にあるウェールズの労働運動は、イギリスのなかでももっとも粘り強いものだった。イギリス20世紀史上もっとも大きなストライキといえば、1926年のゼネラル・ストライキ、1972/1974年のストライキ、そして1984-85年のグレイト・ストライキである。26年のゼネストにおいて、南ウェールズは「小モスクワ」や「赤い村」と称されるほどに激しい運動が行われたし、70年代の二度のストライキではヒース政権を打倒するのに貢献した。そして1984-85年のストライキで、最後まで闘争を継続したのはウェールズの炭坑労働者たちであった。

　ここでは72/74年ストライキと84-85年ストライキを検討しよう。きわめて広い見方をすると、この２つのストライキとそのゆくえは、イギリス戦後史、つまり福祉国家から新自由主義へ、という流れの転回点となっている。

　まず、70年代のストライキの文脈を確認しよう。戦後の労働党政権は、基幹産業の国有化を進めていた。石炭、運輸、電力などを国有化したのは、40年代後半のアトリー労働党政権である。この国有化政策は、序章１に述べられたような「国民の再建」を国家主導で行うことを目的としていた。これは、生産手段を公有化する社会主義の理想を目指したというよりは、国家独占の資本主義を目指したといったほうが正確であろうが（山﨑）、それはともかく、国有化、完全雇用、高賃金の「福祉国家」がある程度の完成を見たのである。

　60年代後半になると、その体制にも陰りが見え始める。64年に政権を奪回したハロルド・ウィルソンにとっての誤算は、64年のポンド危機であった。ウィルソン政権はついに「所得政策」を強いられる。所得政策とは、急激な賃金上昇と、それにともなうインフレを防ぐために、国家が介入し賃金上昇

を抑制することであり、これに労働者・労働組合は猛反発する。その結果、所得政策は行わないことを公約にかかげたエドワード・ヒース保守党政権に1970年総選挙で敗北するのである。

　ヒース政権は、のちにサッチャー政権が行うことになる、自由主義的経済政策を敷く。しかしその産業合理化政策は効を奏さず、また労働組合はヒースの公約を利用して大幅な賃上げを獲得し、インフレ率は高まった。たまらずヒース政権は、公約を破って所得政策に出る。これによって炭坑労働者の賃金は最低水準に落ち込み、70年代の一連のストライキを引き起こしたのである。新たな「労使関係法」を利用してストを抑え込もうとする努力にもかかわらず、1973年の第四次中東戦争によるオイル・ショックも打撃となって、ついにヒース政権は下院を解散、総選挙で労働党に敗北することになる。

　サッチャーによる新自由主義政策を実現させるための重要な「戦い」は、1984-85年のストライキつぶしと、労働組合（とくにNUM、全国炭坑労働組合）の解体であった。サッチャーは、フォークランド戦争のじつに2倍、40億ポンドを炭坑ストライキ対策に費やした。ヒース政権の「敗北」を知るサッチャーは、周到にNUMつぶしの布石をうった。住宅政策による労働者階級の中産階級化、80年雇用法、82年雇用法、84年労働組合法によるストライキの制限、アメリカでの労働運動つぶしで異名をはせていたイアン・マクレガーを石炭庁総裁に迎えたことなどである。サッチャー政権は満を持して、「不採算炭坑」の大幅な閉鎖を宣言する。その結果起きた1年以上にわたるストライキは、9名の死者、966名の負傷者を出したうえで敗北に終わる。サッチャーは炭坑閉鎖を成し遂げ、雇用創出の名目で日本企業をウェールズに誘致する。もちろん、サッチャーが日本企業に目をつけたのは、部分的には、イギリスとは違う日本の労使関係、つまり労使協調路線の企業別組合の体制を取り込むことにあっただろう（以上のストライキの歴史については、山﨑を参照。当事者へのインタヴューも敢行した、貴重な本である）。

　それぞれのストライキについてこれ以上詳しく述べることはできないが、この時代のウェールズの置かれた状況を体感するために、文学の力に頼ってみよう。南ウェールズ生まれの詩人、パトリック・ジョーンズの詩である。

古きものと新しきものの間に囚われたウェールズ……
　やせほそった炭層の下で腹這いになる炭坑夫たちと、
　アイワの工場のベルトコンベアに、無表情に向かう男
　……
　若者はニンテンドーを虚ろに見つめ
　炭坑は記憶の彼方へ消え去る
　労働者たちの屈辱に満ちたざわめき
　それでも緑の詩は終わりなく流れだす

　いまや、「古きウェールズ」は「緑のウェールズ」でさえなく、それは炭坑夫たちが尊厳をもって闘ったウェールズであり、「新しきウェールズ」はサッチャーの新自由主義政策のもと、日本企業の工場で働く人びととニンテンドーのゲームに夢中になる若者のウェールズである。ストライキの歴史はイギリスの新自由主義への移行の歴史の裏面をなしていた。その文脈を抜きに、1997年に実現した権限委譲は理解できない。最後に、この新自由主義と権限委譲（地方分権）の問題を考えておこう。

## 6. 新自由主義と地方分権

　一般的に、新自由主義の下では地方分権ということがさかんに言われる。日本の場合を考えてみよう。日本の新自由主義は、サッチャーと同時代の中曽根政権下（1982-87年）で進行し始め、郵政民営化を旗印とした小泉政権（2001-6年）において完成をみるのだが、そこでは同時に「地方分権」が言われ、政策化されていった。「平成の大合併」と言われる行政区分の変更はその一環であるし、近年になって議論されている道州制もその文脈にある。
　新自由主義が地方分権を推し進める動機は明白だ。小さな政府と自由競争を旨とする新自由主義は、これまで中央が負っていた行政業務を、地方に押しつけ、地方自治体の間に競争原理を導入しようとする。これは、新自由主義下で「コミュニティ」という言葉が再興していることにも通ずる。老人の介護などを、家族的コミュニティも、国家も、はたまた地方自治体も十分に

負うことができなくなった（もしくは負うつもりがなくなった）とき、登場するのが、トニー・ブレアのキャッチフレーズのひとつであった、「コミュニティ」なのである（新自由主義とコミュニティについては第4章参照）。

そのような文脈で考えると、ウェールズとスコットランドへの権限移譲も、単に「独立」といって喜ぶべきものでもないことになる。いやむしろ、ウェールズの住民投票の結果は、ウェールズ人たちが権限移譲の両面的な意味、つまり新自由主義下の「自律性」がともなう毒と薬に、十分意識的だったことの表れだとも言える[2]。その意識は、ここに素描したウェールズの「引き裂かれ」の歴史がもたらしたものでもある。本章はあまりにも悲観的な結論に向かっているかもしれない。しかし、ここまで見てきたようなウェールズの引き裂かれの経験、そして産業化の経験（そしてさらには脱産業化の経験）が、先ほど見たパトリック・ジョーンズのような新たな文学を生み出していることもたしかだ。先に引用した詩を紹介している永田喜文によればそれは「急速な産業化と経済の発達のために生まれた、従来のウェールズ文化とは趣の異なる文化の感覚」である。ウェールズの「現在」を見つめるジョーンズのような詩人の作品が、冒頭に述べた「緑のウェールズ」と「鉛色のウェールズ」の対立に回収不可能であることは確かである。しかし、ジョーンズが捉えた、新たな「新旧ウェールズ」の間の矛盾は、そう簡単に乗り越えられるものでもない。私たちはそれを「戦後イギリス」の実相のひとつとして見つめなければならない。

（河野 真太郎）

## 推薦図書

高橋哲雄『スコットランド　歴史を歩く』岩波書店、2004年。
波多野裕造『物語アイルランドの歴史——欧州連合に賭ける"妖精の国"』中央公論社、1994年。
レイモンド・ウィリアムズ『辺境』小野寺健訳、講談社、1972年。

---

[2] たとえば「薬」の一例を挙げるなら、教育について、第3章で紹介された、サッチャー政権下で施行されたナショナル・カリキュラムからウェールズは離脱し、従来的な教養に重きをおいた教育にシフトしている（阿部）。

Column
## 都市は誰のもの？──ドックランズ再開発とグローバリゼーション

ドッグ島のカナリー・ウォーフ

　ロンドンのイースト・エンドはテムズ川沿いに、ドックランズ（直訳で「埠頭地域」）と総称される区域がある。その名の通り、かつて帝国主義時代は植民地との海上貿易で栄えた地区だ。しかし現在、この区域は図に示した、金融機関のビル群が燦然とそびえるカナリー・ウォーフをその象徴とする、高級オフィス街となっている。

　ドックランズがその相貌を一変させたのは、1980年代、サッチャー首相の肝いりで再開発が行われた時代である。ロンドン都市部を、商業的なセンターとして再生することに重点をおいて、サッチャーは都市開発公社（UDCs）を設立、ドックランズについてはロンドン・ドックランズ開発公社（LDDC）という、政府と個人投資家のジョイント・ヴェンチャーを立ち上げ、地上げと売却を進めて、オフィス街へと再開発したのだ。さらにサッチャーは、エンタープライズ・ゾーンという不動産税の非課税特区、つまりタックス・ヘイヴンをこの地区に創設し、従来の金融センターであるシティとならぶ金融・商業センターに世界から資本を集めることをもくろんだ。

　サッチャーの狙いは、金融の自由化を軸とする経済のグローバリゼーションに対応することだったわけだが、新自由主義的な都市政策にはこういった再開発がつきもので、これを「ジェントリフィケーション」と呼ぶこともある。紳士化（ジェントリフィケーション）という言葉に含意されているように、この再開発の重点はスラム化した都心の「再生」にもあった。ドックランズ、特にカナリー・ウォーフのあるドッグ島（実際は島ではない）では、第二次世界大戦後に海運の技術革新によってかつての埠頭が次々に閉鎖し、労働者と移民の住む街になっていた。住人の95％は福祉国家時代に建てられた公営住宅に住んでいたのだが、上記のような再開発によって、彼らは住処を追われることになる。地価は、1981年に1エーカーあたり3万5,000ポンドであったものが、8年後には45万ポンドに跳ね上がっている。ホームレスの数は3倍以上に増えたとも言われる。

　このように、ドックランズは、帝国、福祉国家、そしてグローバリゼーション下での新自由主義的イギリスという、2世紀にわたる歴史を象徴する存在となっている。だが、その最終フェーズ、つまりジェントリフィケーションによる、労働者と移民の都市空間からの排除は、イギリスだけの問題ではないだろう。日本でも、公共空間であるはずの公園を多国籍企業が買い上げ、ホームレスを排除するといったことが起きている。これに対しては、世界的に「都市への権利」と呼ばれる運動も盛り上がりつつある。都市は誰のものか？──現代イギリスから見えてくる、グローバルな問題だ。

（河野　真太郎）

第21章

# 多文化主義、(新) 自由主義、テロリズム
## ——ハニフ・クレイシと現代英国の文化闘争

## 1. はじめに——「内なる敵」?

　2005年7月7日、朝の通勤時間帯のロンドン。イングランド北部都市とロンドンをつなぐ英国鉄道の終着駅、キングズ・クロス駅に隣接する地下鉄駅から、大きなリュックサックを背負った褐色の肌の男たちが、それぞれ市内の別方向に向かう地下鉄線に乗り込んだ。数分後の午前8時50分、彼らの乗った3台の電車は同時に爆破された。約1時間後には、キングズ・クロス駅にほど近いタヴィストック・スクウェアで、ロンドン名物の二階建てバスが爆発、炎上した。

　9・11テロから4年後、52名の死者と770名以上の負傷者を出して英国中を震撼させた、ムスリム(イスラム教徒)による自爆テロ事件だ。英国人にとってさらに衝撃的だったのは、その実行犯が外国のテロリスト組織ではなく、イングランド北部の産業都市リーズに住むパキスタン系2世を中心とする若者たちのグループだったことだろう。「あなたがたが戦っているのは内なる敵、遠方の指導者や外国のテロ組織とは関係なく、どこからともなくウイルスのように湧いて出た敵なのだ」——英国内の情報活動の強化の必要性を訴える元CIA策謀員のコメントが、有力日曜紙『オブザーヴァー』に掲載された (Baer)。

　英国に生まれ、英語を流暢に話す若者たちが、なぜ同じ英国人に対して刃

図1　ロンドン、スピタルフィールズ地区（2010年）

を向け、みずから命を絶ったのだろうか。英国人たちの疑問に、事件の起こるよりずっと以前にひとつの、わかりやすい解答を与えようとしていた文学作品を紹介しよう。1996年に発表され、翌年には映画化されたハニフ・クレイシの短編小説「息子は狂信者」のあらすじは、ざっとこんな風だ。パキスタンから英国に移住して以来20年余り、ロンドンでタクシーの運転手として勤勉に働き、郊外に家を買って家庭を築き、そこそこ幸せにくらしていた男がある日、英国生まれの息子の異変に気づく。口髭を生やし、部屋からは本もCDも流行の服も消え、付き合っていた白人のガールフレンドとも別れてしまった。「お父さんは西洋文明に巻き込まれすぎたんだよ」と息子は言う。「西洋は偽善者、姦通者、同性愛者、麻薬中毒、売春婦のたまり場」なのであって、ジハード（聖戦）によってイスラムの法が世界を支配するときが来れば、こうした異教徒たちはみな、地獄の火で焼かれることになるだろうと。「どうしてお前はそんな風になったんだ」と不安げに尋ねる父親に、息子は一言、こう答える──「この国に住んでいるから」（Kureishi, "My Son"）。

　ロンドン同時多発テロ事件（7・7テロ）の報道に接した英国人のなかには、ちょっとした既視感を抱いていた人もあったかもしれない。物語の世界がついに現実になった、小説の予言が的中したのだと。小説や映画といった文化作品は、芸術的意図のもとに作られた「作品」であるとともに、文化とは何であるかと問い直す「批評」でもある。すなわちそれは、移民文化をめぐるさまざまな言説や表象を解釈し、諸要素が因果関係によって結び合わされたひとつの物語にまとめ上げようとする試みなのだ。さらには、作家たちの言葉がメディアを通じて社会的影響力を持ち、ふたたび文化に関する支配的な言説を形成し、まさに「現実そのものになる」ことさえある。「ハニフ・クレイシ」という「イギリス人らしくない」名前を持つ、この現代英国

の文化エリートの活動の軌跡を追うことは、現代英国の移民文化史がどのように語られてきたか、語られつつあるかを検証することでもある。

## 2. 多文化主義の行方

　2001年の国勢調査によれば、英国（イングランドとウェールズ）における非ヨーロッパ系人口は総人口の8％程度、アジア系（インド、パキスタン出身者など南アジア系を指す）だけでは4％程度、アフリカ・カリブ系は2％程度となっている（*National Statistics*）。こうした人びとの多くは、ロンドン近郊やリーズ、ブラッドフォード、マンチェスターなどイングランド北部の産業都市に集中している。これらの特定の地域の公立学校では、アジア系、アフリカ系の児童や生徒が過半数を占めることも珍しくない。これらの人びとはいつ、どこから、そしてなぜ、英国にやって来たのだろうか。

　1947年のインド、パキスタンの独立を皮切りに、50年代から60年代にかけて英国の統治下にあったアジア、カリブ、アフリカ地域の植民地の多くは独立を果たした。1948年の国籍法によって英国籍を得た英連邦（コモンウェルス）諸国の住民のなかには、独立前後の混乱や政治的弾圧から逃れるため、あるいは仕事や安定した生活環境を求めて、かつての宗主国に移住した人びとがいた。第二次世界大戦後の英国の産業は、移民の安い労働力を必要ともしていた。だが、英国政府は当初から、保守党、労働党いずれの政権においても、いわゆる「有色」移民の増加には懸念を抱いていた。「有色」移民は、アイルランドやヨーロッパ大陸からの移民に比べると数のうえではけっして多くはなかったにもかかわらず、同化が困難で失業率が高く、犯罪率の上昇や生活保護世帯の増加に繋がるなどと信じられていた。1958年にロンドンとノッティンガムで起こった大規模な人種暴動（白人による移民襲撃）も、こうした懸念に拍車をかける一要因となった。60年代以降、東西パキスタン（当時）や東アフリカ出身の南アジア系移民が増加するに際して、政府は幾度かにわたって移民法を改定し、実質的に「有色」移民を制限する方向に向かっていった。エドワード・ヒース（保守党）政権時に改定された1971年移民法とマーガレット・サッチャー政権初期に制定された血統主義に基づく国

籍法（1981年）によって、非ヨーロッパ系の移民はいっそう厳しく制限されるようになった（Ian Spencer）。

先の国勢調査に見られるように、英国の「有色」移民人口のうち過半数はインド亜大陸出身者とその子孫であり、国内のムスリムの大部分はそのうちのパキスタン、バングラデシュの出身者で占められている。1997年の統計調査によると、パキスタン・バングラデシュ系は収入、学歴、失業率などの点においてイギリス社会の最下層にあるエスニック・コミュニティだ（Modood）。その主な理由は、イングランド北部の紡績業の衰退がこのコミュニティを直撃したことにある。南アジア系、特にムスリムの生活水準の低さは、ムスリムに対する差別感情を助長するとともに、ムスリムたちの間に現状に対する不満が蓄積していく原因にもなった。

サッチャー政権の誕生（1979年）とフォークランド戦争（1982年）で幕を明けた英国80年代。経済不況の煽りによって移民排斥運動やヘイトクライムが深刻化したが、その一方では、移民の増加に伴って、学校教育や地方自治の現場では異文化を尊重し、その実践を積極的に奨励するような方針が採られるようになっていた。たとえば、リーズに隣接する都市で、大きなパキスタン系コミュニティがあることで知られるブラッドフォード市。1985年に全国で初めてムスリムの市長を選出したこの市では、公立校のカリキュラムに宗教教育を導入したり、エスニック・コミュニティの文化的独自性を観光業の一環として推進したりするなど、当時もっとも先進的な多文化主義政策を実施していた。また81年に設立されたモスク評議会は、地域のムスリムの利益を代表する団体として影響力を強めつつあった（Bowen）。このブラッドフォードでは、84年に「ハニーフォード事件」と呼ばれる象徴的な出来事があった。公立校の校長だったレイ・ハニーフォードは、多文化主義教育を痛烈に批判する論文を『ソールズベリー・レヴュー』等の保守系メディアに次々と発表して、物議を醸していた。ハニーフォードの主張によれば、「ワーズワースやシェイクスピアといっしょに」カリブ出身のクレオール詩人リントン・クウェシ・ジョンソンの詩を授業で教えることは、異文化を尊重するあまり女性差別を許容すること（たとえば、娘にスポーツの授業を受けることを禁じるムスリムの保護者の要求を受け入れること）と同じように、教育の

質を根本的に低下させるものだった（Honeyford）。最終的には、ムスリムの保護者からの圧力によって、ハニーフォードは早期退職に追い込まれることになった。

　興味深いことに、多文化主義的政策は、ハニーフォードとは政治的にはまったく逆の立場からも、早くから批判を浴びていた。長編小説『真夜中の子供たち』で1981年のブッカー賞を受賞したインド出身の作家サルマン・ラシュディは、反サッチャリズムを標榜する主要な論客の一人だったが、同時に80年代多文化主義の寵児でもあった。しかしラシュディ自身は、当初から多文化主義には懐疑的だった。「英国内の新しい帝国」（1982年）というエッセイのなかでラシュディは、多文化主義を「新しいキャッチワード」と呼んで酷評している。

> 　多文化主義とは、学校では子供にボンゴのリズムやサリーの着方を教えることにすぎない。警察の訓練プログラムでは、黒人は「文化的に違う」から問題を起こさずにはいられないと訓練生に吹き込むことである。多文化主義は英国の黒人（blacks）に対する最新の、形だけの身振りであって、「統合（integration）」や「人種の調和」などと同様、それが偽りであることを暴かなくてならない。（Rushdie）

　ラシュディにとっては多文化主義も、あるいは当時彼自身の作品が分類されていた「コモンウェルス文学」というカテゴリーも、文化的差異を制度的に固定化することにほかならず、人種差別の別名でしかなかった。こうした見解は80年代当時、リベラルな知識人の間では必ずしも主流派に属するものではなかったかもしれないが、実は先見の明があったとも言えるだろう。今日、英国の多文化主義政策は、テロリズムを生んだ原因のひとつとして、右派からも左派からも批判されることが多い。70年代、80年代の地方自治体による文化振興政策や多言語教育が移民コミュニティのゲットー化に帰結し、イスラムの過激化を招いたと考える知識人や批評家は少なくない。

　ラシュディ自身が移民コミュニティからバッシングを受ける対象となった「ラシュディ事件」は、英国移民社会の大きな転機として知られている。彼の小説『悪魔の詩』がイスラム教を冒瀆しているとして、89年2月にイラン

の指導者ホメイニ師がラシュディに死刑宣告（ファトワ）を出して世界を震撼させたこの事件の発端となったのは、その年1月に起きたブラッドフォードでのパキスタン系の住民によるデモだった。このデモの最中に『悪魔の詩』が公開で焼かれたことが、マス・メディアを通じて全国に大々的に報道された。ブラッドフォードはこの事件の後、先進的な多文化都市から一転、過激なイスラムの温床と目されることとなった。9・11テロ直前の2001年7月7日には、この市のパキスタン系の若者たちによる大規模な暴動が起こっている。

「ラシュディ事件」を先に挙げた「ハニーフォード事件」と同様、ムスリム・コミュニティが英国社会で一定程度の発言権を獲得し始めたできごととして、評価する声もないわけではない。しかし、この事件のより永続的な影響とは、「本を焼き捨てるイスラム狂信者」のイメージが英国中に喧伝され、イスラムとは表現の自由を脅かす敵であるという紋切り型が、多数派英国人の間に確立していったことだった。また、英国内の移民社会が内部で決定的に分裂しているということ、ラシュディのような知識人は貧しく教育のない移民コミュニティを代弁しているのではなく、表現の自由を標榜することによってイスラムを弾圧する「西洋」側の人間として、移民コミュニティとは敵対関係にあるのだという言説が、この事件をきっかけに覇権を獲得することとなった。

「ラシュディ事件」は英国内の移民作家、マイノリティ作家に決定的な影響を与えた。先に言及した短編小説「息子は狂信者」の著者ハニフ・クレイシも、この事件を創作活動の転機とした一人だ。英国人の母とパキスタン移民の父の間に生まれ、ロンドン郊外のブロムリーに育ったクレイシは、ラシュディらとともに英国の移民コミュニティを代表する文化人として、演劇、映画、そして小説という複数のメディアを駆使して活動を展開してきた。脚本を手がけた1986年公開の映画『マイ・ビューティフル・ランドレット』（スティーヴン・フリアーズ監督）や、1990年に出版された長編小説『郊外のブッダ』は、同時代の若者風俗を活写する一方、サッチャリズムの対抗言説の形成に寄与した重要な作品だった。「ラシュディ事件」以後、クレイシは若者のイスラム化の問題に関心を寄せ、冒頭で紹介した短編「息子は狂信

者」の他、「ラシュディ事件」そのものを題材とした長編小説『ブラック・アルバム』(1994年) を書いている。

「僕の名前はカリム・アミール、生まれも育ちもイギリス人だ、ほとんどね (I am an Englishman born and bred, almost)」——小説『郊外のブッダ』の冒頭の有名な一文だ。英国生まれの２世であるクレイシは、１世世代の作家よりも英国社会の内側に寄り添った視点から、移民コミュニティの変遷を記述しようとしていた。80年代から90年代への移り変わりを描くとき、彼がもっとも注目したのは、「自由」というキーワードだった。

## 3.「自由」の陥穽

　映画『マイ・ビューティフル・ランドレット』の舞台は、80年代半ばのロンドン郊外だ。パキスタン系２世のオマールは、学校を出た後大学にも行かず、定職にもつかず日々を過ごしていたが、実業家の叔父ナセルの下で働き始め、うらぶれたコインランドリーの経営を任される。麻薬の密売人サリームを騙して金を作り、かつての級友でナショナル・フロント（移民排斥を主張する極右団体）のメンバーだったジョニーを雇い、ランドリーの大改装を企てる。

　場面は、待ちに待った新装開店の日。開店を待ちわびる客の列を尻目に、ナセルは愛人である白人女性レイチェルを連れて、いち早く店内に入る。鮮やかな色に塗り直されたぴかぴかの店内には、最新式オーディオ・セットからワルツが流れる。ナセルとレイチェルが抱き合ってワルツを踊る。カメラは踊る二人の姿とともに、脱ぎ捨てられたレイチェルの毛皮のコートを捉える。ショットが切り替わり、店とはミラーガラスで仕切られた薄暗いオーディオ室のなかで、オマールとジョニーが性交している様

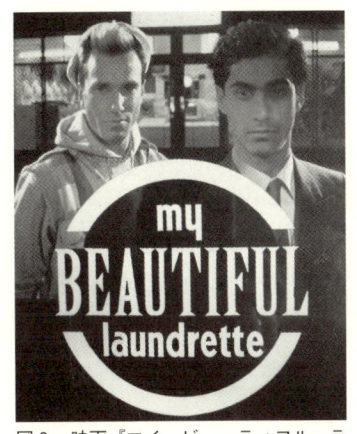

図２　映画『マイ・ビューティフル・ランドレット』(1986年)

子が映し出される。二人の背後には、明るい店内でナセルとレイチェルがキスをする姿がある。

　二組のカップルがミラーガラスを挟んで並行して描き出されるこの場面には、映画『マイ・ビューティフル・ランドレット』の重大なテーマ系が集約されている。それぞれのカップルは異人種間恋愛、同性愛のタブーから解放された愛の形を実現しており、とくにオマールの同性愛は「アジア的家父長制」の性規範に抵抗するリベラルな個人のあり方として、かなりの程度まで肯定的に描かれている。しかし、レイチェルの毛皮のコート――ナセルに買ってもらったものだろう――が暗示しているのは、そうした自由とはあくまで、金で買われた自由であるということだ。レイチェルはいわば、ナセルによって「雇用」された愛人なのだが、ジョニーのほうは文字どおりの意味で、オマールに雇用された労働者なのだ。

　金で買われた自由の背後にあるのは、金を稼ぐ自由だ。ランドリー開店の日の夜、ちょっとした行き違いから店を飛び出し、自室で泥酔しているジョニーに対して、オマールは次のように言う。「僕は大金がほしいんだ。この国に負けたくない。学校に行っていた頃、君と君の仲間たちは僕をいつも小突き回していた。今は何をしてるんだい？　僕の店の床拭きだろ。いいざまだ。さあ、仕事するんだ。仕事だって言ってるだろ、さもなきゃ首だ」 (Collected Screenplays)。オマールのこの発言は、実業家の叔父ナセル、別の場面で「システムのおっぱいの絞り方」さえ知れば英国ではなんでも手に入ると豪語してマーガレット・サッチャーに乾杯し、また別の場面では家賃を滞納している同胞を強制的に立ち退かせながら「私はプロのビジネスマンであって、プロのパキスタン人ではない」とうそぶくナセルの言葉に呼応する。サッチャー政権下の新自由主義と超個人主義は、移民であっても能力次第ではプロのビジネスマンになれるチャンス、肌の色を忘れ、同胞を蹴落としてまでも自由に金儲けすることが許される口実を保証してくれたかに見える。オマールとジョニーの「真実の愛」は、そうした別の意味での自由を下敷きにして、初めて実現可能だとも言える。

　移民もまた、他の英国人と同じように、欲望する主体となること。小説『郊外のブッダ』の主人公、パキスタン系２世のカリムは言う。「[男か女か

どちらかを選ばなきゃならないとしたら、ビートルズかローリング・ストーンズか選ばなきゃならないのと同じくらい、心が痛むだろう」(*Buddha*)。好きな音楽を選ぶのと同じように、欲望の対象を選択する自由を手に入れること(たとえどちらか選ぶのが困難だとしても)。そうした「自由」の陥穽、同性愛の解放という肯定的テーマとその背景に映し出されるサッチャリズムの間の隠微な共犯関係に、クレイシ自身がどこまで自覚的だったのか、はっきり言うのは難しい。

　クレイシの80年代の著作がサッチャリズムに批判的なのは確かだが、同時に——たとえばラシュディが『悪魔の詩』のなかで称揚したような——反体制運動の原動力となるブラック・ブリティッシュのアイデンティティが、新自由主義と多文化主義の潮流のなかで多様化し解体していく様を、肯定も否定もせず、淡々と記述しているようなところもある。また、映像作品の場合、脚本家の「作者性」をどこまで担保するかという問題がある。「フリンジ」(演劇祭等の公式プログラムに載らない小規模演劇)の劇作家としてデビューしたクレイシにとっては出世作となった『マイ・ビューティフル・ランドレット』だが、フリアーズ監督の介入には必ずしも満足していなかった。小説『郊外のブッダ』を書いたのは、映画より小説のほうが自分の思いどおりの作品に仕上げることができるからだと述べている(*Sammy*)。

　映画史的な文脈では、『ランドレット』は、同時代のラジャ・リバイバル(大英帝国支配下のインドをノスタルジックに描いた作品)やヘリテージ映画を批判する目的で製作された、低予算の社会派リアリズム映画という位置づけになる。『ランドレット』を製作したチャンネル4は1982年設立のテレビ局で、マイノリティ・オーディエンスを対象とした社会派リアリズムあるいは実験性の高い作品を扱うことで知られている。だが、当時は南アジア系の俳優が英国内に少なかったこともあって、『ガンジー』(1982年)や『インドへの道』(1984年)に出演したのと同じ俳優が起用されている。そうしたキャスティングはメインストリーム映画のパロディとしての意味合いを持つとともに、メインストリームとのつながりが逆に強調される結果にもなっている。ジョニー役に起用されているのは、『ランドレット』と同年に公開されたヘリテージ映画の代表作のひとつ、ジェイムズ・アイヴォリー監督の『眺めの

いい部屋』にも出演しているダニエル・デイ＝ルイスだ（デイ＝ルイスは、実は『ガンジー』にも端役で出ている）。知名度の高い俳優を起用することによって、ジョニーにより共感が集まるように演出されている。事実、不良仲間から足を洗って手に汗して働くことを覚え、オマールへの愛に忠誠を誓うジョニーの生き方は、脚本にある以上に理想化されている。

　一方、フリアーズによる演出が、クレイシの脚本にいっそう複雑なニュアンスを付け加えた場面もある。ナセルの娘のタニアは、移民第一世代の母親とは対照的に、性的に解放され、自由奔放に生きる若い女性として描かれている。映画の結末部では、タニアは家出をしてロンドンへ行くことになる。クレイシの脚本にある指示によれば、その場面では、ナセルとフセイン（オマールの父）がフセインのアパートのベランダから、その真下にある鉄道を走る電車の中にタニアが乗っているのを見つけることになっている。しかし、実際の映画で二人が見つけるのは、スーツケースを携えて駅のホームに立っているタニアの姿だ。その直後に、彼女の前を、双方向から列車が来て、互いにすれ違う。列車が去った後には――列車は駅で停車しなかったにもかかわらず――ホームにはすでに、タニアの姿はない。現実にはありえない不思議な場面だが、消えた女性の姿はその数年前、同じ場所で飛び込み自殺をしたオマールの母メアリを髣髴させる。「アジア的」家父長制の絆を断ち切って自由な個人として生きようとする若い女性に、旧世代の女性のイメージが重なり合うことによって、脚本にはない、彼女の未来に対する漠然とした不安感が、映画の結末には漂う。

　家父長制のしがらみからの解放と自由を求めて郊外を離れ、メトロポリスの中心へと向かった80年代の若者たちは、その後どうなったのだろうか。

## 4.「文化」の死？

　「ラシュディ事件」20周年にあたる2009年7月、1994年に初版が刊行されたクレイシの長編小説『ブラック・アルバム』の劇場版が、クレイシ自身の脚本によって、ロンドンのナショナル・シアターで初演された。「フリンジ」から出発した脚本家は50代半ばに達したいま、権威ある劇場で作品を発表す

ることのできる、れっきとした文化セレブリティだった。この作品のテーマである移民2世のイスラム「回帰」は、2000年代現在、深刻な社会問題として認識されつつあった。2004年にはイングランド南東部の町ルートンの公立校の女子生徒が、ジルバブ（全身をゆったりと覆う伝統的なイスラム女性の服装のひとつ）の着用許可を求めて学校を提訴し（2006年最終審で敗訴）、メディアの注目を集めている。「自由の国」に生まれた若者が「不自由」な宗教に熱狂するという、多数派英国人には不可解極まりない現実を、移民の「代表」がわかりやすく説明してくれる物語として、『ブラック・アルバム』はふたたび迎え入れられたのだ。

　小説『ブラック・アルバム』の主人公シャヒドは、ケント州出身のパキスタン系2世、文学が好きな若者で、プリンスの熱狂的なファンでもある（ちなみに小説のタイトルは、プリンスのアルバムの題名を借用したものだ）。時はまさに1989年。ロンドンの大学に入学後、シャヒドはパキスタン系の友人に囲まれ、次第にイスラムに関心を抱き始める。しかしシャヒドは、同時にカルチュラル・スタディーズを専門とする人気女性教授ディディと付き合い始め、彼女の体現するリベラルな価値観——そこには自由恋愛やヘテロセクシズムからの解放といった、『マイ・ビューティフル・ランドレット』で称揚された価値も含まれる——と、音楽や文学一切を退廃的な西洋文明として拒絶する狂信的なムスリム仲間との間の板ばさみに苦しむことになる。

　人種差別に憤り、ムスリムの仲間たちとの連帯感を強めていくシャヒドだ

図3・4　ブラッドフォード（2010年）

が、ラシュディ事件はシャヒドが次第にイスラムから離れ、最終的にはディディの世界を選ぶきっかけとなる。「あの本」（小説中では著者の名前も小説の題名も出てこないが、ラシュディの『悪魔の詩』への言及であることは明らかだ）をめぐって、シャヒドは仲間と論争する。仲間の一人は言う。「奴ら［小説家］は大衆、すなわち無教養で字もろくに読めない阿呆に向かって真実を暴いてやっているのだ、というふりをしたがる。だが奴らは、大衆について何も知っちゃいないのさ」（Black Album）。シャヒドにとっては、「自由な想像力」や「個人の声」の重要性を無視することはできない。仲間たちはそうしたリベラルな価値観をあっさり否定し、大学の構内で「あの本」を焼くという行為に及ぶ。

　小説の結末は、手榴弾で本屋を爆破しようとした仲間の首領は誤って自爆し、シャヒドとディディは生き延びるという、勧善懲悪のごとき終わり方だ。しかし、ヴィクトリア駅から電車に乗り、「海辺の町の安宿で週末を過ごすために」ロンドンを離れる二人の描写は、この小説がむしろ、いずれ滅びゆくかもしれない「ビートルズからプリンスまで」のリベラルな文化伝統へのオマージュではないかという印象を強めている。

> シャヒドは窓の外を眺めた。外の空気はもっと澄んでいるようだった。もうすぐ二人は、海の方へと歩いていくのだろう。ディディが昼食をとりたがっている場所があった。彼は何も考えなくてもよかった。二人はお互いを見つめ、「これはどういう新しい冒険なのかしら」と言っているかのようだった。
> 　「楽しくなくなるまではね（Until it stops being fun）」と彼女は言った。
> 　「それまではね」と彼は言った。

　ブライトンと思しきイングランド南岸の行楽地——ブライトンはまた、ゲイ・コミュニティでも知られる——へと向かう二人はすでに、そうした「冒険」が「楽しくなくなる」ときが来る日を予感している。2009年に上演された劇場版では、最後の場面ではムスリム仲間たちがふたたび舞台前方に並び立ち、抱き合うシャヒドとディディを囲むセットが音を立てて倒れ落ちた。9・11、あるいはロンドンの7・7テロの暴力が、二人の「楽しみ」を奪う

ことになる未来を暗示していたのだろう。

　『ブラック・アルバム』は、移民２世の若者がイスラムへ傾倒する理由を、クレイシなりに模索した意欲作だ。本章冒頭に紹介した短編小説「息子は狂信者」と同様、イスラム原理主義は英国の過去との因果関係によって説明される。いまだサッチャリズムの信奉者であり、「新しい金は肌の色を区別しない」と信じる義姉に向かって、シャヒドは言う。「あなたは自分が知的で上流階級だと思っているかもしれないけど、奴らにとってはあくまでパキ［パキスタン人への蔑称］でしかなくて、偉そうに振る舞われるしかないんだよ」。移民２世たちは「この国に住んでいる」からこそ、金さえあれば自由に自分の人生を選択し実現することができる権利とは、白人だけに許された権利だということを知っていた。自由の幻想から覚めた若者たちは、それゆえ、自ら自由に背を向けることを選ぶ。こうした筋書きによって移民文化の変遷を説明することが、サッチャリズム批判として、ある程度以上有効かつ説得力あるものであるのは確かだ。

　しかし同時に、『ブラック・アルバム』が、「ラシュディ事件」が移民社会の内部における文化エリートと民衆との間の対立である——あるいは、イスラムとは西洋のリベラルな文化の敵である——という言説の形成に大きく寄与することにもなったのもまた、事実なのだ。あるいはクレイシ自身、自分の作品がメディアにおけるイスラム表象と共犯関係にあったことに、多少は自覚的だったのかもしれない。2009年の劇場版『ブラック・アルバム』では、「ラシュディ事件」がいかに構築されたかという点に関して、意識的な演出が見られた。シャヒドの仲間たちがキャンパスで本を焼く場面は、実際に舞台上で本に火をつけることで実演されたが、そのとき舞台の袖には報道陣が現れ、カメラマンが学生に向かって本の向きや火の大きさを指示してみせて、観客の笑いを誘っていた。「本を焼く野蛮なムスリム」があくまでメディアによって操作されたイメージであることを印象付ける、巧みな演出だったと言える。それはまた、表象の限界を表象によって指し示す逆説的な行為でもあった。

　文化作品と権力の関係は複雑だ。それはしばしば権力に加担し、支配的な言説に与するが、同時にそうした言説の内側から、ほんの一瞬、権力に対し

て抵抗の刃を閃かすこともある。たとえば、「息子は狂信者」の最終段落。父親は怒りにまかせて、無抵抗の息子を殴りつける。息子は父親に言う。「さあ、誰が狂っているんだい（Who's fanatic now?）」("My Son")。息子は髭を伸ばしているかもしれない、豚肉を食べることを拒否しているかもしれない、西洋文明を批判しているかもしれない。しかし、ほんとうに暴力を振るったのは父親のほうなのだ。狂っているのは、誰か。90年代半ばにこの小説が真に予言していたのはロンドンの自爆テロではなく、（実際には存在しなかった）「大量破壊兵器の保持」を口実に開戦されたイラク戦争の不条理だったのではないかと思わせる、意味深長な台詞である。

　1997年にクレイシの脚本によって映画化された『息子は狂信者』（ウダヤン・プラサド監督）では、舞台はロンドンからブラッドフォードに移されている。このことは映画版の結末が小説とは決定的に異なることと、大いに関連がある。映画では息子は、実際に娼館襲撃の暴動に加わっている。そのため父親の暴力は一方的なものではなくなり、「誰が狂っているのか」という発言の重みも小説中ほどではない。映画版『息子は狂信者』の中心テーマは家族の崩壊であり、家族の絆に取って代わったのがイスラムだとされる。家出をする息子は、どこからともなく現れるムスリムの仲間とともに去っていく。息子の姿は、『マイ・ビューティフル・ランドレッド』の最後の場面で、行き交う電車の間に消えていくタニアの姿に重なる。だが、自由を求めて旅立った80年代の若者とは異なり、90年代の若者は自由への幻想を棄て、小さなコミュニティの「ゲットー」に引き篭もることを選んだ——あるいはそれが、作家クレイシが描いた新しい若者たちの姿だった。

　だが、若者たちには、別の物語の可能性はなかったのだろうか。

## 5. 結びにかえて

　2003年2月15日。イラク戦争開戦に反対する人々が世界中の都市で結集し、平和を祈念する大規模なデモ行進を行った日だ。バグダット、ダマスカス、ローマ、バルセロナ、ニューヨーク、サンフランシスコ。ロンドンのハイドパークにも、百万人とも言われる数の大群集が集まった。そこにはもちろん、

北部都市から長距離バスに乗ってやってきた、多くのムスリムの姿もあった。スカーフで髪を隠した女たちも髭を蓄えた男たちも、他の英国人たちと肩を並べてロンドンの通りを歩いた。社会学者ニーナ・ワーブナーは、このときの体験を次のような言葉で語っている。「平和・反戦活動家としてのアイデンティティが、英国にいるイギリス人とパキスタン人の活動家、ムスリム、キリスト教徒（の一部）、ユダヤ人とヒンドゥ教徒とをひとつの旗印のもとに団結させた。何はともあれイラク戦争だけは、宗教の対立を超えた統一的なアイデンティティの可能性を創り出したのだった」(Werbner)。

図5　市民団体 The People of Bradford の集会場（2010年）

　ムスリムの仲間とともに去っていく「息子」の姿とは対照的な、民族や宗教の違いを乗り越えて団結する人びとの姿。その絆は国境を越えて繋がり、世界を動かす大きな波となった。たとえイラク戦争の開戦そのものを阻止することはできなかったとしても、人びとの声は世界を支える良心の声となって、現在にまで続いている。「ハニフ・クレイシ」が書くことのできなかった物語、これまで私たちが読んできたのとは別の物語の可能性が、ここにはある。それは、いまこれから書かれなくてはならない、もうひとつの「イギリス文化史」の可能性でもある。

（中井　亜佐子）

## 推薦図書

D・トレンハルト編著『新しい移民大陸ヨーロッパ』宮島喬他訳、明石書店、1994年。
ハニフ・クレイシ『郊外のブッダ』古賀林幸訳、中央公論社、1996年。
佐久間孝正『移民大国イギリスの実験——学校と地域にみる多文化の現実』勁草書房、2007年。

Column
## ブレア、ブラウン、キャメロン──首相群像（3）

　双方とも否定しているが、「ブレア＝ブラウン密約」というのがあったと一般に信じられている。1994年5月、労働党首ジョン・スミスが急逝し、後継者の有力候補として、党の近代化を目指す若手グループの中心にいたトニー・ブレア（当時41歳）とゴードン・ブラウン（当時43歳）が浮かび上がった。影の財務相を務め、経済に強い実務肌のブラウンへの評価は高かったのだが、結局立候補を見合わせる。その「密約」の中身はこうだ──ブラウンは競合せずにブレアを支持し、ブレアは内政面でブラウンに大きな権限を与える。またブレアが首相に就任したら、「一定期間」をへてブラウンにそのポストを譲り渡す。

　党首に選出されたブレアは新生労働党の「クール」で若々しいイメージでアピールし、97年5月の選挙で圧勝、18年ぶりに労働党に政権をもたらした（終章を参照）。順当に財務相となったブラウンは、さっそく財政改革に着手、「プルーデンス（慎重）」を合言葉に歳出を抑えたが、2001年、ブレア政権の2期目に入って倹約を緩め、公共部門への大規模な歳出へと政策転換した。90年代半ば以来の英国経済の好調の波に乗って、金融サーヴィス業と教育・福祉の公共サーヴィスの双方が活況を呈した。

もはや確執を隠さないゴードン・ブラウン（左）とトニー・ブレア（2005年）

　2期目に入って両者の確執が顕著になり、それぞれの派閥の溝も深まった。「第三の道」のブレアより若干左寄りのブラウンとの政策上の相違（また性格の不一致）もあるが、件の「約束」の不履行が大きかったと思われる。ようやく10年後の2007年にブレアに代わったブラウンは、任期満了まで首相を務めたが、2008年の世界的な金融危機の打撃を受け、財政赤字が拡大し、また労働党への幻滅が広がり、2010年5月の総選挙で政権を失った。

　デイヴィッド・キャメロンが率いる保守党は過半数に満たなかったが、自由民主党との連立によって政権を得た。彼はこのとき43歳、ブレアよりさらに若い宰相となった。若さと行動力をメディアに効果的に訴える手法は、ブレアの選挙戦術に大いに学んでいたことが伺える。就任して5ヶ月後の2010年10月、約4年間で計810億ポンドもの歳出削減案を発表。社会保障関連の予算も大幅に減らされることになった。この計画を実施すると公共部門でおよそ49万人が失業すると見積もられる。また、大学予算と学費補助の大幅削減を発表。学生の抗議デモが各地で繰り広げられた。2011年3月には、政府の福祉予算削減に抗議する25万人規模のデモがロンドンで組織された。下野した労働党は、新党首のエド・ミリバンドがこれに参加してハイド・パークで演説を行うなど、ニュー・レイバー路線とは違う「新世代の労働党」の進路を示そうとしている。

デイヴィッド・キャメロン

（川端　康雄）

終章

# 2000年代へ
## ──新ミレニアムの門口で

あたし、庶民とくらしてみたいの。
(パルプ「コモン・ピープル」1995年)

パーティはおしまい、驚くことじゃなかったけれど。
(ブラー「パーティの終焉」1997年)

どうか涙が、外で待つ世界を汚しませんように。／いったい、どこでおかしくなってしまったのだろう。
(オアシス「どこでおかしくなってしまったのだろう」2000年)

## 1.「ミレニアムの経験」(2000年)

　20世紀後半、そして21世紀初頭のイギリス文化史を扱う本書は、1951年のイギリス祭から語り始めた。それから半世紀をへて、千年紀(ミレニアム)の変わり目に際して、イギリスは、この種のものとしては世界最大の「ミレニアム・ドーム」をロンドン東部、グリニッジのテムズ下流河岸に建造、一大イヴェントを企画し、これを「ミレニアムの経験」展と名付けた。終章ではこのプロジェクトから始めて、世紀転換期のイギリス文化の特徴と諸問題を略述し、本書全体の総括としたい。

図1　「ミレニアム・ドーム」（2011年現在の名称は The O 2）設計リチャード・ロジャーズ、1999年竣工。

　1951年のイギリス祭は第二次世界大戦後の労働党政権のもとで企画運営され、保守党が出る幕はなかったのだが、そもそも第三の千年紀の記念祝典を発案したのは保守党だった。それは1993年10月、メイジャー首相の保守党政権下で、「ミレニアム・コミッション」が設立されたことに端を発する。その際に1951年のイギリス祭もしくは万博（エキスポ）のような催しが構想された。

　1997年の総選挙で労働党が18年ぶりに政権を奪取し、首相の座に就いたトニー・ブレアは、当初、巨額の費用を要するドーム建設を継続するか否か、判断に迷った。建築費用に加え、建設予定地はガス工場跡の有毒物質を含む泥濘を処理しなければならず、また地下鉄や道路の新設等のアクセス整備でも公金を使わなければならない。そこで計画推進を提言し、逡巡する首相の背中を押したのが、ブレアの「スピン・ドクター」（メディア対応担当の側近）の代表格であるピーター・マンデルソンだった。ロンドン東部地区の再開発に資することが大であると見た副首相で労働党の古参議員のジョン・プレスコットもドーム建設に賛同し、かくして（国会内のみならず世論で多くの反対意見があったにもかかわらず）ブレアは計画続行を決定、マンデルソンをその責任者（ドーム担当大臣（セクレタリー））に指名した。ちなみにマンデルソンの母方の祖父は労働党の有力政治家だったハーバート・モリソンで、1951年のイギリス祭開催の中心人物であった。半世紀をへて、その孫が時代の節目の重要な祭典を任されたわけである。

　ドームの設計は現代イギリスを代表する建築家リチャード・ロジャーズの事務所が手がけた。単一の屋根を持つ構造物としては世界最大規模となったこのドームの外観を端的に説明するなら、12本の黄色いマストに吊られた巨大なテントである（図1）。正円を12等分して立つ鉄柱は、天幕（テフロン加工の軽量なガラス繊維）をケーブルで吊るす構造上の役割を持つのと同時に、12の「時間」と「月」を象徴し、グリニッジ標準時の役割を示す。屋根は直

径365メートルを取り、「1年＝365日」を象徴させる。さらに、ドームの形状は、1951年のイギリス祭でのサウス・バンクのパヴィリオン「発見のドーム」を回顧する意味も持つ。天上に向けて屹立する黄色い鉄柱も、イギリス祭の「スカイロン」を想起させる。これらの「引用」の組み合わせをもって、1951年から2000年までのイギリス社会の連続性を示すことを狙ったわけである。

このドームは、第1章で取り上げたサウス・バンクの大観覧車ロンドン・アイ（1999年）やシティの「ガーキン」（スイス・リ本社ビルの通称、2004年竣工）とともに、現在のロンドンのランドマークとなっている。

## 2.「ビッグ・テント」の中身

「ミレニアムの経験」展の公式ガイドブックの冒頭にはエリザベス女王の緒言が掲載されている。こんなメッセージである。

> 2000年は、私たちみなにとって意義ある里程標であり、希望と楽観の時です。／グリニッジの子午線でのドームを会場とする盛大な国民の博覧会は、未来への私たちの自信と献身を証拠立てるものです。……「ミレニアムの経験」は、その先駆である1851年の大博覧会と1951年のイギリス祭の伝統に連なって、私たちの歴史の重要な節目における国民の祝典の焦点となり、連合王国中のさまざまなコミュニティの人びとを、また他の多くの国の人びとをまとめあげるものです。／ドームへのみなさまの訪問が、独特な経験となり、新たなミレニアムにおけるイギリスの刺激的なくらしのヴィジョンを与えるような、思い出深いものとなることを望みます。（*Millennium Experience*）

新世紀の到来に期待を抱く、かなり前向きな緒言である。これが当時抜群の支持率を誇ったブレア首相が率いるニュー・レイバー政権の意向を十分に反映した文章であることは、ドームの建設を記録した書物に寄せたブレア自身の緒言と重ね合わせて見れば明らかである。そのなかでブレアは、このプロジェクトが「時代遅れの障壁」を打破し、「前向きの国民」として、「有効に機能する多民族のブリテン……強いコミュニティ」を形成する機会となる

はずだと言う。「2000年という年が、誇りと喜びをもって私たちが振り返る時となるであろうと私は信じます」(Wilhide, *The Millennium Dome*)。

展示は3つのセクションに総計14のゾーンが設けられた。「私たちはだれか」のセクションに「身体」、「精神」、「信仰」、「自画像」の4ゾーン。「私たちは何をするか」のセクションに「仕事」、「学習」、「休息」、「遊び」、「語らい」、「お金」、「旅」の7ゾーン。そして「私たちはどこに住んでいるか」のセクションに「共有の土地」、「生きている島」、「故郷の惑星」の3ゾーン。これらが北から時計回りにドーム内をぐるりと囲み、中心部の大アリーナでは「ミレニアム・ショー」が繰り広げられた。

だが、あいにく「ミレニアムの経験」展は、1851年の大博覧会や1951年のイギリス祭のような成功を収めることはできなかった。平たく言えば、「大失敗」という評価が一般的である。マンデルソンらは会期中（2000年の12ヶ月）の予想入場者数を1,200万人と見込んで財政計画を立てたが、ふたを開けてみると総入場者はその半分近い約650万人だった。2002年に発表された決算では、支出総額は7億8,900万ポンド、入場料収入は1億8,900万ポンドで、不足分は公営くじのさらなる収益で補填しなければならなかった。

どこでおかしくなってしまったのだろう。早くもニューイヤーイヴ、つまり1999年の大晦日にケチがついてしまっていた。何千人ものVIPのゲストを招いてのお披露目の場が、主催者側の段取りが悪いものだから入場口で大混乱に陥り、多くの各界の名士がなかに入れず、長時間待ちぼうけをくらってしまった。さらにまた、展示内容への批判も開会当初から出ていた。2000年1月初旬に『エコノミスト』誌がこの問題を批判的な論調で取り上げている。「ブレアのビッグ・テントのなかで」と題するその記事は、ミレニアム・ドームを新千年紀の楽観の比喩というよりも「ニュー・レイバーの計画全体の隠喩」として見る皮肉な視点を紹介している。「つまり、仰々しい巨大な外観を注文したあとになってから、そのなかに何を容れるかを考え始めた」というのだ。さらにミレニアム・ドームは、「ニュー・レイバーと合衆国のクリントン派の両方に適用できるフレーズのひとつに文字どおりの意味を与えている」と同誌はさらに続ける。すなわち両者は「ビッグ・テント」政策を実践している。そこでは「可能なかぎり多くの人びとと各種団体

が大目的のために加入」している。「ドームの幕開けの夜に、女王でさえもが、ニュー・レイバー計画のエキストラとしてつかのま徴用されたかのようだ」。同誌が同年1月初めにMORIに依頼した世論調査では、56%の人が「ドームを建設すべきでなかった」と答えた（"Inside Blair's Big Tent"）。

　ミレニアム・ドームという「大テント」に、ニュー・レイバーの主要政策を示す「ビッグ・テント」という語がここでは重ねあわされている。後者の「ビッグ・テント」は、さまざまな見解を持つ人びとを引き付けるために、特定の狭いイデオロギーをあえて主張しないという政策を意味する。多様な見解を受け容れる、政治上の「大テント」というわけである。

　14のゾーンの大半が不評だった。上記の記事は、「説教くさい内容とべたべたした展示法」が受けなかったと述べている。さまざまなスポンサーと政治家の思惑に左右され、一貫性を欠いてしまった。ジャーナリストのアンドリュー・マーが言うように、それは「テーマのないテーマパーク」であることが判明した。「ニュー・レイバーの問題点を典型的に示す、もっとも早い、そして非常に痛手となる象徴」（中身のないこけおどしの大テント）と化したのだった（Marr）。「希望と楽観」だけでは新たな千年期に対応できないのでないか——そんな不安を覚えさせる「ミレニアムの経験」なのだった。

## 3. ブレアとニュー・レイバーの興隆

　前節で、ブレアたちのニュー・レイバーが「ビッグ・テント」政策を採ったこと、それは「特定の狭いイデオロギーをあえて主張しない」ことだと述べた。ブレアたちは、特に何を「あえて主張しない」ことにしたか。端的に言えば、それは「社会主義」である。

　メイジャー保守党政権時代の1994年、労働党首ジョン・スミスの急逝（5月）のあと、盟友ゴードン・ブラウンに席をゆずってもらうかたちで党首選挙に立候補したブレア（382頁のコラム参照）は、大差で勝利を収め、労働組合の影響力を抑えつつ、労働党改革を加速させてゆく。翌1995年4月の臨時党大会で、労働党の綱領の「生産手段の公有（国有）」を謳った第4条の改正が承認された。この第4条は、1918年の党の最初の社会主義綱領の柱とし

表1　イギリス下院の選挙結果（獲得議席数／政権）　1992-2010年

| | 労働党 | 保守党 | 自由民主党 | 諸派 | 政権 |
|---|---|---|---|---|---|
| 1992年4月 | 271 | 336 | 20 | 24 | メイジャー保守党政権（第2期） |
| 1997年5月 | 418 | 165 | 46 | 30 | ブレア労働党政権（第1期） |
| 2001年6月 | 412 | 166 | 52 | 29 | ブレア労働党政権（第2期） |
| 2005年5月 | 355 | 198 | 62 | 31 | ブレア労働党政権（第3期）／ブラウン労働党政権（07年6月～） |
| 2010年5月 | 258 | 307 | 57 | 28 | キャメロン保守党・自由民主党連立政権 |

て常にあった（茂市・川端参照）。1959年の総選挙に敗れた直後に当時労働党党首だったヒュー・ゲイツケルがこの改正を狙ったが、激しい反対にあって果たせなかった。それを35年後にブレアが推し進め、国有化の文言は消され、事実上、労働党が90年以上の長きにわたってそうであったような、社会主義政党としての立場を捨てようとしていた。「第三の道」をスローガンとして、ブレアは、党首となって以来、また3期にわたる首相時代をとおして、社会主義という語自体を極力避けることになる。

　ブレアは1953年にエディンバラで生を享けた。父親は弁護士で、保守党の下部組織に関わっていた。オクスフォード大学セント・ジョンズ・コレッジで法学を学ぶかたわら、髪を伸ばし、ロックバンドを結成して、ギターとヴォーカルを担当した（ミック・ジャガーがアイドルだったという）。卒業後、法廷弁護士となったが、1982年に政治家に転身。83年の総選挙で30歳の若さで労働党下院議員に初当選。影の内閣の要職をいくつか歴任し、やがて党の近代化路線（モダナイザー）のリーダーとなって94年の党首就任にいたる。

　若々しさと、優れた弁舌の才によって、メディアにもてはやされ、新しい労働党がたんなる宣伝文句でなく、旧来の労働党とは質的に異なる、「ひとつの国民」の政党になったというイメージが広がることになった。2期目に入っていたメイジャー保守党政権が、1992年9月のポンド危機（ERM脱退）、90年代半ばのBSE（狂牛病）の流行、さらに議会質問汚職の露見、「破廉恥行為」と名付けられた一連のセックススキャンダルなどで支持率を下げた一方で、若さと清潔さを売りにするニュー・レイバーの人気はうなぎ上りとなり、かくして1997年5月の総選挙で、保守党の165議席に対して、労働党が418議席を獲得する地滑り的な大勝利となった。

## 4. ブリットポップとクール・ブリタニア

　その2年前、1995年の夏、イギリスで戦争が勃発していた。
　——などと書くと穏やかでないが、それは本当の戦争ではなく、ロック・ミュージック界の疑似戦争だった。当時人気絶頂にあったブリットポップの両雄、ブラーとオアシスの、ヒットチャート上の戦いである。イギリスの代表的なポップ音楽専門週刊誌『NME』は、表紙に「イギリス・ヘビー級選手権、ブラー対オアシス、8月14日、ヒットチャートの最終決戦」と記した（図2）。写真は、左がブラーのデイモン・アルバーン、右がオアシスのリアム・ギャラガー、それぞれのフロントマンである。双方のレーベルが、広告宣伝の戦略として、シングルを同日に発売することに決めたのだった。
　こうした「決戦」の見立てはイギリスのメディアが好むものだ。これによって2つのバンドの間に強い対立意識というか確執が生まれた。メディアはこれを単なるバンド間のライバル争い以上のものに演出した。すなわち、英国北部の労働者階級出身のオアシスと、南部の中流階級出身のブラーという構図である。各種メディアがこれに飛びついた。社会現象としてBBCのニュースにまで取り上げられた。『NME』はこう記した。「サダム・フセインによる核兵器配備のニュースがリークされ、ボスニアでいまだに多くの民が虐殺されていた週に……タブロイド紙も高級紙もこぞってブリットポップに熱中した」（95年8月26日号。John Harris, *The Last Party* より引用）。
　この「決戦」の結果は、ブラーの「カントリー・ハウス」が27万4,000枚、オアシスの「ロール・ウィズ・イット」が21万6,000枚で、前者の勝利となった。とはいえ、このあと商業的にはオアシスがブラーよりも成功を収める。ブラーと異なり、オアシスの曲はアメリカでもヒットしたし、セカンド・アルバム『モーニング・グロー

図2　ブラー対オアシスの対決を伝える『NME』誌1995年8月12日号

リー』（1995年）は国内で400万枚以上を売り上げ、イギリスの音楽史上3番目のベストセラー・アルバムとなった。1996年8月に行った野外コンサートでは、2日間で30万人を動員。チケットの予約申込者は250万人、つまり国内総人口の5％が希望したことになる。

「ブリットポップ（Britpop）」という語ができたのは1990年代になってからだ。手元の辞書では「主に1960年代の英国のビート音楽に影響を受けた英国人の手による1990年代半ば以降のポップ音楽」と定義されている（『ジーニアス大英和辞典』）。最初期の使用例は月刊誌『フェイス』の1994年5月号で、ブラーを扱った記事に出てくる。同年9月に『ガーディアン』紙の芸術欄は、1957年のマクミラン首相のよく知られる発言をもじって、「かつてこんなによかったことはない。私たちはブリットポップ・ルネサンスの只中にいる」と書いた。そして『NME』は1995年の新年号で、「ブリットポップの10大モメント」という副題の記事で94年の音楽界を回顧している。このあたりからこの語は同時代の英国産の（特にインディーズ系の）バンドの多様な作品を包括する語として一気に普及した（John Harris, *The Last Party*）。

ブリットポップ前夜の状況はどうだったか。1980年代後半、「レイヴ」（ダンス音楽で盛り上がる若者たちの野外や倉庫などでの大規模なパーティやコンサートで、エクスタシーなどのドラッグが蔓延）の流行と時期を併せて「マッドチェスター」（ナイトクラブ「ハシエンダ」を代表とするマンチェスターの音楽シーン）が活況を呈し、ハッピー・マンデーズ、ストーン・ローゼズらが活躍するが、90年代に入って失速し、アメリカのシアトルを拠点とするニルヴァーナらのグランジ・ロックがポップ音楽シーンの主役となる。そのニルヴァーナのカリスマ的なリーダーだったカート・コベインが94年に27歳で自殺を遂げて、グランジも後退する。イギリスでもコベインの死の衝撃は大きく、ロック界にぽっかりと大きな穴が空いたかのように思われた。その空隙を埋めるかたちで、「イギリス土着」のヴォキャブラリーを有する複数のバンドが脚光を浴びるようになる。93年にファーストアルバムがいきなり全英チャート一位となったスウェード、90年にデビューし、2枚目のアルバム『モダン・ライフ・イズ・ラビッシュ』（1993年）で飛躍し、3枚目の『パークライフ』（1994年）で頂点に立ったブラー。そして94年に『デフィニトリー・

メイビー』で鮮烈なデビューを飾ったオアシス。さらにメンズウェア、パルプ、エラスティカ、スーパーグラス、スリーパー、ザ・ヴァーヴらが出て、イギリスのロック界はにわかに活気づいた。こうして、次々と出現する「イギリス土着」のロック音楽を包括する語として、ブリットポップの語がメディアの通り言葉として流布したのである。

「イギリス土着」のヴォキャブラリーという表現をいま使った。オアシスが典型的だが、その歌曲にはビートルズをはじめ、主に1960年代のイギリスのロックバンドの影響が色濃く見られる。上記のブラーやオアシスにふれて、ポピュラー音楽史家のシーラ・ホワイトリーは、「音楽研究者にとって［それらのアルバムは］キャッチーなメロディとしばしば鋭い社会観察という点で既視感を覚えさせるものだ」と言う。「怒りを込めて振り返るな」（このフレーズじたい、オズボーンの50年代の戯曲およびデイヴィッド・ボウイの歌曲を禁止命令に変えて引用しているわけだが）をはじめ、オアシスの曲にはビートルズのイディオムが随所に見られるし、「アイ・アム・ザ・ウォルラス」などのビートルズ歌曲もカヴァーしている。パルプの「あたし、庶民とくらしたいの」という歌詞や、スーパーグラスの「ぼくらは若い！ ぼくらは自由だ！」というポップ・スローガンに至るまで、「この郷愁的な敬意の念というものが、ブリットポップに音楽的なDNAを与えていて、出自が異なり音楽スタイルも異なるさまざまなロックバンドをこの一点で繋ぎ合わせている」（Whiteley）。

また、象徴的なこととして、英国旗が90年代に音楽シーンで独特な使われ方をする。ザ・スミス解散後ソロ活動をしているモリッシー（300頁のコラムを参照）は、92年のロンドンでのコンサートでユニオン・ジャックを掲げて歌い物議を醸した。80年代に音楽シーンで反サッチャリズムの尖峰に立った彼が、英国旗を振ることで、国旗の象徴性および若者のスタンスに変容が生じたと言える。96年4月、マンチェスターでのオアシスのコンサートで、ノエル・ギャラガーは国旗の模様をボディにあしらったギターを使った（図3）。ノエルの作る歌曲にはモリッシーのような意識的な政治性はないが、「ブリテンらしさ」を示す標識をかかえて演奏する、その身ぶりは注目に値する。ここにおいて、若者たちのあいだで、「ブリテン」が「クール」な

図3　英国旗を描いたギターを弾くノエル・ギャラガー（1996年）

（かっこいい）ものだという感覚が共有される。もうひとつの例を挙げるなら、97年、ブリット・アウォーズ（英国最大のポップミュージック賞）で2冠を得たスパイス・ガールズの受賞ステージで、「ジンジャー・スパイス」ことジェリ・ハリウェルが、ユニオン・ジャックのタイトなミニドレスをまとってあっけらかんと歌い踊った。

「クール・ブリタニア」をキャッチ・フレーズとして、この波を引き寄せて政権を奪取したところに、ブレアとその側近たちの時流を捉える冴えた才覚があった。1995年5月下旬に彼らはデイモン・アルバーンを国会議事堂に招待した。ブラーが『パークライフ』でブリッド・アウォーズの4部門を取ってまもなくのことである。そこで会ったのは、プレスコット、アラステア・キャンベル（新聞記者を辞めてブレアの側近となり、前述のマンデルソンとともに総選挙での労働党勝利を支えた）、そしてブレア自身であった。労働党が若者層にアピールするための援助をブリットポップのヒーローに暗に依頼してきたのである。ブレアは『パークライフ』を気に入ったと褒めた。アルバーンは「公教育が大事だと思います」という程度の意見を述べて、それ以上の政治の話はしなかった。「国会議事堂ジン」というボトルを1本お土産にもらって、アルバーンは議事堂を後にした (John Harris, *The Last Party*)。

「ぼくらは若い！　ぼくらは自由だ！」と言うブリットポップのヒーローたちを懐柔し、若さと自由、そして「クールなイギリス」を売り物にするニュー・レイバーのプロモーションに利用する「スピン・ドクター」たちのメディア戦略の最たるものは、首相官邸にポピュラー・カルチャーのセレブを招待したレセプション・パーティだろう。首相就任から間もない1997年7月30日のことだった。芸能界、実業界の名士が数多く招かれたなかで、ひときわ目を引く招待客がノエル・ギャラガーだった。このポップスターがパーティで暴れはしないかとブレアは心配していたようだが、いざ官邸に来ると、ノエルはおとなしくシャンペングラスを手にし、新首相とにこやかに談笑す

る姿が撮影され、翌朝の各紙は1面でこの2ショットを載せたのだった

　アルバーンは招待を断った。スリーパーのルイーズ・ウィーナーは、後年のインタビューで、「ノエルがダウニング街に行ったとき、本当にがっかりしたわ。まさにその瞬間に、彼は去勢されてしまったのよ」と述べている（『リヴ・フォーエヴァー』）。実際、3枚目のアルバム『ビー・ヒア・ナウ』（1997年）リリース後、オアシスはかつてのような活力を失ってしまう。ライバルのブラーも（首相官邸に行かなかったにせよ）同様で、この年にアルバーンは「ブリットポップは死んだ」と発言し、みずからその流れから離れていこうとする。これらを考え併せるなら、ブレア政権の初めの段階でブリットポップの祝祭的な時代は終焉を迎えたと見ることができるだろう。ブラー自身が「パーティはおしまい、驚くことじゃなかったけれど」と97年に歌ったとおりに。

## 5.　ブレアの「倫理的」な戦争

　首相官邸でのパーティの前年、1996年2月に、ブレアはブリット・アウォーズ授賞式に出席し、デイヴィッド・ボウイへの生涯功労賞のプレゼンター役を務めた。労働党首として総選挙に向けて運動に余念がなかった頃である。マイケル・ジャクソンのステージにパルプのジャーヴィス・コッカーが乱入してパフォーマンスを妨げ、また3賞を獲ったオアシスのノエル・ギャラガーが受賞スピーチで自画自賛に加えて会場にいるブレアを絶賛した（後日、ドラッグでハイになっていてそれを口走ったのだと弁解している）そのあとで、いよいよ出番が来たブレアはこんなことを言った。

> イギリスの音楽にとって、大きな一年でした。創造性と、生命力と活力にあふれる一年でした。イギリスのバンドが大勢ヒットチャートに上がったのです。イギリスの音楽が、その正しい場所に、世界の頂点に戻ってきました。少なくともその理由の一端は、今日のバンドが先人からインスピレーションを得られるということです。私の世代で申せば、ビートルズやストーンズやキンクスのようなバンド。もっと後の世代では、クラッシュ、ザ・スミス、ストーン・ローゼズ。（引用は John Harris, *The Last Party* より）

図4　ギターを手にするトニー・ブレア

　そのようにイギリスで世代ごとに若者を惹き付けたすぐれたバンドがいるなかで、数世代にわたって霊感の源泉となっているミュージシャンがいて、それこそがデイヴィッド・ボウイに他ならない——と、受賞スピーチの本題に移っていく。さて、ボウイのことは擱き、上記の引用に注目しよう。ここでブレアが具体的に名を挙げているいくつかのグループは、彼がその後、首相として行った政治の内実、とりわけ外交政策と重ね合わせてみると、奇妙なものに思われてくる。音楽評論家のジョン・ハリスは、2003年に『インディペンデント』紙（5月7日号）に寄せたエッセイで、このスピーチに触れて、「ブッシュの友、ラムズフェルド［米国防長官］の相棒、そしてキリスト教ネオ帝国主義の国際的代理人」であるブレアが、「憎悪と戦争」、「クランプダウン（弾圧）」、「ロック・ザ・カスバ」といったプロテストソングを発表したクラッシュの影響を称えるとは「なんとシュールレアルであることか」と述べている。ザ・スミスへの言及も、代表的アルバム『クイーン・イズ・デッド』の肯定的評価を暗に含むことになる。ストーン・ローゼズへの言及にしても、集団的な麻薬服用を伴うマンチェスター・ムーヴメントの連想が伴うし、代表曲「アイ・アム・ザ・レザレクション［われはよみがえりなり］」など、敬虔なキリスト教徒であればはなはだ冒瀆的な歌と思えたはずである（John Harris, "The Britpop Years"）。

　ハリスのこの記事が出たのは2003年5月。その2ヶ月前の3月20日にイギリスはアメリカに追随してイラク戦争に突入していた。2001年9月11日のニューヨーク同時多発テロ以降、米政府内の対イラク強硬派の発言力が強まり、2002年1月にジョージ・W・ブッシュ大統領は、イラン、北朝鮮とともに、サダム・フセインが独裁するイラクを「テロ国家」あるいは「ならず者国家」と呼び、これらの国々とそれに加担するテロリストをひっくるめて「悪の枢軸」と悪罵した（一般教書演説）。

　ブッシュの第46代合衆国大統領就任は2001年1月。ブレアの首相就任から

３年８ヶ月が経っていた。この時点ではブレア政権の人気はさほど衰えていない。保守党のほうは党首ウィリアム・ヘイグの求心力の欠如と内紛で勢力を盛り返せず、ブレアは同年６月の総選挙で前回より微減ながら圧倒的多数の412議席を獲得し政権２期目に入る（「密約」どおりなら、財務相のブラウンに首相の座を譲るべきだが、ブレアはまったくその気はない）。それから間もなくして９・11を迎えたわけである。クリントン前大統領時代にすでに親密な英米関係の構築を図ってきたブレアは、民主党のアル・ゴア候補の方がおそらく望ましかったにせよ、共和党のブッシュが僅差で勝利したあと、英米のパイプを強化すべく迅速に新政権に近づいていく。

　2003年３月のイラク戦争突入はブレア政権下での最後の戦争となった。それはコソボ紛争へのNATOの介入のとき（1999年３月）とは異なり、サダム・フセインがいかに残忍な独裁者であったにせよ、イラクへの軍事進攻の根拠とされた大量破壊兵器が実は存在しなかったということで、開戦の正当性に疑義の残る戦争となった。

　欧米間の対立が悪化するにもかかわらず、英米の「特別な関係」の維持に執着し、戦争に向かっていったブレアを動機づけたのは、自身が「道徳的」に「正しい」戦争に関与しているという意識であり、また過去にそうした「正義」の戦いを仕掛けて成功しているという記憶であったと思われる。

　ブレアにとって、1999年３月のコソボ紛争へのNATOの軍事介入は、「人道的」で「倫理的」な戦いとして十分に正当化できるものだった。また内外の世論も概ねそう受け取った。ブレアが首相としてリーダーシップを取った戦争は、1998年のイラク空爆、1999年のコソボ戦争、2001年のアフガニスタン戦争、そして2003年のイラク戦争の４つであった（2000年にはシエラレオネへの軍事介入もあった）。そのうち初めの２つは、クリントン大統領と連携しつつ、紛争の地で虐げられている人びとの人権を守るための、「正義の戦い」として進められたものであり、特にコソボ戦争に関しては、ブレアが中心となって、ユーゴスラヴィアの独裁者ミロシェヴィッチの暴政に「人道的」に介入して、アルバニア人の「民族浄化」（セルビア人の虐殺）を阻止することに成功し、ブレアは大いに自信を深めた。国益よりも正義に強調点を置いて戦争を遂行する指導者として、ブレアは過去の宰相にない型の戦争の理

念を提示した（細谷を参照）。しかしながら、コソボの成功の栄光に満ちた記憶が、その後のイラク進攻へのブレアの判断に負の作用を及ぼすことになる。

2002年9月に英政府が公表した文書には、イラクは「45分以内に生物化学兵器を配備することができる」と明言されていた。これがイラクへの先制攻撃を正当化する重要な根拠とされ、半年後の戦争突入となるのだが、「45分以内」という具体的な表現に根拠がなかったことが戦争開始後に判明する。側近のキャンベル報道担当補佐官がこの捏造に関わった疑いが強い。BBCが2003年の5月末に一連の情報操作を暴露した。政府はこれを激しく批判し、リーク元とされた元国防省顧問のデイヴィッド・ケリー博士を糾弾。イラクにおいて大量破壊兵器の差し迫った脅威などない、と明言したケリー博士の発言は結局正しかったのだが、政府の追及の厳しさに耐えられず、直後に彼は自死を遂げる（2003年7月17日）。2日後に遺体が発見されて、ブレアはワシントンから東京に向かう飛行機のなかでその知らせを受けた。小泉首相との東京での日英首脳会議のあとの質疑応答の席で、英国記者から「あなたの手は血まみれです。辞任の意向はありますか」と詰問され、ブレアは何も答えられなかった。このあと、イラク戦争を正当化した情報全体を検証するバトラー委員会によって、政府の情報操作、誇張の詳細が明らかになった。奇しくもケリー博士の自死の当日、下院議会で保守党党首のイアン・ダンカン・スミスがブレアに向かって、「あなたは急速に真実と無関係の人となってしまっている。……政府の中核で、虚偽と情報操作（スピン）の文化を作り出してしまっている」と糾弾していた（Hoge）。この時点で国民の支持率は首相就任後最低となった。「ブレア首相は信頼できない」という回答が54％にまで上がったのである（細谷より引用）。

いったい、どこでおかしくなってしまったのだろう。20世紀の終わりに、その巧みな弁舌と、清新で若々しいイメージをもって、絶大な人気を得て、圧倒的な強さで労働党に18年ぶりに政権をもたらしたブレア。クールなイギリスのブランド化を図り、クリエイティヴ産業の奨励により若者たちの表現活動を活気づけ、社会的排除の問題に取り組み、包摂型社会を目指して、福祉と教育に手厚い予算措置を施し、失業率を低下させ、また環境問題にもアフリカの貧困問題にも積極的に取り組んだブレア——だが、そうした功績に

もかかわらず、なによりも民意を無視してのイラク戦争突入の強引な決定によって、ブレアは信望を失ってしまう。開戦前のロンドンでの100万人規模の反戦デモ（2003年２月15日）では、ブレアはブッシュとともに黒装束で鎌を持つ死神として戯画化された。同じ月に、ブレアは、イラク戦争への突入はテロの脅威を増加させると予測した極秘レポートを受け取っていた。２年後の７・７同時爆破テロがこの警告の信憑性を裏書きすることになる（367頁参照）。イラクでのイギリス人の死者も時間とともに増え、2010年８月31日にオバマ米大統領が戦争終結を宣言して一応の終止符を打ったが、いまだ治安回復にはいたらず、2011年７月の時点でイラクでの米兵の死者は約4,400人、英兵は約180人、そしてイラク人側の死者は（諸説あるが推定で）15万人を超えた。

　ブレアの人気は下落したが、労働党は2005年に行われた総選挙で、前回よりも大幅に議席を減らしながらも、史上初めて３期連続で政権を維持する（得票率は戦後最低だった）。勝因として、保守党の低迷に加え、英国経済が好調を保っていたことが挙げられる。1997年から2006年までの経済成長率は2.7％。失業率も低く抑えられていた。ブレアが政権を引き継いだ97年に７％代だったのが、2000年代に入って５％代になり、2004年には4.7％にまで下がった（サッチャー政権時代の1984年には11.78％にまで上がっていた）。個人消費も活発で、この４半世紀で「こんなによかったことはない」のだった。

　ブレア首相とブラウン蔵相の確執、イラク戦争の余波（イラクでの治安の欠如、テロの頻発）と、アフガンでの戦闘の再燃があり、また副首相プレストンの不倫騒動など、労働党幹部の不祥事があって、かつてメイジャー内閣の「破廉恥行為<ruby>スリーズ</ruby>」を攻撃して自身の清潔さを強調していたニュー・レイバーのイメージがいっそう汚れ、「ブレア降ろし」の風は強まった。2006年６月、ブレアは１年以内の退任を表明。実際に翌2007年５月に辞任して、首相の座をブラウンに禅譲することになる。自身の選挙区（セッジフィールド）で支持者を前にした辞任演説で彼は「どうか信じてください、私は、わが国にとって正しいと思うことを行ってきたのです」と述べた（Blair, "Resignation Speech"）。同年６月、ブレアは正式に退任し、新首相にブラウンが就任した。下院議会に出席したブレアに対して、議員たちは、与党も野党も、その「正

しさ」の真偽はとりあえず措いて、スタンディング・オヴェイションをもって、10年にわたって政権を担ったブレアをねぎらったのだった。

## 6. ビッグ・ブラザーの影

　前年の2006年9月、労働党大会においてブレアは、「この新しい世界において、自由と安全をどのように調停したらよいのでしょうか？」と問うたうえで、「私は警察国家、もしくはビッグ・ブラザー社会に住みたくないですし、私たちに欠かせない自由を危険に晒したくもありません」と述べた（Blair, "Valedictory Address"）。おそらくその発言の真意は、9・11以後進み、7・7以後に加速したイギリスの「警察国家」化、すなわち国家権力による国民の管理強化の政策への批判に対して弁明することだった。実際にはブレアは、ここで「したくない」と言明したことを推し進めていた。

　2000年代半ばの時点で、イギリス全国にCCTVカメラが420万台設置されていた。国民14人に1台備わっている勘定である。街頭で、鉄道駅で、バスの車内で、防犯カメラが回っている。ロンドンの住人は、一人あたり一日平均300回カメラに捉えられている。内務省は、犯罪防止の予算の4分の3をCCTVの整備と個人認証などの新しいテクノロジーに費やした。また、2003年には、禁固刑に相当する容疑で逮捕された者（結局無罪になる者であっても）全員のDNAを警察が採取してデータベース化するように許可する法改正がなされた。防犯のために国民全員にDNAを供給してもらうのは問題ない、そうブレアは述べた（Marr）。2006年2月には、多くの反対意見を押し切って、「IDカード法案」を下院で通過させた。EUの旅行証明書を含む個人情報を載せた「国民IDカード」を各人が持つという法律である。その情報は「国民身元確認登録」と称する国のデータベースに集約される（「国民IDカード」は2010年成立のキャメロン連立政権で廃止が表明された）。

　クリス・アトキンズによる2007年公開のドキュメンタリー映画『テイキング・リバティーズ』は、上記の問題を含めて、ブレアとニュー・レイバーが、政権獲得後10年間にわたって、国民一人びとりの自由を守るという表向きの言葉とは裏腹に、国民の自由をいかに組織的に奪ってきたかを描いている。

反戦デモに参加したり、反政府的な言動を行ったりした者、あるいはテロ組織とのつながりを不当に疑われた（特にマイノリティの）人びとが、どのような非人道的な扱いを受け、蹂躙されたかを、怒りを込めて（また独特なユーモアをまじえて）描いている。2005年の労働党大会で外相ジャック・ストローがイラク介入を正当化する発言をした際に、党員のウォルター・ウルフガングがフロアから「ナンセンス」と批判すると、党幹部は彼を会場からつまみ出した。その模様も描かれていて、その翌年の党大会での先に引いたブレアの「自由」をめぐる発言の信憑性が怪しくなる。

さて、ブレアは「ビッグ・ブラザー社会に住みたくない」と言った。ここで彼がオーウェルの『一九八四年』(1949年)のディストピア世界のイメージをわざわざ持ち出しているのは、文化史的にたいへん興味深い。本書のシリーズの20世紀前半篇の最後に武藤浩史が述べているように、『一九八四年』が告発するのは「ソ連型共産主義体制に限定された全体主義」にとどまらず、戦後労働党政権も射程に入れつつ「現実化した国家主導型社会主義の危険性」を物語で訴えたと見ることができる。「社会主義」を否定的な用語として回避し、「社会民主主義」を看板にしたブレアが、「ビッグ・ブラザー社会」＝「警察国家」を表向き否定しながら、実はそれを体現してしまった（オーウェルが戦後アトリー政権に萌芽として察知したものが、ニュー・レイバーにおいて全開してしまった）という皮肉な事態が、ここに浮かび上がってくる。2001年11月7日、米英がアフガンへの攻撃を開始した日に発した声明のなかで、ブレアは、「この行動に関わっている指導者たちのだれ一人として戦争を望んではいません。……私たちは平和を好む国民です。しかし、時には、平和を守るために、戦わなければならないということを、私たちは知っているのです」と述べた（Blair, "Statement"）。『一九八四年』の党のスローガン「戦争は平和／自由は隷属／無知は力」をここに重ね合わせてみることができるだろう。

「ビッグ・ブラザー社会」とのアナロジーをさらに進めるならば、ブリットポップに代表される流行歌は、あるいは「クリエイティヴ産業」によって産出されたポピュラー・カルチャーの産物は、『一九八四年』のディストピア世界のなかで、「作詞機」と呼ばれる機械で粗製乱造される歌曲に喩え

られてしまうのかもしれない。主人公ウィンストン・スミスが勤務する真理省には、「プロール（民衆）向けの文学、音楽、演劇、娯楽全般を司る一連の部局」があり、そこでは「スポーツ、犯罪、星占いの記事ばかりのくだらない新聞、扇情的な5セント小説、セックスばかりの映画、そして作詞機という名の特殊な万華鏡のごとき機械によってまったく自動的に作られるセンチメンタルな歌謡曲」が製造されている。民衆の思考の幅を狭めて、支配の土台をいっそう堅固にしようとする、文化戦略のひとつとして、真理省はそうした「作品」の製造を奨励するのである。オーウェルと同世代のドイツの社会学者テオドール・アドルノは、ラジオで流れるポピュラー音楽を分析した論文で、それが人びとの聴取の習慣を画一化・規格化し、批判意識を奪って現体制の維持と安定化に寄与する装置となっていることを指摘した（Adorno）。ビッグ・ブラザーの出口なしのディストピア世界では、ポピュラー・カルチャーのこの面での使用法が徹底していると見ることができる。

　「ビッグ・ブラザー」が新ミレニアムの門口でヒットしたテレビ番組の題名になっていることも附言しておこう。10数人の（最初は無名の）男女を3ヶ月間一ヶ所に隔離し、各室にカメラとマイクを設定し、その生活の一部始終を視聴者がモニターできる。視聴者は投票によってその住人を順次脱落させていき、最後に残った者が賞金と栄冠を得る、というリアリティ番組である。イギリスではチャンネル4で2000年から放映開始となり、毎年新シリーズが作られている。最初は無名だった出演者たちは、カメラとマイクに常時さらされて、いつのまにか「セレブ」と化す。この番組も、先のラインで読むならば、真理省が作る番組のように見えなくもない。

　だがこれは話の半分である。いま述べたようなポピュラー・カルチャーの負の側面、すなわち既存の不自由な体制を維持する「文化産業」の産物として利用される面があることを忘れるべきではないが、『一九八四年』のなかで「プロール」の女性が洗濯をしながら、作詞機製の「くだらない歌」をその身体力によって「音楽的」に歌い、「ほとんど快い調べ」に変えてしまう場面が示すように、いわば民衆の夢の発現形態としての歌に変容させるという、ポジティヴな可能性もそれは備えているのである。ポピュラー・カルチャーが有するこうしたダイナミズムが『一九八四年』には書き込まれている

（この点について詳しくは川端『オーウェルのマザー・グース』を参照）。

　このような「オーウェル風」（通常の辞書に出ているこの語の定義とは別の意味で）とでも呼ぶべき複眼的な視点は（これを本書の第1章では「ダブル・アイ」という語で語ったのだったが）、この終章で取り上げたブリットポップはもとより、本書の各章で扱った20世紀半ば以後のさまざまな文化事象を見る際に（そして私たちのいま現在の文化を考える上でも）手放してはならないものの見方であることを、ここで改めて強調しておきたい。

## 7.　「クリティカル」であること

　以上、5つのセクション、合計21章にわたり、20世紀半ば以降のイギリス文化の諸相を論じた。コラムも増補し、前作の20世紀前半篇よりも多くのページ数を費やした。とはいえ、これで20世紀後半（と21世紀初頭）のイギリス文化の総体を網羅できたわけではないし、もとよりそうするつもりもない。あれやこれの事項、人物、作品が取り上げられていないのはなぜか、と疑問に思う向きも当然ながらあることだろう。読者のみなさんには、前節で述べた視点をそれぞれの具体的な問題に応用していただければと思う。

　本書の冒頭で私たちは「文化とは何か」とまず問いかけた（序章2）。この問いは各章をとおして通奏低音のように響かせたつもりである。その問いに対する正解を示すことが本書の狙いではなかった。むしろ、この鍵語が有する（互いに矛盾しさえする）複層的で歴史的な語義をまるごと摑み取りながら、私たちにとっての、私たちみなが共有しうる「文化」の概念の可能性に目を向けること。イギリスという国の「ほんの昨日の物語」の幾章かを参照しつつ、混迷の度合いをいっそう深めている「いま・ここ」での私たちの生のありようを顧みて、今後の展望を得ること。これを目指したのだった。

　レイモンド・ウィリアムズには、本書の重要な導きの糸としてたびたび登場してもらったので、彼の初期の重要なエッセイにふれて本書を結ぶことは場違いではないだろう。リチャード・ホガートやアイリス・マードックらを含む12人の若手の執筆者が寄稿した論文集『確信（コンヴィクション）』（1958年）にウィリアムズも寄稿した。そのタイトルを原語で示すなら"Culture is Ordinary"——

「文化とはふつうのもの」と、いささか座りの悪い訳語を当てるしかないが（川端「ボーダーのライター」）、「文化」を一握りの特権的な資格を有する少数者の専有物とするのではなく、万人に「共通〔コモン〕」のものとして開いてゆくべきだと主張したこのエッセイは、「共通文化〔コモン・カルチャー〕」という、いまその意義がますます切実に感じられるようになっている問題系への最初期の鍬入れであった。「私たちの文化について私が問うのは、私たちの総体に関わる共通の目的についての問いなのだが、それは深い個人的な意味を問うことでもある。文化とはふつうのものだ。どの社会でも、またどの人間の精神においても」。「個人」と「社会」との分裂状態に反応して、人の断片化の危機をいかに克服し、集団的に成長していくか——これがこのエッセイや『文化と社会』、それに『長い革命』を書いたウィリアムズの問題意識であったと思われる。

それから半世紀をへて、新たな千年紀に入って10年余りがたち、その危機が新たなかたちで出来している。「クリティカル（critical）」という英語形容詞も重要な鍵語だ。それは「批評的」という意味と、「危機的」（病人であれば生命の「危機」としての「危篤」）という語義をあわせ持つ。物理学での「臨界」の意味もあると言えば、2011年3月11日以後の私たちは生々しい記憶を想起することになるだろう。批評精神はもはや職業的な批評家だけに求められているものではない。それもまた、危機を乗り越える手立てとして、すべての人に育まれるべき「共通文化」の一要素と見なしていい。一見出口がないように見える閉塞状況に穴を穿ち、生きたい世界を想像し、創出するために、私たちの批評精神を鍛えることが肝要だということを言い添えて、本書の締めの言葉とする。

（川端　康雄）

## 推薦図書

細谷雄一『倫理的な戦争——トニー・ブレアの栄光と挫折』慶應義塾大学出版会、2010年。

山口二郎『ブレア時代のイギリス』岩波書店、2005年。

Harris, John. *The Last Party: Britpop, Blair and the Demise of English Rock*. London, Harper Perennial, 2004.

# 参考文献

## [1] 基本文献

(i) イギリス文化史、社会史、文学史など

Bassnett, Susan. *Studying British Culture: An Introduction*. 2nd ed. London: Routledge, 2003.

Brannigan, John. *Orwell to the Present: Literature in England, 1945-2000*. London: Palgrave, 2003.

Burke, Peter. *What is Cultural History?* 2nd ed. Cambridge: Polity, 2009.［ピーター・バーク『文化史とは何か』（増補改訂版）長谷川貴彦訳、法政大学出版局、2010年。］

Christopher, David P. *British Culture: An Introduction*. 2nd ed. London: Routledge, 2006.

Clarke, Peter. *Hope and Glory: Britain 1900-2000*. 2nd ed. London: Penguin, 2004.［ピーター・クラーク『イギリス現代史1900-2000』西沢保・市橋秀夫・椿建也・長谷川淳一訳、名古屋大学出版会、2004年。］

Davies, Alistair, and Alan Sinfield, eds. *British Culture of the Postwar: An Introduction to Literature and Society 1945-1999*. London: Routledge, 2000.

Donnelly, Mark. *Sixties Britain: Culture, Society and Politics*. Harlow: Edinburgh Gate, 2005.

Ford, Boris, ed. *Modern Britain*. The Cambridge Cultural History of Britain 9. Cambridge: Cambridge UP, 1988.

Hennessy, Peter. *Having It So Good: Britain in the Fifties*. London: Allen Lane, 2006; Penguin, 2007.

――. *Never Again: Britain 1945-51*. London: Jonathan Cape, 1992.

――. *The Prime Minister: The Office and Its Holders since 1945*. London: Penguin, 2001.

Higgins, Michael, Clarissa Smith, and John Storey. *The Cambridge Companion to Modern British Culture*. Cambridge: Cambridge UP, 2010.

Hobsbawm, Eric. *Age of Extremes: The Short Twentieth Century, 1914-1991*. London: Penguin, 1994.［エリック・ホブズボーム『20世紀の歴史――極端な時代』全2巻、河合秀和訳、三省堂、1996年。］

――. *Interesting Times: A Twentieth-Century Life*. London: Allen Lane, 2002.［エリック・ホブズボーム『わが20世紀・面白い時代』河合秀和訳、三省堂、2004年。］

Judt, Tony. *Postwar: A History of Europe since 1945*. London: Pimlico, 2007.［トニー・ジャット『ヨーロッパ戦後史・上・1945-1971』、森本醇訳、みすず書房、2008年。『ヨーロッパ戦後史・下・1971-2005』浅沼澄訳、みすず書房、2008年。］

King, Bruce. *The Internationalization of English Literature*. The Oxford English Literary History, Vol. 13. 1948-2000. Oxford: Oxford UP, 2004.

Kynaston, David. *Austerity Britain 1945-51*. London: Bloomsbury, 2007.

――. *Family Britain 1951-1957*. London: Bloomsbury, 2009.

Leese, Peter. *Britain since 1945: Aspects of Identity*. Basingstoke, Hants.: Palgrave, 2006.

Lynch, Michael. *Britain 1945-2007*. London: Hodder Education, 2008.

Marr, Andrew. *A History of Modern Britain*. London: Pan, 2008.

Marwick, Arthur. *British Society since 1945*. The Penguin Social History of Britain. 4th ed. London: Penguin, 2003.

――. *The Sixties: Cultural Revolution in Britain, France, Italy, and the United States, c.1958-c.1974*. Oxford: Oxford UP, 1998.

Morgan, Kenneth O. *Britain since 1945: The People's Peace*. 3rd ed. Oxford: Oxford UP, 2001.
Morley, David, and Kevin Robins, eds. *British Cultural Studies: Geography, Nationality, and Identity*. Oxford: Oxford UP, 2001.
Robbins, Keith. *The Eclipse of a Great Power: Modern Britain 1870-1992*. London: Longman, 1994.
Rosen, Andrew. *The Transformation of British Life 1950-2000: A Social History*. Manchester: Manchester UP, 2003.［アンドリュー・ローゼン『現代イギリス社会史1950-2000』川北稔訳、岩波書店、2005年。］
Sandbrook, Dominic. *Never Had It So Good: A History of Britain from Suez to the Beatles*. London: Abacus, 2005.
――. *White Heat: A History of Britain in the Swinging Sixties*. London: Abacus, 2006.
Sinfield, Alan. *Literature, Politics and Culture in Postwar Britain*. New ed. London: Continuum, 2004.
Sounes, Howard. *Seventies: The Sights, Sounds and Ideas of Brilliant Decade*. London: Simon, 2006.
Stevenson, Randall. *The Last of England*. The Oxford English Literary History, Vol. 12. 1960-2000. Oxford: Oxford UP, 2004.
Storry, Mike, and Peter Childs, eds. *British Cultural Identities*. 2nd ed. London: Routledge, 2002.
板倉厳一郎・スーザン・K・バートン・小野原教子『映画でわかるイギリス文化入門』松柏社、2008年。
井野瀬久美惠編『イギリス文化史』昭和堂、2010年。
小野修編著『現代イギリスの基礎知識――英国は変わった』明石書店、1999年。
川北稔『イギリス近代史講義』講談社、2010年。
川北稔編『イギリス史』山川出版社、1998年。
小泉博一・飯田操・桂山康司編『イギリス文化を学ぶ人のために』世界思想社、2004年。
近藤和彦編『イギリス史研究入門』山川出版社、2010年
佐久間康夫・中野葉子・大田雅孝編著『概説 イギリス文化史』ミネルヴァ書房、2002年。
佐々木雄太・木畑洋一編『イギリス外交史』有斐閣、2005年。
下楠昌哉編『イギリス文化入門』三修社、2010年。
武藤浩史・川端康雄・遠藤不比人・大田信良・木下誠編『愛と戦いのイギリス文化史1900-1950年』慶應義塾大学出版会、2007年。
村岡健次・川北稔編『イギリス近代史――宗教改革から現代まで』改訂版、ミネルヴァ書房、2003年。
村岡健次・木畑洋一編『イギリス史3――近現代』世界歴史体系、山川出版社、1991年。
松浦高嶺『イギリス現代史』（世界現代史18）山川出版社、1992年。

(ii) 事典・辞典類

Addison, Paul, and Harriet Jones, eds. *A Companion to Contemporary Britain, 1939-2000*. Oxford: Blackwell, 2005.
Andermahr, Sonya, Terry Lovell, and Carol Wolkowitz. *A Concise Glossary of Feminist Theory*. London: Edward Arnold, 1997.［アンダマール、ソニア・テリー・ロヴェル、キャロル・ウォルコヴィッツ編『現代フェミニズム思想辞典』奥田暁子監訳、明石書店、2000年。］
Bennett, Tony, Lawrence Grossberg, and Meaghan Morris, eds. *New Keywords: A Revised Vocabulary of Culture and Society*. Oxford: Blackwell, 2005.［T・ベネット、L・グロスバーグ、M・モリス編『新キーワード辞典――文化と社会を読み解くための語彙集』河野真太郎・秦邦生・大貫隆史訳、ミネルヴァ書房、2011年。］

Butler, David, and Gareth Butler. *Twentieth-Century British Political Facts 1900-2000*. London: Macmillan, 2000.
Calcutt, Andrew. *Brit Cult: An A-Z of British Pop Culture*. [USA]: n.p.: Contemporary, 2001.
Cannon, John, ed. *A Dictionary of British History*. Oxford: Oxford UP, 2001.
——, ed. *The Oxford Companion to British History*. Oxford: Oxford UP, 1997.
Childers, Joseph, and Gary Hentzi, eds. *The Columbia Dictionary of Modern Literary and Cultural Criticism*. New York: Columbia UP, 1995.［ジョゼフ・チルダーズ＆ゲーリー・ヘンツィ編『コロンビア大学現代文学・文化批評用語辞典』杉野健太郎ほか訳、松柏社、1998年。］
Cook, Chris, and John Stevenson. *The Longman Companion to Britain since 1945*. 2nd ed. 1995. Harlow: Longman, 2000.
——. *The Longman Handbook of Modern British History 1714-2001*. 4th ed. London: Longman, 2001.
Drabble, Margaret, ed. *The Oxford Companion to English Literature*. 6th ed. Oxford: Oxford UP, 2006.
Gardiner, Juliet, and Neil Wenborn, eds. *The History Today Companion to British History*. London: Collins, 1995.
Gillespie, Gordon. *The A to Z of the Northern Ireland Conflict*. Plymouth: Scarecrow P, 2009.
Halsey, A. H., and Josephine Webb, eds. *Twentieth-Century British Social Trends*. London: Macmillan, 2000.
Hollowell, Jonathan, ed. *Britain since 1945*. Oxford: Blackwell, 2003.
Humm, Maggie. *The Dictionary of Feminist Theory*. Revised ed. New York: Prentice-Hall; 2005.［ハム、マギー『フェミニズム理論辞典』大本喜美子・高橋準監訳、明石書店、1999年。］
Mitchell, B. R. *British Historical Statistics*. Cambridge: Cambridge UP. 1988.［Ｂ・Ｒ・ミッチェル『イギリス歴史統計抄』中村寿男訳、原書房、1995年。］
Ramsden, John, ed. *The Oxford Companion to Twentieth-Century British Politics*. Oxford: Oxford UP, 2005.
Williams, Raymond. *Keywords: A Vocabulary of Culture and Society*. 1976. London: HarperCollins, 1983.［レイモンド・ウィリアムズ『完訳キーワード辞典』椎名美智・武田ちあき・越智博美・松井優子訳、平凡社、2002年。］
安東伸介・小池滋・出口保夫・船戸英夫編『イギリスの生活と文化事典』研究社、1982年。
上田和夫・渡辺利雄・海老根宏編著『20世紀英語文学辞典』研究社、2005年。
小池滋『英国らしさを知る事典』東京堂出版、2003年。
出口保夫・小林章夫・齊藤貴子編『21世紀イギリス文化を知る事典』東京書籍、2009年。
橋口稔編『イギリス文化事典』大修館、2003年。
松村赳・富田虎男編著『英米史辞典』研究社、2000年。
森護『英国王室史事典』大修館、1984年。

## ［2］参考文献一覧（［1］で挙げた文献を除く）

Adorno, T. W. "On Popular Music." *Studies in Philosophy and Social Science* Vol. 9 (1941): 17-48.［テオドール・W・アドルノ「ポピュラー音楽について」村田公一訳、『アドルノ 音楽・メディア論集』渡辺裕編、平凡社、2002年、137-204頁。］
Aitken, Jonathan. *The Young Meteors*. London: Secker, 1967.
Aldgate, Anthony, and Jeffrey Richards. *Britain Can Take It: British Cinema in the Second World War*. 1986. London: Tauris, 2007.
Anderson, Lindsay. "Get Out and Push!" *Never Apologise: The Collected Writings*. Ed. Paul Ryan.

London: Plexus, 2004. 233-251.

―――. "Only Connect: Some Aspects of the Work of Humphrey Jennings." *Never Apologise: The Collected Writings*. Ed. Paul Ryan. London: Plexus, 2004. 358-365.

Archer, Robin, et al., eds. *Out of Apathy: Voices of the New Left Thirty Years On*. London: Verso, 1989.

Arendt, Hannah. *The Origins of Totalitarianism*. 1951. New York: Schocken, 2004.［ハンナ・アーレント『全体主義の起源』全3巻、大久保和郎・大島通義・大島かおり訳、みすず書房、1972-1974年。］

Arnold, Matthew. *Culture and Anarchy*. 1869. Oxford: Oxford UP, 2009.［マシュー・アーノルド『教養と無秩序』多田英次訳、岩波書店、1965年。］

Arthur, Paul, and Keith Jeffery. *Northern Ireland since 1968*. 1988. 2nd ed. Oxford: Blackwell, 1996.［ポール・アーサー、キース・ジェフリー『北アイルランド現代史──紛争から和平へ』門倉俊雄訳、彩流社、2004年。］

Arts Council England. "Developing, Promoting and Investigating in the Arts in England." 5 June 2011 <http://www.artscouncil.org.uk/>.

*Arts Council Stakeholder Focus Research: Final Report* (Aug. 2010). London: Arts Council, 2010.

Baer, Robert. "This Deadly Virus." *The Observer* 7 Aug. 2005. 11 Apr. 2010 <http://www.guardian.co.uk/uk/2005/aug/07/july7.comment>.

Bairner, Alan. "Where Did It All Go Right?: George Best, Manchester United and Northern Ireland." *Manchester United: A Thematic Study*. Ed. David L. Andrews. London: Routledge, 2004. 133-146.

Ball, S. *Class Strategies and the Education Market*. London: Routledge, 2003.

―――. *The Education Debate*. Bristol: Policy P, 2008.

―――. *Education Policy and Social Class*. London: Routledge, 2005.

Banham, Mary, and Bevis Hilier, eds. *A Tonic to the Nation: The Festival of Britain 1951*. London: Thames & Hudson, 1976.

Banks, Jeffrey, and Doria de la Chapelle. *Tartan: Romancing the Plaid*. New York: Rizzoli, 2007.

Barghoorn, Frederick C. *The Soviet Cultural Offensive: The Role of Cultural Diplomacy in Soviet Foreign Policy*. Princeton: Princeton UP, 1960.

Barry, Gerald. "Films and the Festival." *Films in 1951: A Special Publication on British Films and Film-Makers*. London: Sight & Sound, 1951. 39.

Bayley, Stephen. "The Man Who Gave Middle Britain the Pleasure Principle." *The Independent* 3 Dec. 2002. 27 Feb. 2011 <http://www.independent.co.uk/news/uk/home-news/stephen-bayley-the-man-who-gave-middle-britain-the-pleasure-principle-609635.html>.

BBC. "Eurostar Sales Up in 2009 despite Travel Chaos." *BBC News* 20 Jan. 2010. 5 June 2011 <http://news.bbc.co.uk/2/hi/ business/8469399.stm>.

―――. "Palace Announces Further Changes to Funeral Route." *BBC News* 10 Oct. 2010 <http://www.bbc.co.uk/news/special/politics97/diana/funeral.html>.

―――. "Princess Diana's Death was 'Global Event' Says Blair." *BBC News* 1 Sep. 2010. 20 Oct. 2010 <http://www.bbc.co.uk/news/uk-politics>.

Beattie, Keith. *Humphrey Jennings*. Manchester: Manchester UP, 2010.

Beckett, Andy. *When the Lights Went Out: Britain in the Seventies*. London: Faber, 2009.

Beckett, Samuel. *Waiting for Godot*. London: Faber, 1965.［サミュエル・ベケット『ゴドーを待ちながら』安堂信也・高橋康也訳、白水社、1990年。］

Bell, Daniel. "The Cultural Contradictions of Capitalism." *Capitalism Today*. Eds. Daniel Bell, and Irving Kristol. New York: Basic, 1970. 16-43.［ダニエル・ベル「資本主義の文化的矛盾」ダ

ニエル・ベル編『今日の資本主義文化』平恒次訳、ダイヤモンド社、1973年、23-68頁。]
Bell, David, and Joannne Hollows, eds. *Historicizing Lifestyle: Mediating Taste, Consumption and Identity from the 1900s to 1970s*. London: Ashgate, 2006.
Bennett, Alan. *The History Boys*. New York: Faber, 2006.
Bennett, Andy, and Jon Stratton, eds. *Britpop and the English Music Tradition*. Farnham, Surry: Ashgate, 2010.
Bennett, Neville. *Teaching Styles and Pupil Progress*. London: Open, 1976.
Bentham, Martin. "Influx of 10,000 Foreign Workers for Olympic Jobs." *Evening Standard* 4 Mar. 2009. 5 June 2011 <http://www.thisislondon.co.uk/standard/article-23657158-influx-of-10000-foreign-workers-for-olympic-jobs.do>
Best, Barbara. *Our George: A Family Memoir*. London: Pan, 2007.
Best, George. *Blessed: The Autobiography*. London: Ebury, 2002.
Betjeman, John. *Betjeman's England*. Ed. Stephen Games. London: John Murray, 2009.
Betsko, Kathleen, and Rachel Koening, eds. *Interview with Contemporary Playwright*. New York: Beech Tree, 1978.
Betterton, Rosemary. "'Young British Art' in the 1990s." *British Cultural Studies: Geography, Nationality, and Identity*. Eds. David Morley and Kevin Robins. Oxford: Oxford UP, 2001. 287-304.
BFI. "History of the BFI." 5 June 2011 <http://www.bfi.org.uk/about/whoweare/history.html>.
Billig, Michael. *Talking of the Royal Family*. London: Routledge, 1992. [マイケル・ビリッグ『イギリス王室の社会学――ロイヤル・ファミリーに関する〈会話〉の分析』社会評論社、1994年。]
Blair, Tony. *A Journey: My Political Life*. New York: Alfred A. Knopf, 2010.
――. "Resignation Speech." *Times* 10 May 2007. 11 June 2011 <http://www.timesonline.co.uk/tol/news/politics/the_blair_years/article1772414.ece>.
――. "Statement on Military Action in Afghanistan." *Guardian* 7 Oct. 2001. 12 June 2011 <http://www.guardian.co.uk/world/2001/oct/07/afghanistan.terrorism11>.
――. "Valedictory Speech to the Party Conference." *Guardian* 26 Sep. 2006. 20 June 2011 <http://www.guardian.co.uk/politics/2006/sep/26/labourconference.labour3>.
Bowen, David G., ed. *The Satanic Verses: Bradford Responds*. Bradford: Bradford & Ilkley Community College, 1992.
Bowlby, John. *Child Care and the Growth of Love*. Harmondsworth: Penguin, 1963.
Bradby, Barbara. "She Told Me What to Say: The Beatles and Girl-Group Discourse." *Popular Music and Society* 28-3 (July 2005): 359-390.
Bradford, Sarah. *Elizabeth: A Biography of Her Majesty The Queen*. London: Heinemann, 1996. [サラ・ブラッドフォード『エリザベス』上・下、尾島恵子訳、読売新聞社、1999年。]
Briggs, Raymond. *When the Wind Blows*. London: Penguin, 1982. [レイモンド・ブリッグズ『風が吹くとき』さくまゆみこ訳、あすなろ書房、1998年。]
British Council. *Annual Reports*. London: British Council, 1956, 1957, 1985, 2000.
――. *Britain To-day*. London: British Council, 1953.
――. "The Common Market Negotiations and the Proposed Cultural 'Gesture.'" From E. W. F. Tomlin, BC Representative, France, to Assistant Director-General (Administration). British Council, London, 26 April 1971. TNA, BW31/63.
――. "Points from Statement by General Sir Ronald Adam, Chairman of the British Council." British Cultural Propaganda Abroad. 12 July 1946. TNA, BW2/86.
――. "Report of Special Meeting." Soviet Relations Committee: Minutes of Meetings (1955-57). 6

―――. "Royal Charter and Bye-laws 1993." British Council, 2003. TNA, BW2/122.
British Energy, Part of EDF Energy. "Our Nuclear Stations." 5 June 2011 <http://www.british-energy.com/pagetemplate.php?pid=82>
British Foreign Office. "Drogheda Independent Committee of Enquiry on Overseas Information Services." 1954. TNA, FO953/1459.
Brontë, Charlotte. *Jane Eyre*. 1847. London: Penguin, 1996. ［シャーロット・ブロンテ『ジェイン・エア』遠藤寿子訳、岩波書店、1957年。］
Brook, Susan. *Literature and Cultural Criticism in the 1950s: The Feeling Male Body*. London: Palgrave, 2007.
Brown, C., and L. Cunliffe. *The Book of Royal Lists*. London: Sphere, 1983.
Brown, Phillip. "The 'Third Wave': Education and the Ideology of Parentorcary." Eds. A. H. Halsay, Hugh Lauder, Phillip Brown, and Amy Stuart Wells. *Education: Culture, Economy, Society*. Oxford: Oxford UP, 1997. 393-408. ［フィリップ・ブラウン「文化資本と社会的排除――教育・雇用・労働市場における最近の傾向に関するいくつかの考察」、A・H・ハルゼー、H・ローダー、P・ブラウン、A・S・ウェルズ編『教育社会学――第三のソリューション』住田正樹、秋永雄一、吉本圭一訳、九州大学出版会、2005年、597-622頁。］
Burk, Kathleen. *The British Isles since 1945*. Short Oxford History of the British Isles. Oxford: Oxford UP, 2003.
Burnett, John. *England Eats Out: A Social History of Eating Out in England from 1830 to the Present*. London: Pearson Education, 2004.
Buscombe, Edward, ed. *British Television: A Reader*. Rep. Oxford: Clarendon, 2007.
Bush, Kate. "Young British Art." *Artforum* 43.2 (2004): 103-106.
Button, Virginia. *The Turner Prize: Twenty Years*. London: Tate, 1997.
Byrne, David. *Social Exclusion*. Maidenhead, Berks.: Open UP, 2005. ［デビッド・バーン『社会的排除とは何か』深井英喜・梶村泰久訳、こぶし書房、2010年。］
Calinescu, Matei. *Five Faces of Modernity: Modernism, Avant-Garde, Decadence, Kitsche, Postmodernism*. Durham: Duke UP, 1987. ［マテイ・カリネスク『モダンの五つの顔』富山英俊・栂正行訳、せりか書房、1989年。］
"Calling the West Indies: The BBC World Service and Caribbean Voices." Ed. Darrel Newton. 30 March 2011. <http://www.open.ac.uk/socialsciences/diasporas/conference/pdf/calling_the_west_indies.pdf>.
Campbell, Alastair.. *The Alastair Campbell Diaries, Vol. 2, Power and the People: 1997-1999*. Eds. Alastair Campbell and Bill Hagerty. London: Hunchinson, 2011.
Cannadine, David. *In Churchill's Shadow: Confronting the Past in Modern Britain*. Oxford: Oxford UP, 2003.
Cant, Bob, and Suan Hemmings, eds. *Radical Records: Thirty Years of Lesbian and Gay History*. London: Routledge, 1998.
"Cardboard Citizens." 5 June 2011 <http://www.cardboardcitizens.org.uk/>.
Carpenter, Edward. *Sex-Love, and Its Place in a Free Society*. Manchester: Labour P Society, 1894.
Carpenter, Humphrey. *That Was Satire That Was: Beyond the Fringe, The Establishment Club, Private Eye and That Was The Week That Was*. London: Phoenix, 2002.
Chapman, James. "Cinema, Monarchy, and the Making of Heritage." *British Historical Cinema*. Eds. Claire Monk and Amy Sargeant. London: Routledge, 2002. 82-91.
Chitty, C. *Education Policy in Britain*. London: Macmillan, 2009.
Chun, Lin. *The British New Left*. Edinburgh: Edinburgh UP, 1993. ［リン・チュン『イギリスのニュ

ーレフト——カルチュラル・スタディーズの源流』渡辺雅男訳、彩流社、1999年。]
Churchill, Winston. *Winston S. Churchill: His Complete Speeches: 1897-1963*. Ed. Robert Rhodes James. New York: Chelsea House, 1974.
Coe, Jonathan. *The Rotters' Club*. New York: Viking, 2001; London: Penguin, 2002.
Collings, Matthew. *Blimey!: From Bohemia to Britpop: The London Artworld from Francis Bacon to Damien Hirst*. 2nd ed. Cambridge: 21 Publishing, 1997.
Committee on Homosexual Offences and Prostitution. *Report of the Committee on Homosexual Offences and Prostitution*. London: HMSO, 1957.
Conekin, Becky E. *"The Autobiography of a Nation:" The 1951 Festival of Britain*. Manchester: Manchester UP, 2003.
Conekin, Becky, Frank Mort, and Chris Waters, eds. *Moments of Modernity: Reconstructing Britain 1945-1964*. London: Rivers Oram, 1999.
Connor, Steven. *The English Novel in History 1950-1995*. London: Routledge, 1996.
Conran, Terence. *Terence Conran on Restaurants*. London: Conran Octopus, 2000. [テレンス・コレラン『テレンス・コンランでディナーを』インデックスコレクション、2001年。]
——. *Terence Conran on Design*. London: Conran Octopus, 2001. [『テレンス・コンラン デザインを語る』翻訳者名表記なし、リビング・デザインセンター、1997年。]
Conran, Terence, and Max Fraser. *Designers on Design*. London: Conran Octopus, 2004. [テレンス・コレラン『デザイナーズ・オン・デザイン』ブーマー、2005年。]
Conran, Terence, and Stafford Cliff. *Terence Conran's Inspiration*. London: Conran Octopus, 2008.
Coward, Noël. *The Lyrics of Noël Coward*. London: Methuen, 2002.
——. *The Noël Coward Diaries*. Eds. Graham Payn and Sheridan Morley. La Vergne, TN: Da Capo, 2000.
Cox, Ian. *The South Bank Exhibition: A Guide to the Story It Tells*. London: HMSO, 1951.
Cox, Simon. "What If All the Poles Went Home?" *BBC News* 27 Mar. 2008. 5 June 2011 <http://news.bbc.co.uk/2/hi/uk_news/magazine/7316261.stm>.
Crisell, Andrew. *An Introductory History of British Broadcasting*. 2nd ed. London: Routledge, 2006.
Critcher, Chas. "Football since the War." *Working Class Culture*. Eds. John Clarke, Chas Critcher, and Richard Johnson. London: Hutchinson, 1979. 161-184.
David, Elizabeth. *A Book of Mediterranean Food*. Harmondsworth: Penguin, 1955.
Davies, John. *A History of Wales*. Rev. ed. London: Penguin, 2007.
Delafons, John. *Politics and Preservation: A Policy History of the Built Heritage 1882-1996*. London: Spon, 1997.
Department for Work and Pensions. "The Impact of Free Movements of Workers from Central and Eastern Europe on the UK Labour Market." *Working Paper* No. 29 (2006). 5 June 2011 <http://research.dwp.gov.uk/asd/asd5/WP29.pdf>.
Dimbleby, Jonathan. *The Prince of Wales*. London: Little, 1994. [ジョナサン・ディンブルビー『チャールズ皇太子の人生修行』上・下、仙名紀訳、朝日新聞社、1995年。]
Donaldson, Frances. *The British Council: The First Fifty Years*. London: Jonathan Cape, 1985.
Drazin, Charles. *The Finest Years: British Cinemas of the 1940s*. London: I. B. Tauris, 2007.
Dupin, Christophe. "Early Days of Short Film Production at the British Film Institute: Origins and Evolution of the BFI Experimental Film Fund (1952-66)." *Journal of Media Practice* Vol. 4 (2003): 77-91.
Easen, Sarah. "Film and the Festival of Britain." *British Cinema of the 1950s: A Celebration*. Eds. Ian Mackillop and Neil Sinyard. Manchester: Manchester UP, 2003. 51-63.
EDF Energy London Eye, The. "EDF Energy: A Unique Vision. A Bigger Eye." 10 May 2011

&lt;http://www.londoneye.com/EDFEnergy/&gt;.

———. "History." 10 May 2011 &lt;http://www.londoneye.com/ ExploreTheLondonEye/History/Default.aspx&gt;.

Editors of *People* Magazine. *Diana: An Amazing Life*. New York: People, 2007.

Ehrenreich, Barbara. *Fear of Falling: The Inner Life of the Middle Class*. New York: Pantheon, 1989.［バーバラ・エーレンライク『「中流」という階級』中江桂子訳、晶文社、1995年。］

Elizabeth II, Her Majesty Queen. "On the Death of Princess Diana." 9 Sep. 1997. *Gifts of Speech*. 9 October 2010 &lt;http://gos.sbc.edu/e/elizabeth.html&gt;.

Ellis, Jack C. *The Documentary Idea: A Critical History of English-Language Documentary Film and Video*. Englewood Cliffs: Princeton Hall, 1989.

English Heritage. "Listed Buildings." 5 June 2011 &lt;http://www.english-heritage.org.uk/caring/listing/what-can-we-protect/listed-buildings/&gt;.

"Eurostar Sales Up in 2009 despite Travel Chaos." *BBC News*. 20 Jan. 2010. 5 June 2011 &lt;http://news.bbc.co.uk/2/hi/business/8469399.stm&gt;.

Feathersotone, Simon. *Englishness: Twentieth-Century Popular Culture and the Forming of English Identity*. Edinburgh: Edinburgh UP, 2009.

Ffrancon, Gwenno. "Animating Wales and Japan: Miayzaki's 'Laputa: Castle in the Sky.'" *Raymond Williams in Transit: Wales – Japan*. Swansea: Swansea U. 16 Oct. 2009.

Fiedler, Leslie A. *Love and Death in the American Novel*. 1960. Rev. ed. New York: Stein, 1966.［レスリー・A・フィードラー『アメリカ小説における愛と死』佐伯彰一ほか訳、新潮社、1989年。］

Fielding, Helen. *Bridget Jones's Diary*. London: Picador, 1996.［ヘレン・フィールディング『ブリジット・ジョーンズの日記』亀井よし子訳、ソニーマガジンズ、1998年、2001年。］

———. *Bridget Jones: The Edge of Reason*. London: Picador, 1999.［ヘレン・フィールディング『ブリジット・ジョーンズ――きれそうなわたしの12か月』上下、亀井よし子訳、ソニーマガジンズ、2004年。］

"50% see Blair as Bush's lapdog." *The Guardian* 14 Nov. 2002. 4 June 2011 &lt;http://www.guardian.co.uk/politics/2002/nov/14/foreignpolicy.uk1&gt;.

Fisher, Deborah. *Princesses of Wales*. Cardiff: U of Wales P, 2005.［デボラ・フィッシャー『プリンセス・オブ・ウェールズ　英国皇太子妃列伝』藤沢邦子訳、創元社、2007年。］

Ford, Simon, and Anthony Davies. "Art Capital." *Art Monthly* 213 (1998): 1-4.

Frayn, Michael. "Festival." *Age of Austerity 1945-1951*. Eds. Michael Sissons and Philip French. Harmondsworth: Penguin, 1964. 330-352.

Free Cinema DVD Booklet. *Free Cinema*. DVD. BFI. 2006.

Frith, Simon, and Howard Horne. *Art into Pop*. London: Methuen, 1987.

Galbraith, John Kenneth. *The Affluent Society*. New York: H. Hamilton, 1958.［ガルブレイス『ゆたかな社会』鈴木哲太郎訳、岩波書店、1960年。］

Gandhi, Mohandas Karamchand. *The Penguin Gandhi Reader*. Ed. Rudrangshu Mukherjee. London: Penguin, 1993.

Gardiner, Juliet. *From the Bomb to the Beatles*. London: Collins, 1999.

Gardner, Colin. *Karel Reisz*. Manchester: Manchester UP, 2006.

Garnett, Robert. "Too Low to be Low: Art Pop and the Sex Pistols." *Punk Rock ― So What?: The Cultural Legacy of Punk*. Ed. Roger Sabin. London: Routledge, 1999. 17-30.

Geertz, Clifford. "Centers, Kings, and Charisma: Reflections on the Symbolics of Power." *Culture and Its Creators*. Eds. Joseph Ben-David and Terry Nichols Clark. Chicago: U of Chicago P, 1977. 150-171.

Giddens, Anthony. *The Nation-State and Violence.* A Contemporary Critique of Historical Materialism, Vol. 2. Cambridge: Polity, 1985.［アンソニー・ギデンズ『国民国家と暴力』松尾精文・小幡正敏訳、而立書房、1999年。］

────. *The Third Way: The Renewal of Social Democracy.* Cambridge: Policy, 1998.［アンソニー・ギデンズ『第三の道──効率と公正の新たな同盟』佐和隆光訳、日本経済新聞社, 1999年。］

Gilroy, Paul. *After Empire: Melancholia or Convivial Culture?* London: Routledge, 2004.

Glennerster, Howard, *British Social Policy: 1945 to the Present.* 3rd ed. Oxford: Blackwell, 2007.

Goldsmith, Leo. "Town and Country: Review of *Somers Town.*" *Reverse Shot* Issue 24. 5 June 2011 <http://www.reverseshot.com/article/somers_town>.

Gould, Tony. *Inside Outsider: The Life and Times of Colin MacInnes.* London: Wilson, 1993.

Gray, Clive. *The Politics of the Arts in Britain.* New York: Palgrave, 2000.

Grierson, John. "Humphrey Jennings." *Humphrey Jennings: A Tribute.* London: Orion P, n.d [c. 1950]. 1.

Green, Martin. *Children of the Sun: A Narrative of "Decadence" in England after 1918.* New York: Basic, 1976.

Haigh, Anthony. *Cultural Diplomacy in Europe.* Strasbourg: Council of Europe, 1974.

Hall, Leslie A. "Sexuality." *A Companion to Britain 1939-2000.* Eds. Paul Addison and Harriet Jones. 145-163.

Hall, Peter. *Cities in Civilization.* London: Weidenfeld, 1998.

Hall, Stuart. "The 'First' New Left: Life and Times." *Out of Apathy: Voices of the New Left Thirty Years On.* Eds. Robin Archer, et al. London: Verso, 1989. 11-38.

────. "The Great Moving Right Show." Marxism Today. January 1979. 14-20. 27 Apr. 2011 <http://www.hegemonics.co.uk/docs/Great-Moving-Right-Show.pdf>.

────. "Notes on Deconstructing 'The Popular.'" *People's History and Socialist Theory.* Ed. Raphael Samuel. London: Routledge, 1981. 227-240.

Harding, John. *Behind the Glory: 100 Years of the PFA.* Derby: Brendon, 2009.

Hardyment, Christina. *Slice of Life: The British Way of Eating Since 1945.* London: Penguin, 1997.

Harford, Barbara, and Sarah Hopkins. *Greenham Common: Women at the Wire.* London: The Women's, 1984.

Harris, Bernard. *The Origin of the British Welfare State: Society, State, and Social Welfare in England and Wales, 1800-1945.* Basingstoke, Hants.: Macmillan, 2004.

Harris, Jennifer, Sarah Hyde, and Greg Smith. *1966 and All That: Design and the Consumer in Britain 1960-69.* London: Trefoil, 1986.

Harris, John. "The Britpop Years." Independent 7 May 2003. 26 Apr. 2011 <http://www.independent.co.uk/arts-entertainment/music/features/the-britpop-years-590079.html>.

────. *The Last Party: Britpop, Blair and the Demise of English Rock.* London: Harper Perennial, 2004.

Harvey, David. *A Brief History of Neoliberalism.* Oxford: Oxford UP, 2005.［デイヴィッド・ハーヴェイ『新自由主義』渡辺治監訳、作品社、2007年。］

Hatton, Rita, and John A. Walker. *Supercollector: A Critique of Charles Saatchi.* London: Institute of Artology, 2003.

Hebdige, Dick. *Subculture: The Meaning of Style.* London: Methuen, 1979.［ディック・ヘブディジ『サブカルチャー──スタイルの意味するもの』山口淑子訳、未來社、1996年。］

Heffernan, Richard. *New Labour and Thatcherism: Political Change in Britain.* Basingstoke, Hants.: Macmillan, 2000.［リチャード・ヘファーナン『現代イギリスの政治変動──新労働党とサッチャリズム』望月昌吾訳、東海大学出版会、2005年。］

Hewison, Robert. *Culture and Consensus: England, Art and Politics since 1940*. London: Methuen, 1995.
———. *The Heritage Industry: Britain in a Climate of Decline*. London: Methuen, 1987.
———. *In Anger: British Culture in the Cold War 1945-1960*. Oxford: Oxford UP, 1981.
Higson, Andrew. "Britain's Outstanding Contribution to the Film: The Documentary-Realist Tradition." *All Our Yesterdays: 90 Years of British Cinema*. Ed. Charles Barr. London: BFI, 1986. 72-97.
Hirst, Damien, and Gordon Burn. *On the Way to Work*. New York: Universe, 2002.
Hoge, Warren, et al. "After the War: Allies; Blair Arrives in U.S. Today, Trailing Controversy Over Iraq." *New York Times* 17 July 2003. 11 June 2011. <http://www.nytimes.com/2003/07/17/world/after-the-war-allies-blair-arrives-in-us-today-trailing-controversy-over-iraq.html>.
Hogenkamp, Bert. *Film, Television and the Left in Britain 1950-1970*. London: Lawrence, 2000.
Hoggart, Richard. *The Uses of Literacy: Aspects of Working-Class Life with Special Reference to Publications and Entertainments*. 1957. New York: Oxford UP, 1970. [リチャード・ホガート『読み書き能力の効用』香内三郎訳、晶文社、1974年。]
Home Office UK Border Agency. "Accession Monitoring Report: May 2004-March 2009." 5 June 2011 <http://webarchive.nationalarchives.gov.uk/20100422120657/http://www.ukba.homeoffice.gov.uk/sitecontent/documents/aboutus/reports/accession_monitoring_report/report-19/may04-mar09?view=Binary>.
Homosexual Law Reform Society, The. *The Homosexual Law Reform Society Progress Report*, 1959.
Honeyford, Ray. "Education and Race: An Alternative View." *The Telegraph* 27 Sep. 2006. 11 Apr. 2010 <http://www.telegraph.co.uk/culture/3654888/Education-and-Race-an-Alternative-View.html>.
Hope, Annette. *Londoners' Larder: English Cuisine from Chaucer to the Present*. London: Trafalgar Square, 1992. [アネット・ホープ『ロンドン食の歴史物語――中世から現代までの英国料理』野中邦子訳、白水社、2006年。]
Hopkins, D. J., Shelly Orr and Kim Solga, eds. *Performance and the City*. London: Palgrave, 2009.
Hopkins, Harry. *The New Look: A Social History of the Forties and Fifties in Britain*. London: Secker, 1964.
Hopkins, Michael F, Michael D. Kandiah, and Gillian Staerck, eds. *Cold War Britain, 1945-1964: New Perspectives*. Basingstoke, Hants.: Macmillan, 2003.
Hunt, Alan. *Governing Morals: A Social History of Moral Regulation*. Cambridge: Cambridge UP, 1999.
"Inside Blair's Big Tent." *The Economist* Jan. 6th 2000. 22 Apr. 2011. <http://www.economist.com/node/271710>.
Itzin, Catherine. *Stages of the Revolution: Political Theatre in Britain since 1968*. London: Methuen, 1980.
Jackson, Kevin, ed. *The Humphrey Jennings Film Reader*. 1993. Manchester: Carcanet, 2004.
Jackson, Lesley. *The Sixties: Decade of Design Revolution*. London: Phaidon P, 1998.
Jacobus, Mary. *The Poetics of Psychoanalysis: In the Wake of Klein*. Oxford: Oxford UP, 2005.
Jameson, Fredric. *A Singular Modernity: Essay on the Ontology of the Present*. London: Verso, 2002. [フレドリック・ジェイムソン『近代(モダン)という不思議――現在の存在論についての試論』久我和巳ほか訳、こぶし書房、2005年。]
Jarrett-MacAuley, Delia. *The Life of Una Marson: 1905-65*. Manchester: Manchester UP, 2010.
Jennings, Rebecca. "Sexuality." *20th Century Britain: Economic, Cultural and Social Change*. 2nd

ed. Eds. Francesca Carnevali, and Jelue-Marie Strange. Harlow: Longman, 2007. 293-307.
Jones, Margaret, and Rodney Lowe, eds. *From Beveridge to Blair: The First Fifty Years of Britain's Welfare State 1948-98*. Manchester: Manchester UP, 2002.
Jones, Patrick. "Nystagmus through Slow Ink." *Out of the Coalhouse: New Writing from the South Wales Valleys*. Ed. John Evans. N.p.: Underground P, 1994. 24.
Kalliney, Peter J. *Cities of Affluence and Anger: A Literary Geography of Modern Englishness*. Charlottesville: U of Virginia P, 2006.
Keay, Douglas. "Aids, Education and the Year 2000!" *Woman's Own* 31 Oct. 1987: 8-10.
Kermode, Frank. *The Sense of an Ending: Studies in the Theory of Fiction*. Oxford: Oxford UP, 1966.〔フランク・カーモード『終りの意識——虚構理論の研究』岡本靖正訳、国文社、1991年。〕
Keynes, John Maynard. "The Arts Council: Its Policy and Hopes." 1945. *The Collected Writings of John Maynard Keynes*. Vol. 28. London: Macmillan, 1982. 367-372.
Keyssar, Helen. *Feminist Theatre*. London: Macmillan, 1984.
Kureishi, Hanif. *The Black Album*. 1994. Rpt. New York: Scribner, 1995.
――. *The Buddha of Suburbia*. London: Penguin, 1990.〔ハニフ・クレイシ『郊外のブッダ』古賀林幸訳、中央公論社、1996年。〕
――. *Collected Screenplays*. Vol. 1. London: Faber, 2002.
――. "My Son the Fanatic." *The Post-Colonial Question: Common Skies, Divided Horizons*. Eds. Iain Chambers, and Lidia Curti. London: Routledge. 1996. 234-241.
――. *Sammy and Rosie Get Laid: The Script and the Diary*. London: Faber, 1988.
Labour Party, The. *New Labour: Because Britain Deserves Better*. 1997. 17 Aug. 2011 <http://www.labour-party.org.uk/manifestos/1997/1997-labour-manifesto.shtml>.
Laing, David. *One Chord Wonders: Power and Meaning in Punk Rock*. Milton Keynes: Open UP, 1985.
Laing, Stuart. *Representations of Working Class Life, 1957-1964*. Basingstoke: Macmillan, 1986.
Landry, Charles. *The Art of City Making*. London: Streling, 2006.
Lansley, Alastair, et al. *The Transformation of St. Pancras Station*. London: Laurence King, 2008.
"Law and Hypocracy, The." *The Times* 28 Mar. 1954.
Leavis, F. R. *Two Cultures?: The Significance of C. P. Snow*. New York: Random House, 1963.
Levine, Michael. *The Princess and the Package: Exploring the Love-Hate Relationship Between Diana and the Media*. Los Angeles: Renaissance, 1998.
Liddington, Jill. *The Road to Greenham Common: Feminism and Anti-Militarism in Britain since 1820*. Syracuse: Syracuse UP, 1991.
Lister, John. *The NHS after 60: For Patients or Profits?* London: Middlesex UP, 2008.
Llewellyn, Richard. *How Green Was My Valley*. 1939. London: Penguin, 2001.
"Londoncouncils." 29 Apr. 2011 <http://www.londoncouncils.gov.uk/>.
Lovell, Alan, and Jim Hillier. *Studies in Documentary*. New York: Viking, 1972.
Lydon, John. *Rotten: No Irish, No Blacks, No Dogs*. London: Picador, 1995.〔ジョン・ライドン『STILL A PUNK——ジョン・ライドン自伝』竹林正子訳、ロッキング・オン、1994年。〕
MacInnes, Colin. *Absolute Beginners*. 1959. London: Allison, 2011.
McRobbie, Angela. *Postmodernism and Popular Culture*. London: Routledge, 1994.
McSmith, Andy. *No Such Thing as Society: A History of Britain in the 1980s*. London: Constable, 2010.
Marcus, Greil. *Lipstick Traces: A Secret History of the Twentieth Century*. London: Secker, 1989.
Matless, David. *Landscape and Englishness*. London: Reaktion, 1998.

Maughan-Brown, David. *Land, Freedom and Fiction: History and Ideology in Kenya*. London: Zed, 1985.
*Millennium Experience*. London: The New Millennium Experience Company, 1999.
Milligan, Spike. *The Essential Spike Milligan*. Ed. Alexander Games. London: Fourth Estate, 2002.
Mitchell, J. M. *International Cultural Relations*. London: Allen, 1986.［J・M・ミッチェル『文化の国際関係』田中俊郎訳、三嶺書房、1990年。］
Mitchell, Juliet. *Psychoanalysis and Feminism*. London: Pantheon, 1974.［ジュリエット・ミッチェル『精神分析と女の解放』上田昊訳、合同出版、1977年。］
Modood, Tariq. *Multicultural Politics: Racism, Ethnicity, and Muslim in Britain*. Minneapolis: U of Minnesota P, 2005.
Moore, Chris. *United Irishmen: Manchester United's Irish Connection*. Edinburgh: Mainstream, 1999.
Morris, William. *News from Nowhere*. 1890. Oxford: Oxford UP, 2009.［ウィリアム・モリス『ユートピアだより』川端康雄訳、晶文社、2003年。］
Morse, Greg. *John Betjeman: Reading the Victorian*. Eastborne: Sussex Academic, 2008.
Muir, Gregor. *Lucky Kunst: The Rise and Fall of Young British Art*. London: Aurum, 2009.
Mulholland, Neil. *Cultural Devolution: Art in Britain in the Late Twentieth Century*. Aldershot: Ashgate, 2003.
Mulvagh, Jane. *Vivienne Westwood: An Unfashionable Life*. 1998. London: Harper, 1999.
Muncie, John. "Pop Culture, Pop Music and Postwar Youth: Subcultures." *Politics, Ideology and Popular Culture*. Popular Culture: A Second Level Course 1. Milton Keynes: Open UP, 1981. 31-62.
Nabokov, Vladimir. *Lolita*. New York: Putnam's, 1955.［ウラジーミル・ナボコフ『ロリータ』若島正訳、新潮社、2005年。］
Nairn, Tom. *The Break-Up of Britain: Crisis and Neo-Nationalism*. 1977. 2nd ed. London: Verso, 1981.
"National Statistics." 10 April 2010 <http://www.statistics.gov.uk/downloads/census2001/National_report_EW_Part1_Section2.pdf>.
Naylor, Gillian. *Arts and Crafts Movement: A Study of Its Sources, Ideals, and Influence on Design Theory*. London: Trefoil, 1990.
"New Rights for Gay Couples." *BBC News* 30 June 2003. 30 May 2011 <http://news.bbc.co.uk/2/hi/uk_news/politics/3031332.stm>.
Ngũgĩ wa Thiong'o. *Devil on the Cross*. London: Heinemann, 1982.
Norman, Philip. *John Lennon: The Life*. London: Ecco, 2008.
*Official Book of the Festival of Britain, 1951. The*. London: HMSO, 1951.
Ortolano, Guy. *The Two Cultures Controversy: Science, Literature and Cultural Politics in Postwar Britain*. Cambridge: Cambridge UP, 2009.
Orwell, George. "In Defence of English Cooking." *Evening Standard* 15 Dec 1945. *The Complete Works of George Orwell*. 20 vols. Ed. Peter Davison. London: Secker & Warburg, 1986-1998. Vol. 17. 446-449.［ジョージ・オーウェル「イギリス料理の擁護」小野寺健訳、川端康雄編『オーウェル評論集4――ライオンと一角獣』平凡社、2009年、259-264頁。］
――. *Nineteen Eighty-Four*. 1949. London: Penguin, 1989.［ジョージ・オーウェル『1984年』新庄哲夫訳、早川書房、1972年。高橋和久訳、早川書房、2009年。］
――. *The Road to Wigan Pier*. 1937. London : Penguin, 1989.［ジョージ・オーウェル『ウィガン波止場への道』土屋宏之・上野勇訳、筑摩書房、1996年。］
Outhart, Tony, et al. *Advanced Vocational Travel and Tourism*. London: HarperCollins, 2000.

Paul, Kathleen. *Whitewashing Britain: Race and Citizenship in the Postwar Era.* Ithaca: Cornell UP, 1997.
Phillips, Barty. *Conran and the Habitat Story.* London: Weidenfeld, 1984.
Phillipson, Robert. *Linguistic Imperialism.* Oxford: Oxford UP, 1992.
*Playboy Interviews with John Lennon and Yoko Ono, The.* Interviewed by David Sheff. Ed. G. Barry Golson. Chicago: Playboy P, 1981.
Poggioli, Renato. *The Theory of the Avant-Garde.* Trans. Gerald Fitzgerald. 1962. Cambridge, MA: Harvard UP, 1968.［レナート・ポッジョーリ『アヴァンギャルドの理論』篠田綾子訳、晶文社、1988年。］
Pollock, Allyson M. *NHS plc: The Privatization of Our Health Care.* London: Verso, 2005.
Postgate, Raymond. *The Good Food Guide: 1951-1952.* London: Cassell, 1951.
Power, Sally, et al. *Education and the Middle Class.* Buckingham: Open UP, 2003.
Priestley, J. B. *English Journey.* London: Heinemann, 1934.［J・B・プリーストリー『イングランド紀行』橋本槇矩訳、岩波書店、2007年。］
Ralph, J. D. "The Telecinema: Planning the Exhibition." *Films in 1951: A Special Publication on British Films and Film-Makers.* London: Sight & Sound, 1951. 43-44.
Reid, John. *Limits of the Market, Constraints of the State: The Public Good and NHS.* London: the Social Market Foundation, 2005.
Reisz, Karel. "A Use for Documentary." *Universities and Left Review* 3 (Winter 1958): 23-24, 65-66.
*Report of the Committee on the Homosexual Offences and Prostitution*, 1964.
Riley, Denise. *War in the Nursery: Theories in the Child and Mother.* London: Virago, 1983.
Roberts, John. "Mad for It! Philistinism, the Everyday and the New British Art." *Third Text* no. 35 (Summer 1996): 29-42.
——. "Notes on 90s Art." *Art Monthly* 200 (1996): 3-4.
Rorty, Richard. "The Barber of Kasbeam: Nabokov on Cruelty." *Contingency, Irony, and Solidarity.* Cambridge: Cambridge UP, 1989. 141-168.
Rose, Nikolas. *Governing the Soul: The Shaping of the Private Self.* 2nd ed. London: Routledge, 1999.
Rushdie, Salman. *Imaginary Homelands: Essays and Criticism 1981-1991.* London: Penguin, 1992.
Ruskin, John. *Unto This Last.* 1860. *Unto This Last and Other Writings.* Ed. Clive Wilmer. London: Penguin, 1986.［ジョン・ラスキン『この最後の者にも・ごまとゆり』飯塚一郎・木村正身訳、中央公論新社、2008年。］
Russell, Patrick, and James Piers Taylor, eds. *Shadows of Progress: Documentary Film in Post-war Britain.* Basingstoke: Macmillan, 2010.
Ryan, Deborah S. *The Ideal Home through the 20th Century.* London: Hazar, 1997.
Samuel, Raphael. *Theatres of Memory.* Vol. 1: Past and Present in Contemporary Culture. London: Verso, 1994.
Savage, Jon. *England's Dreaming: Sex Pistols and Punk Rock.* London: Faber, 1991.［ジョン・サヴェージ『イングランズ・ドリーミング──セックス・ピストルズとパンク・ロック』水上はるこ訳、シンコー・ミュージック、1995年。］
Scally, John. *Simply Red and Green: Manchester United and Ireland: A Story of a Love Affair.* Edinburgh: Mainstream, 1998.
Schlesinger, Arthur M. Jr. *The Vital Center: The Politics of Freedom.* Boston: Houghton Mifflin, 1949.［アーサー・M・シュレジンガー・Jr.『中心──アメリカ自由主義の目的と危機』全2巻、吉沢清次郎訳、時事通信社、1964年。］

Schwartz, Lawrence H. *Creating Faulkner's Reputation: The Politics of Modern Literary Criticism*. Knoxville: U of Tennessee P, 1988.

Scott-Smith, Giles. *The Politics of Apolitical Culture: The Congress for Cultural Freedom, the CIA and Post-war American Hegemony*. London: Routledge, 2002.

Sillitoe, Alan. *Saturday Night and Sunday Morning*. London: W. H. Allen, 1958. ［アラン・シリトー『土曜の夜と日曜の朝』永川玲二訳、新潮社、1979年。］

Skidelsky, Robert. *John Maynard Keynes: Fighting for Freedom, 1937-1946*. London: Macmillan, 2002.

Smith, Patricia Juliana, ed. *The Queer Sixties*. London: Routledge, 1999.

Snow, C. P. *The Two Cultures*. Cambridge: Cambridge UP, 1998. ［C・P・スノー『二つの文化と科学革命』松井巻之助訳、みすず書房、1999年。］

Spencer, Colin. *British Food: An Extraordinary Thousand Years of History*. London: Grub Street, 2002.

Spencer, Ian R. G. *British Immigration Policy since 1939: The Making of Multi-Racial Britain*. London: Routledge, 1997.

Spitz, Bob. *The Beatles: The Biography*. London: Little, 2005.

Spottiswoode, Raymond. "Three Dimensions — Or Two?" *Films in 1951: A Special Publication on British Films and Film-Makers*. London: Sight & Sound, 1951. 44-45.

Stacy, Sally. "Tartan." *Components of Dress: Design, Manufacturing, and Image-making in the Fashion Industry*. Eds. Juliet Ash and Lee Wright. London: Routledge, 1988. 52-53.

Stallabrass, Julian. *High Art Lite: The Rise and Fall of Young British Art*. Rev. ed. London: Verso, 2006.

Streetwise Opera. "Giving Homeless People a Voice." 25 May 2011 <http://www.streetwiseopera.org/>.

Stonebridge, Lyndsey. *The Writing of Anxiety: Imagining Wartime in Mid-Century British Culture*. New York: Palgrave, 2007.

Sulpy, Doug, and Ray Schweighardt. *Get Back: The Beatles' Let It Be Disaster*. London: Helter Skelter, 2003.

"Summary of the Report of the Independent Committee of Enquiry into the Overseas Information Services [Drogheda Report]." *Miscellaneous* 12 (April, 1954). Cmd. 9138. London: H. M. Stationery Office, 1954.

Tailor, Neil. *Document and Eyewitness: An Intimate History of Rough Trade: The Rough Trade Story*. London: Orion, 2010.

Thane, Pat. "Visions of Gender in the Making of the British Welfare State: the Case of Women in the British Labour Party and Social Policy, 1906-45." *Maternity and Gender Policies: Women and the Rise of the European Welfare State, 1880s-1950s*. Eds. Gisela Bock and Pat Thane. London: Routledge, 1991. 93-118.

Thatcher, The Rt Hon. The Baroness Margaret. "Reflections on Liberty." *The Political Legacy of Margaret Thatcher*. Ed. Stanislao Pugliese. London: Methuen, 2003. 1-8.

Thompson, E. P., et al. *Out of Apathy*. London: Steavens, 1960. ［E・P・トムスン編『新しい左翼――政治的無関心からの脱出』福田歓一・河合秀和・前田康博訳、岩波書店、1963年。］

Till, Rupert. *Pop Cult: Religion and Popular Music*. London: Continuum, 2010.

*Time Out* Editors. "Terence Conran on Building the Royal Festival Hall in 1951." *Time Out* 31 May 2007. 13 July 2011 <http://www.timeout.com/london/features/2964/Terence_Conran_on_ building_the_Royal_ Festival_Hall_in_1951.html>.

Tiratsoo, Nick. "Popular Politics, Affluence, and the Labour Party in the 1950s." *Contemporary

  *British History, 1931-61: Politics and the Limits of Policy.* Eds. Anthony Gorst, Lewis Johnman, and W. Scott Lucas. London: Pinter, 1991.
Tolkien, J. R. R. *The Lord of the Rings.* 3 vols. 1954-55. London: HarperCollins, 2005.［J・R・R・トールキン『指輪物語』全9巻、瀬田貞二・田中明子訳、評論社、1992年。］
――. "English and Welsh." *The Monsters and the Critics and Other Essays.* London: HarperCollins, 2006. 162-97.
Tomlinson, Sally. *Education in a Post-Welfare Society.* Maidenhead: Open UP, 2005.［S・トムリンソン『ポスト福祉社会の教育――学校選択・生涯教育・階級・ジェンダー』後洋一訳、学文社、2005年。］
"Tower Hamlets Council." 8 Aug. 2011 <http://www.towerhamlets.gov.uk/>.
Toynbee, Polly, and David Walker. *Unjust Rewards: Ending the Greed That Is Bankrupting Britain.* London: Granta, 2008.［ポリー・トインビー、デイヴィッド・ウォーカー『中流社会を捨てた国』青島淑子訳、東洋経済新報社、2009年。］
Trilling, Lionel. *Beyond Culture: Essays on Literature and Learning.* 1955. New York: Viking, 1965.
Turner, Alwyn W. *Crisis? What Crisis?: Britain in the 1970.* London: Aurum, 2008.
Turnock, Robert. *Interpreting Diana: Television Audiences and the Death of a Princess.* London: BFI, 2000.
"US Military Deaths in Iraq War at 4,454, The." *US News* 1 June 2011. 11 June 2011 <http://www.msnbc.msn.com/id/43236755/ns/us_news/t/us-military-deaths-iraq-war/>.
Van der Pijl, Kees. *The Making of an Atlantic Ruling Class.* London: Verso, 1984.
Vincent, A. *Choosing Your GCSES.* Richmond: Trotman, 2010.
Virno, Paolo. "Do You Remember Counterrevolution?" *Radical Thought in Italy: A Potential Politics.* Eds. Paolo Virno and Michael Hardt. Minneapolis: U of Minnesota P. 1996. 241-259.［パオロ・ヴィルノ「君は反革命をおぼえているか？」酒井隆史訳『現代思想』青土社、1997年5月、253-269頁。］
Vogel, Carol. "Australian Museum Cancels Controversial Art Show." *The New York Times* 1 Dec. 1999.
Walker, John A. *Left Shift: Radical Art in 1970s Britain.* London: Tauris, 2002.
Wallerstein, Immanuel. *After Liberalism.* New York: New P, 1995.［I・ウォーラーステイン『アフター・リベラリズム――近代世界システムを支えたイデオロギーの終焉』松岡利道訳、藤原書店、1997年。］
Webster, Charles. *The National Health Service: A Political History.* 2nd ed. Oxford: Oxford UP, 2002.
Welsh, Irvin. *Trainspotting.* London: Secker, 1993.［アーヴィン・ウェルシュ『トレインスポッティング』池田真紀子訳、角川書店、1998年。］
Werbner, Pnina. "Theorising Complex Diasporas: Purity and Hybridity in the South Asian Public Sphere in Britain." *Journal of Ethnic and Migration Studies*, 30.5（2004）: 895-911.
Whannel, Garry. *Media Sport Stars: Masculinities and Moralities.* London: Routledge, 2002.
White, A. J. S. *The British Council: The First Twenty Five Years.* London: British Council, 1965.
White, Brian P. "British Foreign Policy: Tradition and Change." *Foreign Policy in World Politics.* Ed. Roy C. Macridis. Englewood Cliffs, N.J.: Prentice-Hall, 1992. 7-131.
Wilcox, Claire. *Vivienne Westwood.* London: Victoria and Albert Museum, 2004.
Wildeblood, Peter. *Against the Law.* London: Weidenfeld, 1956.
Wilhide, Elizabeth. *The Millennium Dome.* Forward by the Prime Minister, the Rt Hon Tony Blair MP. London: HarperCollins Illustrated, 1999.
――. *Terence Conran: Design and the Quality of Life.* London: Thames & Hudson, 1999.

Williams, Daniel G. "Introduction: The Return of the Native." Raymond Williams. *Who Speak for Wales?: Nation, Culture, Identity*. Cardiff: U of Wales P, 2003. xv-liii.［ダニエル・G・ウィリアムズ「帰郷──『誰がウェールズのために語るのか？』序章」近藤康裕訳『レイモンド・ウィリアムズ研究』第2号、2011年、55-115頁。］

Williams, Raymond. "Adult Education and Social Change." *Border Country: Raymond Williams in Adult Education*. Eds. John McIlroy, and Sallie Westwood. Leicester: National Institute of Adult Education, 1993. 255-64.

──. *Border Country*. 1960. Cardigan: Parthian, 2006.［レイモンド・ウィリアムズ『辺境』小野寺健訳、講談社、1972年。］

──. "Community." 1985. *Who Speaks for Wales?: Nation, Culture, Identity*. Ed. Daniel Williams. Cardiff: U of Cardiff P, 2003. 27-33.

──. *The Country and the City*. Oxford: Oxford UP, 1973.［レイモンド・ウィリアムズ『田舎と都会』山本和平・増田秀男・小川雅魚訳、晶文社、1985年。］

──. *Culture and Society*. 1958. New York: Columbia UP, 1983.［レイモンド・ウィリアムズ『文化と社会』若松繁信・長谷川光昭訳、1968年。改版2008年。］

──. "Culture Is Ordinary." *Convictions*. Ed. Norman MacKenzie. London: MacGibbon, 1958. 74-92.

──. *The English Novel from Dickens to Lawrence*. London: Chatto, 1970.

──. *Orwell*. London: Collins, 1971.

──. "This Actual Growth." Dai Smith. *Raymond Williams: A Warrior's Tale*. Cardigan: Parthian, 2008. 470-474.

Williamson, Judith. *Decoding Advertisements: Ideology and Meaning in Advertising*. London: Marion Boyars, 1994.［ジュディス・ウィリアムソン『広告の記号論──記号生成過程とイデオロギー』全2巻、山崎カヲル・三神弘子訳、柘植書房新社、1985年。］

Wilmut, Roger, and Jimmy Grafton. *The Goon Show Companion: A History and Goonography*. London: Robson, 1992.

Wilson, Harold. *The New Britain: Labour's Plan Outlined by Harold Wilson*. Harmondsworth: Penguin, 1964.

Windsor, House of. *Royal Family: The Story in Pictures from the Historic Documentary Film*. London: n.p., 1969.

Wollen, Peter. "Thatcher's Artists." *London Review of Books* 19.21 (1997): 7-9.

Womack, Kenneth, ed. *The Cambridge Companion to The Beatles*. Cambridge: Cambridge UP, 2009.

Wood, Phil, and Charles Landry. *The International City: Planning for Diversity Advantage*. London: Sterling, 2008.

Wright, Patrick. *On Living in an Old Country: The National Past in Contemporary Britain*. Oxford: Oxford UP, 2009.

Wu, Chin-Tao. *Privatising Culture: Corporate Art Intervention since the 1980s*. London: Verso, 2002.

Wyndham, John. *The Day of the Triffids*. 1951. London: Penguin, 2000.［ジョン・ウィンダム『トリフィド時代』井上勇訳、東京創元社、1963年。］

Young, Jock. *The Exclusive Society: Social Exclusion, Crime and Difference in Late Modernity*. London: Sage, 1999.［ジョック・ヤング『排除型社会──後期近代における犯罪・雇用・差異』青木秀男ほか訳、洛北出版、2007年。］

Young, Michael. *The Rise of the Meritocracy*. London: Thames & Hudson, 1958.［マイケル・ヤング『メリトクラシーの法則』伊藤慎一訳、至誠堂、1965年。］

〈日本語文献〉
青木保『儀礼の象徴性』岩波書店、2006年。
阿部菜穂子『イギリス「教育改革」の教訓——「教育の市場化」は子供のためにならない』岩波書店、2007年。
荒井利明『英国王室と英国人』平凡社、2000年。
石井美樹子『ダイアナ・メッセージ』小学館、1998年。
イシグロ、カズオ「［インタビュー］『わたしを離さないで』、そして村上春樹のこと」『文学界』2006年8月号、文芸春秋、2008年。
伊東豊子「デミアン・ハースト——ある正直者の軌跡」『美術手帖』第909号、美術出版社、2008年、98-109頁。
伊藤善典『ブレア政権の医療福祉改革——市場機能の活用と社会的排除への取組み』ミネルヴァ書房、2006年。
今井スミ「パンクが訴えてきた切実なメッセージ」『クロスビート Vol. 8 パンク大全集』シンコー・ミュージック、2007年、72-73頁。
イングリス、イアン編『ビートルズの研究』村上直久・古屋隆訳、日本経済評論社、2005年。
宇沢弘文、鴨下重彦編『社会的共通資本としての医療』東京大学出版会、2010年。
エジェル、スティーヴン『階級とは何か』橋本健二訳、青木書店、2002年。
大田直子『現代イギリス「品質保証国家」の教育改革』世織書房、2010年。
大田信良『帝国の文化とリベラル・イングランド——戦間期イギリスのモダニティ』慶應義塾大学出版会、2010年。
越智博美「冷戦とアメリカの文化政策」大橋洋一編『現代批評理論のすべて』新書館、2006年、152頁。
大貫隆史・河野真太郎「21世紀の生のためのキーワード——新しい批評のことば——第4回 マネジメント」『Web 英語青年』156巻4号、研究社、2010年7月、29-39頁。
小野修編著『現代イギリスの基礎知識——英国は変わった』明石書店、1999年。
小野二郎『小野二郎セレクション イギリス民衆文化のイコノロジー』川端康雄編、平凡社、2002年。
加藤めぐみ「大英帝国と銀河帝国のバイオポリティクス——ポスト・ヘリテージ映画が繋ぐ二つの世紀」大谷伴子ほか編『ポスト・ヘリテージ映画——サッチャリズムの英国と帝国アメリカ』上智大学出版、2010年、53-81頁。
川北稔『世界の食文化17——イギリス』農山漁村文化協会、2006年。
川出絵里「サーチ・コレクションと英国アートシーンの現在」『美術手帖』第752号、美術出版、1998年、104-116頁。
川端康雄『オーウェルのマザー・グース——歌の力、語りの力』平凡社、1998年。
——『ジョージ・ベストがいた——マンチェスター・ユナイテッドの伝説』平凡社、2010年。
——「ボーダーのライター」（「レイモンド・ウィリアムズとの出会い」第5回）『英語青年』第154巻第12号、研究社、2009年3月、726-733頁。
キニャティ、マイナ・ワ『マウマウ戦争——埋もれたケニア独立前史』楠瀬桂子・砂野幸稔・峯陽一訳、宮本正興監訳、第三書館、1992年。
木下誠「帝国の見世物——プリンス・オヴ・ウェールズの海外ツアーと大英帝国博覧会」『愛と戦いのイギリス文化史 1900-1950年』155-170頁。
君塚直隆『女王陛下の外交戦略』講談社、2008年。
クリスティ、アガサ『牧師館の殺人』田村隆一訳、早川書房、2003年。
クリステヴァ、ジュリア『恐怖の権力』枝川昌雄訳、法政大学出版局、1984年。
クロス、ロバート「若者文化と戦後イギリス社会」小野修編『現代イギリスの基礎知識』9-33頁。

クーン、アネット、アンマリー・ウォルプ編『マルクス主義フェミニズムの挑戦』上野千鶴子他訳、勁草書房、1986年。
小池滋『英国鉄道物語』（新版）晶文社、2006年。
河野真太郎「国民文化と黄昏の帝国——英文学・イングランド性・有機体論」『愛と戦いのイギリス文化史 1900-1950年』203-216頁。
近藤和彦『文明の表象　英国』山川出版社、1998年。
斎藤環『心理学化する社会』河出書房新社、2009年。
佐々木雄太「総論」佐々木雄太編『世界戦争の時代とイギリス帝国』ミネルヴァ書房、2006年、1-24頁。
サージェント、リディア編『マルクス主義とフェミニズムの不幸な結婚』田中かず子訳、1991年、勁草書房。
佐藤良明『ビートルズとは何だったのか』みすず書房、2006年。
──『ラバーソウルの弾みかた──ビートルズと60年代文化のゆくえ』平凡社、2004年。
シェイクスピア、ウィリアム『ハムレット』福田恆存訳、新潮社、1967年。
ジオンゴ、グギ・ワ『精神の非植民地化──アフリカ文学における言語の政治学』宮本正興・楠瀬佳子訳、第三書館、2010年。
末長照和編『20世紀の美術』美術出版社、2000年。
菅靖子『イギリスの社会とデザイン──モリスとモダニズムの政治学』彩流社、2005年。
──『モダニズムとデザイン戦略──イギリスの広報政策』星雲社、2008年。
セイヤーズ、ジャネット『20世紀の女性精神分析家たち』大島かおり訳、晶文社、1993年。
ダウルディング、ウィリアム・J『ビートルソングス（新装版）』奥田祐士訳、ソニーマガジンズ、2009年。
田口哲也「イギリスの映像文化の現在」小野修編『現代イギリスの基礎知識』165-182頁。
田口典男『イギリス労使関係のパラダイム転換と労働政策』ミネルヴァ書房、2007年。
武内和久、竹之下泰志『公平・無料・国営を貫く英国の医療改革』集英社、2009年。
ダラ・コスタ、マリアローザ『家事労働に賃金を──フェミニズムの新しい展望』伊田久美子・伊藤公雄訳、インパクト出版会、1986年。
堤未果『ルポ 貧困大国アメリカ』岩波書店、2008年。
トインビー、ポリー『ハードワーク』椋田尚子訳、東洋経済新報社、2005年。
東嶋和子『人体再生に挑む──再生医療の最前線』講談社、2010年。
トゥレース、アラン『声とまなざし──社会運動の社会学』梶田孝道訳、新泉社、2011年。
富田理恵「連合王国は解体するか？──スコットランドとウェールズへの権限移譲」木畑洋一編著『現代世界とイギリス帝国』ミネルヴァ書房、2007年、95-127頁。
中井亜佐子『他者の自伝──ポストコロニアル文学を読む』研究社、2007年。
中込智子「パンク・ロックは、最悪の状況を自らの手で打破し蹴散らし創造しようとする精神だった」『ロッキング・オン』36巻11号、ロッキング・オン、2007年10月、40頁。
永田喜文「炭鉱の消えた丘──グレート・ストライキおよび以後のウェールズの詩／詞」法政大学比較経済研究所・曽村充利編『新自由主義は文学を変えたか──サッチャー以後のイギリス』法政大学出版局、2008年、263-91頁。
中西真人編『別冊177　先端医療をひらく──iPS細胞、がん治療、創薬、医工連携』日経サイエンス社、2011年。
成実弘至『20世紀ファッションの文化史──時代をつくった10人』河出書房、2007年。
新元良一「カズオ・イシグロ来日インタビュー　行き着くところは"人間とは何か？"という問い」映画『わたしを離さないで』プログラム、20世紀フォックス映画、2011年。
新田秀樹「美術館の欲望──『センセーション』展の舞台裏」『アートマネジメント研究』第１号、美術出版社、2000年、95-97頁。

根本長兵衛『文化とメセナ――ヨーロッパ／日本：交流と対話』人文書院、2005年。
野村宗訓監修『欧州の電力取引と自由化』日本電気協会新聞部、2003年。
――「市場メカニズムを貫徹させるイギリス電力政策――原発民営化プログラムの決定」『経済学論究』51巻第2号、関西学院大学、1997年、213-227頁。
浜邦彦「文学＝運動あるいは運動としての文学――移住者たちの公共圏」『英語青年』第1858号、研究社、2003年12月、526-529頁。
ビートルズ、ザ『ザ・ビートルズ・アンソロジー』リットー・ミュージック、2000年。
――『ビートルズ全詩集』内田久美子訳、シンコー・ミュージック、2000年。
ビル、ハリー『ビートルズ百科全書』三井徹訳、集英社、1994年。
フォースター、E・M「イギリス国民性覚書」『フォースター評論集』小野寺健編訳、岩波書店、1996年、65-84頁。
ブルデュー、ピエール、ジャン=クロード・パスロン『再生産――教育・社会・文化』（ブルデューライブラリー）宮島喬訳、藤原書店、1991年。
プロクター、ジェームス『スチュアート・ホール』小笠原博毅訳、青土社、2006年。
法政大学比較経済研究所・曽村充利編『新自由主義は文学を変えたか――サッチャー以後のイギリス』（比較経済研究所研究シリーズ23）法政大学出版局、2008年。
細谷雄一『倫理的な戦争――トニー・ブレアの栄光と挫折』慶應義塾大学出版会2009年。
マクドナルド、イアン『ビートルズと60年代』奥田祐士訳、キネマ旬報社、1996年。
松井みどり『アート："芸術"が終わった後の"アート"』朝日出版社、2002年。
松浦京子「義務と自負――成人教育におけるシティズンシップ」小関隆編『世紀転換期イギリスの人びと――アソシエイションとシティズンシップ』人文書院、2000年、103-65頁。
ミッチェル、ジュリエット『女性論――性と社会主義』佐野健治訳、合同出版、1973年。
宮崎駿『出発点1979～1996』徳間書店、1996年。
武藤浩史「1950年――労働党政権と想像的なものの意味」『愛と戦いのイギリス文化史1900-1950年』304-314頁。
――『『チャタレー夫人の恋人』と身体知――精読から生の動きの学びへ』筑摩書房、2010年。
武藤浩史・糸多郁子「英文学の変貌と放送の誕生――階級・メディア・2つの世界大戦」『愛と戦いのイギリス文化史1900-1950年』237-252頁。
村山敏勝「友愛？ソドミー？――男性同性愛と性科学の階級的変奏」『愛と戦いのイギリス文化史1900-1950年』91-104頁。
茂市順子・川端康雄「社会をつくりなおす――再建の『社会主義』」『愛と戦いのイギリス文化史1900-1950年』38-51頁。
森嶋通夫『サッチャー時代のイギリス――その政治、経済、教育』岩波書店、1988年。
山﨑勇治『石炭で栄え滅んだ大英帝国』ミネルヴァ書房、2008年。
山下邦彦『ビートルズのつくり方』太田出版、1994年。
山下昇「あとがき」『冷戦とアメリカ文学』世界思想社、2001年、403-5頁。
山田雄三『感情のカルチュラル・スタディーズ――『スクリューティニ』の時代からニュー・レフト運動へ』開文堂出版、2005年。
山本浩『決断の大商――ブレアのイラク戦争』講談社、2004年。
結城康博『国民健康保険』岩波書店、2010年。
ルイソン、マーク『ザ・ビートルズワークス』ザ・ビートルズ・クラブ訳、洋泉社、2008年。
レノン、ジョン『レノン・リメンバーズ』片岡義男訳、草思社、2001年。
レノン、ジョン、オノ・ヨーコ『ジョン・レノンラスト・インタビュー』池澤夏樹訳、中央公論新社、2001年。
ロバーツ、ジェイムズ「デミアン・ハースト――彼はすべてのものを内に…」『美術手帖』第665号、美術出版社、1993年、111–121頁。

――「デミアン・ハーストの時代」『美術手帖』第791号（2000年）、43-50頁。
和久井光司『ビートルズ――20世紀文化としてのロック』講談社、2000年。

〈映像資料〉（断りのない限り DVD）
『アブソリュートリー・ファビュラス』(*Absolutely Fabulous*, 1992-) BBC（VHS、ポリスター、1998年、シリーズ3まで）。
『風が吹くとき』(*When the Wind Blows*, 1986) ジミー・T・ムラカミ監督、レイモンド・ブリッグズ原作及び脚本（アット エンタテイメント、2001年）。
『カレンダー・ガールズ』(*Calendar Girls*, 2003) ナイジェル・コール監督（ブエナ・ビスタ・ホーム・エンターテイメント、2005年）。
『クイーン』(*The Queen*, 2006) スティーヴン・フリアーズ監督（エイベックス・マーケティング、2007年）。
『この自由な世界で』(*It's a Free World*, 2007) ケン・ローチ監督（ジェネオンエンタテイメント、2009年）。
『ザ・スミス コンプリート・ピクチャー』(*The Smiths: The Complete Picture*, 1992) デレク・ジャーマン監督、ザ・スミス出演（PV 3部作の内2作収録、ワーナー・ミュージックジャパン、2006年）。
『シッコ』(*Sicko*, 2007) マイケル・ムーア監督（Happinet, 2009年）。
『ダイアナ――プリンセス最期の日々』(*Diana: The Last Days of a Princess*, 2007) リチャード・デイル監督（CKエンタテインメント、2007年）。
『This Is England』(*This is England*, 2006) シェーン・メドウズ監督（キングレコード、2009年）。
『天空の城ラピュタ』宮崎駿監督（スタジオジブリ、1986年）。
『トレインスポッティング』(*Trainspotting*, 1996) ダニー・ボイル監督（角川映画、2009年）。
『ヒストリー・ボーイズ』(*The History Boys*, 2006) ニコラス・ハイトナー監督、アラン・ベネット脚本（20世紀フォックスホームエンタテイメントジャパン、2009年）。
『ザ・ビートルズ・アンソロジー』(*The Beatles Anthology*, 2003) ザ・ビートルズ（EMIミュージック・ジャパン、2003年）。
『ナビゲーター――ある鉄道員の物語』(*The Navigators*, 2001) ケン・ローチ監督（ジェネオン・エンタテインメント、2007年）。
『NO FUTURE』(*The Fifth and the Fury*, 2000) ジュリアン・テンプル監督（ビデオメーカー、2009年）。
『ハード・デイズ・ナイト』(*A Hard Day's Night*, 1964) リチャード・レスター監督、ザ・ビートルズ主演（松竹、2010年）。
『ブリジット・ジョーンズの日記』(*Bridget Jones's Diary*, 2001) シャロン・マグアイア監督（ジェネオン・ユニバーサル・エンターテインメント、2009年）。
『マイ・ビューティフル・ランドレット』(*My Beautiful Laundrette*, 1985) スティーヴン・フリアーズ監督（アスミック／角川エンタテインメント、2010年）。
『Mr. ビーン』(*Mr Bean*, 1991-95) ローワン・アトキンソン出演（ジェネオン エンタテインメント、2009年）。
『リヴ・フォーエヴァー』(*Live Forever*, 2003) ジョン・ダウアー監督（メディアファクトリー、2004年）。
『ロリータ』(*Lolita*, 1961) スタンリー・キューブリック監督（ワーナー・ホーム・ビデオ、2010年）。
『わが谷は緑なりき』(*How Green Was My Valley*, 1941) ジョン・フォード監督（ファーストトレーディング、2011年）。
*Britannia Hospital*. Dir. Lindsey Anderson. Perf. Leonardo Rossiter, Graham Crowden, and

Malcolm MacDowell. 1982. Studio Canal. 2004.
*Everyday Except Christmas*（Free Cinema DVD）
*Family Portrait*. Dir. Humphrey Jennings, 1950. *Listen to Britain and Other Films by Humphrey Jennings*. Image Entertainment, 2002.
*Festival in London*. Dir. Maurice Harvey and Jacques Brunius. Produced by Richard Massingham. 1951. *London in Festival Year 1951*. Paramint Cinema, 2006.
*Free Cinema*. BFI. 2006.
*Getting On: Series One*. Prod. Geoff Atkinson. Dir. Peter Capaldi. BBC. 2009.
*A Film on the Theme of the Festival of Britain, 1951*. Wessex Film Production, 1951.
*Land of Promise: The British Documentary Movement*. BFI. 2008.［Jennings の Family Portrait を含む。］
*My Son the Fanatic*. Udayan Prasad. Dir. Son of Zaphyr, 1997. BBC Films, 2003.
*A Queen is Crowned*. Prod. Castleton Knight. 1953. Granada, 2007.
*Seven Ages of Rock*. By William Naylor. Two. 7 episodes. BBC, 2007.［7 つのエピソードからなるロック史のドキュメンタリー。BBC 第 2 にて 2007 年 5 月 19 日から 6 月 30 日まで放映。日本語版は『みんなロックで大人になった』と題して NHK BS-1 で 2009 年 1 月 5 -11 日に放映。］
*Somers Town*. Dir. Shane Meadows, Optimum Home Entertainment, 2009.
*Taking Liberties*. Dir. Chris Atkins. 2007. DVD. Revolver Entertainment, 2007.

# イギリス文化史年表

| 年 | 政権（政党）・王位（王室） | 政策・社会・経済 |
|---|---|---|
| 1945 | 5.チャーチル戦時挙国一致連立内閣解消、チャーチル保守党選挙管理内閣。7.総選挙で労働党大勝、C・アトリー労働党内閣（ベヴィン外相、ベヴァン保健相）。 | 2.ヤルタ会談。英米によるドレスデン大空襲、独市民数十万人の死者。3.連合軍、ライン川を越えて進攻。4.英軍、ベルゼン強制収容所を占領。5.8.英国全土で欧州での戦勝を祝う。6.英軍、レバノンとシリアを占拠。家族手当法。7.ポツダム会談。 |
| 1946 | | 3.イングランド銀行国有化。チャーチル、「鉄のカーテン」演説。7.パン配給制開始。8.国民保険法制定。10.内閣秘密委員会GEN75で核兵器独自開発決定。10.国民保健サーヴィス法制定。11.ニュータウンとしてスティーヴネージの開発開始。バーロウ報告。 |
| 1947 | 11.S・クリップス、蔵相に。11.20.エリザベス王女結婚式。 | 1.石炭、電信・電話国有化。2-3.燃料・食糧危機。3.ダンケルク条約。4.燃料不足で石炭とガスの使用を9月まで禁止。7.ポンド自由交換（翌月に中止）。8.アトリー、ポンド防衛のための緊縮経済政策を発表。インド、パキスタン分離独立。中等教育学校選別試験（イレヴン・プラス）開始。 |
| 1948 | 11.14.チャールズ王子誕生。 | 1.鉄道国有化。3.欧州5ヶ国（ブリュッセル）条約。4.電力国有化。5.パレスチナの委任統治終了、撤退。長距離道路輸送国有化。6.エンパイア・ウィンドラッシュ号ティルベリー港に到着。7.国民保健サーヴィス制度（NHS）開始。英国国籍法発効。ガス国有化。9.ポンド30%切り下げ。 |
| 1949 | | 2.衣料の配給制の終了。4.アイルランド、共和国となり、英連邦から離脱。6.港湾スト。9.米ドルに対してポンド30%の平価切下げ。11.鉄鋼国有化法制定。ロンドンで国際自由労連創立大会。 |
| 1950 | 2.総選挙、労働党辛勝、第二次アトリー内閣。8.15.アン王女誕生。10.H・ゲイツケル、蔵相に就任。 | 5.石油の配給制終了。6.アトリー、北朝鮮を非難する国連決議を支持。7.アトリー、共産主義者の組合潜入活動を非難。8.英軍4千名、韓国に到着。9.石鹸の配給制の終了。12.アトリー訪米、トルーマンと会談、朝鮮戦争での米国の核兵器使用を抑制。ウェストミンスター寺院から「運命の石」盗難。 |
| 1951 | 10.総選挙で保守党が僅差で勝利、第二次チャーチル保守党内閣成立。 | 2.鉄鋼業国有化。4.軍拡に伴うNHSの一部有料化をめぐって内閣分裂。5.G・バージェスとD・マクレイン、ソ連に亡命。10.英軍、スエズ運河の要所数ヶ所を支配。英軍艦、ポート・サイードに停泊。 |
| 1952 | 2.6.ジョージ6世没。エリザベス2世即位。 | 1.英軍、エジプトのイスマイリアの警察本部を占拠。2.国民IDカード廃止。首相、原爆保有を発表。10.オーストラリア沖で、英国初の核実験。紅茶配給制終了。12.ロンドン・スモッグ事件、大気汚染で4千人以上死亡。 |

イギリス文化史年表　425

| 文化・芸術（文学、音楽、映画、美術等） | 世　　界 |
|---|---|
| 6. B・ブリテン『ピーター・グライムズ』（オペラ）初演。8. G・オーウェル『動物農場』刊行。E・ウォー『ブライズヘッド再訪』。A・ケストラー『ヨガ行者と人民委員』。D・リーン『逢いびき』（映画）。F・ベイコン《ある磔刑図の株の人物のための習作》。 | 4. ルーズベルト米大統領死去、後任にトルーマンが就任。ムッソリーニ銃殺。ヒットラー自殺。5. 独、無条件降伏。8. 米、広島、長崎に原爆投下。日本、無条件降伏、第二次世界大戦終結。10. 国連憲章採択。米ソ冷戦始まる (-89)。 |
| 6. テレビ放送再開（39年に中止）。8. H・G・ウェルズ没。10. アーツ・カウンシル設立（前身は40年設立）。／D・トマス『死と入り口』（詩）。D・リーン『大いなる遺産』（映画）。M・パウエル & E・プレスバーガー『天国への階段』（映画）。 | ブレトン・ウッズ協定発効。2. 米で世界初の電子計算機「エニアック」公開。7. 米ビキニ環礁で原爆実験。8. パリで平和会議。10. 国際連合発足。ニュルンベルク国際軍事裁判判決（12人死刑）。11.3. 日本国憲法発布。12. インドシナ戦争勃発。 |
| 8. エディンバラ芸術祭開始。10. オーウェル、ジュラ島で『一九八四年』の第1稿を完成。12. S・ボールドウィン没。／C・リード『邪魔者は殺せ』、J・ボールティング『ブライトン・ロック』、パウエル & プレスバーガー『黒水仙』（映画）。M・ラウリー『火山の下で』。 | 3. 米トルーマン・ドクトリン（反共対外援助）。6. マーシャル・プラン（米の欧州復興計画）。9. 米で国防総省と中央情報局が発足。共産圏でコミンフォルム設立。11. 国連総会でパレスチナの分割案可決。／カミュ『ペスト』。C・チャップリン『殺人狂時代』（米映画）。 |
| 1. 英国初のスーパーマーケット（ロンドン生協）。7-8. ロンドン五輪開催。／G・グリーン『事件の核心』。F・R・リーヴィス『偉大な伝統』。T・S・エリオット『文化の定義に向けての覚書』。T・S・エリオット、ノーベル文学賞。パウエル & プレスバーガー『赤い靴』（映画）。 | 1. 米の調査機関、広島で原爆の人体への影響の調査開始。ガンディ暗殺。GATT（関税と貿易に関する一般協定）発効。5. イスラエル建国、パレスチナ戦争（第一次中東戦争）。6. ソ連、ベルリン封鎖。11. 極東国際軍事裁判判決。12. 国連で世界人権宣言採択。中国人民解放軍、北京入城。 |
| 6. G・オーウェル『一九八四年』刊行。T・S・エリオット『カクテル・パーティ』初演。／D・フォアマン、BFIの長官に就任。C・リード『第三の男』、H・コーネリアス『ピムリコへのパスポート』（映画）。 | 2. A・ミラー『サラリーマンの死』ニューヨークで初演。4. 西側12ヶ国、北大西洋条約調印（8月に発効）、西欧集団防衛体制としての北大西洋条約機構（NATO）成立。8. ソ連初の原爆実験（9月に公表）。10. 中華人民共和国成立。10. ドイツの東西分裂が確定。 |
| 1. オーウェル没。9. H・ジェニングズ、『ファミリー・ポートレイト』製作後、ギリシアで死去。12. B・ラッセルにノーベル文学賞。／D・レッシング『草が歌っている』。C・S・ルイス「ナルニア国ものがたり」シリーズ刊行開始 (-56)。E・デイヴィッド『地中海料理』。 | 1. トルーマン米大統領、水爆製造を指示。5. シューマン・プラン。6. 朝鮮戦争勃発。／「文化的自由のための会議」(CCF) 創設。米でローゼンバーグ事件、マッカーシズム旋風（赤狩り）、国家安全保障会議第68決議。W・フォークナー、ノーベル文学賞。米で「ビート・ジェネレイション」登場。 |
| 5-9. ロンドン、サウス・バンクを主要会場として、全国各地でイギリス祭開催。5.『グーン・ショー』(BBCラジオ) 開始 (-60)。／G・グリーン『事情の終わり』。J・ウィンダム『トリフィド時代』。R・ポストゲイト『優秀料理ガイド』。L・フロイド《パディントンの室内》 | 4. 米、ローゼンバーグ夫妻に原子力スパイのかどで死刑判決（53年6月に執行）。日米安全保障条約調印。パリ条約、欧州石炭鉄鋼共同体（ECSC）発足。9. サンフランシスコ講和会議。10. NHKテレビ放送開始。／J・D・サリンジャー『ライ麦畑でつかまえて』。C・チャップリン『ライムライト』（米映画）。 |
| ナショナル・フィルム・シアター創設。BFI実験映画制作基金の創設。P・ブルック『乞食オペラ』、C・フレンド『怒りの海』（映画）。 | 4. サンフランシスコ講和条約発効。7. 欧州石炭鉄鋼共同体（ECSC）発足。S・ベケット『ゴドーを待ちながら』（仏語版、仏初演は53年）。11. ケニヤで政府の非常事態宣言（「マウマウ戦争」）。 |

| 年 | 政権（政党）・王位（王室） | 政策・社会・経済 |
|---|---|---|
| 1953 | 6.2 エリザベス2世戴冠式。テレビ中継され、受像機がこの機会に普及。 | 2. J・D・ワトソンとF・クリック、DNA分子構造を発見。5. 鉄鋼業民営化法成立。E・ヒラリー、エヴェレスト初登頂。9. 砂糖の配給制の終了。10. 英領ギニアで政情不安のため英軍を派遣。10. 3万戸の住宅を新築。 |
| 1954 | | 3. 商業テレビ（民放）の認可。独立テレビ公社設立。テディボーイが社会問題に。7. 食糧の配給制の全廃。8. 英国原子力公社設立。 |
| 1955 | 4. チャーチル、体調不良のため首相を辞任。後任にA・イーデン（保守党首も）。5. 総選挙で保守党勝利。イーデンが首相を継続。12. C・アトリー労働党首辞任、後任H・ゲイツケル。 | この年、ストライキが頻発。2. 政府は10年以内に12基の原子力発電所を建設する計画を公表。7. R・エリスの絞首刑（英国で死刑に処せられた最後の女性）。 |
| 1956 | | 7. 配給制度全廃。10. 英軍、仏軍とともにエジプト軍を攻撃（スエズ危機）。10. コールダー・ホール原子力発電所1号炉運転開始（西側諸国初の原発）。11. スエズ危機により中東は原油を封鎖。石油の配給制を導入。割増金付債権の導入。12. 英軍と仏軍、スエズから撤退。 |
| 1957 | 1. A・イーデン、病気のため首相を辞任。H・マクミランが後任（保守党首も）。12. 女王のクリスマス・スピーチを初めてテレビ放送。 | 5. 石油配給制の終了。クリスマス島で初の水爆実験。水爆実験に抗議する女性たちの行進。7. マクミラン首相「いまが最高」スピーチ。8.1 万2千人の港湾スト。週に2千人のペースで海外移出。9. 同性愛に関するウォルフェンデン報告書刊行（私的な同性愛行為の合法化を示唆）。10. ウィンドスケイル（セラフィールド）で原発火災、周辺に放射能汚染。 |
| 1958 | | 2. 核兵器廃絶運動（CND）開始。2.6. 「ミュンヘンの悲劇」（マンチェスター・ユナイテッドの選手を含む飛行機事故）。4.4-4.7. CND初の反核行進（ロンドンからオルダーマストンまで。以後63年まで毎年春に実行）。8-9. ノッティンガムとロンドンのノッティング・ヒルで人種暴動。第一次「タラ戦争」（アイスランド周辺海域のタラ漁場をめぐるアイスランド・英国間の紛争）。 |
| 1959 | 10. 総選挙で保守党圧勝。H・マクミラン第二次政権。 | 4. BMC社、新型小型車「ミニ」の発表。5. 輸入税率引き上げ。6. 「ラドクリフ報告」提出。8. 街頭違反条例発効（売春の規制）。10. D・H・ロレンスの『チャタレー夫人の恋人』猥褻罪容疑でペンギン社を起訴。郵便番号制の導入。11. 欧州自由貿易連合（EFTA）調印。高速道路M1の開通。英国原子力公社、世界初の高速増殖実験炉（スコットランド、ドゥーンレイ）で臨界状態に（62年より定常運転）。 |
| 1960 | 2.19. アンドリュー王子誕生。5.8. マーガレット王女、A・アームストロング＝ジョーンズと結婚式。 | 2. マクミラン首相「変化の風」演説。ファイリングデイルズ基地に米のミサイル初期警戒システム配備を政府同意。4. ロンドンで6万人規模の反核集会。9. 車検制度の導入。11. クライド湾の米軍基地にポラリス・ミサイル配備の決定。「チャタレー裁判」無罪判決。ペンギン版『チャタレー夫人の恋人』が発売初日に20万部売れる。12. 徴兵制を廃止。 |

| 文化・芸術（文学、音楽、映画、美術等） | 世　　　界 |
|---|---|
| T・コンランのスープ・キッチン開店。W・チャーチルにノーベル文学賞。I・フレミング『カジノ・ロワイヤル』（ボンド・シリーズの小説第一作）。A・C・クラーク『幼年期の終わり』。J・ウェイン『急いで下りろ』。D・トマス没。 | 1. D・D・アイゼンハワー、米大統領に就任。3. スターリン没。8. ソ連、水爆実験に成功。9. ソ連共産党第一書記にN・フルシチョフ就任。A・C・キンゼー『女性の性生活』。 |
| W・ゴールディング『蠅の王』。J・R・R・トールキン『指輪物語』(-56)。K・エイミス『ラッキー・ジム』。I・マードック『網のなか』。J・ハラス＆J・バチェラー『動物農場』（オーウェル原作のアニメ版）。 | 3. 米、マーシャル群島で水爆実験。第五福竜丸被爆。4. ケニヤで「マウマウ」の容疑者4万人の一斉検挙。4-7. ジュネーヴ会議。10. 西独がNATOに加盟。12. 米上院、マッカーシー非難決議。／A・ヒッチコック『裏窓』（米映画）。黒澤明『七人の侍』（日本映画）。フェリーニ『道』（伊映画）。 |
| 5. ブリティッシュ・カウンシルにソ連関係委員会（SRC）設立。8. S・ベケット『ゴドーを待ちながら』英初演。9. 民放テレビITVが放送開始。／A・マッケンドリック『マダムと泥棒』（映画）。E・P・トムソン『ウィリアム・モリス』。 | 5. パリ協定発効し、西独が主権を回復。ワルシャワ条約機構調印。7. ラッセル・アインシュタイン宣言。米カリフォルニア、アナハイムにディズニーランド開園。／V・ナボコフ『ロリータ』。レヴィ＝ストロース『悲しき熱帯』。L・トリリング『文化の彼方』。『暴力教室』（米映画）。 |
| 2. 第1回フリー・シネマ・プログラム、T・リチャードソン＆K・ライス『ママは許さない』上映。5. J・オズボーン『怒りを込めて振り返れ』初演（59年に映画化）。／S・セルヴォン『ロンリー・ロンドナーズ』。C・ウィルソン『アウトサイダー』。R・ハミルトン《一体何が今日の家庭をこれほどに変え、魅力あるものにしているのか》。 | 2. ソ連でフルシチョフのスターリン批判。3.『マイ・フェア・レディ』（米、ミュージカル）ブロードウェイで初演。7. エジプト、スエズ国有化宣言。10. スエズ危機（第二次中東戦争）。10-11. ハンガリー動乱。／『ロック・アラウンド・ザ・クロック』（米映画）。 |
| 3. J・レノン、クォリーメン結成（ビートルズの前身）。5. 第3回フリー・シネマ・プログラム『イギリスを見よ』上映。L・アンダーソン『クリスマス以外は毎日』上映。／R・ホガート『読み書き能力の効用』。D・リーン『戦場にかける橋』（映画）。P・ブレイク《バルコニーにて》。ベルリーナー・アンサンブル、ロンドン公演（演劇）。 | 3. スエズ運河再開。欧州経済共同体（EEC）および欧州原子力共同体（EURATOM）条約調印。ガーナ独立。4. シンガポール独立。8. マレーシア独立。10. ソ連、スプートニク1号打ち上げ成功。12. 米、大陸間弾道弾アトラス発射成功。／『ウェスト・サイド物語』（米ミュージカル）ブロードウェイで初演。 |
| S・ディレイニー『蜜の味』、H・ピンター『バースデイ・パーティ』、A・ウェスカー『大麦入りのチキンスープ』（以上演劇）、A・シリトー『土曜の夜と日曜の朝』。P・ピアス『トムは真夜中の庭で』。R・ウィリアムズ『文化と社会』。N・マッケンジー編『確信』。K・ライス「ドキュメンタリーの使用法」（映画批評）。C・リチャード、「ムーヴ・イット」でデビュー（音楽）。 | 1. 欧州経済共同体（EEC）および欧州原子力共同体（EURATOM）発足。4. 第1回アフリカ独立諸国会議。6. 広島―長崎平和大行進。ナボコフ『ロリータ』米で出版（英は59年。S・キューブリック監督の映画化は62年）。J・K・ガルブレイス『ゆたかな社会』。A・ワイダ『灰とダイヤモンド』（ポーランド映画）。 |
| 3. 第6回フリー・シネマ・プログラム、K・ライス『俺たちがランベス・ボーイだ』上映。5. C・P・スノウ『二つの文化』（講演）。／A・シリトー『長距離走者の孤独』。C・マッキネス『アブソルート・ビギナーズ』。L・リー『林檎酒をロージーと』。T・リチャードソン『怒りを込めて振り返れ』、J・クレイトン『年上の女』（映画）。この頃からロックンロールが流行。 | 1. カストロ指揮のキューバ革命。6. 日本で第一次安保闘争(-60)。9. ソ連のN・フルシチョフ首相、米国を訪問、アイゼンハワー大統領と会談。10. ケニヤで「マウマウ」の指導者D・キマティの逮捕、処刑。11. 日本の安保反対闘争でデモ隊2万人が国会突入。J-L・ゴダール『勝手にしやがれ』（仏映画）。S・クレイマー『渚にて』（米映画）。 |
| 1.『ニュー・レフト・レヴュー』創刊。8.『ビヨンド・ザ・フリンジ』（諷刺レヴュー）初演。10. ケンブリッジ大チャーチル・コレッジ、最初の大学院生の受け入れ（66年に完成）。12. ソープ・オペラ『コロネーション・ストリート』放映開始(ITV)。／R・ウィリアムズ『辺境』。D・ベル『イデオロギーの終焉』。T・リチャードソン『エンターテイナー』、K・ライス『土曜の夜と日曜の朝』（映画）。 | 「アフリカの年」。ド・ゴールの措置でアフリカの多くの国が独立。1. ケニヤで「マウマウ戦争」終結。2. 仏、初の核実験。5. 欧州自由貿易連合（EFTA）発足。8. キプロス共和国成立（英中東司令部がアデンに移転）。10. ナイジェリア独立。12. 経済協力開発機構（OECD）条約に西側20ヶ国が調印。南ヴェトナム解放民族戦線成立。 |

| 年 | 政権（政党）・王位（王室） | 政策・社会・経済 |
|---|---|---|
| 1961 | | 5.二重スパイG・ブレイク、42年の禁固刑判決（66年に脱獄、ソ連に亡命）。賭博法制定、最初の公認の賭け店がオープン。10.労働党大会でゲイツケルが核兵器廃絶派を封じ込める。12.NHSで避妊ピル使用可能に。 |
| 1962 | 5.北アイルランド総選挙、アルスター・ユニオニスト党が圧勝。7.13.マクミラン首相、蔵相ほか閣僚7名を罷免（「長いナイフの夜」）。 | 4.移民制限を目的とする英連邦（コモンウェルス）移民法成立。5.コヴェントリー大聖堂完成（第二次世界大戦時に独軍の空襲で破壊されて再建。B・スペンス設計）。7.ロンドン、スモッグで750名死亡。12.1881年以来最悪の大寒波。 |
| 1963 | 1.労働党首H・ゲイツケル死去。2.労働党首にH・ウィルソン就任。3.北アイルランド首相にアルスター・ユニオニストのT・オニール就任。10.マクミラン首相辞任。後任にA・ダグラス＝ヒューム（保守党首も）。 | 1.英のEEC加盟の要請をド・ゴール仏大統領が拒否。K・フィルビー、ソ連に亡命。3.国鉄総裁R・ビーチングの報告書『英国鉄の改革』で鉄道の合理化、近代化を提唱。7万人の反核行進。6.J・プロフューモ陸相、辞任（プロフューモ事件）。8.バッキンガムシャーで大列車強盗事件、260万ポンドの強奪。9.「ロビンズ報告」（高等教育改革案）刊行。10.H・ウィルソン「白熱の科学革命」演説。 |
| 1964 | 3.10.エドワード王子誕生。4.大ロンドン市議会選挙で労働党が圧勝。10.総選挙で労働党勝利。H・ウィルソン首相に就任。 | 8.英で最後の死刑執行。11.下院で殺人法（死刑廃止案）可決（1969年の法改正で死刑廃止の永続化決定）。南アフリカのアパルトヘイト政策を否認して、南アに武器禁輸を課す。ポンド危機。IMFから5億ポンド借款。12.政府と労組代表が所得政策に合意。 |
| 1965 | 7.A・ダグラス＝ヒュームに代わってE・ヒースが保守党首に。 | 1.W・チャーチル没。国葬。4.核兵器廃絶・ヴェトナム戦争反対の大集会。7.タバコのテレビ広告を禁止。8.英連邦からの移民制限に関する白書。9.北海で油田発見。10.アフリカ諸国、英政府にローデシアの一方的独立阻止のため武力行使を要請。連続猟奇殺人犯I・ブラディとM・ヒンドリー逮捕。11.人種関係法制定。12.ローデシアへの石油禁輸。総合制中等教育学校への統合が広まる。 |
| 1966 | 3.総選挙で労働党大勝。第二次ウィルソン政権。7.プライド・カムリ（ウェールズ党）候補のG・エヴァンズ、下院補欠選挙で初当選。11.北アイルランド、共和党のJ・リンチが首相就任。 | 1.対ローデシア貿易の全面的停止。5.海員全国組合の大規模ストライキ。ブラディとヒンドリー終身刑に。7.ポンド危機深刻化。植民省廃止。ロンドンの米大使館前でのヴェトナム反戦デモ、一部暴徒化。8.物価・所得法成立。11.ウィルソン首相とローデシア首相とI・スミスの独立をめぐる交渉。 |
| 1967 | | 2.右翼団体ブリティッシュ・ナショナル・フロント（BNP）結成。5.ニュー・レフト・メイ・デイ・マニフェスト公表。ウィルソン首相、EECへの加盟再申請を閣議決定。6.家族計画に関する国民保健法発効（経口避妊薬の無料化を実現）。7.鉄鋼業の国有化。改正性犯罪法発効（男性同性愛の条件付き合法化）。10.改正人工中絶法可決（中絶の法的手続きの簡素化）。ド・ゴール、EEC加盟再度の拒否。アトリー没。11.ポンド切り下げ。 |

| 文化・芸術（文学、音楽、映画、美術等） | 世　　　界 |
|---|---|
| 2.ビートルズ、キャヴァン・クラブで初演奏。8.諷刺雑誌『プライヴェート・アイ』創刊。風刺クラブ「ジ・エスタブリッシュメント」開業。「海外英語教授に関する英米会議」開催。／M・スパーク『ミス・ブローディの青春』。R・ウィリアムズ『長い革命』。T・リチャードソン『蜜の味』（映画）。 | 1.J・F・ケネディ、米大統領に就任。4.ソ連の有人宇宙船ヴォストーク1号、地球一周に成功。5.南アフリカ、共和国となり、英連邦から離脱。6.クウェートの英保護権終了。8.ジュネーヴ会議で核実験廃止案否決。9.タンガニーカ独立。／F・トリュフォー『突然炎のごとく』（仏映画）。 |
| 10.ビートルズ、初のレコード「ラヴ・ミー・ドゥー」発売。『ドクター・ノウ』（映画007シリーズ第一作）。11.『ザット・ワズ・ザ・ウィーク・ザット・ワズ』（諷刺テレビ番組）放映開始。／A・バージェス『時計じかけのオレンジ』（72年映画化）。D・レッシング『黄金のノート』。D・リーン『アラビアのロレンス』、T・リチャードソン『長距離走者の孤独』（映画）。A・サンプソン『イギリスの解剖』。M・エスリン『不条理の演劇』。 | 2.欧州12ヶ国、欧州宇宙機関（ESA）設立。7.ジャマイカ独立。8.米女優M・モンロー変死。9.ウガンダ独立。10.キューバ危機。中印国境で軍事衝突。／E・オールビー『ヴァージニア・ウルフなんかこわくない』ブロードウェイで初演。／レヴィ＝ストロース『野生の思考』。T・クーン『科学革命』。R・カーソン『沈黙の春』。A・ウォーホル《100個のスープ缶》 |
| 1.ビートルズ、初LP『プリーズ・プリーズ・ミー』発売。3.モッズとロッカーズの対立激化。5.ローリング・ストーンズ、レコードデビュー。8.ビートルズ「シー・ラヴズ・ユー」発売。／J・ファウルズ『コレクター』。E・P・トムソン『イギリス労働者階級の形成』。L・アンダーソン『孤独の報酬』、J・ロージー『召使い』、T・リチャードソン『トム・ジョーンズの華麗な冒険』（映画）。 | 6.米ソ間のホットライン協定調印。8.米英ソで部分的核実験停止条約締結。米で人種差別撤廃の為行進するワシントン大行進、M・L・キング牧師が「私には夢がある」の演説。11.ケネディ米大統領暗殺。後任に副大統領のL・B・ジョンソンが就任。12.ザンジバルとケニヤ独立。／H・アレント『イスラエルのアイヒマン』。F・フェリーニ『8 1/2』（伊映画）。 |
| 2.ビートルズ初訪米。5.ハビタ1号店開店。ローリング・ストーンズ、初LP発売。7.ビートルズ映画『ハード・デイズ・ナイト』公開。9.日刊紙『ザ・サン』創刊。10.キンクス、初LP発売。／A・ウェスカー、センター42を組織。S・エンフィールド『ズールー戦争』、S・キューブリック『博士の異常な愛情』（映画）。 | 5.パレスチナ解放戦線（PLO）結成。8.北ヴェトナム、トンキン湾事件。9.ローデシア首相のI・スミス、ローデシア独立の協議へ。マルタ独立。10.北ローデシア、ザンビア共和国に。東京オリンピック開催。B・ディラン「風に吹かれて」（音楽）。P・ヴァイス『マラー／サド』（演劇）。 |
| 1.T・S・エリオット没。10.ビートルズ、大英帝国勲爵士（MBE）授与。ロンドンでポストオフィスタワー竣工。12.ビートルズ『ラバー・ソウル』発表。／D・リーン『ドクトル・ジバゴ』、J・シュレシンジャー『ダーリング』（映画）。E・ボンド『セイヴド』（演劇）。M・クワント、ミニスカートを考案。自動車の時速70マイル（112キロ）のスピード制限導入。 | 2.北爆開始。マルコムX暗殺。7.ガンビア独立。9.第二次印パ戦争。11.ローデシア戒厳令。I・スミスの白人少数派の体制、独立を一方的に宣言。国連安全保障理事会、各国にローデシアとの貿易停止を推奨。／ゴダール『気狂いピエロ』（仏映画）。M・バフチン『フランソワ・ラブレーの著作と中世ルネサンスの民衆文化』。 |
| 3.G・ベスト、「エル・ビートル」としてブレイク。6.サッカー、ワールド・カップの開催国となったイングランドが優勝。8.ビートルズ『リヴォルバー』。／J・リース『サルガッソーの広い海』。T・ストッパード『ローゼンクランツとギルデンスターンは死んだ』、A・ウェスカー『かれら自身の黄金の都市』（演劇）。R・ウィリアムズ『モダン・トラジディ』。 | 1.インド新首相にI・ガンディ就任。5.中国で毛沢東、紅衛兵結成（文化大革命開始）。ガイアナ独立。10.米サンフランシスコで数千人のヒッピーが愛と平和の集会「ラヴ・イン」開催。／M・フーコー『言葉と物』。M・アントニオーニ『欲望』（伊映画）。C・ルルーシュ『男と女』（仏映画）。 |
| 5.サッカー、スコットランドのセルティックが英国で初の欧州杯制覇。6.ビートルズ『サージェント・ペパーズ・ロンリー・ハーツ・クラブ・バンド』発表。バークレイ銀行で世界初の現金自動支払機設置。7.テレビのカラー放送開始。12.ビートルズ映画『マジカル・ミステリー・ツアー』TV放映。ビートルズ、アップル・ブティックの開店。／F・カーモード『終りの意識』。 | 2.ドミニカ独立。6.第三次中東戦争。アイルランド共和国、E・デ・ヴァレラ大統領再選。7.欧州共同体（EC）発足。10.米でロック・ミュージカル『ヘアー』初演。12.パレスチナ解放人民戦線（PLO）結成。／A・ペン『俺たちに明日はない』、M・ニコルズ『卒業』（米映画）。P・パゾリーニ『アポロンの地獄』（伊映画）。G・マルケス『百年の孤独』。 |

| 年 | 政権（政党）・王位（王室） | 政策・社会・経済 |
|---|---|---|
| 1968 | | この年の初めにインド系住民の大量流入。1. スエズ以東からの英軍撤退案を発表。3. 62年英連邦移民法の修正法案を可決。ロンドンでヴェトナム反戦デモ。4. E・パウエル「血の川」演説。5. ロナン・ポイント倒壊。8. 仏、英のEEC参加を再度拒否。9. 劇場での検閲を廃止。TUC大会、所得政策反対決議。10. デリーでの公民権運動の行進で北アイルランド警察（RUC）が市民に警棒を使用。11. 65年のそれを強化した68年人種関係法施行。 |
| 1969 | 7. チャールズ皇太子（プリンス・オヴ・ウェールズ）叙任式。 | 1. 労働組合活動規制をめざす白書『闘争に変えて』公表。北アイルランド、デリーの騒乱で100名が負傷。5. 選挙権を21歳から18歳に引き下げ。8. 北アイルランドでプロテスタントとカトリックの衝突。英軍ベルファストとデリーに出動。10. 改正離婚法可決（「修復不能の破局」で離婚可能に）。50ペンス硬貨導入。この年、北アイルランド紛争が深刻化。 |
| 1970 | 6. 総選挙で保守党勝利。E・ヒース政権成立。 | 1. IRA分裂。4. ベルファストで暴動。英軍はカトリック系住民に催眠ガスを使用。6. 英の3度目のEEC加盟申請。7. 北アイルランド、B・デヴリン議員の逮捕の後、デリーで騒擾。港湾労働者の全国ストライキ、政府は緊急事態宣言で対応。 |
| 1971 | 6. 保守党議員M・サッチャー、教育・科学相に(-74.3)。学童への牛乳の無償供給を廃止。10. 北アイルランドのI・ペイズリー、民主統一党（DUP）結成。 | 1. グラスゴーのサッカー試合レインジャーズ対セルティックでファンの衝突、66人死亡。極左集団「怒りの旅団」ロンドンで爆破テロ。2. 英通貨を10進法に変更。ロールスロイス社倒産、国有化。6. イギリス、アイルランドのEC加盟合意。8. 労使関係法成立。8. 北アイルランド駐留の英軍を1万2,500名に増員。10. 移民法制定。極東軍司令部解散、シンガポールから軍撤収。IRA、ロンドンのポストオフィスタワーで爆弾テロ。 |
| 1972 | | 1. EC加盟条約調印。炭坑ストライキ（2月まで）。失業者が100万人を超える（1930年代以来初めて）。1.30. 北アイルランド、デリーでのデモに英軍発砲（血の日曜日）。3. 北アイルランド直接統治開始。6. ベルリン協定に正式調印。11. 所得政策第1段階（賃金凍結）を発表。義務教育修了年齢を16歳に引き上げ。第二次「タラ戦争」(-73)。 |
| 1973 | 11. アン王女、M・E・ヒースと結婚。 | 1. EECに加盟。3. 北アイルランドでカトリックにも参政権を保証する白書を発表。4. 所得政策第2段階開始。付加価値税（VAT）導入。11. 所得政策第3段階開始。炭鉱ストなどで政府は非常事態を宣言。北アイルランドで英兵が殺害され、200人目の犠牲者となる。12. 英・北アイルランド・アイルランド共和国によるサニングデイル協定成立。 |
| 1974 | 2. 総選挙で労働党辛勝。ウィルソン第二次政権。10. この年二度目の総選挙で労働党辛勝。ウィルソン第三次政権。 | 1. 労働争議による石炭不足とアラブの石油輸出規制のため、ヒース首相は週3日勤務制を導入。2. 炭坑労働者の全国スト。3. 週3日勤務制を終了。4. 地方政府条例によりイングランドとウェールズの行政図を改定。5. 北アイルランドでサニングデイル協定反対のゼネスト。6. ロンドンのチャリング・クロス病院でスト。7. 労働組合・労働関係法成立。11. テロリズム予防法可決。 |

イギリス文化史年表　431

| 文化・芸術（文学、音楽、映画、美術等） | 世　界 |
|---|---|
| 1. C・D・ルイス、桂冠詩人に。2-4. ビートルズ、インドに赴き瞑想。5. サッカー欧州杯でマンチェスター・ユナイテッド優勝。ビートルズ、アップル会社設立を発表。7. ヘイワード・ギャラリー開館。11. ビートルズ『ザ・ビートルズ』（ホワイトアルバム）発表。／レッド・ツェッペリン結成。A・C・クラーク『2001年宇宙の旅』（S・キューブリック監督の映画も同年）。L・アンダーソン『ifもしも…』（映画）。ロンドンの情報誌『タイム・アウト』創刊。 | 1. OAPEC（アラブ石油輸出国機構）設立。日本で東大紛争始まる。3. 米軍、南ヴェトナム・ソンミで住民を虐殺。4. キング牧師暗殺。5. パリ5月革命。6. 米ケネディ上院議員暗殺。8. ワルシャワ条約機構軍、チェコスロヴァキアを侵攻。10. 米、北爆全面停止と和平会談の声明。／P・K・ディック『アンドロイドは電気羊の夢を見るか』。M・マクルーハン『グーテンベルクの銀河系』。 |
| 1. R・マードック、日曜新聞『ニューズ・オヴ・ザ・ワールド』を買収。6.『ロイヤル・ファミリー』BBCテレビで放映。9. ビートルズ『アビィ・ロード』。10.『モンティ・パイソン』放映開始（BBCテレビ、-83年）。／J・ファウルズ『フランス軍中尉の女』（映画化は81年）。C・アンドレ《等価VIII》。K・ローチ『ケス』（映画）。オープン・ユニヴァーシティ創立。R・エドワーズ、人の最初の体外受精。 | 1. R・ニクソン、米大統領に就任。3. コンコルド初飛行。8. 米ウッドストックでロック・コンサート、40万人以上が参加。7. 宇宙船アポロ11号、月面着陸に成功。9. リビアでクーデター、カダフィ大佐が権力を掌握。米で大学紛争が激化。B・フォンテーヌ『ラジオのように』（仏音楽）。D・ホッパー『イージー・ライダー』、G・R・ヒル『明日に向って撃て』（米映画）。 |
| 2. B・ラッセル没。4. ビートルズ解散が公表される。5. ビートルズ、最後のアルバム『レット・イット・ビー』発売（同名のドキュメンタリー映画も公開）。7. エディンバラで英連邦競技会。10.1シリング紙幣の廃止。／N・ローグ＆D・キャメル『パフォーマンス』（映画）。G・ハリソン『オール・シングズ・マスト・パス』（音楽）。A・ウェスカー『断片化の恐れ』（演劇論集）。P・ブルック演出『真夏の夜の夢』。 | 3-9. 大阪で万国博覧会開催。3. I・スミス、英と決裂してローデシアの共和国宣言。4. 米軍、カンボジア侵攻。9. 米のギタリスト、J・ヘンドリックス没。10. 米のロック・シンガー、J・ジョプリン没。11. 三島由紀夫自殺。／サイモン＆ガーファンクル『明日に架ける橋』（米音楽）。B・ラフェルソン『ファイヴ・イージー・ピーセス』（米映画）。太陽劇団『1789』（仏演劇）。 |
| 10. M・マクラレンとV・ウエストウッド、ブティック「レット・イット・ロック」を開店。／E・M・フォースター『モーリス』（死後出版、87年に映画化）。W・フセイン『小さな恋のメロディ』、M・ホッジズ『ゲット・カーター』（映画）。7:84シアター・カンパニー結成。J・レノン『イマジン』（音楽）。T・レックス『電気の武者』（音楽）。 | 4. バングラデシュ人民共和国成立。8. ニューヨークでバングラデシュ難民救済コンサート。ニクソン米大統領、金・ドル交換停止を発表（ニクソン・ショック）。ワシントンで20万人規模のヴェトナム反戦集会。9. カタール、英保護領から独立。／L・ヴィスコンティ『ベニスに死す』（仏・伊合作映画）。 |
| ジョン・ベッチマン、桂冠詩人に。テイト・ギャラリーがC・アンドレの《等価VIII》を購入（-73）。C・リード『フォロー・ミー』（映画）。C・チャーチル『所有者たち』（演劇）。D・ボウイ『ジギー・スターダスト』、ディープ・パープル『マシン・ヘッド』（音楽）。世界スヌーカー選手権でA・ヒギンズ優勝。 | 2. ニクソン訪中。浅間山荘事件。12. アポロ17号が月面調査し、アポロ計画に終止符。5. ニクソン米大統領ソ連訪問し、戦略兵器制限条約（SALT I）などに調印。6. 第1回国連人間環境会議開催。／F・F・コッポラ『ゴッドファーザー』（米映画）、B・ベルトリッチ『ラスト・タンゴ・イン・パリ』（伊・仏映画）、A・タルコフスキー『惑星ソラリス』（ソ映画）。 |
| 3. N・カワード没。9. J・R・R・トールキン没。W・H・オーデン没。／R・ハーディ『ウィッカー・マン』、N・ローグ『赤い影』（映画）。ピンク・フロイド『狂気』（音楽）。P・シェイファー『エクウス』（演劇）。I・マードック『黒太子』。 | 1. 米でウォーターゲート裁判開始。10. 第4次中東戦争開戦。「オイル・ショック」。12. ニクソン米大統領、ヴェトナム戦争終結宣言。／T・ピンチョン『重力の虹』。M・エンデ『モモ』。H・ホワイト『メタヒストリー』。J・シャッツバーグ『スケアクロウ』、P・ボグダノビッチ『ペーパームーン』（米映画）。ニューヨーク・ドールズ、デビュー。 |
| 11. V・ウエストウッドのブティック、「セックス」に改名。／D・ヘアら、ジョイント・ストック・シアター・カンパニー結成（演劇）。S・ルメット『オリエント急行殺人事件』（映画）。P・マッカートニー＆ウィングス『バンド・オン・ザ・ラン』（音楽）。 | 2. ソ連で作家A・ソルジェニツィン逮捕（国家反逆罪）。3. OPEC諸国、5ヵ月にわたる石油輸出規制の終了。8. ニクソン米大統領辞任、後任にG・フォードが就任。／オランダ、原子力情報機構（OOA）設立。『フェリーニのアマルコルド』（伊映画）。ベルイマン『叫びと囁き』（スウェーデン映画）。 |

| 年 | 政権（政党）・王位（王室） | 政策・社会・経済 |
|---|---|---|
| 1975 | 2. E・ヒースに代わり、M・サッチャーが保守党首に。 | 6. ECへの残留を問う国民投票で、残留決定。6. 北海のアーガイル油田で生産開始。国会の最初のテレビ中継。7. 政府と労組会議による賃上げ抑制の社会契約開始。10. 楡立ち枯れ病のため1千600万本の楡が枯れる。11. スコットランド、クルーデン湾からグレインジマウスまで、英国で最初の石油パイプライン設置。第三次「タラ戦争」(-76.2)。 |
| 1976 | 3. ウィルソン首相辞任。4. J・キャラハン、首相に就任（労働党首も）。 | 4. 北海油田の石油の輸出開始。6.「タラ戦争」終結。7. 記録的な猛暑。8. グランウィック写真現像工場での労働争議(-78.7)。北アイルランドでプロテスタントとカトリックの女性1万人が合同で平和行進。10. ポンド危機。北アイルランドの2人の女性B・ウィリアムズとM・コリガン、ノーベル平和賞を受賞。 |
| 1977 | 2. エリザベス2世在位25周年記念式典。 | 1. IMFから巨額借款。イーデン没。2. ロンドン南部のルウィシャムで暴動。3. 労働党と自由党の間でリブ・ラブ協定。5. ロンドン・サミット開催。11. 消防士が最初の全国的スト決行(-78.1)。英国航空、コンコルド機のロンドン・ニューヨーク間定期便就航。 |
| 1978 | 3. 保守党、選挙キャンペーンで広告業者サーチ・アンド・サーチを利用。 | 1. 欧州人権裁判所、北アイルランドの囚人への英国の処遇を不法とする。5. リブ・ラブ協定終結。7. ルイーズ・ブラウン、世界初の体外受精児として誕生。9. フォード社労働者スト。11.『タイムズ』紙ストで休刊(79年10月まで)。「不満の冬」(-79)。 |
| 1979 | 5. 総選挙で保守党勝利。M・サッチャー、女性初の首相に就任。P・キャリントン外相。 | 3. スコットランドとウェールズへの権限移譲（地方分権）をめぐる住民投票。いずれも否決。欧州通貨制度(EMS)が発足するが、イギリスは参加拒否。8. マウントバッテン卿、IRAのテロで暗殺。11. 美術批評家のA・ブラント、4人目の「ケンブリッジ・スパイ」であった事実が暴露される。 |
| 1980 | 11. J・キャラハンに代わり、M・フットが労働党首に。 | 1-4. 鉄鋼ストライキ。3. 北海油田の石油採掘用プラットフォームが嵐で崩壊、100名が死亡。4. ロンドンのイラン大使館占拠事件（翌月に解放）。8. クローズド・ショップなどを禁止する雇用法。健康格差に関する「ブラック報告」。9. グリーナム・コモンでの反核大集会。10. 公営賃貸住宅の売却を進める住宅法。12. グリーナム・コモン核ミサイル基地を女性たちが「人間の鎖」で包囲。失業者数200万人突破（1935年以来最悪）。 |
| 1981 | 3. 社会民主党(SDP)結成。7. チャールズ皇太子とダイアナ・スペンサー結婚。 | 2. 石炭庁、50炭坑（3万人雇用）の廃坑を計画。4. IRAのボビー・サンズ、テロ行為によりメイズ監獄に収監されてハンスト、補欠選挙で国会議員に選出されるが、5月に衰弱死。ロンドン南部ブリクストンで暴動。7. 都市暴動各地に拡大。9. グリーナム・コモン平和キャンプ設立。10. 新英国国籍法（1981年法）成立（83年より施行）。ロンドンで25万人規模の反核デモ。 |

| 文化・芸術（文学、音楽、映画、美術等） | 世　　界 |
|---|---|
| セックス・ピストルズ結成。パンクが流行。H・オヴェー『プレッシャー』（黒人作家によるイギリス初の長編映画）。S・ヒーニー『北』（詩集）。I・マキューアン『最初の恋、最後の儀式』。D・ロッジ『交換教授』。フェミニズムの演劇集団、モンストラス・レジメント・シアター・カンパニー創設。 | 4.フォード米大統領、ヴェトナム戦争終結を宣言。5.カンボジアでポル・ポト派が権力掌握。10.全米でウーマン・リヴの女性ゼネスト。11.第1回先進国首脳会議（サミット）、ランブイエで開催。スペインのフランコ総統死去（王政復古）。／T・アンゲロプロス『旅芸人の記録』（希映画）、S・スピルバーグ『ジョーズ』（米映画）。 |
| 1.12. A・クリスティ没。2.芸術支援企業協議会（ABSA）創立。10.ロイヤル・ナショナル・シアター開館。11.セックス・ピストルズ『アナーキー・イン・ザ・UK』でデビュー。12. V・ウエストウッドのブティック、「セディショナリーズ」に改名。／インディーズ・レーベル「ラフ・トレード」創業。R・ウィリアムズ『キーワード辞典』。R・ドーキンス『利己的な遺伝子』。 | 1.コンコルド、最初の営業。2.ロッキード事件。4.中国で第一次天安門事件。7.南北ヴェトナム統一、ヴェトナム社会主義共和国成立。9.毛沢東没。12.韓国、金芝河に反共法違反裁判で懲役7年の判決。／M・スコセッシ『タクシー・ドライバー』、M・フォアマン『カッコーの巣の上で』（米映画）。B・マーレー「ウォー」（音楽）。M・フーコー『性の歴史』(-84)。 |
| クラッシュ「白い暴動」、セックス・ピストルズ「ゴッド・セイヴ・ザ・クイーン」、セックス・ピストルズ「勝手にしやがれ」（以上音楽）。J・ファウルズ『ダニエル・マーティン』。A・ベネット『オールド・カントリー』（演劇）。 | 1. J・カーター、米大統領に就任。7. V・ナボコフ没。8.中国共産党大会、文革終了宣言。E・プレスリー没。9-10.日本赤軍日航機ハイジャック事件。12. C・チャプリン没。／S・スピルバーグ『未知との遭遇』、J・ルーカス『スター・ウォーズ』、K・ラッセル『ヴァレンティノ』（米映画）。 |
| 4. D・ヘア『プレンティ』（演劇）。F・R・リーヴィス没。10. S・ヴィシャス逮捕。／Xレイ・スペックス『ジャームフリー・アドレセンツ』、クラッシュ『動乱』（音楽）。J・R・R・トールキン『シルマリオン』。I・マードック『海よ、海』。ロックバンド、デュラン・デュラン結成。D・ジャーマン『ジュビリー』（映画）。 | 1.イランのコムで反政府デモ。6.ヴェトナム難民、累計32万人に。7.米先住民族による「ザ・ロンゲスト・ウォーク」ワシントン到着、生存権闘争の集会・デモ。11.ガイアナで「人民寺院」の信者914名集団自殺。英自治領ドミニカが独立、ドミニカ連邦に。E・サイード『オリエンタリズム』。 |
| 2. S・ヴィシャス、麻薬中毒で死去。／D・アダムス『銀河ヒッチハイク・ガイド』。V・S・ナイポール『暗い河』。R・ウィリアムズ『マノドのための戦い』。T・ジョーンズ『モンティ・パイソン／ライフ・オブ・ブライアン』（映画）。P・シェイファー『アマデウス』、C・チャーチル『クラウド・ナイン』（演劇）。ピンク・フロイド『ザ・ウォール』、クラッシュ『ロンドン・コーリング』（音楽）。 | 2.イランでイスラム革命。3.米、スリーマイル島原子力発電所事故。5.韓国で光州事件。6.ジンバブエ・ローデシア共和国発足。7.カンボジアのH・サムリン政権、ポル・ポト政権下の4年間に300万人を虐殺したと発表。9.ポーランドで独立自主管理労働組合「連帯」結成、民主化運動高まる。12.ソ連軍、アフガニスタンに進駐(-89.2)。／アバ『ヴーレ・ヴ』（音楽）。『チャイナ・シンドローム』（米映画）。 |
| 4. A・ヒッチコック没。12. J・レノン、ニューヨークで暗殺される。／W・ゴールディング『通過儀礼』。D・ロッジ『どこまで行けるか』。L・K・ジョンソン『イングラン・イズ・ア・ビッチ』（詩）。B・フリール『トランスレイションズ』（演劇）。D・リンチ『エレファント・マン』、K・ローチ『ゲイムキーパー』（映画）。 | 1.カーター、ソ連のアフガニスタン介入に対する報復措置を発表。中東防衛に関するカーター・ドクトリン発表。3. R・バルト交通事故死。4.欧州核兵器廃絶（END）運動発足。旧英領ジンバブエ独立。J・P・サルトル没。7.オリンピック・モスクワ大会。日・英・米・西独など不参加。9.イラン・イラク戦争勃発（88.8停戦）。／J・クリステヴァ『恐怖の権力』（仏）。 |
| 2. R・マードック『タイムズ』を買収。／ザ・スミス結成。H・ハドソン『炎のランナー』（映画）。A・グレイ『ラナーク』。S・ラシュディ『真夜中の子供たち』。I・マキューアン『異邦人たちの慰め』。『ブライズヘッド再訪』（TVドラマ）。デュラン・デュラン「プラネット・アース」（音楽）。 | 1. R・レーガン、米大統領に就任。5.ミッテラン仏大統領就任。10.イスラム過激派兵士、エジプトのサダト大統領を暗殺。12.ポーランドで戒厳令布告後に軍政。「連帯」のワレサ議長軟禁。レーガン、ポーランド問題で対ソ制裁措置を発表。／F・ジェイムソン『政治的無意識』。 |

| 年 | 政権（政党）・王位（王室） | 政策・社会・経済 |
|---|---|---|
| 1982 | 6.21. ウィリアム王子誕生。9. サッチャー首相訪中。 | インフレ悪化。1. 失業者数300万人突破。4-6. フォークランド戦争。5. マンチェスターにナイトクラブ、ハシエンダ開店。7. ロンドン中心部でIRAによる爆弾テロ。10. 労働運動規制強化の雇用法成立。シン・フェイン党が北アイルランド議会で最初の議席を獲得。12. グリーナム・コモンで約3万人の女性によるデモ。 |
| 1983 | 4. 総選挙で保守党圧勝。第二次サッチャー政権。6. G・ハウ外相に。10. M・フットに代わりN・キノックが労働党首に。 | 1. ポンド硬貨導入。2. ヨークシャー、南ウェールズで炭鉱スト。10. NHSのマネジメント改革に関するグリフィス報告書刊行。ロンドンの反核デモに100万人以上が参加。11. グリーナム・コモンに米クルーズ・ミサイル配備。12. ハロッズでIRA爆弾テロ（死者6名）。 |
| 1984 | 9.15. ハリー王子誕生。10. 保守党大会開催中のブライトンのホテルでサッチャー首相を狙ったIRA爆弾テロ。首相は難を逃れたが議員とその家族ら6名が死亡。 | 3. NUM（全国炭鉱労働者組合）ストライキ開始（-85.3.）。7. 労働組合法成立。8. ブリティッシュ・テレコム民営化。国営企業の民営化開始。ブラッドフォードの学校長R・ハニーフォードが多文化主義教育を批判、物議を醸す（ハニーフォード事件）。 |
| 1985 | | 1. ブリティッシュ・テレコム、赤い電話ボックスの廃止を発表。3. 炭坑スト中止。4. イングランド教会で初の黒人の司祭を叙任。5.11. ブラッドフォード市のサッカー場が試合中に出火、死者56名。5.29. ブリュッセルでのサッカー欧州杯決勝リヴァプール対ユヴェントス戦で観客の乱闘から多数が死傷（ヘイゼルの悲劇）。9. バーミンガム、ブリクストンなどで暴動。11. 北アイルランドに関する英-アイルランド協定調印。12. ブリティッシュ・テレコム民営化。／英領南極地域の調査によって、オゾン層の破壊を発見。 |
| 1986 | 6. 北アイルランド議会（1982年設立）解散。7. アンドリュー王子（ヨーク公）、セイラ・ファーガソンと結婚。10. サッチャー、雑誌インタヴューで「社会などというものはない」発言。 | 1. 新聞社の移転をめぐるワッピング争議開始（-87.2.）。2. 英仏による海峡トンネル建設合意。3. ハンプトン宮殿で火災。グレイター・ロンドン市議会廃止。11. ロンドン株式市場における金融ビッグバン。治安維持法。11. エイズ問題の政府広報開始。12. ブリティッシュ・ガス民営化。／狂牛病発見。 |
| 1987 | 6. 総選挙で保守党勝利。第三次サッチャー政権。7. 社会民主党、自由党と合併。 | 2. ブリティッシュ・エアウェイズ民営化。10. 英南東部で1703年以来の最悪の暴風雨。「暗黒の月曜日」（株価大暴落）。11. 英霊記念日にIRAのエニスキレン爆弾テロ。ロンドン地下鉄キングズ・クロス駅で火災、31人死亡。12. 英仏海峡トンネル工事着工。 |
| 1988 | 3. 自由党と社会民主党が合同、自由民主党（DLP）結成、P・アッシュダウンが党首に（7月）。12. E・カリー保健相、鶏卵のサルモネラ菌感染に関し失言し大臣を辞任。 | 2. 発送電分離計画発表。7. 北海油田のパイパー・アルファで爆発事故、167名死亡。教育改革法制定（ナショナル・カリキュラムの導入）。9. サッチャー、EC統合を批判。12. スコットランド上空でパン・アメリカン航空機爆破テロ、270名死亡。 |

イギリス文化史年表　435

| 文化・芸術（文学、音楽、映画、美術等） | 世　界 |
|---|---|
| 11. ウェールズ語の民間テレビＳ４Ｃ放送開始。チャンネル４放送開始。／L・アンダーソン『ブリタニア・ホスピタル』、P・グリーナウェイ『英国式庭園殺人事件』、R・アッテンボロー『ガンジー』（以上映画）。C・チャーチル『トップ・ガールズ』（演劇）。K・イシグロ『遠い山並みの光』。E・P・トムスン「抗議して生き残れ」。R・ブリッグズ『風が吹くとき』（86年アニメ映画化）。 | 2. レーガン米大統領、「軍事宇宙政策」を発表。10. 西独コール政権発足。G・マルケス（コロンビア）、ノーベル文学賞。11. ソ連、ブレジネフ書記長没、後任アンドロポフ。ポーランド政府、ワレサ釈放。米、対ソ経済制裁措置解除を発表。12. ポーランド戒厳令停止。「サバルタン・スタディーズ」グループ、『サバルタン叢書』を創刊。／R・スコット『ブレードランナー』（米映画）。 |
| 10. W・ゴールディングにノーベル文学賞。／S・ラシュディ『恥』。G・スウィフト『ウォーターランド』。J・M・クッツェー『マイケル・K』。B・フォーサイス『ローカル・ヒーロー』（映画）。T・ジョーンズ『モンティ・パイソンの人生の意味』（映画）。D・エドガー『メイ・デイズ』（演劇）。 | 3. レーガン大統領、宇宙兵器を含む防衛システムの開発を指示。8. フィリピンでアキノ暗殺。9. ソ連、大韓航空機撃墜。10. 米、グレナダ侵攻。西独で反核運動週間。再守備に180kmの「人間の鎖」。／大島渚『戦場のメリークリスマス』（映画）。 |
| 2. 諷刺人形劇『スピッティング・イメージ』放映開始（ITV）。5. J・ベッチマン没、T・ヒューズ桂冠詩人に。／ターナー賞創設。D・リーン『インドへの道』（映画）。M・エイミス『マネー』。J・G・バラード『太陽の帝国』。J・バーンズ『フロベールの鸚鵡』。A・カーター『夜ごとのサーカス』。A・ブルックナー『秋のホテル』。D・ロッジ『小さな世界』。M・ラドフォード『1984』（映画）。 | 1. 旧英保護国ブルネイが独立。2. ソ連、アンドロポフ書記長没、後任K・チェルネンコ。7-8. ロサンゼルス・オリンピック、ソ連・東欧諸国のボイコット。10. 印、I・ガンディ首相暗殺される。11. 米、レーガン大統領再選。12. エチオピアで大飢饉。 |
| 2.『イーストエンダーズ』放送開始（BBC）。3. サーチ・ギャラリー開館。7. エチオピアの飢餓救済のためのライヴ・エイド・コンサート。／S・フリアーズ『マイ・ビューティフル・ランドレット』、J・アイヴォリー『眺めのいい部屋』（映画）。E・ボンド『ザ・ウォー・プレイズ』（演劇）。ストーン・ローゼズとハッピー・マンデイズがレコードデビュー。マンチェスター・ムーヴメント起こる。 | 3. ソ連、チェルネンコ書記長没、後任ゴルバチョフ。ペレストロイカ開始。8.12. 日航機事故、520人が死亡。9. 民主カンボジア最高司令官ポル・ポト退役。10. 英連邦による南アフリカへの経済制裁（アパルトヘイトを理由とする）。11. コロンビアのネバドデルイス火山噴火、死者約2万5千人。／C・ランズマン『SHOAH』（仏映画）。 |
| 8. H・ムア没。10. D・ジャーマン『カラヴァッジョ』（映画）。『オペラ座の怪人』（ミュージカル）。ザ・スミス『ザ・クイーン・イズ・デッド』（音楽）。R・ロジャーズ、ロンドンのロイズ社ビル（建築）。 | 1. 米、スペースシャトル・チャレンジャー号爆発、乗員7人死亡。2. 単一欧州議定書調印。フィリピンで民衆がマルコス独裁政権を打倒、C・アキノが大統領に。4. ソ連、チェルノブイリ原発事故。8. 宮崎駿『天空の城ラピュタ』（アニメ映画）。10. レイキャビクで米ソ首脳会談。／W・ショインカ（ナイジェリア）、ノーベル文学賞。 |
| 7. エディンバラで英連邦競技会。10. 日刊紙『インデペンデント』創刊。／エクスタシー（麻薬）の流行開始。ウエストウッド、コレクション「ハリス・ツイード」。V・S・ナイポール『到着の謎』。J・アイヴォリー『モーリス』、D・ジャーマン『ラースト・オブ・イングランド』（映画）。 | 3-4. サッチャー首相訪ソ。7. 世界の人口、50億人を突破。10.「暗黒の月曜日」（米で株価大暴落）。11. 伊で原発政策に関して国民投票。反対多数で、ゴリア伊首相は原発建設凍結を発表。12. 米ソINF（中距離核戦力）全廃条約に調印。／W・ヴェンダース『ベルリン・天使の詩』（独映画）。 |
| 1. R・ウィリアムズ没。5.『ハロー！』創刊。7. デミアン・ハースト「フリーズ」展。／S・ラシュディ『悪魔の詩』。S・ホーキング『時間の歴史』。C・ブライトン『ワンダとダイヤと優しい奴ら』、T・デイヴィス『遠い声、静かな暮らし』、D・ジャーマン『ウォー・レクイエム』（映画）。モリッシー『ヴィヴァ・ヘイト』（音楽）。 | 5. 仏、ミッテラン大統領再選。8. イラン・イラク戦争、7年11ヶ月ぶりに停戦。9-10. ソウル・オリンピック実行。11. パレスチナ独立宣言。／G・スピヴァク「サバルタンは語ることができるか」。 |

| 年 | 政権（政党）・王位（王室） | 政策・社会・経済 |
|---|---|---|
| 1989 | | スコットランドで人頭税導入。2. イランのホメイニ師によるラシュディへの死刑宣告（ファトワ）、英とイラン断交。7. バス、地下鉄、鉄道ストライキ。10. ギルドフォード・フォー（IRAの75年パブ爆破犯人とされた4人）の無罪確定。11. 救急隊員の争議開始（-90.2.）。 |
| 1990 | 11. サッチャー首相辞任表明。後任ジョン・メイジャー（保守党首も）。 | 3. ロンドンで反人頭税デモ。4. イングランドとウェールズで人頭税導入。ウェールズのロンザ渓谷で最後の炭鉱閉鎖。10. 欧州為替相場メカニズム（ERM）に参加。NHSおよびコミュニティ・ケア法（内部市場の導入）。12. 英仏海峡トンネル工事が貫通。 |
| 1991 | | 2. ダウニング街でIRAによる爆弾テロ。パディントン駅、ヴィクトリア駅でも爆破事件。3. 付加価値税（VAT）17.5%に引き上げ。11. 下院、人頭税廃止と93年からの新税導入を決定。『デイリー・ミラー』社主R・マクスフェル、海上で事故死。直後に同社の放漫経営の実態が明らかに。 |
| 1992 | 3. ヨーク公夫妻別居。4. 総選挙で保守党が勝利。メイジャー政権の2期目。7. N・キノックに代わり、J・スミスが労働党首に。11. ウィンザー城で火災。12. チャールズ皇太子とダイアナ妃別居。エリザベス女王、この年を「ひどい年（Annus Horribilis）」と形容。 | 2. マーストリヒト条約調印。4. ナショナル・ヘリテージ省設立。ロンドン、シティでIRAの爆弾テロ。9.「暗黒の水曜日」ポンド危機でERMから脱退。10. 石炭公社が半数以上の炭鉱閉鎖を公表、3万1千人が失業。11. イングランド国教会、女性司祭を受け入れ決定（93.3. に叙任）。／フェアトレード財団設立。 |
| 1993 | | 1. 失業者数ふたたび300万人を突破。2. マージーサイドで2人の10歳の少年が幼児を殺害。4. ロンドン・シティでIRAの爆弾テロ。S・ローレンス殺害。8. マーストリヒト条約を批准。12. 英‐アイルランド、北アイルランド問題の平和的解決を目指す共同宣言（ダウニング街宣言）。ウェールズ語公用語化の法案可決。／国営くじ（ナショナル・ロッタリー）法成立。 |
| 1994 | 1. ケント侯爵夫人、カトリック教徒に改宗。5.12. 労働党首のJ・スミス、心臓発作で急死。M・ベケットが暫定的に党首を務める。7. T・ブレア、労働党首に選出。 | 1. ローヴァー、BMWに買収される。4. ブリティッシュ・レイル民営化。5. 海峡トンネル開通。8. IRA暫定派停戦を宣言。イングランドとウェールズで日曜の営業を合法化。11. 国営くじ導入。 |
| 1995 | 4. 労働党臨時大会で党綱領第4条の改正を承認。11. ダイアナ妃、『パノラマ』インタヴュー、自身の不倫や摂食障害などについて率直に語る。12. 女王、ダイアナ妃と皇太子に早期離婚を助言。 | 4. 労働党臨時大会で綱領第4条を改正、国営化政策の放棄。5. 原発民営化計画（「原子力レヴュー」）発表。H・ウィルソン没。11. ダグラス＝ヒューム没。12. ロンドン、ブリクストンで暴動。 |

イギリス文化史年表　437

| 文化・芸術（文学、音楽、映画、美術等） | 世　　界 |
|---|---|
| 1.ブラッドフォードで『悪魔の詩』抗議デモ。5.シェフィールド、ヒルズバラ・サッカー場の悲劇（95人死亡）。7.L・オリヴィエ没。10.イングランド国教会とヴァチカン、450年ぶりに和解。11.デザイン・ミュージアム開館。12.S・ベケット没。／K・イシグロ『日の名残り』（映画化は93年）。 | 1.昭和天皇没。米、G・H・W・ブッシュ、米大統領に就任。カシミール、モンバイで『悪魔の詩』抗議デモ。6.中国で第二次天安門事件。11.独、ベルリンの壁崩壊。12.米ソ、マルタ会談（冷戦の終結宣言）。ルーマニアのチャウシェスク政権崩壊。／G・トルナトーレ『ニュー・シネマ・パラダイス』（伊映画）。 |
| 1.『ミスター・ビーン』放送開始（ITV、-95）。／H・クレイシ『郊外のブッダ』、A・S・バイアット『抱擁』。D・ハースト《一千年》。K・ローチ『リフ・ラフ』、M・リー『ライフ・イズ・スウィート』（映画）。D・ヘア『レイシング・デイモン』（演劇）。 | 3.ソ連、憲法改正でゴルバチョフを大統領に選出。6.ロシア共和国主権宣言。スロヴェニア、クロアチアがユーゴ連邦からの離脱を宣言。8.イラクがクウェート侵攻。国連による対イラク経済制裁。10.東西ドイツ統一。 |
| 4.G・グリーン、D・リーン没。10.イングランドでラグビー・ワールドカップ開催（オーストラリアが優勝）。11.F・マーキュリー（クイーンのボーカル）没。T・リチャードソン没。／B・オクリ『満たされぬ道』、A・カーター『ワイズ・チルドレン』。M・クイン《セルフ》。H・クレイシ『ロンドン・キルズ・ミー』（映画）。 | 1-4.湾岸戦争。3.シエラレオネで内戦勃発。6.ユーゴスラヴィア内乱開始。6.南ア、アパルトヘイト終結。エリツィンがロシア大統領に就任。8.ウクライナ、リストニア等、ソ連からの独立宣言。9.クロアチア内戦に。10.ボスニア・ヘルツェゴヴィナ、ユーゴから独立宣言。N・ゴディマー（南ア）、ノーベル文学賞。12.ゴルバチョフ大統領辞任、ソ連消滅。 |
| 4.『パンチ』誌廃刊。F・ベイコン没。8.イングランド・サッカー、新組織のプレミアリーグ開幕。サーチ・ギャラリーでYBAの展覧会開始。『アブソリュートリー・ファビュラス』放送開始。／D・ハースト《生者の心における死の物理的不可能性》。J・アイヴォリー『ハワーズ・エンド』、N・ジョーダン『クライング・ゲーム』（映画）。M・オンダーチェ『イギリス人の患者』（映画化は96年）。E・クラプトン『アンプラグド』（音楽）。 | 2.マーストリヒト（欧州連合）条約調印。4.ユーゴスラヴィア解体とボスニア・ヘルツェゴヴィナ紛争開始（停戦は1995年12月）。4-5.ロサンゼルスで暴動。5.国連、地球温暖化防止条約を採択。タイで反政府運動。11.独でネオナチ、非合法化。12.米NBC、パキスタンが原爆保有と報道。12.国連安保理、ソマリアへの多国籍軍派遣を決議。 |
| 3.アーツ・カウンシル再編。6.W・ゴールディング没。／R・ホワイトリードにYBA初のターナー賞。T・エミンとS・ルーカス、「ショップ」開設。I・ウェルシュ『トレインスポッティング』（96年映画化）。D・ジャーマン『ヴィトゲンシュタイン』（映画）。J・カートライト『リトル・ヴォイスの盛衰』（演劇、映画化は98年）。ブラー『モダン・ライフ・イズ・ラビッシュ』、V・モリソン『かくも長き異境のくらし』（音楽）。 | 1.B・クリントン、米大統領に就任。EC統一市場。2.世界貿易センターで爆破事件。3.江沢民、中国の国家主席に。9.パレスチナ暫定自治原則に関する合意。11.マーストリヒト条約発効によりEU正式発足。／インターネットが世界各地で普及。米ゴア副大統領の情報スーパーハイウェイ構想話題に。ニルヴァーナ『イン・ユーテロ』（音楽）。E・サイード『文化と帝国主義』。 |
| 2.D・ジャーマン没。L・アンダーソン没。12.J・オズボーン没。／M・ニューウェル『フォー・ウェディング』、K・ローチ『レディバード・レディバード』（映画）。ブラー『パークライフ』、オアシス『デフィニトリー・メイビー』（音楽）。H・クレイシ『ブラック・アルバム』。 | 1.ロサンゼルスで大地震。4.ボスニア・ヘルツェゴヴィナ紛争でNATO空爆。ルワンダで大量虐殺、内戦激化。5.米のロックバンド、ニルヴァーナのK・コベイン自殺。5.南ア、マンデラ大統領就任。／M・ラドフォード『イル・ポスティーノ』（伊映画）、Q・タランティーノ『パルプ・フィクション』（米映画）。 |
| 8.オアシス対ブラーの「バンド戦争」。ブリットポップの大流行。／詩人S・ヒーニー（アイルランド）、ノーベル文学賞。D・ハースト、ターナー賞受賞。M・ハーヴェイ《マイラ》。M・ギブソン『ブレイブハート』、A・リー『いつか晴れた日に』（映画）。パルプ『ディファレント・クラス』、オアシス『モーニング・グローリー』（音楽）。 | 1.世界貿易機構（WTO）発足。阪神淡路大震災。3.東京で地下鉄サリン事件。5.仏、シラク大統領就任。9.仏、核実験再開。9.パレスチナ自治拡大協定調印。11.イスラエル、ラビン首相暗殺。マイクロソフト社、OSソフト「ウィンドウズ95」を発売。12.ボスニア、クロアチア、新ユーゴスラヴィア＝セルヴィアの和平合意。 |

| 年 | 政権（政党）・王位（王室） | 政策・社会・経済 |
|---|---|---|
| 1996 | 8.チャールズ皇太子とダイアナ妃、離婚成立。A・スカーギル、社会主義労働党を結成。 | 2.IRA停戦破棄、カナリー・ウォーフなどで爆弾テロ。遺伝子操作による最初の食品が販売される。3.狂牛病が流行。6.初のクローン羊「ドリー」誕生。マンチェスターの中心地で爆弾テロ。7.原子力専門発電会社ブリティッシュ・エナジー（BE）民営化。10.英仏海峡トンネルで火災事故。11.英政府、スコットランドに「運命の石」を返還。 |
| 1997 | 5.総選挙で労働党が地滑り的大勝利。ブレア政権成立。財務相にG・ブラウン。首相官邸付広報担当補佐官にA・キャンベルを任命。6.ブレア、首相官邸でN・ギャラガーらを招待してレセプション。 | 6.香港を中国に返還。7.IRA、3年間の休戦を宣言。ナショナル・ヘリテージ省を文化・メディア・スポーツ省（DCMS）に改組。9.住民投票によりスコットランド、ウェールズで地方議会設置決定。 |
| 1998 | 7.北アイルランド議会選挙、D・ティンブルが首相に。 | 4.ベルファストにて北アイルランド和平合意。8.北アイルランドのオマーで爆弾テロ、29名死亡。9.S・ラシュディへのファトワ解除。スコットランド法制定。BBC、世界初の地上デジタル放送開始。12.アルスターの2人の政治家J・ヒュームとD・トリンブルにノーベル平和賞。/「健康格差に関する特別委員会報告（アチェソン報告）」。 |
| 1999 | 5.ウェールズ議会初選挙、労働党勝利。スコットランド議会初選挙、労働党のD・デュアーを初の首相に選出。8.C・ケネディ、自由民主党首に選出。12.北アイルランド自治政府発足。 | 2.S・ローレンス事件の調査報告書、警察の人種差別を告発。3-6.ブレアのイニシアティヴでコソボ紛争にNATOが空爆で介入。4.シカゴでブレア首相、「正当な戦争」観に基づく「国際社会の原則」を提示（「ブレア・ドクトリン」）。最低賃金制を導入。7.英国議会からスコットランド議会へ正式に権限移譲。 |
| 2000 | 1.1.エリザベス女王、ミレニアム・ドーム開館式に出席。8.皇太后（エリザベス女王の母）100歳となる。10.D・デュアー急死、H・マクリシュがスコットランド首相に就任。 | 2.北アイルランド自治政府凍結。スコットランド銀行、ナットウェスト銀行を買収。5.メーデーにロンドン中心部で反資本主義の抗議者たちの暴動。シエラレオネの内戦に英軍介入。7.北アイルランド和平の一環としてメイズ監獄の最後の囚人たちを釈放。8.石油価格高騰への抗議で精製所封鎖、パニック買いでガソリン不足。10.多民族的英国に関するパレク報告書公開。 |
| 2001 | 6.総選挙で労働党が大勝利。ブレア政権の2期目。9.W・ヘイグに代わり、I・D・スミスが保守党首に。 | 3.NETA（新電力取引制度）開始。7.ブラッドフォードで人種暴動。「NHSプラン」公開。9.米同時多発テロを機にT・ベン、J・コービンら戦争反対同盟を設立。9.28.ロンドンで数十万人規模の反戦デモ。 |
| 2002 | 3.皇太后没（享年101歳）。6.エリザベス女王、在位50年祝典（ゴールデン・ジュビリー）。 | 2.イラク戦争反対のデモ開始。9.政府、イラク兵器文書公開（イラクは「45分以内に生物化学兵器の配備可能」と明記）。11.国籍・移民・亡命法制定。移民審査の強化。消防士のスト。EDFエナジー・カスタマーズ（後のEDFエナジー）設立。BE社経営危機。 |

| 文化・芸術（文学、音楽、映画、美術等） | 世　界 |
| --- | --- |
| 6. イングランドでサッカー欧州杯開催。8. スパイス・ガールズの初シングル「ワナビー」発売。H. フィールディング『ブリジット・ジョーンズの日記』（前年から新聞連載。映画化は2001年）。M・リー『秘密と嘘』、M・ハーマン『ブラス！』（以上映画）、H・クレイジ「息子は狂信者」（97年に映画化）。 | 1. パレスチナ自治政府議長にアラファト選出。7-8. アトランタ・オリンピック開催。11. 米、クリントン大統領再選。／A・モリセット『ジャギッド・リトル・ピル』（音楽）。A・ミンゲラ『イングリッシュ・ペイシェント』（映画）。 |
| クール・ブリタニアの流行。9-12. ロイヤル・アカデミーで『センセイション』展。／P・カッタネオ『フル・モンティ』、G・オールドマン『ニル・バイ・マウス』（以上映画）。A・ロイ『小さきものたちの神』。I・マキューアン『愛の続き』。J・K・ローリング『ハリー・ポッター』シリーズ刊行開始。ブラー『ブラー』、オアシス『ビー・ヒア・ナウ』、レイディオヘッド『OKコンピュータ』（音楽）。 | アジア各国で通貨・経済危機。1. 米西部で洪水被害。3. 鄧小平没。5. 米で失業率4.8%、73年以来最低。6. マザー・テレサ没。10. 世界同時株安。11. エジプトのルクソールでイスラム過激派の無差別テロ。12. 温室効果ガス規制に関する京都議定書採択。12. パキスタン、戒厳令を解除。／A・ニコル『ガタカ』（米映画）。 |
| 10. T・ヒューズ没。Ch・オフィリ、ターナー賞受賞。／M・フレイン『コペンハーゲン』（演劇）。I・マキューアン『アムステルダム』J・バーンズ『イングランド、イングランド』。A・ゴームリー《北の天使》。J・マッデン『恋に落ちたシェイクスピア』、K・ローチ『マイ・ネーム・イズ・ジョー』（映画）。 | 3. 金大中、韓国大統領に。6. 欧州中央銀行設立。5. インド、パキスタンで核実験。7. ケニアとタンザニアで米大使館爆破さる。8. 北朝鮮、テポドン発射、三陸沖に着弾。12. 英米、大量破壊兵器の国連査察を拒否したイラクを制裁空爆（「砂漠の狐」作戦）。／S・カプール『エリザベス』（米映画）。 |
| 5. マンチェスター・ユナイテッド、98/99シーズンで3大タイトル獲得。10. ラグビーのワールド・カップ、ウェールズで開催。12. ロンドン・アイ完成（2000年3月より一般公開）。グリニッジにミレニアム・ドーム完成。／J・M・クッツェー『恥辱』（小説）。L・ラムジー『僕と空と麦畑』（映画）。T・エミン《マイ・ベッド》。 | 1. EU11ヶ国でユーロ通貨使用開始。9. 茨城県東海村の核燃料施設JCOで日本初の臨界事故、2名死亡。10. ニューヨークのブルックリン美術館に「センセイション」展が巡回 (-2001.1)。12. マカオがポルトガルから中国に返還。パナマ運河、合衆国からパナマに返還。コンピュータ処理上の「2000年問題」が懸念される。／J・キャメロン『タイタニック』（映画）。 |
| 1-12. 「ミレニアムの経験」展（ミレニアム・ドーム）。5. テイト・モダン開館（ハルツワーク＆ド・ムーロンの設計）。6. ミレニアム・ブリッジ開通。7. TV番組「ビッグ・ブラザー」開始（チャンネル4）。／S・ダルドリー『リトル・ダンサー』（映画）。Z・スミス『ホワイト・ティース』（小説）。S・ケイン『4.48サイコシス』（演劇）。ロンドンで「ストリートワイズ・オペラ」設立。 | 1. 「2000年問題」は杞憂に終わる。5. ロシア、プーチンが大統領に就任。7. コンコルド機、パリ郊外で墜落事故、114人死亡。9. プラハで反グローバリゼーションのデモ。10. ユーゴスラビアのミロシェヴィッチ政権崩壊。11. ペルーのフジモリ政権崩壊。／J・グレイザー『セクシー・ビースト』（スペイン＝英国合作映画）。 |
| 2. 口蹄疫が問題化。10. V. S. ナイポール、ノーベル文学賞。11. G・ハリソン没。12. 大英博物館グレイト・コート（N・フォスター設計）。／『ハリー・ポッターと賢者の石』（映画）。K・ローチ『ナビゲーター』（映画）。I・マキューアン『贖罪』（2007年に映画化）。 | 1. G・W・ブッシュ、米大統領に就任。4. ユーゴ、ミロシェヴィッチを逮捕。7. ジェノヴァのG8サミットで反グローバリゼーションのデモ。9. 米同時多発テロ。10. 米、英などアフガニスタンに侵攻開始。11. 中国がWTOに加盟。米ITバブル崩壊。 |
| 7. マンチェスターで英連邦競技会開催。／ロンドン市庁舎（N・フォスター設計）。G・チャーダ『ベッカムに恋して』、S・ダルドリー『ジ・アワーズ』（映画、邦題『めぐりあう時間たち』）。Y・マーテル『パイの物語』。 | 1. ユーロ流通開始。米ブッシュ大統領、一般教書で「悪の枢軸」演説。7. イラク、武器査察の提案を拒否、10月に受け入れ合意。／R・ポランスキー『戦場のピアニスト』（映画）。 |

| 年 | 政権（政党）・王位（王室） | 政策・社会・経済 |
|---|---|---|
| 2003 | 4.スコットランド議会選挙で労働党・自由民主党連立のJ・マコネル政権発足。ウェールズ議会選挙では労働党が再度勝利。11.I・D・スミスに代わり、M・ハワードが保守党首に。 | 2.政府第2のイラク文書（イラク進攻を正当化）。ロンドンで100万人規模の反戦デモ。3.18.下院でイラク攻撃決議を可決。3.19.イラク戦争突入。5.BBCギリガン記者がラジオでイラク先制攻撃の正当性を覆す情報を暴露。7.外交委員会でD・ケリー博士喚問。直後にケリー博士は自殺。8.A・キャンベル、首相官邸付の報道担当補佐官を辞任。 |
| 2004 | 7.エリザベス女王、スコットランド議会議事堂竣工式に出席。 | 1.ケリー博士の死に関するハットン調査報告書刊行。7.イラク戦争時の情報操作に関するバトラー報告書、ブレア政府の情報操作を批判。11.市民パートナーシップ法制定。 |
| 2005 | 4.チャールズ皇太子、カミラ・パーカー＝ボールズと再婚。5.総選挙で労働党が勝利。ブレア政権の3期目。12.M・ハワードに代わり、D・キャメロンが保守党首に。 | 2.イラクの捕虜虐待で3名の英国兵士が有罪。3.反テロリズム法制定。4.MGローヴァー破産。6.欧州憲法の批准手続（国民投票の実施）を凍結。7.7.ロンドン同時爆弾テロ、死者52名。7.IRA、武装闘争放棄を宣言。11.パブの24時間営業を合法化。12.市民パートナーシップ法施行。帰化申請者へのイギリス生活テスト導入。 |
| 2006 | 1.自由民主党C・ケネディ党首辞任。3.M・キャンベル、自由民主党の党首に就任。4.エリザベス女王、80歳に。9.ブレア首相2007年秋までに辞任する意向を表明。自民党首ケネディ、飲酒問題で辞任。 | 2.トンブリッジのセクリタス現金保管所5,311万ポンドの現金強奪事件。7月ロンドン郊外のパインウッド映画撮影所で火災。007シリーズの撮影セットなどが被害。11.ロンドンでロシアの反体制活動家リトビネンコ毒殺。郵政事業自由化。新規原発推進に方向転換。反テロ法施行。 |
| 2007 | 5.スコットランド議会選挙、スコットランド国民党A・サーモンドが首相に。ウェールズ議会選挙では労働党が政権維持。北アイルランド自治政府再開、I・ペイズリー首相。6.ブレア首相辞任。G・ブラウンが首相に就任（労働党首も）。エリザベス女王、結婚60周年。 | 1.ブレア首相、一代貴族（秘密融資）疑惑で警察から事情聴取。3.下院で貴族院への直接選挙制導入を可決。11.ロンドン、セント・パンクラス駅と海峡トンネルの高速列車（ユーロスター）運行開始。7.イングランドで禁煙法施行（公共の場所・職場での全面禁煙）。11.児童手当の受給者の約2,500万人分のデータを記録した政府のコンピュータ・ディスク2枚を紛失。12.T・ブレア、カトリック教会に改宗。 |
| 2008 | 6.北アイルランド首相P・ロビンソンに。 | 1.ウェールズの最後の坑内掘りの炭鉱閉鎖。3.ロンドン、ヒースロー空港ターミナル5オープン（R・ロジャーズ設計）。7.リスボン条約を批准。反強制結婚法案可決。9.EDFエナジー社によるBE社買収計画公表。10.オクスフォードで最後の女子カレッジ、セント・ヒルダズ・コレッジが共学に。12.ウールワース倒産。 |
| 2009 | 1.D・ミリバンド外相、米国主導の「テロとの戦い」を誤りだったと発言。6.ブラウン内閣改造。労働党、英地方選挙と欧州議会議員選挙の両方で大敗。イラク政策を検証する独立調査委員会の設置を発表。 | 1.ウェッジウッド社経営破綻。2.イングランド銀行、政策金利の引き下げ（過去最低水準の1％）を発表。4.ロンドンでG20に反対するデモと警官隊の衝突。4-7.イラクから英軍撤退。5.下院議員による議員経費不正請求がスキャンダルに。10.連合王国最高裁判所設立。夕刊紙『イヴニング・スタンダード』無料化（『メトロ』など新興の無料紙の影響）。 |

| 文化・芸術（文学、音楽、映画、美術等） | 世界 |
|---|---|
| 9. コメディ番組『リトル・ブリテン』放映開始（BBC）。4. サーチ・ギャラリー、ロンドン、サウス・バンクに移転（2005年10月まで）。10. J・M・クッツェー（南ア）、ノーベル文学賞。11. オーストラリアで開催の第5回ラグビー・ワールドカップでイングランド初優勝。／R・カーティス『ラブ・アクチュアリー』、K・マクドナルド『運命を分けたザイル』（映画）。ダイド『ライフ・フォー・レント』（音楽）。 | 2. 世界各地でイラク攻撃反対のデモ。3. イラク戦争開始。米、英、オーストラリア、ポーランド各国軍がイラク進攻。バグダッドの軍事施設の空爆。3. 英軍、バスラ占領。バグダッド陥落。4.9. イラク、S・フセイン政権崩壊。9. E・サイード没。12. フセイン、アメリカの捕虜に。／ビヨンセ『デンジャラスリー・イン・ラヴ』（音楽）。 |
| 4. セント・メアリー・アックス30番地（通称「ガーキン」N・フォスター設計）開館。／笑劇『マイティ・ブーシュ』（BBC）放映開始。A・ベネット『ヒストリー・ボーイズ』（演劇、2006年に映画化）。N・コール『カレンダー・ガールズ』（映画）。 | 3. 中国、江沢民辞任、胡錦濤国家主席に。5. 中欧東欧8ヶ国がEU加盟。6. 連合国暫定当局、イラク暫定政権に主権を移譲。欧州議会選挙。11. 米、ブッシュ大統領再選。スマトラ島沖地震、大津波で22万人以上が死亡。 |
| 3. 『ビリー・エリオット』（映画『リトル・ダンサー』のミュージカル版）初演。11. G・ベスト没。12. E・ジョン、「同性婚」。／H・ピンター、ノーベル文学賞。K・イシグロ『わたしを離さないで』（小説、2010年に映画化）。I・マキューアン『土曜日』、ブロック・パーティ『サイレント・アラーム』、フランツ・フェルディナンド『ユー・クッド・ハヴ・イット・ソー・マッチ・ベター』（音楽）。 | 2. 京都議定書発効。3. 前年12月に続いて再びスマトラ島沖地震。4. 北京で1万人の反日デモ。5-6. 仏蘭、欧州憲法批准を否決。8. 米、ハリケーン、カトリーナで大災害。10. イラクで新憲法草案の是非を問う国民投票、賛成多数で承認。仏各地で暴動発生、仏政府は非常事態宣言を発動。インド・ニューデリーで同時爆弾テロ。 |
| 1. アイスダンスのコンテスト番組『ダンシング・オン・アイス』放映開始（ITV）。／K・ローチ『麦の穂をゆらす風』、S・メドウズ『This Is England』、S・フリアーズ『クイーン』（映画）。G・バーク『ブラック・ウォッチ』（演劇）。J・コッカー『ジャーヴィス』、アークティック・モンキーズ『ホワットエヴァー・ピープル・セイ・アイ・アム、ザッツ・ホワット・アイム・ノット』（音楽）。笑劇『ITクラウド』（チャンネル4）放映開始。 | 2. 米ネバダで英米合同の臨界前核実験。6. モンテネグロ、セルビア・モンテネグロから独立宣言。8. 米ネバダで臨界前核実験。9. タイで軍事クーデター。10. 北朝鮮、地下核実験。EU加盟国文化機関のネットワーク（EUNIC）発足。 |
| 2. 鳥インフルエンザ流行開始。3. 新ウェンブリー・スタジアム竣工。6. オーディション番組『ブリテンズ・ゴット・タレント』放映開始（ITV）。10. D・レッシング、ノーベル文学賞。D・ハースト《神の愛に捧ぐ》、5000万ポンドの値がつく。／S・モーガン『サマーズ・タウン』、J・クローリー『Boy A』（映画）。C・アトキンズ『テイキング・リバティーズ』（記録映画）。 | 4. ソロモン諸島付近でマグニチュード8.0の地震。5. 仏、サルコジが大統領に。10. パキスタンで爆弾テロ、136人死亡。11. パキスタンで戒厳令宣言。12. EU加盟国首脳、リスボン条約に調印。パキスタンのブット元首相、自爆テロで暗殺。／M・ムーア『シッコ』（米記録映画）。 |
| 3. A・C・クラーク没。10. サーチ・ギャラリー、チェルシーに新規開館。12. H・ピンター没。／D・ボイル『スラムドッグ・ミリオネア』、M・リー『ハッピー・ゴー・ラッキー』、J・マーシュ『マン・オン・ワイア』（ドキュメンタリー映画）。アデル『19』、テイク・ザット『ザ・サーカス』、コールドプレイ『美しき生命』（音楽）。 | 1. 原油先物相場が急騰。2. コソボ自治州、セルビアからの独立を宣言。3. チベット自治区のラサで暴動。6. アイルランド、EUの「リスボン条約」を国民投票で否決。8. グルジアとロシアで戦闘状態。9. リーマン・ショックに続く世界的な金融危機。11. 米大統領選、民主党のB・オバマ候補が共和党のJ・マケイン候補を下す。／レディ・ガガ『ザ・フェイム』（音楽）。 |
| 4. J・G・バラード没。4-5. 『ブリテンズ・ゴット・タレント』にS・ボイルが決勝まで進み歌手デビュー（BBC4）／K・ローチ『エリックを探して』、S・テイラー＝ウッド『ノーホエア・ボーイ』、J・ダイヤー『水槽』（映画）。アークティック・モンキーズ『ハムバグ』（音楽）。 | 1. B・オバマが、第44代合衆国大統領に就任（初の黒人の大統領）。国務長官にH・クリントンが就任。世界経済フォーラム（ダボス会議）開催。4. 世界保健機関（WHO）、米とメキシコで豚を起源とする新型インフルエンザ感染症を確認。6. 米自動車メーカーGM倒産。米、歌手のM・ジャクソン自宅で急死。12. リスボン条約（EU）の新基本条約）発効。 |

| 年 | 政権（政党）・王位（王室） | 政策・社会・経済 |
|---|---|---|
| 2010 | 4. 警察権・司法権を英政府から北アイルランド自治政府に委譲。5. 総選挙で保守党が第一党に。保守党、自由民主党連立政権。保守党のD・キャメロン首相に。9. E・ミリバンド、労働党首に。 | 1. 1881-82年以来の大寒波。イラク独立調査委員会、ブレア前首相を喚問。2.「英国の健康格差に関する戦略的調査」（マーモット報告）。3. ブリティッシュ・エアウェイズの乗務員スト。9. 政府はロイヤル・メール民営化の計画を公表。10. 平等法（障害差別禁止法）発効。日刊紙『i』創刊。11-12. オズボーン財務相、第二次世界大戦後最大額の歳出削減案を発表。大学の学費の実質大幅値上げの発表に対して学生のデモ多発。 |
| 2011 | 4.29. ウィリアム王子、キャサリン・ミドルトンと挙式。5. 英国議会の制度変更の是非を問う国民投票を実施（否決）。エリザベス女王、アイルランド共和国を初訪問。 | 1. 付加価値税（VAT）20％に引き上げ。ロンドン・アイがEDFエナジーと提携。失業者260万人（1994年以来最多）。2. キャメロン首相、福祉関係予算の大幅な削減計画を公表。3. 政府の公共部門削減に反対してロンドンで50万人規模のデモ。3.19. 米仏と共にリビアのカダフィ政府軍への空爆開始。8.6-8.10. 警官による黒人男性射殺事件（8.4.）をきっかけにロンドン市内で暴動発生。その後複数の地方都市に拡大。5名死亡。12. EU首脳会議で欧州債務危機の対策として提案された中央統制強化のための協定をキャメロン首相は拒否。 |
| 2012 | 6.2-6.5. エリザベス女王在位60年（ダイヤモンド・ジュビリー）記念式典。 | 1. 失業者270万人に増加。7. ロンドン銀行間取引金利（LIBOR）の不正操作問題が発覚し議会に調査委員会を設置。10. キャメロン首相とスコットランド首相A・サーモンド「エディンバラ協定」（スコットランド独立の国民投票の条件を記述）に署名。 |
| 2013 | 5.2. EU脱退を主張するイギリス独立党（UKIP）がイングランド・ウェールズでの統一地方選挙で8議席から147議席へと躍進。 | 2. 下院でイングランドとウェールズでの同性婚を認める法案可決。4.8. M・サッチャー没、4.17. セント・ポール大聖堂にて準国葬。5. 保守党は2017年までにイギリスのEU加盟の是非を問う国民投票のためのEU法案草稿を発表。 |

| 文化・芸術（文学、音楽、映画、美術等） | 世　　界 |
|---|---|
| 2. A・マックイーン没。4. A・シリトー没。／M・リー『アナザー・イヤー』、T・フーパー『英国王のスピーチ』（映画）。テイク・ザット『プログレス』（音楽）。S・ヒーニー『人間の鎖』（詩集）。ハワード・ジェイコブソン『フリッカーズ・クエスチョン』。10. BBCドラマ『シャーロック』放映開始。 | 3. 米で医療改革法案可決。4. ワシントンで第1回核安全サミット。オバマ、「核兵器廃絶に向けて」演説。アイスランドで火山噴火。8. NHO、新型インフルエンザの終息を宣言。10. チリの鉱山落盤事故で33名を救出。12.「アラブの春」開始。中東各地でデモ。／C・ノーラン『インセプション』（映画）。 |
| 7. 日曜新聞『ニューズ・オヴ・ザ・ワールド』盗聴スキャンダルのため廃刊。L・フロイド没。エイミー・ワインハウス急死。10.「ロンドンを占拠せよ」の抗議行動で一時セント・ポール大聖堂封鎖。／アデル『21』、アークティック・モンキーズ『サック・イット・アンド・シー』（音楽）。『ハリー・ポッターと死の秘宝PART 2』（映画。シリーズ完結）。J・バーンズ『終りの感覚』。 | 1. エジプトでムバラク大統領辞任。2. リビア騒乱開始。3.11. 東北地方太平洋沖地震。福島第一原子力発電所事故。パキスタンで米特殊部隊、ビンラディンを殺害。6. 伊で原発再開の是非を問う国民投票、94％が反対して凍結決定。7.22. ノルウェイで連続テロ事件。8. リビアのカダフィ政権崩壊。9月以降、米ウォール街ほか世界各地で貧困と格差社会への抗議行動頻発。10. リビアのカダフィ殺害。12.17. 金正日総書記死去。／レディ・ガガ『ボーン・ディス・ウェイ』（音楽）。 |
| 2. 日曜新聞『サン・オン・サンデイ』創刊。7-8. ロンドンで第30回夏季オリンピック開催。8-9. ロンドン・パラリンピック。／S・ラシュディ『ジョーゼフ・アントン一回想録』。J・ウェア『ディヴォーション』（音楽）。K・ローチ『天使の分け前』、S・メンデス『スカイフォール』、T・フーパー『レミゼラブル』（以上映画）。 | 3. 国勢調査局の推計で世界人口70億人を突破。4. 北朝鮮で金正恩が朝鮮労働党の第一書記に就任。5. 東京スカイツリー開業。8. NASAの火星探査機キュリオシティ火星着陸。9. 日本の尖閣諸島国有化に反発して中国で反日デモ。12. 日、衆議院議員総選挙で自民党が与党に。第二次安倍内閣。／B・アフレック『アルゴ』、K・ビグロー『ゼロ・ダーク・サーティ』（以上米映画）。 |
| 1. 牛肉加工食品への馬肉混入の食品偽装事件発覚。5. A・ファーガソン、マンチェスター・ユナイテッド監督を引退。 | 1. B・オバマ米大統領二期目就任。アルジェリア人質拘束事件。4. 中国で鳥インフルエンザ流行。4.15. ボストン・マラソン爆発事件。4.24. バングラデシュ、ダッカ近郊ビル崩落事故。6. トルコで反政府デモ拡大。 |

## 世界地図とコモンウェルス諸国（一部除く）

・丸括弧内はコモンウェルス加入年。旧植民地の独立年については
『愛と戦いのイギリス文化史1900-1950年』347-348頁参照。

カナダ（1931年）
アメリカ合衆国
イギリス
アイルランド
マルタ（1964年）
シエラレオネ（1961年）
ガーナ（1957年）
ナイジェリア（1960年。1995-99年は資格停止）
カメルーン（1995年）
ナミビア（1990年）
ボツワナ（1966年）
カリブ地域（448頁）
フォークランド諸島（マルビナス諸島）

地図　445

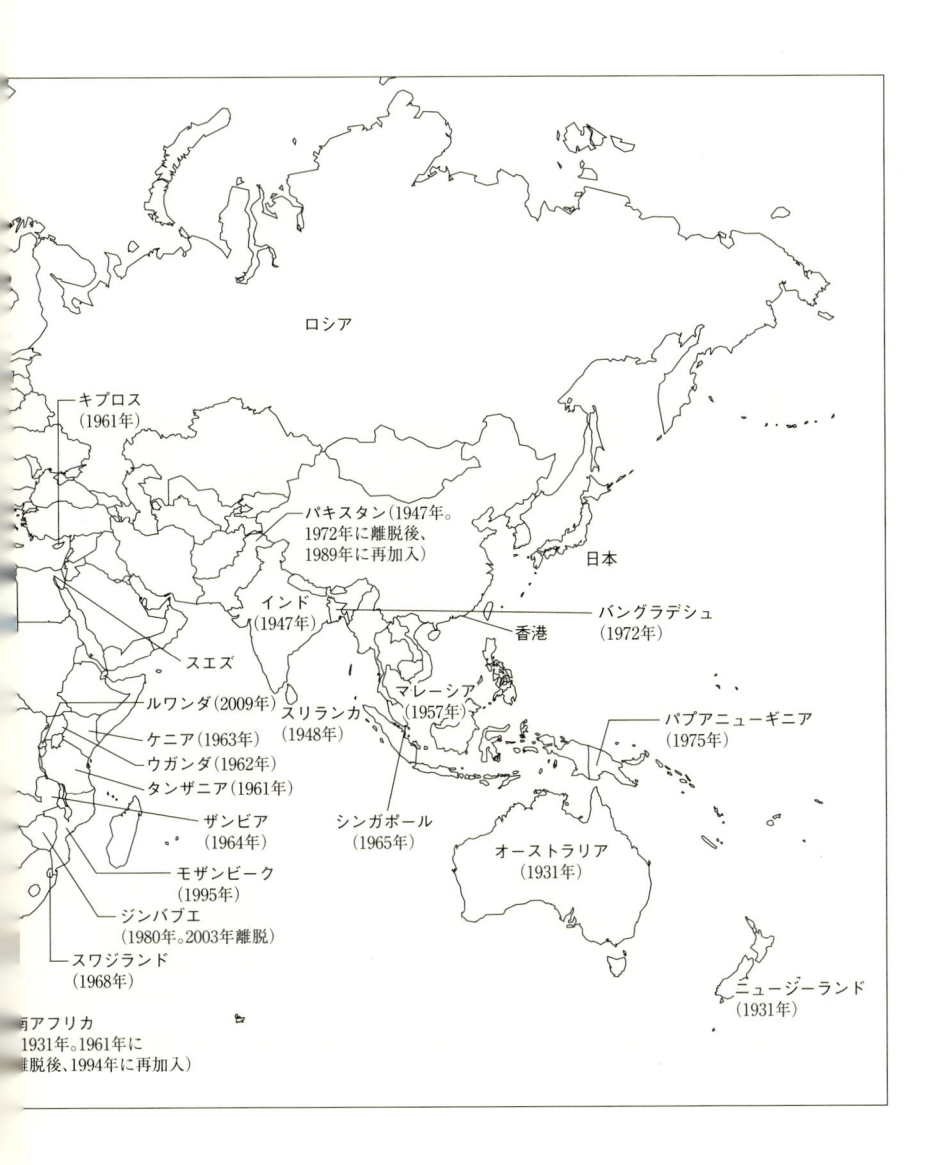

ロシア

キプロス
(1961年)

パキスタン(1947年。
1972年に離脱後、
1989年に再加入)

日本

インド
(1947年)

バングラデシュ
(1972年)

香港

スエズ

ルワンダ(2009年)
ケニア(1963年)
ウガンダ(1962年)
タンザニア(1961年)
ザンビア
(1964年)
モザンビーク
(1995年)
ジンバブエ
(1980年。2003年離脱)
スワジランド
(1968年)

スリランカ
(1948年)

マレーシア
(1957年)

パプアニューギニア
(1975年)

シンガポール
(1965年)

オーストラリア
(1931年)

ニュージーランド
(1931年)

南アフリカ
1931年。1961年に
離脱後、1994年に再加入)

冷戦期ヨーロッパ（1950年代後半）

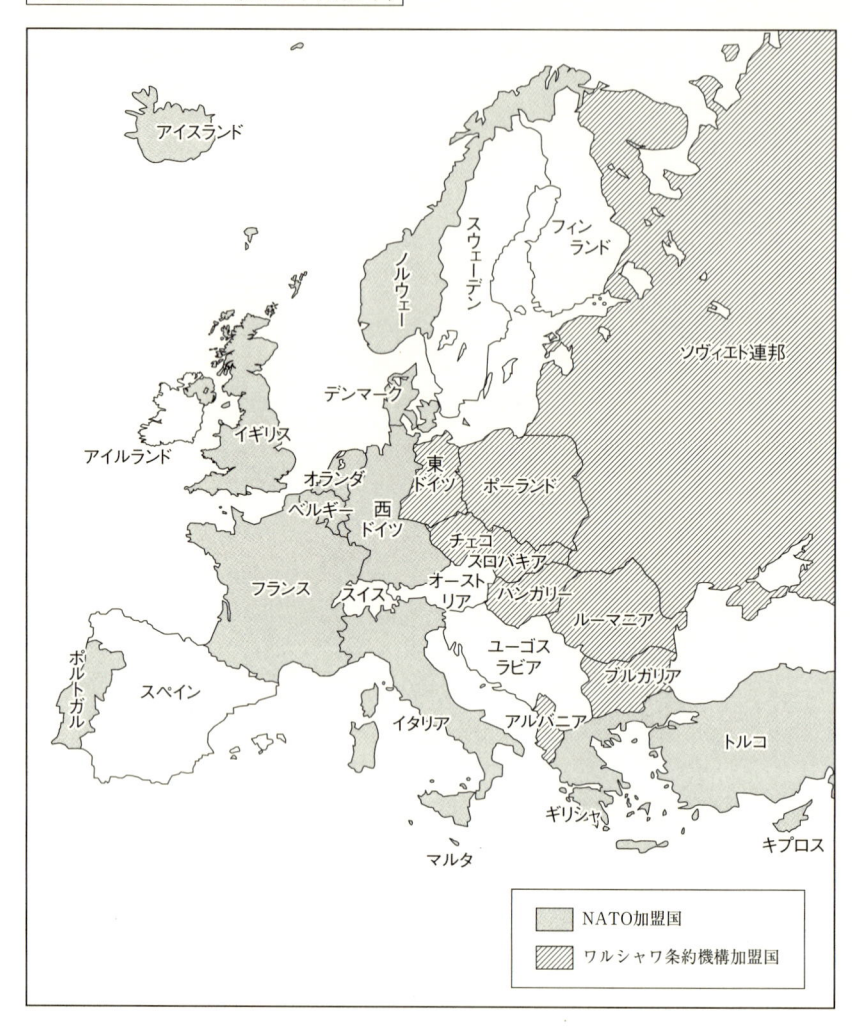

## 2011年のヨーロッパ

EU 加盟国（2011年8月現在）。イギリスの EC（ヨーロッパ共同体、EU の前身）加盟は1973年。

カリブ地域

メキシコ湾
バハマ（1973年）
ベリーズ（1981年）
タークス・アンド・カイコス諸島（イギリスの属領）
キューバ
ハイチ
プエルトリコ
マルティニック
ケイマン諸島（イギリスの属領）
メキシコ
ジャマイカ（1962年）
ドミニカ共和国
ドミニカ
ホンジュラス
カリブ海
グアテマラ
エルサルバドル
ニカラグア
トリニダード・トバゴ（1962年）
コスタリカ
パナマ
コロンビア
ベネズエラ
ガイアナ（1966年）

・丸括弧内はコモンウェルス加入年。

# イギリス・アイルランド

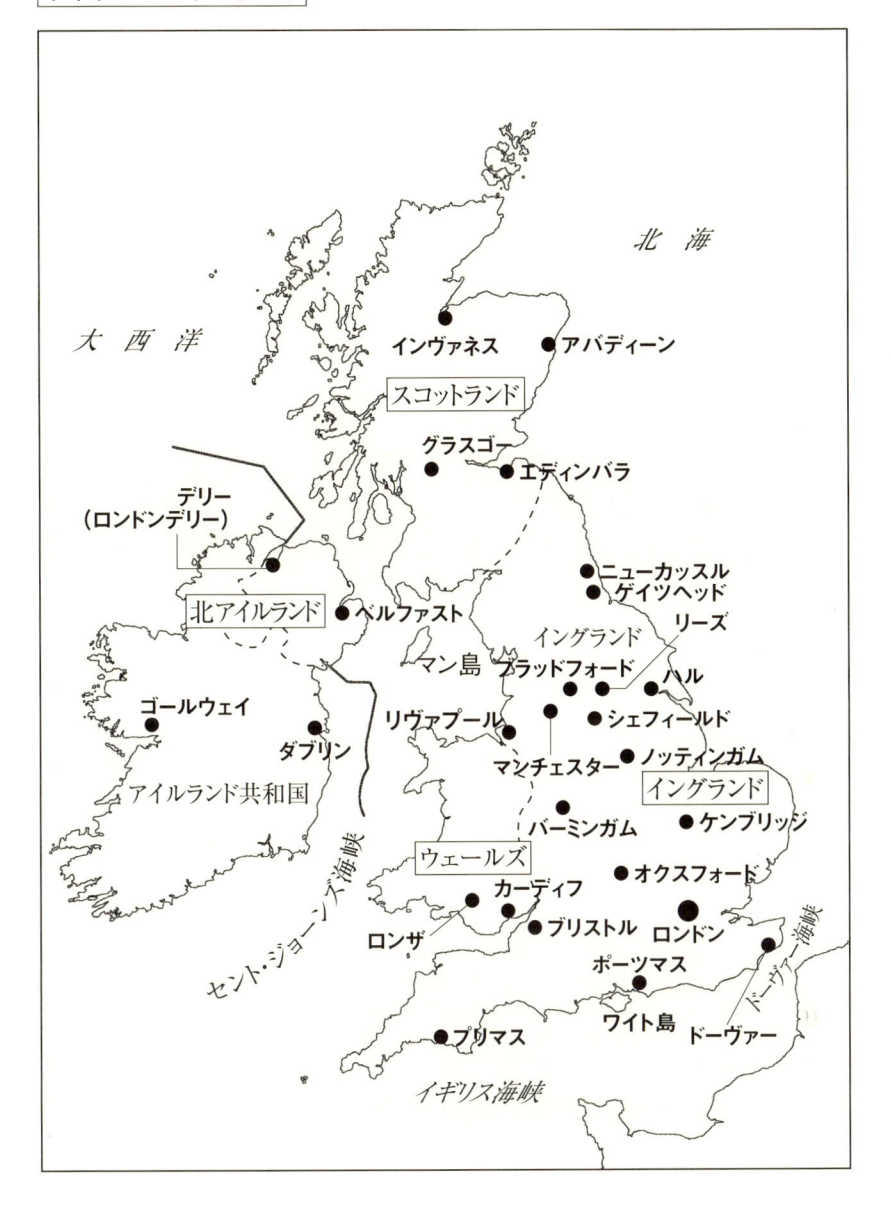

地図内の地名:
- 北海
- 大西洋
- インヴァネス
- アバディーン
- スコットランド
- グラスゴー
- エディンバラ
- デリー（ロンドンデリー）
- 北アイルランド
- ベルファスト
- ニューカッスル
- ゲイツヘッド
- リーズ
- マン島
- イングランド
- ブラッドフォード
- ハル
- ゴールウェイ
- リヴァプール
- シェフィールド
- ダブリン
- マンチェスター
- ノッティンガム
- アイルランド共和国
- バーミンガム
- ケンブリッジ
- ウェールズ
- オクスフォード
- イングランド
- カーディフ
- ロンザ
- ブリストル
- ロンドン
- ポーツマス
- セント・ジョージ海峡
- プリマス
- ワイト島
- ドーヴァー
- ドーヴァー海峡
- イギリス海峡

ロンドン中心部

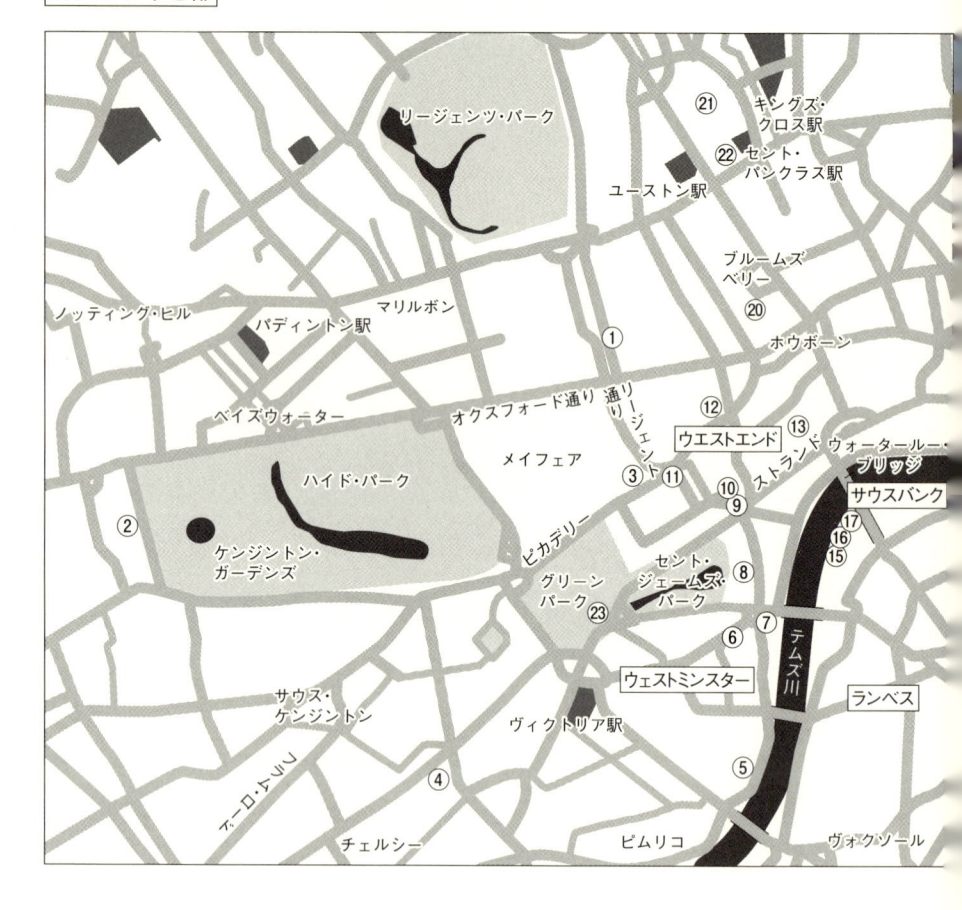

① BBC
② ケンジントン宮殿
③ ロイヤル・アカデミー
④ サーチ・ギャラリー (2008-)
⑤ テイト・ブリテン
⑥ ウェストミンスター寺院
⑦ 国会議事堂
⑧ 首相官邸
⑨ トラファルガー・スクエア
⑩ ナショナル・ギャラリー
⑪ ピカデリー・サーカス
⑫ ソーホー
⑬ ロイヤル・オペラハウス
⑭ セント・ポール大聖堂
⑮ ロンドン・アイ
⑯ ロイヤル・フェスティヴァル・ホール
⑰ ナショナル・フィルム・シアター

地図　451

ロンドン郊外

⑱テイト・モダン
⑲デザイン・ミュージアム
⑳大英博物館
㉑サマーズ・タウン
㉒大英図書館
㉓バッキンガム宮殿
㉔グランウィック写真現像工場
㉕サーチ・ギャラリー（1985-2003）
㉖ケーブル・ストリート

## 図版クレジット

第 1 章　図 1　写真：庄子ひとみ
第 2 章　図 1　<http://righttowork.org.uk/2011/01/death-of-jayaben-desai-grunwicks-strike-leader/>
第 3 章　図 1　『ヒストリー・ボーイズ』DVD（2007年、発売元：20th Century Fox、価格：£3.83）
第 4 章　図 1　写真：Peter Thwaite／図 2　写真：川端康雄／図 3　写真：David Wilson Clarke
第 5 章　図 1　Popperfoto/Getty Images／図 2　Getty Images
第 6 章　図 1　©ZUMA Press/amanaimages／図 2　©Bettmann/CORBIS/amanaimages／図 3　Getty Images
第 7 章　図 1　Hill, Tim. *George Best: Unseen Archives*. Bath: Paragon, 2001／図 2　写真：佐藤亨
第 8 章　図 3、4　撮影：板倉厳一郎
第 9 章　図 2　Reproduced by permission of The Henry Moore Foundation
第10章　図 1　写真：トリスタム・ケントン／図 2　写真：キャサリン・アッシュムア
第11章　図 2、3　©The Library of the London School of Economics and Political Science
第12章　図 3　『ゲッティング・オン』DVD（2009年、発売元：2 entertain、価格：£5.49）
第13章　図 1、2　*Sight and Sound*, Vol. 22, No. 1 (July-September 1952) の裏表紙／図 3、4　*Sight and Sound*, Vol. 25, No. 4 (Spring 1956), p. 175, 173.
第14章　図 1　Golden Jubilee of Queen Elizabeth II, Royal Mail, 2002（泉順子私物）／図 2　Shawcross, William, *Queen and Country: The Fifty-Year Reign of Elizabeth II*, New York: Simon & Schuster, 2002.／図 3　*Royal Family*（BBC documentary, 1969）／図 5　Delano, Julia, *Diana: A Tribute*, New York: Crescent Books, 1997.
第15章　図 2　<http://mrzine.monthlyreview.org/2005/flanders181205.html>
第16章　図 1　©Damien Hirst and Science Ltd. All rights reserved, DACS 2011／図 2　Marc Quinn, Self, 1991／図 3　©Richard Hamilton. All Rights Reserved, DACS 2011
第17章　図 1　ブリティッシュ・カウンシル「年次報告書」（1955/56年度）／図 2　ブリティッシュ・カウンシル「年次報告書」（1956/57年度）
第18章　図 1　<http://www.guardian.co.uk/books/booksblog/2010/oct/19/novels-nice>／図 2　<http://www.superfluitiesredux.com/2010/06/30/waiting-for-godot-world-premiere/>
第19章　図 1、2、3、5　写真：木下誠／図 4　写真：西本奏子
第20章　図 2　写真：河野真太郎／図 4　<http://education.gtj.org.uk/en/blowup1/14422>
第21章　図 1、3、4、5　写真：中井亜佐子／図 2　『マイ・ビューティフル・ランドレット』DVD（2008年、発売元：Channel 4、価格：£4.97）
終　章　図 1　写真：庄子ひとみ／図 3　<http://guitarplayer.wordpress.com/>／図 4　<http://www.guardian.co.uk/music/musicblog/2008/oct/27/rock-camp>

## コラム

p. 52　上　<http://www.emersonkent.com/history_notes/harold_macmillan.htm>、下　<http://www.britishempire.co.uk/biography/wilson.htm>／p. 68　上　<http://www.dailymail.co.uk/news/article-1053300/The-Punk-Rock-Premier-How-Lady-Thatcher-tried-halt-tide-decline-Britain.html>、下　<http://www.camdennewjournal.co.uk/2004%20archive/120204/f120204_6.htm>／p. 136　<http://www.fashionstate.com/goonshow/index.htm>／p. 152　『風が吹くとき』DVD（2009年、発売元：video maker、価格：3990 円）／p. 218　<http://www.chasingthefrog.com/reelfaces/calendargirls_cal2.php>／p. 268　<http://www.bbc.co.uk/programmes/p003nwck>／p. 300　ザ・スミス『クイーン・イズ・デッド』より／p. 334　Ian Petticrew（<geograph.org.uk>）／p. 382　上　Andrew Marr, *A History of Modern Britain*, Pan Books, 2008、下　<http://time-az.com/images/2011/02/20110223david-cameron.gif>

# 索引

### アルファベット

AIDS（エイズ，後天性免疫不全症候群） 186, 266, 284
BBC, イギリス放送協会（British Broadcasting Corporation） 11, 14, 136, 175-176, 181, 189, 190, 228, 249, 255-256, 261, 268, 276, 348, 389, 396
BSE（狂牛病） 388
CCTV（閉回路テレビ）→ 監視カメラ
CEMA → 音楽・諸芸術振興カウンシル
CND → 核兵器廃絶運動
EC → 欧州共同体
ECSC → 欧州石炭鉄鋼共同体
EEC → 欧州経済共同体
ELT → 英語教育
ERM → 欧州為替相場機構
EU → 欧州連合
EUNIC → ユーニック
IMF → 国際通貨基金
IRA（アイルランド共和軍） 68, 137, 142, 150
ITV（Independent Television） 224-255
KGB（ソ連の国家保安委員） 10
MI5（英国情報局保安部） 11
MI6（海外情報局） 11
NATO → 北大西洋条約機構
NHS → 国民保健サーヴィス制度
NUM → 全英炭坑労働組合
PFA（Professional Footballers' Association） 141-142
SRC → ソ連関係委員会
YBA → ヤング・ブリティッシュ・アーティスト
WEA（Worker's Educational Association） 32

### あ行

アアルト，アルヴァ（Hugo Henrik Aalto, 1898-1974） 110
IRA 暫定派（プロヴォ） 143
アイヴォリー，ジェイムズ（James Ivory, 1928-）
　『眺めのいい部屋』（A Room with a View, 1986） 375
ID カード 398
アイステズヴォド（eisteddfods） 17
『IT クラウド』（The IT Crowd） 136
アイルランド（Ireland） 17, 125, 137, 139, 142-143, 145-146, 148-151, 268, 279, 310, 328-329, 355, 369
アイルランド国民解放軍（INLA） 143
アヴァンギャルド（avant-garde） 159, 160-161, 163
「赤煉瓦大学」 23
「アチェソン報告」（Acheson Report, 1998） 231
アーツ・アンド・クラフツ運動（Arts and Crafts Movement） 114-115, 159
アーツ・カウンシル（Arts Council） 2, 91-97
アトキンズ，クリス（Chris Atkins, 1961-）
　『テイキング・リバティーズ』（Taking Liberties, 2007） 398
アートスクール（art school） 129, 155, 158-159, 163, 283
アトリー，クレメント（Clement Attlee, 1883-1967） 12, 314, 362
アドルノ，テオドール（Theodor Adorno, 1903-69） 400
アップ，アリ（Ari Up [Arianna Forster]，1962-） 158, 165
『アエリータ』（Aelita, 1924） 161
アーノルド，マシュー（Matthew Arnold, 1822-88）
　『教養と無秩序』（Culture and Anarchy, 1869） 20
アフガニスタン 395, 397
アフガニスタン戦争 395
アブジェクション 291
『アブソリュートリー・ファビュラス』（Absolutely Fabulous, 1992-） 276
アフリカ 3, 25, 118, 132, 154, 164-165, 194, 309-310, 312, 314, 318, 346, 349, 369, 396
アメリカ英語 311, 326
アメリカ合衆国 3, 6, 25, 30, 96, 105, 107, 110, 118, 122, 157, 197, 227, 228, 230,

233, 242, 280, 284, 288, 293, 297, 303, 310-311, 314, 319, 321-330, 332-333, 350, 363, 389-390, 394
「アメリカ情報センター」 323
「アメリカ文学」 322, 324
アルスター 139
アルスター義勇軍（UVF） 143
アルスター・プロテスタント 148
アルスター防衛協会（UDA） 142
アルバニア 395
アルバーン，デイモン（Damon Albarn, 1968-） 389, 392-393
アレゴリー 325-326, 329
アレン，リリー（Lily Allen, 1985-） 167
アンダーソン，ペリー（Perry Anderson, 1938-） 359
アンダーソン，リンジー（Lindsay Anderson, 1923-1994） 223
  『ウェイクフィールド・エクスプレス』（*Wakefield Express*, 1952） 248
  「映画批評におけるコミットメント」（"Commitment in Cinema Criticism," 1957） 247
  『おお，ドリームランド』（*O Dreamland*, 1953） 243
  『クリスマス以外は毎日』（*Every Day Except Christmas*, 1957） 248
  『孤独の報酬』（*This Sporting Life*, 1963） 251
  「ただ結びつけさえすれば」（"Only Connect," 1953） 244
  「立ち上がれ！ 立ち上がれ！」（"Stand Up! Stand Up!" 1956） 247
  「飛び出して，押せ！」（"Get Out and Push!" 1957） 249
  『ブリタニア・ホスピタル』（*Britannia Hospital*, 1982） 219-220, 225, 231-232
アンドレ，カール（Carl Andre, 1935-）
  《等価 VIII》（*Equivalent VIII*, 1969） 290
異化 192
『いかに私は戦争に勝ったか』（*How I Won the War*, 1967） 136
「怒れる若者たち」（Angry Young Men） 14, 30, 121-122, 251, 329
イギリス・アイルランド条約 139
イギリス映画協会（BFI, British Film Institute） 2, 238, 244-247
  BFI 実験映画制作基金（BFI Experimental Film Fund） 245
イギリス国民戦線→ ナショナル・フロント
イギリス祭（The Festival of Britain） 1-7, 10, 12, 14-18, 37, 91, 103, 110, 237-241, 243-245, 247, 255, 339-340, 383-386
「イギリス帝国博覧会」（British Empire Exhibition, 1924） 6, 26
イギリス料理 107
イギリス連邦→ 英連邦
イギリス国籍法（British Nationality Act） 9, 369
イシグロ，カズオ（Kazuo Ishiguro, 1954-）
  『わたしを離さないで』（*Never Let Me Go*, 2005） 234
『イーストエンダーズ』（*EastEnders*, 1985-） 284
イズメイ，ヘイスティングズ（Hastings Ismay, 1887-1965） 2
異性愛，異性愛主義 126, 215, 323
イタリア 106-110, 113, 116, 314
EDF エナジー（EDF Energy） 38
イーデン，アンソニー（Anthony Eden, 1897-1977） 16, 52
遺伝子操作 234
イートン校（Eton College） 11, 33
イニシエーション 29
移民（immigrants） 9, 44-45, 118, 138, 278, 347, 366, 370
  移民法（1971年）（Immigration Act, 1971） 369
  英連邦移民法，あるいはコモンウェルス移民法（1968）（Commonwealth Immigration Act 1968） 131
  「コモンウェルス（英連邦）移民法」（Commonwealth Immigration Act, 1962） 9, 131, 278, 369
移民文化 368-369, 379
イームズ，チャールズ（Charles Ormond Eames, Jr, 1907-78） 110
イラク戦争 334, 380-381, 394-397, 399
医療リサーチおよびイノヴェイション英国センター（UK Centre for Medical Research and Innovation） 350
イングランド国教会 356
イーリング・コメディ（Ealing Comedy） 252
イングリッシュ・ヘリテージ（English Heritage） 337-338, 342-344
インディーズ 300, 390
インド（India） 61, 132, 312, 348, 369, 371,

375
インド・パキスタンの分離独立　3, 309, 369
『インドへの道』（*A Passage to India*, 映画, 1984）　375
インペリアル・ケミカル・インダストリーズ（Imperial Chemical Industries, 略称：ICI）　321
ヴァーヴ，ザ（The Verve）　391
ヴィクトリア協会（the Victorian Society）　337
ヴィクトリア女王（Queen Victoria, 1819-1901）　161
ヴィクトリア様式　335, 341, 344-355
ヴィシャス，シド（Sid Vicious [John Simon Ritchie], 1957-79）　158
ウィーナー，ルイーズ（Louise Wener, 1966-）　393
ウィニコット，D・W（Donald Woods Winnicott, 1986-1971）　175-176, 183-184
ウィリアムズ，レイモンド（Raymond Williams, 1921-88）　20, 32-34, 58, 67, 313
　『田舎と都会』（*The Country and the City*, 1973）　361
　『長い革命』（*Long Revolution*, 1961）　402
　『文化と社会』（*Culture and Society*, 1958）　59, 62, 65
　「文化とはふつうのもの」（"Culture is Ordinary," 1958）　401
　『辺境』（*Border Country*, 1960）　24, 57
ウィリアム王子（William, Prince, 1982-）　261, 266
ウィルソン，ハロルド（Harold Wilson, 1916-1995）　16, 26, 52, 78, 91, 116, 121, 124, 300, 342, 357, 362
ウィンザー王家（The House of Windsor）　265-266
ウィンダム，ジョン（John Wyndham, 1903-69）
　『トリフィド時代』（*The Day of the Triffids*, 1951）　12-14, 120
ウィンドラッシュ号（MV Empire Windrush）　9
ウエストウッド，ヴィヴィアン（Vivienne Westwood, 1941-2022）　154-156, 160-161
　オーブとサテライト（orb and satellite）　161
　セックス（SEX）　157
　セディショナリーズ（Seditionaries）　154, 157
　ハリス・ツイード（Harris Tweed）　161
　レット・イット・ロック（Let It Rock）　156
『ウェスト・サイド・ストーリー』（*West Side Story*, 1957）　319
ウェストミンスター憲章　7
ヴェスパ　108, 110, 155
ウェルシュ，アーヴァン（Irvine Welsh, 1961-）
　『トレインスポッティング』（*Trainspotting*, 1996）　202
ウェールズ　4, 17-18, 67, 92, 221, 240, 259, 342, 351-365
　――語　352, 354-355, 357, 360
ウェルズ，H・G（H. G. Wells, 1866-1946）
　「盲人国」（"The Country of the Blind," 1904年）　13
ウォー，イーヴリン（Evelyn Waugh, 1903-66）　344
　『ブライズヘッド再訪』（*Brideshead Revisited*, 1945）　344
　『名誉の剣』（*Sword of Honour*, 1952-61）　136
ウォーカー，レイ（Ray Walker, 1945-84）　86
ウォーホル，アンディ（Andy Warhol, 1928-87）　288
ウォルコット，デレク（Derek Alton Walcott, 1930-2017）　268
ウルフガング，ウォルター（Walter Wolfgang, 1923-2019）　399
「ウルフェンデン報告」（Wolfenden Report, 1957）　211-213
A 8 国（Accession 8, 2004））　347-348
英語教育　304, 310-312, 315
英国旗　1, 65, 391-392
英国病（British Disease）　54, 63, 155, 220
英語帝国主義（English linguistic imperialism）　312
英サッカー協会（FA）　138
英文学　28, 322
英米関係　320, 395
英連邦（コモンウェルス）　6-7, 9, 104, 132, 257, 278, 303, 309-310, 314, 316, 369, 371
エウセビオ（Eusébio da Silva Ferreira, 1942-2014）　140
エクスタシー（ecstasy）　390
X レイ・スペックス（X-Ray Spex）　154, 165

「アーティフィシャル」("Art-i-ficial", 1978)　165
「アイデンティティ」("Identity" 1978)　166
「オー, ボンデージ！ アップ・ユアーズ」("Oh, Bondage, Up Yours," 1978)　165
『ジャームフリー・アドレセンツ』(*Germfree Adolescents*, 1978)　154
「世界がデイグロに変わった日」('The Day the World Turned Day-Glo', 1978)　165
「私は気取り屋」("I am a Poseur," 1978)　159, 166
エシカル・コンシューマリズム（倫理的消費活動）　88, 100
『ジ・エスタブリッシュメント（当局）』(*The Establishment*)　136
エスプレッソ　107
エディプス・コンプレックス　171
エドワーズ, ダンカン（Duncan Edwards, 1936-58)　146
エドワード黒太子（Edward, the Black Prince, 1330-1376)　257
NHS およびコミュニティ・ケア法　226
FA カップ　151, 168
エプスタイン, ブライアン（Brian Epstein, 1934-1967)　122-123, 129
エミン, トレイシー（Tracey Emin, 1963-)　295
エラスティカ（Elastica)　391
エリオット, T・S（T. S. Eliot, 1888-1965)　2
エリザベス1世（Elizabeth I, 1533-1603)）　254
エリザベス2世（Queen Elizabeth II, 1926-2022)　16, 104, 261-263, 265, 267, 385
エリザベス2世戴冠式（Coronation of Elizabeth II)　104, 255-258, 263, 267
エリザベス2世在位25周年記念式典（Silver Jubilee)　16, 153
オアシス（Oasis)　300, 383, 389-393
　『デフィニトリー・メイビー』(*Definitely Maybe*, 1994)　390
　「どこでおかしくなってしまったのだろう」("Where Did It All Go Wrong," 2000)　383
　『ビー・ヒア・ナウ』(*Be Here Now*, 1997)　393
　『モーニング・グローリー』((*What's The Story) Morning Glory?* 1995)　389
　「ロール・ウィズ・イット」("Role with It," 1995)　239

演劇　187, 189-190, 192-193, 251, 319, 334
オイ（Oi)　158
追崎史敏（1975-)
　『ロミオ×ジュリエット』（アニメ）　19
オーウェル, ジョージ（George Orwell, 1903-50)　107, 400-401
　「イギリス料理の擁護」("In Defence of English Cooking," 1945)　107
　『一九八四年』(*Nineteen Eighty-Four*, 1949)　399
王室儀式　255, 264, 267
欧州カップ　140
欧州為替相場機構（ERM: European Exchange Rate Mechanism)　68, 388
欧州共同体（EC: European Community)　315
欧州経済共同体（EEC: European Economic Community)　315
欧州石炭鉄鋼共同体（ECSC: European Coal and Steel Community)　314
欧州連合（EU: European Union)　224, 304, 315, 336, 345-349, 398
オクスフォード大学（Oxford University)　32, 72, 189, 344, 388
オグデン, C・K（Charles Kay Ogden, 1889-1957)　28
オーストラリア国立美術館（the National Gallery of Australia)　292
オズボーン, ジョン（John Osborne, 1929-1994)
　『怒りを込めて振り返れ』(*Look Back in Anger*, 1956)　121, 251, 319, 391
小野洋子（Yoko Ono, 1933-)　128-129, 135
オバマ（Barack Hussein Obama, Jr., 1961-)　233, 397
オフィリ, クリス（Chris Ofili, 1968-)
　《聖母マリア》(*The Holy Virgin Mary*, 1996)　287, 292
オランダ　314
オリヴィエ, ローレンス（Lawrence Olivier, 1907-1989)　239
オールコット（Louisa May Alcott, 1832-88)
　『若草物語』(*Little Women: or Meg, Jo, Beth and Amy*, 1868)　323
オレンジ会（Orange Order)　139, 143-144
オレンジ公（ウィリアムⅢ)（William III (of Orange), 1650-1702)　139
音楽・諸芸術振興カウンシル（CEMA: The Council for the Encouragement of Music and the Arts)　89-91, 296

索引　457

か行
階級，階級制度　28, 33
　貴族・上流階級　23, 29, 161, 265, 344
　上層階級　40, 160, 206, 222
　中流階級（ミドル・クラス）　16, 23, 27, 30, 32, 49, 70, 73-80, 106-107, 112, 115, 120, 122, 147, 158, 162, 168, 186, 189, 205-206, 210, 213, 259-260, 280-282, 284, 291, 321, 324, 389
　労働者階級　23, 30, 32, 43-44, 49, 54, 56, 61, 74, 75, 78, 80, 120-121, 138, 141, 146-147, 154-155, 157-164, 168, 206-252, 281-282, 291, 324, 356-357, 360, 362-363, 389
『ガイズ・アンド・ドールズ』（Guys & Dolls, 1950）　104
カウンシル・オブ・インダストリアル・デザイン（Council of Industrial Design）　110
「[科学]革命の白い熱」（the white heat of revolution）　26, 342
ガガーリン，ユーリ（Yuri Alekseyevich Gagarin, 1934-68）　26
ガーキン（Gherkin）　385
『確信』（Conviction, 1958）　401
核戦争　12, 14, 152, 319, 328
核兵器　14, 120, 152, 234, 389
核兵器廃絶運動（CND: Campaign for Nuclear Disarmament）　14, 64, 104, 120, 155, 160, 319
家族計画　133
　――に関する国民保健法（1967年）（National Health Service (Family Planning) Act 1967）　133
『ガタカ』（Gattaca, 1997）　234
カッシーナ（Cassina）　110
カッソン，ヒュー（Hugh Casson, 1910-99）　2
「活力ある中心」（The Vital Center）　332
カーディフ　2, 354
カーディフ，ジャック（Jack Cardiff, 1914-2009）　239
カトリック教徒（教会）　17, 139, 142-144, 146, 148, 150-151, 292
カナヴォン城（カーナーフォン城）（Caernarvon Castle, or Caernarfon Castle）　259
家父長制　192-199, 273, 376
カーペンター，エドワード（Edward Carpenter, 1844-1929）
『性愛と自由社会におけるその位置』（Sex-Love, and Its Place in a Free Society, 1894）　207
カーモード，フランク（Frank Kermode, 1919-2010）　329-332
カリブ（Carib）　9, 44, 68, 118, 162, 268
カリプソ（calypso）　9, 118
『カリブの声』（Caribbean Voices, BBC 1943-58）　268
カルヴァン主義　139
『カレンダー・ガールズ』（Calendar Girls, 2003）　218
カワード，ノエル（Noël Coward, 1899-1973）　253-254, 258
「祭りをばかにしちゃいけない」（Don't Make Fun of the Fair）　1, 14-15
環境問題　396
監視カメラ　168, 398
『ガンジー』（Gandhi, 1982）　375
完全雇用（full employment）　134, 362
カンタベリー大主教（Archbishop of Canterbury）　4, 253
ガンディ（Mohandas Karamchand Gandhi, 1869-1948）　312
カントリーハウス　344
「寛容な社会」　133, 186, 203, 211-217, 332
キーガン，ケヴィン（Kevin Keegan, 1951-）　147
企業文化（エンタープライズ・カルチャー）　20, 273, 281
北アイルランド　4, 17-18, 138-139, 142-144, 150, 354-355
北アイルランド警察（RUC）　142
北アイルランド紛争　138, 142-144, 355
北大西洋条約機構（NATO: North Atlantic Treaty Organization）　315, 395
キチナー，ロード（Lord Kitchener, 1922-2000）　9, 118
キッチン・シンク　228, 252
ギデンズ，アンソニー（Anthony Giddens, 1938-）
『第三の道』（The Third Way, 1998）　93
キプリング，ラドヤード（Rudyard Kipling, 1865-1936）　40
キャッスル，バーバラ（Barbara Castle, 1910-2002）　223
キャメロン，デイヴィッド（David William Donald Cameron, 1966-）　233, 300, 382
ギャラガー，ノエル（Noel Gallagher, 1967-）　300, 391-393

ギャラガー，リアム（Liam Gallagher, 1972-）389
キャラハン，ジェイムズ（James Callaghan, 1912-2005）68, 271, 297-298, 358
「ギャンブラー展」（1990）293
キャンベル，アラステア（Alastair Campbell, 1957-）392
9・11テロ（The September 11 Attacks, 2001）367, 372, 378
キューカー，ジョージ（George Cukor, 1899-1983）246
キューバ 118
——危機（Cuban Crisis）15, 155
教育
　イレヴン・プラス試験 79
　グラマー・スクール 23, 27-28, 52, 68-69, 78-79
　クレデンシャル 72-74, 76
　高等教育 23-25, 74, 159, 311, 332
　コンプリヘンシヴ・スクール（総合制中等教育学校）33, 72, 78-80
　三分岐制 72, 75
　GCSE 71
　セカンダリー・モダン 78
　パブリック・スクール（私立中等教育学校）11, 23, 33, 75, 79
　1988年の教育改革 70, 78, 80-81
　ナショナル・カリキュラム 70, 365
　リーグ表 69-71
教育市場 70-71, 76-77, 80-83
教育法 24
共産主義者 85, 326, 330
共通文化（a common culture）ii, 51, 402
『今日のイギリス』（Britain To-day, 1953）309
教養 20-21, 24, 28-29, 31, 80, 82-83, 314, 365
教養小説（ビルドゥングスロマン）29-30, 34, 76, 322
キリスト教 8, 133, 164, 204-206, 210, 213, 216, 381, 394
ギールグッド，ジョン（John Gielgud, 1904-2000）2
ギルレイ，ジェイムズ（James Gillray, 1757-1815）220
キンクス（Kinks）393
「勤労福祉」（ワークフェア）202
『クイーン』（The Queen, 2006）263
クイン，マーク（Marc Quinn, 1964-）

《セルフ》（Self, 1991）287
クォリーメン（The Quarrymen）129
クック，ジェイムズ（James Cook, 1728-1779）241
クライン，メラニー（Melanie Klein, 1882-1960）171, 173, 175
クラーク，ケネス（Kenneth Clark, 1903-83）2
グラスゴー 2, 17, 114, 146
クラッシュ（The Clash）158, 165, 393-394
　「クランプダウン（弾圧）」（"Clampdown," 1979）394
　「白い暴動」（"White Riot," 1977）164
　「憎悪と戦争」（"Hate and War," 1977）394
　「ブリクストンの銃」（"The Guns of Brixton," 1979）165, 167
　「ロック・ザ・カスバ」（"Rock the Casbah," 1982）394
　『ロンドン・コーリング』（London Calling, 1979）165
クラプトン，エリック（Eric Clapton, 1945-）132
グランウィック写真現像工場（Grunwick Film Processing Laboratories）57, 61, 67
グランジ・ロック（grunge rock）390
グリアソン，ジョン（John Grierson, 1898-1972）238, 241-242, 249-250
　『流し網漁船』（Drifters, 1929）250
クリスティーズ 295-296
クリステヴァ，ジュリア（Julia Kristeva, 1941-）291
　『恐怖の権力』（Pouvoir de l'horreur: essai sur l'abjection, 1980）291
グリーナム・コモン（Greenham Common）152
クリントン，ビル（Bill Clinton, 1946-）350, 386, 395
クール 298, 382, 391
クール・ブリタニア（Cool Britannia）63, 117, 382, 389-392, 396
クレイシ，ハニフ（Hanif Kureishi, 1954-）375-376
　『郊外のブッダ』（The Buddha of Suburbia, 1990）372, 375
　『ブラック・アルバム』（The Black Album, 1994）373, 376-377, 379
　『マイ・ビューティフル・ランドレット』（My Beautiful Laundrette, 1985）372-375, 377, 380

「息子は狂信者」("My Son the Fanatic," 1996) 368, 380
「黒さ」 154, 164
クロスマン，リチャード（Richard Howard Stafford Crossman, 1907-1974） 331
クロスランド，アンソニー（Anthony Crosland, 1918-77） 78
『社会主義の未来』（The Future of Socialism, 1956） 331
グローバリズム，グローバリゼーション 34, 336, 345-349, 354, 358, 366
グロピウス，ヴァルター（Walter Gropius, 1883-1969） 114
クローン 234
クワント，マリー（Mary Quant, 1934-2023） 111-112, 116
『グーン・ショー』（1951-60, BBCラジオ） 136
クーンズ，ジェフ（Jeff Koons, 1955-） 293
ゲイ 129, 186, 195, 214-215, 264, 269, 277, 378
桂冠詩人（Poet Laureate） 335, 338, 342
経済成長 39, 51, 120, 332, 397
芸術支援企業協議会（Association of Business Sponsorship of the Arts; ABSA） 297
ゲイツケル，ヒュー（Hugh Todd Naylor Gaitskell, 1906-1963） 16, 331, 388
刑法改正法（Criminal Law Amendment Act, 1885） 206-207, 209-210, 212-214, 216
ゲイムズ，エイブラム（Abram Games, 1914-1996） 6
ケインズ，ジョン・メイナード（John Maynard Keynes, 1883-1946） 89-91, 93, 321
ケストラー，アーサー（Arthur Koestler, 1905-83） 27
　『真昼の暗黒』（Darkness at Noon, 1940） 26
結婚 186, 188, 204, 206, 216-217, 253, 273
『ゲッティング・オン』（Getting On, 2009） 228
ケナン，ジョージ（George Frost Kennan, 1904-2005） 320
ケニア 312, 318
《ケーブル・ストリートの戦い》 85-87, 99
ケリー，デイヴィッド（David Kelly, 1944-2003） 396
ケルト人 8
権限委譲（devolution） 334, 354-362, 364, 365

原子爆弾 11-12 →「核兵器」も参照
ケンブリッジ大学（Cambridge University） 11-12, 21-22, 24, 27, 72, 326
「ケンブリッジ・五人組」 12
ゴア，アル（Al Gore, 1948-） 395
小泉純一郎（1942-） 364, 396
コウ，ジョナサン（Jonathan Coe, 1961-）
　『ロッターズ・クラブ』（The Rotter's Club, 2001） 53
公民権運動 270
五月革命（パリ，1968年） 155, 162, 270
国外離散（ディアスポラ） 146, 148
国際通貨基金（IMF: International Monetary Fund） 155
国籍法（1948年）（British Nationality Act, 1948） 9, 369
国籍法（1981年）（British Nationality Act, 1981） 369-370
国民 2-8, 10, 15, 17-18, 25-26, 54, 98, 205, 238, 241, 250, 253-267, 271-273, 276, 279-280, 385, 388
国民保健サーヴィス制度（NHS: National Health Service） 9, 16, 188, 219-233
国連軍 12
個人主義 31, 34, 58, 62, 65, 172, 182, 191, 197-198, 201, 270, 274, 344, 374
ゴス（Goth） 163
コソボ紛争（戦争） 395, 396
コッカー，ジャーヴィス（Jarvis Cocker, 1963-） 393
国境庁（UK Border Agency） 347
コネリー，ショーン（Sean Connery, 1930-2020） 121
コーヒー・バー 107-109, 116, 120
コベイン，カート（Kurt Cobain, 1967-94） 390
コーポレート・リベラリズム（自由企業体制） 321
コミュニケーション 56, 58, 64, 119, 123, 125, 134, 250, 261-262
コミュニティ・アート 86, 94
ゴームリー，アントニー（Antony Mark David Gormley, 1950-） 98
《北の天使》（Angel of the North, 1998） 99
コモンウェルス→ 英連邦
コリショー，マット（Mat Collishaw, 1966-）
《弾痕》（Bullet Hole, 1988-93） 286, 293
コール，ヘンリー（Henry Cole, 1808-82） 114

索引　459

『コロネーション・ストリート』（*Coronation Street*, 1960-）　284
コンセンサス政治　52, 63, 66, 68, 340, 349
コンラン，テレンス（Terence Conran, 1931-2020）　5, 103-117

## さ行

再生医療　234
サウサンプトン　2
サスーン，ヴィダル（Vidal Sassoon, 1928-2012）　112
サーチ・ギャラリー（Saatchi Gallery）　293-294
サーチ＆サーチ（Saatchi and Saatchi）　66, 293
サーチ，チャールズ（Charles Saatchi, 1943-）　293-296
サッチャー，マーガレット（Margaret Thatcher, 1925-）　11, 34, 54, 61-62, 64-66, 69, 70, 78, 92, 93, 133, 182, 186, 189, 199, 202, 223-225, 229, 271-273, 276-283, 291, 293, 295, 297-300, 342-344, 349-350, 354, 358, 363-366, 369-370, 374, 397
サッチャリズム（Thatcherism）　34, 182-183, 269, 271-272, 276-277, 282, 292, 299, 300, 342-343, 344, 349, 350, 371-372, 375, 379, 391
反──　371, 391
サトクリフ，ステュアート（Stuart Sutcliffe, 1940-1962）　122, 129
雑誌
『NME』（*New Music Express*）　389-390
『ウーマンズ・オウン』（*Woman's Own*）　272
『エコノミスト』（*Economist*）　386
『エンカウンター』（*Encounter*）　26
『サイト・アンド・サウンド』（*Sight and Sound*）　239, 245-247
『シークエンス』（*Sequence*）　245
『スクルーティニー』（*Scrutiny*, 1932-53）　22
『ソールズベリー・レヴュー』（*Salisbury Review*）　370
『タイム・アウト』（*Time Out*）　5
『パーティザン・レヴュー』（*Partisan Review*）　331
『ハロー！』（*Hello!*）　261
『ピープル』（*People*）　263
『フェイス』（*Face*）　390
『マルクシズム・トゥデイ』（*Marxism Today*）　272
『ユニヴァーシティズ・アンド・レフト・レヴュー』（*Universities and Left Review*）　247, 250
『ザット・ワズ・ザ・ウィーク・ザット・ワズ（こんな一週間でした）』（*That Was The Week That Was*, 1962-63）　136
サブカルチャー　109, 154, 157-158, 160, 163-167
ザ・フン，アッティラ（Attila the Hun, 1989-1962）　118
サミュエル，ラファエル（Raphael Samuel, 1934-96）　340-344
産業革命　88, 145, 356, 360, 362
参政権　187, 188
シケイロス，ダヴィッド・アルファロ（David Alfaro Siqueiros, 1896-1974）　86
シナトラ，フランク（Frank Sinatra, 1915-98）　126
シェイクスピア，ウィリアム（William Shakespeare, 1564-1616）　8, 19, 241, 323, 370
『オセロ』（*Othello*, 1604）　307
『テンペスト（あらし）』（*The Tempest*, c.1612）　8
『ハムレット』（*Hamlet*, 1600）　232, 307
『ロミオとジュリエット』（*Romeo and Juliet*, 1594）　19
ジェイムズ1世（James I, 1566-1625）　266
ジェイムズ，ヘンリー（Henry James, 1843-1916）
『黄金の杯』（*The Golden Bowl*, 1904）　324
ジェイムソン，フレドリック（Fredric Jameson, 1934-）　328
ジェニングズ，ハンフリー（Humphrey Jennings, 1907-1950）　237-238, 240-250
『イギリスを聴け』（*Listen to Britain*, 1942）　238, 248
『火災発生』（*Fires Were Started*, 1943）　238
『ティモシーの日記』（*A Diary for Timothy*, 1945）　244
『ファミリー・ポートレイト』（*Family Portrait*, 1950）　238, 240, 242
『ロンドンは持ちこたえる』（*London Can Take It*, 1940）　238
シェフィールド（Sheffield）　69
シエラレオネ　395

索引　461

ジェンキンズ，ロイ（Roy Harris Jenkins, 1920-2003）331
ジェンダー　172-173, 176, 181-183, 185, 215, 238, 241, 273
ジオンゴ，グギ・ワ（Ngũgĩ wa Thiong'o, 1938-）312
　『十字架上の悪魔』（Devil on the Cross, 1982）318
　『血の花弁』（Petals of Blood, 1977）318
死刑　133
市場主義　52, 70, 76, 77, 81
失業手当　159, 202
実験映画　239-240, 245-246
実存主義（Existentialism）120
使徒会（アポスルズ）12
市民パートナーシップ法（Civil Partnership Act, 2005）203, 216-217
社会主義　59, 63, 66, 88, 120, 193, 197-198, 201, 326, 331, 362, 386-388, 399
　――フェミニズム　189, 197
社会純潔運動（Social Purity Movement）205-207, 216
社会的排除　215, 396
社会民主主義　399
シットコム　276
ジャガー，ミック（Mick Jagger, 1943-）388
ジャクソン，マイケル（Michael Jackson, 1958-2009）393
ジャズ（jazz）42, 118, 120, 166
ジャマイカ（Jamaica）9, 118, 164-165, 268, 278, 346
ジャーマン，デレク（Derek Jarman, 1942-94）186, 300
シャム69（Sham 69）158
自由（freedom）119, 123, 125-126, 130-155
自由長老派　138, 144
自由民主党　ii, 233, 358, 382, 388
ジュリアーニ，ルドルフ（Rudolph Giuliani, 1944-）292
シュルレアリスム（surrealism）155
シュレジンジャー，アーサー・M（Arthur M. Schlesinger Jr., 1917-2007）320
ジョイス，ジェイムズ（James Joyce, 1882-1941）149
『女王戴冠』（A Queen is Crowned, 1953）256
ジョイント・ストック・シアター・カンパニー　192, 194
奨学金　23-24, 27-28, 52, 159
状況主義（Situationism）155-159, 162, 164-165
消費者　55, 75, 100, 105, 111, 113, 116, 277, 324
消費社会　42, 163, 165-166, 263, 288
消費文化　319, 324
商品化　154, 314, 323, 343
植民地　6, 8, 29, 266, 278, 309-314, 328-329, 346, 355, 366, 369
植民地主義　118, 312-313, 318
植民地省（Colonial Office）3
ジョージ5世（George V, 1865-1936）6
ジョージ6世（George VI, 1895-1952）2
ジョージ，チャーリー（"Charlie" George, 1950-）147
女性　187
　――運動　187, 323
　――差別　370
　――性（女らしさ）126, 127, 161, 195, 377
　――労働　67
ジョン，エルトン（Elton John, 1947-）
　「風のなかの灯火」（"Candle in the Wind"）264
ジョーンズ，ジャック（Jack Jones, 1913-2009）54
ジョーンズ，トマス（Thomas Jones, 1870-1955）90
ジョーンズ，パトリック（Patrick Jones, 1965-）363, 365
ジョンソン，リントン・クウェシ（Linton Kwesi Johnson, 1952-）370
シリトー，アラン（Alan Sillitoe, 1928-2010）30, 251
　「長距離走者の孤独」（短篇小説，"The Loneliness of the Long-Distance Runner," 1959）121, 124
　『土曜の夜と日曜の朝』（Saturday Night and Sunday Morning, 1958）30, 33
シングルマザー　188, 273, 349
人工中絶法（Abortion Act 1967）133, 186, 188
新自由主義（Neoliberalism）
　――と家族　183, 272
　――と教育　70, 74, 77, 82
　――とグローバリゼーション　349, 354, 366
　――と芸術　288, 291, 293, 298-299
　――と個人　199-201
　――とコミュニティ　363, 365
　――と新保守主義　183, 344
　――と多文化主義　374-375

——と地方分権　364
　　——とニュー・レイバー　230
　　——と福祉　134, 202, 362
　　——と父権性　291
　　——とフェミニズム　197
　　——とポスト・フォーディズム　64-67, 282
　　——の「自由」　133, 270-275
　　——の政策　271, 363-364, 366
人種　8, 20, 42-43, 61, 174, 194-195, 277-278, 282, 374
　　——差別　59, 131-132, 134, 214-216, 279, 330, 346, 371, 377
　　——暴動　9, 43-48, 278, 369
身体（body）　20, 119, 121, 123-125, 130, 135, 207-208, 211, 215, 218, 220, 232, 234, 276, 290-291, 324, 400
審美主義　326-327
新批評家　322
新聞
　　『イヴニング・ニューズ』（*Evening News*）　243
　　『インディペンデント』（*Independent*）　269, 394
　　『オブザーヴァー』（*Observer*）　367
　　『ガーディアン』（*The Guardian*）　390
　　『サン』（*The Sun*）　261
　　『タイムズ』（*Times*）　209
　　『ニューズ・クロニクル』（*News Chronicle*）　2
水晶宮（クリスタル・パレス）　2
スウィンギング・ロンドン　112
スウィングする60年代（The Swinging Sixties）　140-141, 147, 276, 342
スウォンジー，ヘンリー（Henry Swansea）　268
スエズ危機（the Suez Crisis）　3, 52, 120, 247, 309, 327
スウェード（Suede）　390
スカ（ska）　118
「スカイロン」　5, 16, 110, 385
スカーギル，アーサー（Arthur Scargill, 1938-）　57, 65
スカラーシップ → 奨学金
スキンヘッズ（skinheads）　155, 346-347
スコットランド（Scotland）　4, 17, 23, 121, 161, 257, 259, 334, 354-359, 365
スコットランド国民党　356-358
スー，スージー（Siouxsie Sioux [Susan Janet Ballion], 1957-）　158, 160

スタイナー，ジョージ（George Steiner, 1929-2020）　25
スタイリーン，ポリー（Poly Styrene [Marianne Joan Eliot-Said], 1957-2011）　165-166
『スター・ウォーズ』（*Star Wars*, 1977-2008）　234
スターリン（Joseph Stalin, 1879-1953）　11, 120, 306, 326
スターリン批判　120
スター，リンゴ（Ringo Starr, 1940-）　124-125, 130
スティーヴンソン，ジョージ（George Stephenson, 1781-1848）　241
ステュアート家（The House of Stuart）　266, 334
ストッパード，トム（(Sir Tom Stoppard, 1937-）　190
ストーモント（Stormont）　143, 150
ストライキ（スト）　53-67, 219, 221, 223, 342, 353-354, 357, 362-364
ストラマー，ジョー（Joe Strummer [John Graham Mellor], 1952-2002）　158
ストリートワイズ・オペラ（Streetwise Opera）　94-98
ストロー，ジャック（Jack Straw, 1946-）　399
ストーンウォール（Stonewall）　214
ストーン・ローゼズ（Stone Roses）　390, 394
スノウ，C・P（Charles Percy Snow, 1905-80）　21-28, 31, 33-34
　　『二つの文化と科学革命』（*The Two Cultures*, 1959）　21-27
　　「二つの文化再訪」（"Two Cultures and a Second Look," 1963）　23
スパイ　10-12, 52, 104
スパイス・ガールズ（Spice Girls）　392
スーパーグラス（Supergrass）　391
『スピティング・イメージ』（*Spitting Image*, 1984-96）　136
「スピン・ドクター」（"spin doctors"）　384, 392
スープ・キッチン（Soup Kitchen）　104, 107, 109
スプートニク１号　26
スペイン内戦　85, 157
スペシャルズ，ザ（The Specials）　118
スペンサー伯（Charles Edward Maurice Spencer, 9th Earl of Spencer, 1964-）　263, 264

スペンサー伯家（The Earls of Spencer）265
スポッティスウッド（Raymond Spottiswoode, ?）240
スミス，クリス（Chris Smith, 1951-）93
スミス，ザ（The Smiths）300, 393-394
　「クイーン・イズ・デッド」（"The Queen Is Dead," 1986）300, 394
スミス，ジョン（John smith, 1938-94）382, 387
スミス，ダイ（Dai Smith, 1945-）67
スミス，パティ（Patti Smith, 1946-）156
スリーパー（Sleeper）391, 393
性科学（セクソロジー）181, 207-209, 213
成人教育 32-34
精神分析 171-185
性の革命 186
性犯罪 210
　――法（1967年）（Sexual Offences Act, 1967）133, 213-215, 217
　――法（2000年）（Sexual Offences Act, 2000）215-216
石炭 77, 99, 353, 356, 362
石炭庁（National Coal Board）2, 56, 363
セクシュアリティ（sexuality）43, 47, 119, 125, 128, 130, 135, 186, 193, 282
セックス・ピストルズ（Sex Pistols）155, 158, 163
　「アナーキー・イン・ザ・UK」（"Anarchy in the UK," 1976）157, 162
　『勝手にしやがれ』（Never Mind the Bollocks, Here's the Sex Pistols, 1977）162
　「ゴッド・セイヴ・ザ・クイーン」（"God Save the Queen," 1977）153
　「さらばベルリンの陽」（"Holidays in the Sun," 1977）162
ゼネラル・ストライキ（ゼネスト，総同盟罷業，general strike）57, 60, 65-66, 362
セルヴォン，サミュエル（Samuel Selvon, 1923-94）10, 268
　『ブライター・サン』（A Brighter Sun, 1952）10
　『ロンリー・ロンドナーズ』（Lonely Londoners, 1956）268
セルティック（Celtic）146
セルフ・ヘルプ（自助）76
セレクター，ザ（The Selecter）118
セレブ 261, 332, 392, 400
全英炭坑労働組合（National Union of Mineworkers; NUM）56-57, 61, 65, 363

『宣言集』（Declaration, 1957）249
全国視聴者協会 186
「センセイション」展（Sensation, 1997）287-297, 299
全体主義 326, 329, 332, 399
セントラル・スクール・オブ・アーツ・アンド・クラフツ（Central School of Arts and Crafts）103, 115
疎開 177-179
疎外 55-58, 67, 273, 281, 330-332, 349, 360
ソヴィエト（ソ連）10-12, 25-26, 120, 247, 306-309, 317, 320, 326, 330, 399
　――関係委員会（SRC: Soviet Relations Committee）306-308
ソープ・オペラ 284
ソルキー，アンドルー（Andrew Salkey, 1928-95）268

た行
ダイアナ妃（Diana Princess of Wales; Diana Frances Spencer, 1961-1997）53, 253, 261-267
第一次オイルショック（1973 Oil Shock）155
第一次世界大戦 11, 23, 40, 171
第二次世界大戦 11, 136, 221, 238, 255, 265, 305, 314-315
大英図書館（British Library）336, 345, 350
大英（イギリス）帝国 2, 6, 26, 121, 193-195, 279, 304, 309-314, 317-318, 327-329, 333, 346, 375
体外受精 234
大飢饉（ジャガイモ飢饉）145
対抗革命（カウンター・レヴォリューション）64, 67
対抗文化（counter-culture）329, 332-333
「第三の道」（The Third Way）382, 388 →「ギデンズ」も参照
大衆文化 288, 325-326
「体制エリート」（The Establishment）132
代表制 60, 63
ダーウィン，チャールズ（Charles Darwin, 1809-1882）241
ダウニング・コレッジ（Dowing College）22, 25
ダグラス＝ヒューム，アレック（Sir Alec Douglas-Home [Lord Home], 1903-95）16, 52, 121
ダダ（Dada）153, 155, 157, 159, 164
タータン 161, 334

『ダッズ・アーミー（パパの軍隊）』（*Dad's Army*, 1968-77） 136
脱植民地化（帝国の解体）（decolonization） 3, 309-314, 327-328, 354, 369
ターナー，ウィリアム（Joseph Mallord William Turner, 1775-1851） 241
「ダブ・ミュージック」 118
ダブル・アイ 39-40, 45, 47-51, 401
タブロイド紙 144, 260-261, 389 →「新聞」も参照
多文化主義（multiculturalism） 302, 367, 369-371, 375
多文化主義教育 367-381
多民族社会 9, 317, 347-349, 385
ダルリンプル，イアン（Ian Dalrymple, 1903-1989） 237
ダンカン・スミス，イアン（Iain Duncan Smith, 1954-） 84, 396
炭坑，炭鉱夫 56-57, 61, 65, 67, 90, 240, 351-354, 356-357, 362-364
ダンディズム 326
「血の川」演説 10, 278
血の日曜日（1972） 143
チプリアーニ，ジョヴァンニ（Giovanni Battista Cipriani, 1727-1785） 258
チャーチル，ウィンストン（Winston Churchill, 1874-1965） 15-16, 25, 52, 263, 303, 309, 314
チャーチル，キャリル（Caryl Churchill, 1938-） 187-201
　『蟻』（*The Ants*, 1962） 190
　『ヴィネガー・トム』（*Vinegar Tom*, 1976） 193, 198
　『クラウド・ナイン』（*Cloud Nine*, 1979） 194-197, 199, 214
　『シュレーバー博士の神経症』（*Schreber's Nervous Illness*, 1972） 191
　『所有者たち』（*Owners*, 1972） 192
　『中絶』（*Abortive*, 1971） 191
　『トップ・ガールズ』（*Top Girls*, 1982） 187-201
チャーチル・コレッジ（Churchill College） 25
チャップマン，ジェイク＆ディノス（Jake Chapman, 1966-; Dinos Chapman, 1962-）
　《昇華されないリビドーモデルとしての接合子の増殖》（*Zygotic Acceleration, biogenetic, de-sublimated libidinal model*, 1995） 286

チャップリン，チャールズ（Charles Chaplin, 1889-1977） 246
チャールズ1世（Charles II, 1630-1685） 261
チャールズ皇太子（Charles, Prince, 1948-） 136, 253, 259-263（チャールズ3世 2022-）
チャールトン，ボビー（Bobby Charlton, 1937-2023） 140
朝鮮戦争（Korean War） 11-12, 16, 223
治療文化（セラピー・カルチャー） 271
ツートーン・スカ（2 Tone） 167
「帝国祭」（Festival of Empire, 1911） 6
帝国会議 6
帝国主義 242, 246, 304, 309, 312-314, 329, 333, 366, 394
T型フォード 321
デイヴィッド，エリザベス（Elizabeth David, 1913-1992）
　『地中海料理』（*Mediterranean Food*, 1950） 106
　『フランスの田舎料理』（*French Country Cooking*, 1951） 106
ディストピア（dystopia） 399-400
テイト・ギャラリー（Tate Gallery） 293, 296
ディクソン，ポール（Paul Dickson, 1920-2011）
　『デイヴィッド』（*David*, 1951） 240
ディラン，ボブ（Bob Dylan, 1941-）
　「激しい雨が降る」（"A Hard Rain's A-Gonna Fall," 1962） 15
デイ＝ルイス，ダニエル（Daniel Day-Louis, 1957-） 376
ティーンエイジャー（teenager） 42-43, 46-47
敵対文化（the adversary culture） 331
デコラージュ 153
デサイ，ジェイアビン（Jayaben Desai, 1933-2010） 61
デザイン・カウンシル 110
デザイン・ミュージアム 117
デ・シーカ，ヴィットリオ（Vittorio De Sica, 1901-1974） 246
テディボーイ（Teddy Boy） 40, 44-45, 120, 132, 160
テニスン，アルフレッド（Alfred Tennyson, 1809-92） 335
デモ 61, 142, 219, 372, 380, 382, 397, 399
デリー 142
テレシネマ（Telecinema） 5, 16, 239-240, 245

テレビ　14, 123, 136, 144, 147, 168, 186, 191, 220, 228, 232, 239, 255-262, 264, 266-267, 269, 284, 288, 319, 342, 344, 355, 400
テロリズム，テロ　68, 138, 142-143, 231, 279, 367-368, 371-372, 378, 380-381
動物行動学　180-181
登録建造物（Listed Buildings）337-338, 341, 343
ドイツ　91, 105, 114, 132, 270, 314-315
ドイツ工作連盟（1907）114
同性愛　12, 126, 129-130, 133, 186, 203-217, 273, 279, 281, 323, 368, 374-375
同性愛解放運動　207, 214
同性愛嫌悪（ホモフォビア）215
同性愛法改正協会（Homosexual Law Reform Society）212
「同性婚」203-204, 216-217
道徳福祉協議会　209
ドゥルッティ，ブエナヴェンチュラ（Buenaventura Durruti, 1896-1936）157
ドキュメンタリー運動（The Documentary Movement）237, 241-242, 250-252
『007ドクター・ノー』（Dr. No, 1962）121
『ドクター・フー』（Doctor Who, 1963-89）284
ド・ゴール，シャルル（Charles de Gaulle, 1890-1970）315
トラウトン，チャールズ（Charles Troughton, 1916-91）311
トランスアトランティック　10, 320, 330, 333
トリニダード・トバゴ　118
トリリング，ライオネル（Lionel Trilling, 1905-1975）331
トールキン，J.R.R.（John Ronald Reuel Tolkien, 1892-1973）
『指輪物語』（The Lord of the Rings, 1954-55）351-353, 360-361
「トルーマン・ドクトリン」321
トルーマン，ハリー（Harry Truman, 1884-1972）12
トレヴィシック，リチャード（Richard Trevithick, 1771-1833）241
ドレイク，フランシス（Francis Drake, 1543-1596）241
「ドローイダ報告」306

## な行

ナイポール，V.S（Vidiadhar Surajprasad Naipaul, 1932-2018）268
『ロンリー・ロンドナーズ』（The Lonely Londoners, 1956）268
内務省（Home Office）347, 398
ナウマン，ブルース（Bruce Nauman, 1941-）293
中曽根康弘（1918-2019）364
ナショナル・アイデンティティ（national identity）3, 254-255, 257, 266, 322
ナショナル・トラスト（National Trust）338
ナショナル・フィルム・シアター（National Film Theatre＝NFT）243, 245-246, 251
ナショナル・フロント（National Front）155, 346, 373
ナショナル・ヘリテージ省　338
ナチス（Nazis）91, 132, 136, 160, 315
7・7テロ　367-368, 378, 397
ナボコフ，ウラジーミル（Vladimir Nabokov, 1899-1977）320, 323-326, 329
『ロリータ』（Lolita, 1955）320, 324-327, 333
『なんて素敵な戦争』（Oh, What a Lovely War! 1963）136
ニューカッスル　137, 144
ニューコメン，トマス（Thomas Newcomen, 1664-1729）356
ニュータウン（New Town）340
ニュートン，アイザック（Isaac Newton, 1642-1727）241
ニュー・レイバー（New Labour）54-55, 64-65, 227-230, 382, 385-388, 392, 397-399
ニュー・レフト運動（New Left Movement）17, 189, 247-248, 359
ニューヨーク知識人　322, 331
ニューヨーク・ドールズ（New York Dolls）156
ニューヨーク・パンク（New York punk）155-156, 165
ニルヴァーナ（Nirvana）390
ネアン，トム（Tom Nairn, 1932-2023）
『イギリスの解体』（The Break-Up of Britain, 1977）17, 359
ネイション（nation）3-5, 7, 388 →「国民」も参照
ネオゴシック建築　335-337, 341, 345
ネオコロニアリズム（Neocolonialism）312
ネルソン（Horatio Nelson, 1758-1805）241
能力・実力主義→メリトクラシー
ノッティンガム　2, 168, 278, 345, 369

ノッティング・ヒル・カーニバル　9, 278
ノッティング・ヒル暴動　9, 44-45, 132, 278
ノーベル賞　268, 322, 361
ノルマン征服　8, 10

## は行

ハイエク（Friedrich August von Hayek, 1899-1992）
　『隷従への道』（*The Road to Serfdom*, 1944）68
配給制　3, 104-105
ハイレ・セラシエ（Haile Selassie I [Tafari Makonnen], 1892-1975）164
ハーヴェイ，マーカス（Marcus Harvey, 1963-）
　《マイラ》（*Myra*, 1995）286
パウエル，イーノック（Enoch Powell, 1912-98）10, 132, 223, 278
バウハウス（Bauhaus）114
パキスタン　367, 369-370, 374, 379, 381
　──人　131-132, 374, 379, 381
バーク，グレゴリー（Gregory Burke, 1968-）
　『ブラック・ウォッチ』（*The Black Watch*, 1929）334
白人至上主義（white supremacism）164
パクストン，ジョーゼフ（Paxton, Joseph, 1801-65）2
バザール（M・クワントの店）111-112, 116
バージェス，ガイ（Guy Burgess, 1911-63）10-12
ハシエンダ（Hacienda）390
パックス・アメリカーナ（アメリカによる平和）（Pax Americana）310, 323
パジェント（pageant）2, 259, 266
バズビー，マット（Matt Busby, 1909-94）140
ハースト，デミアン（Damien Hirst, 1965-）293-295
　《一千年》（*A Thousand Years,*）285, 289
　《生者の心における死の物理的不可能性》（*The Physical Impossibility of Death in the Mind of Someone Living*, 1991）294
「発見のドーム」　3, 5, 16, 385
ハッピー・マンデーズ（Happy Mondays）390
「アイ・アム・ザ・レザレクション」（"I am the Resurrection"）394
ハーディ，トマス（Thomas Hardy, 1840-1928）81

『日蔭者ジュード』（*Jude the Obscure*, 1896）24
ハドソン，アラン（Alan Hudson, 1951-）147
ハニフォード，レイ（Ray Honeyford, 1934-2012）370-371
バトラー委員会（Butler Committee）396
ハニーフォード事件（The Honeyford Affair, 1984）370-372
『パノラマ』（*Panorama*, 1953-）261
母親　171-183
ハビタ（Habitat）5, 103
ハーマン・ミラー社　110
パリ　11, 109, 155, 262, 270, 328, 336, 345, 347
ハリウェル，ジェリ（Gerri Halliwell, 1972-）392
バリー，ジェラルド（Gerald Barry, 1898-1968）2-3, 239
ハリス，ウィルソン（Wilson Harris, 1921-2018）268
ハリソン，ジョージ（George Harrison, 1943-2001）121, 123-124, 126, 128-129
ハリマン，アヴェレル（William Averell Harriman, 1891-1986）321
バルフォア報告書　6
ハル（大学）48, 50, 57
パルプ（Pulp）391, 393
「コモン・ピープル」（"Common People," 1995）383, 391
「バーロウ報告」24
パロディ　160, 163, 288, 375
ハミルトン，リチャード（Richard Hamilton, 1922-2011）
　《一体何が今日の家庭をこれほどに変え，魅力あるものにしているのか》（*Just What Is It That Makes Today's Homes So Different, So Appealing?*, 1956）288-289
ハワード，マイケル（Michael Howard, 1941-）84
バーミンガム　2, 55
ハンガリー　26, 120, 247
　──動乱（1956年）120, 247, 307
パンク（punk）118, 153-167
反抗（rebellion）85, 91, 121-123, 132, 154, 157, 164, 289
パーンズ，ラリー（Larry Parnes, 1930-1989）129
ハンブルク（Hamburg）122

ビギナー, ロード (Lord Beginner, 1904-81) 9
ヒギンズ, アレックス (Alex Higgins, 1949-2010) 149
ヒース, エドワード (Edward Heath, 1916-2005) 78, 271, 357, 362-363, 369
「ビッグ・テント」("Big Tent") 385-387
『ビッグ・ブラザー』(*Big Brother*) 398
ヒッチコック, アルフレッド (Alfred Hitchcock, 1899-1980) 246
ヒッピー (hippie, hippy) 157
ヒトゲノム 234
ビート, ザ (The Beat) 118
ビート世代, ビートニク (the Beat Generation, beatnik) 120, 122
ビートルズ (The Beatles, 1956-1970) 118-135, 141, 148, 151, 300, 375, 378, 391, 393
　「アイ・アム・ザ・ウォルラス」("I Am the Walrus," 1967) 391
　「アイ・ウォント・トゥ・ホールド・ユア・ハンド」("I Want To Hold Your Hand," 1963) 126
　「イエロー・サブマリン」("Yellow Submarine," 1966) 151
　「オール・ユー・ニード・イズ・ラヴ」("All You Need Is Love," 1967) 130
　「ゲットバック」("Get Back," 1969) 130-132
　『ザ・ビートルズ』(ホワイト・アルバム) (*The Beatles* [*The White Album*], 1968) 128
　「シー・ラヴズ・ユー」("She Loves You," 1963) 126-128
　『ハード・デイズ・ナイト』(映画, *Hard Day's Night*, 1964) 124-125
ビートルマニア (Beatlemania) 128
ビートン, セシル (Cecil Beaton, 1904-80) 153
ビニントン, デイヴ (Dave Binnington, 1949-) 85-86
避妊薬 133, 188
ヒューストン, ジョン (John Houston, 1906-87) 246
ヒューストン, ペネロピ (Penelope Houston, 1958-) 245
『ビヨンド・ザ・フリンジ (縁の向こう側)』(*Beyond the Fringe*, 1960-66) 136
ヒーリー, デニス (Denis Winston Healey, 1917-2015) 54, 331
ヒールズ 114
ヒルズバラの悲劇 168
貧困 25, 75, 221-222, 231, 268, 396
ヒンドリー, マイラ (Myra Hindley, 1942-2002) 286
ファーガソン, アレックス (Alex Ferguson, 1941-) 151
ファシズム (Fascism) 132, 320, 330
ファラデイ, マイケル (Michael Faraday, 1791-1867) 241
ファンク (funk) 166
フィニー, トム (Sir Thomas Finney, 1922-2014) 146
フィリップ殿下 (フィリィップ, エディンバラ公) (Philip, Duke of Edinburgh, 1921-2021) 255, 259
フィールディング, ヘレン (Helen Fielding, 1958-)
　『ブリジット・ジョーンズの日記』(*Bridget Jones's Diary*, 1996, 映画2001) 269-270, 274-275, 282-283
フィルビー, キム (Kim Philby, 1912-88) 11
「封じ込め」政策 320, 323, 330, 332
フェアトレード (fair trade) 100
フェミニズム (feminism) 133, 181, 187-193, 195-199, 269-270, 277
プエルトリコ 131
フォアマン, デニス (Denis Forman, 1917-2013) 245
フォークナー, ウィリアム (William Cuthbert Faulkner, 1897-1962) 322-323
フォークランド戦争 (紛争, Falklands War, 1982) 279, 345-346, 363, 370
フォースター, E・M (E. M. Forster, 1879-1970) 24, 264
　「イギリス国民性覚書」("Notes on the English Cahracter," 1921) 264
　『ハワーズ・エンド』(*Howards End*, 1910) 24
フォーディズム (fordism) 56, 64, 73, 281, 321-322, 332
　国際フォーディズム 74
フォード, ジョン (John Ford, 1894-1973)
　『わが谷は緑なりき』(*How Green Was My Valley*, 1941) 356, 361
フォード社 248
『フォルティー・タワーズ』(*Fawlty Towers*, 1975-79) 284

福祉（Welfare） 44, 93, 133, 220, 272, 349, 358, 382
──国家 27-28, 32-34, 59-68, 134, 171-173, 175, 182-184, 221, 233, 296, 310, 321, 327, 332, 366
──政策 16, 119, 155, 230, 232, 382, 396
──と新自由主義 362
──とワークフェア 202
フーコー，ミシェル（Michel Foucault, 1926-84） 205
「不条理の演劇」（The Theatre of the Absurd） 327
フセイン，サダム（Saddam Hussein, 1937-2006） 389, 394-395
「二つの文化」 5, 21-26 →「スノウ」も参照
ブッカー賞 371
フックス，クラウス（Klaus Fuchs, 1911-88） 11
ブッシュ，ジョージ・W（George W. Bush, 1946-） 394-395, 397
フット，マイケル（Michael Foot, 1913-2010） 54
ブニュエル，ルイス（Luis Buñuel, 1900-83） 246
「不満の冬」（Winter of Discontent） 57, 66, 68, 223, 358
ブラー（Blur） 389-393
　「カントリー・ハウス」（"Country House," 1995） 389
　『パークライフ』（Parklife, 1994） 390, 392
　「パーティの終焉」（"Death of a Party," 1997） 383, 393
　『モダン・ライフ・イズ・ラビッシュ』（Modern Life Is Rubbish, 1993） 390
プライド（ゲイ・パレード） 215
プライド・カムリ（ウェールズ党，Plaid Cymru） 355, 357-358, 361
ブライトン 114, 378
ブラウン，H・T・キャドベリー（H. T. Cadbury Brown, 1913-2009） 7
ブラウン，ゴードン（Gordon Brown, 1951-） ii, 331, 350, 382, 387-388, 395, 397
プラサド，ウダヤン（Udayan Prasad, 1953-） 380
『ブラス！』（Brassed Off, 1996） 284
ブラスウェイト，カマウ（Kamau Brathwaite, 1930-2020） 268
ブラック報告（1980） 231
ブラッドフォード 369-370, 372, 377, 380

フラネリ，ジョー（Joe Flannery, 1931-2019） 129
フランシス，トレヴァー（Trevor Francis, 1954-2023） 147
フランス 38, 107-109, 113, 155, 157, 314-315, 336, 347
フランツ・フェルディナンド（Franz Ferdinand） 164
ブラント，アンソニー（Anthony Blunt, 1907-83） 11-12
フリアーズ，スティーヴン（Stephen Frears, 1941-） 252, 372, 375-376
『マイ・ビューティフル・ランドレット』（My Beautiful Laundrette, 1986） 372-375, 377, 380
フーリガン 138, 158, 168
ブリコラージュ（bricolage） 160
フリー・シネマ（Free Cinema） 242-252
フリース＝グリーン，ウィリアム（William Friese-Greene, 1855-1921） 239
「フリーズ」展（Freeze, 1988） 293
プリーストリー，J・B（J. B. Priestley, 1894-1984） 15
『イングランド紀行』（English Journey, 1934） 256
ブリッグズ，レイモンド（Raymond Briggs, 1934-2022）
『風が吹くとき』（When the Wind Blows, 1982; 映画版1986） 152
ブリット・アウォーズ（Brit Awards） 392-393
ブリットポップ（Britpop） 389-393, 399, 401
ブリティッシュ・カウンシル（British Council） 303-311, 312-317
ブリティッシュ・ニュー・ウェイヴ（British New Wave） 121, 237, 251-252, 319
フルクサス（Fluxus） 155
ブルック，ピーター（Peter Brook, 1925-2022） 307
ブルックリン美術館（the Brooklyn Museum of Art） 296
ブルー・プラーク 338
ブリュッセル 168, 336
ブレア，トニー（Tony Blair, 1953-） 53-54, 63, 65, 93, 143, 202, 227-230, 263-264, 266, 300, 331, 338, 358, 365, 382, 384-388, 392-399
フレイン，マイケル（Michael Frayn, 1933-） 16

プレスリー，エルヴィス（Elvis Presley, 1935-77） 126
ブレヒト，ベルトルト（Bertolt Brecht, 1898-1956） 192
ブレトンウッズ体制 321
プレミアリーグ 151, 168
フロイト，ジークムント（Sigmund Freud, 1856-1939） 171
　『精神分析学入門』（*Vorlesungen zur Einführung in die Psychoanalyse*, 1917） 175
プロテスタント 17, 138-139, 142-144, 147-150, 205
プロテスト・ソング 166, 394
ブロードウェイ・ミュージカル 319
ブロンテ，シャーロット（Charlotte Brontë, 1816-55）
　『ジェイン・エア』（*Jane Eyre*, 1847） 29
文化産業 400
文化的自由のための会議（The Congress for Cultural Freedom 略称CCF） 331
文化・メディア・スポーツ省（Department for Culture, Media and Sport） 93, 338
ペアレントクラシー 33, 74-78, 80
ヘイグ，ウィリアム（Hague, William, 1961-） 84, 395
ヘイゼルの悲劇 168
ベイリー，スティーヴン（Stephen Bayley, 1951-） 115-116
ベヴァン，アナイリン（Aneurin Bevan, 1897-1960） 16, 221-223, 331
ベケット，サミュエル（Samuel Beckett, 1906-89） 149, 190, 319, 332
　『ゴドーを待ちながら』（*Waiting for Godot*, 仏1952/英1954） 320, 327-330, 327-328
「ベーシック・イングリッシュ」（Basic English） 28
ベスト，ジョージ（George Best, 1946-2005） 137-151
ベッカム，デイヴィッド（David Beckham, 1975-） 138
ベッチマン，ジョン（John Betjeman, 1906-84） 335-337, 339, 342-343, 345
ベネット，アラン（Alan Bennett, 1934-）
　『ヒストリー・ボーイズ』（*The History Boys*, 2004） 69-72, 76-77, 80-83
ベネット，ネヴィル（Neville Bennett）
　『教育スタイルと生徒の学力増進』（*Teaching Styles and Pupil Progress*, 1976） 81
ヘリテージ（Heritage） 336-338, 342, 345, 349
ヘリテージ映画（the heritage cinema） 375
ベルギー 314, 336
ベル，ダニエル（Daniel Bell, 1919-2011） 330-331
ヘル，リチャード（Richard Hell, 1949-） 157, 164
ベルファスト 2, 17, 102, 138-140, 142-150
ベルリン 11, 162-163, 292
ベン，トニー（Tony Benn, 1925-2014） 54
ヘンリー王子（Prince Henry of Wales, 1984-） 255
ヘンリー8世（Henry VIII, 1491-1547） 255
ボーア戦争 318
ボイル，ダニー（Danny Boyle, 1956-） 252
ボウイ，デイヴィッド（David Bowie, 1947-2016） 132, 393
包摂型社会 272, 396
亡命 10, 11, 26, 326, 328
ボウルビー，ジョン（John Bowlby, 1907-90） 174-175, 177-182
　『育児と愛の成長』（*Child Care and the Growth of Love*, 1953） 180
　『母による育児と精神衛生』（*Material Care and Mental Health*, 1952） 179
　「幼児の問題」（"The Problem of the Young Child," 1940） 177
　『44人の未成年窃盗犯──その人格と家庭生活』（*Forty-Four Juvenile Thieves: Their Characters and Home-Life*, 1946） 178
　『わたしの赤ちゃんを放っておくことなんてできる？』（*Can I Leave My Baby?* 1958） 180
ボウルビズム（Bowlbyism） 177-178, 180, 182
ホガート，リチャード（Richard Hoggart, 1918-2014） 48-51, 401
　『読み書き能力の効用』（*The Uses of Literacy*, 1957） 48
保守党（the Conservative Party） ii, 15-16, 54, 57, 63-64, 78, 92, 121, 136, 189, 199, 202, 223-224, 226, 233, 263, 269, 271, 272, 278, 297, 300, 303, 342, 357, 358, 363, 369, 382, 384, 387, 388, 395-397
ポストゲイト，レイモンド（Raymond Postgate, 1896-1971） 104-107

『優秀料理ガイド』(*Good Food Gide*, 1951) 105-106
ポストパンク (postpunk) 163-164
ポスト・フェミニズム 269
ポスト・フォーディズム 65-67, 269-270, 272-273
ポストモダン,ポストモダニズム 163, 329-333, 361
ポップアート (Pop Art) 159, 288-289
ポピュラー・カルチャー (popular culture) 277, 300, 323, 329, 333, 392, 399-400
ポピュリズム 277, 279, 300
ホームレス 94, 96, 179, 291, 366
ホメイニ (Khomeini, 1902-89) 372
ボリショイ・バレエ団 307
ボール,アラン (Alan Ball, 1945-2007) 147
ボールコン,マイケル (Michael Balcon, 1896-1977) 238
ホール,スチュアート (Stuart Hall, 1932-2014) 247, 272
ボールティング,ジョン (John Boulting, 1913-1985)
　『魔法の箱』(*The Magic Box*, 1951) 239
ボールドウィン,スタンリー (Stanley Baldwin, 1867-1947) 40
ホワイトハウス,メアリー (Mary Whitehouse, 1910-2001) 186
香港 309
ポンド危機 52, 362, 388
ボンド,ジェームズ (James Bond) 104, 121

## ま行

マイノリティ 10, 129, 148, 212, 215, 231, 266, 372, 375, 399
『マイ・フェア・レディ』(*My Fair Lady*, 1956) 319
『マイティ・ブーシュ』(*Mighty Boosh*, 1998-) 136
「マウマウ戦争」 318
マーガレット王女 (Princess Margaret, 1930-2002) 255
マクミラン,ハロルド (Harold Macmillan, 1894-1986) 16, 52, 119, 121, 136, 390
マクラレン,ノーマン (Norman McLaren, 1914-1987)
　『いまこそその時だ』(*Now Is the Time*, 1951) 239-240
マクラレン,マルコム (Malcolm McLaren, 1946-2010) 154-159, 161, 163, 165

マクレイン,ドナルド (Donald Maclean, 1913-83) 10-11
マー,ジョニー (Johnny Marr, 1963-) 300
マーシャル,ジョージ (George Catlett Marshall, 1880-1959) 321
マーシャル・プラン (Marshall Plan) 321, 325
マシューズ,スタンリー (Stanley Matthews, 1915-2000) 146
マーシュ,ロドニー (Rodney Marsh, 1944-) 147
マーストリヒト条約 (Maastricht Treaty) 347
マーソン,ウーナ (Una Marson, 1905-65) 268
マックイーン,アレグサンダー (Alexander McQueen, 1969-2010) 160
マッカーサー,ダグラス (Douglas MacArthur, 1880-1964) 12
マッカートニー,ポール (Paul McCartney, 1942-) 119, 123-124, 126-132
マッキネス,コリン (Colin MacInnes, 1914-76) 40, 51
　『アブソリュート・ビギナーズ』(*Absolute Beginners*, 1959) 40-48, 50
マッツェッティ,ロレンツァ (Lorenza Mazzetti, 1928-2020)
　『二人一緒に』(*Together*, 1956) 243, 246
マーティン,ジョージ (George Martin, 1926-2016) 123
マードック,アイリス (Iris Murdoch, 1919-99) 401
マネジメント (management) 55-56, 59, 67, 118
　セルフ・マネジメント（自己管理） 64, 77
マーモット報告 (2010) 231
マリメッコ（社）(Marimekko) 110
マルクス,カール (Karl Marx, 1818-83) 157, 330
マルクス主義 156, 189, 197, 320, 330
マルクーゼ,ヘルベルト (Herbert Marcuse, 1898-1979) 351
マルティニーク 118
マーレー,ボブ (Bob Marley, 1945-81)
　「ウォー」("War," 1976) 164
マンチェスター 2, 114, 118, 140, 144-146, 300, 369, 390-391, 394
マンチェスター・ユナイテッド (Manchester United) 137-138, 142, 146, 148, 151
マンデルソン,ピーター (Peter Mandelson,

1953-) 384, 386, 392
『ミスター・ビーン』(*Mr. Bean*, 1991-95) 136, 224, 226
ミリガン，スパイク (Spike Milligan, 1918-2002) 136
ミドルブラウ (middlebrow) 323
宮崎駿 (1941- )
　『天空の城ラピュタ』(1986) 351-353
ミュエック，ロン (Ron Mueck, 1958-)
　《死んだお父さん》(*Dead Dad*, 1996-7) 286
ミュンヘンの悲劇 140, 146
ミリタリー・タトゥー 334
ミリバンド，エド (Edward Samuel Miliband, 1969-) 382
ミルトン，ジョン (John Milton, 1608-1674) 241
ミレニアム・ドーム (Millennium Dome) 383-387
「ミレニアムの経験」展 ("Millennium Experience") 383-387
ミロシェヴィッチ，スロボダン (Slobodan Milošević, 1941-2006) 395
民営化 70, 225, 229, 274, 275, 364
民主主義 31, 33, 58, 60, 250, 303, 309, 317, 320, 323
ムーア，ヘンリー (Henry Spencer Moore, 1898-1986) 183
　《子を抱く女に朗読する少女》(*Girl Reading to a Woman and Child*, 1946) 184
ムーア，ボビー (Bobby Moore, 1941-93) 147
ムーア，マイケル (Michael Moore, 1954-)
　『シッコ』(*Sicko*, 2007) 227
「ムーヴメント」(The Movement) 329
ムスリム (Muslims) 367, 371-372, 377, 381
メイジャー，ジョン (John Roy Major, 1943-) 68, 84, 225, 384, 387-388, 397
メディア 117, 182-183, 238, 255-268, 288, 290, 298, 300, 372, 379, 382, 384, 388-392
メドウズ，シェイン (Shane Meadows, 1972-)
　『サマーズ・タウン』(*Somers Town*, 2008) 336, 345-346, 348-349
　『ディス・イズ・イングランド』(*This Is England*, 2006) 345-346
メメント・モリ (「死を忘れるな」Memento mori) 289
メリトクラシー (meritocracy) 27-29, 31-34, 52, 59-60, 62, 74, 77, 232
メレンゲ (merengue) 118, 167
メンズウェア (Menswear) 391
メント 118
モーズリー，オズワルド (Oswald Mosley, 1896-1980) 85-86
モダニズム 3, 5, 40, 103, 107, 110, 115-116, 159, 183, 319-324, 329-333
モダニズム文学 320, 322-324, 329, 331-333, 340, 342, 345
モダン・デザイン 110, 117
「モダン・メディスン」展 (*Modern Medicine*, 1989) 293
モッズ (mods) 41, 109, 155
モップトップ (mop-top) 122
モリス，ウィリアム (William Morris, 1834-96) 88-89, 114
　『ユートピアだより』(*News from Nowhere*, 1890) 88
モリスン，ヴァン (Van Morrison, 1945-)
　「かくも長き異境のくらし」("Too Long in Exile," 1993) 137, 148
モリソン，ハーバート (Morrison, Herbert, 1888-1965) 2-3, 10, 15, 238, 384
モリッシー (Morrissey, 1959-) 300, 391
モンストラス・レジメント (The Monstrous Regiment Theatre Company) 192
モンタギュー卿 (Lord Montagu, 1926-2015) 208
『モンティ・パイソン』(*Monty Python*) 136

や行
ヤコブソン，アルネ (Arne Jacobsen, 1902-71) 109
UEFAカップ 151
ヤング・ブリティッシュ・アーティスト (YBA: Young British Artists) 164, 285-299
ヤング，マイケル (Michael Young, Baron Young of Dartington, 1915-2002) 27, 76
　『メリトクラシーの勃興』(*The Rise Of The Meritocracy*, 1958) 27
ユーゴスラヴィア 395
豊かな社会 42, 120, 122, 134, 319
ユートピア 88-89, 116, 196, 322, 333
ユニオニスト 139, 143-144
ユニオン・ジャック→英国旗
ユーニック (EUNIC: The European Union National Institutes for Culture) 317

ユニリーヴァ（Unilever） 321
「ゆりかごから墓場まで」（"From the cradle to the grave"） 155, 222
ユーロスター（Eurostar） 336-335, 345, 347, 349
養子と子どもに関する法（Adoption and Children Act, 2005） 216
ヨーロッパ 8, 12, 106, 108, 118, 164, 242, 303, 310, 314-317, 321-322, 324-327, 329, 332-336, 338-339, 345-346, 369
ヨーロッパ連邦（Federal Europe） 315

ら行

ライス，カレル（Karel Reisz, 1926-2002） 243-247, 250-252
　『俺たちがランベス・ボーイだ』（We Are the Lambeth Boys, 1959） 251
　「ドキュメンタリーの利用法」（"A Use of Documentary," 1958） 250
　『土曜の夜と日曜の朝』（Saturday Night and Sunday Morning, 1960） 251
　『ママは許さない』（Momma Don't Allow, 1956） 243
ライト，バジル（Basil Wright, 1907-1987）
　『ウォーターズ・オヴ・タイム』（Waters of Time, 1951） 240
ライドン，ジョン（John Lydon, 1956-） 155, 157, 162-163
ライフスタイル 103, 112, 117, 230, 239, 270-271, 281, 332
『ライ麦畑でつかまえて』（The Catcher in the Rye, 1951） 30
ラヴェル，アラン（Alan Lovell, 1935-2021） 247
ラグビー 150
ラジオ 10, 14, 89, 120, 136, 144, 174-176, 186, 189-191, 249, 255-256, 258, 261, 267-268, 284, 342, 400
ラシュディ，サルマン（Salman Rushdie, 1947-）
　『悪魔の詩』（Satanic Verses, 1988） 371-372, 375, 378
　『真夜中の子供たち』（Midnight's Children, 1982） 372
ラシュディ事件（The Rushdie Affair, 1989） 371-372, 376, 378-379
ラスキン，ジョン（John Ruskin, 1819-1900） 88, 114
　『この最後の者にも』（Unto This Last, 1862）

100
ラスタファリアニズム（Rastafarianism） 155, 164-165, 167
ラドクリフ報告（The Radcliffe Report） 245
ラフ・トレード（Rough Trade） 300
ラミング，ジョージ（George Laming, 1927-2022） 10, 268
ラムズフェルド，ドナルド・ヘンリー（Donald Henry Rumsfeld, 1932-2021） 394
ラモーンズ（The Ramones） 156
ラルフ，ジャック（Jack Ralph, ?） 238-239
ラング，フリッツ（Fritz Lang, 1890-1976） 246
ランズベリー団地（Lansbury Estate） 340
ランバート，ガヴィン（Gavin Lambert, 1924-2005） 245-246
ランボー，アルチュール（Arthur Rimbaud, 1854-91） 156
リアリズム 237-238, 251-252, 284, 322, 375
リヴァプール（Liverpool） 119, 123, 125, 130, 145, 168
リーヴィス，F・R（Frank Raymond Leavis, 1895-1978） 22-28, 31, 33-34
　『偉大な伝統』（The Great Tradition, 1948） 22
　『大衆文明と少数文化』（Mass Civilization and Minority Culture, 1930） 22
リヴィングストン（David Livingstone, 1813-1873） 241
離婚法改正（1969年）（Divorce Law Reform Act 1969） 133
リーズ（Leeds） 2, 48, 51, 367, 369-370
リチャーズ，I・A（Ivor Armstrong Richards, 1893-1979） 28, 311
リチャードソン，トニー（Tony Richardson, 1928-91） 243-251
　『怒りを込めて振り返れ』（Look Back in Anger, 1959） 251
　『エンターテイナー』（The Entertainer, 1960） 251
　『長距離走者の孤独』（The Loneliness of the Long Distance Runner, 1962） 124, 125, 251
　『ママは許さない』（Momma Don't Allow, 1956） 243
　『蜜の味』（A Taste of Honey, 1961） 251
リード，キャロル（Carol Reed, 1906-76） 246
リード，ジェイミー（Jamie Reid, 1947-2023）

索引　473

リード，ジョン（John Reid, 1947-）　231
『リトル・ダンサー』（Billy Elliot, 2000）　284
『リトル・ブリテン』（Little Britain, 2003-5）　136
リパブリカン　143
リベラ，ディエゴ（Diego Rivera, 1886-1957）　86
リベラリズム　215, 217, 247, 320-323, 326, 327, 332
リベラル・ヒューマニズム　332
リー，マイク（Mike Leigh, 1943-）　252
ルイス，ソンダース（Saunders Lewis, 1893-1985）　361
ルエリン，リチャード（Richard Llwellyn, 1906-1983）　357
ルーカス，サラ（Sarah Lucas, 1962-）
　《目玉焼き2つとケバブ》（Two Fried Eggs and a Kebab, 1992）　286
ルクセンブルク　314
レイヴ（Rave）　283, 390
冷戦（Cold War）　11-12, 14, 25-26, 104, 120-121, 162, 234, 242, 247-248, 306-309, 320-333
レインジャーズ（Rangers）　146
レヴィ=ストロース，クロード（Claude Lévi-Strauss, 1908-2009）　160
レサビー，W・R（W. R. Lethaby, 1857-1931）　115
レズビアン　194-195, 277
レッセフェール（自由放任主義）（laissez faire）　133-134, 320
連合王国　4, 17-18, 139, 143, 257, 310, 334, 385
連帯　58-67, 129-130, 189, 238, 314, 353, 477
レノン，ジョン（John Lennon, 1940-1980）　120-122, 124, 126-129, 131-136
　「ワーキングクラス・ヒーロー」（"Working Class Hero," 1970）　120
レゲエ（reggae）　118, 164-165, 167
ロイズ銀行（Lloyds）　321
ロイド卿（Lord Lloyd of Dolobran, 1937-41）　309
ロイヤル・アカデミー（Royal Academy of Art）　285, 287, 292-294, 296
ロイヤル・ヴァラエティ・クラブ（Royal Variety Club）　124
ロイヤル・オペラ（Royal Opera）　90, 95
『ロイヤル・ファミリー』（Royal Family, 1969）　259-260
労働運動　53-67, 357, 361-363
労働組合（trade union）　54-59, 62-65, 172, 202, 225, 275-279, 281, 363, 387
労働者自主管理（ワーカーズ・コントロール）　58, 66
労働者登録制度（the Worker registration Scheme）　347-348
労働党（Labour Party）　2, 3, 15, 16, 26, 54, 57, 59, 60, 63-66, 78, 93, 116, 121, 124, 131, 133, 155, 172, 221, 223, 227, 233, 263, 264, 271, 272, 280, 296, 297, 300, 331, 338, 356-358, 362, 363, 382-384, 387, 388, 396, 399
労働年金省（Department for Work and Pensions）　347
ロシア・アヴァンギャルド　161
ロシア革命　326
ロジャーズ，リチャード（Richard Rogers, 1933-2021）　384
ローチ，ケン（Ken Loach, 1936-）　252, 284
　『ナビゲーター――ある鉄道員の物語』（The Navigators, 2001）　274-275
　『この自由な世界で』（It's a Free World, 2007）　349
ロック（ロックンロール）　118, 120, 122, 125, 129-132, 155-158, 166-168, 276, 388-391
『ロック・アラウンド・ザ・クロック』（Rock Around the Clock, 1956）　120
ロックフェラー財団（Rockefeller Foundation）　177, 322
ロックフォート，デズモンド（Desmond Rochfort）　86
ローティ，リチャード（Richard Rorty, 1931-2007）　326
ロー，デニス（Dennis Low, 1940-）　140
ロートレアモン（Comte de Lautréamont [Isidore Lucien Ducasse], 1846-70）　157
ロットン，ジョニー（Johnny Rotten）　155 → ライドン，ジョン
ロナン・ポイント（Ronan Point）　339-341
「ロビンズ報告」　24
ロマン派　32, 322
ローランドソン，トマス（Thomas Rowlandson, 1756-1827）　220
ロレンス，D・H（David Herbert Richards Lawrence, 1885-1930）
　『チャタレー夫人の恋人』（Lady Chatterley's Lover, 1928）　186

ロンドン
　イースト・エンド　2, 26, 85, 366
　ヴィクトリア駅　378
　ウェスト・エンド　104
　ウェストミンスター寺院（Westminster Abbey）　255, 263, 264
　カナリー・ウォーフ　366
　キングズ・クロス駅　337
　ケーブル・ストリート　85
　ケンジントン宮殿（Kensington Palace）　266
　国会議事堂　392
　サウス・ケンジントン　2
　サウス・バンク　2-7, 10, 15, 16-17, 37, 110, 238, 340, 385
　シティ　385
　シャッド・テムズ　117
　ジュビリー・ガーデンズ　16
　セント・パンクラス駅（St Pancras Station）　335-338, 341, 345-346, 352
　ソーホー　40-107
　ダウニング街（首相官邸）　300, 392-393
　タワー・ハムレッツ　85-87
　チェルシー　103, 109, 111-112
　ドックランズ　382
　ニューアム　339-340
　ノッティング・ヒル　9, 40, 44
　ハイド・パーク　380
　バターシー公園　2, 15, 340
　ヘイワード・ギャラリー　91
　ポプラー　2, 340
　ロイヤル・フェスティヴァル・ホール（Royal Festival Hall）　5, 16, 256
　ロンドン・アイ（London Eye）　16, 37-40, 51, 385
　ロンドンオリンピック（London Olympic 2012）　348
　ロンドン同時多発テロ（2005年7月7日）　378, 397
　ロンドン万国博覧会（Great Exhibition, 1851）　2-3, 26, 91, 109, 114, 385-386

わ行
ワイルダー（Laura Ingalls Wilder, 1867-1957）
　『大草原の小さな家』（*Little House on the Prairie*, 1935　323
ワイルド，オスカー（Oscar Wilde, 1854-1900）　149, 300
ワイルドブラッド，ピーター（Peter Wildeblood, 1923-1999）　209-211
　『刑法に反して』（*Against the Law*, 1956）　209
ワット，ジェイムズ（James Watt, 1736-1819）　356

編者・執筆者・編集協力者紹介　475

## 編者紹介

川端　康雄（かわばた　やすお：第Ⅱ部編者、序章1、第5・7章、終章、参考文献、年表、168頁、382頁コラム）
日本女子大学名誉教授。明治大学大学院文学研究科博士後期課程退学。
主要業績：『増補 オーウェルのマザー・グース』（岩波現代文庫、2021年）、『ジョージ・ベストがいた』（平凡社、2010年）、ジョージ・オーウェル『動物農場――おとぎばなし』（翻訳、岩波書店、2009年）。

大貫　隆史（おおぬき　たかし：第Ⅰ部編者、第1章、地図、84頁、152頁コラム）
東北大学文学研究科教授。東京大学大学院人文社会系研究科博士課程退学。博士（文学）（大阪大学）。
主要業績：『「わたしのソーシャリズム」へ――二〇世紀イギリス文化とレイモンド・ウィリアムズ』（研究社、2016年）、『文化と社会を読む 批評キーワード辞典』（共編著、研究社、2013年）、レイモンド・ウィリアムズ『想像力の時制――文化研究Ⅱ』（共訳、みすず書房、2016年）。

河野　真太郎（こうの　しんたろう：第Ⅴ部編者、序章2、第20章、年表、366頁コラム）
専修大学国際コミュニケーション学部教授。東京大学大学院人文社会系研究科博士課程退学。博士（学術）。
主要業績：『〈田舎と都会〉の系譜学――二〇世紀イギリスと「文化」の地図』（ミネルヴァ書房、2013年）、『戦う姫、働く少女』（堀之内出版、2017年）、『暗い世界――ウェールズ短編集』（編・共訳、堀之内出版、2020年）。

佐藤　元状（さとう　もとのり：第Ⅳ部編者、第13章）
慶應義塾大学法学部教授。ロンドン大学キングズ・コレッジ客員研究員。東京大学大学院総合文化研究科博士課程修了。博士（学術）。
主要業績：『グレアム・グリーン――ある映画的人生』（表象文化論学会賞受賞、慶應義塾大学出版会、2018年）、『ブリティッシュ・ニュー・ウェイヴの映像学――イギリス映画と社会的リアリズムの系譜学』（ミネルヴァ書房、2012年）。

秦　邦生（しん　くにお：第Ⅲ部編者、第12章、年表、186頁、202頁コラム）
東京大学大学院総合文化研究科准教授。英国ヨーク大学英文学部博士課程修了。Ph.D.
主要業績：『ジョージ・オーウェル『一九八四年』を読む』（編著、水声社、2021年）、『カズオ・イシグロと日本』（共編著、水声社、2020年）、フレドリック・ジェイムソン『未来の考古学Ⅰ・Ⅱ』（共訳、作品社、2011-12年）。

## 執筆者・編集協力者紹介（執筆順）

近藤　康裕（こんどう　やすひろ：第2章、52頁、68頁コラム）
慶應義塾大学法学部准教授。一橋大学大学院言語社会研究科博士課程修了。博士（学術）。
主要業績：『読むことの系譜学――ロレンス、ウィリアムズ、レッシング、ファウルズ』（港の人、2014年）、セリーナ・トッド『ザ・ピープル――イギリス労働者階級の盛衰』（翻訳、みすず書房、2016年）。

井上　美雪（いのうえ　みゆき：第3章、84頁コラム）
東洋大学社会学部准教授。日本女子大学大学院文学研究科博士課程後期退学。
主要業績：「ニュー・レイバー政権下での生涯教育が目指す成人像──『ガツン！』(2007)を成長物語として読み解く」(『New Perspective』第43号 (2)、2012年)、「『ディア・ノーバディ』における10代の妊娠」(『東洋大学社会学部紀要第56号 (1)、2018年』)。

横山　千晶（よこやま　ちあき：第4章、100頁コラム）
慶應義塾大学法学部教授。慶應義塾大学大学院文学研究科博士課程退学。
主要業績：ジョージ・P・ランドウ『ラスキン──眼差しの哲学者』(翻訳、日本経済評論社、2010年)、『ジョン・ラスキンの労働者教育──「見る力」の美学』(慶應義塾大学教養研究センター、2018年)、『コミュニティと芸術──パンデミック時代に考える創造力』(慶應義塾大学教養研究センター、2021年)。

福西　由実子（ふくにし　ゆみこ：第5章）
中央大学商学部教授。東京大学大学院総合文化研究科博士課程退学。
主要業績：『英国ミドルブラウ文化研究の挑戦』(共著、中央大学出版部、2018年)、『英文学と映画』(共著、中央大学出版部、2019年)。

武藤　浩史（むとう　ひろし：第6章、136頁コラム）
慶應義塾大学名誉教授。英国ウォリック大学大学院文学研究科博士課程修了。Ph.D.
主要業績：『『ドラキュラ』からブンガク』(慶應義塾大学教養研究センター、2006年)、『『チャタレー夫人の恋人』と身体知──精読から生の動きの学びへ』(筑摩書房、2010年)、『ビートルズは音楽を超える』(平凡社新書、2013年)。

板倉　厳一郎（いたくら　げんいちろう：第8章、284頁コラム）
関西大学文学部教授。京都大学大学院文学研究科博士課程修了。博士（文学）。
主要業績：『大学で読むハリー・ポッター』(松柏社、2012年)、『現代イギリス小説の「今」──記憶と歴史』(共著、彩流社、2018年)、"Screams and Laughter: Transfer of Affect in Nadeem Aslam's *The Blind Man's Garden*" (*Journal of Postcolonial Writing* 56.3, 2020)。

遠藤　不比人（えんどう　ふひと：第9章）
成蹊大学文学部教授。慶應義塾大学大学院文学研究科博士課程退学。博士（学術）（一橋大学）。
主要業績：『死の欲動とモダニズム』(慶應義塾大学出版会、2012年)、『情動とモダニティ』(彩流社、2017年)、共著 *Knots: Post-Lacanian Psychoanalysis, Literature, and Film* (Routledge, 2019)、ジョージ・マカーリ『心の革命──精神分析の創造』(翻訳、みすず書房、2020年)。

エグリントン　みか（第10章、334頁コラム）
神戸市外国語大学外国語学部教授。ロンドン大学ロイヤル・ホロウェイ校演劇学博士課程修了。Ph.D.
主要業績：*Shakespeare in the Theatre: Satoshi Miyagi* (The Arden Shakespeare, Bloomsbury, to be published in 2022); "Interlude: Asian energy versus European rationality: interview with Ninagawa Yukio," *A History of Japanese Theatre* (Ed. Jonah Saltz, Cambridge University Press, 2016: 532-35)。

野田　恵子（のだ　けいこ：第11章）
明治大学他兼任講師。東京大学大学院総合文化研究科博士課程退学。
主要業績：「女同士の絆の歴史――『ラドクリフ・ホール事件』（1928）前後のイギリスを中心に」（『思想』第1005号、2008年）、「開かれる性愛――イギリスの性科学と親密性の変容」（鷲田清一他編『身体をめぐるレッスン』第4巻、岩波書店、2007年）。

泉　順子（いずみ　よりこ：第14章）
東北学院大学文学部教授。エディンバラ大学大学院文学研究科博士課程修了。Ph.D.
主要業績：「ブーツ・ブックラバーズ・ライブラリー（UK）に『逃避』した女性たち」（『図書の譜――明治大学図書館紀要』第24号、2020年）、『「プリンセス・ダイアナ」という生き方――「自尊」と「自信」への旅』（丸善プラネット、2019年）。

清水　知子（しみず　ともこ：第15章）
東京藝術大学大学院国際芸術創造研究科准教授。筑波大学大学院博士課程文芸・言語研究科修了。博士（文学）。
主要業績：『文化と暴力――揺曳するユニオンジャック』（月曜社、2013年）、『ディズニーと動物――王国の魔法をとく』（筑摩選書、2021年）、ジュディス・バトラー『アセンブリ――行為遂行性・複数性・政治』（共訳、青土社、2018年）。

小泉　有加（こいずみ　ゆか：第16章）
慶應義塾大学他非常勤講師。国際基督教大学比較文化研究科博士課程退学。
主要業績：「沈黙が語るもの――『フォー』とその批評史をめぐって」（田尻芳樹編『J・M・クッツェーの世界――〈フィクション〉と〈共同体〉』英宝社、2006年）。

渡辺　愛子（わたなべ　あいこ：第17章）
早稲田大学文学学術院教授。東京大学大学院総合文化研究科博士課程退学。
主要業績：「改竄される『一九八四年』――冷戦初期の映像三作品と原作、そしてオーディエンス」、『ジョージ・オーウェル『一九八四年』を読む』（共著、水声社、2021年）、リチャード・J・エヴァンズ著『エリック・ホブズボーム――歴史の中の人生』（木畑洋一監訳・共訳、岩波書店、2021年）。

大田　信良（おおた　のぶよし：第18章）
東京学芸大学教育学部教授。東北大学大学院文学研究科博士課程退学。博士（文学）。
主要業績：『帝国の文化とリベラル・イングランド』（慶應義塾大学出版会、2010年）、『ポスト・ヘリテージ映画』（共編著、上智大学出版、2010年）、『冷戦とアメリカ――覇権国家の文化装置』（共著、臨川書店、2014年）。

木下　誠（きのした　まこと：第19章）
成城大学文芸学部教授。筑波大学大学院文芸・言語研究科博士課程退学。博士（文学）。
主要業績：『モダンムーヴメントのD・H・ロレンス――デザインの20世紀／帝国空間／共有するアート』（小鳥遊書房、2019年）、"D. H. Lawrence's 'Elephant' in the Imperial Contexts"（*Seijo English Monograph* No.42, 2010）、『ポスト・ヘリテージ映画』（共編著、上智大学出版、2010年）。

中井　亜佐子（なかい　あさこ：第21章）
一橋大学大学院言語社会研究科教授。オクスフォード大学英文学部博士課程修了。D.Phil.
主要業績：『〈わたしたち〉の到来——英語圏モダニズムにおける歴史叙述とマニフェスト』（月曜社、2020年）、『他者の自伝——ポストコロニアル文学を読む』（研究社、2007年）、*The English Book and Its Marginalia: Colonial/Postcolonial Literatures after Heart of Darkness* (Rodopi, 2000)。

大和田　俊之（おおわだ　としゆき：118頁コラム）
慶應義塾大学法学部教授。慶應義塾大学大学院文学研究科後期博士課程修了。博士（文学）
主要業績：『アメリカ音楽史』（講談社、2011年）、『ポップ・ミュージックを語る10の視点』（編著、アルテスパブリッシング、2020年）』、『民謡からみた世界音楽』（共著、ミネルヴァ書房、2012年）。

越智　博美（おち　ひろみ：218頁コラム）
専修大学国際コミュニケーション学部教授。お茶の水女子大学人間文化研究科博士課程退学。博士（人文科学）。
主要業績：『カポーティ——人と文学』（勉誠出版、2005年）、『モダニズムの南部的瞬間——アメリカ南部詩人と冷戦』（研究社、2012年）。

加藤　めぐみ（かとう　めぐみ：234頁コラム）
都留文科大学文学部教授。上智大学大学院文学研究科博士後期課程退学。
主要業績：『終わらないフェミニズム——「働く」女たちの言葉と欲望』（共著、研究社、2016年）、『英国ミドルブラウ文化研究の挑戦』（共著、中央大学出版部、2018年）、『イシグロと日本——幽霊から戦争責任まで』（共著、水声社、2020年）。

松田　智穂子（まつだ　ちほこ：268頁コラム）
専修大学国際コミュニケーション学部准教授。一橋大学大学院言語社会研究科博士後期課程修了。博士（学術）。
主要業績：「「凱旋のジャマイカ」（1937年）——「モダン・パジェントに見る多人種・多民族」（『専修大学 人文科学研究所月報』278号、2015年）、「W・E・B・デュボイスのモダン・パジェント『エチオピアの星』——「スペクタクル化される黒人の連帯と「二重の意識」」（共著、『ハーレム・ルネサンス——〈ニュー・ニグロ〉の文化社会批評』明石書店、2021年）。

庄子　ひとみ（しょうじ　ひとみ：300頁コラム）
順天堂大学スポーツ健康科学部准教授。ロンドン大学キングズ・カレッジ英文学専攻博士課程博士課程修了。Ph.D.(Victorian Literature)。
主要業績：「アーサー・シモンズ『ロンドンの夜』再考——明滅する都市の色彩と異種混淆の眺め」日本比較文学会東京支部『研究報告』（2017年11月）。

吉田　裕（よしだ　ゆたか：318頁コラム）
東京理科大学工学部准教授。一橋大学言語社会研究科博士課程後期修了。博士（学術）。
主要業績：『持たざる者たちの文学史——帝国と群衆の近代』（月曜社、2021年）、ジョージ・ラミング『私の肌の砦のなかで』（翻訳、月曜社、2019年）。

花角　聡美（はなずみ　さとみ：参考文献、索引）
昭和薬科大学講師。日本女子大学大学院文学研究科博士課程後期退学。
主要業績：「ジョン・ラスキンの環境批評」（『日本女子大学大学院文学研究科紀要』20号、2013年）。

愛と戦いのイギリス文化史　1951-2010年

2011年9月30日　初版第1刷発行
2024年1月23日　初版第4刷発行

編　者――――川端康雄・大貫隆史・河野真太郎・佐藤元状・秦邦生
発行者――――大野友寛
発行所――――慶應義塾大学出版会株式会社
　　　　　　〒108-8346　東京都港区三田2-19-30
　　　　　　TEL〔編集部〕03-3451-0931
　　　　　　　　〔営業部〕03-3451-3584〈ご注文〉
　　　　　　　　〔　〃　〕03-3451-6926
　　　　　　FAX〔営業部〕03-3451-3122
　　　　　　振替　00190-8-155497
　　　　　　https://www.keio-up.co.jp/
装　丁――――廣田清子
組　版――――株式会社キャップス
印刷・製本――株式会社丸井工文社
カバー印刷――株式会社太平印刷社

©2011 Yasuo Kawabata, Takashi Onuki, Shintaro Kono, Motonori Sato, Kunio Shin, Yasuhiro Kondo, Miyuki Inoue, Chiaki Yokoyama, Yumiko Fukunishi, Hiroshi Muto, Genichiro Itakura, Fuhito Endo, Mika Eglinton, Keiko Noda, Yoriko Izumi, Tomoko Shimizu, Yuka Koizumi, Aiko Watanabe, Nobuyoshi Ota, Makoto Kinoshita, Asako Nakai, Toshiyuki Owada, Hiromi Ochi, Megumi Kato, Chihoko Matsuda, Hitomi Shoji, Yutaka Yoshida

Printed in Japan　ISBN 978-4-7664-1878-1

慶應義塾大学出版会

# 愛と戦いのイギリス文化史 1900−1950年

武藤浩史・川端康雄・遠藤不比人・大田信良・木下誠 編

二度の世界大戦で「大英帝国」はどう変わったのか。階級、セクシュアリティ、ナショナリズム、メディアを切り口に、この時代のテクストとコンテクストを丁寧に読み解くことで、20世紀前半のイギリスの姿を浮き彫りにする。

A5判／並製／370頁
ISBN978-4-7664-1328-1
本体2,500円

◆主要目次◆

序章　1900年—帝国と「アングロ・ケルト」、セクシュアリティとジェンダー、労働党と自由党　武藤浩史

### 第I部　階級・くらし・教育
- 第1章　「ウィガン波止場」から見たイギリス—「階級」という厄介なもの　川端康雄
- 第2章　社会をつくりなおす—「再建」の社会主義　茂市順子・川端康雄
- 第3章　学校に行こう—イギリスの教育と階級　井上美雪
- 第4章　ミュージアムの冒険—イースト・エンドと芸術教育　横山千晶

### 第II部　セクシュアリティ・女・男
- 第5章　友愛？ソドミー？—男性間同性愛と性科学の階級的変奏　村山敏勝
- 第6章　愛と母性と男と女—イギリス大戦間期フェミニズム　山口菜穂子
- 第7章　エロスと暴力—大戦後の精神分析と文学　遠藤不比人
- 第8章　空襲下の夢幻—第二次世界大戦期のロンドンと幽霊物語　甘濃夏実

### 第III部　イギリス・帝国・ヨーロッパ
- 第9章　帝国の見世物—プリンス・オヴ・ウェールズの海外ツアーと大英帝国博覧会　木下誠
- 第10章　退化と再生—フィジカル・カルチャー、優生学、ファシズム　中山徹
- 第11章　アフリカ・カリブ・ヨーロッパ（そして女）—帝国周縁の風景より　中井亜佐子
- 第12章　国民文化と黄昏の帝国—英文学・イングランド性・有機体論　河野真太郎
- 第13章　退industrial帝国の再編　大田信良

### 第IV部　メディア
- 第14章　英文学の変貌と放送の誕生—階級・メディア・2つの世界大戦　武藤浩史・糸多郁子
- 第15章　イギリス映画とは何か？—ナショナル・シネマの完成まで　佐藤元状
- 第16章　「ピクチャー・ポスト」の時代—ジャーナリズムとフォトジャーナリズム　福西由実子
- 第17章　メディアとプロパガンダ—戦争をめぐる大衆脱得術の系譜　渡辺愛子

終章　1950年—労働党政権と想像的なものの意味　武藤浩史

表示価格は刊行時の本体価格（税別）です。